1955

SCÈNES
DE LA
VIE PARISIENNE

I

HISTOIRE DES TREIZE :
FERRAGUS — LA DUCHESSE DE LANGEAIS — LA FILLE AUX YEUX D'OR
LE PÈRE GORIOT

VIGNETTES

PAR MM. TONY JOHANNOT, MEISSONIER, GAVARNI, HENRI MONNIER
BERTALL, C. NANTEUIL, GÉRARD SEGUIN, FRANÇAIS, ETC.

PARIS
Vᵉ Aᵈʳᵉ HOUSSIAUX, ÉDITEUR
HÉBERT ET Cⁱᵉ, SUCCESSEURS
7, RUE PERRONET, 7
—
1874

ŒUVRES COMPLÈTES

DE

H. DE BALZAC

LA COMÉDIE HUMAINE

NEUVIÈME VOLUME

PREMIÈRE PARTIE
ÉTUDES DE MŒURS

TROISIÈME LIVRE

PARIS. — IMPRIMERIE DE E. MARTINET, RUE MIGNON, 2

FERRAGUS XXIII.

Il s'appuyait contre un arbre quand le cochonnet s'arrêtait.

(FERRAGUS.)

SCÈNES
DE LA
VIE PARISIENNE

TOME I

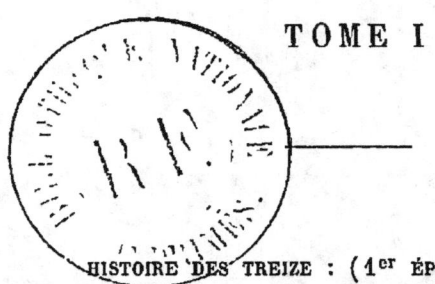

HISTOIRE DES TREIZE : (1ᵉʳ ÉPISODE) FERRAGUS
(2ᵉ ÉPISODE) LA DUCHESSE DE LANGEAIS — (3ᵉ ÉPISODE) LA FILLE AUX YEUX D'OR
LE PÈRE GORIOT

PARIS
Vᵉ Aᵈʳᵉ HOUSSIAUX, ÉDITEUR
HÉBERT ET Cⁱᵉ, SUCCESSEUR
7, RUE PERRONET, 7

1874

TROISIÈME LIVRE

SCÈNES DE LA VIE PARISIENNE

HISTOIRE DES TREIZE

PRÉFACE

Il s'est rencontré, sous l'Empire et dans Paris, treize hommes également frappés du même sentiment, tous doués d'une assez grande énergie pour être fidèles à la même pensée, assez probes entre eux pour ne point se trahir, alors même que leurs intérêts se trouvaient opposés, assez profondément politiques pour dissimuler les liens sacrés qui les unissaient, assez forts pour se mettre au-dessus de toutes les lois, assez hardis pour tout entreprendre, et assez heureux pour avoir presque toujours réussi dans leurs desseins; ayant couru les plus grands dangers, mais taisant leurs défaites; inaccessibles à la peur, et n'ayant tremblé ni devant le prince, ni devant le bourreau, ni devant l'innocence; s'étant acceptés tous, tels qu'ils étaient, sans tenir compte des préjugés sociaux; criminels sans doute, mais certainement remarquables par quelques-unes des qualités qui font les grands hommes, et ne se recrutant que parmi les hommes d'élite. Enfin, pour que rien ne manquât à la sombre et mystérieuse poésie de cette histoire, ces treize hommes sont restés inconnus, quoique tous aient réalisé les plus bizarres idées que suggère à l'imagination la fantastique puissance faussement attribuée aux Manfred, aux Faust, aux Melmoth; et tous aujourd'hui sont brisés, dispersés du moins. Ils sont paisiblement rentrés sous le joug des lois civiles, de même que Morgan, l'Achille des pirates, se fit, de ravageur, colon tranquille, et disposa sans remords, à la lueur du foyer domestique, de millions ramassés dans le sang, à la rouge clarté des incendies.

Depuis la mort de Napoléon, un hasard que l'auteur doit taire encore a dissous les liens de cette vie secrète, curieuse, autant que peut l'être le plus noir des romans de madame Radcliffe. La permission assez étrange de raconter à sa guise quelques-unes des aventures arrivées à ces hommes, tout en respectant certaines convenances, ne lui a été que récemment donnée par un de ces héros anonymes auxquels la société tout entière fut occultement soumise, et chez lequel il croit avoir surpris un vague désir de célébrité.

Cet homme en apparence jeune encore, à cheveux blonds, aux yeux bleus, dont la voix douce et claire semblait annoncer une âme féminine, était pâle de visage et mystérieux dans ses manières, il causait avec amabilité, prétendait n'avoir que quarante ans, et pouvait appartenir aux plus hautes classes sociales. Le nom qu'il avait pris paraissait être un nom supposé; dans le monde, sa personne était inconnue. Qu'est-il? On ne sait.

Peut-être en confiant à l'auteur les choses extraordinaires qu'il lui a révélées, l'inconnu voulait-il les voir en quelque sorte reproduites, et jouir des émotions qu'elles feraient naître au cœur de la foule, sentiment analogue à celui qui agitait Macpherson quand le nom d'Ossian, sa créature, s'inscrivait dans tous les langages. Et c'était, certes, pour l'avocat écossais, une des sensations les plus vives, ou les plus rares du moins, que l'homme puisse se donner. N'est-ce pas l'incognito du génie? Écrire l'*Itinéraire de Paris à Jérusalem,* c'est prendre sa part dans la gloire humaine d'un siècle; mais doter son pays d'un Homère, n'est-ce pas usurper sur Dieu?

L'auteur connaît trop les lois de la narration pour ignorer les engagements que cette courte préface lui fait contracter; mais il connaît assez l'*Histoire des Treize* pour être certain de ne jamais se trouver au-dessous de l'intérêt que doit inspirer ce programme. Des drames dégouttant de sang, des comédies pleines de terreurs, des romans où roulent des têtes secrètement coupées, lui ont été confiés. Si quelque lecteur n'était pas rassasié des horreurs froidement servies au public depuis quelque temps, il pourrait lui révéler de calmes atrocités, de surprenantes tragédies de famille, pour peu que le désir de les savoir lui fût témoigné. Mais il a choisi de préférence les aventures les plus douces, celles où des scènes pures succèdent à l'orage des passions, où la femme est radieuse de vertus et de beauté. Pour l'honneur des Treize, il s'en rencontre de telles dans leur histoire, qui peut-être aura l'honneur d'être mise un jour en pendant de celle des flibustiers, ce peuple à part, si curieusement énergique, si attachant malgré ses crimes.

Un auteur doit dédaigner de convertir son récit, quand ce récit est véritable, en une espèce de joujou à surprise, et de promener, à la manière de quelques romanciers, le lecteur, pendant quatre volumes, de souterrains en souterrains, pour lui montrer un cadavre tout sec, et lui dire, en forme de conclusion, qu'il lui a constamment fait peur d'une porte cachée dans quelque tapisserie, ou d'un mort laissé par mégarde sous des planchers. Malgré son aversion pour les préfaces, l'auteur a dû jeter ces phrases en tête de ce fragment. *Ferragus* est un premier épisode qui tient par d'invisibles liens à l'Histoire des Treize, dont la puissance naturellement acquise peut seule expliquer certains ressorts en apparence surnaturels. Quoiqu'il soit permis aux conteurs d'avoir une sorte de coquetterie littéraire, en devenant historiens, ils doivent renoncer aux bénéfices que procure l'apparente bizarrerie des titres sur lesquels se fondent aujourd'hui de légers succès. Aussi l'auteur expliquera-t-il succinctement ici les raisons qui l'ont obligé d'accepter des intitulés peu naturels en apparence.

Ferragus est, suivant une ancienne coutume, un nom pris par un chef de Dévorants. Le jour de leur élection, ces chefs continuent celle des dynasties dévorantesques dont le nom leur plaît le plus, comme le font les papes à leur avénement, pour les dynasties pontificales. Ainsi les Dévorants ont *Trempe-la-Soupe IX, Ferragus XXII, Tutanus XIII, Masche-Fer IV,* de même que l'Église a ses Clément XIV, Grégoire IX, Jules II, Alexandre VI, etc. Maintenant, que sont les Dévorants? Dévorants est le nom d'une des tribus de *Compagnons* ressortissant jadis de la grande association mystique formée entre les ouvriers de la chrétienté pour rebâtir le temple de Jérusalem. Le *Compagnonage* est encore debout en France dans le peuple. Ses traditions puissantes sur des têtes peu éclairées et sur des gens qui ne sont point assez instruits pour manquer à leurs serments, pourraient servir à de formidables entreprises, si quelque grossier génie voulait s'emparer de ces diverses sociétés. En effet, là, tous les instruments sont presque aveugles ; là, de ville en ville, existe pour les Compagnons depuis un temps immémorial, une *Obade*, espèce d'étape tenue par une Mère, vieille femme, bohémienne à demi, n'ayant rien à perdre, sachant tout ce qui se passe dans le pays, et dévouée, par peur ou par une longue habitude, à la tribu qu'elle loge et nourrit en détail. Enfin, ce peuple changeant, mais soumis à d'immuables coutumes, peut avoir des yeux en tous lieux, exécuter partout une volonté sans la juger, car le plus vieux Compagnon est encore dans l'âge où l'on croit à quelque chose. D'ailleurs, le corps entier professe des doctrines assez vraies, assez mystérieuses, pour électriser patriotiquement tous les adeptes si elles recevaient le moindre développement. Puis l'attachement des Compagnons à leurs lois est si passionné, que les diverses tribus se livrent entre elles de sanglants combats, afin de défendre quelques questions de principes. Heureusement pour l'ordre public actuel, quand un Dévorant est ambitieux il construit des maisons, fait fortune, et quitte le Compagnonage. Il y aurait beaucoup de choses curieuses à dire sur les *Compagnons du Devoir*, les rivaux des Dévorants, et sur toutes les différentes sectes d'ouvriers, sur leurs usages et leur fraternité, sur les rapports qui se trouvent entre eux et les francs-maçons ; mais ici ces détails seraient déplacés. Seulement, l'auteur ajoutera que sous l'ancienne monarchie il n'était pas sans exemple de trouver un Trempe-la-Soupe au service du roi, ayant place pour cent et un ans sur ses galères ; mais de là, dominant toujours sa tribu, consulté religieusement par elle ; puis, s'il quittait sa chiourme, certain de rencontrer aide, secours et respect en tous lieux. Voir son chef aux galères n'est pour la tribu fidèle qu'un de ces malheurs dont la Providence est responsable, mais qui ne dispense pas les Dévorants d'obéir au pouvoir créé par eux, au-dessus d'eux. C'est l'exil momentané de leur roi légitime, toujours roi pour eux. Voici donc le prestige romanesque attaché au nom de Ferragus et à celui de Dévorants complétement dissipé.

Quant aux Treize, l'auteur se sent assez fortement appuyé par les détails de cette histoire presque romanesque, pour abdiquer encore l'un des plus beaux priviléges de romancier dont il y ait exemple, et qui, sur le Châtelet de la littérature, pourrait s'adjuger à haut prix, et imposer le public d'autant de volumes que lui en a donné la CONTEMPORAINE. Les Treize étaient tous des hommes trempés comme le fut Trelawney, l'ami de lord Byron, et, dit-on, l'original du *Corsaire*; tous fatalistes, gens de cœur et de poésie, mais ennuyés de la vie plate qu'ils menaient, entraînés vers des jouissances asiatiques par des forces d'autant plus excessives que, long-temps endormies, elles se réveillaient plus furieuses. Un jour, l'un d'eux, après avoir relu *Venise sauvée*, après avoir admiré l'union sublime de Pierre et de Jaffier, vint à songer aux vertus particulières des gens jetés en dehors de l'ordre social, à la probité des bagnes, à la fidélité des voleurs entre eux, aux priviléges de puissance exorbitante que ces hommes savent conquérir en confondant toutes les idées dans une seule volonté. Il trouva l'homme plus grand que les hommes. Il présuma que la société devait appartenir tout entière à des gens distingués qui, à leur esprit naturel, à leurs lumières acquises, à leur fortune joindraient un fanatisme assez chaud pour fondre en un seul jet ces différentes forces. Dès lors, immense d'action et d'intensité, leur puissance occulte, contre laquelle l'ordre social serait sans défense, y renverserait les obstacles, foudroierait les volontés, et donnerait à chacun d'eux le pouvoir diabolique de tous. Ce monde à part dans le monde, hostile au monde, n'admettant aucune des idées du monde, n'en reconnaissant aucune loi, ne se soumettant qu'à la conscience de sa nécessité, n'obéissant qu'à un dévouement, agissant tout entier pour un seul des associés quand l'un d'eux réclamerait l'assistance de tous : cette vie de flibustiers en gants jaunes et en carrosse ; cette union intime de gens supérieurs, froids et railleurs, souriant et maudissant au milieu d'une société fausse et mesquine ; la certitude de tout faire plier sous un caprice, d'ourdir une vengeance avec habileté, de vivre dans treize cœurs ; puis le bonheur continu d'avoir un secret de haine en face des hommes, d'être toujours armé contre eux, et de pouvoir se retirer en soi avec une idée de plus que n'en avaient les gens les plus remarquables ; cette religion de plaisir et d'égoïsme fanatisa treize hommes qui recommencèrent la société de Jésus au profit du diable. Ce fut horrible et sublime. Puis le pacte eut lieu ; puis il dura, précisément parce qu'il paraissait impossible. Il y eut donc dans Paris treize frères qui s'appartenaient et se méconnaissaient tous dans le monde ; mais qui se retrouvaient réunis, le soir, comme des conspirateurs, ne se cachant aucune pensée, usant tour à tour d'une fortune semblable à celle du Vieux de la Montagne ; ayant les pieds dans tous les salons, les mains dans tous les coffres-forts, coudes dans la rue, leurs têtes sur tous les oreillers, et, sans scrupules, faisant tout servir à leur fantaisie. Aucun chef ne les commanda, personne ne put s'arroger le pouvoir; seulement la passion la plus vive, la circonstance la plus exigeante passait la première. Ce furent treize rois inconnus, mais réellement rois, et plus que rois, des juges et des bourreaux qui, s'étant fait des ailes pour parcourir la société du haut en bas, dédaignèrent d'y être quelque chose, parce qu'ils y pouvaient tout. Si l'auteur apprend les causes de leur abdication, il les dira.

Maintenant, il lui est permis de commencer le récit des trois épisodes qui, dans cette histoire, l'ont plus particulièrement séduit par la senteur parisienne des détails, et par la bizarrerie des contrastes.

Paris, 1831.

I.

FERRAGUS, CHEF DES DÉVORANTS.

A HECTOR BERLIOZ.

Il est dans Paris certaines rues déshonorées autant que peut l'être un homme coupable d'infamie; puis il existe des rues nobles, puis des rues simplement honnêtes, puis de jeunes rues sur la moralité desquelles le public ne s'est pas encore formé d'opinion; puis des rues assassines, des rues plus vieilles que de vieilles douairières ne sont vieilles, des rues estimables, des rues toujours propres, des rues toujours sales, des rues ouvrières, travailleuses, mercantiles. Enfin, les rues de Paris ont des qualités humaines, et nous impriment par leur physionomie certaines idées contre lesquelles nous sommes sans défense. Il y a des rues de mauvaise compagnie où vous ne voudriez pas demeurer, et des rues où vous placeriez volontiers votre séjour. Quelques rues, ainsi que la rue Montmartre, ont une belle tête et finissent en queue de poisson. La rue de la Paix est une large rue, une grande rue; mais elle ne réveille aucune des pensées gracieusement nobles qui surprennent une âme impressible au milieu de la rue Royale, et elle manque certainement de la majesté qui règne dans la place Vendôme. Si vous vous promenez dans les rues de l'île Saint-Louis, ne demandez raison de la tristesse nerveuse qui s'empare de vous qu'à la solitude, à l'air morne des maisons et des grands hôtels déserts. Cette île, le cadavre des fermiers-généraux, est comme la Venise de Paris. La place de la Bourse est babillarde, active, prostituée; elle n'est belle que par un clair de lune, à deux heures du matin : le jour, c'est un abrégé de Paris ; pendant la nuit, c'est comme une rêverie de la Grèce. La rue Traversière-Saint-Honoré n'est-elle pas une rue infâme? Il y a là de méchantes petites maisons à deux croisées, où, d'étage en étage, se trouvent des vices, des crimes, de la misère. Les rues étroites exposées au nord, où le soleil ne vient que trois ou quatre fois dans l'année, sont des rues assassines qui tuent impunément ; la Justice d'aujourd'hui ne s'en mêle pas; mais autrefois le Parlement eût peut-être mandé le lieutenant de police pour le vitupérer *à ces causes*, et aurait au moins rendu quelque arrêt contre la rue, comme jadis il en porta contre les perruques du chapitre de Beauvais. Cependant monsieur Benoiston de Châteauneuf a prouvé que la mortalité de ces rues était du double supérieure à celle des autres. Pour résumer ces idées par un exemple, la rue Fromenteau n'est-elle pas tout à la fois meurtrière et de mauvaise vie? Ces observations, incompréhensibles, au delà de Paris, seront sans doute saisies par ces hommes d'étude et de pensée, de poésie et de plaisir qui savent récolter, en flânant dans Paris, la masse de jouissances flottantes, à toute heure, entre ses murailles ; par ceux pour lesquels Paris est le plus délicieux des monstres : là, jolie femme ; plus loin, vieux et pauvre ; ici, tout neuf comme la monnaie d'un nouveau règne ; dans ce coin, élégant comme une femme à la mode. Monstre complet d'ailleurs! Ses greniers, espèce de tête pleine de science et de génie ; ses premiers étages, estomacs heureux ; ses boutiques, véritables pieds ; de là partent tous les trotteurs, tous les affairés. Eh! quelle vie toujours active a le monstre? A peine le dernier frétillement des dernières voitures de bal cesse-t-il au cœur que déjà ses bras se remuent aux Barrières, et il se secoue lentement. Toutes les portes bâillent, tournent sur leurs gonds, comme les membranes d'un grand homard, invisiblement manœuvrées par trente mille hommes ou femmes, dont chacune ou chacun vit dans six pieds carrés, y possède une cuisine, un atelier, un lit, des enfants, un jardin, n'y voit pas clair, et doit tout voir. Insensiblement les articulations craquent, le mouvement se communique, la rue parle. A midi, tout est vivant, les cheminées fument, le monstre mange; puis il rugit, puis ses mille pattes s'agitent. Beau spectacle! Mais, ô Paris! qui n'a pas admiré tes sombres paysages, tes échappées de lumière, tes culs-de-sac profonds et silencieux; qui n'a pas entendu tes murmures, entre minuit et deux heures du matin, ne connaît encore rien de ta vraie poésie, ni de tes bizarres et larges contrastes. Il est un petit nombre d'amateurs, de gens qui ne marchent jamais en écervelés, qui dégustent leur Paris, qui en possèdent si bien la physionomie qu'ils y voient une verrue, un bouton, une rougeur. Pour les autres, Paris est toujours cette monstrueuse merveille, étonnant assemblage de mouvements, de machines et de pensées, la ville aux cent mille romans, la tête du monde. Mais, pour ceux-là, Paris est triste ou gai, laid ou beau, vivant ou mort; pour eux, Paris est une créature; chaque homme, chaque fraction de maison est un lobe du tissu cellulaire de cette grande courtisane de laquelle ils connaissent parfaitement la tête, le cœur et les mœurs fantasques. Aussi ceux-là sont-ils les amants de Paris : ils lèvent le nez à tel coin de rue, sûrs d'y trouver le cadran d'une horloge; ils disent à un ami dont la tabatière est vide : Prends par tel passage, il y a un débit de tabac, à gauche, près d'un pâtissier qui a une jolie femme. Voyager dans Paris est, pour ces poètes, un luxe coûteux. Comment ne pas dépenser quelques minutes devant les drames, les désastres, les figures, les pittoresques accidents qui vous assaillent au milieu de cette mouvante reine des cités, vêtue d'affiches et qui néanmoins n'a pas un coin de propre, tant elle est complaisante aux vices de la nation française! A qui n'est-il pas arrivé de partir, le matin, de son logis pour aller aux extrémités de Paris, sans avoir pu en quitter le centre à l'heure du dîner? Ceux-là sauront excuser ce début vagabond qui, cependant, se résume par une observation éminemment utile et neuve, autant qu'une observation peut être neuve à Paris où il n'y a rien de neuf, pas même la statue posée d'hier sur laquelle un gamin a déjà mis son nom. Oui donc, il est des rues, ou des fins de rue, il est certaines maisons, inconnues pour la plupart aux personnes du grand monde, dans lesquelles une femme appartenant à ce monde ne saurait aller sans faire penser d'elle les choses les plus cruellement blessantes. Si cette femme est riche, si elle a voiture, si elle se trouve à pied ou déguisée, en quelques-uns de ces défilés du pays parisien, elle y compromet sa réputation d'honnête femme. Mais si, par hasard, elle y est venue à neuf heures du soir, les conjectures qu'un observateur peut se permettre deviennent épouvantables par leurs conséquences. Enfin, si cette femme est jeune et jolie, si elle entre dans quelque maison d'une de ces rues; si la maison a une allée longue et sombre, humide et puante; si au fond de l'allée tremblote la lueur pâle d'une lampe, et que sous cette lueur se dessine un horrible visage de vieille femme aux doigts décharnés; en vérité, disons-le, par intérêt pour les jeunes et jolies femmes, cette femme est perdue. Elle est à la merci du premier homme de sa connaissance qui la rencontre dans ces marécages parisiens. Mais il y a telle rue de Paris où cette rencontre peut devenir le drame le plus effroyablement terrible, un drame plein de sang et d'amour, un drame de l'école moderne. Malheureusement, cette conviction, ce dramatique sera, comme le drame moderne, compris par peu de personnes; et c'est grande pitié que de raconter une histoire à un public qui n'en épouse pas tout le mérite local. Mais qui peut se flatter d'être jamais compris ? Nous mourons tous inconnus. C'est le mot des femmes et celui des auteurs.

A huit heures et demie du soir, rue Pagevin, dans un temps où la rue Pagevin n'avait pas un mur qui ne répétât un mot infâme, et dans la direction de la rue Soly, la plus étroite et la moins praticable de toutes les rues de Paris, sans en excepter le coin le plus fréquenté de la rue la plus déserte ; au commencement du mois de février, il y a de cette aventure environ treize ans, un jeune homme, par l'un de ces hasards qui n'arrivent pas deux fois dans la vie, tournait, à pied, le coin de la rue Pagevin pour entrer dans la rue des Vieux-Augustins, du côté droit, où se trouve précisément la rue Soly. Là, ce jeune homme, qui demeurait, lui, rue de Bourbon, trouva dans la femme, à quelques pas de laquelle il marchait fort insouciamment, de vagues ressemblances avec la plus jolie femme de Paris, une chaste et délicieuse personne de laquelle il était en secret passionnément amoureux, et amoureux sans espoir : elle était mariée. En un moment son cœur bondit, une chaleur intolérable sourdit de son diaphragme et passa dans toutes ses veines, il eut froid dans le dos, et sentit dans sa tête un frémissement

superficiel. Il aimait, il était jeune, il connaissait Paris ; et sa perspicacité ne lui permettait pas d'ignorer tout ce qu'il y avait d'infamie possible pour une femme élégante, riche, jeune et jolie, à se
promener là, d'un pied criminellement furtif. *Elle*, dans cette
crotte, à cette heure ! L'amour que ce jeune homme avait pour
cette femme pourra sembler bien romanesque, et d'autant plus
même qu'il était officier dans la garde royale. S'il eût été dans l'in-
fanterie, la chose serait encore vraisemblable ; mais officier supérieur de cavalerie, il appartenait à l'arme française qui veut le plus
de rapidité dans ses conquêtes, qui tire vanité de ses mœurs amoureuses autant que de son costume. Cependant la passion de cet officier était vraie, et à beaucoup de jeunes cœurs elle paraîtra
grande. Il aimait cette femme parce qu'elle était vertueuse, il en
aimait la vertu, la grâce décente, l'imposante sainteté, comme les
plus chers trésors de sa passion inconnue. Cette femme était vraiment digne d'inspirer un de ces amours platoniques qui se rencontrent comme des fleurs au milieu de ruines sanglantes dans l'histoire
du Moyen Age ; digne d'être secrètement le principe de toutes les
actions d'un homme jeune ; amour aussi haut, aussi pur que le ciel
quand il est bleu ; amour sans espoir et auquel on s'attache, parce
qu'il ne trompe jamais ; amour prodigue de jouissances effrénées,
surtout à un âge où le cœur est brûlant, l'imagination mordante,
et où les yeux d'un homme voient bien clair. Il se rencontre dans
Paris des effets de nuits singuliers, bizarres, inconcevables. Ceux-là
seulement qui se sont amusés à les observer savent combien la
femme y devient fantastique à la brune. Tantôt la créature que
vous y suivez, par hasard ou à dessein, vous paraît svelte ; tantôt
le bas, s'il est bien blanc, vous fait croire à des jambes fines et élégantes ; puis la taille, quoique enveloppée d'un châle, d'une pelisse
se relève jeune et voluptueuse dans l'ombre ; enfin les clartés in-
certaines d'une boutique ou d'un réverbère donnent à l'inconnue
un éclat fugitif, presque toujours trompeur qui réveille, allume
l'imagination et la lance au delà du vrai. Les sens s'émeuvent alors,
tout se colore et s'anime ; la femme prend un aspect tout nouveau ;
son corps s'embellit ; par moments ce n'est plus une femme, c'est
un démon, un feu follet qui vous entraîne par un ardent magnétisme jusqu'à une maison décente où la pauvre bourgeoise, ayant
peur de votre pas menaçant ou de vos bottes retentissantes, vous
ferme la porte cochère au nez sans vous regarder. La lueur vacil-

lante que projetait le vitrage d'une boutique de cordonnier illumina soudain, précisément à la chute des reins, la taille de la femme qui se trouvait devant le jeune homme. Ah! certes, *elle* seule était ainsi cambrée! Elle seule avait le secret de cette chaste démarche qui met innocemment en relief les beautés des formes les plus attrayantes. C'était et son châle du matin et le chapeau de velours du matin. A son bas de soie gris, pas une mouche, à son soulier pas une éclaboussure. Le châle était bien collé sur le buste, il en dessinait vaguement les délicieux contours, et le jeune homme en avait vu les blanches épaules au bal ; il savait tout ce que ce châle couvrait de trésors. A la manière dont s'entortille une Parisienne dans son châle, à la manière dont elle lève le pied dans la rue, un homme d'esprit devine le secret de sa course mystérieuse. Il y a je ne sais quoi de frémissant, de léger dans la personne et dans la démarche : la femme semble peser moins, elle va, elle va, ou mieux elle file comme une étoile, et vole emportée par une pensée que trahissent les plis et les jeux de sa robe. Le jeune homme hâta le pas, devança la femme, se retourna pour la voir... Pst! elle avait disparu dans une allée dont la porte à claire-voie et à grelot claquait et sonnait. Le jeune homme revint, et vit cette femme montant au fond de l'allée, non sans recevoir l'obséquieux salut d'une vieille portière, un tortueux escalier dont les premières marches étaient fortement éclairées ; et madame montait lestement, vivement, comme doit monter une femme impatiente.

— Impatiente de quoi? se dit le jeune homme qui se recula pour se coller en espalier sur le mur de l'autre côté de la rue. Et il regarda, le malheureux, tous les étages de la maison avec l'attention d'un agent de police cherchant son conspirateur.

C'était une de ces maisons comme il y en a des milliers à Paris, maison ignoble, vulgaire, étroite, jaunâtre de ton, à quatre étages et à trois fenêtres. La boutique et l'entresol appartenaient au cordonnier. Les persiennes du premier étage étaient fermées. Où allait madame? Le jeune homme crut entendre les tintements d'une sonnette dans l'appartement du second. Effectivement, une lumière s'agita dans une pièce à deux croisées fortement éclairées, et illumina soudain la troisième dont l'obscurité annonçait une première chambre sans doute le salon ou la salle à manger de l'appartement. Aussitôt la silhouette d'un chapeau de femme se dessina vaguement, la porte se ferma, la première pièce redevint obscure, puis les deux dernières croisées reprirent leurs teintes rouges. Là, le jeune homme entendit : *Gare*, et reçut un coup à l'épaule.

— Vous ne faites donc attention à rien, dit une grosse voix. C'était la voix d'un ouvrier portant une longue planche sur son épaule. Et l'ouvrier passa. Cet ouvrier était l'homme de la Providence, disant à ce curieux : — De quoi te mêles-tu ? Songe à ton service, et laisse les Parisiens à leurs petites affaires.

Le jeune homme se croisa les bras ; puis, n'étant vu de personne, il laissa rouler sur ses joues des larmes de rage sans les essuyer. Enfin, la vue des ombres qui se jouaient sur ces deux fenêtres éclairées lui faisait mal, il regarda au hasard dans la partie supérieure de la rue des Vieux-Augustins, et il vit un fiacre arrêté le long d'un mur, à un endroit où il n'y avait ni porte de maison ni lueur de boutique.

Est-ce elle ? n'est-ce pas elle ? La vie ou la mort pour un amant. Et cet amant attendait. Il resta là pendant un siècle de vingt minutes. Après, la femme descendit, et il reconnut alors celle qu'il aimait secrètement. Néanmoins il voulut douter encore. L'inconnue alla vers le fiacre et y monta.

— La maison sera toujours là, je pourrai toujours la fouiller, se dit le jeune homme qui suivit la voiture en courant afin de dissiper ses derniers doutes, et bientôt il n'en conserva plus.

Le fiacre s'arrêta rue de Richelieu, devant la boutique d'un magasin de fleurs, près de la rue de Ménars. La dame descendit, entra dans la boutique, envoya l'argent dû au cocher, et sortit après avoir choisi des marabouts. Des marabouts pour ses cheveux noirs ! Brune, elle avait approché le plumage de sa tête pour en voir l'effet. L'officier croyait entendre la conversation de cette femme avec les fleuristes.

— Madame, rien ne va mieux aux brunes, les brunes ont quelque chose de trop précis dans les contours, et les marabouts prêtent à leur toilette un *flou* qui leur manque. Madame la duchesse de Langeais dit que cela donne à une femme quelque chose de vague, d'ossianique et de très-comme il faut.

— Bien. Envoyez-les moi promptement.

Puis la dame tourna lestement vers la rue de Ménars, et rentra chez elle. Quand la porte de l'hôtel où elle demeurait fut fermée, le jeune amant, ayant perdu toutes ses espérances, et, double malheur, ses plus chères croyances, alla dans Paris comme un homme ivre, et se trouva bientôt chez lui sans savoir comment il y était venu. Il se jeta dans un fauteuil, resta les pieds sur ses chenets, la tête entre ses mains, séchant ses bottes mouillées, les brûlant même. Ce fut un moment affreux, un de ces moments où, dans la vie humaine, le caractère se modifie, et où la conduite du meilleur homme dépend du bonheur ou du malheur de sa première action. Providence ou Fatalité, choisissez.

Ce jeune homme appartenait à une bonne famille dont la noblesse n'était pas d'ailleurs très-ancienne ; mais il y a si peu d'anciennes familles aujourd'hui, que tous les jeunes gens sont anciens sans conteste. Son aïeul avait acheté une charge de Conseiller au Parlement de Paris, où il était devenu Président. Ses fils, pourvus chacun d'une belle fortune, entrèrent au service, et, par leurs alliances, arrivèrent à la cour. La révolution avait balayé cette famille ; mais il en était resté une vieille douairière entêtée qui n'avait pas voulu émigrer ; qui, mise en prison, menacée de mourir et sauvée au 9 thermidor, retrouva ses biens. Elle fit revenir en temps utile, vers 1804, son petit-fils Auguste de Maulincour, l'unique rejeton des Carbonnon de Maulincour, qui fut élevé par la bonne douairière avec un triple soin de mère, de femme noble et de douairière entêtée. Puis, quand vint la Restauration, le jeune homme, alors âgé de dix-huit ans, entra dans la Maison-Rouge, suivit les princes à Gand, fut fait officier dans les Gardes du corps, en sortit pour servir dans la Ligne, fut rappelé dans la Garde royale, où il se trouvait alors, à vingt-trois ans, chef d'escadron d'un régiment de cavalerie, position superbe, et due à sa grand'mère, qui, malgré son âge, savait très-bien son monde. Cette double biographie est le résumé de l'histoire générale et particulière, sauf les variantes, de toutes les familles qui ont émigré, qui avaient des dettes et des biens, des douairières et de l'entregent. Madame la baronne de Maulincour avait pour ami le vieux vidame de Pamiers, ancien Commandeur de l'Ordre de Malte. C'était une de ces amitiés éternelles fondées sur des liens sexagénaires, et que rien ne peut plus tuer, parce qu'au fond de ces liaisons il y a toujours des secrets de cœur humain, admirables à deviner quand on en a le temps, mais insipides à expliquer en vingt lignes, et qui feraient le texte d'un ouvrage en quatre volumes, amusant comme peut l'être *le Doyen de Killerine*, une de ces œuvres dont parlent les jeunes gens, et qu'ils jugent sans les avoir lues. Auguste de Maulincour tenait donc au faubourg Saint-Germain par sa grand'mère et par le vidame, et il lui suffisait de dater de deux siècles pour prendre les airs et les opinions de ceux qui prétendent remonter à Clovis. Ce jeune homme pâle, long et fluet, délicat en apparence, homme d'honneur et de vrai courage d'ailleurs, qui se battait en duel sans hésiter pour un oui, pour un non, ne s'était encore trouvé sur aucun champ de bataille, et portait à sa boutonnière la croix de la Légion-d'Honneur. C'était, vous le voyez, une des fautes vivantes de la Restauration, peut-être la plus pardonnable. La jeunesse de ce temps n'a été la jeunesse d'aucune époque : elle s'est rencontrée entre les souvenirs de l'Empire et les souvenirs de l'Émigration, entre les vieilles traditions de la cour et les études consciencieuses de la bourgeoisie, entre la religion et les bals costumés, entre deux Foi politiques, entre Louis XVIII qui ne voyait que le présent, et Charles X qui voyait trop en avant; puis, obligée de respecter la volonté du roi quoique la royauté se trompât. Cette jeunesse incertaine en tout, aveugle et clairvoyante, ne fut comptée pour rien par des vieillards jaloux de garder les rênes de l'État dans leurs mains débiles, tandis que la monarchie pouvait être sauvée par leur retraite, et par l'accès de cette jeune France de laquelle aujourd'hui les vieux doctrinaires, ces émigrés de la Restauration, se moquent encore. Auguste de Maulincour était une victime des idées qui pesaient alors sur cette jeunesse, et voici comment. Le vidame était encore, à soixante-sept ans, un homme très-spirituel, ayant beaucoup vu, beaucoup vécu, contant bien, homme d'honneur, galant homme, mais qui avait, à l'endroit des femmes, les opinions les plus détestables : il les aimait et les méprisait. Leur honneur, leurs sentiments? Tarare, bagatelles et momeries! Près d'elles, il croyait en elles, le ci-devant *monstre*, il ne les contredisait jamais, et les faisait valoir. Mais, entre amis, quand il en était question, le vidame posait en principe que tromper les femmes, mener plusieurs intrigues de front, devait être toute l'occupation des jeunes gens, qui se fourvoyaient en voulant se mêler d'autre chose dans l'État. Il est fâcheux d'avoir à esquisser un portrait si suranné. N'a-t-il pas figuré partout? et littéralement, n'est-il pas presque aussi usé que celui d'un grenadier de l'empire? Mais le vidame eut sur la destinée de monsieur de Maulincour une influence qu'il était nécessaire de consacrer; il le moralisait à sa manière, et voulait le convertir aux doctrines du grand siècle de la galanterie. La douairière, femme tendre et pieuse, assise entre son vidame et Dieu, modèle de grâce et de douceur, mais douée d'une persistance de bon goût qui triomphe de tout à la longue, avait voulu conserver à son petit-fils les belles illusions de la vie, et l'avait élevé dans les meilleurs principes ; elle lui donna toutes ses délicatesses, et en fit un homme timide, un vrai sot en apparence. La sensibilité de ce garçon, conservée pure, ne s'usa point au dehors, et lui resta si pudique, si chatouilleuse, qu'il était vivement offensé par des actions et des maximes auxquelles le monde n'attachait aucune importance. Honteux de sa susceptibilité, le jeune homme la cachait sous une assurance menteuse, et souffrait en silence ; mais il se moquait, avec les autres, de choses que seul il admirait. Aussi fut-il trompé, parce que, suivant un caprice assez commun de la destinée, il rencontra dans l'objet de sa première passion, lui, homme de douce mélancolie et spiritualiste en amour, une femme qui avait pris en horreur la sensiblerie allemande. Le jeune homme douta de lui, devint rêveur, et se roula dans ses chagrins, en se plaignant de ne pas être compris. Puis, comme nous désirons d'autant plus violemment les choses qu'il nous est plus difficile de les avoir, il continua d'adorer les femmes avec cette ingénieuse tendresse et ces félines délicatesses dont le secret leur appartient et dont peut-être veulent-elles garder le monopole. En effet, quoique les femmes se plaignent d'être mal aimées par les hommes, elles ont néanmoins peu de goût pour ceux dont l'âme est à demi féminine. Toute leur supériorité consiste à faire croire aux hommes qu'ils leur sont inférieurs en amour ; aussi quittent-elles assez volontiers un amant, quand il est assez inexpérimenté pour leur ravir les craintes dont elles veulent se parer, ces délicieux tourments de la jalousie à faux, ces troubles de l'espoir trompé, ces vaines attentes, enfin tout le cortége de leurs bonnes misères de femmes ; elles ont en horreur les Grandisson. Qu'y a-t-il de plus contraire à leur nature qu'un amour tranquille et parfait ? Elles veulent des émotions, et le bonheur sans orages n'est plus le bonheur pour elles. Les âmes féminines assez puissantes pour mettre l'infini dans l'amour, constituent d'angéliques exceptions, et sont parmi les femmes ce que sont les beaux génies parmi les hommes. Les grandes passions sont rares comme les chefs-d'œuvre. Hors cet amour, il n'y a que des arrangements, des irritations passagères, méprisables, comme tout ce qui est petit.

 Au milieu des secrets désastres de son cœur, pendant qu'il cherchait une femme par laquelle il pût être compris, recherche qui, pour le dire en passant, est la grande folie amoureuse de notre époque, Auguste rencontra dans le monde le plus éloigné du sien, dans la seconde sphère du monde d'argent où la haute banque tient le premier rang, une créature parfaite, une de ces femmes qui ont je ne sais quoi de saint et de sacré, qui inspirent tant de respect, que l'amour a besoin de tous les secours d'une longue familiarité pour se déclarer. Auguste se livra donc tout entier aux délices de la plus touchante et de la plus profonde des passions, à un amour purement admiratif. Ce fut d'innombrables désirs réprimés, nuances de passion si vagues et si profondes, si fugitives et si frappantes, qu'on ne sait à quoi les comparer; elles ressemblent à des parfums, à des nuages, à des rayons de soleil, à des ombres, à tout ce qui, dans la nature, peut en un moment briller et disparaître, se raviver et mourir, en laissant au cœur de longues émotions. Dans le moment où l'âme est encore assez jeune pour concevoir la mélancolie, les lointaines espérances, et sait trouver dans la femme plus qu'une femme, n'est-ce pas le plus grand bonheur qui puisse échoir à un homme que d'aimer assez pour ressentir plus de joie à toucher un gant blanc, à effleurer des cheveux, à écouter une phrase, à jeter un regard, que la possession la plus fougueuse n'en donne à l'amour heureux? Aussi, les gens rebutés, les laides, les malheureux, les amants inconnus, les femmes ou les hommes timides, connaissent-ils seuls les trésors que renferme la voix de la personne aimée. En prenant leur source et leur principe dans l'âme même, les vibrations de l'air chargé de feu mettent si violemment les cœurs en rapport, y portent si lucidement la pensée, et sont si peu menteuses, qu'une seule inflexion est souvent tout un dénoûment. Combien d'enchantements ne prodigue pas au cœur d'un poète le timbre harmonieux d'une voix douce? combien d'idées elle y réveille! quelle fraîcheur elle y répand! L'amour est dans la voix avant d'être avoué par le regard. Auguste, poète à la manière des amants (il y a les poètes qui sentent et les poètes qui expriment, les premiers sont les plus heureux), Auguste avait savouré toutes ces joies premières, si larges, si fécondes. *Elle* possédait le plus flatteur organe que la femme la plus artificieuse ait jamais souhaité pour pouvoir tromper à son aise; elle avait cette voix d'argent qui, douce à l'oreille, n'est éclatante que pour le cœur qu'elle trouble et remue, qu'elle caresse en le bouleversant. Et cette femme allait le soir rue Soly, près la rue Pagevin; et sa furtive apparition dans une infâme maison venait de briser la plus magnifique des passions ! La logique du vidame triompha.

— Si elle trahit son mari, nous nous vengerons, dit Auguste.

Il y avait encore de l'amour dans le si... Le doute philosophique de Descartes est une politesse par laquelle il faut toujours honorer la vertu. Dix heures sonnèrent. En ce moment le baron de Maulincour se rappela que cette femme devait aller au bal dans une maison où il avait accès. Sur-le-champ il s'habilla, partit, arriva, la chercha d'un air sournois dans les salons. Madame de Nucingen, le voyant si affairé, lui dit : — Vous ne voyez pas madame Jules, mais elle n'est pas encore venue.

— Bonjour, ma chère, dit une voix.

Auguste et madame de Nucingen se retournent. Madame Jules arrivait vêtue de blanc, simple et noble, coiffée précisément avec les marabouts que le jeune baron lui avait vu choisir dans le magasin de fleurs. Cette voix d'amour perça le cœur d'Auguste. S'il avait su conquérir le moindre droit qui lui permît d'être jaloux de cette femme, il aurait pu la pétrifier en lui disant : — Rue Soly ! Mais quand lui, étranger, eût mille fois répété ce mot à l'oreille de madame Jules, elle lui aurait avec étonnement demandé ce qu'il voulait dire : il la regarda d'un air stupide.

Pour les gens méchants et qui rient de tout, c'est peut-être un grand amusement que de connaître le secret d'une femme, de savoir que sa chasteté ment, que sa figure calme cache une pensée profonde, qu'il y a quelque épouvantable drame sous son front pur. Mais il y a certaines âmes qu'un tel spectacle contriste réellement, et beaucoup de ceux qui en rient, rentrés chez eux, seuls avec leur conscience, maudissent le monde et méprisent une telle femme. Tel se trouvait Auguste de Maulincour en présence de madame Jules. Situation bizarre ! Il n'existait pas entre eux d'autres rapports que ceux qui s'établissent dans le monde entre gens qui échangent quelques mots sept ou huit fois par hiver, et il lui demandait compte d'un bonheur ignoré d'elle, il la jugeait sans lui faire connaître l'accusation.

Beaucoup de jeunes gens se sont trouvés ainsi, rentrant chez eux, désespérés d'avoir rompu pour toujours avec une femme adorée en secret ; condamnée, méprisée en secret. C'est des monologues inconnus, dits aux murs d'un réduit solitaire, des orages nés et calmés sans être sortis du fond des cœurs, d'admirables scènes du monde moral, auxquelles il faudrait un peintre. Madame Jules alla s'asseoir, en quittant son mari qui fit le tour du salon. Quand elle fut assise, elle se trouva comme gênée, et, tout en causant avec sa voisine, elle jetait furtivement un regard sur monsieur Jules Desmarets, son mari, l'Agent de change du baron de Nucingen. Voici l'histoire de ce ménage.

Monsieur Desmarets était, cinq ans avant son mariage, placé chez un Agent de change, et n'avait alors pour toute fortune que les maigres appointements d'un commis. Mais c'était un de ces hommes auxquels le malheur apprend hâtivement les choses de la vie, et qui suivent la ligne droite avec la ténacité d'un insecte voulant arriver à son gîte; un de ces jeunes gens têtus qui font les morts devant les obstacles et lassent toutes les patiences par une patience de cloporte. Ainsi, jeune, il avait toutes les vertus républicaines des peuples pauvres : il était sobre, avare de son temps, ennemi des plaisirs. Il attendait. La nature lui avait d'ailleurs donné les immenses avantages d'un extérieur agréable. Son front calme et pur; la coupe de sa figure placide, mais expressive; ses manières simples, tout en lui révélait une existence laborieuse et résignée, cette haute dignité personnelle qui impose, et cette secrète noblesse de cœur qui résiste à toutes les situations. Sa modestie inspirait une sorte de respect à tous ceux qui le connaissaient. Solitaire d'ailleurs au milieu de Paris, il ne voyait le monde que par échappées, pendant le peu de moments qu'il passait dans le salon de son patron, les jours de fête. Il y avait chez ce jeune homme, comme chez la plupart des gens qui vivent ainsi, des passions d'une étonnante profondeur; passions trop vastes pour se compromettre jamais dans de petits incidents. Son peu de fortune l'obligeait à une vie austère, et il domptait ses fantaisies par de grands travaux. Après avoir pâli sur les chiffres, il se délassait en essayant avec obstination d'acquérir cet ensemble de connaissances, aujourd'hui nécessaires à tout homme qui veut se faire remarquer dans le monde, dans le Commerce, au Barreau, dans la Politique ou dans les Lettres. Le seul écueil que rencontrent ces belles âmes est leur probité même. Voient-ils une pauvre fille, ils s'en amourachent, l'épousent, et usent leur existence à se débattre entre la misère et l'amour. La plus belle ambition s'éteint dans le livre de dépense du ménage. Jules Desmarets donna pleinement dans cet écueil. Un soir, il vit chez son patron une jeune personne de la plus rare beauté.

Les malheureux privés d'affection, et qui consument les belles heures de la jeunesse en de longs travaux, ont seul le secret des rapides ravages que fait une passion dans leurs cœurs désertés, méconnus. Ils sont si certains de bien aimer, toutes leurs forces se concentrent si promptement sur la femme de laquelle ils s'éprennent, que, près d'elle, ils reçoivent de délicieuses sensations en n'en donnant souvent aucune. C'est le plus flatteur de tous les égoïsmes pour la femme qui sait deviner cette apparente immobilité de la passion et ces atteintes si profondes qu'il leur faut quelque temps pour reparaître à la surface humaine. Ces pauvres gens, anachorètes au sein de Paris, ont toutes les jouissances des anachorètes, et peuvent parfois succomber à leurs tentations ; mais plus souvent trompés, trahis, mésentendus, il leur est rarement permis de recueillir les doux fruits de cet amour qui, pour eux, est toujours comme une fleur tombée du ciel. Un sourire de sa femme, une seule inflexion de voix suffirent à Jules Desmarets pour concevoir une passion sans bornes. Heureusement, le feu concentré de cette passion secrète se révéla naïvement à celle qui l'inspirait. Ces deux êtres s'aimèrent alors religieusement. Pour tout exprimer en un mot, ils se prirent sans honte tous deux par la main, au milieu du monde, comme deux enfants, frère et sœur, qui veulent traverser une foule où chacun leur fait place en les admirant. La jeune personne était dans une de ces circonstances affreuses où l'égoïsme a placé certains enfants. Elle n'avait pas d'État-Civil, et son nom de *Clémence,* son âge furent constatés par un acte de notoriété publique. Quant à sa fortune, c'était peu de chose. Jules Desmarets fut l'homme le plus heureux en apprenant ces malheurs. Si Clémence eût appartenu à quelque famille opulente, il aurait désespéré de l'obtenir ; mais elle était une pauvre enfant de l'amour, le fruit de quelque terrible passion adultérine : ils s'épousèrent. Là, commença pour Jules Desmarets une série d'événements heureux. Chacun envia son bonheur, et ses jaloux l'accusèrent dès lors de n'avoir que du bonheur, sans faire la part à ses vertus ni à son courage. Quelques jours après le mariage de sa fille, la mère de Clémence, qui, dans le monde, passait pour en être la marraine, dit à Jules Desmarets d'acheter une charge d'Agent de change, en promettant de lui procurer tous les capitaux nécessaires. En ce moment, ces Charges étaient encore à un prix modéré. Le soir, dans le salon même de son Agent de change, un riche capitaliste proposa, sur la recommandation de cette dame, à Jules Desmarets, le plus avantageux marché qu'il fût possible de conclure, lui donna autant de fonds qu'il lui en fallait pour exploiter son privilége, et le lendemain l'heureux commis avait acheté la charge de son patron. En quatre ans, Jules Desmarets était devenu l'un des plus riches particuliers de sa compagnie ; des clients considérables vinrent augmenter le nombre de ceux que lui avait légués son prédécesseur. Il inspirait une confiance sans bornes, et il lui était impossible de méconnaître, dans la manière dont les affaires se présentaient à lui, quelque influence occulte due à sa belle-mère ou à une protection secrète qu'il attribuait à la Providence. Au bout de la troisième année, Clémence perdit sa marraine. En ce moment, monsieur Jules, que l'on nommait ainsi pour le distinguer de son frère aîné, qu'il avait établi notaire à Paris, possédait environ deux cent mille livres de rente. Il n'existait pas dans Paris un second exemple du bonheur dont jouissait ce ménage. Depuis cinq ans cet amour exceptionnel n'avait été troublé que par une calomnie dont monsieur Jules tira la plus éclatante vengeance. Un de ses anciens camarades attribuait à madame Jules la fortune de son mari, qu'il expliquait par une haute protection chèrement achetée. Le calomniateur fut tué en duel. La passion profonde des deux époux l'un pour l'autre, et qui résistait au mariage, obtenait dans le monde le plus grand succès, quoiqu'elle contrariât plusieurs femmes. Le joli ménage était respecté, chacun le fêtait. L'on aimait sincèrement monsieur et madame Jules, peut-être parce qu'il n'y a rien de plus doux à voir que des gens heureux ; mais ils ne restaient jamais longtemps dans les salons, et s'en sauvaient impatients de gagner leur nid à tire-d'ailes comme deux colombes égarées. Ce nid était d'ailleurs un grand et bel hôtel de la rue de Ménars, où le sentiment des arts tempérait ce luxe que la gent financière continue à étaler traditionnellement, et où les deux époux recevaient magnifiquement, quoique les obligations du monde leur convinssent peu. Néanmoins, Jules subissait le monde, sachant que, tôt ou tard, une famille en a besoin ; mais sa femme et lui s'y trouvaient toujours comme des plantes de serre au milieu d'un orage. Par une délicatesse bien naturelle, Jules avait caché soigneusement à sa femme et la calomnie et la mort du calomniateur qui avait failli troubler leur félicité. Madame Jules était portée, par sa nature artiste et délicate, à aimer le luxe. Malgré la terrible leçon du duel, quelques femmes imprudentes se disaient à l'oreille que madame Jules devait se trouver souvent gênée. Les vingt mille francs que lui accordait son mari pour sa toilette et pour ses fantaisies ne pouvaient pas, suivant leurs calculs, suffire à ses dépenses. En effet, on la trouvait souvent bien plus élégante, chez elle, qu'elle ne l'était pour aller dans le monde. Elle aimait à ne se parer que pour son mari, voulant lui prouver ainsi que, pour elle, il était plus que le monde. Amour vrai, amour pur, heureux surtout, autant que le peut être un amour publiquement clandestin. Aussi monsieur Jules, toujours amant, plus amoureux chaque jour, heureux de tout près de sa femme, même de ses caprices, était-il inquiet de ne pas lui en voir, comme si c'eût été le symptôme de quelque maladie. Auguste de Maulincour avait eu le malheur de se heurter contre cette passion, et de s'éprendre de cette femme à en perdre la tête. Cependant, quoiqu'il portât en son cœur un amour si sublime, il n'était pas ridicule. Il se laissait aller à toutes les exigences des mœurs militaires ; mais il avait constamment, même en buvant un verre de vin de Champagne, cet air rêveur, ce silencieux dédain de l'existence, cette figure nébuleuse qu'ont, à divers titres, les gens blasés, les gens peu satisfaits d'une vie creuse, et ceux qui se croient poitrinaires ou se gratifient d'une maladie au cœur. Aimer sans espoir, être dégoûté de la vie, constituent aujourd'hui des positions sociales. Or, la tentative de violer le cœur d'une souveraine donnerait peut-être plus d'espérances qu'un amour follement conçu pour une femme heureuse. Aussi Maulincour avait-il des raisons suffisantes pour rester grave et morne. Une reine a encore la vanité de sa puissance, elle a contre elle son élévation ; mais une bourgeoise religieuse est comme un hérisson, comme une huître dans leurs rudes enveloppes.

En ce moment, le jeune officier se trouvait près de sa maîtresse anonyme, qui ne savait certes pas être doublement infidèle. Madame Jules était là, naïvement posée, comme la femme la moins artificieuse du monde, douce, pleine d'une sérénité majestueuse. Quel abîme est donc la nature humaine ? Avant d'entamer la conversation, le baron regardait alternativement et cette femme et son mari. Que de réflexions ne fit-il pas ? Il recomposa toutes les Nuits d'Young en un moment. Cependant la musique retentissait dans les appartements, la lumière y était versée par mille bougies, c'était un bal de banquier, une de ces fêtes insolentes par lesquelles ce monde d'or mat essayait de narguer les salons d'or moulu où riait la bonne compagnie du faubourg Saint-Germain, sans prévoir qu'un jour la Banque envahirait le Luxembourg et s'assiérait sur le trône. Les conspirations dansaient alors, aussi insouciantes des futures faillites du pouvoir que des futures faillites de la Banque. Les salons dorés de monsieur le baron de Nucingen avaient cette animation particulière que le monde de Paris, joyeux en apparence du moins, donne aux fêtes de Paris. Là, les hommes de talent communiquent aux sots leur esprit, et les sots leur communiquent cet air heureux qui les caractérise. Par cet échange, tout s'anime. Mais une fête de Paris ressemble toujours un peu à un feu d'artifice : esprit, coquetterie, plaisir, tout y brille et s'y éteint comme des fusées. Le lendemain, chacun a oublié son esprit, ses coquetteries et son plaisir.

— Eh quoi! se dit Auguste en forme de conclusion, les femmes sont donc telles que le vidame les voit? Certes, toutes celles qui dansent ici sont moins irréprochables que ne le paraît madame Jules, et madame Jules va rue Soly. La rue Soly était sa maladie, le mot seul lui crispait le cœur.

— Madame, vous ne dansez donc jamais? lui demanda-t-il.

— Voici la troisième fois que vous me faites cette question depuis le commencement de l'hiver, dit-elle en souriant.

— Mais vous ne m'avez peut-être jamais répondu.

— Cela est vrai,

— Je savais bien que vous étiez fausse comme le sont toutes les femmes...

Et madame Jules continua de rire.

— Écoutez, monsieur, si je vous disais la véritable raison, elle vous paraîtrait ridicule. Je ne pense pas qu'il y ait fausseté à ne pas dire des secrets dont le monde a l'habitude de se moquer.

— Tout secret veut, pour être dit, une amitié de laquelle je ne suis sans doute pas digne, madame. Mais vous ne sauriez avoir que de nobles secrets, et me croyez-vous donc capable de plaisanter sur des choses respectables ?

— Oui, dit-elle, vous, comme tous les autres, vous riez de nos sentiments les plus durs; vous les calomniez. D'ailleurs, je n'ai pas de secrets. J'ai le droit d'aimer mon mari à la face du monde, je le dis, j'en suis orgueilleuse; et si vous vous moquez de moi en apprenant que je ne danse qu'avec lui, j'aurai la plus mauvaise opinion de votre cœur.

— Vous n'avez jamais dansé, depuis votre mariage, qu'avec votre mari?

— Oui, monsieur. Son bras est le seul sur lequel je me su appuyée, et je n'ai jamais senti le contact d'aucun autre homme.

— Votre médecin ne vous a pas même tâté le pouls?...

— Eh! bien, voilà que vous vous moquez.

— Non, madame, je vous admire parce que je vous comprends. Mais vous laissez entendre votre voix, mais vous vous laissez voir, mais... enfin, vous permettez à nos yeux d'admirer...

— Ah! voilà mes chagrins, dit-elle en l'interrompant. Oui, j'aurais voulu qu'il fût possible à une femme mariée de vivre avec son mari comme une maîtresse vit avec son amant : car alors...

— Alors, pourquoi étiez-vous, il y a deux heures, à pied, déguisée, rue Soly?

— Qu'est-ce que c'est que la rue Soly? lui demanda-t-elle.

Et sa voix si pure ne laissa deviner aucune émotion, et aucun trait ne vacilla dans son visage, et elle ne rougit pas, et elle resta calme.

— Quoi! vous n'êtes pas montée au second étage d'une maison située rue des Vieux-Augustins, au coin de la rue Soly? Vous n'aviez pas un fiacre à dix pas, et vous n'êtes pas revenue rue de Richelieu, chez la fleuriste, où vous avez choisi les marabouts qui parent maintenant votre tête?

— Je ne suis pas sortie de chez moi ce soir.

En mentant ainsi, elle était impassible et rieuse, elle s'éventait; mais qui eût eu le droit de passer la main sur sa ceinture, au milieu du dos, l'aurait peut-être trouvée humide. En ce moment, Auguste se souvint des leçons du vidame.

— C'était alors une personne qui vous ressemble étrangement, ajouta-t-il d'un air crédule.

— Monsieur, dit-elle, si vous êtes capable de suivre une femme et de surprendre ses secrets, vous me permettrez de vous dire que cela est mal, très-mal, et je vous fais l'honneur de ne pas vous croire.

Le baron s'en alla, se plaça devant la cheminée, et parut pensif. Il baissa la tête; mais son regard était attaché sournoisement sur madame Jules, qui, ne pensant pas au jeu des glaces, jeta sur lui deux ou trois coups d'œil empreints de terreur. Madame Jules fit un signe à son mari, elle en prit le bras en se levant pour se promener dans les salons. Quand elle passa près de monsieur de Maulincour, celui-ci, qui causait avec un de ses amis, dit à haute voix, comme s'il répondait à une interrogation : — C'est une femme qui ne dormira certes pas tranquillement cette nuit... Madame Jules s'arrêta, lui lança un regard imposant plein de mépris, et continua sa marche, sans savoir qu'un regard de plus, s'il était surpris par son mari, pouvait mettre en question et son bonheur et la vie de deux hommes. Auguste, en proie à la rage qu'il étouffa dans les profondeurs de son âme, sortit bientôt en jurant de pénétrer jusqu'au cœur de cette intrigue. Avant de partir, il chercha madame Jules afin de la revoir encore; mais elle avait disparu. Quel drame jeté dans cette jeune tête éminemment romanesque comme toutes celles qui n'ont point connu l'amour dans toute l'étendue qu'ils lui donnent! Il adorait madame Jules sous une nouvelle forme, il l'aimait avec la rage de la jalousie, avec les délirantes angoisses de l'espoir. Infidèle à son mari, cette femme devenait vulgaire. Auguste pouvait se livrer à toutes les félicités de l'amour heureux, et son imagination lui ouvrit alors l'immense carrière des plaisirs de la possession. Enfin, s'il avait perdu l'ange, il retrouvait le plus délicieux des démons. Il se coucha, faisant mille châteaux en Espagne, justifiant madame Jules par quelque romanesque bienfait auquel il ne croyait pas. Puis il résolut de se vouer entièrement, dès le lendemain, à la recherche des causes, des intérêts, du nœud que cachait ce mystère. C'était un roman à lire; ou mieux, un drame à jouer, et dans lequel il avait son rôle.

Une bien belle chose est le métier d'espion, quand on le fait pour son compte et au profit d'une passion. N'est-ce pas se donner les plaisirs du voleur en restant honnête homme? Mais il faut se résigner à bouillir de colère, à rugir d'impatience, à se glacer les pieds dans la boue, à transir et à brûler, à dévorer de fausses espérances. Il faut aller, sur la foi d'une indication, vers un but ignoré, manquer son coup, pester, s'improviser à soi-même des élégies, des dithyrambes, s'exclamer niaisement devant un passant inoffensif qui vous admire; puis renverser des bonnes femmes et leurs paniers de pommes, courir, se reposer, rester devant une croisée, faire mille suppositions.... Mais c'est la chasse, la chasse dans Paris, la chasse avec tous ses accidents, moins les chiens, le fusil et le tahiau! Il n'est de comparable à ces scènes que celles de la vie des joueurs. Puis besoin est d'un cœur gros d'amour ou de vengeance pour s'embusquer dans Paris, comme un tigre qui veut sauter sur sa proie, et pour jouir alors de tous les accidents de Paris et d'un quartier, en leur prêtant un intérêt de plus que celui dont ils abondent déjà. Alors, ne faut-il pas avoir une âme multiple ? n'est-ce pas vivre de mille passions, de mille sentiments ensemble ?

Auguste de Maulincour se jeta dans cette ardente existence avec amour, parce qu'il en ressentit tous les malheurs et tous les plaisirs. Il allait déguisé, dans Paris, veillait à tous les coins de la rue Pagevin ou de la rue des Vieux-Augustins. Il courait comme un chasseur de la rue de Ménars à la rue Soly, de la rue Soly à la rue de Ménars, sans connaître ni la vengeance, ni le prix dont seraient ou punis ou récompensés tant de soins, de démarches et de ruses ! Et, cependant, il n'en était pas encore arrivé à cette impatience qui tord les entrailles et fait suer ; il flânait avec espoir, en pensant que madame Jules ne se hasarderait pas pendant les premiers jours à retourner là où elle avait été surprise. Aussi avait-il consacré ces premiers jours à s'initier à tous les secrets de la rue. Novice en ce métier, il n'osait questionner ni le portier, ni le cordonnier de la maison dans laquelle venait madame Jules ; mais il espérait pouvoir se créer un observatoire dans la maison située en face de l'appartement mystérieux. Il étudiait le terrain, il voulait concilier la prudence et l'impatience, son amour et le secret.

Dans les premiers jours du mois de mars, au milieu des plans qu'il méditait pour frapper un grand coup, et en quittant son échiquier après une de ces factions assidues qui ne lui avaient encore rien appris, il s'en retournait vers quatre heures à son hôtel où l'appelait une affaire relative à son service, lorsqu'il fut pris, rue Coquillière, par une de ces belles pluies qui grossissent tout à coup les ruisseaux, et dont chaque goutte fait cloche en tombant sur les flaques d'eau de la voie publique. Un fantassin de Paris est alors obligé de s'arrêter tout court, de se réfugier dans une boutique ou dans un café, s'il est assez riche pour y payer son hospitalité forcée ; ou, selon l'urgence, sous une porte cochère, asile des gens pauvres ou mal mis. Comment aucun de nos peintres n'a-t-il pas encore essayé de reproduire la physionomie d'un essaim de Parisiens groupés, par un temps d'orage, sous le porche humide d'une maison ? Où rencontrer un plus riche tableau ? N'y a-t-il pas d'abord le piéton rêveur ou philosophe qui observe avec plaisir, soit les raies faites par la pluie sur le fond grisâtre de l'atmosphère, espèce de ciselures semblables aux jets capricieux des filets de verre; soit les tourbillons d'eau blanche que le vent roule en poussière lumineuse sur les toits; soit les capricieux dégorgements des tuyaux pétillants, écumeux; enfin mille autres riens admirables, étudiés avec délices par les flâneurs, malgré les coups de balai dont les régale le maître de la loge? Puis il y a le piéton causeur qui se plaint et converse avec la portière, quand elle se pose sur son balai comme un grenadier sur son fusil; le piéton indigent, fantastiquement collé sur le mur, sans nul souci de ses haillons habitués au contact des rues; le piéton savant qui étudie, épèle ou lit les affiches sans les achever; le piéton rieur qui se moque des gens auxquels il arrive malheur dans la rue, qui rit des femmes crottées et fait des mines à ceux ou celles qui sont aux fenêtres; le piéton silencieux qui regarde à toutes les croisées, à tous les étages; le piéton industriel, armé d'une sacoche ou muni d'un paquet, traduisant la pluie par profits et pertes; le piéton aimable, qui arrive comme un obus, en disant: Ah! quel temps, messieurs! et qui salue tout le monde; enfin, le vrai bourgeois de Paris, homme à parapluie, expert en averse, qui l'a prévue, sorti malgré l'avis de sa femme, et qui s'est assis sur la chaise du portier. Selon son caractère, chaque membre de cette société fortuite contemple le ciel, s'en va sautillant pour ne pas se crotter, ou parce qu'il est pressé, ou parce qu'il voit des citoyens marchant malgré vent et marée, ou parce que la cour de la maison étant humide et catarrhalement mortelle, la lisière, dit un proverbe, est pire que le drap. Chacun a ses motifs. Il ne reste que le piéton prudent, l'homme qui, pour se remettre en route, épie quelques espaces bleus à travers les nuages crevassés.

Monsieur de Maulincour se réfugia donc, avec toute une famille de piétons, sous le porche d'une vieille maison dont la cour ressemblait à un grand tuyau de cheminée. Il y avait le long de ces murs plâtreux, salpêtrés et verdâtres, tant de plombs et de conduits, et tant d'étages dans les quatre corps de logis, que vous eussiez dit les cascatelles de Saint-Cloud. L'eau ruisselait de toutes parts; elle bouillonnait, elle sautillait, murmurait; elle était noire, blanche, bleue, verte; elle criait, elle foisonnait sous le balai de la portière, vieille femme édentée, faite aux orages, qui semblait les bénir et qui poussait dans la rue mille débris dont l'inventaire curieux révélait la vie et les habitudes de chaque locataire de la maison. C'était des découpures d'indienne, des feuilles de thé, des pétales de fleurs artificielles, décolorées, manquées; des épluchures de légumes, des papiers, des fragments de métal. A chaque coup de balai, la vieille femme mettait à nu l'âme du ruisseau, cette fente noire, découpée en cases de damier, après laquelle s'acharnent les portiers. Le pauvre amant examinait ce tableau, l'un des milliers que le mouvant Paris offre chaque jour; mais il l'examinait machinalement, en homme absorbé par ses pensées, lorsqu'en levant les yeux il se trouva nez à nez avec un homme qui venait d'entrer.

C'était, en apparence du moins, un mendiant, mais non pas le mendiant de Paris, création sans nom dans les langages humains; non, cet homme formait un type nouveau frappé en dehors de toutes les idées réveillées par le mot de mendiant. L'inconnu ne se distinguait point par ce caractère originalement parisien qui nous saisit assez souvent dans les malheureux que Charlet a représentés parfois, avec un rare bonheur d'observation : c'est de grossières figures roulées dans la boue, à la voix rauque, au nez rougi et bulbeux, à bouches dépourvues de dents, quoique menaçantes; humbles et terribles, chez lesquelles l'intelligence profonde qui brille dans les yeux semble être un contre-sens. Quelques-uns de ces vagabonds effrontés ont le teint marbré, gercé, veiné; le front couvert de rugosités; les cheveux rares et sales, comme ceux d'une perruque jetée au coin d'une borne. Tous gais dans leur dégradation, et dégradés dans leurs joies, tous marqués du sceau de la débauche jettent leur silence comme un reproche; leur attitude révèle d'effrayantes pensées. Placés entre le crime et l'aumône, ils n'ont plus de remords, et tournent prudemment autour de l'échafaud sans y tomber, innocents au milieu du vice, et vicieux au milieu de leur innocence. Ils font souvent sourire, mais font toujours penser. L'un vous représente la civilisation rabougrie, il comprend tout : l'honneur du bagne, la patrie, la vertu; puis c'est la malice du crime vulgaire, et les finesses d'un forfait élégant. L'autre est résigné, mime profond, mais stupide. Tous ont des velléités d'ordre et de travail, mais ils sont repoussés dans leur fange par une société qui ne veut pas s'enquérir de ce qu'il peut y avoir de poëtes, de grands hommes, de gens intrépides et d'organisations magnifiques parmi les mendiants, ces bohémiens de Paris; peuple souverainement bon et souverainement méchant, comme toutes les masses qui ont souffert; habitué à supporter des maux inouïs, et qu'une fatale puissance maintient toujours au niveau de la boue. Ils ont tous un rêve, une espérance, un bonheur : le jeu, la loterie ou le vin. Il n'y avait rien de cette vie étrange dans le personnage collé fort insouciamment sur le mur, devant monsieur de Maulincour, comme une fantaisie dessinée par un habile artiste derrière quelque toile retournée de son atelier. Cet homme long et sec, dont le visage plombé trahissait une pensée profonde et glaciale, séchait la pitié dans le cœur des curieux, par une attitude pleine d'ironie et par un regard noir qui annonçaient sa prétention de traiter d'égal à égal avec eux. Sa figure était d'un blanc sale, et son crâne ridé, dégarni de cheveux, avait une vague ressemblance avec un quartier de granit. Quelques mèches plates et grises, placées de chaque côté de sa tête, descendaient sur le collet de son habit crasseux et boutonné jusqu'au cou. Il ressemblait tout à la fois à Voltaire et à don Quichotte ; il était railleur et mélancolique, plein de mépris, de philosophie, mais à demi aliéné. Il paraissait ne pas avoir de chemise. Sa barbe était longue. Sa méchante cravate noire tout usée, déchirée, laissait voir un cou protubérant, fortement sillonné, composé de veines grosses comme des cordes. Un large cercle brun, meurtri, se dessinait sous chacun de ses yeux. Il semblait avoir au moins soixante ans. Ses mains étaient blanches et propres. Il portait des bottes éculées et percées. Son pantalon bleu, raccommodé en plusieurs endroits, était blanchi par une espèce de duvet qui le rendait ignoble à voir. Soit que ses vêtements mouillés exhalassent une odeur fétide, soit qu'il eût à l'état normal cette senteur de misère qu'ont les taudis parisiens, de même que les Bureaux, les Sacristies et les Hospices ont la leur, goût fétide et rance, dont rien ne saurait donner l'idée, les voisins de cet homme quittèrent leurs places et le laissèrent seul ; il jeta sur eux, puis reporta sur l'officier son regard calme et sans expression, le regard si célèbre de monsieur de Talleyrand, coup d'œil terne et sans chaleur, espèce de voile impénétrable sous lequel une âme forte cache de profondes émotions et les plus exacts calculs sur les hommes, les choses et les événements. Aucun pli de son visage ne se creusa. Sa bouche et son front furent impassibles; mais ses yeux s'abaissèrent par un mouvement d'une lenteur noble et presque tragique. Il y eut enfin tout un drame dans le mouvement de ses paupières flétries.

L'aspect de cette figure stoïque fit naître chez monsieur de Maulincour l'une de ces rêveries vagabondes qui commencent par une interrogation vulgaire et finissent par comprendre tout un monde de pensées. L'orage était passé. Monsieur de Maulincour n'aperçut plus de cet homme que le pan de sa redingote qui frôlait la borne; mais, en quittant sa place pour s'en aller, il trouva sous ses pieds une lettre qui venait de tomber, et devina qu'elle appartenait à l'inconnu, en lui voyant remettre dans sa poche un foulard dont il venait de se servir. L'officier, qui prit la lettre pour la lui rendre, en lut involontairement l'adresse :

A Mosieur,

Mosieur Ferragusse,

Rue des Grands-Augustains, au coing. de la rue Soly.

PARIS.

La lettre ne portait aucun timbre, et l'indication empêcha monsieur de Maulincour de la restituer : car il y a peu de passions qui ne deviennent improbes à la longue. Le baron eut un pressentiment de l'opportunité de cette trouvaille, et voulut, en gardant la lettre, se donner le droit d'entrer dans la maison mystérieuse pour y venir la rendre à cet homme, ne doutant pas qu'il ne demeurât dans la maison suspecte. Déjà des soupçons, vagues comme les premières lueurs du jour, lui faisaient établir des rapports entre cet homme et madame Jules. Les amants jaloux supposent tout; et c'est en supposant tout, en choisissant les conjectures les plus probables que les juges, les espions, les amants et les observateurs devinent la vérité qui les intéresse.

— Est-ce à lui la lettre? est-elle de madame Jules?

Mille questions ensemble lui furent jetées par son imagination inquiète; mais aux premiers mots il sourit. Voici textuellement, dans la splendeur de sa phrase naïve, dans son orthographe ignoble, cette lettre, à laquelle il était impossible de rien ajouter, dont il ne fallait rien retrancher, si ce n'est la lettre même, mais qu'il a été nécessaire de ponctuer en la donnant. Il n'existe dans l'original ni virgules, ni repos indiqué, ni même de points d'exclamation; fait qui tiendrait à détruire le système des points par lesquels les auteurs modernes ont essayé de peindre les grands désastres de toutes les passions.

« HENRY !

» Dans le nombre des sacrifisses que je m'étais imposée a votre égard ce trouvoit ce lui de ne plus vous donner de mes nouvelles, mais une voix irrésistible mordonne de vous faire connettre vos crimes en vers moi. Je sais d'avance que votre ame an durcie dans le vice ne daignera pas me pleindre. Votre cœur est sour à la censibilité. Ne l'ét-il pas aux cris de la nature, mais peu importe : je dois vous apprendre jusqu'à quelle poing vous vous etes rendu coupable et l'orreur de la position où vous m'avez mis. Henry, vous saviez tout ce que j'ai souffert de ma promière faute et vous avez pu mé plonger dans le même *malheur* et m'abendonner à mon desespoir et à ma douleur. Oui, je la voue, la croyence que javoit d'être aimée et d'être estimée de vou m'avait donné le couraje de suporter mon sort. Mais aujourd'hui que me reste-t-il ? ne m'avez vous pas fai perdre tout ce que j'avoit de plus cher, tout ce qui m'attachait à la vie : parans, amis, onneur, réputations, je vous ai tout sacrifiés et il ne me reste que l'oprobre, la honte et je le dis sans rougire, la misère. Il ne manquai à mon malheur que la sertitude de votre mépris et de votre aine ; maintenant que je l'é, j'orai le couraje que mon projet exije. Mon parti est pris et l'honneur de ma famille le commande : je vais donc mettre un terme à mes souffransses. Ne faites aucune réflaictions sur mon projet, Henry. Il est affreux, je le sais, mais mon état m'y forsse. Sans secour, sans soutien, sans un *ami* pour me consoler, puije vivre ? non. Le sort en a désidé. Ainci dans deux jours, Henry, dans deux jours Ida ne cera plus digne de votre estime ; mais recevez le serment que je vous fais d'avoir ma conscience tranquille, puisque je n'ai pas sésé d'être digne de votre amitié. O Henry, mon ami, car je ne changerai jamais pour vous, promettez-moi que vous me pardonnerèz la carrier que je vait embrasser. Mon amour m'a donné du courage, il me soutiendra dans la vertu. Mon cœur d'ailleur plain de ton image cera pour moi un préservatife contre la séduction. N'oubliez jamais que mon sort est votre ouvrage, et jugez-vous. Puice le ciel ne pas vous punir de vos crimes, c'est à genoux que je lui demende votre pardon, car je le sens, il ne me manquerai plus à mes maux que la douleur de vous savoir malheureux. Malgré le dénument où je me trouve, je refuserai tout espec de secour de vous. Si vous m'aviez aimé, j'orai pu les recevoir comme venent de la mitié, mais un bienfait exilé par la *pitié, mon ame le repousse* et je cerois plus lache en les resevent que celui qui me le proposerai. J'ai une grâce a vous demander. Je ne sais pas le temps que je dois rester chez madame Meynardie, soyez assez généreux d'éviter di paroitre devant moi. Vos deux dernier visites mon fait un mal dont je me résentirai longtemps : je ne veux point entrer dans des détailles sur votre condhuite à ce sujet. Vous me haisez, ce mot est gravé dans mon cœur et la glassé défroit. Hélas! c'est au moment où j'ai besoin de tout mon courage que toutes mes facultés ma bandonnent, Henri, mon ami, avant que j'aie mis une barrier entre nous, donne moi une dernier preuve de ton estime : écris-moi, répons moi. dis moi que tu mestime encore quoique ne m'aimant plus. *Malgré que* mes yeux soit toujours dignes de rencontrer les vôtres, je ne sollicite pas d'entrevue : je crains tout de ma faiblesse et de mon amour. Mais de grâce écrivez moi un mot de suite, il me donnera le courage dont j'ai besoin pour supporter mes adversités. Adieu l'oteur de tous mes maux, mais le seul ami que mon cœur ai choisi et qu'il n'oubliera jamais.

» IDA. »

Cette vie de jeune fille dont l'amour trompé, les joies funestes, les douleurs, la misère et l'épouvantable résignation étaient résumés en si peu de mots ; ce poème inconnu, mais essentiellement parisien, écrit dans cette lettre sale, agirent pendant un moment sur monsieur de Maulincour, qui finit par se demander si cette Ida ne serait pas une parente de madame Jules, et si le rendez-vous du soir, duquel il avait été fortuitement témoin, n'était pas nécessité par quelque tentative charitable. Que le vieux pauvre eût séduit Ida ?... cette séduction tenait du prodige. En se jouant dans le labyrinthe de ses réflexions qui se croisaient et se détruisaient l'une par l'autre, le baron arriva près de la rue Pagevin, et vit un fiacre arrêté dans le bout de la rue des Vieux-Augustins qui avoisine la rue Montmartre. Tous les fiacres stationnés lui disaient quelque chose.
— Y serait-elle ? pensa-t-il. Et son cœur battait par un mouvement chaud et fiévreux. Il poussa la petite porte à grelot, mais en baissant la tête et en obéissant à une sorte de honte, car il entendait

une voix secrète qui lui disait : — Pourquoi mets-tu le pied dans ce mystère ?

Il monta quelques marches, et se trouva nez à nez avec la vieille portière.

— Monsieur Ferragus ?

— Connais pas...

— Comment, monsieur Ferragus ne demeure pas ici ?

— Nous n'avons pas ça dans la maison.

— Mais, ma bonne femme...

— Je ne suis pas une bonne femme, monsieur, je suis concierge.

— Mais, madame, reprit le baron, j'ai une lettre à remettre à monsieur Ferragus.

— Ah ! si monsieur a une lettre, dit-elle en changeant de ton, la chose est bien différente. Voulez-vous la faire voir, votre lettre ? Auguste montra la lettre pliée. La vieille hocha la tête d'un air de doute, hésita, sembla vouloir quitter sa loge pour aller instruire le mystérieux Ferragus de cet incident imprévu ; puis elle dit : — Eh ! bien, montez, monsieur. Vous devez savoir où c'est... Sans répondre à cette phrase, par laquelle cette vieille rusée pouvait lui tendre un piége, l'officier grimpa lestement les escaliers, et sonna vivement à la porte du second étage. Son instinct d'amant lui disait : — *Elle* est là.

L'inconnu du porche, le Ferragus ou l'*oteur* des maux d'Ida, ouvrit lui-même. Il se montra vêtu d'une robe de chambre à fleurs, d'un pantalon de molleton blanc, les pieds chaussés dans de jolies pantoufles en tapisserie, et la tête débarbouillée. Madame Jules, dont la tête dépassait le chambranle de la porte de la seconde pièce, pâlit et tomba sur une chaise.

— Qu'avez-vous, madame, s'écria l'officier en s'élançant vers elle.

Mais Ferragus étendit le bras et rejeta vivement l'officieux en arrière par un mouvement si sec qu'Auguste crut avoir reçu dans la poitrine un coup de barre de fer.

— Arrière ! monsieur, dit cet homme. Que nous voulez-vous ? Vous rôdez dans le quartier depuis cinq à six jours. Seriez-vous un espion ?

— Êtes-vous monsieur Ferragus ? dit le baron.

— Non, monsieur.

— Néanmoins, reprit Auguste, je dois vous remettre ce papier que vous avez perdu sous la porte de la maison où nous étions tous deux pendant la pluie.

En parlant et en tendant la lettre à cet homme, le baron ne put s'empêcher de jeter un coup d'œil sur la pièce où le recevait Ferragus. il la trouva fort bien décorée, quoique simplement. Il y avait du feu dans la cheminée ; tout auprès était une table servie plus somptueusement que ne le comportait l'apparente situation de cet homme et la médiocrité de son loyer. Enfin, sur une causeuse de la seconde pièce, qu'il lui fut possible de voir, il aperçut un tas d'or, et entendit un bruit qui ne pouvait être produit que par des pleurs de femme.

— Ce papier m'appartient, je vous remercie, dit l'inconnu en se tournant de manière à faire comprendre au baron qu'il désirait le renvoyer aussitôt.

Trop curieux pour faire attention à l'examen profond dont il était l'objet, Auguste ne vit pas des regards à demi magnétiques par lesquels l'inconnu semblait vouloir le dévorer ; mais s'il eût rencontré cet œil de basilic, il aurait compris le danger de sa position. Trop passionné pour penser à lui-même, Auguste salua, descendit, et retourna chez lui, en essayant de trouver un sens dans la réunion de ces trois personnes : Ida, Ferragus et madame Jules ; occupation, qui, moralement, équivalait à chercher l'arrangement des morceaux de bois biscornus du casse-tête chinois, sans avoir la clef du jeu. Mais madame Jules l'avait vu, madame Jules venait là, madame Jules lui avait menti. Maulincour se proposa d'aller rendre une visite à cette femme le lendemain, elle ne pouvait pas refuser de le voir, il s'était fait son complice, il avait les pieds et les mains dans cette ténébreuse intrigue. Il tranchait déjà du sultan, et pensait à demander impérieusement à madame Jules de lui révéler tous ses secrets.

En ce temps-là, Paris avait la fièvre des constructions. Si Paris est un monstre, il est assurément le plus maniaque des monstres. Il s'éprend de mille fantaisies : tantôt il bâtit comme un grand seigneur qui aime la truelle ; puis, il laisse sa truelle et devient militaire ; il s'habille de la tête aux pieds en garde national, fait l'exercice et fume ; tout à coup, il abandonne les répétitions militaires et jette son cigare ; puis il se désole, fait faillite, vend ses meubles sur la place du Châtelet, dépose son bilan ; mais quelques jours après, il arrange ses affaires, se met en fête et danse. Un jour il mange du sucre d'orge à pleines mains, à pleines lèvres; hier il achetait du papier Weynen; aujourd'hui le monstre a mal aux dents et s'applique un alexipharmaque sur toutes ses murailles; demain il fera ses provisions de pâte pectorale. Il a ses manies pour le mois, pour la saison, pour l'année, comme ses manies d'un jour. En ce moment donc, tout le monde bâtissait et démolissait quelque chose, on ne sait quoi encore. Il y avait très-peu de rues qui ne vissent l'échafaudage à longues perches, garni de planches mises sur des traverses et fixées d'étages en étages dans des boulins; construction frêle, ébranlée par les Limousins, mais assujettie par des cordages, toute blanche de plâtre, rarement garantie des atteintes d'une voiture par ce mur de planches, enceinte obligée des monuments qu'on ne bâtit pas. Il y a quelque chose de maritime dans ces mâts, dans ces échelles, dans ces cordages, dans les cris des maçons. Or, à douze pas de l'hôtel Maulincour, un de ces bâtiments éphémères était élevé devant une maison que l'on construisait en pierres de taille. Le lendemain, au moment où le baron de Maulincour passait en cabriolet devant cet échafaud, en allant chez madame Jules, une pierre de deux pieds carrés, arrivée au sommet des perches, s'échappa de ses liens de corde en tournant sur elle-même, et tomba sur le domestique, qu'elle écrasa derrière le cabriolet. Un cri d'épouvante fit trembler l'échafaudage et les maçons; l'un d'eux, en danger de mort, se tenait avec peine aux longues perches et paraissait avoir été touché par la pierre. La foule s'amassa promptement. Tous les maçons descendirent, criant, jurant et disant que le cabriolet de monsieur de Maulincour avait causé un ébranlement à leur grue. Deux pouces de plus, et l'officier avait la tête coiffée par la pierre. Le valet était mort, la voiture était brisée. Ce fut un événement pour le quartier, les journaux le rapportèrent. Monsieur de Maulincour, sûr de n'avoir rien touché, se plaignit. La justice intervint. Enquête faite, il fut prouvé qu'un petit garçon, armé d'une latte, montait la garde et criait aux passants de s'éloigner. L'affaire en resta là. Monsieur de Maulincour en fut pour son domestique, pour sa terreur, et resta dans son lit pendant quelques jours; car l'arrière-train du cabriolet en se brisant lui avait fait des contusions; puis, la secousse nerveuse causée par la surprise lui donna la fièvre. Il n'alla pas chez madame Jules. Dix jours après cette événement, et à sa première sortie, il se rendait au bois de Boulogne dans son cabriolet restauré, lorsqu'en descendant la rue de Bourgogne, à l'endroit où se trouve l'égout, en face la Chambre des Députés, l'essieu se cassa net par le milieu, et le baron allait si rapidement que cette cassure eut pour effet de faire tendre les deux roues à se rejoindre assez violemment pour lui fracasser la tête ; mais il fut préservé de ce danger par la résistance qu'opposa la capote. Néanmoins il reçut une blessure grave au côté. Pour la seconde fois en dix jours il fut rapporté quasi mort chez la douairière éplorée. Ce second accident lui donna quelque défiance, et il pensa, mais vaguement, à Ferragus et à madame Jules. Pour éclaircir ses soupçons, il garda l'essieu brisé dans sa chambre, et manda son carrossier. Le carrossier vint, regarda l'essieu, la cassure, et prouva deux choses à monsieur de Maulincour. D'abord l'essieu ne sortait pas de ses ateliers ; il n'en fournissait aucun qu'il n'y gravât grossièrement les initiales de son nom, et il ne pouvait pas expliquer par quels moyens cet essieu avait été substitué à l'autre ; puis la cassure de cet essieu suspect avait été ménagée par une chambre, espèce de creux intérieur, par des soufflures et par des pailles très-habilement pratiquées.

— Eh ! monsieur le-baron, il a fallu être joliment malin, dit-il, pour arranger un essieu sur ce modèle, on jurerait que c'est naturel...

Monsieur de Maulincour pria son carrossier de ne rien dire de cette aventure, et se tint pour dûment averti. Ces deux tentatives d'assassinat étaient ourdies avec une adresse qui dénotait l'inimitié des gens supérieurs.

— C'est une guerre à mort, se dit-il en s'agitant dans son lit, une guerre de sauvage, une guerre de surprise, d'embuscade, de traîtrise, déclarée au nom de madame Jules. A quel homme appartient-elle donc ? De quel pouvoir dispose donc ce Ferragus ?

Enfin monsieur de Maulincour, quoique brave et militaire, ne put s'empêcher de frémir. Au milieu de toutes les pensées qui l'assaillirent, il y en eut une contre laquelle il se trouva sans défense et sans courage : le poison ne serait-il pas bientôt employé par ses ennemis secrets ? Aussitôt, dominé par des craintes que sa faiblesse momentanée, que la diète et la fièvre augmentaient encore, il fit venir une vieille femme attachée depuis long-temps à sa grand' mère, une femme qui avait pour lui un de ces sentiments à demi maternels, le sublime du commun. Sans s'ouvrir entièrement à elle, il la chargea d'acheter secrètement, et chaque jour, en des endroits différents, les aliments qui lui étaient nécessaires, en lui recommandant de les mettre sous clef, et de les lui apporter elle-même, sans permettre à qui que ce fût de s'en approcher quand elle les lui servirait. Enfin il prit les précautions les plus minutieuses pour se garantir de ce genre de mort. Il se trouvait au lit, seul, malade ; il pouvait donc penser à loisir à sa propre défense, le seul besoin assez clairvoyant pour permettre à l'égoïsme humain de ne rien oublier. Mais le malheureux malade avait empoisonné sa vie par la crainte ; et, malgré lui, le soupçon teignit toutes les heures de ses sombres nuances. Cependant ces deux leçons d'assassinat lui apprirent une des vertus les plus nécessaires aux hommes politiques, il comprit la haute dissimulation dont il faut user dans le jeu des grands intérêts de la vie. Taire son secret n'est rien ; mais se taire à l'avance, mais savoir oublier un fait pendant trente ans, s'il le faut, à la manière d'Ali-Pacha, pour assurer une vengeance méditée pendant trente ans, est une belle étude en un pays où il y a peu d'hommes qui sachent dissimuler pendant trente jours. Monsieur de Maulincour ne vivait plus que par madame Jules. Il était perpétuellement occupé à examiner sérieusement les moyens qu'il pouvait employer dans cette lutte inconnue pour triompher d'adversaires inconnus. Sa passion anonyme pour cette femme grandissait de tous ces obstacles. Madame Jules était toujours debout, au milieu de ses pensées et de son cœur, plus attrayante alors par ses vices présumés que par les vertus certaines qui en avaient fait pour lui son idole.

Le malade, voulant reconnaître les positions de l'ennemi, crut pouvoir sans danger initier le vieux vidame aux secrets de sa situation. Le commandeur aimait Auguste comme un père aime les enfants de sa femme ; il était fin, adroit, il avait un esprit diplomatique. Il vint donc écouter le baron, hocha la tête, et tous deux tinrent conseil. Le bon vidame ne partagea pas la confiance de son jeune ami, quand Auguste lui dit qu'au temps où ils vivaient, la police et le pouvoir étaient à même de connaître tous les mystères, et que, s'il fallait absolument y recourir, il trouverait en eux de puissants auxiliaires.

Le vieillard lui répondit gravement : — La police, mon cher enfant, est ce qu'il y a de plus inhabile au monde, et le pouvoir ce qu'il y a de plus faible dans les questions individuelles. Ni la police, ni le pouvoir ne savent lire au fond des cœurs. Ce qu'on doit raisonnablement leur demander, c'est de rechercher les causes d'un fait. Or, le pouvoir et la police sont éminemment impropres à ce métier : ils manquent essentiellement de cet intérêt personnel qui révèle tout à celui qui a besoin de tout savoir. Aucune puissance humaine ne peut empêcher un assassin ou un empoisonneur d'arriver soit au cœur d'un prince, soit à l'estomac d'un honnête homme. Les passions font toute la police.

Le commandeur conseilla fortement au baron de s'en aller en Italie, d'Italie en Grèce, de Grèce en Syrie, de Syrie en Asie, et de ne revenir qu'après avoir convaincu ses ennemis secrets de son repentir, et de faire ainsi tacitement sa paix avec eux ; sinon, de rester dans son hôtel, et même dans sa chambre, où il pouvait se garantir des atteintes de ce Ferragus, et n'en sortir que pour l'écraser en toute sûreté.

— Il ne faut toucher à son ennemi que pour lui abattre la tête, lui dit-il gravement.

Néanmoins, le vieillard promit à son favori d'employer tout ce que le ciel lui avait départi d'astuce pour, sans compromettre personne, pousser des reconnaissances chez l'ennemi, en rendre bon compte, et préparer la victoire. Le commandeur avait un vieux Figaro retiré, le plus malin singe qui jamais eût pris figure humaine, jadis spirituel comme un diable, faisant tout de son corps comme un forçat, alerte comme un voleur, fin comme une femme, mais tombé dans la décadence du génie, faute d'occasions, depuis la nouvelle constitution de la société parisienne, qui a mis en réforme les valets de comédie. Ce Scapin émérite était attaché à son maître comme à un être supérieur ; mais le rusé vidame ajoutait chaque année aux gages de son ancien prévôt de galanterie une assez forte somme, attention qui en corroborait l'amitié naturelle par les liens de l'intérêt, et valait au vieillard des soins que la maîtresse la plus aimante n'eût pas inventés pour son ami malade. Ce fut cette perle des vieux valets de théâtre, débris du dernier siècle, ministre incorruptible, faute de passions à satisfaire, auquel se fièrent le commandeur et monsieur de Maulincour.

— Monsieur le baron gâterait tout, dit ce grand homme en livrée appelé au conseil. Que monsieur mange, boive et dorme tranquillement. Je prends tout sur moi.

En effet, huit jours après la conférence, au moment où monsieur de Maulincour, parfaitement remis de son indisposition, déjeunait avec sa grand'mère et le vidame, Justin entra pour faire son rapport. Puis, avec cette fausse modestie qu'affectent les gens de talent, il dit, lorsque la douairière fut rentrée dans ses appartements

— Ferragus n'est pas le nom de l'ennemi qui poursuit monsieur le baron. Cet homme, ce diable s'appelle Gratien, Henri, Victor, Jean-Joseph Bourignard. Le sieur Gratien Bourignard est un ancien entrepreneur de bâtiments, jadis fort riche, et surtout l'un des plus jolis garçons de Paris, un Lovelace capable de séduire Grandisson. Ici s'arrêtent mes renseignements. Il a été simple ouvrier, et les Compagnons de l'Ordre des Dévorants l'ont, dans le temps, élu pour chef, sous le nom de Ferragus XXIII.' La police devrait savoir cela, si la police était instituée pour savoir quelque chose. Cet homme a déménagé, ne demeure plus rue des Vieux-Augustins, et perche maintenant rue Joquelet, madame Jules Desmarest va le voir souvent; assez souvent son mari, en allant à la Bourse, la mène rue Vivienne, où elle mène son mari à la Bourse. Monsieur le vidame connaît trop bien ces choses-là pour exiger que je lui dise si c'est le mari qui mène sa femme ou la femme qui mène son mari; mais madame Jules est si jolie que je parierais pour elle. Tout cela est du dernier positif. Mon Bourignard joue souvent au numéro 129. C'est, sous votre respect, monsieur, un farceur qui aime les femmes, et qui vous a ses petites allures comme un homme de condition. Du reste, il gagne souvent, se déguise comme un acteur, se grime comme il veut, et vous a la vie la plus originale du monde. Je ne doute pas qu'il n'ait plusieurs domiciles, car la plupart du temps, il échappe à ce que monsieur le commandeur nomme les *investigations parlementaires*. Si monsieur le désire, on peut néanmoins s'en défaire honorablement, eu égard à ses habitudes. Il est toujours facile de se débarrasser d'un homme qui aime les femmes. Néanmoins, ce capitaliste parle de déménager encore. Maintenant, monsieur le vidame et monsieur le baron ont-ils quelque chose à me commander ?

— Justin, je suis content de toi, ne va pas plus loin sans ordre; mais veille ici à tout, de manière que monsieur le baron n'ait rien à craindre.

— Mon cher enfant, reprit le vidame, reprends ta vie et oublie madame Jules.

— Non, non, dit Auguste, je ne céderai pas la place à Gratien

Bourignard, je veux l'avoir pieds et poings liés, et madame Jules aussi.

Le soir, le baron Auguste de Maulincour, récemment promu à un grade supérieur dans une compagnie des Gardes-du-corps, alla au bal, à l'Élysée-Bourbon, chez madame la duchesse de Berri. Là, certes, il ne pouvait y avoir aucun danger à redouter pour lui. Le baron de Maulincour en sortit néanmoins avec une affaire d'honneur à vider, une affaire qu'il était impossible d'arranger. Son adversaire, le marquis de Ronquerolles, avait les plus fortes raisons de se plaindre d'Auguste, et Auguste y avait donné lieu par son ancienne liaison avec la sœur de monsieur de Ronquerolles, la comtesse de Serizy. Cette dame, qui n'aimait pas la sensiblerie allemande, n'en était que plus exigeante dans les moindres détails de son costume de prude. Par une de ces fatalités inexplicables, Auguste fit une innocente plaisanterie que madame de Serizy prit fort mal, et de laquelle son frère s'offensa. L'explication eut lieu dans un coin, à voix basse. En gens de bonne compagnie, les deux adversaires ne firent point de bruit. Le lendemain seulement, la société du faubourg Saint-Honoré, du faubourg Saint-Germain, et le château, s'entretinrent de cette aventure. Madame de Serizy fut chaudement défendue, et l'on donna tous les torts à Maulincour. D'augustes personnages intervinrent. Des témoins de la plus haute distinction furent imposés à messieurs de Maulincour et de Ronquerolles, et toutes les précautions furent prises sur le terrain pour qu'il n'y eût personne de tué. Quand Auguste se trouva devant son adversaire, homme de plaisir, auquel personne ne refusait des sentiments d'honneur, il ne put voir en lui l'instrument de Ferragus, chef des Dévorants, mais il eut une secrète envie d'obéir à d'inexplicables pressentiments en questionnant le marquis.

— Messieurs, dit-il aux témoins, je ne refuse certes pas d'essuyer le feu de monsieur de Ronquerolles ; mais, auparavant, je déclare que j'ai eu tort, je lui fais les excuses qu'il exigera de moi, publiquement même s'il le désire, parce que, quand il s'agit d'une femme, rien ne saurait, je crois, déshonorer un galant homme. J'en appelle donc à sa raison et à sa générosité, n'y a-t-il pas un peu de niaiserie à se battre quand le bon droit peut succomber?....

Monsieur de Ronquerolles n'admit pas cette façon de finir l'affaire, et alors le baron, devenu plus soupçonneux, s'approcha de son adversaire.

— Eh! bien, monsieur le marquis, lui dit-il, engagez-moi, devant ces messieurs, votre foi de gentilhomme de n'apporter dans cette rencontre aucune raison de vengeance autre que celle dont il s'agit publiquement.

— Monsieur, ce n'est pas une question à me faire.

Et monsieur de Ronquerolles alla se mettre à sa place. Il était convenu, par avance, que les deux adversaires se contenteraient d'échanger un coup de pistolet. Monsieur de Ronquerolles, malgré la distance déterminée qui semblait devoir rendre la mort de monsieur de Maulincour très-problématique, pour ne pas dire impossible, fit tomber le baron. La balle lui traversa les côtes, à deux doigts au-dessous du cœur, mais heureusement sans de fortes lésions.

— Vous visez trop bien, monsieur, dit l'officier aux gardes, pour avoir voulu venger des passions mortes.

Monsieur de Ronquerolles crut Auguste mort, et ne put retenir un sourire sardonique en entendant ces paroles.

— La sœur de Jules César, monsieur, ne doit pas être soupçonnée.

— Toujours madame Jules, répondit Auguste.

Il s'évanouit, sans pouvoir achever une mordante plaisanterie qui expira sur ses lèvres; mais, quoiqu'il perdît beaucoup de sang, sa blessure n'était pas dangereuse. Après une quinzaine de jours pendant lesquels la douairière et le vidame lui prodiguèrent ces soins de vieillard, soins dont une longue expérience de la vie donne seule le secret, un matin sa grand'mère lui porta de rudes coups. Elle lui révéla les mortelles inquiétudes auxquelles étaient livrés ses vieux, ses derniers jours. Elle avait reçu une lettre signée d'un F, dans laquelle l'histoire de l'espionnage auquel s'était abaissé son petit-fils lui était, de point en point, racontée. Dans cette lettre, des actions indignes d'un honnête homme étaient reprochées à monsieur de Maulincour. Il avait, disait-on, mis une vieille femme rue de Ménars, sur la place de fiacres qui s'y trouve, vieille espionne occupée en apparence à vendre aux cochers l'eau de ses tonneaux, mais en réalité chargée d'épier les démarches de madame Jules Desmarets. Il avait espionné l'homme le plus inoffensif du monde pour en pénétrer tous les secrets, quand, de ces secrets, dépendait la vie ou la mort de trois personnes. Lui seul avait voulu la lutte impitoyable dans laquelle, déjà blessé trois fois, il succomberait inévitablement, parce que sa mort avait été jurée, et serait sollicitée par tous les moyens humains. Monsieur de Maulincour ne pourrait même plus éviter son sort en promettant de respecter la vie mystérieuse de ses trois personnes, parce qu'il était impossible de croire à la parole d'un gentilhomme capable de tomber aussi bas que des agents de police; et pourquoi, pour troubler, sans raison, la vie d'une femme innocente et d'un vieillard respectable. La lettre ne fut rien pour Auguste, en comparaison des tendres reproches que lui fit essuyer la baronne de Maulincour. Manquer de respect et de confiance envers une femme, l'espionner sans en avoir le droit! Et devait-on espionner la femme dont on est aimé? Ce fut un torrent de ces excellentes raisons qui ne prouvent jamais rien, et qui mirent, pour la première fois de sa vie, le jeune baron dans une des grandes colères humaines où germent, d'où sortent les actions les plus capitales de la vie.

— Puisque ce duel est un duel à mort, dit-il en forme de conclusion, je dois tuer mon ennemi par tous les moyens que je puis avoir à ma disposition.

Aussitôt le commandeur alla trouver, de la part de monsieur de Maulincour, le chef de la police particulière de Paris, et, sans mêler ni le nom ni la personne de madame Jules au récit de cette aventure, quoiqu'elle en fût le nœud secret, il lui fit part des craintes que donnait à la famille de Maulincour le personnage inconnu assez osé pour jurer la perte d'un officier aux gardes, en face des lois et de la police. L'homme de la police leva de surprise ses lunettes vertes, se moucha plusieurs fois, et offrit du tabac au vidame, qui, par dignité, prétendait ne pas user de tabac, quoiqu'il en eût le nez barbouillé. Puis le Sous-Chef prit ses notes, et promit que, Vidocq et ses limiers aidant, il rendrait sous peu de jours bon compte à la famille Maulincour de cet ennemi, disant qu'il n'y avait pas de mystères pour la police de Paris. Quelques jours après, le chef vint voir monsieur le vidame à l'hôtel de Maulincour, et trouva le jeune baron parfaitement remis de sa dernière blessure. Alors, il leur fit en style administratif ses remercîments des indications qu'ils avaient eu la bonté de lui donner, en lui apprenant que ce Bourignard était un homme condamné à vingt ans de travaux forcés, mais miraculeusement échappé pendant le transport de la chaîne de Bicêtre à Toulon. Depuis treize ans, la police avait infructueusement essayé de le reprendre, après avoir su qu'il était venu fort insouciamment habiter Paris, où il avait évité les recherches les plus actives, quoiqu'il fût constamment mêlé à beaucoup d'intrigues ténébreuses. Bref, cet homme, dont la vie offrait les particularités les plus curieuses, allait certainement être saisi à l'un de ses domiciles, et livré à la justice. Le bureaucrate termina son rapport officieux en disant à monsieur de Maulincour que s'il attachait assez d'importance à cette affaire pour être témoin de la capture de Bourignard, il pouvait venir le lendemain, à huit heures du matin, rue Sainte-Foi, dans une maison dont il lui donna le numéro. Monsieur de Maulincour se dispensa d'aller chercher cette certitude, s'en fiant, avec le saint respect que la police inspire à Paris, sur la diligence de l'administration. Trois jours après, n'ayant rien lu dans le journal sur cette arrestation, qui cependant devait fournir matière à quelque article curieux, monsieur de Maulincour conçut des inquiétudes, que dissipa la lettre suivante :

« Monsieur le baron,

« J'ai l'honneur de vous annoncer que vous ne devez plus conserver aucune crainte touchant l'affaire dont il est question. Le nommé Gratien Bourignard, dit Ferragus, est décédé hier, en son domicile, rue Joquelet, n° 7. Les soupçons que nous devions concevoir sur son identité ont pleinement été détruits par les faits. Le médecin de la Préfecture de police a été par nous adjoint à celui de la mairie, et le chef de la police de sûreté a fait toutes les vérifications nécessaires pour parvenir à une pleine certitude. D'ailleurs, la moralité des témoins qui ont signé l'acte de décès, et les attestations de ceux qui ont soigné ledit Bourignard dans ses derniers moments, entre autres celle du respectable vicaire de l'église Bonne-Nouvelle, auquel il a fait ses aveux, au tribunal de la pénitence, car il est mort en chrétien, ne nous ont pas permis de conserver les moindres doutes.

« Agréez, monsieur le baron, » etc.

Monsieur de Maulincour, la douairière et le vidame respirèrent avec un plaisir indicible. La bonne femme embrassa son petit-fils, en laissant échapper une larme, et le quitta pour remercier Dieu par une prière. La chère douairière, qui faisait une neuvaine pour le salut d'Auguste, se crut exaucée.

— Eh! bien, dit le commandeur, tu peux maintenant te rendre au bal dont tu me parlais, je n'ai plus d'objections à t'opposer.

Monsieur de Maulincour fut d'autant plus empressé d'aller à ce bal, que madame Jules devait s'y trouver. Cette fête était donnée par le Préfet de la Seine, chez lequel les deux sociétés de Paris se rencontraient comme sur un terrain neutre. Auguste parcourut les salons sans voir la femme qui exerçait sur sa vie une si grande influence. Il entra dans un boudoir encore désert, où des tables de jeu attendaient les joueurs, et il s'assit sur un divan, livré aux pensées les plus contradictoires sur madame Jules. Un homme prit alors le jeune officier par le bras, et le baron resta stupéfait en voyant le pauvre de la rue Coquillière, le Ferragus d'Ida, l'habitant de la rue Soly, le Bourignard de Justin, le forçat de la police, le mort de la veille.

— Monsieur, pas un cri, pas un mot, lui dit Bourignard dont il reconnut la voix, mais qui certes eût semblé méconnaissable à tout autre. Il était mis élégamment, portait les insignes de l'ordre de la Toison-d'Or et une plaque à son habit. — Monsieur, reprit-il d'une voix qui sifflait comme celle d'une hyène, vous autorisez toutes mes tentatives en mettant de votre côté la police. Vous périrez, monsieur. Il le faut. Aimez-vous madame Jules? Étiez-vous aimé d'elle? de quel droit vouliez-vous troubler son repos, noircir sa vertu?

Quelqu'un survint. Ferragus se leva pour sortir.

— Connaissez-vous cet homme, demanda monsieur de Maulincour en saisissant Ferragus au collet. Mais Ferragus se dégagea lestement, prit monsieur de Maulincour par les cheveux, et lui secoua railleusement la tête à plusieurs reprises. — Faut-il donc absolument du plomb pour la rendre sage? dit-il.

— Non pas personnellement, monsieur, répondit de Marsay le témoin de cette scène; mais je sais que monsieur est monsieur de Funcal, Portugais fort riche.

Monsieur de Funcal avait disparu. Le baron se mit à sa poursuite sans pouvoir le rejoindre, et quand il arriva sous le péristyle, il vit, dans un brillant équipage, Ferragus qui ricanait en le regardant, et partait au grand trot.

— Monsieur, de grâce, dit Auguste en rentrant dans le salon et en s'adressant à de Marsay qui se trouvait être de sa connaissance où monsieur de Funcal demeure-t-il?

— Je l'ignore, mais on vous le dira sans doute ici.

Le baron, ayant questionné le Préfet, apprit que le comte de Funcal demeurait à l'ambassade de Portugal. En ce moment où il croyait encore sentir les doigts glacés de Ferragus dans ses cheveux, il vit madame Jules dans tout l'éclat de sa beauté, fraîche, gracieuse, naïve, resplendissant de cette sainteté féminine dont il s'était épris. Cette créature, infernale pour lui, n'excitait plus chez Auguste que de la haine, et cette haine déborda sanglante, terrible dans ses regards; il épia le moment de lui parler sans être entendu de personne, et lui dit : — Madame, voici déjà trois fois que vos *bravi* me manquent...

— Que voulez-vous dire, monsieur? répondit-elle en rougissant. Je sais qu'il vous est arrivé plusieurs accidents fâcheux, auxquels j'ai pris beaucoup de part; mais comment puis-je y être pour quelque chose?

— Vous savez donc qu'il y a des *bravi* dirigés contre moi par l'homme de la rue Soly?

— Monsieur!

— Madame, maintenant je ne serai pas seul à vous demander compte, non pas de mon bonheur, mais de mon sang...

En ce moment, Jules Desmarets s'approcha.

— Que dites-vous donc à ma femme, monsieur?

— Venez vous en enquérir chez moi, si vous en êtes curieux, monsieur.

Et Maulincour sortit, laissant madame Jules pâle et presque en défaillance.

Il est bien peu de femmes qui ne se soient trouvées, une fois dans leur vie, à propos d'un fait incontestable, en face d'une interrogation précise, aiguë, tranchante, une de ces questions impitoyablement faites par leurs maris, et dont la seule appréhension donne un léger froid, dont le premier mot entre dans le cœur comme y entrerait l'acier d'un poignard. De là cet axiome : *Toute femme ment.* Mensonge officieux, mensonge véniel, mensonge sublime, mensonge horrible; mais obligation de mentir. Puis, cette obligation admise, ne faut-il pas savoir bien mentir? les femmes mentent admirablement en France. Nos mœurs leur apprennent si bien l'imposture! Enfin, la femme est si naïvement impertinente, si jolie, si gracieuse, si vraie dans le mensonge; elle en reconnaît si bien l'utilité pour éviter, dans la vie sociale, les chocs violents auxquels le bonheur ne résisterait pas, qu'il leur est nécessaire comme la ouate où elles mettent leurs bijoux. Le mensonge devient donc pour elles le fond de la langue, et la vérité n'est plus qu'une exception ; elles la disent, comme elles sont vertueuses, par caprice ou par spéculation. Puis, selon leur caractère, certaines femmes rient en mentant ; celles-ci pleurent, celles-là deviennent graves ; quelques-unes se fâchent. Après avoir commencé dans la vie par teindre de l'insensibilité pour les hommages qui les flattaient le plus, elles finissent souvent par se mentir à elles-mêmes. Qui n'a pas admiré leur apparence de supériorité au moment où elles tremblent pour les mystérieux trésors de leur amour ? Qui n'a pas étudié leur aisance, leur facilité, leur liberté d'esprit dans les plus grands embarras de la vie ? Chez elles, rien d'emprunté : la tromperie coule alors comme la neige tombe du ciel. Puis, avec quel art elles découvrent le vrai dans autrui ! Avec quelle finesse elles emploient la plus droite logique, à propos de la question passionnée qui leur livre toujours quelque secret de cœur chez un homme assez naïf pour procéder près d'elles par interrogation ! Questionner une femme, n'est-ce pas se livrer à elle ?. n'apprendra-t-elle pas tout ce qu'on veut lui cacher, et ne saura-t-elle pas se taire en parlant ? Et quelques hommes ont la prétention de lutter avec la femme de Paris ! avec une femme qui sait se mettre au-dessus des coups de poignard, en disant : — *Vous êtes bien curieux ! que vous importe ? Pourquoi voulez-vous le savoir ? Ah ! vous êtes jaloux ! Et si je ne voulais pas vous répondre ?* enfin, avec une femme qui possède cent trente-sept mille manières de dire NON, et d'incommensurables variations pour dire OUI. Le traité du *non* et du *oui* n'est-il pas une des plus belles œuvres diplomatiques, philosophiques, logographiques et morales qui nous restent à faire ? Mais pour accomplir cette œuvre diabolique, ne faudrait-il pas un génie androgyne ? Aussi, ne sera-t-elle jamais tentée. Puis, de tous les ouvrages inédits, celui-là n'est-il pas le plus connu, le mieux pratiqué par les femmes ? Avez-vous jamais étudié l'allure, la pose, la *disinvoltura* d'un mensonge ? Examinez. Madame Desmarets était assise dans le coin droit de sa voiture, et son mari dans le recoin gauche. Ayant su se remettre de son émotion en sortant du bal, madame Jules affectait une contenance calme. Son mari ne lui avait rien dit, et ne lui disait rien encore. Jules regardait par la portière les pans noirs des maisons silencieuses devant lesquelles il passait; mais tout à coup, comme poussé par une pensée déterminante, en tournant un coin de rue, il examina sa femme, qui semblait avoir froid, malgré la pelisse doublée de fourrure dans laquelle elle était enveloppée ; il lui trouva un air pensif, et peut-être était-elle réellement pensive. De toutes les choses qui se communiquent, la réflexion et la gravité sont les plus contagieuses.

— Qu'est-ce que monsieur de Maulincour a donc pu te dire pour t'affecter si vivement, demanda Jules, et que veut-il donc que j'aille apprendre chez lui ?

— Mais il ne pourra rien te dire chez lui que je ne te dise maintenant, répondit-elle.

Puis, avec cette finesse féminine qui déshonore toujours un peu la vertu, madame Jules attendit une autre question. Le mari retourna la tête vers les maisons et continua ses études sur les portes cochères. Une interrogation de plus n'était-elle pas un soupçon, une défiance ? Soupçonner une femme est un crime en amour. Jules avait déjà tué un homme sans avoir douté de sa femme. Clémence ne savait pas tout ce qu'il y avait de passion vraie, de réflexions profondes dans le silence de son mari, de même que Jules ignorait le drame admirable qui serrait le cœur de sa Clémence. Et la voiture d'aller dans Paris silencieux, emportant deux époux, deux amants qui s'idolâtraient, et qui, doucement appuyés, réunis sur des coussins de soie, étaient néanmoins séparés par un abîme. Dans ces élégants coupés qui reviennent du bal, entre minuit et deux heures du matin, combien de scènes bizarres ne se passe-t-il pas, en s'en tenant aux coupés dont les lanternes éclairent et la rue et la voiture, ceux dont les glaces sont claires, enfin les coupés de l'amour légitime où les couples peuvent se quereller sans avoir peur d'être vus par les passants, parce que l'État civil donne le droit de bouder, de battre, d'embrasser une femme en voiture et ailleurs, partout! Aussi combien de secrets ne se révèle-t-il pas aux fantassins nocturnes, à ces jeunes gens venus au bal en voiture, mais obligés, par quelque cause que ce soit, de s'en aller à pied ! C'était la première fois que Jules et Clémence se trouvaient ainsi chacun dans leur coin. Le mari se pressait ordinairement près de sa femme.

— Il fait bien froid, dit madame Jules.

Mais ce mari n'entendit point, il étudiait toutes les enseignes noires au-dessus des boutiques.

— Clémence, dit-il enfin pardonne-moi la question que je vais t'adresser.

Et il se rapprocha, la saisit par la taille et la ramena près de lui.

— Mon Dieu, nous y voici ! pensa la pauvre femme.

— Eh! bien, reprit-elle en allant au-devant de la question, tu veux apprendre ce que me disait monsieur de Maulincour. Je te le dirai, Jules; mais ce ne sera point sans terreur. Mon Dieu, pouvons-nous avoir des secrets l'un pour l'autre? Depuis un moment, je te vois luttant entre la conscience de notre amour et des craintes vagues; mais notre conscience n'est-elle pas claire, et tes soupçons ne te semblent-ils pas bien ténébreux? Pourquoi ne pas rester dans la clarté qui te plaît? Quand je t'aurai tout raconté, tu désireras en savoir d'avantage ; et cependant, je ne sais moi-même ce que cachent les étranges paroles de ce homme. Eh! bien, peut-être y aura-t-il alors entre vous deux quelque fatale affaire. J'aimerais bien mieux que nous oubliassions tous deux ce mauvais moment. Mais, dans tous les cas, jure-moi d'attendre que cette singulière aventure s'explique naturellement. Monsieur de Maulincour m'a déclaré que les trois accidents dont tu as entendu parler : la pierre tombée sur son domestique, sa chute en cabriolet et son duel à propos de madame de Serizy étaient l'effet d'une conjuration que j'avais tramée contre lui. Puis, il m'a menacée de t'expliquer l'intérêt qui me porterait à l'assassiner. Comprends-tu quelque chose à tout cela? Mon trouble est venu de l'impression que m'ont causée la vue de sa figure empreinte de folie, ses yeux hagards et ses paroles violemment entrecoupées par une émotion intérieure. Je l'ai cru fou. Voilà tout. Maintenant, je ne serais pas femme si je ne m'étais point aperçue que, depuis un an, je suis devenue, comme on dit, la passion de monsieur de Maulincour. Il ne m'a jamais vue qu'au bal, et ses propos étaient insignifiants, comme tous ceux que l'on tient au bal. Peut-être veut-il nous désunir pour me trouver un jour seule et sans défense. Tu vois bien? Déjà tes sourcils se froncent. Oh! je hais cordialement le monde. Nous sommes si heureux sans lui! pourquoi donc l'aller chercher? Jules, je t'en supplie, promets-moi d'oublier tout ceci. Demain nous apprendrons sans doute que monsieur de Maulincourt est devenu fou.

— Quelle singulière chose ! se dit Jules en descendant de voiture sous le péristyle de son escalier.

Il tendit les bras à sa femme, et tous deux montèrent dans leurs appartements.

Pour développer cette histoire dans toute la vérité de ses détails, pour en suivre le cours dans toutes ses sinuosités, il faut ici divulguer quelques secrets de l'amour, se glisser sous les lambris d'une chambre à coucher, non pas effrontément, mais à la manière de Trilby, n'effaroucher ni Dougal, ni Jeannie, n'effaroucher personne, être aussi chaste que veut l'être notre noble langue française, aussi hardi que l'a été le pinceau de Gérard dans son tableau de Daphnis et Chloé. La chambre à coucher de madame Jules était un lieu sacré. Elle, son mari, sa femme de chambre pouvaient seuls y entrer. L'opulence a de beaux priviléges, et les plus enviables sont ceux qui permettent de développer les sentiments dans toute leur étendue, de les féconder par l'accomplissement de leurs mille caprices, de les environner de cet éclat qui les agrandit, de ces recherches qui les purifient, de ces délicatesses qui les rendent encore plus attrayants. Si vous haïssez les dîners sur l'herbe et les repas mal servis, si vous éprouvez quelque plaisir à voir une nappe damassée éblouissante de blancheur, un couvert de vermeil, des porcelaines d'une exquise pureté, une table bordée d'or, riche de ciselure, éclairée par des bougies diaphanes, puis, sous des globes d'argent armoriés, les miracles de la cuisine la plus recherchée; pour être conséquent, vous devez alors laisser la mansarde en haut des maisons, les grisettes dans la rue; abandonner les mansardes, les grisettes, les parapluies, les socques articulés aux gens qui payent leur dîner avec des cachets; puis, vous devez comprendre l'amour comme un principe qui ne se développe dans toute sa grâce que sur les tapis de la Savonnerie, sous la lueur d'opale d'une lampe marmorine, entre des murailles discrètes et revêtues de soie, devant un foyer doré, dans une chambre sourde au bruit des voisins, de la rue, de tout, par des persiennes, par des volets, par d'ondoyants rideaux. Il vous faut des glaces dans lesquelles les formes se jouent, et qui répètent à l'infini la femme que l'on voudrait multiple, et que l'amour multiplie souvent; puis des divans bien bas; puis un lit qui, semblable à un secret, se laisse deviner sans être montré; puis, dans cette chambre coquette, des fourrures pour les pieds nus, des bougies sous verre au milieu des mousselines drapées, pour lire à toute heure de nuit, et des fleurs qui n'entêtent pas, et des toiles dont la finesse eût satisfait Anne d'Autriche. Madame Jules avait réalisé ce délicieux programme, mais ce n'était rien. Toute femme de goût pouvait en faire autant, quoique, néanmoins, il y ait dans l'arrangement de ces choses un cachet de personnalité qui donne à tel ornement, à tel détail, un caractère inimitable. Aujourd'hui plus que jamais règne le fanatisme de l'individualité. Plus nos lois tendront à une impossible égalité, plus nous nous en écarterons par les mœurs. Aussi, les personnes riches commencent-elles, en France, à devenir plus exclusives dans leurs goûts et dans les choses qui leur appartiennent, qu'elles ne l'ont été depuis trente ans. Madame Jules savait à quoi l'engageait ce programme, et avait tout mis chez elle en harmonie avec un luxe qui allait si bien à l'amour. Les *Quinze cents francs et ma Sophie*, ou la passion dans la chaumière, sont des propos d'affamés auxquels le pain bis suffit d'abord, mais qui, devenus gourmets s'ils aiment réellement, finissent par regretter les richesses de la gastronomie. L'amour a le travail et la misère en horreur. Il aime mieux mourir que de vivoter. La plupart des femmes, en rentrant du bal, impatientes de se coucher, jettent autour d'elles leurs robes, leurs fleurs fanées, leurs bouquets dont l'odeur s'est flétrie. Elles laissent leurs petits souliers sous un fauteuil, marchent sur les cothurnes flottants, ôtent leurs peignes, déroulent leurs tresses sans soin d'elles-mêmes. Peu leur importe que leurs maris voient les agrafes, les doubles épingles, les artificieux crochets qui soutenaient les élégants édifices de la coiffure ou de la parure. Plus de mystères, tout tombe alors devant le mari, plus de fard pour le mari. Le corset, la plupart du temps corset plein de précautions, reste là, si la femme de chambre trop endormie oublie de l'emporter. Enfin les bouffants de baleine, les entournures garnies de taffetas gommé, les chiffons menteurs, les cheveux vendus par le coiffeur, toute la fausse femme est là, éparse. *Disjecta membra poetæ*, la poésie artificielle tant admirée par ceux pour qui elle avait été conçue, élaborée, la jolie femme encombre tous les coins. A l'amour d'un mari qui bâille, se présente alors une femme vraie qui bâille aussi, qui vient dans un désordre sans élégance, coiffée de nuit avec un bonnet fripé, celui de la veille, celui du lendemain.

— Car, après tout, monsieur, si vous voulez un joli bonnet de nuit à chiffonner tous les soirs, augmentez ma pension. Et voilà la vie telle qu'elle est. Une femme est toujours vieille et déplaisante à son mari, mais toujours pimpante, élégante et parée pour l'autre.

pour le rival de tous les maris, pour le monde qui calomnie ou déchire toutes les femmes. Inspirée par un amour vrai, car l'amour a, comme les autres êtres, l'instinct de sa conservation, madame Jules agissait tout autrement, et trouvait, dans les constants bénéfices de son bonheur, la force nécessaire d'accomplir ces devoirs minutieux desquels il ne faut jamais se relâcher, parce qu'ils perpétuent l'amour. Ces soins, ces devoirs, ne procèdent-ils pas d'ailleurs d'une dignité personnelle qui sied à ravir? N'est-ce pas des flatteries? n'est-ce pas respecter en soi l'être aimé? Donc madame Jules avait interdit à son mari l'entrée du cabinet où elle quittait sa toilette de bal, et d'où elle sortait vêtue pour la nuit, mystérieusement parée pour les mystérieuses fêtes de son cœur. En venant dans cette chambre, toujours élégante et gracieuse, Jules y voyait une femme coquettement enveloppée dans un élégant peignoir, les cheveux simplement tordus en grosses tresses sur sa tête; car, n'en redoutant pas le désordre, elle n'en ravissait à l'amour ni la vue ni le toucher; une femme toujours plus simple, plus belle alors qu'elle ne l'était pour le monde; une femme qui s'était ranimée dans l'eau, et dont tout l'artifice consistait à être plus blanche que ses mousselines, plus fraîche que le plus frais parfum, plus séduisante que la plus habile courtisane, enfin toujours tendre, et partant toujours aimée. Cette admirable entente du métier de femme fut le grand secret de Joséphine pour plaire à Napoléon, comme il avait été jadis celui de Césonie pour Caïus Caligula, de Diane de Poitiers pour Henri II. Mais s'il fut largement productif pour des femmes qui comptaient sept ou huit lustres, quelle arme entre les mains de jeunes femmes! Un mari subit alors avec délices les bonheurs de sa fidélité.

Or, en rentrant après cette conversation, qui l'avait glacée d'effroi et qui lui donnait encore les plus vives inquiétudes, madame Jules prit un soin particulier de sa toilette de nuit. Elle voulut se faire et se fit ravissante. Elle avait serré la batiste du peignoir, entr'ouvert son corsage, laissé tomber ses cheveux noirs sur ses épaules rebondies; son bain parfumé lui donnait une senteur enivrante; ses pieds nus étaient dans des pantoufles de velours. Forte de ses avantages, elle vint à pas menus, et mit ses mains sur les yeux de Jules, qu'elle trouva pensif, en robe de chambre, le coude appuyé sur la cheminée, un pied sur la barre. Elle lui dit alors à l'oreille en l'échauffant de son haleine, et la mordant du bout des dents : — A quoi pensez-vous, monsieur? Puis le serrant avec adresse, elle l'enveloppa de ses bras, pour l'arracher à ses mauvaises pensées. La femme qui aime a toute l'intelligence de son pouvoir; et plus elle est vertueuse, plus agissante est sa coquetterie.

— A toi, répondit-il.

— A moi seule?

— Oui!

— Oh! voilà un oui bien hasardé.

Ils se couchèrent. En s'endormant madame Jules se dit : Décidément, monsieur de Maulincour sera la cause de quelque malheur. Jules est préoccupé, distrait, et garde des pensées qu'il ne me dit pas. Il était environ trois heures du matin lorsque madame Jules fut réveillée par un pressentiment qui l'avait frappée au cœur pendant son sommeil. Elle eut une perception à la fois physique et morale de l'absence de son mari. Elle ne sentait plus le bras que Jules lui passait sous la tête, ce bras dans lequel elle dormait heureuse, paisible, depuis cinq années, et qu'elle ne fatiguait jamais. Puis une voix lui avait dit : — Jules souffre, Jules pleure.... Elle leva la tête, se mit sur son séant, trouva la place de son mari froide, et l'aperçut assis devant le feu, les pieds sur le garde-cendre, la tête appuyée sur le dos d'un grand fauteuil. Jules avait des larmes sur les joues. La pauvre femme se jeta vivement à bas du lit, et sauta d'un bond sur les genoux de son mari.

— Jules, qu'as-tu? souffres-tu? parle! dis! dis-moi! Parle-moi, si tu m'aimes. En un moment elle lui jeta cent paroles qui exprimaient la tendresse la plus profonde.

Jules se mit aux pieds de sa femme, lui baisa les genoux, les mains, et lui répondit en laissant échapper de nouvelles larmes : — Ma chère Clémence, je suis bien malheureux! Ce n'est pas aimer que de se défier de sa maîtresse, et tu es ma maîtresse. Je t'adore en te soupçonnant... Les paroles que cet homme m'a dites ce soir m'ont frappé au cœur; elles y sont restées malgré moi pour me bouleverser. Il y a là-dessous quelque mystère. Enfin, j'en rougis, tes explications ne m'ont pas satisfait. Ma raison me jette des lueurs que mon amour me fait repousser. C'est un affreux combat. Pouvais-je rester là, tenant ta tête en y soupçonnant des pensées qui me seraient inconnues? — Oh! je te crois, je te crois, lui cria-t-il vivement en la voyant sourire avec tristesse, et ouvrir la bouche pour parler. Ne me dis rien, ne me reproche rien. De toi, la moindre parole me tuerait. D'ailleurs pourrais-tu me dire une seule chose que je ne me sois dite depuis trois heures? Oui, depuis trois heures, je suis là, te regardant dormir, si belle, admirant ton front si pur et si paisible. Oh! oui, tu m'as toujours dit toutes tes pensées, n'est-ce pas? Je suis seul dans ton âme. En te contemplant, en plongeant mes yeux dans les tiens, j'y vois bien tout. Ta vie est toujours aussi pure que ton regard est clair. Non, il n'y a pas de secret derrière cet œil si transparent. Il se souleva, et la baisa sur les yeux. — Laisse moi t'avouer, ma chère créature, que depuis cinq ans ce qui grandissait chaque jour mon bonheur, c'était de ne te savoir aucune de ces affections naturelles qui prennent toujours un peu sur l'amour. Tu n'avais ni sœur, ni père, ni mère, ni compagne, et je n'étais alors ni au-dessus ni au-dessous de personne dans ton cœur : j'y étais seul. Clémence, répète-moi toutes les douceurs d'âme que tu m'as si souvent dites, ne me gronde pas, console-moi, je suis malheureux. J'ai certes un soupçon odieux à me reprocher, et toi tu n'as rien dans le cœur qui te brûle. Ma bien-aimée, dis, pouvais-je rester ainsi près de toi? Comment deux têtes qui sont si bien unies demeureraient-elles sur le même oreiller quand l'une d'elles souffre et que l'autre est tranquille... — A quoi penses-tu donc? s'écria-t-il brusquement en voyant Clément songeuse, interdite, et qui ne pouvait retenir des larmes.

— Je pense à ma mère, répondit-elle d'un ton grave. Tu ne saurais connaître, Jules, la douleur de ta Clémence obligée de se souvenir des adieux mortuaires de sa mère, en entendant ta voix, la plus douce des musiques; et de songer à la solennelle pression des mains glacées d'une mourante, en sentant la caresse des tiennes en un moment où tu m'accables des témoignages de ton délicieux amour. Elle releva son mari, le prit, l'étreignit avec une force nerveuse bien supérieure à celle d'un homme, lui baisa les cheveux et le couvrit de larmes. — Ah! je voudrais être hachée vivante pour toi! Dis-moi bien que je te rends heureux, que je suis pour toi la plus belle des femmes, que je suis mille femmes pour toi. Mais tu es aimé comme nul homme ne le sera jamais. Je ne sais pas ce que veulent dire les mots *devoir* et *vertu*. Jules, je t'aime pour toi, je suis heureuse de t'aimer, et je t'aimerai toujours mieux jusqu'à mon dernier souffle. J'ai quelque orgueil de mon amour, je me crois destinée à n'éprouver qu'un sentiment dans ma vie. Ce que je vais te dire est affreux, peut-être : je suis contente de ne pas avoir d'enfant, et n'en souhaite point. Je me sens plus épouse que mère. Eh ! bien, as-tu des craintes ? Écoute-moi, mon amour, promets-moi d'oublier, non pas cette heure mêlée de tendresse et de doutes, mais les paroles de ce fou. Jules, je le veux. Promets-moi de ne le point voir, de ne point aller chez lui. J'ai la conviction que si tu fais un seul pas de plus dans ce dédale, nous roulerons dans un abîme où je périrai, mais en ayant ton nom sur les lèvres et ton cœur dans mon cœur. Pourquoi me mets-tu donc si haut en ton âme, et si bas en réalité ? Comment, toi qui fais crédit à tant de gens de leur fortune, tu ne me ferais pas l'aumône d'un soupçon; et pour la première occasion dans ta vie où tu peux me prouver une foi sans bornes, tu me détrônerais de ton cœur ! Entre un fou et moi, c'est le fou que tu crois, oh ! Jules. Elle s'arrêta, chassa les cheveux qui retombaient sur son front et sur son cou; puis, d'un accent déchirant, elle ajouta : — J'en ai trop dit, un mot devait suffire. Si ton âme et ton front conservent un nuage, quelque léger qu'il puisse être, sache-le bien, j'en mourrai !

Elle ne put réprimer un frémissement, et pâlit.

— Oh ! je tuerai cet homme, se dit Jules en saisissant sa femme et la portant dans son lit.

— Dormons en paix, mon ange, reprit-il, j'ai tout oublié, je te le jure.

Clémence s'endormit sur cette douce parole, plus doucement répétée. Puis Jules, la regardant endormie, se dit en lui-même :
— Elle a raison, quand l'amour est si pur, un soupçon le flétrit. Pour cette âme si fraîche, pour cette fleur si tendre, une flétrissure, oui, ce doit être la mort.

Quand, entre deux êtres pleins d'affection l'un pour l'autre, et dont la vie s'échange à tout moment, un nuage est survenu, quoique ce nuage se dissipe, il laisse dans les âmes quelques traces de son passage. Ou la tendresse devient plus vive, comme la terre est plus belle après la pluie, ou la secousse retentit encore, comme un lointain tonnerre dans un ciel pur; mais il est impossible de se retrouver dans sa vie antérieure, et il faut que l'amour croisse ou qu'il diminue. Au déjeuner, monsieur et madame Jules eurent l'un pour l'autre de ces soins dans lesquels il entre un peu d'affectation. C'était de ces regards pleins d'une gaieté presque forcée, et qui semblent être l'effort de gens empressés à se tromper eux-mêmes. Jules avait des doutes involontaires, et sa femme avait des craintes certaines. Néanmoins, sûrs l'un de l'autre, ils avaient dormi. Cet état de gêne était-il dû à un défaut de foi, au souvenir de leur scène nocturne? Ils ne le savaient pas eux-mêmes. Mais ils s'étaient aimés, ils s'aimaient trop purement pour que l'impression à la fois cruelle et bienfaisante de cette nuit ne laissât pas quelques traces dans leurs âmes; jaloux tous deux de les faire disparaître et voulant revenir tous les deux *le premier* l'un à l'autre, ils ne pouvaient s'empêcher de songer à la cause première d'un premier désaccord. Pour des âmes aimantes, ce n'est pas des chagrins, la peine est loin encore; mais c'est une sorte de deuil difficile à peindre. S'il y a des rapports entre les couleurs et les agitations de l'âme; si, comme l'a dit l'aveugle de Locke, l'écarlate doit produire à la vue les effets produits dans l'ouïe par une fanfare, il peut être permis de comparer à des teintes grises cette mélancolie de contre-coup. Mais l'amour attristé, l'amour auquel il reste un sentiment vrai de son bonheur momentanément troublé, donne des voluptés qui, tenant à la peine et à la joie, sont toutes nouvelles. Jules étudiait la voix de sa femme, il en épiait les regards avec le sentiment jeune qui l'animait dans les premiers moments de sa passion pour elle. Les souvenirs de cinq années tout heureuses, la beauté de Clémence, la naïveté de son amour, effacèrent alors promptement les derniers vestiges d'une intolérable douleur. Ce lendemain était un dimanche, jour où il n'y avait ni Bourse ni affaire; les deux époux passèrent alors la journée ensemble, se mettant plus avant au cœur l'un de l'autre qu'ils n'y avaient jamais été, semblables à deux enfants qui, dans un moment de peur, se serrent, se pressent et se tiennent, s'unissant par instinct. Il y a dans une vie à deux de ces journées complétement heureuses, dues aux hasard, et qui ne se rattachent ni à la veille, ni au lendemain, fleurs éphémères!... Jules et Clémence en jouirent délicieusement, comme s'ils eussent pressenti que c'était la dernière journée de leur vie amoureuse. Quel nom donner à cette puissance inconnue qui fait hâter le pas des voyageurs sans que l'orage se soit encore manifesté; qui fait resplendir de vie et de beauté le mourant quelques jours avant sa mort et lui inspire les plus riants projets, qui conseille au savant de hausser sa lampe nocturne au moment où elle l'éclaire parfaitement, qui fait craindre à une mère le regard trop profond jeté sur son enfant par un homme perspicace? Nous subissons tous cette influence dans les grandes catastrophes de notre vie, et nous ne l'avons encore ni nommée ni étudiée : c'est plus que le pressentiment, et ce n'est pas encore la vision. Tout alla bien jusqu'au lendemain. Le lundi, Jules Desmarets, obligé d'être à la Bourse à son heure accoutumée, ne sortit pas sans aller, suivant son habitude, demander à sa femme si elle voulait profiter de sa voiture.

— Non, dit-elle, il fait trop mauvais temps pour se promener.

En effet, il pleuvait à verse. Il était environ deux heures et demie quand monsieur Desmarets se rendit au Parquet et au Trésor. À quatre heures, en sortant de la Bourse, il se trouva nez à nez devant monsieur de Maulincour, qui l'attendait là avec la pertinacité fiévreuse que donnent la haine et la vengeance.

— Monsieur, j'ai des renseignements importants à vous communiquer, dit l'officier en prenant l'Agent de change par le bras. Écoutez, je suis un homme trop loyal pour avoir recours à des lettres anonymes qui troubleraient votre repos, j'ai préféré vous parler. Enfin croyez que, s'il ne s'agissait pas de ma vie, je ne m'immiscerais, certes, en aucune manière dans les affaires d'un ménage, quand même je pourrais m'en croire le droit.

— Si ce que vous avez à me dire concerne madame Desmarets, répondit Jules, je vous prierai, monsieur, de vous taire.

— Si je me taisais, monsieur, vous pourriez voir avant peu madame Jules sur les bancs de la Cour d'assises, à côté d'un forçat. Faut-il me taire maintenant?

Jules pâlit, mais sa belle figure reprit promptement un calme faux; puis, entraînant l'officier sous un des auvents de la Bourse provisoire où ils se trouvaient alors, il lui dit d'une voix que voilait une profonde émotion intérieure : — Monsieur, je vous écouterai ; mais il y aura entre nous un duel à mort si...

— Oh! j'y consens, s'écria monsieur de Maulincour, j'ai pour vous la plus grande estime. Vous parlez de mort, monsieur ? Vous ignorez sans doute que votre femme m'a peut-être fait empoisonner samedi soir. Oui, monsieur, depuis avant-hier, il se passe en moi quelque chose d'extraordinaire; mes cheveux me distillent intérieurement à travers le crâne une fièvre et une langueur mortelle, et je sais parfaitement quel homme a touché mes cheveux pendant le bal.

Monsieur de Maulincour raconta, sans en omettre un seul fait, et son amour platonique pour madame Jules, et les détails de l'aventure qui commence cette scène. Tout le monde l'eût écoutée avec autant d'attention que l'Agent de change; mais le mari de madame Jules avait le droit d'en être plus étonné que qui que ce fût au monde. Là se déploya son caractère, il fut plus surpris qu'abattu. Devenu juge, et juge d'une femme adorée, il trouva dans son âme la droiture du juge, comme il en prit l'inflexibilité. Amant encore, il songea moins à sa vie brisée qu'à celle de cette femme : il écouta, non sa propre douleur, mais la voix lointaine qui lui criait : — Clémence ne saurait mentir! Pourquoi te trahirait-elle!

— Monsieur, dit l'officier aux gardes en terminant, certain d'avoir reconnu, samedi soir, dans monsieur de Funcal, ce Ferragus que la police croit mort, j'ai mis aussitôt sur ses traces un homme intelligent. En revenant chez moi, je me suis souvenu, par un heureux hasard, du nom de madame Meynardie, cité dans la lettre de cette Ida, la maîtresse présumée de mon persécuteur. Muni de ce seul renseignement, mon émissaire me rendra promptement compte de cette épouvantable aventure, car il est plus habile à découvrir la vérité que ne l'est la police elle-même.

— Monsieur, répondit l'Agent de change, je ne saurais vous remercier de cette confidence. Vous m'annoncez des preuves, des témoins, je les attendrai. Je poursuivrai courageusement la vérité dans cette affaire étrange, mais vous me permettrez de douter jusqu'à ce que l'évidence des faits me soit prouvée. En tout cas, vous aurez satisfaction, car vous devez comprendre qu'il nous en faut une.

Monsieur Jules revint chez lui.

— Qu'as-tu, Jules? lui dit sa femme, tu es pâle à faire peur.

— Le temps est froid, dit-il en marchant d'un pas lent dans cette chambre où tout parlait de bonheur et d'amour, cette chambre si calme où se préparait une tempête meurtrière.

— Tu n'es pas sortie aujourd'hui, reprit-il machinalement en apparence.

Il fut poussé sans doute à faire cette question par la dernière des mille pensées qui s'étaient secrètement enroulées dans une méditation lucide, quoique précipitamment activée par la jalousie.

— Non, répondit-elle avec un faux accent de candeur.

En ce moment, Jules aperçut dans le cabinet de toilette de sa femme quelques gouttes d'eau sur le chapeau de velours qu'elle mettait le matin. Monsieur Jules était un homme violent, mais aussi plein de délicatesse, et il lui répugna de placer sa femme en face d'un démenti. Dans une telle situation, tout doit être fini pour la vie entre certains êtres. Cependant ces gouttes d'eau furent comme une lueur qui lui déchira la cervelle. Il sortit de sa chambre, descendit à la loge, et dit à son concierge, après s'être assuré qu'il y était seul : — Fouquereau, cent écus de rente si tu dis vrai, chassé si tu me trompes, et rien si, m'ayant dit la vérité, tu parles de ma question et de ta réponse.

Il s'arrêta pour bien voir son concierge qu'il attira sous le jour de la fenêtre, et reprit : — Madame est-elle sortie ce matin ?

— Madame est sortie à trois heures moins un quart, et je crois l'avoir vue rentrer il y a une demi-heure.

— Cela est vrai, sur ton honneur ?

— Oui, monsieur.

— Tu auras la rente que je t'ai promise ; mais si tu parles, souviens-toi de ma promesse ! alors tu perdrais tout.

Jules revint chez sa femme.

— Clémence, lui dit-il, j'ai besoin de mettre un peu d'ordre dans mes comptes de maison, ne t'offense donc pas de ce que je vais te demander. Ne t'ai-je pas remis quarante mille francs depuis le commencement de l'année ?

— Plus, dit-elle. Quarante-sept.

— En trouverais-tu bien l'emploi ?

— Mais oui, dit-elle. D'abord, j'avais à payer plusieurs mémoires de l'année dernière...

— Je ne saurai rien ainsi, se dit Jules, je m'y prends mal.

En ce moment le valet de chambre de Jules entra, et lui remit une lettre qu'il ouvrit par contenance ; mais il la lut avec avidité lorsqu'il eut jeté les yeux sur la signature.

« Monsieur,

» Dans l'intérêt de votre repos et du nôtre, j'ai pris le parti de
» vous écrire sans avoir l'avantage d'être connue de vous ; mais
» ma position, mon âge et la crainte de quelque malheur me for-
» cent à vous prier d'avoir de l'indulgence dans une conjoncture
» fâcheuse où se trouve notre famille désolée. Monsieur Auguste de
» Maulincour nous a donné depuis quelques jours des preuves d'a-
» liénation mentale, et nous craignons qu'il ne trouble votre bon-

» heur par des chimères dont il nous a entretenus, monsieur le
» commandeur de Pamiers et moi, pendant un premier accès de
» fièvre. Nous vous prévenons donc de sa maladie, sans doute gué-
» rissable encore, elle a des effets si graves et si importants pour
» l'honneur de notre famille et l'avenir de mon petit-fils, que je
» compte sur votre entière discrétion. Si monsieur le commandeur
» ou moi, monsieur, avions pu nous transporter chez vous, nous
» nous serions dispensés de vous écrire; mais je ne doute pas que
» vous n'ayez égard à la prière qui vous est faite ici par une mère
» de brûler cette lettre.

» Agréez l'assurance de ma parfaite considération.

» Baronne DE MAULINCOUR, née DE RIEUX. »

— Combien de tortures ! s'écria Jules.

— Mais que se passe-t-il donc en toi ? lui dit sa femme en témoignant une vive anxiété.

— J'en suis arrivé, répondit Jules, à me demander si c'est toi qui me fais parvenir cet avis pour dissiper mes soupçons, reprit-il en lui jetant la lettre. Ainsi juge de mes souffrances ?

— Le malheureux, dit madame Jules en laissant tomber le papier, je le plains, quoiqu'il me fasse bien du mal.

— Tu sais qu'il m'a parlé ?

— Ah ! tu es allé le voir malgré ta parole, dit-elle frappée de terreur.

— Clémence, notre amour est en danger de périr, et nous sommes en dehors de toutes les lois ordinaires de la vie, laissons donc les petites considérations au milieu des grands périls. Écoute, dis-moi pourquoi tu es sortie ce matin. Les femmes se croient le droit de nous faire quelquefois de petits mensonges. Ne se plaisent-elles pas souvent à nous cacher des plaisirs qu'elles nous préparent ? Tout à l'heure, tu m'as dit un mot pour un autre sans doute, un non pour un oui.

Il entra dans le cabinet de toilette, et en rapporta le chapeau.

— Tiens, vois ? sans vouloir faire ici le Bartholo, ton chapeau t'a trahie. Ces taches ne sont-elles pas des gouttes de pluie ? Donc tu es sortie en fiacre, et tu as reçu ces gouttes d'eau, soit en allant chercher une voiture, soit en entrant dans la maison où tu es allée, soit en la quittant. Mais une femme peut sortir de chez elle fort innocemment, même après avoir dit à son mari qu'elle ne sortirait pas. Il y a tant de raisons pour changer d'avis! Avoir des caprices, n'est-ce pas un de vos droits? Vous n'êtes pas obligées d'être conséquentes avec vous-mêmes. Tu auras oublié quelque chose, un service à rendre, une visite, ou quelque bonne action à faire. Mais rien n'empêche une femme de dire à son mari ce qu'elle a fait. Rougit-on jamais dans le sein d'un ami? Eh! bien? ce n'est pas le mari jaloux qui te parle, ma Clémence, c'est l'amant, c'est l'ami, le frère. Il se jeta passionnément à ses pieds. — Parle, non pour te justifier, mais pour calmer d'horribles souffrances. Je sais bien que tu es sortie. Eh! bien, qu'as-tu fait? où es-tu allée?

— Oui, je suis sortie, Jules, répondit-elle d'une voix altérée quoique son visage fût calme. Mais ne me demande rien de plus. Attends avec confiance, sans quoi tu te créeras des remords éternels. Jules, mon Jules, la confiance est la vertu de l'amour. Je te l'avoue, en ce moment je suis trop troublée pour te répondre; mais je ne suis point une femme artificieuse, et je t'aime, tu le sais.

— Au milieu de tout ce qui peut ébranler la foi d'un homme, en éveiller la jalousie, car je ne suis donc pas le premier dans ton cœur, je ne suis donc pas toi-même... Eh! bien, Clémence, j'aime encore mieux te croire, croire en ta voix, croire en tes yeux! Si tu me trompes, tu mériterais...

— Oh! mille morts, dit-elle en l'interrompant.

— Moi, je ne te cache aucune de mes pensées, et toi, tu...

— Chut, dit-elle, notre bonheur dépend de notre mutuel silence.

— Ah! je veux tout savoir, s'écria-t-il dans un violent accès de rage.

En ce moment, des cris de femme se firent entendre, et les glapissements d'une petite voix aigre arrivèrent de l'antichambre jusqu'aux deux époux.

— J'entrerai, je vous dis! criait-on. Oui, j'entrerai, je veux la voir, je la verrai.

Jules et Clémence se précipitèrent dans le salon et ils virent bientôt les portes s'ouvrir avec violence. Une jeune femme se montra tout à coup, suivie de deux domestiques qui dirent à leur maître : — Monsieur, cette femme veut entrer ici malgré nous. Nous lui avons déjà dit que madame n'y était pas. Elle nous a répondu qu'elle savait bien que madame était sortie, mais qu'elle venait de la voir rentrer. Elle nous menace de rester à la porte de l'hôtel jusqu'à ce qu'elle ait parlé à madame.

— Retirez-vous, dit monsieur Desmarets à ses gens.

— Que voulez-vous, mademoiselle, ajouta-t-il en se tournant vers l'inconnue.

Cette *demoiselle* était le type d'une femme qui ne se rencontre qu'à Paris. Elle se fait à Paris, comme la boue, comme le pavé de Paris, comme l'eau de la Seine se fabrique à Paris, dans de grands réservoirs à travers lesquels l'industrie la filtre dix fois avant de la livrer aux carafes à facettes où elle scintille et claire et pure, de fangeuse qu'elle était. Aussi est-ce une créature véritablement originale. Vingt fois saisie par le crayon du peintre, par le pinceau du caricaturiste, par la plombagine du dessinateur, elle échappe à toutes les analyses, parce qu'elle est insaisissable dans tous ses modes, comme l'est la nature, comme l'est ce fantasque Paris. En effet, elle ne tient au vice que par un rayon, et s'en éloigne par les mille autres points de la circonférence sociale. D'ailleurs, elle ne laisse deviner qu'un trait de son caractère, le seul qui la rende blâmable : ses belles vertus sont cachées; son naïf dévergondage, elle en fait gloire. Incomplétement traduite dans les drames et les livres où elle a été mise en scène avec toutes ses poésies, elle ne sera jamais vraie que dans son grenier, parce qu'elle sera toujours, autre part, ou calomniée ou flattée. Riche, elle se vicie; pauvre, elle est incomprise. Et cela ne saurait être autrement! Elle a trop de vices et trop de bonnes qualités; elle est trop près d'une asphyxie sublime ou d'un rire flétrissant; elle est trop belle et trop hideuse; elle personnifie trop bien Paris, auquel elle fournit des portières édentées, des laveuses de linge, des balayeuses, des mendiantes, parfois des comtesses impertinentes, des actrices admirées, des cantatrices applaudies ; elle a même donné jadis deux quasi-reines à la monarchie. Qui pourrait saisir un tel Protée? Elle est toute la femme, moins que la femme, plus que la femme. De ce vaste portrait, un peintre de mœurs ne peut rendre que certains détails, l'ensemble est l'infini. C'était une grisette de Paris, mais la grisette dans toute sa splendeur; la grisette en fiacre, heureuse, jeune, belle, fraîche, mais grisette, et grisette à griffes, à ciseaux, hardie comme une Espagnole, hargneuse comme une prude anglaise réclamant ses droits conjugaux, coquette comme une grande dame, plus franche et prête à tout; une véritable tionne sortie du petit appartement dont elle avait tant de fois rêvé les rideaux de calicot rouge, le meuble en velours d'Utrecht, la table à thé, le cabaret de porcelaines à sujets peints, la causeuse, le petit tapis de moquette, la pendule d'albâtre et les flambeaux sous verre, la chambre jaune, le mol édredon; bref, toutes les joies de la vie des grisettes : la femme de ménage, ancienne grisette elle-même, mais grisette à moustaches et à chevrons, les parties de spectacle, les marrons à discrétion, les robes de soie et les chapeaux à gâcher; enfin toutes les félicités calculées au comptoir des modistes, moins l'équipage, qui n'apparaît dans les imaginations du comptoir que comme un bâton de maréchal dans les songes du soldat. Oui, cette grisette avait tout cela pour une affection vraie ou malgré l'affection vraie, comme quelques autres l'obtiennent souvent pour une heure par jour, espèce d'impôt insouciamment acquitté sous les griffes d'un vieillard. La jeune femme qui se trouvait en présence de monsieur et madame Jules avait le pied si découvert dans sa chaussure qu'à peine voyait-on une légère ligne noire entre le tapis et son bas blanc. Cette chaussure, dont la caricature parisienne rend si bien le trait, est une grâce particulière à la grisette parisienne; mais elle se trahit encore mieux aux yeux de l'observateur par le soin avec lequel ses vêtements adhèrent à ses formes, qu'ils dessinent nettement. Aussi l'inconnue était-elle, pour ne pas perdre l'expression pittoresque créée par le soldat français, ficelée dans une robe verte, à guimpe, qui laissait deviner la beauté de son corsage, alors parfaitement visible; car son châle de cachemire Ternaux, tombant à terre, n'était plus retenu que par les deux bouts qu'elle gardait entortillés à demi dans ses poignets. Elle avait une figure fine, des joues roses, un teint blanc, des yeux gris étincelants, un front bombé, très-proéminent, des cheveux soigneusement lissés qui s'échappaient de son petit chapeau, en grosses boucles sur son cou.

— Je me nomme Ida, monsieur. Et si c'est là madame Jules, à laquelle j'ai l'avantage de parler, je venais pour lui dire tout ce que j'ai sur le cœur, *contre* elle. C'est très-mal, quand on a son affaire faite, et qu'on est dans ses meubles comme vous êtes ici, de vouloir enlever à une pauvre fille un homme avec lequel j'ai contracté un mariage moral, et qui parle de réparer ses torts en m'épousant à la *municipalité*. Il y a bien assez de jolis jeunes gens dans le monde, pas vrai, monsieur? pour se passer ses fantaisies, sans venir me prendre un homme d'âge, qui fait mon bonheur. Quien, je n'ai pas une belle hôtel, moi, j'ai mon amour ! Je *haïs* les *bel hommes* et l'argent, je suis tout cœur, et...

Madame Jules se tourna vers son mari : — Vous me permettrez, monsieur, de ne pas en entendre davantage, dit-elle en rentrant dans sa chambre.

— Si cette dame est avec vous, j'ai fait des *brioches*, à ce que je vois ; mais tant pire, reprit Ida. Pourquoi vient-elle voir monsieur Ferragus tous les jours ?

— Vous vous trompez, mademoiselle, dit Jules stupéfait. Ma femme est incapable...

— Ah ! vous êtes donc mariés vous *deusse* ! dit la grisette en manifestant quelque surprise. C'est alors bien plus mal, monsieur, pas vrai, à une femme qui a le bonheur d'être mariée en légitime mariage, d'avoir des rapports avec un homme comme Henri...

— Mais quoi, Henri, dit monsieur Jules en prenant Ida et l'entraînant dans une pièce voisine pour que sa femme n'entendît plus rien.

— Eh ! bien, monsieur Ferragus...

— Mais il est mort, dit Jules.

— C'te farce ! Je suis allée à Franconi avec lui hier au soir, et il m'a ramenée, comme cela se doit. D'ailleurs votre dame peut vous en donner des nouvelles. N'est-elle pas allée le voir à trois heures ? Je le sais bien : je l'ai attendue dans la rue, rapport à ce qu'un aimable homme, monsieur Justin, que vous connaissez peut-être, un petit vieux qui a des breloques, et qui porte un corset, m'avait prévenue que j'avais une madame Jules pour rivale. Ce nom-là, monsieur, est bien connu parmi les noms de guerre. Excusez, puisque c'est le vôtre, mais quand madame Jules serait une duchesse de la cour, Henri est si riche qu'il peut satisfaire toutes ses fantaisies. Mon affaire est de défendre mon bien, et j'en ai le droit ; car, moi, je l'aime, Henri ! C'est ma *promière* inclination, et il y va de mon amour et de mon sort à venir. Je ne crains rien, monsieur ; je suis honnête, et je n'ai jamais menti, ni volé le bien de qui que ce soit. Ce serait une impératrice qui serait ma rivale, que j'irais à elle tout droit ; et si elle m'enlevait mon mari futur, je me sens capable de la tuer, tout impératrice qu'elle serait, parce que toutes les belles femmes sont égales, monsieur...

— Assez ! assez ! dit Jules. Où demeurez-vous ?

— Rue de la Corderie-du-Temple, n° 14, monsieur. Ida Gruget, couturière en corsets, pour vous servir, car nous en faisons beaucoup pour les messieurs.

— Et où demeure l'homme que vous nommez Ferragus?

— Mais, monsieur, dit-elle en se pinçant les lèvres, ce n'est d'abord pas un homme. C'est un monsieur plus riche que vous ne l'êtes peut-être. Mais, pourquoi est-ce que vous me demandez son adresse quand votre femme la sait? Il m'a dit de ne point la donner. Est-ce que je suis obligée de vous répondre?... Je ne suis, Dieu merci, ni au confessionnal ni à la police, et je ne dépends que de moi.

— Et si je vous offrais vingt, trente, quarante mille francs pour me dire où demeure monsieur Ferragus?

— Ah! n, i, ni, mon petit ami, c'est fini! dit-elle en joignant à cette singulière réponse un geste populaire. Il n'y a pas de somme qui me fasse dire cela. J'ai bien l'honneur de vous saluer. Par où s'en va-t-on donc d'ici?

Jules, atterré, laissa partir Ida, sans songer à elle. Le monde entier semblait s'écrouler sous lui; et au-dessus de lui, le ciel tombait en éclats.

— Monsieur est servi, lui dit son valet de chambre.

Le valet de chambre et le valet d'office attendirent dans la salle à manger pendant environ un quart d'heure sans voir arriver leurs maîtres.

— Madame ne dînera pas, vint dire la femme de chambre.

— Qu'y a-t-il donc, Joséphine? demanda le valet.

— Je ne sais pas, répondit-elle. Madame pleure et va se mettre au lit. Monsieur avait sans doute une inclination en ville, et cela s'est découvert dans un bien mauvais moment, entendez-vous? Je ne répondrais pas de la vie de madame. Tous les hommes sont si gauches! Ils vous font toujours des scènes sans aucune précaution.

— Pas du tout, reprit le valet de chambre à voix basse, c'est, au contraire, madame qui... enfin vous comprenez. Quel temps aurait donc monsieur pour aller en ville, lui qui depuis cinq ans n'a pas couché une seule fois hors de la chambre de madame; qui descend à son cabinet à dix heures, et n'en sort qu'à midi pour déjeuner! Enfin sa vie est connue, elle est régulière, au lieu que madame file presque tous les jours, à trois heures, on ne sait où.

— Et monsieur aussi, dit la femme de chambre en prenant le parti de sa maîtresse.

— Mais il va à la Bourse, monsieur. Voilà pourtant trois fois que je l'avertis qu'il est servi, reprit le valet de chambre après une pause, et c'est comme si l'on parlait à un *terne*.

Monsieur Jules entra.

— Où est madame? demanda-t-il.

— Madame va se coucher, elle a la migraine, répondit la femme de chambre en prenant un air important.

Monsieur Jules dit alors avec beaucoup de sang-froid en s'adressant à ses gens : — Vous pouvez desservir, je vais tenir compagnie à madame.

Et il rentra chez sa femme qu'il trouva pleurant, mais étouffant ses sanglots dans son mouchoir.

— Pourquoi pleurez-vous? lui dit Jules. Vous n'avez à attendre de moi ni violences, ni reproches. Pourquoi me vengerais-je? Si vous n'avez pas été fidèle à mon amour, c'est que vous n'en étiez pas digne...

— Pas digne! Ces mots répétés s'entendirent à travers les sanglots, et l'accent avec lequel ils furent prononcés eût attendri tout autre homme que Jules.

— Pour vous tuer, il faudrait aimer plus que je n'aime peut-être, dit-il en continuant; mais je n'en aurais pas le courage, je me tuerais plûtot, moi, vous laissant à votre.... bonheur, et à.... à qui?

Il n'acheva pas.

— Se tuer, cria Clémence en se jetant aux pieds de Jules et les tenant embrassés.

Mais, lui, voulut se débarrasser de cette étreinte et secoua sa femme en la traînant jusqu'à son lit.

— Laissez-moi, dit-il.

— Non, non, Jules! criait-elle. Si tu ne m'aimes plus, je mourrai. Veux-tu tout savoir?

— Oui.

Il la prit, la serra violemment, s'assit sur le bord du lit, la retint entre ses jambes; puis, regardant d'un œil sec cette belle tête devenue couleur de feu, mais sillonnée de larmes : — Allons, dis, répéta-t-il.

Les sanglots de Clémence recommencèrent.

— Non, c'est un secret de vie et de mort. Si je le disais, je... Non, je ne puis pas. Grâce, Jules!

— Tu me trompes toujours...

— Ah! tu ne me dis plus *vous*! s'écria-t-elle. Oui, Jules, tu peux croire que je te trompe, mais bientôt tu sauras tout.

— Mais ce Ferragus, ce forçat que tu vas voir, cet homme enrichi par des crimes, s'il n'est pas à toi, si tu ne lui appartiens pas...

— Oh! Jules?...

— Eh! bien, est-ce ton bienfaiteur inconnu; l'homme auquel nous devrions notre fortune, comme on l'a déjà dit?

— Qui a dit cela?

— Un homme que j'ai tué en duel.

— Oh! Dieu! déjà une mort.

— Si ce n'est pas ton protecteur, s'il ne te donne pas de l'or, si c'est toi qui lui en portes, voyons, est-ce ton frère?

— Eh! bien, dit-elle, si cela était?

Monsieur Desmarets se croisa les bras.

— Pourquoi me l'aurait-on caché? reprit-il. Vous m'auriez donc trompé, ta mère et toi? D'ailleurs, va-t-on chez son frère tous les jours, ou presque tous les jours, hein?

Sa femme était évanouie à ses pieds.

— Morte, dit-il. Et si j'avais tort?

Il sauta sur les cordons de sonnette, appela Joséphine et mit Clémence sur le lit.

— J'en mourrai, dit madame Jules en revenant à elle.

— Joséphine, cria monsieur Desmarets, allez chercher monsieur Desplein. Puis vous irez après chez mon frère, en le priant de venir le plus tôt possible.

— Pourquoi votre frère? dit Clémence.

Jules était déjà sorti.

Pour la première fois depuis cinq ans, madame Jules se coucha seule dans son lit, et fut contrainte de laisser entrer un médecin dans sa chambre sacrée. Ce fut deux peines bien vives. Desplein trouva madame Jules fort mal, jamais émotion violente n'avait été plus intempestive. Il ne voulut rien préjuger, et remit au lendemain à donner son avis, après avoir ordonné quelques prescriptions qui ne furent point exécutées, les intérêts du cœur ayant fait oublier tous les soins physiques. Vers le matin, Clémence n'avait pas encore dormi. Elle était préoccupée par le sourd murmuer d'une conversation qui durait depuis plusieurs heures entre les deux frères ; mais l'épaisseur des murs ne laissait arriver à son oreille aucun mot qui pût lui trahir l'objet de cette longue conférence Monsieur Desmarets, le notaire, s'en alla bientôt. Le calme de la nuit, puis la singulière activité de sens que donne la passion, permirent alors à Clémence d'entendre le cri d'une plume et les mouvements involontaires d'un homme occupé à écrire. Ceux qui passent habituellement les nuits, et qui ont observé les différents effets de l'acoustique par un profond silence, savent que souvent un léger retentissement est facile à percevoir dans les mêmes lieux où des murmures égaux et continus n'avaient rien de distinctible. A quatre heures le bruit cessa. Clémence se leva inquiète et tremblante. Puis, pieds nus, sans peignoir, ne pensant ni à sa moiteur, ni à l'état dans lequel elle se trouvait, la pauvre femme ouvrit heureusement la porte de communication sans la faire crier. Elle vit son mari, une plume à la main, tout endormi dans son fauteuil. Les bougies brûlaient dans les bobèches. Elle s'avança lentement, et lut sur une enveloppe déjà cachetée · CECI EST MON TESTAMENT.

Elle s'agenouilla comme devant une tombe, et baisa la main de son mari qui s'éveilla soudain.

— Jules, mon ami, l'on accorde quelques jours aux criminels condamnés à mort, dit-elle en le regardant avec des yeux allumés par la fièvre et par l'amour. Ta femme innocente ne t'en demande que deux. Laisse-moi libre pendant deux jours, et..... attends ! Après, je mourrai heureuse, du moins tu me regretteras.

— Clémence, je te les accorde.

Et, comme elle baisait les mains de son mari dans une touchante effusion de cœur, Jules, fasciné par ce cri de l'innocence, la prit et la baisa au front, tout honteux de subir encore le pouvoir de cette noble beauté.

Le lendemain, après avoir pris quelques heures de repos, Jules entra dans la chambre de sa femme, obéissant machinalement à sa coutume de ne point sortir sans l'avoir vue. Clémence dormait. Un rayon de lumière passant par les fentes les plus élevées des fenêtres tombait sur le visage de cette femme accablée. Déjà les douleurs avaient altéré son front et la fraîche rougeur de ses lèvres. L'œil d'un amant ne pouvait pas se tromper à l'aspect de quelques marbrures foncées et de la pâleur maladive qui remplaçait et le ton égal des joues et la blancheur mate du teint, deux fonds purs sur lesquels se jouaient si naïvement les sentiments de cette belle âme.

— Elle souffre, se dit Jules. Pauvre Clémence, que Dieu nous protége !

Il la baisa bien doucement sur le front. Elle s'éveilla, vit son mari et comprit tout ; mais, ne pouvant parler, elle lui prît la main, et ses yeux se mouillèrent de larmes.

— Je suis innocente, dit-elle en achevant son rêve.

— Tu ne sortiras pas, lui demanda Jules.

— Non, je me sens trop faible pour quitter mon lit.

— Si tu changes d'avis, attends mon retour, dit Jules.

Et il descendit à la loge.

— Fouquereau, vous surveillerez exactement votre porte, je veux connaître les gens qui entreront dans l'hôtel, et ceux qui en sortiront.

Puis monsieur Jules se jeta dans un fiacre, se fit conduire à l'hôtel de Maulincour, et y demanda le baron.

— Monsieur est malade, lui dit-on.

Jules insista pour entrer, donna son nom ; et à défaut de monsieur de Maulincour, il voulut voir le vidame ou la douairière. Il attendit pendant quelque temps dans le salon de la vieille baronne qui vint le trouver, et lui dit que son petit-fils était beaucoup trop indisposé pour le recevoir.

— Je connais, madame, répondit Jules, la nature de sa maladie par la lettre que vous m'avez fait l'honneur de m'écrire, et je vous prie de croire...

— Une lettre à vous, monsieur ! de moi ! s'écria la douairière en l'interrompant, mais je n'ai point écrit de lettre. Et que m'y fait-on dire, monsieur, dans cette lettre ?

— Madame, reprit Jules, ayant l'intention de venir chez monsieur de Maulincour aujourd'hui même, et de vous rendre cette lettre, j'ai cru pouvoir la conserver malgré l'injonction qui la termine. La voici.

La douairière sonna pour avoir ses doubles besicles, et, lorsqu'elle eut jeté les yeux sur le papier, elle manifesta la plus grande surprise.

— Monsieur, dit-elle, mon écriture est si parfaitement imitée, que s'il ne s'agissait pas d'une affaire récente je m'y tromperais moi-même. Mon petit-fils est malade, il est vrai, monsieur ; mais sa raison n'a jamais été *le moindrement du monde* altérée. Nous sommes le jouet de quelques mauvaises gens; cependant, je ne devine pas dans quel but a été faite cette impertinence.... Vous allez voir mon petit-fils, monsieur, et vous reconnaîtrez qu'il est parfaitement sain d'esprit.

Et elle sonna de nouveau pour faire demander au baron s'il pouvait recevoir monsieur Desmarets. Le valet revint avec une réponse affirmative. Jules monta chez Auguste de Maulincour, qu'il trouva dans un fauteuil, assis au coin de la cheminée, et qui, trop faible pour se lever, le salua par un geste mélancolique, le vidame de Pamiers lui tenait compagnie

— Monsieur le baron, dit Jules, j'ai quelque chose à vous dire d'assez particulier pour désirer que nous soyons seuls.

— Monsieur, répondit Auguste, monsieur le commandeur sait toute cette affaire, et vous pouvez parler devant lui sans crainte.

— Monsieur le baron, reprit Jules d'une voix grave, vous avez troublé, presque détruit mon bonheur, sans en avoir le droit. Jusqu'au moment où nous verrons qui de nous peut demander ou doit accorder une réparation à l'autre, vous êtes tenu de m'aider à marcher dans la voie ténébreuse où vous m'avez jeté. Je viens donc pour apprendre de vous la demeure actuelle de l'être mystérieux qui exerce sur nos destinées une si fatale influence, et qui semble avoir à ses ordres une puissance surnaturelle. Hier, au moment où je rentrais, après avoir entendu vos aveux, voici la lettre que j'ai reçue.

Et Jules lui présenta la fausse lettre.

— Ce Ferragus, ce Bourignard, ou ce monsieur de Funcal est un démon, s'écria Maulincour après l'avoir lue. Dans quel affreux dédale ai-je mis le pied? Où vais-je? — J'ai eu tort, monsieur, dit-il en regardant Jules; mais la mort est, certes, la plus grande des expiations, et ma mort approche. Vous pouvez donc me demander tout ce que vous désirerez, je suis à vos ordres.

— Monsieur, vous devez savoir où demeure l'inconnu, je veux absolument, dût-il m'en coûter toute ma fortune actuelle, pénétrer ce mystère; et, en présence d'un ennemi si cruellement intelligent, les moments sont précieux.

— Justin va vous dire tout, répondit le baron.

A ces mots, le commandeur s'agita sur sa chaise.

Auguste sonna.

Ses amis, pris de vin comme lui, l'auront laissé se coucher dans la rue ..

(FERRAGUS.)

— Justin n'est pas à l'hôtel, s'écria le vidame avec une précipitation qui disait beaucoup de choses.

— Hé! bien, dit vivement Auguste, nos gens savent où il est, un homme montera vite à cheval pour le chercher. Votre valet es; dans Paris, n'est-ce pas? On l'y trouvera.

Le commandeur parut visiblement troublé.

— Justin ne viendra pas, mon ami, dit le vieillard. Il est mort. Je voulais te cacher cet accident, mais...

— Mort, s'écria monsieur de Maulincour, mort? Et quand? et comment?

— Hier, dans la nuit. Il est allé souper avec d'anciens amis, et s'est enivré sans doute; ses amis, pris de vin comme lui, l'auront laissé se coucher dans la rue, une grosse voiture lui a passé sur le corps...

— Le forçat ne l'a pas manqué. Du premier coup il l'a tué, dit Auguste. Il n'a pas été si heureux avec moi, il a été obligé de s'y prendre à quatre fois.

Jules devint sombre et pensif.

— Je ne saurai donc rien, s'écria l'Agent de change après une longue pause. Votre valet a peut-être été justement puni! N'a-t-il pas outre-passé vos ordres en calomniant madame Desmarets dans l'esprit d'une *Ida*, dont il a réveillé la jalousie afin de la déchaîner sur nous.

— Ah! monsieur, dans ma colère, je lui avais abandonné madame Jules.

— Monsieur! s'écria le mari vivement irrité.

— Oh! maintenant, monsieur, répondit l'officier en réclamant le silence par un geste de main, je suis prêt à tout. Vous ne ferez pas mieux que ce qui est fait, et vous ne me direz rien que ma conscience ne m'ait déjà dit. J'attends ce matin le plus célèbre professeur de toxicologie pour connaître mon sort. Si je suis destiné à de trop grandes souffrances, ma résolution est prise, je me brûlerai la cervelle.

— Vous parlez comme un enfant, s'écria le commandeur épouvanté par le sang-froid avec lequel le baron avait dit ces mots. Votre grand'mère mourrait de chagrin.

— Ainsi, monsieur, dit Jules, il n'existe aucun moyen de connaître en quel endroit de Paris demeure cet homme extraordinaire?

— Je crois, monsieur, répondit le vieillard, avoir entendu dire à ce pauvre Justin que monsieur de Funcal logeait à l'ambassade de Portugal ou à celle du Brésil. Monsieur de Funcal est un gentilhomme qui appartient aux deux pays. Quant au forçat, il est mort et enterré. Votre persécuteur, quel qu'il soit, me paraît assez puissant pour que vous l'acceptiez sous sa nouvelle forme jusqu'au moment où vous aurez les moyens de le confondre et de l'écraser ; mais agissez avec prudence, mon cher monsieur. Si monsieur de Maulincour avait suivi mes conseils, rien de tout ceci ne serait arrivé.

Jules se retira froidement, mais avec politesse, et ne sut quel parti prendre pour arriver à Ferragus. Au moment où il rentra son concierge lui dit que madame était sortie pour aller jeter une lettre dans la boîte de la petite poste, qui se trouvait en face de la rue de Ménars. Jules se sentit humilié de reconnaître la prodigieuse intelligence avec laquelle son concierge épousait sa cause, et l'adresse avec laquelle il devinait les moyens de le servir. L'empressement des inférieurs et leur habileté particulière à compromettre les maîtres qui se compromettent lui étaient connus, le danger de les avoir pour complices en quoi que ce soit, il l'avait apprécié ; mais il ne put songer à sa dignité personnelle qu'au moment où il se trouva si subitement ravalé. Quel triomphe pour l'esclave incapable de s'élever jusqu'à son maître, de faire tomber le maître jusqu'à lui ! Jules fut brusque et dur. Autre faute. Mais il souffrait tant ! Sa vie, jusque-là si droite, si pure, devenait tortueuse ; et il lui fallait maintenant ruser, mentir. Et Clémence aussi mentait et rusait. Ce moment fut un moment de dégoût. Perdu dans un abîme de pensées amères, Jules resta machinalement immobile à la porte de son hôtel. Tantôt s'abandonnant à des idées de désespoir, il voulait fuir, quitter la France, en emportant sur son amour toutes les illusions de l'incertitude. Tantôt, ne mettant pas en doute que la lettre jetée à la poste par Clémence ne s'adressât à Ferragus, il cherchait les moyens de surprendre la réponse qu'allait y faire cet être mystérieux. Tantôt il analysait les singuliers hasards de sa vie depuis son mariage, et se demandait si la calomnie dont il avait tiré vengeance n'était pas une vérité. Enfin, revenant à la réponse de Ferragus, il se disait : — Mais cet homme si profondément habile, si logique dans ses moindres actes, qui voit, qui pressent, qui calcule et devine même nos pensées, Ferragus répondra-t-il ? Ne doit-il pas employer des moyens en harmonie avec sa puissance ?

N'enverra-t-il pas sa réponse par quelque habile coquin, ou, peut-être, dans un écrin apporté par un honnête homme qui ne saura pas ce qu'il apporte, ou dans l'enveloppe des souliers qu'une ouvrière viendra livrer fort innocemment à sa femme ? Si Clémence et lui s'entendent ? Et il se défiait de tout, et il parcourait les champs immenses, la mer sans rivage des suppositions ; puis, après avoir flotté pendant quelque temps entre mille partis contraires, il se trouva plus fort chez lui que partout ailleurs, et résolut de veiller dans sa maison, comme un formicaleo au fond de sa volute sablonneuse.

— Fouquereau, dit-il à son concierge, je suis sorti pour tous ceux qui viendront me voir. Si quelqu'un veut parler à madame ou lui apporte quelque chose, tu tinteras deux coups. Puis tu me montreras toutes les lettres qui seraient adressées ici, n'importe à qui !

— Ainsi, pensa-t-il en remontant dans son cabinet qui se trouvait à l'entresol, je vais au-devant des finesses de maître Ferragus. S'il envoie quelque émissaire assez rusé pour me demander afin de savoir si madame est seule, au moins je ne serai pas joué comme un sot !

Il se colla aux vitres qui, dans son cabinet, donnaient sur la rue, et, par une dernière ruse que lui inspira la jalousie, il résolut de faire monter son premier commis dans sa voiture, et de l'envoyer à la Bourse en son lieu et place, avec une lettre pour un Agent de change de ses amis, auquel il expliqua ses achats et ses ventes, en le priant de le remplacer. Il remit ses transactions les plus délicates au lendemain, se moquant de la hausse et de la baisse, et de toutes les dettes européennes. Beau privilége de l'amour ! il écrase tout, fait tout pâlir : l'autel, le trône et les grands-livres. A trois heures et demie, au moment où la Bourse est dans tout le feu des reports, des fins-courant, des primes, des fermes, etc., monsieur Jules vi entrer dans son cabinet Fouquereau tout radieux.

— Monsieur, il vient de venir une vieille femme, mais *soignée*, je dis une fine mouche. Elle a demandé monsieur, a paru contrariée de ne point le trouver, m'a donné pour madame une lettre que voici.

En proie à une angoisse fiévreuse, Jules décacheta la lettre ; mais il tomba bientôt dans son fauteuil tout épuisé. La lettre était un non-sens continuel, et il fallait en avoir la clef pour la lire. Elle avait été écrite en chiffres.

— Va-t'en, Fouquereau. Le concierge sortit. — C'est un mystère plus profond que ne l'est la mer à l'endroit où la sonde s'y perd. Ah ! c'est de l'amour ! l'amour seul est aussi sagace, aussi ingénieux que l'est ce correspondant. Mon Dieu ! je tuerai Clémence.

En ce moment une idée heureuse jaillit dans sa cervelle avec tant de force, qu'il en fut presque physiquement éclairé. Aux jours de sa laborieuse misère, avant son mariage, Jules s'était fait un ami véritable, un demi *Pméja*. L'excessive délicatesse avec laquelle il avait manié les susceptibilités d'un ami pauvre et modeste, le respect dont il l'avait entouré, l'ingénieuse adresse avec laquelle il l'avait noblement forcé de participer à son opulence sans le faire rougir, accrurent leur amitié. Jacquet resta fidèle à Desmarets, malgré sa fortune.

Jacquet, homme de probité, travailleur, austère en ses mœurs, avait fait lentement son chemin dans le ministère qui consomme à la fois le plus de friponnerie et le plus de probité. Employé au Ministère des Affaires Étrangères, il y avait en charge la partie la plus délicate des archives. Jacquet était dans le ministère une espèce de ver-luisant qui jetait la lumière à ses heures sur les correspondances secrètes, en déchiffrant et classant les dépêches. Placé plus haut que le simple bourgeois, il se trouvait aux Affaires Étrangères tout ce qu'il y avait de plus élevé dans les rangs subalternes, et vivait obscurément, heureux d'une obscurité qui le mettait à l'abri des revers, satisfait de payer en oboles sa dette à la patrie. Adjoint né de sa mairie, il en obtenait, en style de journal, toute la considération qui lui était due. Grâce à Jules, sa position s'était améliorée par un bon mariage. Patriote inconnu, ministériel en fait, il se contentait de gémir, au coin du feu, sur la marche du gouvernement. Du reste, Jacquet était dans son ménage un roi débonnaire, un homme à parapluie, qui payait à sa femme une remise dont il ne profitait jamais. Enfin, pour achever la peinture de ce *philosophe sans le savoir*, il n'avait pas encore soupçonné, ne devait même jamais soupçonner tout le parti qu'il pouvait tirer de sa position, en ayant pour ami intime un Agent de change, et connaissant tous les matins le secret de l'État. Cet homme sublime à la manière du soldat ignoré qui meurt en sauvant Napoléon par un *qui vive*, demeurait au Ministère.

En dix minutes, Jules se trouva dans le bureau de l'archiviste. Jacquet lui avança une chaise, posa méthodiquement sur sa table son garde-vue en taffetas vert, se frotta les mains, prit sa tabatière, se leva en faisant craquer ses omoplates, se rehaussa le thorax, et dit : — Par quel hasard ici, *mosieur Desmarets?* Que me veux-tu?

— Jacquet, j'ai besoin de toi pour deviner un secret, un secret de vie et de mort.

— Cela ne concerne pas la politique?

— Ce n'est pas à toi que je le demanderais si je voulais le savoir, dit Jules. Non, c'est une affaire de ménage sur laquelle je réclame de toi le silence le plus profond.

— Claude-Joseph Jacquet, muet par état. Tu ne me connais donc pas? dit-il en riant. C'est ma partie, la discrétion.

Jules lui montra la lettre en lui disant : — Il faut me lire ce billet adressé à ma femme...

— Diable! diable! mauvaise affaire, dit Jacquet en examinant la lettre de la même manière qu'un usurier examine un effet négociable. Ah! c'est une lettre à grille. Attends.

Il laissa Jules seul dans le cabinet, et revint assez promptement.

— Niaiserie, mon ami! c'est écrit avec une vieille grille dont se servait l'ambassadeur de Portugal, sous monsieur de Choiseul, lors du renvoi des Jésuites. Tiens, voici.

Jacquet superposa un papier à jour, régulièrement découpé comme une de ces dentelles que les confiseurs mettent sur leurs dragées, et Jules put alors facilement lire les phrases qui restèrent à découvert.

« N'aie plus d'inquiétudes, ma chère Clémence, notre bonheur ne sera plus troublé par personne, et ton mari déposera ses soupçons. Je ne puis t'aller voir. Quelque malade que tu sois, il faut avoir le courage de venir; cherche, trouve des forces; tu en puiseras dans ton amour. Mon affection pour toi m'a contraint de subir la plus cruelle des opérations, et il m'est impossible de bouger de mon lit. Quelques moxas m'ont été appliqués hier au soir à la nuque du cou, d'une épaule à l'autre, et il a fallu les laisser brûler assez long-temps. Tu me comprends? Mais je pensais à toi, je n'ai pas trop souffert. Pour dérouter toutes les perquisitions de Maulincour, qui ne nous persécutera plus long-temps, j'ai quitté le toit protecteur de l'ambassade, et suis à l'abri de toutes recherches, rue des Enfants-Rouges, n° 12, chez une vieille femme nommée madame Étienne Gruget, la mère de cette Ida, qui va payer cher sa sotte incartade. Viens-y demain, à neuf heures du matin. Je suis dans une chambre à laquelle on ne parvient que par un escalier intérieur. Demande monsieur Camuset. A demain. Je te baise le front, ma chérie. »

Jacquet regarda Jules avec une sorte de terreur honnête, qui comportait une compassion vraie, et dit son mot favori : — Diable! diable! sur deux tons différents.

— Cela te semble clair, n'est-ce pas? dit Jules. Eh! bien, il y a dans le fond de mon cœur une voix qui plaide pour ma femme, et qui se fait entendre plus haut que toutes les douleurs de la jalousie. Je subirai jusqu'à demain le plus horrible des supplices; mais enfin, demain, de neuf à dix heures, je saurai tout, et je serai malheureux ou heureux pour la vie. Pense à moi, Jacquet.

— Je serai chez toi demain à onze heures. Nous irons là ensemble, et je t'attendrai, si tu le veux, dans la rue. Tu peux courir des dangers, il faut près de toi quelqu'un de dévoué qui te comprenne à demi-mot et que tu puisses employer sûrement. Compte sur moi.

— Même pour m'aider à tuer quelqu'un?

— Diable! diable! dit Jacquet vivement en répétant pour ainsi dire la même note musicale, j'ai deux enfants et une femme...

Jules serra la main de Claude Jacquet et sortit. Mais il revint précipitamment.

— J'oublie la lettre, dit-il. Puis ce n'est pas tout, il faut la recacheter.

— Diable! diable! tu l'as ouverte sans en prendre l'empreinte; mais le cachet s'est heureusement assez bien fendu. Va, laisse-la-moi, je te la rapporterai *secundum scripturam.*

— A quelle heure?

— A cinq heures et demie...

— Si je n'étais pas encore rentré, remets-la tout bonnement au concierge, en lui disant de la monter à madame.

— Me veux-tu demain?

— Non. Adieu.

Jules arriva promptement à la place de la Rotonde du Temple, il y laissa son cabriolet, et vint à pied rue des Enfants-Rouges où il examina la maison de madame Étienne Gruget. Là, devait s'éclaircir le mystère d'où dépendait le sort de tant de personnes; là était Ferragus, et à Ferragus aboutissaient tous les fils de cette intrigue. Là réunion de madame Jules, de son mari, de cet homme, n'était-elle pas le nœud gordien de ce drame déjà sanglant, et auquel ne devait pas manquer le glaive qui dénoue les liens les plus ortement serrés?

Cette maison était une de celles qui appartiennent au genre dit *cabajoutis*. Ce nom très-significatif est donné par le peuple de Paris a ces maisons composées, pour ainsi dire, de pièces de rapport. C'est presque toujours ou des habitations primitivement séparées, mais réunies par les fantaisies des différents propriétaires qui les ont successivement agrandies; ou des maisons commencées, laissées, reprises, achevées; maisons malheureuses qui ont passé comme certains peuples, sous plusieurs dynasties de maîtres capricieux. Ni les étages ni les fenêtres *ne sont ensemble,* pour emprunter à la peinture un de ses termes les plus pittoresques; tout y jure, même les ornements extérieurs. Le cabajoutis est à l'architecture parisienne ce que le *capharnaüm* est à l'appartement, un vrai fouillis où l'on a jeté pêle-mêle les choses les plus discordantes.

— Madame Étienne, demanda Jules à la portière.

Cette portière était logée sous la grande porte, dans une de ces espèces de cages à poulets, petite maison de bois montée sur des roulettes, et assez semblables à ces cabinets que la police a construits sur toutes les places de fiacres.

— Hein? fit la portière en quittant les bas qu'elle tricotait.

A Paris, les différents sujets qui concourent à la physionomie d'une portion quelconque de cette monstrueuse cité, s'harmonient admirablement avec le caractère de l'ensemble. Ainsi portier, concierge ou suisse, quel que soit le nom donné à ce muscle essentiel du monstre parisien, il est toujours conforme au quartier dont il fait partie, et souvent il le résume. Brodé sur toutes les coutures, oisif, le concierge joue sur les rentes dans le faubourg Saint-Germain, le portier a ses aises dans la Chaussée-d'Antin, il lit les journaux dans le quartier de la Bourse, il a un état dans le faubourg Montmartre. La portière est une ancienne prostituée dans le quartier de la prostitution; au Marais, elle a des mœurs, elle est revêche, elle a ses lubies.

En voyant monsieur Jules, cette portière prit un couteau pour remuer la motte presque éteinte de sa chaufferette; puis elle lui dit : — Vous demandez madame Étienne, est-ce madame Étienne Gruget?

— Oui, dit Jules Desmarets en prenant un air presque fâché.
— Qui travaille en passementerie?
— Oui.
— Eh! bien, monsieur, dit-elle en sortant de sa cage, mettant la main sur le bras de monsieur Jules et le conduisant au bout d'un long boyau voûté comme une cave, vous monterez le second escalier au fond de la cour. Voyez-vous les fenêtres où il y a des *géroflées?* c'est là que reste madame Étienne.
— Merci, madame. Croyez-vous qu'elle soit seule?
— Mais pourquoi donc qu'elle ne serait pas seule, cette femme, elle est veuve?

Jules monta lestement un escalier fort obscur, dont les marches avaient des callosités formées par la boue durcie qu'y laissaient les allants et les venants. Au second étage, il vit trois portes, mais point de *géroflées*. Heureusement, sur l'une de ces portes, la plus huileuse et la plus brune des trois, il lut ces mots écrits à la craie: *Ida viendra ce soir à neuf heures.* — C'est là, se dit Jules. Il tira un vieux cordon de sonnette tout noir, à pied de biche, entendit le bruit étouffé d'une sonnette fêlée et les jappements d'un petit chien asthmatique. La manière dont les sons retentissaient dans l'intérieur lui annonça un appartement encombré de choses qui n'y laissaient pas subsister le moindre écho, trait caractéristique des logements occupés par des ouvriers, par de petits ménages, auxquels la place et l'air manquent. Jules cherchait machinalement les *géroflées*, et finit par les trouver sur l'appui extérieur d'une croisée à coulisse, entre deux plombs empestés. Là, des fleurs; là, un jardin long de deux pieds, large de six pouces; là, un grain de blé; là, toute la vie résumée; mais là aussi toutes les misères de la vie. En face de ces fleurs chétives et des superbes tuyaux de blé, un rayon de lumière, tombant là du ciel comme par grâce, faisait ressortir la poussière, la graisse, et je ne sais quelle couleur particulière aux taudis parisiens, mille saletés qui encadraient, vieillissaient et tachaient les murs humides, les balustres vermoulus de l'escalier, les châssis disjoints des fenêtres, et les portes primitivement rouges. Bientôt une toux de vieille et le pas lourd d'une femme qui traînait péniblement des chaussons de lisière annoncèrent la mère d'Ida Gruget. Cette vieille ouvrit la porte, sortit sur le palier, leva la tête, et dit: Ah! c'est monsieur Bocquillon. Mais non. Par exemple, comme vous ressemblez à monsieur Bocquillon.

Vous êtes son frère, peut-être. Qu'y a-t-il pour votre service? Entrez donc, monsieur.

Jules suivit cette femme dans une première pièce où il vit, mais en masse, des cages, des ustensiles de ménage, des fourneaux, des meubles, de petits plats de terre pleins de pâtée ou d'eau pour le chien et les chats, une horloge de bois, des couvertures, des gravures d'Eisen, de vieux fers entassés, mêlés, confondus de manière à produire un tableau véritablement grotesque, le vrai capharnaüm parisien, auquel ne manquaient même pas quelques numéros du *Constitutionnel*.

Jules, dominé par une pensée de prudence, n'écouta pas la veuve Gruget, qui lui disait : — Entrez donc ici, monsieur, vous vous chaufferez.

Craignant d'être entendu par Ferragus, Jules se demandait s'il ne valait pas mieux conclure dans cette première pièce le marché qu'il venait proposer à la vieille. Une poule qui sortit en caquetant d'une soupente le tira de sa méditation secrète. Jules avait pris sa résolution. Il suivit alors la mère d'Ida dans la pièce à feu, où ils furent accompagnés par le petit carlin poussif, personnage muet, qui grimpa sur un vieux tabouret. Madame Gruget avait eu toute la fatuité d'une demi-misère en parlant de chauffer son hôte. Son pot au feu cachait complètement deux tisons notablement disjoints. L'écumoire gisait à terre, la queue dans les cendres. Le chambranle de la cheminée, orné d'un Jésus de cire mis sous une cage carrée en verre bordé de papier bleuâtre, était encombré de laines, de bobines et d'outils nécessaires à la passementerie. Jules examina tous les meubles de l'appartement avec une curiosité pleine d'intérêt, et manifesta malgré lui sa secrète satisfaction.

— Eh! bien, dites donc, monsieur, est-ce que vous voulez vous arranger de *mes meubles?* lui dit la veuve en s'asseyant sur un fauteuil de canne jaune qui semblait être son quartier-général. Elle y gardait à la fois son mouchoir, sa tabatière, son tricot, des légumes épluchés à moitié, des lunettes, un calendrier, des galons de livrée commencés, un jeu de cartes grasses et deux volumes de romans, tout cela frappé en creux. Ce meuble, sur lequel cette vieille *descendait le fleuve de la vie,* ressemblait au sac encyclopédique que porte une femme en voyage, et où se trouve son ménage en abrégé, depuis le portrait du mari jusqu'à de l'eau de mélisse pour les défaillances, des dragées pour les enfants, et du taffetas anglais pour les coupures.

Jules étudia tout. Il regarda fort attentivement le visage jaune de madame Gruget, ses yeux gris, sans sourcils, dénués de cils, sa bouche démeublée, ses rides pleines de tons noirs, son bonnet de tulle roux, à ruches plus rousses encore, et ses jupons d'indienne troués, ses pantoufles usées, sa chaufferette brûlée, sa table chargée de plats et de soieries, d'ouvrages en coton, en laine, au milieu desquels s'élevait une bouteille de vin. Puis il se dit en lui-même : Cette femme a quelque passion, quelques vices cachés, elle est à moi.

— Madame, dit-il à haute voix et en lui faisant un signe d'intelligence, je viens pour vous commander des galons... Puis il baissa la voix. — Je sais, reprit-il, que vous avez chez vous un inconnu qui prend le nom de Camuset. La vieille le regarda soudain, sans donner la moindre marque d'étonnement. — Dites, peut-il nous entendre ? Songez qu'il s'agit de votre fortune.

— Monsieur, répondit-elle, parlez sans crainte, je n'ai personne ici. Mais j'aurais quelqu'un là-haut qu'il lui serait bien impossible de vous écouter.

— Ah ! la vieille rusée, elle sait répondre en normand, se dit Jules. Nous pourrons nous accorder. — Évitez-vous la peine de mentir, madame, reprit-il. Et d'abord, sachez bien que je ne vous veux point de mal, ni à votre locataire malade de ses moxas, ni à votre fille Ida, couturière en corsets, amie de Ferragus. Vous le voyez, je suis au courant de tout. Rassurez-vous, je ne suis point de la police, et ne désire rien qui puisse offenser votre conscience. Une jeune dame viendra demain ici, de neuf à dix heures, pour causer avec l'ami de votre fille. Je veux être à portée de tout voir, de tout entendre, sans être ni vu ni entendu par eux. Vous m'en fournirez les moyens, et je reconnaîtrai ce service par une somme de deux mille francs, une fois payée, et par six cents francs de rente viagère. Mon notaire préparera devant vous, ce soir, l'acte ; je lui remettrai votre argent, il vous le délivrera demain, après la conférence où je veux assister, et pendant laquelle j'acquerrai des preuves de votre bonne foi.

— Ça pourra-t-il nuire à ma fille, mon cher monsieur? dit elle en lui jetant des regards de chatte inquiète.

— En rien, madame. Mais, d'ailleurs, il paraît que votre fille se conduit bien mal envers vous. Aimé par un homme aussi riche, aussi puissant que l'est Ferragus, il devrait lui être facile de vous rendre plus heureuse que vous ne semblez l'être.

— Ah! mon cher monsieur, pas seulement un pauvre billet de spectacle pour l'Ambigu ou la Gaîté où elle va comme elle veut. C'est une indignité! Une fille pour qui j'ai vendu mes couverts d'argent, que je mange maintenant, à mon âge, dedans du métal allemand, pour lui payer son apprentissage, et lui donner un état où elle ferait de l'or, si elle voulait. Car, pour ça, elle tient de moi, elle est adroite comme une fée, c'est une justice à lui rendre. Enfin, elle pourrait bien me repasser ses vieilles robes de soie, moi qu'aime tant à porter de la soie. Non, monsieur, elle va au Cadran-Bleu, dîner à cinquante francs par tête, roule en voiture comme une princesse, et se moque de sa mère comme de Colin-Tampon. Dieu de Dieu! qué jeunesse incohérente que celle que nous avons faite, c'est pas notre plus bel éloge. Une mère, monsieur, qu'est bonne mère, car j'ai caché ses inconséquences, et je l'ai toujours eue dans mon giron à m'ôter le pain de la bouche, et lui fourrer tout. Eh! bien non, ça vient, ça vous câline, ça vous dit : — Bonjour, ma mère. Et voilà leux devoirs remplis envers l'auteur de ses jours. Va comme je te pousse. Mais elle aura des enfants, un jour ou l'autre, et elle verra ce que c'est que cette mauvaise marchandise-là, qu'on aime tout de même.

— Comment! elle ne fait rien pour vous?

— Ah! rien, non, monsieur, je ne dis pas cela, si elle ne faisait rien, ce serait par trop peu de chose. Elle me paye mon loyer, elle me donne du bois, et trente-six francs par mois... Mais, monsieur, est-ce qu'à mon âge, cinquante-deux ans, avec des yeux qui me tirent le soir, je devrais encore travailler? D'ailleurs, *porquoi* ne veut-elle pas de moi? Je lui fais-t-y honte? qu'elle le dise tout de suite. En vérité, faudrait s'enterrer pour ces chiens d'enfants qui vous ont oublié rien que le temps de fermer la porte. Elle tira son mouchoir de sa poche, et amena un billet de loterie qui tomba par terre; mais elle le ramassa promptement en disant : — Quien! c'est ma quittance de mes impositions.

Jules devina soudain la cause de la sage parcimonie dont se plaignait la mère, et il n'en fut que plus certain de l'acquiescement de la veuve Gruget au marché proposé.

— Eh! bien, madame, dit-il, acceptez alors ce que je vous offre.

— Vous disiez donc, monsieur, deux mille francs de comptant, et six cents francs de viager?

— Madame, j'ai changé d'avis, et vous promets seulement trois cents francs de rente viagère. L'affaire, ainsi faite, me paraît plus convenable à mes intérêts. Mais je vous donnerai cinq mille francs d'argent comptant. N'aimez-vous pas mieux cela?

— Dame, oui, monsieur.

— Vous aurez plus d'aisance, et vous irez à l'Ambigu-Comique, chez Franconi, partout, à votre aise, en fiacre.

— Ah! je n'aime point Franconi, rapport à ce qu'on n'y parle pas. Mais, monsieur, si j'accepte, c'est que ça sera bien avantageux à mon enfant. Enfin, je ne serai plus à ses crochets. Pauvre petite, après tout, je ne lui en veux point de ce qu'elle a du plaisir. Monsieur, faut que jeunesse s'amuse! et donc! si vous m'assureriez que je ne ferai de tort à personne...

— A personne, répéta Jules. Mais, voyons, comment allez-vous vous y prendre?

— Eh! bien, monsieur, en donnant ce soir à monsieur Ferragus une petite infusion de têtes de pavots, il dormira bien, le cher homme! et il en a bon besoin, rapport à ses souffrances, car il souffre, que c'est une pitié. Mais aussi, demandez-moi ce que c'est que cette invention à un homme sain de se brûler le dos pour s'ôter un tic douloureux qui ne le tourmente que tous les deux ans. Pour en revenir à notre affaire, j'ai la clef de ma voisine, dont le logement est au-dessus du mien, et qui a une pièce mur mitoyen avec celle où couche monsieur Ferragus. Elle est à la campagne pour dix jours. Et donc, en faisant faire un trou, pendant la nuit, au mur de séparation, vous les entendrez et les verrez à votre aise. Je suis intime avec un serrurier, un bien aimable homme, qui raconte comme un ange, et fera cela pour moi, ni vu, ni connu.

— Voilà cent francs pour lui, soyez ce soir chez monsieur Desmarets, un notaire dont voici l'adresse. A neuf heures, l'acte sera prêt, mais... *motus*.

— Suffit, monsieur, comme vous dites, *momus*! Au revoir, monsieur.

Jules revint chez lui, presque calmé par la certitude où il était de tout savoir le lendemain. En arrivant, il trouva chez son portier la lettre parfaitement bien recachetée.

— Comment te portes-tu? dit-il à sa femme malgré l'espèce de froid qui les séparait.

Les habitudes de cœur sont si difficiles à quitter!

— Assez bien, Jules, reprit-elle d'une voix coquette, veux-tu dîner près de moi?

— Oui, répondit-il en apportant la lettre, tiens voici ce que Fouquereau m'a remis pour toi.

Clémence, qui était pâle, rougit extrêmement en apercevant la lettre, et cette rougeur subite causa la plus vive douleur à son mari.

— Est-ce de la joie, dit-il en riant, est-ce un effet de l'attente?

— Oh! il y a bien des choses, dit-elle en regardant le cachet.

— Je vous laisse, madame.

Et il descendit dans son cabinet, où il écrivit à son frère ses intentions relatives à la constitution de la rente viagère destinée à la veuve Gruget. Quand il revint, il trouva son dîner préparé sur une petite table, près du lit de Clémence, et Joséphine prête à servir.

— Si j'étais debout, avec quel plaisir je te servirais! dit-elle quand Joséphine les eut laissés seuls. Oh! même à genoux, reprit-elle en passant ses mains pâles dans la chevelure de Jules. Cher noble cœur, tu as été bien **gracieux** et bien bon pour moi tout à l'heure. Tu m'as fait là plus de bien par ta confiance, que tous les médecins de la terre ne pourraient m'en faire par leur ordonnance. Ta délicatesse de femme, car tu sais aimer comme une femme, toi... eh! bien, elle a répandu dans mon âme je ne sais quel baume qui m'a presque guérie. Il y a trêve, Jules, avance ta tête, que je la baise.

Jules ne put se refuser au plaisir d'embrasser Clémence. Mais ce ne fut pas sans une sorte de remords au cœur, il se trouvait petit devant cette femme qu'il était toujours tenté de croire innocente. Elle avait une sorte de joie triste. Une chaste espérance brillait sur son visage à travers l'expression de ses chagrins. Ils semblaient également malheureux d'être obligés de se tromper l'un l'autre, et encore une caresse, ils allaient tout s'avouer, ne résistant pas à leurs douleurs.

— Demain soir, Clémence.

— Non, monsieur, demain à midi, vous saurez tout, et vous vous agenouillerez devant votre femme. Oh! non, tu ne t'humilieras pas, non, tu es tout pardonné; non, tu n'as pas de torts. Écoute : hier, tu m'as bien rudement brisée ; mais ma vie n'aurait peut-être pas été complète sans cette angoisse, ce sera une ombre qui fera valoir des jours célestes.

— Tu m'ensorcelles, s'écria Jules, et tu me donnerais des remords.

— Pauvre ami, la destinée est plus haute que nous, et je ne suis pas complice de ma destinée. Je sortirai demain.

— A quelle heure? demanda Jules.

— A neuf heures et demie.

— Clémence, répondit monsieur Desmarets, prends bien des précautions, consulte le docteur Desplein et le vieil Haudry.

— Je ne consulterai que mon cœur et mon courage.

— Je te laisse libre, et ne viendrai te voir qu'à midi.

— Tu ne me tiendras pas un peu compagnie ce soir, je ne suis plus souffrante?...

Après avoir terminé ses affaires, Jules revint près de sa femme, ramené par une attraction invincible. Sa passion était plus forte que toutes ses douleurs.

Le lendemain, vers neuf heures, Jules s'échappa de chez lui, courut à la rue des Enfants-Rouges, monta, et sonna chez la veuve Gruget.

— Ah! vous êtes de parole, exact comme l'aurore. Entrez donc, monsieur, lui dit la vieille passementière en le reconnaissant. Je vous ai apprêté une tasse de café à la crème, au cas où... reprit-elle quand la porte fut fermée. Ah! de la vraie crème, un petit pot que j'ai vu traire moi-même à la vacherie que nous avons dans le marché des Enfants-Rouges.

— Merci, madame, non, rien. Menez-moi...

— Bien, bien, mon cher monsieur. Venez par ici.

La veuve conduisit Jules dans une chambre située au-dessus de la sienne, et où elle lui montra, triomphalement, une ouverture grande comme une pièce de quarante sous, pratiquée pendant la nuit à une place correspondant aux rosaces les plus hautes et les plus obscures du papier tendu dans la chambre de Ferragus. Cette ouverture se trouvait, dans l'une et l'autre pièce, au-dessus d'une armoire. Les légers dégâts faits par le serrurier n'avaient donc laissé de traces d'aucun côté du mur, et il était fort difficile d'apercevoir dans l'ombre cette espèce de meurtrière. Aussi Jules fut-il obligé, pour se maintenir là, et pour y bien voir, de rester dans une position assez fatigante, en se perchant sur un marchepied que la veuve Gruget avait eu soin d'apporter.

— Il est avec un monsieur, dit la vieille en se retirant.

Jules aperçut en effet un homme occupé à panser un cordon de plaies, produites par une certaine quantité de brûlures pratiquées sur les épaules de Ferragus, dont il reconnut la tête, d'après la description que lui en avait faite monsieur de Maulincour.

— Quand crois-tu que je serai guéri? demandait-il.

— Je ne sais, répondit l'inconnu; mais, au dire des médecins, il faudra bien encore sept ou huit pansements.

— Eh! bien, à ce soir, dit Ferragus en tendant la main à celui qui venait de poser la dernière bande de l'appareil.

— A ce soir, répondit l'inconnu en serrant cordialement la main de Ferragus. Je voudrais te voir quitte de tes souffrances.

— Enfin, les papiers de monsieur de Funcal nous seront remis demain et Henri Bourignard est bien mort, reprit Ferragus. Les deux fatales lettres qui nous ont coûté si cher n'existent plus. Je redeviendrai donc quelque chose de social, un homme parmi les hommes, et je vaux bien le marin qu'ont mangé les poissons. Dieu sait si c'est pour moi que je me fais comte!

— Pauvre Gratien, toi, notre plus forte tête, notre frère chéri, tu es le Benjamin de la bande; tu le sais.

— Adieu! surveillez bien mon Maulincour.

— Sois en paix sur ce point.

— Hé, marquis? cria le vieux forçat.

— Quoi?

— Ida est capable de tout, après la scène d'hier au soir. Si elle s'est jetée à l'eau, je ne la repêcherai certes pas, elle gardera bien mieux le secret de mon nom, le seul qu'elle possède; mais surveille-la; car, après tout, c'est une bonne fille.

— Bien.

L'inconnu se retira. Dix minutes après, monsieur Jules n'entendit pas, sans avoir un frisson de fièvre, le bruissement particulier aux robes de soie, et reconnut presque le bruit des pas de sa femme.

— Eh! bien, mon père, dit Clémence. Pauvre père, comment allez-vous? Quel courag

— Viens, mon enfant, répondit Ferragus en lui tendant la main.

Et Clémence lui présenta son front, qu'il embrassa.

— Voyons, qu'as-tu, pauvre petite? Quels chagrins nouveaux...

— Des chagrins, mon père, mais c'est la mort de votre fille que vous aimez tant. Comme je vous l'écrivais hier, il faut absolument que dans votre tête, si fertile en idées, vous trouviez le moyen de voir mon pauvre Jules, aujourd'hui même. Si vous saviez comme il a été bon pour moi, malgré des soupçons, en apparence, si légitimes! Mon père, mon amour, c'est ma vie. Voulez-vous me voir mourir? Ah! j'ai déjà bien souffert! et, je le sens, ma vie est en danger.

— Te perdre, ma fille, dit Ferragus, te perdre par la curiosité d'un misérable Parisien! Je brûlerais Paris. Ah! tu sais ce qu'est un amant, mais tu ne sais pas ce qu'est un père.

— Mon père, vous m'effrayez quand vous me regardez ainsi. Ne mettez pas en balance deux sentiments si différents. J'avais un époux avant de savoir que mon père était vivant...

— Si ton mari a mis, le premier, des baisers sur ton front, répondit Ferragus, moi, le premier, j'y ai mis des larmes... Rassure-toi, Clémence, parle à cœur ouvert. Je t'aime assez pour être heureux de savoir que tu es heureuse, quoique ton père ne soit presque rien dans ton cœur, tandis que tu remplis le sien.

— Mon Dieu, de semblables paroles me font trop de bien! Vous vous faites aimer davantage, et il me semble que c'est voler quelque chose à Jules. Mais, mon bon père, songez donc qu'il est au désespoir. Que lui dire dans deux heures?

— Enfant, ai-je donc attendu ta lettre pour te sauver du malheur qui te menace? Et que deviennent ceux qui s'avisent de toucher à ton bonheur, ou de se mettre entre nous? N'as-tu donc jamais reconnu la seconde providence qui veille sur toi? Tu ne sais pas que douze hommes pleins de force et d'intelligence forment un cortége autour de ton amour et de ta vie, prêts à tout pour votre conservation? Est-ce un père qui risquait la mort en allant te voir aux promenades, ou en venant t'admirer dans ton petit lit chez ta mère, pendant la nuit? est-ce le père auquel un souvenir de tes caresses d'enfant a seul donné la force de vivre, au moment où un homme d'honneur devait se tuer pour échapper à l'infamie? Est-ce moi enfin, moi qui ne respire que par ta bouche, moi qui ne vois que par tes yeux, moi qui ne sens que par ton cœur, est-ce moi qui ne saurais pas défendre avec des ongles de lion, avec âme d'un père, mon seul bien, ma vie, ma fille?... Mais, depuis la mort de cet ange qui fut ta mère, je n'ai rêvé qu'à une seule chose, au bonheur de t'avouer pour ma fille, de te serrer dans mes bras à la face du ciel et de la terre, à tuer le *forçat*... il y eut là une légère pose. . . . . . A te donner un père, reprit-il, à pouvoir presser sans honte la main de ton mari, à vivre sans crainte dans vos cœurs, à dire à tout le monde en te voyant : — « Voilà mon enfant! » enfin, à être père à mon aise!

— O mon père, mon père!

— Après bien des peines, après avoir fouillé le globe, dit Ferragus en continuant, mes amis m'ont trouvé une peau d'homme à endosser. Je vais être d'ici à quelques jours monsieur de Funcal, un comte portugais. Va, ma chère fille, il y a peu d'hommes qui puissent à mon âge avoir la patience d'apprendre le portugais et l'anglais, que ce diable de marin savait parfaitement.

— Mon cher père!

— Tout a été prévu, et d'ici à quelques jours Sa Majesté Jean VI, roi de Portugal, sera mon complice. Il ne te faut donc qu'un peu de patience là où ton père en a eu beaucoup. Mais moi, c'était tout simple. Que ne ferais-je pas pour récompenser ton dévouement pendant ces trois années! Venir si religieusement consoler ton vieux père, risquer ton bonheur!

— Mon père! Et Clémence prit les mains de Ferragus, et les baisa.

— Allons, encore un peu de courage, ma Clémence, gardons le fatal secret jusqu'au bout. Ce n'est pas un homme ordinaire que Jules; mais cependant savons-nous si son grand caractère et son extrême amour ne détermineraient pas une sorte de mésestime pour la fille d'un...

— Oh! s'écria Clémence, vous avez lu dans le cœur de votre enfant, je n'ai pas d'autre peur, ajouta-t-elle d'un ton déchirant. C'est une pensée qui me glace. Mais, mon père, songez que je lui ai promis la vérité dans deux heures.

— Eh! bien, ma fille, dis-lui qu'il aille à l'ambassade de Portugal, voir le comte de Funcal, ton père, j'y serai.

— Et monsieur de Maulincour qui lui a parlé de Ferragus? Mon Dieu, mon père, tromper, tromper, quel supplice!

— A qui le dis-tu? Mais encore quelques jours, et il n'existera pas un homme qui puisse me démentir. D'ailleurs, monsieur de Maulincour doit être hors d'état de se souvenir... Voyons, folle, sèche tes larmes, et songe...

En ce moment, un cri terrible retentit dans la chambre où était monsieur Jules Desmarets.

— Ma fille, ma pauvre fille!

Cette clameur passa par la légère ouverture pratiquée au-dessus de l'armoire, et frappa de terreur Ferragus et madame Jules.

— Va voir ce que c'est, Clémence.

Clémence descendit avec rapidité le petit escalier, trouva toute grande ouverte la porte de l'appartement de madame Gruget, entendit les cris qui retentissaient dans l'étage supérieur, monta l'escalier, vint, attirée par le bruit des sanglots, jusque dans la chambre fatale, où, avant d'entrer, ces mots parvinrent à son oreille : — C'est vous, monsieur, avec vos imaginations, qui êtes cause de sa mort.

— Taisez-vous, misérable, disait Jules en mettant son mouchoir sur la bouche de la veuve Gruget, qui cria : — A l'assassin! au secours!

En ce moment, Clémence entra, vit son mari, poussa un cri et s'enfuit.

— Qui sauvera ma fille, demanda la veuve Gruget après une longue pause. Vous l'avez assassinée.

— Et comment? demanda machinalement monsieur Jules stupéfait d'avoir été reconnu par sa femme.

— Lisez, monsieur, cria la vieille en fondant en larmes. Y a-t-il des rentes qui puissent consoler de cela!

« Adieu, ma mère! je te lege tout ce que j'é. Je te demande
» pardon de mes fotes et du dernié chagrin que je te donne en met-
» tant fain à me jours. Henry, que j'aime plus que moi-même,
» m'a dit que je faisai son malheur, et puisqu'il m'a repoussé de
» lui, et que j'ai perdu toutes mes espairances d'établiceman, je vai
» me noyer. J'irai au-dessous de Neuilly pour n'être point mise à
» la Morgue. Si Henry ne me hait plus après que je m'ai puni par
» la mor, prie le de faire enterrer une povre fille dont le cœur n'a
» battu que pour lui, et qu'il me pardonne, car j'ai eu tort de me

» métair de ce qui ne me regardai pas. Panse-lui bien ses moqca.
» Comme il a souffert ce povre cha. Mais j'orai pour me détruit le
» couraje qu'il a eu pour se faire brulai. Fais porter les corsets finis
» chez mes pratiques. Et prie Dieu pour votre fille.

« IDA.

— Portez cette lettre à monsieur de Funcal, celui qui est là. S'il en est encore temps, lui seul peut sauver sa fille.

Et Jules disparut en se sauvant comme un homme qui aurait commis un crime. Ses jambes tremblaient. Son cœur élargi recevait des flots de sang plus chauds, plus copieux qu'en aucun moment de sa vie, et les renvoyait avec une force inaccoutumée. Les idées les plus contradictoires se combattaient dans son esprit, et cependant une pensée les dominait toutes. Il n'avait pas été loyal avec la personne qu'il aimait le plus, et il lui était impossible de transiger avec sa conscience dont la voix, grossissant en raison du forfait, correspondait aux cris intimes de sa passion, pendant les plus cruelles heures de doute qui l'avaient agité précédemment. Il resta durant une grande partie de la journée errant dans Paris et n'osant pas rentrer chez lui. Cet homme probe tremblait de rencontrer le front irréprochable de cette femme méconnue. Les crimes sont en raison de la pureté des consciences, et le fait qui, pour tel cœur, est à peine une faute dans la vie, prend les proportions d'un crime pour certaines âmes candides. Le mot de candeur n'a-t-il pas en effet une céleste portée ? Et la plus légère souillure empreinte au blanc vêtement d'une vierge n'en fait-elle pas quelque chose d'ignoble, autant que le sont les haillons d'un mendiant ? Entre ces deux choses, la seule différence n'est que celle du malheur à la faute. Dieu ne mesure jamais le repentir, il ne le scinde pas, et il en faut autant pour effacer une tache que pour lui faire oublier toute une vie. Ces réflexions pesaient de tout leur poids sur Jules, par les passions ne pardonnent pas plus que les lois humaines, et elles raisonnent plus juste : ne s'appuient-elles pas sur une conscience à elles, infaillible comme l'est un instinct ? Désespéré, Jules rentra chez lui, pâle, écrasé sous le sentiment de ses torts, mais exprimant, malgré lui, la joie que lui causait l'innocence de sa femme. Il entra chez elle tout palpitant, il la vit couchée, elle avait la fièvre, il vint s'asseoir près du lit, lui prit la main, la baisa, la couvrit de ses larmes.

— Cher ange, lui dit-il, quand ils furent seuls, c'est du repentir.

— Et de quoi? reprit-elle.

En disant cette parole, elle inclina la tête sur son oreiller, ferma les yeux et resta immobile, gardant le secret de ses souffrances pour ne pas effrayer son mari : délicatesse de mère, délicatesse d'ange. C'était toute la femme dans un mot. Le silence dura longtemps. Jules, croyant Clémence endormie, alla questionner Joséphine sur l'état de sa maîtresse.

— Madame est rentrée à demi morte, monsieur. Nous sommes allés chercher monsieur Haudry.

— Est-il venu? qu'a-t-il dit?

— Rien, monsieur. Il n'a pas paru content, a ordonné de ne laisser personne auprès de madame, excepté la garde, et il a dit qu'il reviendrait pendant la soirée.

Monsieur Jules rentra doucement chez sa femme, se mit dans un fauteuil, et resta devant le lit, immobile, les yeux attachés sur les yeux de Clémence; quand elle soulevait ses paupières, elle le voyait aussitôt, et il s'échappait d'entre ses cils douloureux un regard tendre, plein de passion, exempt de reproche et d'amertume, un regard qui tombait comme un trait de feu sur le cœur de ce mari noblement absous et toujours aimé par cette créature qu'il tuait. La mort était entre eux un pressentiment qui les frappait également. Leurs regards s'unissaient dans une même angoisse, comme leurs cœurs s'unissaient jadis dans un même amour, également senti, également partagé. Point de questions, mais d'horribles certitudes. Chez la femme, générosité parfaite; chez le mari, remords affreux; puis, dans les deux âmes, une même vision du dénoûment, un même sentiment de la fatalité.

Il y eut un moment où, croyant sa femme endormie, Jules la baisa doucement au front, et dit après l'avoir long-temps contemplée : — Mon Dieu, laisse-moi cet ange encore assez de temps pour que je m'absolve moi-même de mes torts par une longue adoration... Fille, elle est sublime; femme, quel mot pourrait la qualifier?

Clémence leva les yeux, ils étaient pleins de larmes.

— Tu me fais mal, dit-elle d'un son de voix faible.

La soirée était avancée, le docteur Haudry vint, et pria le mari de se retirer pendant sa visite. Quand il sortit, Jules ne lui fit pas une seule question, il n'eut besoin que d'un geste.

— Appelez en consultation ceux de mes confrères en qui vous aurez le plus de confiance, je puis avoir tort.

— Mais, docteur, dites-moi la vérité. Je suis homme, je saurai l'entendre ; et j'ai d'ailleurs le plus grand intérêt à la connaître pour régler certains comptes...

— Madame Jules est frappée à mort, répondit le médecin. Il y a une maladie morale qui a fait des progrès et qui complique sa situation physique, déjà si dangereuse, mais rendue plus grave encore par des imprudences : se lever pieds nus la nuit ; sortir quand je l'avais défendu ; sortir hier à pied, aujourd'hui en voiture. Elle a voulu se tuer. Cependant mon arrêt n'est pas irrévocable, il y a de la jeunesse, une force nerveuse étonnante... Il faudrait risquer le tout pour le tout par quelque réactif violent ; mais je ne prendrai jamais sur moi de l'ordonner, je ne le conseillerais même pas ; et, en consultation, je m'opposerais à son emploi.

Jules rentra. Pendant onze jours et onze nuits, il resta près du lit de sa femme, ne prenant de sommeil que pendant le jour, la tête appuyée sur le pied de ce lit. Jamais aucun homme ne poussa plus loin que Jules la jalousie des soins et l'ambition du dévouement. Il ne souffrait pas que l'on rendît le plus léger service à sa femme ; il lui tenait toujours la main, et semblait ainsi vouloir lui communiquer de la vie. Il y eut des incertitudes, de fausses joies, de bonnes journées, un mieux, des crises, enfin les horribles nutations de la Mort qui hésite, qui balance, mais qui frappe. Madame Jules trouvait toujours la force de sourire à son mari ; elle le plaignait, sachant que bientôt il serait seul. C'était une double agonie, celle de la vie, celle de l'amour ; mais la vie s'en allait faible et l'amour allait grandissant. Il y eut une nuit affreuse, celle où Clémence éprouva ce délire qui précède toujours la mort chez les créatures jeunes. Elle parla de son amour heureux, elle parla de son père, elle raconta les révélations de sa mère au lit de mort, et les obligations qu'elle lui avait imposées. Elle se débattait, non pas avec la vie, mais avec sa passion, qu'elle ne voulait pas quitter.

— Faites, mon Dieu, dit-elle, qu'il ne sache pas que je voudrais le voir mourir avec moi.

Jules, ne pouvant soutenir ce spectacle, était en ce moment dans le salon voisin, et n'entendit pas des vœux auxquels il eût obéi.

Quand la crise fut passée, madame Jules retrouva des forces. Le lendemain, elle redevint belle, tranquille ; elle causa, elle avait de l'espoir, elle se para comme se parent les malades. Puis elle voulut être seule pendant toute la journée, et renvoya son mari par une de ces prières faites avec tant d'instances, qu'elles sont exaucées comme on exauce les prières des enfants. D'ailleurs, monsieur Jules avait besoin de cette journée. Il alla chez monsieur de Maulincour, afin de réclamer de lui le duel à mort convenu naguère entre eux. Il ne parvint pas sans de grandes difficultés jusqu'à l'auteur de cette infortune ; mais, en apprenant qu'il s'agissait d'une affaire d'honneur, le vidame obéit aux préjugés qui avaient toujours gouverné sa vie, et introduisit Jules auprès du baron. Monsieur Desmarets chercha le baron de Maulincour.

— Oh? c'est bien lui, dit le commandeur en montrant un homme assis dans un fauteuil au coin du feu.

— Qui, Jules ? dit le mourant d'une voix cassée.

Auguste avait perdu la seule qualité qui nous fasse vivre, la mémoire. A cet aspect, monsieur Desmarets recula d'horreur. Il ne pouvait reconnaître l'élégant jeune homme dans une chose sans nom en aucun langage, suivant le mot de Bossuet. C'était en effet un cadavre à cheveux blancs; des os à peine couverts par une peau ridée, flétrie, desséchée; des yeux blancs et sans mouvement ; une bouche hideusement entr'ouverte, comme le sont celles des fous ou celles des débauchés tués par leurs excès. Aucune trace d'intelligence n'existait plus ni sur le front, ni dans aucun trait; de même qu'il n'y avait plus, dans sa carnation molle, ni rougeur, ni apparence de circulation sanguine. Enfin, c'était un homme rapetissé, dissous, arrivé à l'état dans lequel sont ces monstres conservés au Muséum, dans les bocaux où ils flottent au milieu de l'alcool. Jules crut voir au-dessus de ce visage la terrible tête de Ferragus, et cette complète Vengeance épouvanta la Haine. Le mari se trouva de la pitié dans le cœur pour le douteux débris de ce qui avait été naguère un jeune homme.

— Le duel a eu lieu, dit le commandeur.

— Monsieur a tué bien du monde, s'écria douloureusement Jules.

— Et des personnes bien chères, ajouta le vieillard. Sa grand mère meurt de chagrin, et je la suivrai peut-être dans la tombe.

Le lendemain de cette visite, madame Jules empira d'heure en heure. Elle profita d'un moment de force pour prendre une lettre sous son chevet, la présenta vivement à Jules, et lui fit un signe facile à comprendre. Elle voulait lui donner dans un baiser son dernier souffle de vie, il le prit et elle mourut. Jules tomba demi-mort et fut emporté chez son frère. Là, comme il déplorait, au milieu de ses larmes et de son délire, l'absence qu'il avait faite la veille, son frère lui apprit que cette séparation était vivement désirée par Clémence, qui n'avait pas voulu le rendre témoin de l'appareil religieux, si terrible aux imaginations tendres, et que l'Eglise déploie en conférant aux moribonds les derniers sacrements.

— Tu n'y aurais pas résisté, lui dit son frère. Je n'ai pu moi-même soutenir ce spectacle et tous tes gens fondaient en larmes. Clémence était comme une sainte. Elle avait pris de la force pour nous faire ses adieux, et cette voix, entendue pour la dernière fois, déchirait le cœur. Quand elle a demandé pardon des chagrins involontaires qu'elle pouvait avoir donnés à ceux qui l'avaient servie, il y a eu un cri mêlé de sanglots, un cri...

— Assez, dit Jules, assez.

Il voulut être seul pour lire les dernières pensées de cette femme que le monde avait admirée, et qui avait passé comme une fleur.

« Mon bien aimé, ceci est mon testament. Pourquoi ne ferait-on pas des testaments pour les trésors du cœur, comme pour les autres biens? Mon amour, n'était-ce pas tout mon bien? je veux ici ne m'occuper que de mon amour : il fut toute la fortune de ta Clémence, et tout ce qu'elle peut te laisser en mourant. Jules, je suis encore aimée, je meurs heureuse. Les médecins expliquent ma mort à leur manière, moi seule en connais la véritable cause. Je te la dirai, quelque peine qu'elle puisse te faire. Je ne voudrais pas emporter dans un cœur tout à toi quelque secret qui ne te fût pas dit, alors que je meurs victime d'une discrétion nécessaire.

« Jules, j'ai été nourrie, élevée dans la plus profonde solitude, loin des vices et des mensonges du monde, par l'aimable femme que tu as connue. La société rendait justice à ses qualités de convention, par lesquelles une femme plaît à la société; mais moi, j'ai secrètement joui d'une âme céleste, et j'ai pu chérir la mère qui faisait de mon enfance une joie sans amertume, en sachant bien pourquoi je la chérissais. N'était-ce pas aimer doublement? Oui, je l'aimais, je la craignais, je la respectais, et rien ne me pesait au cœur, ni le respect, ni la crainte. J'étais tout pour elle, elle était tout pour moi. Pendant dix-neuf années, pleinement heureuses, insouciantes, mon âme, solitaire au milieu du monde qui grondait autour de moi, n'a réfléchi que la plus pure image, celle de ma mère, et mon cœur n'a battu que par elle ou pour elle. J'étais scrupuleusement pieuse, et me plaisais à demeurer pure devant Dieu. Ma mère cultivait en moi tous les sentiments nobles et fiers. Ah! j'ai plaisir à te l'avouer, Jules, je sais maintenant que j'ai été jeune fille, que je suis venue à toi vierge de cœur. Quand je suis sortie de cette profonde solitude; quand, pour la première fois, j'ai lissé mes cheveux en les ornant d'une couronne de fleurs d'amandier; quand j'ai complaisamment ajouté quelques nœuds de satin à ma robe blanche, en songeant au monde que j'allais voir, et que j'étais curieuse de voir; eh! bien, Jules, cette innocente et modeste coquetterie a été faite pour toi, car, à mon entrée dans le monde, je t'ai vu, toi, le premier. Ta figure, je l'ai remarquée, elle tranchait sur toutes les autres; ta personne m'a plu; ta voix et tes manières m'ont inspiré de favorables pressentiments; et, quand tu es venu, que tu m'as parlé, la rougeur sur le front, que ta voix a tremblé, ce moment m'a donné des souvenirs dont je palpite encore en t'écrivant aujourd'hui, que j'y songe pour la dernière fois. Notre amour a été d'abord la plus vive des sympathies, mais il fut bientôt mutuellement deviné; puis, aussitôt partagé, comme depuis nous en avons également ressenti les innombrables plaisirs. Dès lors, ma mère ne fut plus qu'en second dans mon cœur. Je le lui disais, et elle souriait, l'adorable femme! Puis, j'ai été à toi, toute à toi. Voilà ma vie, toute ma vie, mon cher époux. Et voici ce qui me reste à te dire. Un soir, quelques jours avant sa mort, ma mère m'a révélé le secret de sa vie, non sans verser des larmes brûlantes. Je t'ai bien mieux aimé, quand j'appris, avant le prêtre chargé d'absoudre ma mère, qu'il existait des passions condamnées par le monde et par l'Église. Mais, certes, Dieu ne doit pas être sévère quand elles sont le péché d'âmes aussi tendres que l'était celle de ma mère; seulement, cet ange ne pouvait se résoudre au repentir. Elle aimait bien, Jules, elle était toute amour. Aussi ai-je prié tous les jours pour elle, sans la juger. Alors je connus la cause de sa vive tendresse maternelle ; alors je sus qu'il y avait dans Paris un homme de qui j'étais toute la vie, tout l'amour ; que ta fortune était son ouvrage et qu'il t'aimait ; qu'il était exilé de la société, qu'il portait un nom flétri, qu'il en était plus malheureux pour moi, pour nous, que pour lui-même. Ma mère était toute sa consolation, et ma mère mourait, je promis de la remplacer. Dans toute l'ardeur d'une âme dont rien n'avait faussé les sentiments, je ne vis que le bonheur d'adoucir l'amertume qui chagrinait les derniers moments de ma mère, et je m'engageai donc à continuer cette œuvre de charité secrète, la charité du cœur. La première fois que j'aperçus mon père, ce fut auprès du lit où ma mère venait d'expirer ; quand il releva ses yeux pleins de larmes, ce fut pour retrouver en moi toutes ses espérances mortes. J'avais juré, non pas de mentir, mais de garder le silence, et ce silence, quelle femme l'aurait rompu ? Là est ma faute, Jules, une faute expiée par la mort. J'ai douté de toi. Mais la crainte est si naturelle à la femme, et surtout à la femme qui sait tout ce qu'elle peut perdre. J'ai tremblé pour mon amour. Le secret de mon père me parut être la mort de mon bonheur, et plus j'aimais, plus j'avais peur. Je n'osais avouer ce sentiment à mon père ; c'eût été le blesser, et dans sa situation, toute blessure était vive. Mais lui, sans me le dire, il partageait mes craintes. Ce cœur tout paternel tremblait pour mon bonheur autant que je tremblais moi-même, et n'osait parler, obéissant à la même délicatesse qui me rendait muette. Oui, Jules, j'ai cru que tu pourrais un jour ne plus aimer la fille de Gratien, autant que tu aimais ta Clémence. Sans cette profonde terreur, t'aurai-je caché quelque chose, à toi qui étais même tout entier dans ce repli de mon cœur ? Le jour où cet odieux, ce malheureux officier t'a parlé, j'ai été forcée de mentir. Ce jour j'ai pour la seconde fois de ma vie connu la douleur, et cette douleur a été croissante jusqu'en ce moment où je t'entretiens pour la dernière fois. Qu'importe maintenant la situation de mon père ? Tu sais tout. J'aurais, à l'aide de mon amour, vaincu la maladie, supporté toutes les souffrances, mais je ne saurais étouffer la voix du doute. N'est-il pas possible que mon origine altère la pureté de ton amour, l'affaiblisse, le diminue ? Cette crainte, rien ne peut la détruire en moi. Telle est, Jules, la cause de ma mort. Je ne saurais vivre en redoutant un mot, un regard ; un mot que tu ne diras peut-être jamais, un regard qui ne t'échappera point; mais que veux-tu? je les crains. Je meurs aimée, voilà ma consolation. J'ai su que, depuis quatre ans, mon père et ses amis ont presque remué le monde, pour mentir au monde. Afin de me donner un état, ils ont acheté un mort, une réputation, une fortune, tout cela pour faire revivre un vivant, tout cela pour toi, pour nous. Nous ne devions rien en savoir. Eh! bien, ma mort épargnera sans doute ce mensonge à mon père, il mourra de ma mort. Adieu donc, Jules, mon cœur est ici tout entier. T'exprimer mon amour dans l'innocence de sa terreur, n'est-ce pas te laisser toute mon âme? Je n'aurais pas eu la force de te parler, j'ai eu celle de t'écrire. Je viens de confesser à Dieu les fautes de ma vie; j'ai bien promis de ne plus m'occuper que du roi des cieux; mais je n'ai pu résister au plaisir de me confesser aussi à celui qui, pour moi, est tout sur la terre. Hélas! qui ne me le pardonnerait, ce dernier soupir, entre la vie qui fut et la vie qui va être? Adieu donc, mon Jules aimé; je vais à Dieu, près de qui l'amour est toujours sans nuages, près de qui tu viendras un jour. Là, sous son trône, réunis à jamais, nous pourrons nous aimer pendant les siècles. Cet espoir peut seul me consoler. Si je suis digne d'être là par avance, de là, je te suivrai dans ta vie, mon âme t'accompagnera, t'enveloppera, car tu resteras encore ici-bas, toi. Mène donc une vie sainte pour venir sûrement près de moi. Tu peux faire tant de bien sur cette terre! N'est-ce pas une mission angélique pour un être souffrant que de répandre la joie autour de lui, de donner ce qu'il n'a pas? Je te laisse aux malheureux. Il n'y a que leurs sourires et leurs larmes dont je ne serais point jalouse. Nous trouverons un grand charme à ces douces bienfaisances. Ne pourrons-nous pas vivre encore ensemble, si tu veux mêler mon nom, ta Clémence, à ces belles œuvres? Après avoir aimé comme nous aimions, il n'y a plus que Dieu, Jules. Dieu ne ment pas, Dieu ne trompe pas. N'adore plus que lui, je le veux. Cultive-le bien dans tous ceux qui souffrent, soulage les membres endoloris de son Église. Adieu, chère âme que j'ai remplie, je te connais : tu n'aimerais pas deux fois. Je vais donc expirer heureuse par la pensée qui rend toutes les femmes heureuses. Oui, ma tombe sera ton cœur. Après cette enfance que je t'ai contée, ma vie ne s'est-elle pas écoulée dans ton cœur? Morte, tu ne m'en chasseras jamais. Je suis fière de cette vie unique! Tu ne m'auras connue que dans la fleur de la jeunesse, je te laisse des regrets sans désenchantement. Jules, c'est une mort bien heureuse.

» Toi qui m'as si bien comprise, permets-moi de te recommander, chose superflue sans doute, l'accomplissement d'une fantaisie de femme, le vœu d'une jalousie dont nous sommes l'objet. Je te prie de brûler tout ce qui nous aura appartenu, de détruire notre chambre, d'anéantir tout ce qui peut être un souvenir de notre amour.

» Encore une fois, adieu, le dernier adieu, plein d'amour, comme le sera ma dernière pensée et mon dernier souffle. »

Quand Jules eut achevé cette lettre, il lui vint au cœur une de ces frénésies dont il est impossible de rendre les effroyables crises. Toutes les douleurs sont individuelles, leurs effets ne sont soumis à aucune règle fixe : certains hommes se bouchent les oreilles pour ne plus rien entendre ; quelques femmes ferment les yeux pour ne plus rien voir ; puis, il se rencontre de grandes et magnifiques âmes qui se jettent dans la douleur comme dans un abîme. En fait de désespoir, tout est vrai. Jules s'échappa de chez son frère, revint chez lui, voulant passer la nuit près de sa femme, et voir jusqu'au dernier moment cette créature céleste. Tout en marchant avec l'insouciance de la vie que connaissent les gens arrivés au dernier degré de malheur, il concevait comment, dans l'Asie, les lois ordonnaient aux époux de ne point se survivre. Il voulait mourir. Il n'était pas encore accablé, il était dans la fièvre de la douleur. Il arriva sans obstacles, monta dans cette chambre sacrée ; il y vit sa Clémence sur le lit de mort, belle comme une sainte, les cheveux en bandeau, les mains jointes, ensevelie déjà dans son linceul. Des cierges éclairaient un prêtre en prières, Joséphine pleurant dans un coin, agenouillée, puis, près du lit, deux hommes. L'un était Ferragus. Il se tenait debout, immobile, et contemplait sa fille d'un œil sec ; sa tête, vous l'eussiez prise pour du bronze : il ne vit pas Jules. L'autre était Jacquet, Jacquet pour lequel madame Jules avait été constamment bonne. Jacquet avait pour elle une de ces respectueuses amitiés qui réjouissent le cœur sans troubles, qui sont une passion douce, l'amour moins ses désirs et ses orages ; et il était venu religieusement payer sa dette de larmes, dire de longs adieux à la femme de son ami, baiser pour la première fois le front glacé d'une créature dont il avait tacitement fait sa sœur. Là tout était silencieux. Ce n'était ni la Mort terrible comme elle l'est dans l'Église, ni la pompeuse Mort qui traverse les rues; non, c'était la mort se glissant sous le toit domestique, la mort touchante: c'était les pompes du cœur, les pleurs dérobés à tous les yeux. Jules s'assit près de Jacquet dont il pressa la main, et, sans se dire un mot, tous les personnages de cette scène restèrent ainsi jusqu'au matin. Quand le jour fit pâlir les cierges, Jacquet, prévoyant les scènes douloureuses qui allaient se succéder, emmena Jules dans la chambre voisine. En ce moment le mari regarda le père, et Ferragus regarda Jules. Ces deux douleurs s'interrogèrent, se sondèrent, s'entendirent par ce regard. Un éclair de fureur brilla passagèrement dans les yeux de Ferragus.

— C'est toi qui l'as tuée, pensait-il.

— Pourquoi s'être défié de moi? paraissait répondre l'époux.

Cette scène fut semblable à celle qui se passerait entre deux tigres reconnaissant l'inutilité d'une lutte, après s'être examinés pendant un moment d'hésitation, sans même rugir.

— Jacquet, dit Jules, tu as veillé à tout?

— A tout répondit le chef de bureau, mais partout me prévenait un homme qui partout ordonnait et payait.

— Il m'arrache sa fille, s'écria le mari dans un violent accès de désespoir.

Il s'élança dans la chambre de sa femme; mais le père n'y était plus. Clémence avait été mise dans un cercueil de plomb, et des ouvriers s'apprêtaient à en souder le couvercle. Jules rentra tout épouvanté de ce spectacle, et le bruit du marteau dont se servaient ces hommes le fit machinalement fondre en larmes.

— Jacquet, dit-il, il m'est resté de cette nuit terrible une idée, une seule, mais une idée que je veux réaliser à tout prix. Je ne veux pas que Clémence demeure dans un cimetière de Paris. Je veux la brûler, recueillir ses cendres et la garder. Ne me dis pas un mot sur cette affaire, mais arrange-toi pour qu'elle réussisse. Je vais me renfermer dans *sa* chambre, et j'y resterai jusqu'au moment de mon départ. Toi seul entreras ici pour me rendre compte de tes démarches... Va, n'épargne rien.

Pendant cette matinée, madame Jules, après avoir été exposée dans une chapelle ardente, à la porte de son hôtel, fut amenée à Saint-Roch. L'église était entièrement tendue de noir. L'espèce de luxe déployé pour ce service avait attiré du monde; car, à Paris, tout fait spectacle, même la douleur la plus vraie. Il y a des gens qui se mettent aux fenêtres pour voir comment pleure un fils en suivant le corps de sa mère, comme il y en a qui veulent être commodément placés pour voir comment tombe une tête. Aucun peuple du monde n'a eu des yeux plus voraces. Mais les curieux furent particulièrement surpris en apercevant les six chapelles latérales de Saint-Roch également tendues de noir. Deux hommes en deuil assistaient à une messe mortuaire dans chacune de ces chapelles. On ne vit au chœur, pour toute assistance, que monsieur Desmarets le notaire, et Jacquet; puis, en dehors de l'enceinte, les domestiques. Il y avait, pour les flâneurs ecclésiastiques, quelque chose d'inexplicable dans une telle pompe et si peu de parenté. Jules n'avait voulu d'aucun indifférent à cette cérémonie. La grand'messe fut célébrée avec la sombre magnificence des messes funèbres. Outre les desservants ordinaires de Saint-Roch, il s'y trouvait treize prêtres venus de diverses paroisses. Aussi jamais peut-être le *Dies iræ* ne produisit-il sur des chrétiens de hasard, fortuitement rassemblés par la curiosité, mais avides d'émotions, un effet plus profond, plus nerveusement glacial que le fut l'impression produite par cette hymne, au moment où huit voix de chantres accompagnées par celles des prêtres et les voix des enfants de chœur l'entonnèrent alternativement. Des six chapelles latérales, douze autres voix d'enfants s'élevèrent aigres de douleur, et s'y mêlèrent lamentablement. De toutes les parties de l'église, l'effroi sourdait; partout, les cris d'angoisse répondaient aux cris de terreur. Cette effrayante musique accusait des douleurs inconnues au monde, et des amitiés secrètes qui pleuraient la morte. Jamais, en aucune religion humaine, les frayeurs de l'âme, violemment arrachée du corps et tempêtueusement agitée en présence de la foudroyante majesté de Dieu, n'ont été rendues avec autant de vigueur. Devant cette clameur des clameurs doivent s'humilier les artistes et leurs compositions les plus passionnées. Non, rien ne peut lutter avec ce chant qui résume les passions humaines et leur donne une vie galvanique au delà du cercueil, en les amenant palpitantes encore devant le Dieu vivant et vengeur. Ces cris de l'enfance, unis aux sons de voix graves, et qui comprennent alors, dans ce cantique de la mort, la vie humaine avec tous ses développements, en rappelant les souffrances du berceau, en se grossissant de toutes les peines des autres âges avec les larges accents des hommes, avec les chevrotements des vieillards et des prêtres; toute cette stridente harmonie pleine de foudres et d'éclairs ne parle-t-elle pas aux imaginations les plus intrépides, aux cœurs les plus glacés, et même aux philosophes! En l'entendant, il semble que Dieu tonne. Les voûtes d'aucune église ne sont froides; elles tremblent, elles parlent, elles versent la peur par toute la puissance de leurs échos. Vous croyez voir d'innombrables morts se levant et tendant les mains. Ce n'est plus ni un père, ni une femme, ni un enfant qui sont sous le drap noir, c'est l'humanité sortant de sa poudre. Il est impossible de juger la religion catholique, apostolique et romaine, tant que l'on n'a pas éprouvé la plus profonde des douleurs, en pleurant la personne adorée qui gît sous le cénotaphe; tant que l'on n'a pas senti toutes les émotions qui vous emplissent alors le cœur, traduites par cette hymne du désespoir, par ces cris qui écrasent les âmes, par cet effroi religieux qui grandit de strophe en strophe, qui tournoie vers le ciel, et qui épouvante, qui rapetisse, qui élève l'âme et vous laisse un sentiment de l'éternité dans la conscience, au moment où le dernier vers s'achève. Vous avez été aux prises avec la grande idée de l'infini, et alors tout se tait dans l'église. Il ne s'y dit pas une parole; les incrédules eux-mêmes *ne savent pas ce qu'ils ont*. Le génie espagnol a pu seul inventer ces majestés inouïes pour la plus inouïe des douleurs. Quand la suprême cérémonie fut achevée, douze hommes en deuil sortirent des six chapelles, et vinrent écouter autour du cercueil le chant d'espérance que l'Église fait entendre à l'âme chrétienne avant d'aller en ensevelir la forme humaine. Puis chacun de ces hommes monta dans une voiture drapée; Jacquet et monsieur Desmarets prirent la treizième; les serviteurs suivirent à pied. Une heure après, les douze inconnus étaient au sommet du cimetière nommé populairement le Père-Lachaise, tous en cercle autour d'une fosse où le cercueil avait été descendu, devant une foule curieuse accourue de tous les points de ce jardin public. Puis après de courtes prières, le prêtre jeta quelques grains de terre sur la dépouille de cette femme; et les fossoyeurs, ayant demandé leur pourboire, s'empressèrent de combler la fosse pour aller à une autre.

Ici semble finir le récit de cette histoire; mais peut-être serait-elle incomplète si, après avoir donné un léger croquis de la vie parisienne, si, après en avoir suivi les capricieuses ondulations, les effets de la mort y étaient oubliés. La mort, dans Paris, ne ressemble à la mort dans aucune capitale, et peu de personnes connaissent les débats d'une douleur vraie aux prises avec la civilisation, avec l'administration parisienne. D'ailleurs, peut-être monsieur Jules et Ferragus XXIII intéressent-ils assez pour que le dénoûment de leur vie soit dénué de froideur. Enfin beaucoup de gens aiment à se rendre compte de tout, et voudraient, ainsi que l'a dit le plus ingénieux de nos critiques, savoir par quel procédé chimique l'huile brûle dans la lampe d'Aladin. Jacquet, homme administratif, s'adressa naturellement à l'autorité pour en obtenir la permission d'exhumer le corps de madame Jules et de le brûler. Il alla parler au Préfet de police, sous la protection de qui dorment les morts. Ce fonctionnaire voulut une pétition. Il fallut acheter une feuille de papier timbré, donner à la douleur une forme administrative; il fallut se servir de l'argot bureaucratique pour exprimer les vœux d'un homme accablé, auquel les paroles manquaient; il fallut traduire froidement et mettre en marge l'objet de la demande :

> Le pétitionnaire
> sollicite l'incinération
> de sa femme.

Voyant cela, le chef chargé de faire un rapport au Conseiller d'État, Préfet de police, dit, en lisant cette apostille, où *l'objet* de la demande était, comme il l'avait recommandé, clairement exprimé :
— Mais, c'est une question grave! mon rapport ne peut être prêt que dans huit jours.

Jules, auquel Jacquet fut forcé de parler de ce délai, comprit ce qu'il avait entendu dire à Ferragus : Brûler Paris. Rien ne lui semblait plus naturel que d'anéantir ce réceptacle de monstruosités.

— Mais, dit-il à Jacquet, il faut aller au Ministre de l'Intérieur, et lui faire parler par ton Ministre.

Jacquet se rendit au Ministère de l'Intérieur, y demanda une audience qu'il obtint, mais à quinze jours de date. Jacquet était un homme persistant. Il chemina donc de bureau en bureau, et parvint au secrétaire particulier du Ministre auquel il fit parler par le secrétaire particulier du Ministre des Affaires Étrangères. Ces hautes protections aidant, il eut pour le lendemain, une audience furtive, pour laquelle s'étant précautionné d'un mot de l'autocrate des Affaires Étrangères, écrit au pacha de l'Intérieur, Jacquet espéra enlever l'affaire d'assaut. Il prépara des raisonnements, des réponses péremptoires, des *en cas;* mais tout échoua.

— Cela ne me regarde pas, dit le Ministre. La chose concerne le Préfet de police. D'ailleurs il n'y a pas de loi qui donne aux maris la propriété des corps de leurs femmes, ni aux pères celle de leurs enfants. C'est grave! Puis il y a des considérations d'utilité publique qui veulent que ceci soit examiné. Les intérêts de la ville de Paris peuvent en souffrir. Enfin, si l'affaire dépendait immédiatement de moi, je ne pourrais pas me décider *hic et nunc,* il me faudrait un rapport.

Le *Rapport* est dans l'administration actuelle ce que sont les limbes dans le christianisme. Jacquet connaissait la manie du rapport, et il n'avait pas attendu cette occasion pour gémir sur ce ridicule bureaucratique. Il savait que, depuis l'envahissement des affaires par le rapport, révolution administrative consommée en 1804, il ne s'était pas rencontré de ministre qui eût pris sur lui d'avoir une opinion, de décider la moindre chose, sans que cette opinion, cette chose eût été vannée, criblée, épluchée par les gâte-papier, les porte-grattoir et les sublimes intelligences de ses bureaux. Jacquet (il était un de ces hommes dignes d'avoir Plutarque pour biographe) reconnut qu'il s'était trompé dans la marche de cette affaire, et l'avait rendue impossible en voulant procéder légalement. Il fallait simplement transporter madame Jules à l'une des terres de Desmarets; et, là, sous la complaisante autorité d'un maire de village, satisfaire la douleur de son ami. La légalité constitutionnelle et administrative n'enfante rien; c'est un monstre infécond pour les peuples, pour les rois et pour les intérêts privés; mais les peuples ne savent épeler que les principes écrits avec du sang; or, les malheurs de la légalité seront toujours pacifiques; elle aplatit une nation, voilà tout. Jacquet, homme de liberté, revint alors en songeant aux bienfaits de l'arbitraire, car l'homme ne juge les lois qu'à la lueur de ses passions. Puis, quand Jacquet se vit en présence de Jules, force lui fut de le tromper, et le malheureux, saisi par une fièvre violente, resta pendant deux jours au lit. Le ministre parla, le soir même, dans un dîner ministériel, de la fantaisie qu'avait un Parisien de faire brûler sa femme à la manière des Romains. Les cercles de Paris s'occupèrent alors pour un moment des funérailles antiques. Les choses anciennes devenant à la mode, quelques personnes trouvèrent qu'il serait beau de rétablir, pour les grands personnages, le bûcher funéraire. Cette opinion eut ses détracteurs et ses défenseurs. Les uns disaient qu'il y avait trop de grands hommes, et que cette coutume ferait renchérir le bois de chauffage, que chez un peuple aussi ambulatoire dans ses volontés que l'était le Français, il serait ridicule de voir à chaque terme un Longchamp d'ancêtres promenés dans leurs urnes; puis, que, si les urnes avaient de la valeur, il y avait chance de les trouver à l'encan, saisies, pleine de respectables cendres, par les créanciers, gens habitués à ne rien respecter. Les autres répondaient qu'il y aurait plus de sécurité qu'au Père-Lachaise pour les aïeux à être ainsi casés, car, dans un temps donné, la ville de Paris serait contrainte d'ordonner une Saint-Barthélemi contre ses morts qui envahissaient la campagne et menaçaient d'entreprendre un jour sur les terres de la Brie. Ce fut enfin une de ces futiles et spirituelles discussions de Paris, qui trop souvent creusent des plaies bien profondes. Heureusement pour Jules, il ignora les conversations, les bons mots, les pointes que sa douleur fournissait à Paris. Le préfet de Police fut choqué de ce que monsieur Jacquet avait employé le Ministre pour éviter les lenteurs, la sagesse de la haute voirie. L'exhumation de madame Jules était une question de voirie. Donc le Bureau de police travaillait à répondre vertement à la pétition, car il suffit d'une demande pour que l'Administration soit saisie; or, une fois saisie, les choses vont loin, avec elle. L'Administration peut mener toutes les questions jusqu'au Conseil d'État, autre machine difficile à remuer. Le second jour, Jacquet fit comprendre à son ami qu'il fallait renoncer à son projet; que, dans une ville où le nombre des larmes brodées sur les draps noirs était tarifé, où les lois admettaient sept classes d'enterrements, où l'on vendait au poids de l'argent la terre des morts, où la douleur était exploitée, tenue en partie double, où les prières de l'Église se payaient cher, où la Fabrique intervenait pour réclamer le prix de quelques filets de voix ajoutées au *Dies iræ,* tout ce qui sortait de l'ornière administrativement tracée à la douleur était impossible.

— C'eût été, dit Jules, un bonheur dans ma misère, j'avais formé le projet de mourir loin d'ici, et désirais tenir Clémence entre mes bras dans la tombe! Je ne savais pas que la bureaucratie pût alonger ses ongles jusque dans nos cercueils.

Puis il voulut aller voir s'il y avait près de sa femme un peu de place pour lui. Les deux amis se rendirent donc au cimetière. Arrivés là, ils trouvèrent, comme à la porte des spectacles ou à l'entrée des musées, comme dans la cour des diligences, des *ciceroni* qui s'offrirent à les guider dans le dédale du Père-Lachaise. Il leur était impossible, à l'un comme à l'autre, de savoir où gisait Clémence. Affreuse angoisse! Ils allèrent consulter le portier du cimetière. Les morts ont un concierge, et il y a des heures auxquelles les morts ne sont pas visibles. Il faudrait remuer tous les règlements de haute et basse police pour obtenir le droit de venir pleurer à la nuit, dans le silence et la solitude, sur la tombe où gît un être aimé. Il y a consigne pour l'hiver, consigne pour l'été. Certes, de tous les portiers de Paris, celui du Père-Lachaise est le plus heureux. D'abord, il n'a point de cordon à tirer; puis, au lieu d'une loge, il a une maison, un établissement qui n'est pas tout à fait un ministère, quoiqu'il y ait un très-grand nombre d'administrés et plusieurs employés, que ce gouverneur des morts ait un traitement et dispose d'un pouvoir immense dont personne ne peut se plaindre : il fait de l'arbitraire à son aise. Sa loge n'est pas non plus une maison de commerce, quoiqu'il ait des bureaux, une comptabilité, des recettes, des dépenses et des profits. Cet homme n'est ni un suisse, ni un concierge, ni un portier ; la porte qui reçoit les morts est toujours béante; puis, quoiqu'il ait des monuments à conserver, ce n'est pas un conservateur; enfin c'est une indéfinissable anomalie, autorité qui participe de tout et qui n'est rien, autorité placée, comme la mort dont elle vit, en dehors de tout. Néanmoins cet homme exceptionnel relève de la ville de Paris, être chimérique comme le vaisseau qui lui sert d'emblème, créature de raison mue par mille pattes rarement unanimes dans leurs mouvements, en sorte que ses employés sont presque inamovibles. Ce gardien du cimetière est donc le concierge arrivé à l'état de fonctionnaire, non soluble par la dissolution. Sa place n'est d'ailleurs pas une sinécure : il ne laisse inhumer personne sans un permis, il doit compte de ses morts; il indique dans ce vaste champ les six pieds carrés où vous mettrez quelque jour tout ce que vous aimez, tout ce que vous haïssez, une maîtresse, un cousin. Oui, sachez-le bien, tous les sentiments de Paris viennent aboutir à cette loge, et s'y administrationalisent. Cet homme a des registres pour coucher ses morts, ils sont dans leur tombe et dans es cartons. Il a sous lui des gardiens, des jardiniers, des fossoyeurs, des aides. Il est un personnage. Les gens en pleurs ne lui parlent pas tout d'abord. Il ne comparaît que dans les cas graves :

un mort pris pour un autre, un mort assassiné, une exhumation, un mort qui renaît. Le buste du roi régnant est dans sa salle, et il garde peut-être les anciens bustes royaux, impériaux, quasi-royaux dans quelque armoire, espèce de petit Père-Lachaise pour les révolutions. Enfin, c'est un homme public, un excellent homme, bon père et bon époux, épitaphe à part. Mais tant de sentiments divers ont passé devant lui sous forme de corbillard ; mais il a tant vu de larmes, les vraies, les fausses ; mais il a vu la douleur sous tant de faces et sur tant de faces, il a vu six millions de douleurs éternelles ! Pour lui, la douleur n'est plus qu'une pierre de onze lignes d'épaisseur et de quatre pieds de haut sur vingt-deux pouces de large. Quant aux *regrets*, ce sont les ennuis de sa charge, il ne déjeune ni ne dîne jamais sans essuyer la pluie d'une inconsolable affliction. Il est bon et tendre pour toutes les autres affections : il pleurera sur quelque héros de drame, sur monsieur Germeuil de *l'Auberge des Adrets*, l'homme à la culotte beurre frais, assassiné par Macaire ; mais son cœur s'est ossifié à l'endroit des véritables morts. Les morts sont des chiffres pour lui ; son état est d'organiser la mort. Puis enfin, il se rencontre, trois fois par siècle, une situation où son rôle devient sublime, et alors il est sublime à toute heure... en temps de peste.

Quand Jacquet l'aborda, ce monarque absolu rentrait assez en colère.

— J'avais dit, s'écria-t-il, d'arroser les fleurs depuis la rue Masséna jusqu'à la place Regnault de Saint-Jean-d'Angély ! Vous vous êtes moqué de cela, vous autres. Sac à papier ! si les parents s'avisent de venir aujourd'hui qu'il fait beau, ils s'en prendront à moi : ils crieront comme des brûlés, ils diront des horreurs de nous et nous calomnieront...

— Monsieur, lui dit Jacquet, nous désirerions savoir où a été inhumée madame Jules.

— Madame Jules, *qui* ? demanda-t-il. Depuis huit jours, nous avons eu trois madame Jules.

— Ah ! dit-il en s'interrompant et regardant la porte, voici le convoi du colonel de Maulincour, allez chercher le permis... Un beau convoi, ma foi ! reprit-il. Il a suivi de près sa grand'mère. Il y a des familles où ils dégringolent comme par gageure. Ça vous a un si mauvais sang ces Parisiens.

— Monsieur, lui dit Jacquet en lui frappant sur le bras, la personne dont je vous parle est madame Jules Desmarets, la femme de l'Agent de change.

— Ah! je sais, répondit-il en regardant Jacquet. N'était-ce pas un convoi où il y avait treize voitures de deuil, et un seul parent dans chacune des douze premières? C'était si drôle que ça nous a frappés...

— Monsieur, prenez garde. Monsieur Jules est avec moi, il peut vous entendre, et ce que vous dites n'est pas convenable.

— Pardon, monsieur, vous avez raison. Excusez, je vous prenais pour des héritiers.

— Monsieur, reprit-il en consultant un plan du cimetière, madame Jules est rue du maréchal Lefebvre, allée n° 4, entre mademoiselle Raucourt, de la Comédie-Française, et monsieur Moreau-Malvin, un fort boucher, pour lequel il y a un tombeau de marbre blanc de commandé, qui sera vraiment un des plus beaux de notre cimetière.

— Monsieur, dit Jacquet en interrompant le concierge, nous ne sommes pas plus avancés...

— C'est vrai, répondit-il en regardant tout autour de lui.

— Jean, cria-t-il à un homme qu'il aperçut, conduisez ces messieurs à la fosse de madame Jules, la femme d'un Agent de change! Vous savez, près de mademoiselle Raucourt, la tombe où il y a un buste.

Et les deux amis marchèrent sous la conduite de l'un des gardiens; mais ils ne parvinrent pas à la route escarpée qui menait à l'allée supérieure du cimetière sans avoir essuyé plus de vingt propositions que des entrepreneurs de marbrerie, de serrurerie et de sculpture vinrent leur faire avec une grâce mielleuse.

— Si monsieur voulait faire construire *quelque chose*, nous pourrions l'arranger à bien bon marché...

Jacquet fut assez heureux pour éviter à son ami ces paroles épouvantables pour des cœurs saignants, et ils arrivèrent au lieu du repos. En voyant cette terre fraîchement remuée, et où des maçons avaient enfoncé des fiches afin de marquer la place des dés de pierre nécessaires au serrurier pour poser sa grille, Jules s'appuya sur l'épaule de Jacquet, en se soulevant par intervalles, pour jeter de longs regards sur ce coin d'argile où il lui fallait laisser les dépouilles de l'être par lequel il vivait encore.

— Comme elle est mal là! dit-il.

— Mais elle n'est pas là, lui répondit Jacquet, elle est dans ta mémoire. Allons, viens, quitte cet odieux cimetière, où les morts sont parés comme des femmes au bal.

— Si nous l'ôtions de là ?
— Est-ce possible ?
— Tout est possible, s'écria Jules.
— Je viendrai donc là, dit-il après une pause. Il y a de la place.

Jacquet réussit à l'emmener de cette enceinte divisée comme un lamier par des grilles en bronze, par d'élégants compartiments où étaient enfermés des tombeaux tous enrichis de palmes, d'inscriptions, de larmes aussi froides que les pierres dont s'étaient servis des gens désolés pour faire sculpter leurs regrets et leurs armes. Il y a là de bons mots gravés en noir, des épigrammes contre les curieux, des *concetti*, des adieux spirituels, des rendez-vous pris où il ne se trouve jamais qu'une personne, des biographies prétentieuses, du clinquant, des guenilles, des paillettes. Ici des thyrses ; là, des fers de lance ; plus loin, des urnes égyptiennes ; çà et là, quelques canons ; partout, les emblèmes de mille professions ; enfin tous les styles : du mauresque, du grec, du gothique, des frises, des oves, des peintures, des urnes, des génies, des temples, beaucoup d'immortelles fanées et de rosiers morts. C'est une infâme comédie ! c'est encore tout Paris avec ses rues, ses enseignes, ses industries, ses hôtels ; mais vu par le verre dégrossissant de la lorgnette, un Paris microscopique, réduit aux petites dimensions des ombres, des larves, des morts, un genre humain qui n'a plus rien de grand que sa vanité. Puis Jules aperçut à ses pieds, dans la longue vallée de la Seine, entre les coteaux de Vaugirard, de Meudon, entre ceux de Belleville et de Montmartre, le véritable Paris, enveloppé d'un voile bleuâtre, produit par ses fumées, et que la lumière du soleil rendait alors diaphane. Il embrassa d'un coup d'œil furtif ces quarante mille maisons, et dit, en montrant l'espace compris entre la colonne de la place Vendôme et la coupole d'or des Invalides : — Elle m'a été enlevée là, par la funeste curiosité de ce monde qui s'agite et se presse, pour se presser et s'agiter.

A quatre lieues de là, sur les bords de la Seine, dans un modeste village assis au penchant de l'une des collines qui dépendent de cette longue enceinte montueuse au milieu de laquelle le grand Paris se remue, comme un enfant dans son berceau, il se passait une scène de mort et de deuil, mais dégagée de toutes les pompes parisiennes, sans accompagnements de torches ni de cierges, ni de voitures drapées, sans prières catholiques, la mort toute simple. Voici le fait. Le corps d'une jeune fille était venu matinalement échouer sur la berge, dans la vase et les joncs de la Seine. Des tireurs de sable, qui allaient à l'ouvrage, l'aperçurent en montant dans leur frêle bateau. — Tiens ! cinquante francs de gagnés, dit l'un d'eux. — C'est vrai, dit l'autre. Et ils abordèrent auprès de la morte. — C'est une bien belle fille. — Allons faire notre déclaration. Et les deux tireurs de sable, après avoir couvert le corps de leurs vestes, allèrent chez le maire du village, qui fut assez embarrassé d'avoir à faire le procès-verbal nécessité par cette trouvaille.

Le bruit de cet événement se répandit avec la promptitude télégraphique particulière aux pays où les communications sociales n'ont aucune interruption, et où les médisances, les bavardages, les calomnies, le conte social dont se repaît le monde ne laisse point de lacune d'une borne à une autre. Aussitôt des gens qui vinrent à la Mairie tirèrent le maire de tout embarras. Ils convertirent le procès-verbal en un simple acte de décès. Par leurs soins, le corps de la fille fut reconnu pour être celui de la demoiselle Ida Gruget, couturière en corsets, demeurant rue de la Corderie-du-Temple, n° 14. La police judiciaire intervint, la veuve Gruget, mère de la défunte, arriva, munie de la dernière lettre de sa fille. Au milieu des gémissements de la mère, un médecin constata l'asphyxie par l'invasion du sang noir dans le système pulmonaire, et tout fut dit. Les enquêtes faites, les renseignements donnés, le soir, à six heures, l'autorité permit d'inhumer la grisette. Le curé du lieu refusa de la recevoir à l'église et de prier pour elle. Ida Gruget fut alors ensevelie dans un linceul par une vieille paysanne, et mise dans cette bière vulgaire, faite en planches de sapin, puis portée au cimetière par quatre hommes, et suivie de quelques paysannes curieuses, qui se racontaient cette mort en la commentant avec une surprise mêlée de commisération. La veuve Gruget fut charitablement retenue par une vieille dame, qui l'empêcha de se joindre au triste convoi de sa fille. Un homme à triples fonctions, sonneur, bedeau, fossoyeur de la paroisse, avait fait une fosse dans le cimetière du village, cimetière d'un demi-arpent, situé derrière l'église ; une église bien connue, église classique, ornée d'une tour carrée à toit pointu couvert en ardoise, soutenue à l'extérieur par des contreforts anguleux. Derrière le rond décrit par le chœur, se trouvait le cimetière, entouré de murs en ruines, champ plein de monticules ; ni marbres, ni visiteurs, mais certes sur chaque sillon des pleurs et des regrets véritables qui manquèrent à Ida Gruget. Elle fut jetée dans un coin parmi des ronces et de hautes herbes. Quand la bière fut descendue dans ce champ si poétique par sa simplicité, le fossoyeur se trouva bientôt seul, à la nuit tombante. En comblant cette fosse, il s'arrêtait par intervalles pour regarder dans le chemin, par-dessus le mur ; il y eut un moment où, la main appuyée sur sa pioche, il examina la Seine, qui lui avait amené ce corps.

— Pauvre fille ! s'écria un homme survenu là tout à coup.
— Vous m'avez fait peur, monsieur ! dit le fossoyeur.
— Y a-t-il eu un service pour celle que vous enterrez?
— Non, monsieur. Monsieur le curé n'a pas voulu. Voilà la première personne enterrée ici sans être de la paroisse. Ici, tout le monde se connaît. Est-ce que monsieur?... Tiens, il est parti !

Quelques jours s'étaient écoulés, lorsqu'un homme vêtu de noir se présenta chez monsieur Jules et, sans vouloir lui parler, remit dans la chambre de sa femme une grande urne de porphyre, sur laquelle il lut ces mots :

INVITA LEGE,
CONJUGI MOERENTI
FILIOLÆ CINERES
RESTITUIT,
AMICIS XII JUVANTIBUS,
MORIBUNDUS PATER.

— Quel homme ! dit Jules en fondant en larmes. Huit jours suffirent à l'Agent de change pour obéir à tous les désirs de sa femme, et pour mettre ordre à ses affaires ; il vendit sa charge au frère de Martin Faleix, et partit de Paris au moment où l'Administration discutait encore s'il était licite à un citoyen de disposer du corps de sa femme.

Qui n'a pas rencontré sur les boulevards de Paris, au détour d'une rue ou sous les arcades du Palais-Royal, enfin en quelque lieu du monde où le hasard veuille le présenter, un être, un homme ou femme, à l'aspect duquel mille pensées confuses naissent en l'esprit! A son aspect, nous sommes subitement intéressés ou par des traits dont la conformation bizarre annonce une vie agitée, ou par l'ensemble curieux que présentent les gestes, l'air, la démarche et les vêtements, ou par quelque regard profond, ou par d'autres *je ne sais quoi* qui saisissent fortement et tout à coup, sans que nous nous expliquions bien précisément la cause de notre émotion. Puis, le lendemain, d'autres pensées, d'autres images parisiennes emportent ce rêve passager. Mais si nous rencontrons encore le même personnage, soit passant à heure fixe, comme un employé de Mairie qui appartient au mariage pendant huit heures, soit errant dans les promenades, comme ces gens qui semblent être un mobilier acquis aux rues de Paris, et que l'on retrouve dans les lieux publics, aux premières représentations où chez les restaurateurs, dont ils sont le plus bel ornement, alors cette créature s'inféode à votre souvenir, et y reste comme un premier volume de roman dont la fin nous échappe. Nous sommes tentés d'interroger cet inconnu, et de lui dire : — Qui êtes-vous? Pourquoi flânez-vous? De quel droit avez-vous un col plissé, une canne à pomme d'ivoire, un gilet passé? Pourquoi ces lunettes bleues à doubles verres, ou pourquoi conservez-vous la cravate des *muscadins?* Parmi ces créations errantes, les unes appartiennent à l'espèce des dieux Termes; elles ne disent rien à l'âme; *elles sont là*, voilà tout : pourquoi? personne ne le sait; c'est de ces figures semblables à celles qui servent de type aux sculpteurs pour les quatre Saisons, pour le Commerce et l'Abondance. Quelques autres, anciens avoués, vieux négociants, antiques généraux, s'en vont, marchent et paraissent toujours arrêtées. Semblables à des arbres qui se trouvent à moitié déracinés au bord d'un fleuve, elles ne semblent jamais faire partie du torrent de Paris, ni de sa foule jeune et active. Il est impossible de savoir si l'on a oublié de les enterrer, ou si elles se sont échappées du cercueil; elles sont arrivées à un état quasi-fossile. Un de ces *Melmoth* parisiens était venu se mêler depuis quelques jours parmi la population sage et recueillie qui, lorsque le ciel est beau, meuble infailliblement l'espace enfermé entre la grille sud du Luxembourg et la grille nord de l'Observatoire, espace sans genre, espace neutre dans Paris. En effet, là, Paris n'est plus; et là, Paris est encore. Ce lieu tient à la fois de la place, de la rue, du boulevard, de la fortification, du jardin, de l'avenue, de la route, de la province, de la capitale; certes, il y a de tout cela ; mais ce n'est rien de tout cela : c'est un désert. Autour de ce lieu sans nom, s'élèvent les Enfants-Trouvés, la Bourbe, l'hôpital Cochin, les Capucins, l'hospice La Rochefoucault, les Sourds-Muets, l'hôpital du Val-de-Grâce ; enfin, tous les vices et tous les malheurs de Paris ont là leur asile ; et, pour que rien ne manquât à cette enceinte philanthropique, la Science y étudie les Marées et les Longitudes ; monsieur de Châteaubriand y a mis l'infirmerie Marie-Thérèse, et les Carmélites y ont fondé un couvent. Les grandes situations de la vie sont représentées par les cloches qui sonnent incessamment dans ce désert, et pour la mère qui accouche, et pour l'enfant qui naît, et pour le vice qui succombe, et pour l'ouvrier qui meurt, et pour la vierge qui prie, et pour le vieillard qui a froid, et pour le génie qui se trompe. Puis, à deux pas, est le cimetière du Mont-Parnasse, qui attire d'heure en heure les chétifs convois du faubourg Saint-Marceau. Cette esplanade, d'où l'on domine Paris, a été conquise par les joueurs de boules, vieilles figures grises, pleines de bonhomie, braves gens qui continuent nos ancêtres, et dont les physionomies ne peuvent être comparées qu'à celles de leur public, à la galerie mouvante qui les suit. L'homme devenu depuis quelques jours l'habitant de ce quartier désert assistait assidûment aux parties de boules, et pouvait, certes, passer pour la créature la plus saillante de ces groupes, qui, s'il était permis d'assimiler les Parisiens aux différentes classes de la zoologie, appartiendraient au genre des mollusques. Ce nouveau venu marchait sympathiquement avec le *cochonnet*, petite boule qui sert de point de mire, et constitue l'intérêt de la partie ; il s'appuyait contre un arbre quand le cochonnet s'arrêtait ; puis, avec la même attention qu'un chien en prête aux gestes de son maître, il regardait les boules volant dans l'air ou roulant à terre. Vous l'eussiez pris pour le génie fantastique du cochonnet. Il ne disait rien, et les joueurs de boules, les hommes les plus fanatiques qui se soient rencontrés parmi les sectaires de quelque religion que ce soit, ne lui avaient jamais demandé compte de ce silence obstiné ; seulement, quelques esprits forts le croyaient sourd et muet. Dans les occasions où il fallait déterminer les différentes distances qui se trouvaient entre les boules et le cochonnet, la canne de l'inconnu devenait la mesure infaillible, les joueurs venaient alors la prendre dans les mains glacées de ce vieillard, sans la lui emprunter par un mot, sans même lui faire un signe d'amitié. Le prêt de sa canne était comme une servitude à laquelle il avait négativement consenti. Quand il survenait une averse, il restait près du cochonnet, esclave des boules, gardien de la partie commencée. La pluie ne le surprenait pas plus que le beau temps, et il était, comme les joueurs, une espèce intermédiaire entre le Parisien qui a le moins d'intelligence et l'animal qui en a le plus. D'ailleurs, pâle et flétri, sans soins de lui-même, distrait, il venait souvent nu-tête, montrant ses cheveux blanchis et son crâne carré, jaune, dégarni, semblable au genou qui perce le pantalon d'un pauvre. Il était béant, sans idées dans le regard, sans appui précis dans la démarche ; il ne souriait jamais, ne levait jamais les yeux au ciel, et les tenait habituellement baissés vers la terre, et semblait toujours y chercher quelque chose. A quatre heures, une vieille femme venait le prendre pour le ramener on ne sait où, en le traînant à la remorque par le bras, comme une jeune fille tire une chèvre capricieuse qui veut brouter encore quand il faut venir à l'étable. Ce vieillard était quelque chose d'horrible à voir.

Dans l'après-midi, Jules, seul dans une calèche de voyage lestement menée par la rue de l'Est, déboucha sur l'esplanade de l'Observatoire au moment où ce vieillard, appuyé sur un arbre, se laissait prendre sa canne au milieu des vociférations de quelques joueurs pacifiquement irrités. Jules, croyant reconnaître cette figure, voulut s'arrêter, et sa voiture s'arrêta précisément. En effet, le postillon, serré par des charrettes, ne demanda point passage aux joueurs de boules insurgés, il avait trop de respect pour les émeutes, le postillon.

— C'est lui, dit Jules en découvrant enfin dans ce débris humain Ferragus XXIII, chef des Dévorants. Comme il l'aimait ! ajouta-t-il après une pause. Marchez donc, postillon ! cria-t-il.

Paris, février 1833.

II.

LA DUCHESSE DE LANGEAIS.

A FRANTZ LISTZ.

Il existe dans une ville espagnole située sur une île de la Méditerranée, un couvent de Carmélites Déchaussées où la règle de l'Ordre institué par sainte Thérèse s'est conservée dans la rigueur primitive de la réformation due à cette illustre femme. Ce fait est vrai, quelque extraordinaire qu'il puisse paraître. Quoique les maisons religieuses de la Péninsule et celles du Continent aient été presque toutes détruites ou bouleversées par les éclats de la révolution française et des guerres napoléoniennes, cette île ayant été constamment protégée par la marine anglaise, son riche couvent et ses paisibles habitants se trouvèrent à l'abri des troubles et des spoliations générales. Les tempêtes de tout genre qui agitèrent les quinze premières années du dix-neuvième siècle se brisèrent donc devant ce rocher, peu distant des côtes de l'Andalousie. Si le nom de l'empereur vint bruire jusque sur cette plage, il est douteux que son fantastique cortége de gloire et les flamboyantes majestés de sa vie météorique aient été comprises par les saintes filles agenouillées dans ce cloître. Une rigidité conventuelle que rien n'avait altérée recommandait cet asile dans toutes les mémoires du monde catholique. Aussi, la pureté de sa règle y attira-t-elle, des points les plus éloignés de l'Europe, de tristes femmes dont l'âme, dépouillée de tous liens humains, soupirait après ce long suicide accompli dans le sein de Dieu. Nul couvent n'était d'ailleurs plus favorable au détachement complet des choses d'ici-bas, exigé par la vie religieuse. Cependant, il se voit sur le Continent un grand nombre de ces maisons magnifiquement bâties au gré de leur destination. Quelques-unes sont ensevelies au fond des vallées les plus solitaires ; d'autres suspendues au-dessus des montagnes les plus escarpées, ou jetées au bord des précipices ; partout l'homme a cherché les poésies de l'infini, la solennelle horreur du silence ; partout il a voulu se mettre au plus près de Dieu : il l'a quêté sur les cimes, au fond des abîmes, au bord des falaises, et l'a trouvé partout. Mais nulle autre part que sur ce rocher à demi européen, africain à demi, ne pouvaient se rencontrer autant d'harmonies différentes qui toutes concourussent à si bien élever l'âme, à en égaliser les impressions les plus douloureuses, à en attiédir les plus vives, à faire aux peines de la vie un lit profond. Ce monastère a été construit à l'extrémité de l'île, au point culminant du rocher, qui, par un effet de la grande révolution du globe, est cassé net du côté de la mer, où, sur tous les points, il présente les vives arêtes de ses tables légèrement rongées à la hauteur de l'eau, mais infranchissables. Ce roc est protégé de toute atteinte par des écueils dangereux qui se prolongent au loin, et dans lesquels se joue le flot brillant de la Méditerranée. Il faut donc être en mer pour apercevoir les quatre corps du bâtiment carré dont la forme, la hauteur, les ouvertures ont été minutieusement prescrites par les lois monastiques. Du côté de la ville, l'église masque entièrement les solides constructions du cloître, dont les toits sont couverts de larges dalles qui les rendent invulnérables aux coups de vent, aux orages et à l'action du soleil. L'église, due aux libéralités d'une famille espagnole, couronne la ville. La façade hardie, élégante, donne une grande et belle physionomie à cette petite cité maritime. N'est-ce pas un spectacle empreint de toutes nos sublimités terrestres que l'aspect d'une ville dont les toits pressés, presque tous disposés en amphithéâtre devant un joli port, sont surmontés d'un magnique portail à triglyphe gothique, à campaniles, à tours menues, à flèches découpées? La religion dominant la vie, en en offrant sans cesse aux hommes la fin et les moyens, image tout espagnole d'ailleurs! Jetez ce paysage au milieu de la Méditerranée, sous un ciel brûlant; accompagnez-le de quelques palmiers, de plusieurs arbres rabougris, mais vivaces qui mêlaient leurs vertes frondaisons agitées aux feuillages sculptés de l'architecture immobile? Voyez les franges de la mer blanchissant les rescifs, et s'opposant au bleu saphir des eaux; admirez les galeries, les terrasses bâties en haut de chaque maison et où les habitants viennent respirer l'air du soir parmi les fleurs, entre la cime des arbres de leurs petits jardins. Puis, dans le port, quelques voiles. Enfin, par la sérénité d'une nuit qui commence, écoutez la musique des orgues, le chant des offices, et les sons admirables des cloches en pleine mer. Partout du bruit et du calme; mais plus souvent le calme partout. Intérieurement, l'église se partageait en trois nefs sombres et mystérieuses. La furie des vents ayant sans doute interdit à l'architecte de construire latéralement ces arcs-boutants qui ornent presque partout les cathédrales, et entre lesquels sont pratiquées des chapelles, les murs qui flanquaient les deux petites nefs et soutenaient ce vaisseau, n'y répandaient aucune lumière. Ces fortes murailles présentaient à l'extérieur l'aspect de leurs masses grisâtres, appuyées, de distance en distance, sur d'énormes contreforts. La grande nef et ses deux petites galeries latérales étaient donc uniquement éclairées par la rose à vitraux coloriés, attachée avec un art miraculeux au-dessus du portail, dont l'exposition favorable avait permis le luxe des dentelles de pierre et des beautés particulières à l'ordre improprement nommé gothique. La plus grande portion de ces trois nefs était livrée aux habitants de la ville, qui venaient y entendre la messe et les offices. Devant le chœur, se trouvait une grille derrière laquelle pendait un rideau brun à plis nombreux, légèrement entr'ouvert au milieu, de manière à ne laisser voir que l'officiant et l'autel. La grille était séparée, à intervalles égaux, par des piliers qui soutenaient une tribune intérieure et les orgues. Cette construction, en harmonie avec les ornements de l'église, figurait extérieurement, en bois sculpté, les colonnettes des galeries supportées par les piliers de la grande nef. Il eût donc été impossible à un curieux assez hardi pour monter sur l'étroite balustrade de ces galeries de voir dans le chœur autre chose que les longues fenêtres octogones et coloriées qui s'élevaient par pans égaux, autour du maître-autel.

Lors de l'expédition française faite en Espagne pour rétablir l'autorité du roi Ferdinand VII, et après la prise de Cadix, un général français, venu dans cette île pour y faire reconnaître le gouvernement royal, y prolongea son séjour, dans le but de voir ce couvent, et trouva moyen de s'y introduire. L'entreprise était certes délicate. Mais un homme de passion, un homme dont la vie 'avait été, pour ainsi dire, qu'une suite de poésies en action, et qui avait toujours fait des romans au lieu d'en écrire, un homme d'exécution surtout, devait être tenté par une chose en apparence impossible. S'ouvrir légalement les portes d'un couvent de femmes? A peine le pape ou l'archevêque métropolitain l'eussent-ils permis. Employer la ruse ou la force! en cas d'indiscrétion, n'était-ce pas perdre son état, toute sa fortune militaire, et manquer le but? Le duc d'Angoulême était encore en Espagne, et de toutes les fautes que pouvait impunément commettre un homme aimé par le généralissime, celle-là seule l'eût trouvé sans pitié. Ce général avait sollicité sa mission afin de satisfaire une secrète curiosité, quoique jamais curiosité n'ait été plus désespérée. Mais cette dernière tentative était une affaire de conscience. La maison de ces Carmélites était le seul couvent espagnol qui eût échappé à ses recherches. Pendant la traversée, qui ne dura pas une heure, il s'éleva dans son âme un pressentiment favorable à ses espérances. Puis, quoique du couvent il n'eût vu que les murailles, que de ces religieuses il n'eût pas même aperçu les robes, et qu'il n'eût écouté que les chants de la Liturgie, il rencontra sous ces murailles et dans ces chants de légers indices qui justifièrent son frêle espoir. Enfin, quelque légers que fussent des soupçons si bizarrement réveillés, jamais passion humaine ne fut plus violemment intéressée que ne l'était alors la curiosité du général. Mais il n'y a point de petits événements pour le cœur ; il grandit tout ; il met dans les mêmes balances la chute d'un empire de quatorze ans et la chute d'un gant de femme, et presque toujours le gant y pèse plus que l'empire. Or, voici les faits dans toute leur simplicité positive. Après les faits viendront les émotions.

Une heure après que le général eut abordé cet îlot, l'autorité royale y fut rétablie. Quelques Espagnols constitutionnels, qui s'y étaient nuitamment réfugiés après la prise de Cadix, s'embarquèrent sur un bâtiment que le général leur permit de fréter pour s'en aller à Londres. Il n'y eut donc là ni résistance ni réaction. Cette petite Restauration insulaire n'allait pas sans une messe, à laquelle durent assister les deux compagnies commandées pour l'expédition. Or, ne connaissant pas la rigueur de la clôture chez les Carmélites Déchaussées, le général avait espéré pouvoir obtenir, dans l'église, quelques renseignements sur les religieuses enfermées dans le couvent, dont une d'elles peut-être lui était plus chère que la vie et plus précieuse que l'honneur. Ses espérances furent d'abord cruellement déçues. La messe fut, à la vérité, célébrée avec pompe. En faveur de la solennité, les rideaux qui cachaient habituellement le chœur furent ouverts, et en laissèrent voir les richesses, les précieux tableaux et les châsses ornées de pierreries, dont l'éclat effaçait celui des nombreux *ex-voto* d'or et d'argent attachés par les marins de ce port aux piliers de la grande nef. Les religieuses s'étaient toutes réfugiées dans la tribune de l'orgue. Cependant, malgré ce premier échec, durant la messe d'actions de grâces, se développa largement le drame le plus secrètement intéressant qui jamais ait fait battre un cœur d'homme. La sœur qui touchait l'orgue excita un si vif enthousiasme qu'aucun des militaires ne regretta d'être venu à l'office. Les soldats même y trouvèrent du plaisir, et tous les officiers furent dans le ravissement. Quant au général, il resta calme et froid en apparence. Les sensations que lui causèrent les différents morceaux exécutés par la religieuse sont du petit nombre de choses dont l'expression est interdite à la parole, et la rend impuissante, mais qui, semblables à la mort, à Dieu, à l'Éternité, ne peuvent s'apprécier que dans le léger point de contact qu'elles ont avec les hommes. Par un singulier hasard, la musique des orgues paraissait appartenir à l'école de Rossini, le compositeur qui a transporté le plus de passion humaine dans l'art musical, et dont les œuvres inspireront quelque jour, par leur nombre et leur étendue, un respect homérique. Parmi les partitions dues à ce beau génie, la religieuse semblait avoir plus particulièrement étudié celle du *Mose*, sans doute parce que le sentiment de la musique sacrée s'y trouve exprimé au plus haut degré. Peut-être ces deux esprits, l'un si glorieusement européen, l'autre inconnu, s'étaient-ils rencontrés dans l'intuition d'une même poésie. Cette opinion était celle de deux officiers, vrais *dilettanti*, qui regrettaient sans doute en Espagne le théâtre Favart. Enfin, au *Te Deum*, il fut impossible de ne pas reconnaître une âme française dans le caractère que prit soudain la musique. Le triomphe du Roi Très-Chrétien excitait évidemment la joie la plus vive au fond du cœur de cette religieuse. Certes elle était Française. Bientôt le sentiment de la patrie éclata, jaillit comme une gerbe de lumière dans une réplique des orgues où la sœur introduisit des motifs qui respirèrent toute la délicatesse du goût parisien, et auxquels se mêlèrent vaguement les pensées de nos plus beaux airs nationaux. Des mains espagnoles n'eussent pas mis, à ce gracieux hommage fait aux armes victorieuses, la chaleur qui acheva de déceler l'origine de la musicienne.

— Il y a donc de la France partout? dit un soldat.

Le général était sorti pendant le *Te Deum*, il lui avait été impossible de l'écouter. Le jeu de la musicienne lui dénonçait une femme aimée avec ivresse, et qui s'était si profondément ensevelie au cœur de la religion et si soigneusement dérobée aux regards du monde, qu'elle avait échappé jusqu'alors à des recherches obstinées adroitement faites par des hommes qui disposaient et d'un grand pouvoir et d'une intelligence supérieure. Le soupçon réveillé dans le cœur du général fut presque justifié par le vague rappel d'un air délicieux de mélancolie, l'air de *Fleuve du Tage*, romance française dont souvent il avait entendu jouer le prélude dans un boudoir de Paris à la personne qu'il aimait, et dont cette religieuse venait alors de se servir pour exprimer, au milieu de la joie des triomphateurs, les regrets d'une exilée. Terrible sensation ! Espérer la résurrection d'un amour perdu, le retrouver encore perdu, l'entrevoir mystérieusement, après cinq années pendant lesquelles la passion s'était irritée dans le vide, et agrandie par l'inutilité des tentatives faites pour la satisfaire !

Qui, dans sa vie, n'a pas, une fois au moins, bouleversé son chez-soi, ses papiers, sa maison, fouillé sa mémoire avec impatience en cherchant un objet précieux, et ressenti l'ineffable plaisir de le trouver, après un jour ou deux consumés en recherches vaines ; après avoir espéré, désespéré de le rencontrer ; après avoir dépensé les irritations les plus vives de l'âme pour ce rien important qui causait presque une passion ? Eh ! bien, étendez cette espèce de rage sur cinq années ; mettez une femme, un cœur, un amour à la place de ce rien ; transportez la passion dans les plus hautes régions du sentiment ; puis supposez un homme ardent, un homme à cœur et face de lion, un de ces hommes à crinière qui imposent et communiquent à ceux qui les envisagent une respectueuse terreur ! Peut-être comprendrez-vous alors la brusque sortie du général pendant le *Te Deum*, au moment où le prélude d'une romance jadis écoutée avec délices par lui, sous des lambris dorés, vibra sous la nef de cette église marine.

Il descendit la rue montueuse qui conduisait à cette église, et ne s'arrêta qu'au moment où les sons graves de l'orgue ne parvinrent plus à son oreille. Incapable de songer à autre chose qu'à son amour, dont la volcanique éruption lui brûlait le cœur, le général français ne s'aperçut de la fin du *Te Deum* qu'au moment où l'assistance espagnole descendit par flots. Il sentit que sa conduite ou son attitude pouvaient paraître ridicules, et revint prendre sa place à la tête du cortége, en disant à l'alcade et au gouverneur de la ville qu'une subite indisposition l'avait obligé d'aller prendre l'air.

Puis, afin de pouvoir rester dans l'île, il songea soudain à tirer parti de ce prétexte d'abord insouciamment donné. Objectant l'aggravation de son malaise, il refusa de présider le repas offert par les autorités insulaires aux officiers français; il se mit au lit, et fit écrire au major-général pour lui annoncer la passagère maladie qui le forçait de remettre à un colonel le commandement des troupes. Cette ruse si vulgaire, mais si naturelle, le rendit libre de tout soin pendant le temps nécessaire à l'accomplissement de ses projets. En homme essentiellement catholique et monarchique, il s'informa de l'heure des offices et affecta le plus grand attachement aux pratiques religieuses, piété qui, en Espagne, ne devait surprendre personne.

Le lendemain même, pendant le départ de ses soldats, le général se rendit au couvent pour assister aux vêpres. Il trouva l'église désertée par les habitants qui, malgré leur dévotion, étaient allés voir sur le port l'embarcation des troupes. Le Français, heureux de se trouver seul dans l'église, eut soin d'en faire retentir les voûtes sonores du bruit de ses éperons; il y marcha bruyamment, il toussa, il se parla tout haut à lui-même pour apprendre aux religieuses, et surtout à la musicienne, que, si les Français partaient, il en restait un. Ce singulier avis fut-il entendu, compris?... le général le crut. Au *Magnificat*, les orgues semblèrent lui faire une réponse qui lui fut apportée par les vibrations de l'air. L'âme de la religieuse vola vers lui sur les ailes de ses notes, et s'émut dans le mouvement des sons. La musique éclata dans toute sa puissance; elle échauffa l'église. Ce chant de joie, consacré par la sublime liturgie de la Chrétienté Romaine pour exprimer l'exaltation de l'âme en présence des splendeurs du Dieu toujours vivant, devint l'expression d'un cœur presque effrayé de son bonheur, en présence des splendeurs d'un périssable amour qui durait encore et venait l'agiter au-delà de la tombe religieuse où s'ensevelissent les femmes pour renaître épouses du Christ.

L'orgue est certes le plus grand, le plus audacieux, le plus magnifique de tous les instruments créés par le génie humain. Il est un orchestre entier, auquel une main habile peut tout demander, il peut tout exprimer. N'est-ce pas, en quelque sorte, un piédestal sur lequel l'âme se pose pour s'élancer dans les espaces lorsque, dans son vol, elle essaie de tracer mille tableaux, de peindre la vie, de parcourir l'infini qui sépare le ciel de la terre? Plus un poète en écoute les gigantesques harmonies, mieux il conçoit qu'entre les hommes agenouillés et le Dieu caché par les éblouissants rayons du Sanctuaire les cent voix de ce chœur terrestre peuvent seules combler les distances, et sont le seul truchement assez fort pour transmettre au ciel les prières humaines dans l'omnipotence de leurs modes, dans la diversité de leurs mélancolies, avec les teintes de leurs méditatives extases, avec les jets impétueux de leurs repentirs et les mille fantaisies de toutes les croyances. Oui, sous ces longues voûtes, les mélodies enfantées par le génie des choses saintes trouvent des grandeurs inouïes dont elles se parent et se fortifient. Là, le jour affaibli, le silence profond, les chants qui alternent avec le tonnerre des orgues, font à Dieu comme un voile à travers lequel rayonnent ses lumineux attributs. Toutes ces richesses sacrées semblèrent être jetées comme un grain d'encens sur le frêle autel de l'Amour à la face du trône éternel d'un Dieu jaloux et vengeur. En effet, la joie de la religieuse n'eut pas ce caractère de grandeur et de gravité qui doit s'harmoniser avec les solennités du *Magnificat*; elle lui donna de riches, de gracieux développements, dont les différents rhythmes accusaient une gaieté humaine. Ses motifs eurent le brillant des roulades d'une cantatrice qui tâche d'exprimer l'amour, et ses chants sautillèrent comme l'oiseau près de sa compagne. Puis, par moments, elle s'élançait par bonds dans le passé pour y folâtrer, pour y pleurer tour à tour. Son mode changeant avait quelque chose de désordonné comme l'agitation de la femme heureuse du retour de son amant. Puis, après les fugues flexibles du délire et les effets merveilleux de cette reconnaissance fantastique, l'âme qui parlait ainsi fit un retour sur elle-même. La musicienne passant du majeur au mineur, sut instruire son auditeur de sa situation présente. Soudain elle lui raconta ses longues mélancolies et lui dépeignit sa lente maladie morale. Elle avait aboli chaque jour un sens, retranché chaque nuit quelque pensée, réduit graduellement son cœur en cendres. Après quelques molles ondulations, sa musique prit, de teinte en teinte, une couleur de tristesse profonde. Bientôt les échos versèrent les chagrins à torrents. Enfin tout à coup les hautes notes firent détonner un concert de voix angéliques, comme pour annoncer à l'amant perdu, mais non pas oublié, que la réunion des deux âmes ne se ferait plus que dans les cieux : touchante espérance ! Vint l'*Amen*. Là, plus de joie ni de larmes dans les airs ; ni mélancolie, ni regrets. L'*Amen* fut un retour à Dieu ; ce dernier accord fut grave, solennel, terrible. La musicienne déploya tous les crêpes de la religieuse, et, après les derniers grondements des basses, qui firent frémir les auditeurs jusque dans leurs cheveux, elle sembla s'être replongée dans la tombe d'où elle était pour un moment sortie. Quand les airs eurent, par degrés, cessé leurs vibrations oscillatoires, vous eussiez dit que l'église, jusque-là lumineuse, rentrait dans une profonde obscurité.

Le général avait été rapidement emporté par la course de ce vigoureux génie, et l'avait suivi dans les régions qu'il venait de parcourir. Il comprenait, dans toute leur étendue, les images dont abonda cette brûlante symphonie, et pour lui ces accords allaient bien loin. Pour lui, comme pour la sœur, ce poème était l'avenir, le présent et le passé. La musique, même celle du théâtre, n'est-elle pas, pour les âmes tendres et poétiques, pour les cœurs souffrants et blessés, un texte qu'elles développent au gré de leurs souvenirs? S'il faut un cœur de poète pour faire un musicien, ne faut-il pas de la poésie et de l'amour pour écouter, pour comprendre les grandes œuvres musicales? La Religion, l'Amour et la Musique ne sont-ils pas la triple expression d'un même fait, le besoin d'expansion dont est travaillée toute âme noble? Ces trois poésies vont toutes à Dieu, qui dénoue toutes les émotions terrestres. Aussi cette sainte Trinité humaine participe-t-elle des grandeurs infinies de Dieu, que nous ne configurons jamais sans l'entourer des feux de l'amour, des sistres d'or de la musique, de lumière et d'harmonie. N'est-il pas le principe et la fin de nos œuvres?

Le Français devina que, dans ce désert, sur ce rocher entouré par la mer, la religieuse s'était emparée de la musique pour y jeter le surplus de passion qui la dévorait. Était-ce un hommage fait à Dieu de son amour, était-ce le triomphe de l'amour sur Dieu? questions difficiles à décider. Mais, certes, le général ne put douter qu'il ne retrouvât en ce cœur mort au monde une passion tout aussi brûlante que l'était la sienne. Les vêpres finies, il revint chez l'alcade, où il était logé. Restant d'abord en proie aux mille jouissances que prodigue une satisfaction long-temps attendue, péniblement cherchée, il ne vit rien au delà. Il était toujours aimé. La solitude avait grandi l'amour dans ce cœur, autant que l'amour avait été grandi dans le sien par les barrières successivement franchies et mises par cette femme entre elle et lui. Cet épanouissement de l'âme eut sa durée naturelle. Puis vint le désir de revoir cette femme, de la disputer à Dieu, de la lui ravir, projet téméraire qui plut à cet homme audacieux. Après le repas, il se coucha pour éviter les questions, pour être seul, pour pouvoir penser sans trouble, et resta plongé dans les méditations les plus profondes, jusqu'au lendemain matin. Il ne se leva que pour aller à la messe. Il vint à l'église, il se plaça près de la grille ; son front touchait le rideau ; il aurait voulu le déchirer, mais il n'était pas seul : son hôte l'avait accompagné par politesse, et la moindre imprudence pouvait compromettre l'avenir de sa passion, en ruiner les nouvelles espérances. Les orgues se firent entendre, mais elles n'étaient plus touchées par les mêmes mains. La musicienne des deux jours précédents ne tenait plus le clavier. Tout fut pâle et froid pour le général. Sa maîtresse était-elle accablée par les mêmes émotions sous lesquelles succombait presque un vigoureux cœur d'homme ? Avait-elle si bien partagé, compris un amour fidèle et désiré, qu'elle en fût mourante sur son lit dans sa cellule ? Au moment où mille réflexions de ce genre s'élevaient dans l'esprit du Français, il entendit résonner près de lui la voix de la personne qu'il adorait, il en reconnut le timbre clair. Cette voix, légèrement altérée par un tremblement qui lui donnait toutes les grâces que prête aux jeunes filles leur timidité pudique, tranchait sur la masse du chant, comme celle d'une *prima donna* sur l'harmonie d'un finale. Elle faisait à l'âme l'effet que produit aux yeux un filet d'argent ou d'or dans une frise obscure. C'était donc bien elle ! Toujours Parisienne, elle n'avait pas dépouillé sa coquetterie, quoiqu'elle eût quitté les parures du monde pour le bandeau, pour la dure étamine des Carmélites. Après avoir signé son amour la veille, au milieu des louanges adressées au Seigneur, elle semblait dire à son amant : — Oui, c'est moi, je suis là, j'aime toujours ; mais je suis à l'abri de l'amour. Tu m'entendras, mon âme t'enveloppera, et je resterai sous le linceul brun de ce chœur d'où nul pouvoir ne saurait m'arracher. Tu ne me verras pas.

— C'est bien elle ! se dit le général en relevant son front, en le dégageant de ses mains, sur lesquelles il l'avait appuyé ; car il n'avait pu d'abord soutenir l'écrasante émotion qui s'éleva comme un tourbillon dans son cœur quand cette voix connue vibra sous les arceaux, accompagnée par le murmure des vagues. L'orage était au dehors, et le calme dans le sanctuaire. Cette voix si riche continuait à déployer toutes ses câlineries, elle arrivait comme un baume sur le cœur embrasé de cet amant, elle fleurissait dans l'air, qu'on désirait mieux aspirer pour y prendre les émanations d'une âme exhalée avec amour dans les paroles de la prière. L'alcade vint rejoindre son hôte, il le trouva fondant en larmes à l'Élévation, qui fut chantée par la religieuse, et l'emmena chez lui. Surpris de rencontrer tant de dévotion dans un militaire français, l'alcade avait invité à souper le confesseur du couvent, et il en prévint le général, auquel jamais nouvelle n'avait fait autant de plaisir. Pendant le souper, le confesseur fut l'objet des attentions du Français, dont le respect intéressé confirma les Espagnols dans la haute opinion qu'ils avaient prise de sa piété. Il demanda gravement le nombre des religieuses, des détails sur les revenus du couvent et sur ses richesses, en homme qui paraissait vouloir entretenir poliment le bon vieux prêtre des choses dont il devait être le plus occupé. Puis il s'informa de la vie que menaient ces saintes filles. Pouvaient-elles sortir? les voyait-on?

— Seigneur, dit le vénérable ecclésiastique, la règle est sévère. S'il faut une permission de Notre Saint-Père pour qu'une femme vienne dans une maison de Saint-Bruno, ici même rigueur. Il est impossible à un homme d'entrer dans un couvent de Carmélites Déchaussées, à moins qu'il ne soit prêtre et attaché par l'archevêque au service de la Maison. Aucune religieuse ne sort. Cependant LA GRANDE SAINTE (la mère Thérèse) a souvent quitté sa cellule. Le Visiteur ou les Mères Supérieures peuvent seules permettre à une religieuse, avec l'autorisation de l'archevêque, de voir des étrangers, surtout en cas de maladie. Or nous sommes un Chef d'Ordre, et nous avons conséquemment une Mère Supérieure au Couvent. Nous avons, entre autres étrangères, une Française, la sœur Thérèse, celle qui dirige la musique de la Chapelle.

— Ah! répondit le général en feignant la surprise. Elle a dû être satisfaite du triomphe des armes de la maison de Bourbon?

— Je leur ai dit l'objet de la messe, elles sont toujours un peu curieuses.

— Mais la sœur Thérèse peut avoir des intérêts en France, elle voudrait peut-être y faire savoir quelque chose, en demander des nouvelles?

— Je ne le crois pas, elle se serait adressée à moi pour en savoir.

— En qualité de compatriote, dit le général, je serais bien curieux de la voir... Si cela est possible, si la Supérieure y consent, si...

— A la grille, et même en présence de la Révérende Mère, une entrevue serait impossible pour qui que ce soit; mais en faveur d'un libérateur du trône catholique et de la sainte religion, malgré la rigidité de la Mère, la règle peut dormir un moment, dit le confesseur en clignant les yeux. J'en parlerai.

— Quel âge a la sœur Thérèse? demanda l'amant qui n'osa pas questionner le prêtre sur la beauté de la religieuse.

— Elle n'a plus d'âge, répondit le bonhomme avec une simplicité qui fit frémir le général.

Le lendemain matin, avant la sieste, le confesseur vint annoncer au Français que la sœur Thérèse et la Mère consentaient à le recevoir à la grille du parloir, avant l'heure des vêpres. Après la sieste, pendant laquelle le général dévora le temps en allant se promener sur le port, par la chaleur du midi, le prêtre revint le chercher et l'introduisit dans le couvent; il le guida sous une galerie qui longeait le cimetière, et dans laquelle quelques fontaines, plusieurs arbres verts et des arceaux multipliés entretenaient une fraîcheur en harmonie avec le silence du lieu. Parvenus au fond de cette longue galerie, le prêtre fit entrer son compagnon dans une salle partagée en deux parties par une grille couverte d'un rideau brun. Dans la partie en quelque sorte publique, où le confesseur laissa le général, régnait, le long du mur, un banc de bois; quelques chaises également en bois se trouvaient près de la grille. Le plafond était composé de solives saillantes, en chêne vert, et sans nul ornement. Le jour ne venait dans cette salle que par deux fenêtres situées dans la partie affectée aux religieuses, en sorte que cette faible lumière, mal reflétée par un bois à teintes brunes, suffisait à peine pour éclairer le grand Christ noir, le portrait de sainte Thérèse et un tableau de la Vierge qui décoraient les parois grises du parloir. Les sentiments du général prirent donc, malgré leur violence, une couleur mélancolique. Il devint calme dans ce calme domestique. Quelque chose de grand comme la tombe le saisit sous ces frais planchers. N'était-ce pas son silence éternel, sa paix profonde, ses idées d'infini? Puis, la quiétude et la pensée fixe du cloître, cette pensée qui se glisse dans l'air, dans le clair-obscur, dans tout, et qui, n'étant tracée nulle part, est encore agrandie par l'imagination, ce grand mot: *la paix dans le Seigneur,* entre, là, de vive force, dans l'âme la moins religieuse. Les couvents d'hommes se conçoivent peu; l'homme y semble faible: il est né pour agir, pour accomplir une vie de travail à laquelle il se soustrait dans sa cellule. Mais dans un monastère de femmes, combien de vigueur virile et de touchante faiblesse ! Un homme peut être poussé par mille sentiments au fond d'une abbaye, il s'y jette comme dans un précipice ; mais la femme n'y vient jamais qu'entraînée par un seul sentiment : elle ne s'y dénature pas, elle épouse Dieu. Vous pouvez dire aux religieux : Pourquoi n'avez-vous pas lutté ? Mais la réclusion d'une femme n'est-elle pas toujours une lutte sublime ? Enfin, le général trouva ce parloir muet et ce couvent perdu dans la mer tout pleins de lui. L'amour arrive rarement à la solennité ; mais l'amour encore fidèle au sein de Dieu, n'était-ce pas quelque chose de solennel, et plus qu'un homme n'avait le droit d'espérer au dix-neuvième siècle, par les mœurs qui courent ? Les grandeurs infinies de cette situation pouvaient agir sur l'âme du général, il était précisément assez élevé pour oublier la politique, les honneurs, l'Espagne, le monde de Paris, et monter jusqu'à la hauteur de ce dénoûment grandiose. D'ailleurs, quoi de plus véritablement tragique ? Combien de sentiments dans la situation des deux amants seuls réunis au milieu de la mer sur un banc de granit, mais séparés par une idée, par une barrière infranchissable ! Voyez l'homme se disant : — Triompherai-je de Dieu dans ce cœur ? Un léger bruit fit tressaillir cet homme, le rideau brun se tira ; puis il vit dans la lumière une femme debout, mais dont la figure lui était cachée par le prolongement du voile plié sur la tête : suivant la règle de la maison, elle était vêtue de cette robe dont la couleur est devenue proverbiale. Le général ne put apercevoir les pieds nus de la religieuse, qui lui en auraient attesté l'effrayante maigreur ; cependant, malgré les plis nombreux de la robe grossière qui couvrait et ne parait plus cette femme, il devina que les larmes, la prière, la passion, la vie solitaire l'avaient déjà desséchée.

La main glacée d'une femme, celle de la Supérieure sans doute, tenait encore le rideau ; et le général, ayant examiné le témoin nécessaire de cet entretien, rencontra le regard noir et profond d'une vieille religieuse, presque centenaire, regard clair et jeune, qui démentait les rides nombreuses par lesquelles le pâle visage de cette femme était sillonné.

— Madame la duchesse, demanda-t-il d'une voix fortement émue à la religieuse qui baissait la tête, votre compagne entend-elle le français ?

— Il n'y a pas de duchesse ici, répondit la religieuse. Vous êtes devant la sœur Thérèse. La femme, celle que vous nommez ma compagne, est ma mère en Dieu, ma Supérieure ici-bas.

Ces paroles, si humblement prononcées par la voix qui jadis s'harmoniait avec le luxe et l'élégance au milieu desquels avait vécu cette femme, reine de la mode à Paris, par une bouche dont le langage était jadis si léger, si moqueur, frappèrent le général comme l'eût fait un coup de foudre.

— Ma sainte mère ne parle que le latin et l'espagnol, ajouta-t-elle.

— Je ne sais ni l'un ni l'autre. Ma chère Antoinette, excusez-moi près d'elle.

En entendant son nom doucement prononcé par un homme naguère si dur pour elle, la religieuse éprouva une vive émotion intérieure que trahirent les légers tremblements de son voile, sur lequel la lumière tombait en plein.

— Mon frère, dit-elle en portant sa manche sous son voile pour s'essuyer les yeux peut-être, je me nomme la sœur Thérèse...

Puis elle se tourna vers la mère, et lui dit, en espagnol, ces paroles que le général entendait parfaitement; il en savait assez pour le comprendre, et peut-être aussi pour le parler :

— Ma chère mère, ce cavalier vous présente ses respects, et vous prie de l'excuser de ne pouvoir les mettre lui-même à vos pieds; mais il ne sait aucune des deux langues que vous parlez...

La vieille inclina la tête lentement, sa physionomie prit une expression de douceur angélique, rehaussée néanmoins par le sentiment de sa puissance et de sa dignité.

— Tu connais ce cavalier? lui demanda la Mère en lui jetant un regard pénétrant.

— Oui, ma mère.

— Rentre dans ta cellule, ma fille! dit la Supérieure d'un ton impérieux.

Le général s'effaça vivement derrière le rideau, pour ne pas laisser deviner sur son visage les émotions terribles qui l'agitaient; et dans l'ombre, il croyait voir encore les yeux perçants de la Supérieure. Cette femme, maîtresse de la fragile et passagère félicité dont la conquête coûtait tant de soins, lui avait fait peur, et il tremblait, lui qu'une triple rangée de canons n'avait jamais effrayé. La duchesse marchait vers la porte, mais elle se retourna : — Ma Mère, dit-elle d'un ton de voix horriblement calme, ce Français est un de mes frères.

— Reste donc, ma fille! répondit la vieille femme après une pause.

Cet admirable jésuitisme accusait tant d'amour et de regrets, qu'un homme moins fortement organisé que ne l'était le général se serait senti défaillir en éprouvant de si vifs plaisirs au milieu d'un immense péril, pour lui tout nouveau. De quelle valeur étaient donc les mots, les regards, les gestes dans une scène où l'amour devait échapper à des yeux de lynx, à des griffes de tigre! La sœur Thérèse revint.

— Vous voyez, mon frère, ce que j'ose faire pour vous entretenir un moment de votre salut, et des vœux que mon âme adresse pour vous chaque jour au ciel. Je commets un péché mortel. J'a menti. Combien de jours de pénitence pour effacer ce mensonge! mais ce sera souffrir pour vous. Vous ne savez pas, mon frère, quel bonheur est d'aimer dans le ciel, de pouvoir s'avouer ses sentiments alors que la religion les a purifiés, les a transportés dans les régions les plus hautes, et qu'il nous est permis de ne plus regarder qu'à l'âme. Si les doctrines, si l'esprit de la sainte à laquelle nous devons cet asile ne m'avaient pas enlevée loin des misères terrestres, et ravie bien loin de la sphère où elle est, mais certes au-dessus du monde, je ne vous eusse pas revu. Mais je puis vous voir, vous entendre et demeurer calme...

— Hé! bien, Antoinette, s'écria le général en l'interrompant à ces mots, faites que je vous voie, vous que j'aime maintenant avec ivresse, éperdûment, comme vous avez voulu être aimé par moi.

— Ne m'appelez pas Antoinette, je vous en supplie. Les souvenirs du passé me font mal. Ne voyez ici que la sœur Thérèse, une créature confiante en la miséricorde divine. Et, ajouta-t-elle après une pause, modérez-vous, mon frère. Notre Mère nous séparerait impitoyablement, si votre visage trahissait des passions mondaines, ou si vos yeux laissaient tomber des pleurs.

Le général inclina la tête comme pour se recueillir. Quand il leva les yeux sur la grille, il aperçut, entre deux barreaux, la figure amaigrie, pâle, mais ardente encore de la religieuse. Son teint, où jadis fleurissaient tous les enchantements de la jeunesse, où l'heureuse opposition d'un blanc mat contrastait avec les couleurs de la rose du Bengale, avait pris le ton chaud d'une coupe de porcelaine sous laquelle est enfermée une faible lumière. La belle chevelure dont cette femme était si fière avait été rasée. Un bandeau ceignait son front et enveloppait son visage. Ses yeux, entourés d'une meurtrissure due aux austérités de cette vie, lançaient, par moments, des rayons fiévreux, et leur calme habituel n'était qu'un voile. Enfin, de cette femme il ne restait que l'âme.

— Ah! vous quitterez ce tombeau, vous qui êtes devenue ma vie! Vous m'apparteniez, et n'étiez pas libre de vous donner, même à Dieu. Ne m'avez-vous pas promis de sacrifier tout au moindre de mes commandements? Maintenant vous me trouverez peut-être digne de cette promesse, quand vous saurez ce que j'ai fait pour vous. Je vous ai cherchée dans le monde entier. Depuis cinq ans, vous êtes ma pensée de tous les instants, l'occupation de ma vie. Mes amis, des amis bien puissants, vous le savez, m'ont aidé de toute leur force à fouiller les couvents de France, d'Italie, d'Espagne, de Sicile, de l'Amérique. Mon amour s'allumait plus vif à chaque recherche vaine; j'ai souvent fait de longs voyages sur un faux espoir, j'ai dépensé ma vie et les plus larges battements de mon cœur autour des murailles noires de plusieurs cloîtres. Je ne vous parle pas d'une fidélité sans bornes, qu'est-ce? un rien en comparaison des vœux infinis de mon amour. Si vous avez été vraie jadis dans vos remords, vous ne devez pas hésiter à me suivre aujourd'hui.

— Vous oubliez que je ne suis pas libre.

— Le duc est mort, répondit-il vivement.

La sœur Thérèse rougit.

— Que le ciel lui soit ouvert, dit-elle avec une vive émotion, il a été généreux pour moi. Mais je ne parlais pas de ces liens, une de mes fautes a été de vouloir les briser tous sans scrupule pour vous.

— Vous parlez de vos vœux, s'écria le général en fronçant les sourcils. Je ne croyais pas que quelque chose vous pesât au cœur plus que votre amour. Mais n'en doutez pas, Antoinette, j'obtiendrai du Saint-Père un bref qui déliera vos serments. J'irai certes à Rome, j'implorerai toutes les puissances de la terre; et si Dieu pouvait descendre, je le...

— Ne blasphémez pas.

— Ne vous inquiétez donc pas de Dieu! Ah! j'aimerais bien mieux savoir que vous franchiriez pour moi ces murs; que, ce soir même, vous vous jetteriez dans une barque au bas des rochers. Nous irions être heureux je ne sais où, au bout du monde ! Et, près de moi, vous reviendriez à la vie, à la santé, sous les ailes de l'Amour.

— Ne parlez pas ainsi, reprit la sœur Thérèse, vous ignorez ce que vous êtes devenu pour moi. Je vous aime bien mieux que je ne vous ai jamais aimé. Je prie Dieu tous les jours pour vous, et je ne vous vois plus avec les yeux du corps. Si vous connaissiez, Armand, le bonheur de pouvoir se livrer sans honte à une amitié pure que Dieu protége ! Vous ignorez combien je suis heureuse d'appeler les bénédictions du ciel sur vous. Je ne prie jamais pour moi : Dieu fera de moi suivant ses volontés. Mais vous, je voudrais, au prix de mon éternité, avoir quelque certitude que vous êtes heureux en ce monde, et que vous serez heureux en l'autre, pendant tous les siècles. Ma vie éternelle est tout ce que le malheur m'a laissé à vous offrir. Maintenant, je suis vieillie dans les larmes, je ne suis plus ni jeune ni belle ; d'ailleurs vous mépriseriez une religieuse devenue femme, qu'aucun sentiment, même l'amour maternel, n'absoudrait pas... Que me direz-vous qui puisse balancer les innombrables réflexions accumulées dans mon cœur depuis cinq années, et qui l'ont changé, creusé, flétri ? J'aurais dû le donner moins triste à Dieu !

— Ce que je dirai, ma chère Antoinette ! je dirai que je t'aime ; que l'affection, l'amour, l'amour vrai, le bonheur de vivre dans un cœur tout à nous, entièrement à nous, sans réserve, est si rare et si difficile à rencontrer, que j'ai douté de toi, que je t'ai soumise à de rudes épreuves ; mais aujourd'hui je t'aime de toute les puissances de mon âme : si tu me suis dans la retraite, je n'entendrai plus d'autre voix que la tienne, je ne verrai plus d'autre visage que le tien...

— Silence, Armand ! Vous abrégez le seul instant pendant lequel il nous sera permis de nous voir ici-bas.

— Antoinette, veux-tu me suivre ?

— Mais je ne vous quitte pas. Je vis dans votre cœur, mais autrement que par un intérêt de plaisir mondain, de vanité, de jouissance égoïste ; je vis ici pour vous, pâle et flétrie, dans le sein de Dieu ! S'il est juste, vous serez heureux...

— Phrases que tout cela ! Et si je te veux pâle et flétrie ? Et si je ne puis être heureux qu'en te possédant ? Tu connaîtras donc toujours des devoirs en présence de ton amant? Il n'est donc jamais au-dessus de tout dans ton cœur? Naguère, tu lui préférais la société, toi, je ne sais quoi; maintenant, c'est Dieu, c'est mon salut. Dans la sœur Thérèse, je reconnais toujours la duchesse ignorante des plaisirs de l'amour, et toujours insensible sous les apparences de la sensibilité. Tu ne m'aimes pas, tu n'as jamais aimé...

— Ha, mon frère...

— Tu ne veux pas quitter cette tombe, tu aimes mon âme, dis-tu? Eh! bien, tu la perdras à jamais cette âme, je me tuerai...

— Ma mère, cria la sœur Thérèse en espagnol, je vous ai menti, cet homme est mon amant!

Aussitôt le rideau tomba. Le général, demeuré stupide, entendit à peine les portes intérieures se fermant avec violence.

— Ah! elle m'aime encore! s'écria-t-il en comprenant tout ce qu'il y avait de sublime dans le cri de la religieuse. Il faut l'enlever d'ici...

Le général quitta l'île, revint au quartier-général, il allégua des raisons de santé, demanda un congé et retourna promptement en France.

Voici maintenant l'aventure qui avait déterminé la situation respective où se trouvaient alors les deux personnages de cette scène.

Ce que l'on nomme en France le faubourg Saint-Germain n'est ni un quartier, ni une secte, ni une institution, ni rien qui se puisse nettement exprimer. La place Royale, le faubourg Saint-Honoré, la Chaussée-d'Antin possèdent également des hôtels où se respire l'air du faubourg Saint-Germain. Ainsi, déjà tout le faubourg n'est pas dans le faubourg. Des personnes nées fort loin de son influence peuvent la ressentir et s'agréger à ce monde, tandis que certaines autres qui y sont nées peuvent en être à jamais bannies. Les manières, le parler, en un mot la tradition faubourg Saint-Germain est à Paris, depuis environ quarante ans, ce que la Cour y était jadis, ce qu'était l'hôtel Saint-Paul dans le quatorzième siècle, le Louvre au quinzième, le Palais, l'hôtel Rambouillet, la place Royale au seizième, puis Versailles au dix-septième et au dix-huitième siècle. A toutes les phases de l'histoire, le Paris de la haute classe et de la noblesse a eu son centre, comme le Paris vulgaire aura toujours le sien. Cette singularité périodique offre une ample matière aux réflexions de ceux qui veulent observer ou peindre les différentes zones sociales ; et peut-être ne doit-on pas en rechercher les causes seulement pour justifier le caractère de cette aventure, mais aussi pour servir à de graves intérêts, plus vivaces dans l'avenir que dans le présent, si toutefois l'expérience n'est pas un non-sens pour les partis comme pour la jeunesse. Les grands seigneurs et les gens riches, qui singeront toujours les grands seigneurs, ont, à toutes les époques, éloigné leurs maisons des endroits très-habités. Si le duc d'Uzès se bâtit, sous le règne de Louis XIV, le bel hôtel à la porte duquel il mit la fontaine de la rue Montmartre, acte de bienfaisance qui le rendit, outre ses vertus, l'objet d'une vénération si populaire que le quartier suivit en masse son convoi, ce coin de Paris était alors désert. Mais aussitôt que les fortifications s'abattirent, que les marais situés au delà des boulevards s'emplirent de maisons, la famille d'Uzès quitta ce bel hôtel, habité de nos jours par un banquier. Puis la noblesse, compromise au milieu des boutiques, abandonna la place Royale, les alentours du centre parisien, et passa la rivière afin de pouvoir respirer à son aise dans le faubourg Saint-Germain, où déjà des palais s'étaient élevés autour de l'hôtel bâti par Louis XIV au duc du Maine, le Benjamin de ses légitimés. Pour les gens accoutumés aux splendeurs de la vie, est-il en effet rien de plus ignoble que le tumulte, la boue, les cris, la mauvaise odeur, l'étroitesse des rues populeuses? Les habitudes d'un quartier marchand ou manufacturier ne sont-elles pas constamment en désaccord avec les habitudes des Grands? Le Commerce et le Travail se couchent au moment où l'aristocratie songe à dîner, les uns s'agitent bruyamment quand l'autre se repose; leurs calculs ne se rencontrent jamais, les uns sont la recette, et l'autre est la dépense. De là des mœurs diamétralement opposées. Cette observation n'a rien de dédaigneux. Une aristocratie est en quelque sorte la pensée d'une société, comme la bourgeoisie et les prolétaires en sont l'organisme et l'action. De là des siéges différents pour ces forces; et, de leur antagonisme, vient une antipathie apparente que produit la diversité de mouvements faits néanmoins dans un but commun. Ces discordances sociales résultent si logiquement de toute charte constitutionnelle, que le libéral le plus disposé à s'en plaindre, comme d'un attentat envers les sublimes idées sous lesquelles les ambitieux des classes inférieures cachent leurs desseins, trouveraient prodigieusement ridicule à monsieur le prince de Montmorency de demeurer rue Saint-Martin, au coin de la rue qui porte son nom, ou à monsieur le duc de

Fitz-James, le descendant de la race royale écossaise, d'avoir son hôtel rue Marie-Stuart, au coin de la rue Montorgueil. *Sint ut sint, aut non sint,* ces belles paroles pontificales peuvent servir de devise aux Grands de tous les pays. Ce fait, patent à chaque époque, et toujours accepté par le peuple, porte en lui des raisons d'état : il est à la fois un effet et une cause, un principe et une loi. Les masses ont un bon sens qu'elles ne désertent qu'au moment où les gens de mauvaise foi les passionnent. Ce bon sens repose sur des vérités d'un ordre général, vraies à Moscou comme à Londres, vraies à Genève comme à Calcutta. Partout, lorsque vous rassemblerez des familles d'inégale fortune sur un espace donné, vous verrez se former des cercles supérieurs, des patriciens, des première, seconde et troisième sociétés. L'égalité sera peut-être un *droit*, mais aucune puissance humaine ne saura le convertir en *fait*. Il serait bien utile pour le bonheur de la France d'y populariser cette pensée. Aux masses les moins intelligentes se révèlent encore les bienfaits de l'harmonie politique. L'harmonie est la poésie de l'ordre, et les peuples ont un vif besoin d'ordre. La concordance des choses entre elles, l'unité, pour tout dire en un mot, n'est-elle pas la plus simple expression de l'ordre? L'architecture, la musique, la poésie, tout dans la France s'appuie, plus qu'en aucun autre pays, sur ce principe, qui d'ailleurs est écrit au fond de son clair et pur langage, et la langue sera toujours la plus infaillible formule d'une nation. Aussi, voyez-vous le peuple y adoptant les airs les plus poétiques, les mieux modulés; s'attachant aux idées les plus simples; aimant les motifs incisifs qui contiennent le plus de pensées. La France est le seul pays où quelque petite phrase puisse faire une grande révolution. Les masses ne s'y sont jamais révoltées que pour essayer de mettre d'accord les hommes, les choses et les principes. Or, nulle autre nation ne sent mieux la pensée d'unité qui doit exister dans la vie aristocratique, peut-être parce que nulle autre n'a mieux compris les nécessités politiques : l'histoire ne la trouvera jamais en arrière. La France est souvent trompée, mais comme une femme l'est, par des idées généreuses, par des sentiments chaleureux dont la portée échappe d'abord au calcul.

Ainsi déjà, pour premier trait caractéristique, le faubourg Saint-Germain a la splendeur de ses hôtels, ses grands jardins, leur silence, jadis en harmonie avec la magnificence de ses fortunes territoriales. Cet espace mis entre une classe et toute une capitale n'est-il pas une consécration matérielle des distances morales qui doivent les séparer? Dans toutes les créations, la tête à sa place marquée. Si par hasard une nation fait tomber son chef à ses pieds, elle s'aperçoit tôt ou tard qu'elle s'est suicidée. Comme les nations ne veulent pas mourir, elles travaillent alors à se refaire une tête. Quand la nation n'en a plus la force, elle périt, comme ont péri Rome, Venise et tant d'autres. La distinction introduite par la différence des mœurs entre les autres sphères d'activité sociale et la sphère supérieure implique nécessairement une valeur réelle, capitale, chez les sommités aristocratiques. Dès qu'en tout État, sous quelque forme qu'affecte le *Gouvernement*, les patriciens manquent à leurs conditions de supériorité complète, ils deviennent sans force, et le peuple les renverse aussitôt. Le peuple veut toujours leur voir aux mains, au cœur et à la tête, la fortune, le pouvoir et l'action; la parole, l'intelligence et la gloire. Sans cette triple puissance, tout privilége s'évanouit. Les peuples, comme les femmes, aiment la force en quiconque les gouverne, et leur amour ne va pas sans le respect; ils n'accordent point leur obéissance à qui ne l'impose pas. Une aristocratie mésestimée est comme un roi fainéant, un mari en jupon; elle est nulle avant de n'être rien. Ainsi, la séparation des Grands, leurs mœurs tranchées; en un mot, le costume général des castes patriciennes est tout à la fois le symbole d'une puissance réelle, et les raisons de leur mort quand elles ont perdu la puissance. Le faubourg Saint-Germain s'est laissé momentanément abattre pour n'avoir pas voulu reconnaître les obligations de son existence qu'il lui était encore facile de perpétuer. Il devait avoir la bonne foi de voir à temps, comme le vit l'aristocratie anglaise, que les institutions ont leurs années climatériques où les mêmes mots n'ont plus les mêmes significations, où les idées prennent d'autres vêtements, et où les conditions de la vie politique changent totalement de forme, sans que le fond soit essentiellement altéré. Ces idées veulent des développements qui appartiennent essentiellement à cette aventure, dans laquelle ils entrent, et comme définition des causes, et comme explication des faits.

Le grandiose des châteaux et des palais aristocratiques, le luxe de leurs détails, la somptuosité constante des ameublements, l'*aire* dans laquelle s'y meut sans gêne, et sans éprouver de froissement, l'heureux propriétaire, riche avant de naître; puis l'habitude de ne jamais descendre au calcul des intérêts journaliers et mesquins de l'existence, le temps dont il dispose, l'instruction supérieure qu'il peut prématurément acquérir : enfin les traditions patriciennes qui lui donnent des forces sociales que ses adversaires compensent à peine par des études, par une volonté, par une vocation tenaces ; tout devrait élever l'âme de l'homme qui, dès le jeune âge, possède de tels priviléges, lui imprimer ce haut respect de lui-même dont la moindre conséquence est une noblesse de cœur en harmonie avec la noblesse du nom. Cela est vrai pour quelques familles. Çà et là, dans le faubourg Saint-Germain, se rencontrent de beaux caractères, exceptions qui prouvent contre l'égoïsme général qui a causé la perte de ce monde à part. Ces avantages sont acquis à l'aristocratie française, comme à toutes les efflorescences patriciennes qui se produiront à la surface des nations aussi long-temps qu'elles assiéront leur existence sur le *domaine*, le domaine-sol comme le domaine-argent, seule base solide d'une société régulière ; mais ces avantages ne demeurent aux patriciens de toute sorte qu'autant qu'ils maintiennent les conditions auxquelles le peuple les leur laisse. C'est des espèces de fiefs moraux dont la *tenure* oblige envers le souverain, et ici le souverain est certes aujourd'hui le peuple. Les temps sont changés, et aussi les armes. Le Banneret à qui suffisait jadis de porter la cotte de maille, le haubert, de bien manier la lance et de montrer son pennon, doit aujourd'hui faire preuve d'intelligence ; et là où il n'était besoin que d'un grand cœur, il faut, de nos jours, un large crâne. L'art, la science et l'argent forment le triangle social où s'inscrit l'écu du pouvoir, et d'où doit procéder la moderne aristocratie. Un beau théorème vaut un grand nom. Les Fugger modernes sont princes de fait. Un grand artiste est réellement un oligarque, il représente tout un siècle, et devient presque toujours une loi. Ainsi, le talent de la parole, les machines à haute pression de l'écrivain, le génie du poète, la constance du commerçant, la volonté de l'homme d'état qui concentre en lui mille qualités éblouissantes, le glaive du général, ces conquêtes personnelles faites par un seul sur toute la société pour lui imposer, la classe aristocratique doit s'efforcer d'en avoir aujourd'hui le monopole, comme jadis elle avait celui de la force matérielle. Pour rester à la tête d'un pays, ne faut-il pas être toujours digne de le conduire ; en être l'âme et l'esprit, pour en faire agir les mains ? Comment mener un peuple sans avoir les puissances qui font le commandement ? Que serait le bâton des maréchaux sans la force intrinsèque du capitaine qui le tient à la main ? Le faubourg Saint-Germain a joué avec des bâtons, en croyant qu'ils étaient tout le pouvoir. Il avait renversé les termes de la proposition qui commande son existence. Au lieu de jeter les insignes qui choquaient le peuple et de garder secrètement la force, il a laissé saisir la force à la bourgeoisie, s'est cramponné fatalement aux insignes, et a constamment oublié les lois que lui imposait sa faiblesse numérique. Une aristocratie, qui personnellement fait à peine le millième d'une société, doit aujourd'hui, comme jadis, y multiplier ses moyens d'action pour y opposer, dans les grandes crises, un poids égal à celui des masses populaires. De nos jours, les moyens d'action doivent être des forces réelles, et non des souvenirs historiques. Malheureusement, en France, la noblesse, encore grosse de son ancienne puissance évanouie, avait contre elle une sorte de présomption dont il était difficile qu'elle se défendît. Peut-être est-ce un défaut national. Le Français, plus que tout autre homme, ne conclut jamais en dessous de lui, il va du degré sur lequel il se trouve au degré supérieur : il plaint rarement les malheureux au-dessus desquels il s'élève, il gémit toujours de voir tant d'heureux au-dessus de lui. Quoiqu'il ait beaucoup de cœur, il préfère trop souvent écouter son esprit. Cet instinct national qui fait toujours aller les Français en avant, cette vanité qui ronge leurs fortunes et les régit aussi absolument que le principe d'économie régit les Hollandais, a dominé depuis trois siècles la noblesse, qui, sous ce rapport, fut éminemment française. L'homme du faubourg Saint-Germain a toujours conclu de sa supériorité matérielle en faveur de sa supériorité intellectuelle. Tout, en France, l'en a convaincu, parce que depuis l'établissement du faubourg Saint-Germain, révolution aristocratique commencée le jour où la monarchie quitta Versailles, le faubourg Saint-Germain s'est, sauf quelques lacunes, toujours appuyé sur le pouvoir, qui sera toujours en France plus ou moins faubourg Saint-Germain ; de là sa défaite en 1830. A cette époque, il était, comme une armée opérant sans avoir de base. Il n'avait point profité de la paix pour s'implanter dans le cœur de la nation. Il péchait par un défaut d'instruction et par un manque total de vue sur l'ensemble de ses intérêts. Il tuait un avenir certain, au profit d'un présent douteux. Voici peut-être la raison de cette fausse politique. La distance physique et morale que ces supériorités s'efforçaient de maintenir entre elles et le reste de la nation, a fatalement eu pour tout résultat, depuis quarante ans, d'entretenir dans la haute classe le sentiment personnel en tuant le patriotisme de caste. Jadis, alors que la noblesse française était grande, riche et puissante, les gentilshommes savaient, dans le danger, se choisir des chefs et leur obéir. Devenus moindres, ils se sont montrés indisciplinables ; et, comme dans le Bas-Empire, chacun d'eux voulait être empereur ; en se voyant tous égaux par leur faiblesse, ils se crurent tous supérieurs. Chaque famille ruinée par la révolution, ruinée par le partage égal des biens, ne pensa qu'à elle, au lieu de penser à la grande famille aristocratique, et il leur semblait que si toutes s'enrichissaient, le parti serait fort. Erreur. L'argent aussi n'est qu'un signe de la puissance. Composées de personnes qui conservaient les hautes traditions de bonne politesse, d'élégance vraie, de beau langage, de pruderie et d'orgueil nobiliaires, en harmonie avec leurs existences, occupations mesquines quand elles sont devenues le principal d'une vie de laquelle elles ne doivent être que l'accessoire toutes ces familles avaient une certaine valeur intrinsèque, qui, mise en superficie, ne leur laisse qu'une valeur nominale. Aucune de ces familles n'a eu le courage de se dire : Sommes-nous assez fortes pour porter le pouvoir ? Elles se sont jetées dessus comme firent les avocats en 1830. Au lieu de se montrer protecteur comme un Grand, le faubourg Saint-Germain fut avide comme un parvenu. Du jour où il fut prouvé à la nation la plus intelligente du monde, que la noblesse restaurée organisait le pouvoir et le budget à son profit, ce jour, elle fut mortellement malade. Elle voulait être une aristocratie quand elle ne pouvait plus être qu'une oligarchie, deux systèmes bien différents, et que comprendra tout homme assez habile pour lire attentivement les noms patronymiques des lords de la chambre haute. Certes, le gouvernement royal eut de bonnes intentions ; mais il oubliait constamment qu'il faut tout faire vouloir au peuple, même son bonheur, et que la France, femme capricieuse, veut être heureuse ou battue à son gré. S'il y avait eu beaucoup de ducs de Laval, que sa modestie a fait digne de son nom, le trône de la branche aînée serait devenu solide autant que l'est celui de la maison de Hanovre. En 1814, mais surtout en 1820, la noblesse française avait à dominer l'époque la plus instruite, la bourgeoisie la plus aristocratique, le pays le plus femelle du monde. Le faubourg Saint-Germain pouvait bien facilement conduire et amuser une classe moyenne, ivre de distinctions, amoureuse d'art et de science. Mais les mesquins meneurs de cette grande époque intelligentielle haïssaient tous l'art et la science. Ils ne surent même pas présenter la religion, dont ils avaient besoin, sous les poétiques couleurs qui l'eussent fait aimer. Quand Lamartine, La Mennais, Montalembert et quelques autres écrivains de talent doraient de poésie, rénovaient ou agrandissaient les idées religieuses, tous ceux qui gâchaient le gouvernement faisaient sentir l'amertume de la religion. Jamais nation ne fut plus complaisante, elle était alors comme une femme fatiguée qui devient facile; jamais pouvoir ne fit alors plus de maladresses : la France et la femme aiment mieux les fautes. Pour se réintégrer, pour fonder un grand gouvernement oligarchique, la noblesse du faubourg devait se fouiller avec bonne foi afin de trouver en elle même la monnaie de Napoléon, s'éventrer pour demander aux creux de ses entrailles un Richelieu constitutionnel; si ce génie n'était pas en elle, aller le chercher jusque dans le froid grenier où il pouvait être en train de mourir, et se l'assimiler, comme la chambre des lords anglais s'assimile constamment les aristocrates de hasard, puis, ordonner à cet homme d'être implacable, de retrancher les branches pourries, de recéper l'arbre aristocratique. Mais d'abord, le grand système du torysme anglais était trop immense pour de petites têtes; et son importation demandait trop de temps aux Français, pour lesquels une réussite lente vaut un *fiasco*. D'ailleurs, loin d'avoir cette politique rédemptrice qui va chercher la force là où Dieu l'a mise, ces grandes petites gens haïssaient toute force qui ne venait pas d'eux; enfin, loin de se rajeunir, le faubourg Saint-Germain s'est avieilli. L'étiquette, institution de seconde nécessité, pouvait être maintenue si elle n'eût paru que dans les grandes occasions; mais l'étiquette devint une lutte quotidienne, et au lieu d'être une question d'art ou de magnificence, elle devint une question de pouvoir. S'il manqua d'abord au trône un de ces conseillers aussi grands que les circonstances étaient grandes, l'aristocratie manqua surtout de la connaissance de ses intérêts généraux, qui aurait pu suppléer à tout. Elle s'arrêta devant le mariage de monsieur de Talleyrand, le seul homme qui eût une de ces têtes métalliques où se forgent à neuf les systèmes politiques par lesquels revivent glorieusement les nations. Le faubourg se moqua des ministres qui n'étaient pas gentilshommes, et ne donnait pas de gentilshommes assez supérieurs pour être ministres ; il pouvait rendre des services véritables au pays en ennoblissant les justices de paix, en fertilisant le sol, en construisant des routes et des canaux, en se faisant puissance territoriale agissante ; mais il vendait ses terres pour jouer à la Bourse. Il pouvait priver la bourgeoisie de ses hommes d'action et de talent dont l'ambition minait le pouvoir, en leur ouvrant ses rangs ; il a préféré les combattre, et sans armes ; car il n'avait plus qu'en tradition ce qu'il possédait jadis en réalité. Pour le malheur de cette noblesse, il lui restait précisément assez de ses diverses fortunes pour soutenir sa morgue. Contente de ses souvenirs, aucune de ces familles ne songea sérieusement à faire prendre des armes à ses aînés, parmi le feisceau que le dix-neuvième siècle jetait sur la place publique. La jeunesse, exclue des affaires, dansait chez Madame, au lieu de continuer à Paris, par l'influence de talents jeunes, consciencieux, innocents de l'Empire et de la République, l'œuvre que les chefs de chaque famille auraient commencée dans les départements en y conquérant la reconnaissance de leurs titres par de continuels plaidoyers en faveur des intérêts locaux, en s'y conformant à l'esprit du siècle, en refondant la caste au goût du temps. Concentrée dans son faubourg Saint-Germain, où vivait l'esprit des anciennes oppositions féodales mêlé à celui de l'ancienne cour, l'aristocratie, mal unie au château des Tuileries, fut plus facile à vaincre, n'existant que sur un point et surtout aussi mal constituée qu'elle l'était dans la Chambre des Pairs. Tissue dans le pays, elle devenait indestructible ; acculée dans son faubourg, adossée au château, étendue dans le budget, il suffisait d'un coup de hache pour trancher le fil de sa vie agonisante, et la plate figure d'un petit avocat s'avança pour donner ce coup de hache. Malgré l'admirable discours de monsieur Royer-Collard, l'hérédité de la pairie et ses majorats tombèrent sous les pasquinades d'un homme qui se vantait d'avoir adroitement disputé quelques têtes au bourreau, mais qui tuait maladroitement de grandes institutions. Il se trouve là des exemples et des enseignements pour l'avenir. Si l'oligarchie française n'avait pas une vie future, il y aurait je ne sais quelle cruauté triste à la gehenner après son décès, et alors il ne faudrait plus que penser à son sarcophage ; mais si le scalpel des chirurgiens est dur à sentir, il rend parfois la vie aux mourants. Le faubourg Saint-Germain peut se trouver plus puissant persécuté qu'il ne l'était triomphant, s'il veut avoir un chef et un système.

Maintenant il est facile de résumer cet aperçu semi-politique. Ce défaut de vues larges et ce vaste ensemble de petites fautes ; l'envie de rétablir de hautes fortunes dont chacun se préoccupait ; un besoin réel de religion pour soutenir la politique ; une soif de plaisir, qui nuisait à l'esprit religieux, et nécessita des hypocrisies ; les résistances partielles de quelques esprits élevés qui voyaient juste et que contrarièrent les rivalités de cour ; la noblesse de province, souvent plus pure de race que ne l'est la noblesse de cour, mais qui, trop souvent froissée, se désaffectionna ; toutes ces causes se réunirent pour donner au faubourg Saint-Germain les mœurs les plus discordantes. Il ne fut ni compacte dans son système, ni conséquent dans ses actes, ni complétement moral, ni franchement licencieux, ni corrompu ni corrupteur ; il n'abandonna pas entièrement les questions qui lui nuisaient et n'adopta pas les idées qui l'eussent sauvé. Enfin, quelque débiles que fussent les personnes, le parti s'était néanmoins armé de tous les grands principes qui font la vie des nations. Or, pour périr dans sa force, que faut-il être ? Il fut difficile dans le choix des personnes présentées ; il eut du bon goût, du mépris élégant ; mais sa chute n'eut certes rien d'éclatant ni de chevaleresque. L'émigration de 89 accusait encore des sentiments ; en 1830, l'émigration à l'intérieur n'accuse plus que des intérêts. Quelques hommes illustres dans les lettres, les triomphes de la tribune, monsieur de Talleyrand dans les congrès, la conquête d'Alger, et plusieurs noms redevenus historiques sur les champs de bataille, montrent à l'aristocratie française les moyens qui lui restent de se nationaliser et de faire encore reconnaître ses titres, si toutefois elle daigne. Chez les êtres organisés il se fait un travail d'harmonie intime. Un homme est-il paresseux, la paresse se trahit en chacun de ses mouvements. De même, la physionomie d'une classe d'hommes se conforme à l'esprit général, à l'âme qui en anime le corps. Sous la Restauration, la femme du faubourg Saint-Germain ne déploya ni la fière hardiesse que les dames de la cour portaient jadis dans leurs écarts, ni la modeste grandeur des tardives vertus par lesquelles elles expiaient leurs fautes, et qui répandaient autour d'elles un si vif éclat. Elle n'eut rien de bien léger, rien de bien grave. Ses passions, sauf quelques exceptions, furent hypocrites ; elle transigea pour ainsi dire avec leurs jouissances. Quelques-unes de ces familles menèrent la vie bourgeoise de la duchesse d'Orléans, dont le lit conjugal se montrait si ridiculement aux visiteurs du Palais-Royal ; deux ou trois à peine continuèrent les mœurs de la Régence, et inspirèrent une sorte de dégoût à des femmes plus habiles. Cette nouvelle grande dame n'eut aucune influence sur les mœurs : elle pouvait néanmoins beaucoup, elle pouvait, en désespoir de cause, offrir le spectacle imposant des femmes de l'aristocratie anglaise ; mais elle hésita niaisement entre d'anciennes traditions, fut dévote de force, et cacha tout, même ses belles qualités. Aucune de ces Françaises ne put créer de salon où les sommités sociales vinssent prendre des leçons de goût et d'élégance. Leur voix, jadis si imposante en littérature, cette vivante expression des sociétés, y fut tout à fait nulle. Or, quand une littérature n'a pas de système général, elle ne fait pas corps et se dissout avec son siècle. Lorsque, dans un temps quelconque, il se trouve au milieu d'une nation un peuple à part ainsi constitué, l'historien y rencontre presque toujours une figure principale qui résume les vertus et les défauts de la masse à laquelle elle appartient : Coligny chez les Huguenots, le Coadjuteur au sein de la Fronde, le maréchal de Richelieu sous Louis XV, Danton dans la Terreur. Cette identité de physionomie entre un homme et son cortége historique est dans la nature des choses. Pour mener un parti ne faut-il pas concorder à ses idées, pour briller dans une époque ne faut-il pas la représenter ? De cette obligation constante où se trouve la tête sage et prudente des partis d'obéir aux préjugés et aux folies des masses qui en font la queue dérivent les actions que reprochent certains historiens aux chefs de parti, quand, à distance des terribles ébullitions populaires, ils jugent à froid les passions les plus nécessaires à la conduite des grandes luttes séculaires. Ce qui est vrai dans la comédie historique des siècles est également vrai dans la sphère plus étroite des scènes partielles du drame national appelé les Mœurs.

Au commencement de la vie éphémère que mena le faubourg Saint-Germain pendant la Restauration, et à laquelle, si les considérations précédentes sont vraies, il ne sut pas donner de consistance, une jeune femme fut passagèrement le type le plus complet de la nature à la fois supérieure et faible, grande et petite, de sa caste. C'était une femme artificiellement instruite, réellement ignorante ; pleine de sentiments élevés, mais manquant d'une pensée qui les coordonnât ; dépensant les plus riches trésors de l'âme à obéir aux convenances ; prête à braver la société, mais hésitant et arrivant à l'artifice par suite de ses scrupules ; ayant plus d'entêtement que de caractère, plus d'engouement que d'enthousiasme, plus de tête que de cœur ; souverainement femme et souverainement coquette, Parisienne surtout ; aimant l'éclat, les fêtes ; ne réfléchissant pas, ou réfléchissant trop tard ; d'une imprudence qui arrivait presque à de la poésie ; insolente à ravir, mais humble au fond du cœur ; affichant la force comme un roseau bien droit, mais, comme ce roseau, prête à fléchir sous une main puissante ; parlant beaucoup de la religion, mais ne l'aimant pas, et cependant prête à l'accepter comme un dénoûment. Comment expliquer une créature véritablement multiple, susceptible d'héroïsme, et oubliant d'être héroïque pour dire une méchanceté ; jeune et suave, moins vieille de cœur que vieillie par les maximes de ceux qui l'entouraient, et comprenant leur philosophie égoïste sans l'avoir appliquée ; ayant tous les vices du courtisan et toutes les noblesses de la femme adolescente ; se défiant de tout, et néanmoins se laissant parfois aller à tout croire ? Ne serait-ce pas toujours un portrait inachevé que celui de cette femme en qui les teintes les plus chatoyantes se heurtaient, mais en produisant une confusion poétique, parce qu'il y avait une lumière divine, un éclat de jeunesse qui donnait à ces traits confus une sorte d'ensemble ? La grâce lui servait d'unité. Rien n'était joué. Ces passions, ces demi-passions, cette velléité de grandeur, cette réalité de petitesse, ces sentiments froids et ces élans chaleureux étaient naturels et ressortaient de sa situation autant que celle de l'aristocratie à laquelle elle appartenait. Elle se comprenait toute seule et se mettait orgueilleusement au-dessus du monde, à l'abri de son nom. Il y avait du *moi* de Médée dans sa vie, comme dans celle de l'aristocratie, qui se mourait sans vouloir ni se mettre sur son séant, ni tendre la main à quelque médecin politique, ni toucher, ni être touchée, tant elle se sentait faible ou déjà poussière. La duchesse de Langeais, ainsi se nommait-elle, était mariée depuis environ quatre ans quand la Restauration fut consommée, c'est-à-dire en 1816, époque à laquelle Louis XVIII, éclairé par la révolution des Cent-Jours, comprit sa situation et son siècle, malgré son entourage, qui, néanmoins, triompha plus tard de ce Louis XI moins la hache, lorsqu'il fut abattu par la maladie. La duchesse de Langeais était une Navarreins, famille ducale, qui, depuis Louis XIV, avait pour principe de ne point abdiquer son titre dans ses alliances. Les filles de cette maison devaient avoir tôt ou tard, de même que leur mère, un tabouret à la cour. A l'âge de dix-huit ans, Antoinette de Navarreins sortit de la profonde retraite où elle avait vécu pour épouser le fils aîné du duc de Langeais. Les deux familles étaient alors éloignées du monde ; mais l'invasion de la France faisait présumer aux royalistes le retour des Bourbons comme la seule conclusion possible aux malheurs de la guerre. Les ducs de Navarreins et de Langeais, restés fidèles aux Bourbons, avaient noblement résisté à toutes les séductions de la gloire impériale, et, dans les circonstances où ils se trouvaient lors de cette union, ils durent naturellement obéir à la vieille politique de leurs familles. Mademoiselle Antoinette de Navarreins épousa donc, belle et pauvre, monsieur le marquis de Langeais, dont le père mourut quelques mois après ce mariage. Au retour des Bourbons, les deux familles reprirent leur rang, leurs charges, leurs dignités à la cour, et rentrèrent dans le mouvement social, en dehors duquel elles s'étaient tenues jusqu'alors. Elles devinrent les plus éclatantes sommités de ce nouveau monde politique. Dans ce temps de lâchetés et de fausses conversions, la conscience publique se plut à reconnaître en ces deux familles la fidélité sans tache, l'accord entre la vie privée et le caractère politique, auxquels tous les partis rendent involontairement hommage. Mais, par un malheur assez commun dans les temps de transaction, les personnes les plus pures et qui, par l'élévation de leurs vues, la sagesse de leurs principes, auraient fait croire en France à la générosité d'une politique neuve et hardie, furent écartées des affaires, qui tombèrent entre les mains des gens intéressés à porter les principes à l'extrême, pour faire preuve de dévouement. Les familles de Langeais et de Navarreins restèrent dans la haute sphère de la cour, condamnées aux devoirs de l'étiquette ainsi qu'aux reproches et aux moqueries du libéralisme, accusées de se gorger d'honneurs et de richesses, tandis que leur patrimoine ne s'augmenta point, et que les libéralités de la Liste Civile se consumèrent en frais de représentation, nécessaires à toute monarchie européenne, fût-elle même républicaine. En 1818, monsieur le duc de Langeais commandait une division militaire, et la duchesse avait, près d'une princesse, une place qui l'autorisait à demeurer à Paris, loin de son mari, sans scandale. D'ailleurs, le duc avait, outer son commandement, une charge à la cour, où il venait, en laissant, pendant son quartier, le commandement à un maréchal-de-camp. Le duc et la duchesse vivaient donc entièrement séparés de fait et de cœur, à l'insu du monde. Ce mariage de convention avait eu le sort assez habituel de ces pactes de famille. Les deux caractères les plus antipathiques du monde s'étaient trouvés en présence, s'étaient froissés secrètement, secrètement blessés, désunis à jamais. Puis, chacun d'eux avait obéi à sa nature et aux convenances. Le duc de Langeais, esprit aussi méthodique que pouvait l'être le chevalier de Folard, se livra méthodiquement à ses goûts, à ses plaisirs, et laissa sa femme libre de suivre les siens, après avoir reconnu chez elle un esprit éminemment orgueilleux, un cœur froid, une grande soumission aux usages du monde, une loyauté jeune, et qui devait rester pure sous les yeux des grands parents, à la lumière d'une cour prude et religieuse. Il fit donc à froid le grand seigneur du siècle précédent, abandonnant à elle-même une femme de vingt-deux ans, offensée gravement, et qui avait dans le caractère une épouvantable qualité, celle de ne jamais pardonner une offense quand toutes ses vanités de femme, quand son amour-propre, ses vertus peut-être, avaient été méconnus, blessés occultement. Quand un outrage est public, une femme aime à l'oublier, elle a des chances pour se grandir, elle est femme dans sa clémence ; mais les femmes n'absolvent jamais de secrètes offenses, parce qu'elles n'aiment ni les lâchetés, ni les vertus, ni les amours secrètes.

Telle était la position, inconnue du monde, dans laquelle se trouvait madame la duchesse de Langeais, et à laquelle ne réfléchissait pas cette femme, lorsque vinrent des fêtes données à l'occasion du mariage du duc de Berri. En ce moment, la cour et le faubourg Saint-Germain sortirent de leur atonie et de leur réserve. Là, commença réellement cette splendeur inouïe qui abusa le gouvernement de la Restauration. En ce moment, la duchesse de Langeais, soit calcul, soit vanité, ne paraissait jamais dans le monde sans être entourée ou accompagnée de trois ou quatre femmes aussi distinguées par leur nom que par leur fortune. Reine de la mode, elle avait ses dames d'atours, qui reproduisaient ailleurs ses manières et son esprit. Elle les avait habilement choisies parmi quelques personnes qui n'étaient encore ni dans l'intimité de la cour, ni dans le cœur du faubourg Saint-Germain, et qui avaient néanmoins la prétention d'y arriver; simples Dominations qui voulaient s'élever jusqu'aux environs du trône et se mêler aux séraphiques puissances de la haute sphère nommée *le petit château*. Ainsi posée, la duchesse de Langeais était plus forte, elle dominait mieux, elle était plus en sûreté. Ses *dames* la défendaient contre la calomnie, et l'aidaient à jouer le détestable rôle de femme à la mode. Elle pouvait à son aise se moquer des hommes, des passions, les exciter, recueillir les hommages dont se nourrit toute nature féminine, et rester maîtresse d'elle-même. A Paris et dans la plus haute compagnie, la femme est toujours femme; elle vit d'encens, de flatteries, d'honneurs. La plus réelle beauté, la figure la plus admirable n'est rien si elle n'est admirée : un amant, des flagorneries sont les attestations de sa puissance. Qu'est un pouvoir inconnu? Rien. Supposez la plus jolie femme seule dans le coin d'un salon, elle y est triste. Quand une de ces créatures se trouve au sein des magnificences sociales, elle veut donc régner sur tous les cœurs, souvent faute de pouvoir être souveraine heureuse dans un seul. Ces toilettes, ces apprêts, ces coquetteries étaient faites pour les plus pauvres êtres qui se soient rencontrés, des fats sans esprit, des hommes dont le mérite consistait dans une jolie figure, et pour lesquels toutes les femmes se compromettaient sans profit, de véritables idoles de bois doré qui, malgré quelques exceptions, n'avaient ni les antécédents des petits-maîtres du temps de la Fronde, ni la bonne grosse valeur des héros de l'empire, ni l'esprit et les manières de leurs grands-pères, mais qui voulaient être *gratis* quelque chose d'approchant ; qui étaient braves comme l'est la jeunesse française, habiles sans doute s'ils eussent été mis à l'épreuve, et qui ne pouvaient rien être par le règne des vieillards usés qui les tenaient en lisière. Ce fut une époque froide, mesquine et sans poésie. Peut-être faut-il beaucoup de temps à une restauration pour devenir une monarchie.

Depuis dix-huit mois, la duchesse de Langeais menait cette vie creuse, exclusivement remplie par le bal, par les visites faites pour le bal, par des triomphes sans objet, par des passions éphémères, nées et mortes pendant une soirée. Quand elle arrivait dans un salon, les regards se concentraient sur elle, elle moissonnait des mots flatteurs, quelques expressions passionnées qu'elle encourageait du geste, du regard, et qui ne pouvaient jamais aller plus loin que l'épiderme. Son ton, ses manières, tout en elle faisait autorité. Elle vivait dans une sorte de fièvre de vanité, de perpétuelle jouissance qui l'étourdissait. Elle allait assez loin en conversation, elle écoutait tout, et se dépravait, pour ainsi dire, à la surface du cœur. Revenue chez elle, elle rougissait souvent de ce dont elle avait ri, de telle histoire scandaleuse dont les détails l'aidaient à discuter les théories de l'amour qu'elle ne connaissait pas, et les subtiles distinctions de la passion moderne, que de complaisantes hypocrites lui commentaient ; car les femmes, sachant se tout dire entre elles, en perdent plus que n'en corrompent les hommes. Il y eut un moment où elle comprit que la créature aimée était la seule dont la beauté, dont l'esprit pût être universellement reconnu. Que prouve un mari ? Que, jeune fille, une femme était ou richement dotée, ou bien élevée, avait une mère adroite, ou satisfaisait aux ambitions de l'homme ; mais un amant est le constant programme de ses perfections personnelles. Madame de Langeais apprit, jeune encore, qu'une femme pouvait se laisser aimer ostensiblement sans être complice de l'amour, sans l'approuver, sans le contenter autrement que par les plus maigres redevances de l'amour, et plus d'une Sainte-n'y-touche lui révéla les moyens de jouer ces dangereuses comédies. La duchesse eut donc sa cour, et le nombre de ceux qui l'adoraient ou la courtisaient fut une garantie de sa vertu. Elle était coquette, aimable, séduisante jusqu'à la fin de la fête, du bal, de la soirée ; puis, le rideau tombé, elle se retrouvait seule, froide, insouciante, et néanmoins revivait le lendemain pour d'autres émotions également superficielles. Il y avait deux ou trois jeunes gens complétement abusés qui l'aimaient véritablement, et dont elle se moquait avec une parfaite insensibilité. Elle se disait : — Je suis aimée, il m'aime ! Cette certitude lui suffisait. Semblable à l'avare satisfait de savoir que ses caprices peuvent être exaucés, elle n'allait peut-être même plus jusqu'au désir.

Un soir elle se trouva chez une de ses amies intimes, madame la vicomtesse de Fontaine, une de ses humbles rivales, qui la haïssaient cordialement et l'accompagnaient toujours : espèce d'amitié armée dont chacun se défie, et où les confidences sont habilement discrètes, quelquefois perfides. Après avoir distribué de petits saluts protecteurs, affectueux ou dédaigneux de l'air naturel à la femme qui connaît toute la valeur de ses sourires, ses yeux tombèrent sur un homme qui lui était complétement inconnu, mais dont la physionomie large et grave la surprit. Elle sentit en le voyant une émotion assez semblable à celle de la peur.

— Ma chère, demanda-t-elle à madame de Maufrigneuse, quel est ce nouveau venu ?

— Un homme dont vous avez sans doute entendu parler, le marquis de Montriveau.

— Ah ! c'est lui.

Elle prit son lorgnon et l'examina fort impertinemment, comme elle eût fait d'un portrait qui reçoit des regards et n'en rend pas.

— Présentez-le-moi donc, il doit être amusant.

— Personne n'est plus ennuyeux ni plus sombre, ma chère, mais il est à la mode.

Monsieur Armand de Montriveau se trouvait en ce moment, sans le savoir, l'objet d'une curiosité générale, et le méritait plus qu'aucune de ces idoles passagères dont Paris a besoin et dont il s'amourache pour quelques jours, afin de satisfaire cette passion d'engouement et d'enthousiasme factice dont il est périodiquement travaillé. Armand de Montriveau était le fils unique du général de Montriveau, un de ces *ci-devant* qui servirent noblement la République, et qui périt, tué près de Joubert, à Novi. L'orphelin avait été placé par les soins de Bonaparte à l'école de Châlons, et mis, ainsi que plusieurs autres fils de généraux morts sur le champ de bataille, sous la protection de la République française. Après être sorti de cette école sans aucune espèce de fortune, il entra dans l'artillerie, et n'était encore que chef de bataillon lors du désastre de Fontainebleau. L'arme à laquelle appartenait Armand de Montriveau lui avait offert peu de chances d'avancement. D'abord le nombre des officiers y est plus limité que dans les autres corps de l'armée ; puis, les opinions libérales et presque républicaines que professait l'artillerie, les craintes inspirées à l'Empereur par une réunion d'hommes savants accoutumés à réfléchir, s'opposaient à la fortune militaire de la plupart d'entre eux. Aussi, contrairement aux lois ordinaires, les officiers parvenus au généralat ne furent-ils pas toujours les sujets les plus remarquables de l'arme, parce que, médiocres, ils donnaient peu de craintes. L'artillerie faisait un corps à part dans l'armée, et n'appartenait à Napoléon que sur les champs de bataille. A ces causes générales, qui peuvent expliquer les retards éprouvés dans sa carrière par Armand de Montriveau, il s'en joignait d'autres inhérentes à sa personne et à son caractère.

Seul dans le monde, jeté dès l'âge de vingt ans à travers cette tempête d'hommes au sein de laquelle vécut Napoléon, et n'ayant aucun intérêt en dehors de lui-même, prêt à périr chaque jour, il s'était habitué à n'exister que par une estime intérieure et par le sentiment du devoir accompli. Il était habituellement silencieux comme le sont tous les hommes timides ; mais sa timidité ne venait point d'un défaut de courage, c'était une sorte de pudeur qui lui interdisait toute démonstration vaniteuse. Son intrépidité sur les champs de bataille n'était point fanfaronne ; il y voyait tout, pouvait donner tranquillement un bon avis à ses camarades, et allait au-devant des boulets tout en se baissant à propos pour les éviter. Il était bon, mais sa contenance le faisait passer pour hautain et sévère. D'une rigueur mathématique en toute chose, il n'admettait aucune composition hypocrite ni avec les devoirs d'une position, ni avec les conséquences d'un fait. Il ne se prêtait à rien de honteux, ne demandait jamais rien pour lui ; enfin, c'était un de ces grands hommes inconnus, assez philosophes pour mépriser la gloire, et qui vivent sans s'attacher à la vie, parce qu'ils ne trouvent pas à y développer leur force ou leurs sentiments dans toute leur étendue. Il était craint, estimé, peu aimé. Les hommes nous permettent bien de nous élever au-dessus d'eux, mais ils ne nous pardonnent jamais de ne pas descendre aussi bas qu'eux. Aussi le sentiment qu'ils accordent aux grands caractères ne va-t-il pas sans un peu de haine et de crainte. Trop d'honneur est pour eux une censure tacite qu'ils ne pardonnent ni aux vivants ni aux morts. Après les adieux de Fontainebleau, Montriveau, quoique noble et titré, fut mis en demi-solde. Sa probité antique effraya le Ministère de la Guerre, où son attachement aux serments faits à l'aigle impériale était connu. Lors des Cent-Jours il fut nommé colonel de la garde et resta sur le champ de bataille de Waterloo. Ses blessures l'ayant retenu en Belgique, il ne se trouva pas à l'armée de la Loire; mais le gouvernement royal ne voulut pas reconnaître les grades donnés pendant les Cent-Jours, et Armand de Montriveau quitta la France. Entraîné par son génie entreprenant, par cette hauteur de pensée que, jusqu'alors, les hasards de la guerre avaient satisfaite, et passionné par sa rectitude instinctive pour les projets d'une grande utilité, le général Montriveau s'embarqua dans le dessein d'explorer la Haute-Égypte et les parties inconnues de l'Afrique, les contrées du centre surtout, qui excitent aujourd'hui tant d'intérêt parmi les savants. Son expédition scientifique fut longue et malheureuse. Il avait recueilli des notes précieuses destinées à résoudre les problèmes géographiques ou industriels si ardemment cherchés, et il était parvenu, non sans avoir surmonté bien des obstacles, jusqu'au cœur de l'Afrique, lorsqu'il tomba par trahison au pouvoir d'une tribu sauvage. Il fut dépouillé de tout, mis en esclavage et promené pendant deux années à travers les déserts, menacé de mort à tout moment et plus maltraité que ne l'est un animal dont s'amusent d'impitoyables enfants. Sa force de corps et sa constance d'âme lui firent supporter toutes les horreurs de sa captivité; mais il épuisa presque toute son énergie dans son évasion, qui fut miraculeuse. Il atteignit la colonie française du Sénégal, demi-mort, en haillons, et n'ayant plus que d'informes souvenirs. Les immenses sacrifices de son voyage, l'étude des dialectes de l'Afrique, ses découvertes et ses observations, tout fut perdu. Un seul fait fera comprendre ses souffrances. Pendant quelques jours les enfants du scheik de la tribu dont il était l'esclave s'amusèrent à prendre sa tête pour but dans un jeu qui consistait à jeter d'assez loin des osselets de cheval, et à les y faire tenir. Montriveau revint à Paris vers le milieu de l'année 1818, il s'y trouva ruiné, sans protecteurs, et n'en voulant pas. Il serait mort vingt fois avant de solliciter quoi que ce fût, même la reconnaissance de ses droits acquis. L'adversité, ses douleurs avaient développé son énergie jusque dans les petites choses, et l'habitude de conserver sa dignité d'homme en face de cet être moral que nous nommons la conscience, donnait pour lui du prix aux actes en apparence les plus indifférents. Cependant ses rapports avec les principaux savants de Paris et quelques militaires instruits firent connaître et son mérite et ses aventures. Les particularités de son évasion et de sa captivité, celles de son voyage attestaient tant de sang-froid, d'esprit et de courage, qu'il acquit, sans le savoir, cette célébrité passagère dont les salons de Paris sont si prodigues, mais qui demande des efforts inouïs aux artistes quand ils veulent la perpétuer. Vers la fin de cette année, sa position changea subitement. De pauvre, il devint riche, ou du moins il eut extérieurement tous les avantages de la richesse. Le gouvernement royal, qui cherchait à s'attacher les hommes de mérite afin de donner de la force à l'armée, fit alors quelques concessions aux anciens officiers dont la loyauté et le caractère connu offraient des garanties de fidélité. Monsieur de Montriveau fut rétabli sur les cailres, dans son grade, reçut sa solde arriérée et fut admis dans la Garde royale. Ces faveurs arrivèrent successivement au marquis de Montriveau sans qu'il eût fait la moindre demande. Des amis lui épargnèrent les démarches personnelles auxquelles il se serait refusé. Puis, contrairement à ses habitudes, qui se modifièrent tout à coup, il alla dans le monde, où il fut accueilli favorablement, et où il rencontra partout les témoignages d'une haute estime. Il semblait avoir trouvé quelque dénoûment pour sa vie; mais chez lui tout se passait en l'homme, il n'y avait rien d'extérieur. Il portait dans la société une figure grave et recueillie, silencieuse et froide. Il y eut beaucoup de succès, précisément parce qu'il tranchait fortement sur la masse des physionomies convenues qui meublent les salons de Paris, où il fut effectivement tout neuf. Sa parole avait la concision du langage des gens solitaires ou des sauvages. Sa timidité fut prise pour de la hauteur et plut beaucoup. Il était quelque chose d'étrange et de grand, et les femmes furent d'autant plus généralement éprise de ce caractère original, qu'il échappait à leurs adroites flatteries, à ce manége par lequel elles circonviennent les hommes les plus puissants, et corrodent les esprits les plus inflexibles. Monsieur de Montriveau ne comprenait rien à ces petites singeries parisiennes, et son âme ne pouvait répondre qu'aux sonores vibrations des beaux sentiments. Il eût promptement été laissé là, sans la poésie qui résultait de ses aventures et de sa vie, sans les prôneurs qui le vantaient à son insu, sans le triomphe d'amour-propre qui attendait la femme dont il s'occuperait. Aussi la curiosité de la duchesse de Langeais était-elle vive autant que naturelle. Par un effet du hasard, cet homme l'avait intéressée la veille, car elle avait entendu raconter la veille une des scènes qui, dans le voyage de monsieur de Montriveau, produisaient le plus d'impression sur les mobiles imaginations de femme. Dans une excursion vers les sources du Nil, monsieur de Montriveau eut avec un de ses guides le débat le plus extraordinaire qui se connaisse dans les annales des voyages. Il avait un désert à traverser, et ne pouvait aller qu'à pied au lieu qu'il voulait explorer. Un seul guide était capable de l'y mener. Jusqu'alors aucun voyageur n'avait pu pénétrer dans cette partie de la contrée, où l'intrépide officier présumait devoir trouver la solution de plusieurs problèmes scientifiques. Malgré les représentations que lui firent et les vieillards du pays et son guide, il entreprit ce terrible voyage. S'armant de tout son courage aiguisé déjà par l'annonce d'horribles difficultés à vaincre, il partit au matin. Après avoir marché pendant une journée entière, il se coucha le soir sur le sable, éprouvant une fatigue inconnue, causée par la mobilité du sol, qui semblait à chaque pas fuir sous lui. Cependant il savait que le lendemain il lui faudrait, dès l'aurore, se remettre en route; mais son guide lui avait promis de lui faire atteindre, vers le milieu du jour, le but de son voyage. Cette promesse lui donna du courage, lui fit retrouver des forces, et, malgré ses souffrances, il continua sa route, en maudissant un peu la science; mais honteux de se plaindre devant son guide, il garda le secret de ses peines. Il avait déjà marché pendant le tiers du jour lorsque, sentant ses forces épuisées et ses pieds ensanglantés par la marche, il demanda s'il arriverait bientôt. — Dans une heure, lui dit le guide. Armand trouva dans son âme pour une heure de force et continua. L'heure s'écoula sans qu'il aperçût, même à l'horizon, horizon de sables aussi vaste que l'est celui de la pleine mer, les palmiers et les montagnes dont les cimes devaient annoncer le terme de son voyage. Il s'arrêta, menaça le guide, refusa d'aller plus loin, lui reprocha d'être son meurtrier, de l'avoir trompé; puis des larmes de rage et de fatigue roulèrent sur ses joues enflammées; il était courbé par la douleur renaissante de la marche, et son gosier lui semblait coagulé par la soif du désert. Le guide, immobile, écoutait ses plaintes d'un air ironique, tout en étudiant, avec l'apparente indifférence des Orientaux, les imperceptibles accidents de ce sable presque noirâtre comme est l'or bruni.

— Je me suis trompé, reprit-il froidement. Il y a trop long-temps que j'ai fait ce chemin pour que je puisse en reconnaître les traces, nous y sommes bien, mais il faut encore marcher pendant deux heures. — Cet homme a raison, pensa monsieur de Montriveau. Puis il se remit en route, suivant avec peine l'Africain impitoyable, auquel il semblait lié par un fil, comme un condamné l'est invisiblement au bourreau. Mais les deux heures se passent, le Français a dépensé ses dernières gouttes d'énergie, et l'horizon est pur, et il n'y voit ni palmiers ni montagnes. Il ne trouve plus ni cris ni gémissements, il se couche alors sur le sable pour mourir; mais ses regards eussent épouvanté l'homme le plus intrépide, il semblait annoncer qu'il ne voulait pas mourir seul. Son guide, comme un vrai démon, lui répondait par un coup d'œil calme, empreint de puissance, et le laissait étendu, en ayant soin de se tenir à une distance qui lui permît d'échapper au désespoir de sa victime. Enfin monsieur de Montriveau trouva quelques forces pour une dernière imprécation. Le guide se rapprocha de lui, le regarda fixement, lui imposa silence et lui dit : — N'as-tu pas voulu, malgré nous, aller là où je te mène ? Tu me reproches de te tromper ; si je ne l'avais pas fait, tu ne serais pas venu jusqu'ici. Veux-tu la vérité, la voici. Nous avons encore cinq heures de marche, et nous ne pouvons plus retourner sur nos pas. Sonde ton cœur, si tu n'as pas assez de courage, voici mon poignard. Surpris par cette effroyable entente de la douleur et de la force humaine, monsieur de Montriveau ne voulut pas se trouver au-dessous d'un barbare ; et puisant dans son orgueil d'Européen une nouvelle dose de courage, il se releva pour suivre son guide. Les cinq heures étaient expirées, monsieur de Montriveau n'apercevait rien encore, il tourna vers le guide un œil mourant ; mais alors le Nubien le prit sur ses épaules, l'éleva de quelques pieds, et lui fit voir à une centaine de pas un lac entouré de verdure et d'une admirable forêt, qu'illuminaient les feux du soleil couchant. Ils étaient arrivés à quelque distance d'une espèce de banc de granit immense, sous lequel ce paysage sublime se trouvait comme enseveli. Armand crut renaître, et son guide, ce géant d'intelligence et de courage, acheva son œuvre de dévouement en le portant à travers les sentiers chauds et polis à peine tracés sur le granit. Il voyait d'un côté l'enfer des sables, et de l'autre le paradis terrestre de la plus belle oasis qui fût en ces déserts.

La duchesse, déjà frappée par l'aspect de ce poétique personnage, le fut encore bien plus en apprenant qu'elle voyait en lui le marquis de Montriveau, de qui elle avait rêvé pendant la nuit. S'être trouvée dans les sables brûlants du désert avec lui, l'avoir eu pour compagnon de cauchemar, n'était-ce pas chez une femme de cette nature un délicieux présage d'amusement ? Jamais homme n'eut mieux qu'Armand la physionomie de son caractère, et ne pouvait plus justement intriguer les regards. Sa tête, grosse et carrée, avait pour principal trait caractéristique une énorme et abondante chevelure noire qui lui enveloppait la figure de manière à rappeler parfaitement le général Kléber auquel il ressemblait par la vigueur de son front, par la coupe de son visage, par l'audace tranquille des yeux, et par l'espèce de fougue qu'exprimaient ses traits saillants. Il était petit, large de buste, musculeux comme un lion.

Quand il marchait, sa pose, sa démarche, le moindre geste trahissait et je ne sais quelle sécurité de force qui imposait, et quelque chose de despotique. Il paraissait savoir que rien ne pouvait s'opposer à sa volonté, peut-être parce qu'il ne voulait rien que de juste. Néanmoins, semblable à tous les gens réellement forts, il était doux dans son parler, simple dans ses manières, et naturellement bon. Seulement toutes ces belles qualités semblaient devoir disparaître dans les circonstances graves où l'homme devient implacable dans ses sentiments, fixe dans ses résolutions, terrible dans ses actions. Un observateur aurait pu voir dans la commissure de ses lèvres un retroussement habituel qui annonçait des penchants vers l'ironie.

La duchesse de Langeais, sachant de quel prix passager était la conquête de cet homme, résolut, pendant le peu de temps que mit la duchesse de Maufrigneuse à l'aller prendre pour le lui présenter, d'en faire un de ses amants, de lui donner le pas sur tous les autres, de l'attacher à sa personne, et de déployer pour lui toutes ses coquetteries. Ce fut une fantaisie, pur caprice de duchesse avec lequel Lope de Véga ou Calderon a fait *le Chien du jardinier*. Elle voulut que cet homme ne fût à aucune femme, et n'imagina pas d'être à lui. La duchesse de Langeais avait reçu de la nature les qualités nécessaires pour jouer les rôles de coquette; et son éducation les avait encore perfectionnées. Les femmes avaient raison de l'envier, et les hommes de l'aimer. Il ne lui manquait rien de ce qui peut inspirer l'amour, de ce qui le justifie et de ce qui le perpétue. Son genre de beauté, ses manières, son parler, sa pose s'accordaient pour la douer d'une coquetterie naturelle, qui, chez une femme, semble être la conscience de son pouvoir. Elle était bien faite, et décomposait peut-être ses mouvements avec trop de complaisance, seule affectation qu'on lui pût reprocher. Tout en elle s'harmoniait, depuis le plus petit geste jusqu'à la tournure particulière de ses phrases, jusqu'à la manière hypocrite dont elle jetait son regard. Le caractère prédominant de sa physionomie était une noblesse élégante, que ne détruisait pas la mobilité toute française de sa personne. Cette attitude incessamment changeante avait un prodigieux attrait pour les hommes. Elle paraissait devoir être la plus délicieuse des maîtresses en déposant son corset et l'attirail de sa représentation. En effet, toutes les joies de l'amour existaient en germe dans la liberté de ses regards expressifs, dans les câlineries

LA DUCHESSE DE LANGEAIS.

...... avait reçu de la nature les qualités nécessaires
pour jouer les rôles de coquettes.....

(LA DUCHESSE DE LANGEAIS.)

de sa voix, dans la grâce de ses paroles. Elle faisait voir qu'il y avait en elle une noble courtisane, que démentaient vainement les religions de la duchesse. Qui s'asseyait près d'elle pendant une soirée, la trouvait tour à tour gaie, mélancolique, sans qu'elle eût l'air de jouer ni la mélancolie ni la gaieté. Elle savait être à son gré affable, méprisante, ou impertinente, ou confiante. Elle semblait bonne et l'était. Dans sa situation, rien ne l'obligeait à descendre à la méchanceté. Par moments, elle se montrait tour à tour sans défiance et rusée, tendre à émouvoir, puis dure et sèche à briser le cœur. Mais pour la bien peindre ne faudrait-il pas accumuler toutes les antithèses féminines ; en un mot, elle était ce qu'elle voulait être ou paraître. Sa figure un peu trop longue avait de la grâce, quelque chose de fin, de menu qui rappelait les figures du moyen âge. Son teint était pâle, légèrement rosé. Tout en elle péchait pour ainsi dire par un excès de délicatesse.

Monsieur de Montriveau se laissa complaisamment présenter à la duchesse de Langeais, qui, suivant l'habitude des personnes auxquelles un goût exquis fait éviter les banalités, l'accueillit sans l'accabler ni de questions ni de compliments, mais avec une sorte de grâce respectueuse qui devait flatter un homme supérieur, car la supériorité suppose chez un homme un peu de ce tact qui fait deviner aux femmes tout ce qui est sentiment. Si elle manifesta quelque curiosité, ce fut par ses regards ; si elle complimenta, ce fut par ses manières ; et elle déploya cette chatterie de paroles, cette fine envie de plaire qu'elle savait montrer mieux que personne. Mais toute sa conversation ne fut en quelque sorte que le corps de la lettre, il devait y avoir un post-scriptum où la pensée principale allait être dite. Quand, après une demi-heure de causeries insignifiantes, et dans lesquelles l'accent, les sourires, donnaient seuls de la valeur aux mots, monsieur de Montriveau parut vouloir discrètement se retirer, la duchesse le retint par un geste expressif.

— Monsieur, lui dit-elle, je ne sais si le peu d'instants pendant lesquels j'ai eu le plaisir de causer avec vous vous a offert assez d'attrait pour qu'il me soit permis de vous inviter à venir chez moi ; j'ai peur qu'il n'y ait beaucoup d'égoïsme à vouloir vous y posséder. Si j'étais assez heureuse pour que vous vous y plussiez, vous me trouveriez toujours le soir jusqu'à dix heures.

Ces phrases furent dites d'un ton si coquet, que monsieur de Montriveau ne pouvait se défendre d'accepter l'invitation. Quand se rejeta dans les groupes d'hommes qui se tenaient à quelque distance des femmes, plusieurs de ses amis le félicitèrent, moitié sérieusement, moitié plaisamment, sur l'accueil extraordinaire que lui avait fait la duchesse de Langeais. Cette difficile, cette illustre conquête, était décidément faite, et la gloire en avait été réservée à l'artillerie de la Garde. Il est facile d'imaginer les bonnes et mauvaises plaisanteries que ce thème, une fois admis, suggéra dans un de ces salons parisiens où l'on aime tant à s'amuser, et où les railleries ont si peu de durée que chacun s'empresse d'en tirer toute la fleur.

Ces niaiseries flattèrent à son insu le général. De la place où il s'était mis, ses regards furent attirés par mille réflexions indécises vers la duchesse; et il ne put s'empêcher de s'avouer à lui-même que, de toutes les femmes dont la beauté avait séduit ses yeux, nulle ne lui avait offert une plus délicieuse expression des vertus, des défauts, des harmonies que l'imagination la plus juvénile puisse vouloir en France à une maîtresse. Quel homme, en quelque rang que le sort l'ait placé, n'a pas senti dans son âme une jouissance indéfinissable en rencontrant, chez une femme qu'il choisit, même rêveusement, pour sienne, les triples perfections morales, physiques et sociales qui lui permettent de toujours voir en elle tous ses souhaits accomplis? Si ce n'est pas une cause d'amour, cette flatteuse réunion est certes un des plus grands véhicules du sentiment. Sans la vanité, disait un profond moraliste du siècle dernier, l'amour est un convalescent. Il y a certes, pour l'homme comme pour la femme, un trésor de plaisirs dans la supériorité de la personne aimée. N'est-ce pas beaucoup pour ne pas dire tout, de savoir que notre amour-propre ne souffrira jamais en elle ; qu'elle est assez noble pour ne jamais recevoir les blessures d'un coup d'œil méprisant, assez riche pour être entourée d'un éclat égal à celui dont s'environnent même les rois éphémères de la finance, assez spirituelle pour ne jamais être humiliée par une fine plaisanterie, et assez belle pour être la rivale de tout son sexe? Ces réflexions, un homme les fait en un clin d'œil. Mais si la femme qui les lui inspire lui présente en même temps, dans l'avenir de sa précoce passion, les changeantes délices de la grâce, l'ingénuité d'une âme vierge, les mille plis du vêtement des coquettes, les dangers de l'amour, n'est-ce pas à remuer le cœur de l'homme le plus froid? Voici dans quelle situation se trouvait en ce moment monsieur de

Montriveau, relativement à la femme, et le passé de sa vie garantit en quelque sorte la bizarrerie du fait. Jeté jeune dans l'ouragan des guerres françaises, ayant toujours vécu sur les champs de bataille, il ne connaissait de la femme que ce qu'un voyageur pressé, qui va d'auberge en auberge, peut connaître d'un pays. Peut-être aurait-il pu dire de sa vie ce que Voltaire disait à quatre-vingts ans de la sienne, et n'avait-il pas trente-sept sottises à se reprocher ? Il était, à son âge, aussi neuf en amour que l'est un jeune homme qui vient de lire Faublas en cachette. De la femme, il savait tout ; mais de l'amour, il ne savait rien ; et sa virginité de sentiment lui faisait ainsi des désirs tout nouveaux. Quelques hommes, emportés par les travaux auxquels les ont condamnés la misère ou l'ambition, l'art ou la science, comme monsieur de Montriveau avait été emporté par le cours de la guerre et les événements de sa vie, connaissent cette singulière situation, et l'avouent rarement. A Paris, tous les hommes doivent avoir aimé. Aucune femme n'y veut de ce dont aucune n'a voulu. De la crainte d'être pris pour un sot, procèdent les mensonges de la fatuité générale en France, où passer pour un sot, c'est ne pas être du pays. En ce moment, monsieur de Montriveau fut à la fois saisi par un violent désir, un désir grandi dans la chaleur des déserts, et par un mouvement de cœur dont il n'avait pas encore connu la bouillante étreinte. Aussi fort qu'il était violent, cet homme sut réprimer ses émotions ; mais, tout en causant de choses indifférentes, il se retirait en lui-même, et se jurait d'avoir cette femme, seule pensée par laquelle il pouvait entrer dans l'amour. Son désir devint un serment fait à la manière des Arabes avec lesquels il avait vécu, et pour lesquels un serment est un contrat passé entre eux et toute leur destinée, qu'ils subordonnent à la réussite de l'entreprise consacrée par le serment, et dans laquelle ils ne comptent même plus leur mort que comme un moyen de plus pour le succès. Un jeune homme se serait dit : — Je voudrais bien avoir la duchesse de Langeais pour maîtresse ! un autre : — Celui qui sera aimé de la duchesse de Langeais sera un bien heureux coquin ! Mais le général se dit : — J'aurai pour maîtresse madame de Langeais. Quand un homme vierge de cœur, et pour qui l'amour devient une religion, conçoit une semblable pensée, il ne sait pas dans quel enfer il vient de mettre le pied.

Monsieur de Montriveau s'échappa brusquement du salon, et revint chez lui dévoré par les premiers accès de sa première fièvre amoureuse. Si, vers le milieu de l'âge, un homme garde encore les croyances, les illusions, les franchises, l'impétuosité de l'enfance, son premier geste est pour ainsi dire d'avancer la main pour s'emparer de ce qu'il désire ; puis, quand il a sondé les distances presque impossibles à franchir qui l'en séparent, il est saisi, comme les enfants, d'une sorte d'étonnement ou d'impatience qui communique de la valeur à l'objet souhaité, il tremble ou il pleure. Aussi le lendemain, après les plus orageuses réflexions qui lui eussent bouleversé l'âme, Armand de Montriveau se trouva-t-il sous le joug de ses sens, que concentra la pression d'un amour vrai. Cette femme si cavalièrement traitée la veille était devenue le lendemain le plus saint, le plus redouté des pouvoirs. Elle fut dès lors pour lui le monde et la vie. Le seul souvenir des plus légères émotions qu'elle lui avait données faisait pâlir ses plus grandes joies, ses plus vives douleurs jadis ressenties. Les révolutions les plus rapides ne troublent que les intérêts de l'homme, tandis qu'une passion en renverse les sentiments. Or, pour ceux qui vivent plus par le sentiment que par l'intérêt, pour ceux qui ont plus d'âme et de sang que d'esprit et de lymphe, un amour réel produit un changement complet d'existence. D'un seul trait, par une seule réflexion, Armand de Montriveau effaça donc toute sa vie passée. Après s'être vingt fois demandé, comme un enfant : — Irai-je ? N'irai-je pas ? il s'habilla, vint à l'hôtel de Langeais vers huit heures du soir, et fut admis auprès de la femme, non pas de la femme, mais de l'idole qu'il avait vue la veille, aux lumières, comme une fraîche et pure jeune fille vêtue de gaze, de blondes et de voiles. Il arrivait impétueusement pour lui déclarer son amour, comme s'il s'agissait du premier coup de canon sur un champ de bataille. Pauvre écolier ! Il trouva sa vaporeuse sylphide enveloppée d'un peignoir de cachemire brun habilement bouillonné, languissamment couchée sur le divan d'un obscur boudoir. Madame de Langeais ne se leva même pas, elle ne montra que sa tête, dont les cheveux étaient en désordre, quoique retenus dans un voile. Puis d'une main qui, dans le clair obscur produit par la tremblante lueur d'une seule bougie placée loin d'elle, parut aux yeux de Montriveau blanche comme une main de marbre, elle lui fit signe de s'asseoir, et lui dit d'une voix aussi douce que l'était la lueur : — Si ce n'eût pas été vous, monsieur le marquis, si c'eût été un ami avec lequel j'eusse pu agir sans façon, ou un indifférent qui m'eût légèrement intéressée, je vous aurais renvoyé. Vous me voyez affreusement souffrante.

Armand se dit en lui-même : — Je vais m'en aller.

— Mais, reprit-elle en lui lançant un regard dont l'ingénu militaire attribua le feu à la fièvre, je ne sais si c'est un pressentiment de votre bonne visite à l'empressement de laquelle je suis on ne peut pas plus sensible, depuis un instant je sentais ma tête se dégager de ses vapeurs.

— Je puis donc rester, lui dit Montriveau.

— Ah! je serais bien fâchée de vous voir partir. Je me disais déjà ce matin que je ne devais pas avoir fait sur vous la moindre impression; que vous aviez sans doute pris mon invitation pour une de ces phrases banales prodiguées au hasard par les Parisiennes, et je pardonnais d'avance à votre ingratitude. Un homme qui arrive des déserts n'est pas tenu de savoir combien notre faubourg est exclusif dans ses amitiés.

Ces gracieuses paroles, à demi murmurées, tombèrent une à une, et furent comme chargées du sentiment joyeux qui paraissait les dicter. La duchesse voulait avoir tous les bénéfices de sa migraine, et sa spéculation eut un plein succès. Le pauvre militaire souffrait réellement de la fausse souffrance de cette femme. Comme Crillon entendant le récit de la passion de Jésus-Christ, il était prêt à tirer son épée contre les vapeurs. Hé! comment alors oser parler à cette malade de l'amour qu'elle inspirait? Armand comprenait déjà qu'il était ridicule de tirer son amour à brûle-pourpoint sur une femme si supérieure. Il entendit par une seule pensée toutes les délicatesses du sentiment et les exigences de l'âme. Aimer, n'est-ce pas savoir bien plaider, mendier, attendre? Cet amour ressenti, ne fallait-il pas le prouver? Il se trouva la langue immobile, glacée par les convenances du noble faubourg, par la majesté de la migraine, et par les timidités de l'amour vrai. Mais nul pouvoir au monde ne put voiler les regards de ses yeux dans lesquels éclataient la chaleur, l'infini du désert, des yeux calmes comme ceux des panthères, et sur lesquels ses paupières ne s'abaissaient que rarement. Elle aima beaucoup ce regard fixe qui la baignait de lumière et d'amour.

— Madame la duchesse, répondit-il, je craindrais de vous mal dire la reconnaissance que m'inspirent vos bontés. En ce moment je ne souhaite qu'une seule chose, le pouvoir de dissiper vos souffrances.

— Permettez que je me débarrasse de ceci, j'ai maintenant trop chaud, dit-elle en faisant sauter par un mouvement plein de grâce le coussin qui lui couvrait les pieds, qu'elle laissa voir dans toute leur clarté.

— Madame, en Asie, vos pieds vaudraient presque dix mille sequins.

— Compliment de voyageur, dit-elle en souriant.

Cette spirituelle personne prit plaisir à jeter le rude Montriveau dans une conversation pleine de bêtises, de lieux communs et de non-sens, où il manœuvra, militairement parlant, comme eût fait le prince Charles aux prises avec Napoléon. Elle s'amusa malicieusement à reconnaître l'étendue de cette passion commencée, d'après le nombre de sottises arrachées à ce débutant, qu'elle amenait à petits pas dans un labyrinthe inextricable où elle voulait le laisser honteux de lui-même. Elle débuta donc par se moquer de cet homme, à qui elle se plaisait néanmoins à faire oublier le temps. La longueur d'une première visite est souvent une flatterie, mais Armand n'en fut pas complice. Le célèbre voyageur était dans ce boudoir depuis une heure, causant de tout, n'ayant rien dit, sentant qu'il n'était qu'un instrument dont jouait cette femme, quand elle se dérangea, s'assit, se mit sur le cou le voile qu'elle avait sur la tête, s'accouda, lui fit les honneurs d'une complète guérison, et sonna pour faire allumer les bougies du boudoir. A l'inaction absolue dans laquelle elle était restée, succédèrent les mouvements les plus gracieux. Elle se tourna vers monsieur de Montriveau, et lui dit, en réponse à une confidence qu'elle venait de lui arracher et qui parut la vivement intéresser : — Vous voulez vous moquer de moi en tâchant de me donner à penser que vous n'avez jamais aimé. Voilà la grande prétention des hommes auprès de nous. Nous les croyons. Pure politesse ! Ne savons-nous pas à quoi nous en tenir là-dessus pour nous-mêmes ? Où est l'homme qui n'a pas rencontré dans sa vie une seule occasion d'être amoureux ? Mais vous aimez à nous tromper, et nous vous laissons faire, pauvres sottes que nous sommes, parce que vos tromperies sont encore des hommages rendus à la supériorité de nos sentiments, qui sont tout pureté.

Cette dernière phrase fut prononcée avec un accent plein de hauteur et de fierté qui fit de cet amant novice une balle jetée au fond d'un abîme, et de la duchesse un ange revolant vers son ciel particulier.

— Diantre! s'écriait en lui-même Armand de Montriveau, comment s'y prendre pour dire à cette créature sauvage que je l'aime?

Il l'avait déjà dit vingt fois, ou plutôt la duchesse l'avait vingt fois lu dans ses regards, et voyait, dans la passion de cet homme vraiment grand, un amusement pour elle, un intérêt à mettre dans sa vie sans intérêt. Elle se préparait donc déjà fort habilement à élever autour d'elle une certaine quantité de redoutes qu'elle lui donnerait à emporter avant de lui permettre l'entrée de son cœur. Jouet de ses caprices, Montriveau devait rester stationnaire tout en sautant de difficultés en difficultés comme un de ces insectes tourmenté par un enfant saute d'un doigt sur un autre en croyant avancer, tandis que son malicieux bourreau le laisse au même point. Néanmoins, la duchesse reconnut avec un bonheur inexprimable que cet homme de caractère ne mentait pas à sa parole. Armand n'avait, en effet, jamais aimé. Il allait se retirer mécontent de lui, plus mécontent d'elle encore; mais elle vit avec joie une bouderie qu'elle savait pouvoir dissiper par un mot, d'un regard, d'un geste.

— Viendrez-vous demain soir? lui dit-elle. Je vais au bal, je vous attendrai jusqu'à dix heures.

Le lendemain Montriveau passa la plus grande partie de la journée assis à la fenêtre de son cabinet, et occupé à fumer une quantité indéterminée de cigares. Il put atteindre ainsi l'heure de s'habiller et d'aller à l'hôtel de Langeais. C'eût été grande pitié pour l'un de ceux qui connaissaient la magnifique valeur de cet homme, de le voir devenu si petit, si tremblant, de savoir cette pensée dont les rayons pouvaient embrasser des mondes, se rétrécir aux proportions du boudoir d'une petite-maîtresse. Mais il se sentait lui-même déjà si déchu dans son bonheur, que, pour sauver sa vie, il n'aurait pas confié son amour à l'un de ses amis intimes. Dans la pudeur qui s'empare d'un homme quand il aime, n'y a-t-il pas toujours un peu de honte, et ne serait-ce pas sa petitesse qui fait l'orgueil de la femme? Enfin ne serait-ce pas une foule de motifs de ce genre, mais que les femmes ne s'expliquent pas, qui les porte presque toutes à trahir les premières le mystère de leur amour, mystère dont elles se fatiguent peut-être?

— Monsieur, dit le valet de chambre, madame la duchesse n'est pas visible, elle s'habille, et vous prie de l'attendre ici.

Armand se promena dans le salon en étudiant le goût répandu dans les moindres détails. Il admira madame de Langeais, en admirant les choses qui venaient d'elle et en trahissaient les habitudes, avant qu'il pût en saisir la personne et les idées. Après une heure environ, la duchesse sortit de sa chambre sans faire de bruit. Montriveau se retourna, la vit marchant avec la légèreté d'une ombre, et tressaillit. Elle vint à lui, sans lui dire bourgeoisement : — Comment me trouvez-vous ? Elle était sûre d'elle, et son regard fixe disait : — Je me suis ainsi parée pour vous plaire. Une vieille fée, marraine de quelque princesse méconnue, avait seule pu tourner autour du cou de cette coquette personne le nuage d'une gaze dont les plis avaient des tons vifs que soutenait encore l'éclat d'une peau satinée. La duchesse était éblouissante. Le bleu clair de sa robe, dont les ornements se répétaient dans les fleurs de sa coiffure, semblait donner, par la richesse de la couleur, un corps à ses formes frêles devenues tout aériennes ; car, en glissant avec rapidité vers Armand, elle fit voler les deux bouts de l'écharpe qui pendait à ses côtés, et le brave soldat ne put alors s'empêcher de la comparer aux jolis insectes bleus qui voltigent au-dessus des eaux, parmi les fleurs, avec lesquelles ils paraissent se confondre.

— Je vous ai fait attendre, dit-elle de la voix que savent prendre les femmes pour l'homme auquel elles veulent plaire.

— J'attendrais patiemment une éternité, si je savais trouver la Divinité belle comme vous l'êtes ; mais ce n'est pas un compliment que de vous parler de votre beauté, vous ne pouvez plus être sensible qu'à l'adoration. Laissez-moi donc seulement baiser votre écharpe.

— Ah, fi ! dit-elle en faisant un geste d'orgueil, je vous estime assez pour vous offrir ma main.

Et elle lui tendit à baiser sa main encore humide. Une main de femme, au moment où elle sort de son bain de senteur, conserve je ne sais quelle fraîcheur douillette, une mollesse veloutée dont la chatouilleuse impression va des lèvres à l'âme. Aussi, chez un homme épris qui a dans les sens autant de volupté qu'il a d'amour au cœur ce baiser, chaste en apparence, peut-il exciter de redoutables orages.

— Me la tendrez-vous toujours ainsi ? dit humblement le général en baisant avec respect cette main dangereuse.

— Oui ; mais nous en resterons là, dit-elle en souriant.

Elle s'assit et parut fort maladroite à mettre ses gants, en voulant en faire glisser la peau d'abord trop étroite le long de ses doigts, et regarder en même temps monsieur de Montriveau, qui admirait alternativement la duchesse et la grâce de ses gestes réitérés.

— Ah! c'est bien, dit-elle, vous avez été exact, j'aime l'exactitude. Sa Majesté dit qu'elle est la politesse des rois; mais, selon moi, de vous à nous, je la crois la plus respectueuse des flatteries. Hé? n'est-ce pas? Dites donc.

Puis elle le guigna de nouveau pour lui exprimer une amitié décevante, en le trouvant muet de bonheur, et tout heureux de ces riens. Ah! la duchesse entendait à merveille son métier de femme, elle savait admirablement rehausser un homme à mesure qu'il se rapetissait, et le récompenser par de creuses flatteries à chaque pas qu'il faisait pour descendre aux niaiseries de la sentimentalité.

— Vous n'oublierez jamais de venir à neuf heures.

— Oui, mais irez-vous donc au bal tous les soirs?

— Le sais-je? répondit-elle en haussant les épaules par un petit geste enfantin comme pour avouer qu'elle était toute caprice et qu'un amant devait la prendre ainsi. — D'ailleurs, reprit-elle, que vous importe? vous m'y conduirez.

— Pour ce soir, dit-il, ce serait difficile, je ne suis pas mis convenablement.

— Il me semble, répondit-elle en le regardant avec fierté, que si quelqu'un doit souffrir de votre mise, c'est moi. Mais sachez, monsieur le voyageur, que l'homme dont j'accepte le bras est toujours au-dessus de la mode, personne n'oserait le critiquer. Je vois que vous ne connaissez pas le monde, je vous en aime davantage.

Et elle le jetait déjà dans les petitesses du monde, en tâchant de l'initier aux vanités d'une femme à la mode.

— Si elle veut faire une sottise pour moi, se dit en lui-même Armand, je serais bien niais de l'en empêcher. Elle m'aime sans doute, et, certes, elle ne méprise pas le monde plus que je ne le méprise moi-même; ainsi va pour le bal!

La duchesse pensait sans doute qu'en voyant le général la suivre au bal en bottes et en cravate noire, personne n'hésiterait à le croire passionnément amoureux d'elle. Heureux de voir la reine du monde élégant vouloir se compromettre pour lui, le général eut de l'esprit en ayant de l'espérance. Sûr de plaire, il déploya ses idées et ses sentiments, sans ressentir la contrainte qui, la veille, lui avait gêné le cœur. Cette conversation substantielle, animée, remplie par ces premières confidences aussi douces à dire qu'à entendre, séduisit-elle madame de Langeais, ou avait-elle imaginé cette ravissante coquetterie ; mais elle regarda malicieusement la pendule quand minuit sonna.

— Ah ! vous me faites manquer le bal ! dit-elle en exprimant de la surprise et du dépit de s'être oubliée. Puis, elle se justifia le changement de ses jouissances par un sourire qui fit bondir le cœur d'Armand.

— J'avais bien promis à madame de Beauséant, ajouta-t-elle. Ils m'attendent tous.

— Hé ! bien, allez.

— Non, continuez, dit-elle: Je reste. Vos aventures en Orient me charment. Racontez-moi bien toute votre vie. J'aime à participer aux souffrances ressenties par un homme de courage, car je les ressens, vrai ! Elle jouait avec son écharpe, la tordait, la déchirait par des mouvements d'impatience qui semblaient accuser un mécontentement intérieur et de profondes réflexions. — Nous ne valons rien, nous autres, reprit-elle. Ah ! nous sommes d'indignes personnes, égoïstes, frivoles. Nous ne savons que nous ennuyer à force d'amusements. Aucune de nous ne comprend le rôle de sa vie. Autrefois, en France, les femmes étaient des lumières bienfaisantes, elles vivaient pour soulager ceux qui pleurent, encourager les grandes vertus, récompenser les artistes et en animer la vie par de nobles pensées. Si le monde est devenu si petit, à nous la faute. Vous me faites haïr ce monde et le bal. Non, je ne vous sacrifie pas grand'chose. Elle acheva de détruire son écharpe, comme un enfant qui, jouant avec une fleur, finit par en arracher tous les pétales ; elle la roula, la jeta loin d'elle, et put ainsi montrer son cou de cygne. Elle sonna. — Je ne sortirai pas, dit-elle à son valet de chambre. Puis elle reporta timidement ses longs yeux bleus sur Armand, de manière à lui faire accepter, par la crainte qu'ils exprimaient, cet ordre pour un aveu, pour une première, pour une grande faveur. — Vous avez eu bien des peines, dit-elle après une pause pleine de pensées et avec cet attendrissement qui souvent est dans la voix des femmes sans être dans le cœur.

— Non, répondit Armand. Jusqu'aujourd'hui, je ne savais pas ce qu'était le bonheur.

— Vous le savez donc, dit-elle en le regardant en dessous d'un air hypocrite et rusé.

— Mais, pour moi désormais, le bonheur, n'est-ce pas de vous voir, de vous entendre... Jusqu'à présent je n'avais que souffert, et maintenant je comprends que je puis être malheureux...

— Assez, assez, dit-elle, allez-vous-en, il est minuit, respectons les convenances. Je ne suis pas allée au bal, vous étiez là. Ne faisons pas causer. Adieu. Je ne sais ce que je dirai, mais la migraine est bonne personne et ne nous donne jamais de démentis.

— Y a-t-il bal demain? demanda-t-il.

— Vous vous y accoutumeriez, je crois. Hé! bien, oui, demain nous irons encore au bal.

Armand s'en alla l'homme le plus heureux du monde, et vint tous les soirs chez madame de Langeais à l'heure qui, par une sorte de convention tacite, lui fut réservée. Il serait fastidieux et ce serait pour une multitude de jeunes gens qui ont de ces beaux souvenirs une redondance que de faire marcher ce récit pas à pas, comme marchait le poëme de ces conversations secrètes dont le cours avance ou retarde au gré d'une femme par une querelle de mots quand le sentiment va trop vite, par une plainte sur les sentiments quand les mots ne répondent plus à sa pensée. Aussi, pour marquer le progrès de cet ouvrage à la Pénélope, peut-être faudrait-il s'en tenir aux expressions matérielles du sentiment. Ainsi, quelques jours après la première rencontre de la duchesse et d'Armand de Montriveau, l'assidu général avait conquis en toute propriété le droit de baiser les insatiables mains de sa maîtresse. Partout où allait madame de Langeais, se voyait inévitablement monsieur de Montriveau, que certaines personnes nommèrent, en plaisantant, *le planton de la duchesse*. Déjà la position d'Armand lui avait fait des envieux, des jaloux, des ennemis. Madame de Langeais avait atteint à son but. Le marquis se confondait parmi ses nombreux admirateurs, et lui servait à humilier ceux qui se vantaient d'être dans ses bonnes grâces, en lui donnant publiquement le pas sur tous les autres.

— Décidément, disait madame de Sérizy, monsieur de Montriveau est l'homme que la duchesse distingue le plus.

Qui ne sait pas ce que veut dire, à Paris, *être distingué par une femme?* Les choses étaient ainsi parfaitement en règle. Ce qu'on se plaisait à raconter du général le rendit si redoutable, que les jeunes gens habiles abdiquèrent tacitement leurs prétentions sur la duchesse, et ne restèrent dans sa sphère que pour exploiter l'importance qu'ils y prenaient, pour se servir de son nom, de sa personne, pour s'arranger au mieux avec certaines puissances du second ordre, enchantées d'enlever un amant à madame de Langeais. La duchesse avait l'œil assez perspicace pour apercevoir ces désertions et ces traités dont son orgueil ne lui permettait pas d'être la dupe. Alors elle savait, disait monsieur le prince de Talleyrand, qui l'aimait beaucoup, tirer un regain de vengeance par un mot à deux tranchants dont elle frappait ces épousailles *morganatiques*. Sa dédaigneuse raillerie ne contribuait pas médiocrement à la faire craindre et passer pour une personne excessivement spirituelle. Elle consolidait ainsi sa réputation de vertu, tout en s'amusant des secrets d'autrui, sans laisser pénétrer les siens. Néanmoins, après deux mois d'assiduités, elle eut, au fond de l'âme, une sorte de peur vague en voyant que monsieur de Montriveau ne comprenait rien aux finesses de la coquetterie Faubourg-Saint-Germanesque, et prenait au sérieux les minauderies parisiennes. — Celui-là, ma chère duchesse, lui avait dit le vieux vidame de Pamiers, est cousin-germain des aigles, vous ne l'apprivoiserez pas; et il vous emportera dans son aire, si vous n'y prenez garde. Le lendemain du soir où le rusé vieillard lui avait dit ce mot, dans lequel madame de Langeais craignit de trouver une prophétie, elle essaya de se faire haïr, et se montra dure, exigeante, nerveuse, détestable pour Armand, qui la désarma par une douceur angélique. Cette femme connaissait si peu la bonté large des grands caractères, qu'elle fût pénétrée des gracieuses plaisanteries par lesquelles ses plaintes furent d'abord accueillies. Elle cherchait une querelle et trouva des preuves d'affection. Alors elle persista.

— En quoi, lui dit Armand, un homme qui vous idolâtre a-t-il pu vous déplaire?

— Vous ne me déplaisez pas, répondit-elle en devenant tout à coup douce et soumise; mais pourquoi voulez-vous me compromettre? Vous ne devez être qu'un *ami* pour moi. Ne le savez-vous pas? Je voudrais vous voir l'instinct, les délicatesses de l'amitié vraie, afin de ne perdre ni votre estime, ni les plaisirs que je ressens près de vous,

— N'être que votre *ami* ? s'écria monsieur de Montriveau à la tête de qui ce terrible mot donna des secousses électriques. Sur la foi des heures douces que vous m'accordez, je m'endors et me réveille dans votre cœur ; et aujourd'hui, sans motif, vous vous plaisez gratuitement à tuer les espérances secrètes qui me font vivre. Voulez-vous, après m'avoir fait promettre tant de constance, et avoir montré tant d'horreur pour les femmes qui n'ont que des caprices, me faire entendre que, semblable à toutes les femmes de Paris, vous avez des passions, et point d'amour ? Pourquoi donc m'avez-vous demandé ma vie, et pourquoi l'avez-vous acceptée ?

— J'ai eu tort, mon ami. Oui, une femme a tort de se laisser aller à de tels enivrements quand elle ne peut ni ne doit les récompenser.

— Je comprends, vous n'avez été que légèrement coquette, et.....

— Coquette ?... je hais la coquetterie. Être coquette, Armand, mais c'est se promettre à plusieurs hommes et ne pas se donner. Se donner à tous est du libertinage. Voilà ce que j'ai cru comprendre de nos mœurs. Mais se faire mélancolique avec les humoristes, gaie avec les insouciants, politique avec les ambitieux, écouter avec une apparente admiration les bavards, s'occuper de guerre avec les militaires, être passionnée pour le bien du pays avec les philanthropes, accorder à chacun sa petite dose de flatterie, cela me paraît aussi nécessaire que de mettre des fleurs dans nos cheveux, des diamants, des gants et des vêtements. Le discours est la partie morale de la toilette, il se prend et se quitte avec la toque à plumes. Nommez-vous ceci coquetterie ? Mais je ne vous ai jamais traité comme je traite tout le monde. Avec vous, mon ami, je suis vraie. Je n'ai pas toujours partagé vos idées, et quand vous m'avez convaincue, après une discussion, ne m'en avez-vous pas vue tout heureuse ? Enfin je vous aime, mais seulement comme il est permis à une femme religieuse et pure d'aimer. J'ai fait des réflexions. Je suis mariée, Armand. Si la manière dont je vis avec monsieur de Langeais me laisse la disposition de mon cœur, les lois, les convenances m'ont ôté le droit de disposer de ma personne. En quelque rang qu'elle soit placée, une femme déshonorée se voit chassée du monde, et je ne connais encore aucun exemple d'un homme qui ait su ce à quoi l'engageaient alors nos sacrifices. Bien mieux, la rupture que chacun prévoit entre madame de Beauséant et monsieur d'Ajuda, qui, dit-on, épouse mademoiselle de Rochefide, m'a prouvé que ces mêmes sacrifices sont presque toujours les causes de votre abandon. Si vous m'aimiez sincèrement, vous cesseriez de me voir pendant quelque temps! Moi, je dépouillerai pour vous toute vanité; n'est-ce pas quelque chose? Que ne dit-on pas d'une femme à laquelle aucun homme ne s'attache? Ah! elle est sans cœur, sans esprit, sans âme, sans charme surtout. Oh! les coquettes ne me feront grâce de rien, elles me raviront les qualités qu'elles sont blessées de trouver en moi. Si ma réputation me reste, que m'importe de voir contester mes avantages par des rivales? elles n'en hériteront certes pas. Allons, mon ami, donnez quelque chose à qui vous sacrifie tant! Venez moins souvent, je ne vous en aimerai pas moins.

— Ah! répondit Armand avec la profonde ironie d'un cœur blessé, l'amour, selon les écrivassiers, ne se repaît que d'illusions! Rien n'est plus vrai, je le vois, il faut que je m'imagine être aimé. Mais, tenez, il est des pensées comme des blessures dont on ne revient pas : vous étiez une de mes dernières croyances, et je m'aperçois en ce moment que tout est faux ici-bas.

Elle se prit à sourire.

— Oui, reprit Montriveau d'une voix altérée, votre foi catholique à laquelle vous voulez me convertir est un mensonge que les hommes se font, l'espérance est un mensonge appuyé sur l'avenir, l'orgueil est un mensonge de nous à nous, la pitié, la sagesse, la terreur sont des calculs mensongers. Mon bonheur sera donc aussi quelque mensonge, il faut que je m'attrape moi-même et consente à toujours donner un louis contre un écu. Si vous pouvez si facilement vous dispenser de me voir, si vous ne m'avouez ni pour ami, ni pour amant, vous ne m'aimez pas! Et moi, pauvre fou, je me dit cela, je le sais, et j'aime.

— Mais, mon Dieu, mon pauvre Armand, vous vous emportez.

— Je m'emporte?

— Oui, vous croyez que tout est en question, parce que je vous parle de prudence.

Au fond, elle était enchantée de la colère qui débordait dans les yeux de son amant. En ce moment, elle le tourmentait; mais elle le jugeait, et remarquait les moindres altérations de sa physionomie. Si le général avait eu le malheur de se montrer généreux sans discussion, comme il arrive quelquefois à certaines âmes candides, il eût été forbanni pour toujours, atteint et convaincu de ne pas savoir aimer. La plupart des femmes veulent se sentir le moral violé. N'est-ce pas une de leurs flatteries de ne jamais céder qu'à la force? Mais Armand n'était pas assez instruit pour apercevoir le piége habilement préparé par la duchesse. Les hommes forts qui aiment ont tant d'enfance dans l'âme!

— Si vous ne voulez que conserver les apparences, dit-il avec naïveté, je suis prêt à...

— Ne conserver que les apparences, s'écria-t-elle en l'interrompant, mais quelles idées vous faites-vous donc de moi? Vous ai-je donné le moindre droit de penser que je puisse être à vous?

— Ah çà, de quoi parlons-nous donc? demanda Montriveau.

— Mais, monsieur, vous m'effrayez. Non, pardon, merci, reprit-elle d'un ton froid, merci, Armand : vous m'avertissez à temps d'une imprudence bien involontaire, croyez-le, mon ami. Vous savez souffrir, dites-vous! Moi aussi, je saurai souffrir. Nous cesserons de nous voir ; puis, quand l'un et l'autre nous aurons su recouvrer un peu de calme, eh! bien, nous aviserons à nous arranger un bonheur approuvé par le monde. Je suis jeune, Armand, un homme sans délicatesse ferait faire bien des sottises et des étourderies à une femme de vingt-quatre ans. Mais, vous! vous serez mon ami, promettez-le-moi.

— La femme de vingt-quatre ans, répondit-il, sait calculer. Il s'assit sur le divan du boudoir, et resta la tête appuyée dans ses mains. — M'aimez-vous, madame? demanda-t-il en relevant la tête et lui montrant un visage plein de résolution. Dites hardiment : oui ou non.

La duchesse fut plus épouvantée de cette interrogation qu'elle ne l'aurait été d'une menace de mort, ruse vulgaire dont s'effrayent peu de femmes au dix-neuvième siècle, en ne voyant plus les hommes porter l'épée au côté ; mais n'y a-t-il pas des effets de cils, de sourcils, des contractions dans le regard, des tremblements de lèvres qui communiquent la terreur qu'ils expriment si vivement, si magnétiquement?

— Ah! dit-elle, si j'étais libre, si...

— Eh! n'est-ce que votre mari qui nous gêne? s'écria joyeusement le général en se promenant à grands pas dans le boudoir. Ma chère Antoinette, je possède un pouvoir plus absolu que ne l'est celui de l'autocrate de toutes les Russies. Je m'entends avec la

Fatalité ; je puis, socialement parlant, l'avancer ou la retarder à ma fantaisie, comme on fait d'une montre. Diriger la Fatalité, dans notre machine politique, n'est-ce pas tout simplement en connaître les rouages? Dans peu, vous serez libre, souvenez-vous alors de votre promesse.

— Armand, s'écria-t-elle, que voulez-vous dire? Grand Dieu! croyez-vous que je puisse être le gain d'un crime? voulez-vous ma mort? Mais vous n'avez donc pas du tout de religion? Moi, je crains Dieu. Quoique monsieur de Langeais m'ait donné le droit de le haïr, je ne lui souhaite aucun mal.

Monsieur de Montriveau, qui battait machinalement la retraite avec ses doigts sur le marbre de la cheminée, se contenta de regarder la duchesse d'un air calme.

— Mon ami, dit-elle en continuant, respectez-le. Il ne m'aime pas, il n'est pas bien pour moi, mais j'ai des devoirs à remplir envers lui. Pour éviter les malheurs dont vous le menacez, que ne ferais-je pas?

Écoutez, reprit-elle après une pause, je ne vous parlerai plus de séparation, vous viendrez ici comme par le passé, je vous donnerai toujours mon front à baiser; si je vous le refusais quelquefois, c'était pure coquetterie, en vérité. Mais, entendons-nous, dit-elle en le voyant s'approcher. Vous me permettrez d'augmenter le nombre de mes poursuivants, d'en recevoir dans la matinée encore plus que par le passé : je veux redoubler de légèreté, je veux vous traiter fort mal en apparence, feindre une rupture; vous viendrez un peu moins souvent; et puis, après...

En disant ces mots, elle se laissa prendre par la taille, parut sentir, ainsi pressée par Montriveau, le plaisir excessif que trouvent la plupart des femmes à cette pression, dans laquelle tous les plaisirs de l'amour semblent promis; puis, elle désirait sans doute se faire faire quelque confidence, car elle se haussa sur la pointe des pieds pour apporter son front sous les lèvres brûlantes d'Armand.

— Après, reprit Montriveau, vous ne me parlerez plus de votre mari : vous n'y devez plus penser.

Madame de Langeais garda le silence.

— Au moins, dit-elle après une pause expressive, vous ferez tout ce que je voudrai, sans gronder, sans être mauvais, dites, mon ami? N'avez-vous pas voulu m'effrayer? Allons, avouez-le!... vous êtes trop bon pour jamais concevoir de criminelles pensées. Mais auriez-vous donc des secrets que je ne connusse point? Comment pouvez-vous donc maîtriser le sort?

— Au moment où vous confirmez le don que vous m'avez déjà fait de votre cœur, je suis trop heureux pour bien savoir ce que je vous répondrais. J'ai confiance en vous, Antoinette, je n'aurai ni soupçons, ni fausses jalousies. Mais, si le hasard vous rendait libre, nous sommes unis...

— Le hasard, Armand, dit-elle en faisant un de ces jolis gestes de tête qui semblent pleins de choses et que ces sortes de femmes jettent à la légère, comme une cantatrice joue avec sa voix. Le pur hasard, reprit-elle. Sachez-le bien : s'il arrivait, par votre faute, quelque malheur à monsieur de Langeais, je ne serais jamais à vous.

Ils se séparèrent contents l'un et l'autre. La duchesse avait fait un pacte qui lui permettait de prouver au monde, par ses paroles et ses actions, que monsieur de Montriveau n'était point son amant. Quant à lui, la rusée se promettait bien de le lasser en ne lui accordant d'autres faveurs que celles surprises dans ces petites luttes dont elle arrêtait le cours à son gré. Elle savait si joliment le lendemain révoquer les concessions consenties la veille, elle était si sérieusement déterminée à rester physiquement vertueuse, qu'elle ne voyait aucun danger pour elle à des préliminaires redoutables seulement aux femmes bien éprises. Enfin, une duchesse séparée de son mari offrait peu de chose à l'amour, en lui sacrifiant un mariage annulé depuis longtemps. De son côté, Montriveau, tout heureux d'obtenir la plus vague des promesses, et d'écarter à jamais les objections qu'une épouse puise dans la foi conjugale pour se refuser à l'amour, s'applaudissait d'avoir conquis encore un peu plus de terrain. Aussi, pendant quelque temps, abusa-t-il des droits d'usufruit qui lui avaient été si difficilement octroyés. Plus enfant qu'il ne l'avait jamais été, cet homme se laissait aller à tous les enfantillages qui font du premier amour la fleur de la vie. Il redevenait petit en répandant et son âme et toutes les forces trompées que lui communiquait sa passion sur les mains de cette femme, sur ses cheveux blonds dont ils baisait les boucles floconneuses, sur ce front éclatant qu'il voyait pur. Inondée d'amour, vaincue par les effluves magnétiques d'un sentiment si chaud, la duchesse hésitait à faire naître la querelle qui devait les séparer à jamais. Elle était plus femme qu'elle ne le croyait, cette chétive créature, en essayant de concilier les exigences de la religion avec les vivaces émotions de vanité, avec les semblants de plaisir dont s'affolent les Parisiennes. Chaque dimanche elle entendait la messe, ne manquait pas un office; puis, le soir, elle se plongeait dans les enivrantes voluptés que procurent des désirs sans cesse réprimés. Armand et madame de Langeais ressemblaient à ces faquirs de l'Inde qui sont récompensés de leur chasteté par les tentations qu'elle leur donne. Peut-être aussi, la duchesse avait-elle fini par résoudre l'amour dans ces caresses fraternelles, qui eussent paru sans doute innocentes à tout le monde, mais auxquelles les hardiesses de sa pensée prêtaient d'excessives dépravations. Comment expliquer autrement le mystère incompréhensible de ses perpétuelles fluctuations ? Tous les matins elle se proposait de fermer sa porte au marquis de Montriveau; puis, tous les soirs, à l'heure dite, elle se laissait charmer par lui. Après une molle défense, elle se faisait moins méchante; sa conversation devenait douce, onctueuse; deux amants pouvaient seuls être ainsi. La duchesse déployait son esprit le plus scintillant, ses coquetteries les plus entraînantes; puis, quand elle avait irrité l'âme et les sens de son amant, s'il la saisissait, elle voulait bien se laisser briser et tordre par lui, mais elle avait son *nec plus ultrà* de passion; et, quand il en arrivait là, elle se fâchait toujours si, maîtrisé par sa fougue, il faisait mine d'en franchir les barrières. Aucune femme n'ose se refuser sans motif à l'amour, rien n'est plus naturel que d'y céder; aussi madame de Langeais s'entoura-t-elle bientôt d'une seconde ligne de fortifications plus difficile à emporter que ne l'avait été la première. Elle évoqua les terreurs de la religion. Jamais le Père de l'Église le plus éloquent ne plaida mieux la cause de Dieu; jamais les vengeances du Très-Haut ne furent mieux justifiées que par la voix de la duchesse. Elle n'employait ni phrases de sermon, ni amplifications de rhétorique. Non, elle avait son *pathos* à elle. A la plus ardente supplique d'Armand elle répondait par un regard mouillé de larmes, par un geste qui peignait une affreuse plénitude de sentiments; elle le faisait taire en lui demandant grâce; un mot de plus, elle ne voulait pas l'entendre, elle succomberait, et la mort lui semblait préférable à un bonheur criminel.

— N'est-ce donc rien que de désobéir à Dieu ! lui disait-elle en retrouvant une voix affaiblie par des combats intérieurs sur lesquels cette jolie comédienne paraissait prendre difficilement un empire passager. Les hommes, la terre entière, je vous les sacrifierais volontiers; mais vous êtes bien égoïste de me demander tout mon avenir pour un moment de plaisir. Allons! voyons, n'êtes-vous pas heureux? ajoutait-elle en lui tendant la main et se montrant à lui dans un négligé qui certes offrait à son amant des consolations dont il se payait toujours.

Si, pour retenir un homme dont l'ardente passion lui donnait des émotions inaccoutumées, ou si, par faiblesse, elle se laissait ravir quelque baiser rapide, aussitôt elle feignait la peur, elle rougissait et bannissait Armand de son canapé au moment où le canapé devenait dangereux pour elle.

— Vos plaisirs sont des péchés que j'expie, Armand; ils me coûtent des pénitences, des remords, s'écriait-elle.

Quand Montriveau se voyait à deux chaises de cette jupe aristocratique, il se prenait à blasphémer, il maugréait Dieu. La duchesse se fâchait alors.

—Mais, mon ami, disait-elle sèchement, je ne comprends pas pourquoi vous refusez de croire en Dieu, car il est impossible de croire aux hommes. Taisez-vous, ne parlez pas ainsi; vous avez l'âme trop grande pour épouser les sottises du libéralisme, qui a la prétention de tuer Dieu.

Les discussions théologiques et politiques lui servaient de douches pour calmer Montriveau, qui ne savait plus revenir à l'amour quand elle excitait sa colère, en le jetant à mille lieues de ce boudoir dans les théories de l'absolutisme qu'elle défendait à merveille. Peu de femmes osent être démocrates, elles sont alors trop en contradiction avec leur despotisme en fait de sentiments. Mais souvent aussi le général secouait sa crinière, laissait la politique, grondait comme un lion, se battait les flancs, s'élançait sur sa proie, revenait terrible d'amour à sa maîtresse, incapable de porter long-temps son cœur et sa pensée en flagrance. Si cette femme se sentait piquée par une fantaisie assez incitante pour la compromettre, elle savait alors sortir de son boudoir : elle quittait l'air chargé de désirs qu'elle y respirait, venait dans son salon, s'y mettait au piano, chantait les airs les plus délicieux de la musique moderne, et trompait ainsi l'amour des sens, qui parfois ne lui faisait pas grâce, mais qu'elle avait la force de vaincre. En ces moments elle était sublime aux yeux d'Armand : elle ne feignait pas, elle était vraie, et le pauvre amant se croyait aimé. Cette résistance égoïste la lui faisait prendre pour une sainte et vertueuse créature, et il se résignait, et il parlait d'amour platonique, le général d'artillerie ! Quand elle eut assez joué de la religion dans son intérêt personnel, madame de Langeais en joua dans celui d'Armand : elle voulut le ramener à des sentiments chrétiens, elle lui refit le Génie du Christianisme à l'usage des militaires. Montriveau s'impatienta, trouva son joug pesant. Oh! alors, par esprit de contradiction, elle lui cassa la tête de Dieu pour voir si Dieu la débarrasserait d'un homme qui allait à son but avec une constance dont elle commençait à s'effrayer. D'ailleurs, elle se plaisait à prolonger toute querelle qui paraissait éterniser la lutte morale, après laquelle venait une lutte matérielle bien autrement dangereuse.

Mais si l'opposition faite au nom des lois du mariage représente l'*époque civile* de cette guerre sentimentale, celle-ci en constituerait l'*époque religieuse*, et elle eut, comme la précédente, une crise après laquelle sa rigueur devait décroître. Un soir, Armand, venu fortuitement de très-bonne heure, trouva monsieur l'abbé Gondrand, directeur de la conscience de madame de Langeais, établi dans un fauteuil au coin de la cheminée, comme un homme en train de digérer son dîner et les jolis péchés de sa pénitente. La vue de cet homme au teint frais et reposé, dont le front était calme, la bouche ascétique, le regard malicieusement inquisiteur, qui avait dans son maintien une véritable noblesse ecclésiastique, et déjà dans son vêtement le violet épiscopal, rembrunit singulièrement le visage de Montriveau qui ne salua personne et resta silencieux. Sorti de son amour, le général ne manquait pas de tact; il devina donc, en échangeant quelques regards avec le futur évêque, que cet homme était le promoteur des difficultés dont s'armait pour lui l'amour de la duchesse. Qu'un ambitieux abbé bricollât et retînt le bonheur d'un homme trempé comme l'était Montriveau? cette pensée bouillonna sur sa face, lui crispa les doigts, le fit lever, marcher, piétiner; puis, quand il revenait à sa place, avec l'intention de faire un éclat, un seul regard de la duchesse suffisait à le calmer. Madame de Langeais, nullement embarrassée du noir silence de son amant, par lequel toute autre femme eût été gênée, continuait à converser fort spirituellement avec monsieur Gondrand sur la nécessité de rétablir la religion dans son ancienne splendeur. Elle exprimait mieux que ne le faisait l'abbé pourquoi l'Église devait être un pouvoir à la fois temporel et spirituel, et regrettait que la chambre des Pairs n'eût pas encore son *banc des évêques*, comme la chambre des Lords avait le sien. Néanmoins l'abbé, sachant que le carême lui permettait de prendre sa revanche, céda la place au général et sortit. A peine la duchesse se leva-t-elle pour rendre à son directeur l'humble révérence qu'elle en reçut, tant elle était intriguée par l'attitude de Montriveau.

— Qu'avez-vous, mon ami?

— Mais j'ai votre abbé sur l'estomac.

— Pourquoi ne preniez-vous pas un livre? lui dit-elle sans se soucier d'être ou non entendue par l'abbé qui fermait la porte.

Montriveau resta muet pendant un moment, car la duchesse accompagna ce mot d'un geste qui en relevait encore la profonde impertinence.

— Ma chère Antoinette, je vous remercie de donner à l'Amour e pas sur l'Église ; mais, de grâce, souffrez que je vous adresse une question.

— Ah! vous m'interrogez. Je le veux bien, reprit-elle. N'êtes-vous pas mon ami? je puis, certes, vous montrer le fond de mon cœur, vous n'y verrez qu'une image.

— Parlez-vous à cet homme de notre amour?

— Il est mon confesseur.

— Sait-il que je vous aime?

— Monsieur de Montriveau, vous ne prétendez pas, je pense, pénétrer les secrets de ma confession?

— Ainsi cet homme connaît toutes nos querelles et mon amour pour vous...

— Un homme, monsieur! dites Dieu.

— Dieu! Dieu! je dois être seul dans votre cœur. Mais laissez Dieu tranquille là où il est, pour l'amour de lui et de moi. Madame, vous n'irez plus à confesse, ou...

— Ou? dit-elle en souriant.

— Ou je ne reviendrai plus ici.

— Partez, Armand. Adieu, adieu pour jamais.

Elle se leva et s'en alla dans son boudoir, sans jeter un seul regard à Montriveau, qui resta debout, la main appuyée sur une chaise. Combien de temps resta-t-il ainsi, jamais il ne le sut lui-même. L'âme a le pouvoir inconnu d'étendre comme de resserrer l'espace. Il ouvrit la porte du boudoir, il y faisait nuit. Une voix faible devint forte pour dire aigrement : — Je n'ai pas sonné. D'ailleurs pourquoi donc entrer sans ordre? Suzette, laissez-moi

— Tu souffres donc? s'écria Montriveau.

— Levez-vous, monsieur, reprit-elle en sonnant, et sortez d'ici au moins pour un moment.

— Madame la duchesse demande de la lumière, dit-il au valet de chambre, qui vint dans le boudoir y allumer les bougies.

Quand les deux amants furent seuls, madame de Langeais demeura couchée sur son divan, muette, immobile, absolument comme si Montriveau n'eût pas été là.

— Chère, dit-il avec un accent de douleur et de bonté sublime, j'ai tort. Je ne te voudrais certes pas sans religion...

— Il est heureux, répliqua-t-elle sans le regarder et d'une voix dure, que vous reconnaissiez la nécessité de la conscience. Je vous remercie pour Dieu.

Ici le général, abattu par l'inclémence de cette femme, qui savait devenir à volonté une étrangère ou une sœur pour lui, fit, vers la porte, un pas de désespoir, et allait l'abandonner à jamais sans lui dire un seul mot. Il souffrait, et la duchesse riait en elle-même des souffrances causées par une torture morale bien plus cruelle que ne l'était jadis la torture judiciaire. Mais cet homme n'était pas maître de s'en aller. En toute espèce de crise, une femme est en quelque sorte grosse d'une certaine quantité de paroles; et quand elle ne les a pas dites, elle éprouve la sensation que donne la vue d'une chose incomplète. Madame de Langeais, qui n'avait pas tout dit, reprit la parole.

— Nous n'avons pas les mêmes convictions, général, j'en suis peinée. Il serait affreux pour la femme de ne pas croire à une religion qui permet d'aimer au delà du tombeau. Je mets à part les sentiments chrétiens, vous ne les comprenez pas. Laissez-moi vous parler seulement des convenances. Voulez-vous interdire à une femme de la cour *la sainte table* quand il est reçu de s'en approcher à Pâques? mais il faut pourtant bien savoir faire quelque chose pour son parti. Les Libéraux ne tueront pas, malgré leur désir, le sentiment religieux. La religion sera toujours une nécessité politique. Vous chargeriez-vous de gouverner un peuple de raisonneurs! Napoléon ne l'osait pas, il persécutait les idéologues. Pour empêcher les peuples de raisonner, il faut leur imposer des sentiments. Acceptons donc la religion catholique avec toutes ses conséquences. Si nous voulons que la France aille à la messe, ne devons-nous pas commencer par y aller nous-mêmes ? La religion, Armand, est, vous le voyez, le lien des principes conservateurs qui permettent aux riches de vivre tranquilles. La religion est intimement liée à la propriété. Il est certes plus beau de conduire les peuples par des idées morales que par des échafauds, comme au temps de la Terreur, seul moyen que votre détestable révolution ait inventé pour se faire obéir. Le prêtre et le roi, mais c'est vous, c'est moi, c'est la princesse ma voisine ; c'est en un mot tous les intérêts des honnêtes gens personnifiés. Allons, mon ami, veuillez donc être de votre parti, vous qui pourriez en devenir le Sylla, si vous aviez la moindre ambition. J'ignore la politique, moi, j'en raisonne par sentiment ; mais j'en sais néanmoins assez pour deviner que la société serait renversée si l'on en faisait mettre à tout moment les bases en question...

— Si votre cour, si votre gouvernement pensent ainsi, vous me faites pitié, dit Montriveau. La Restauration, madame, doit se dire comme Catherine de Médicis, quand elle crut la bataille de Dreux perdue : — Eh ! bien, nous irons au prêche ! Or, 1815 est votre bataille de Dreux. Comme le trône de ce temps-là, vous l'avez gagnée en face mais perdue en droit. Le protestantisme politique est victorieux dans les esprits. Si vous ne voulez pas faire un Édit de Nantes ; ou si, le faisant, vous le révoquez ; si vous êtes un jour atteints et convaincus de ne plus vouloir de la Charte, qui n'est qu'un gage donné au maintien des intérêts révolutionnaires, la Révolution se relèvera terrible, et ne vous donnera qu'un seul coup ; ce n'est pas elle qui sortira de France ; elle y est le sol même. Les hommes se laissent tuer, mais non les intérêts... Eh ! mon Dieu, que nous font la France, le trône, la légitimité, le monde entier ? Ce sont des billevesées auprès de mon bonheur. Régnez, soyez renversés peu m'importe. Où suis-je donc ?

— Mon ami, vous êtes dans le boudoir de madame la duchesse de Langeais.

— Non, non, plus de duchesse, plus de Langeais, je suis près de ma chère Antoinette !

— Voulez-vous me faire le plaisir de rester où vous êtes, dit-elle en riant et en le repoussant, mais sans violence.

— Vous ne m'avez donc jamais aimé ? dit-il avec une rage qui jaillit de ses yeux par des éclairs.

— Non, mon ami.

— Ce non valait un oui.

— Je suis un grand sot, reprit-il en baisant la main de cette terrible reine redevenue femme.

— Antoinette, reprit-il s'appuyant la tête sur ses pieds, tu es trop chastement tendre pour dire nos bonheurs à qui que ce soit au monde.

— Ah! vous êtes un grand fou, dit-elle en se levant par un mouvement gracieux quoique vif. Et sans ajouter une parole, elle courut dans le s alon.

— Qu'a-t-elle donc? demanda le général, qui ne savait pas deviner la puissance des commotions que sa tête brûlante avait électriquement communiquées des pieds à la tête de sa maîtresse.

Au moment où il arrivait furieux dans le salon, il y entendit de célestes accords. La duchesse était à son piano. Les hommes de science ou de poésie qui peuvent à la fois comprendre et jouir sans que la réflexion nuise à leurs plaisirs, sentent que l'alphabet et la phraséologie musicale sont les instruments intimes du musicien, comme le bois ou le cuivre sont ceux de l'exécutant. Pour eux, il existe une musique à part au fond de la double expression de ce sensuel langage des âmes. *Andiamo mio ben* peut arracher des larmes de joie ou faire rire de pitié, selon la cantatrice. Souvent, çà et là, dans le monde, une jeune fille expirant sous le poids d'une peine inconnue, un homme dont l'âme vibre sous les pincements d'une passion, prennent un thème musical et s'entendent avec le ciel, ou se parlent à eux-mêmes dans quelque sublime mélodie, espèce de poème perdu. Or, le général écoutait en ce moment une de ces poésies inconnues autant que peut l'être la plainte solitaire d'un oiseau mort sans compagne dans une forêt vierge.

— Mon Dieu, que jouez-vous donc là? dit-il d'une voix émue.

— Le prélude d'une romance appelée, je crois, *Fleuve du Tage*.

— Je ne savais pas ce que pouvait être une musique de piano, reprit-il.

— Hé, mon ami, dit-elle en lui jetant pour la première fois un regard de femme amoureuse, vous ne savez pas non plus que je vous aime, que vous me faites horriblement souffrir, et qu'il faut bien que je me plaigne sans trop me faire comprendre, autrement je serais à vous... Mais vous ne voyez rien.

— Et vous ne voulez pas me rendre heureux !

— Armand, je mourrais de douleur le lendemain.

Le général sortit brusquement ; mais quand il se trouva dans la rue, il essuya deux larmes qu'il avait eu la force de contenir dans ses yeux.

La religion dura trois mois. Ce terme expiré, la duchesse, ennuyée de ses redites, livra Dieu pieds et poings liés à son amant. Peut-être craignait-elle, à force de parler éternité, de perpétuer l'amour du général en ce monde et dans l'autre. Pour l'honneur de cette femme, il est nécessaire de la croire vierge, même de cœur autrement elle serait trop horrible. Encore bien loin de cet âge où mutuellement l'homme et la femme se trouvent trop près de l'avenir pour perdre du temps et se chicaner leurs jouissances, elle en était, sans doute, non pas à son premier amour, mais à ses premiers plaisirs. Faute de pouvoir comparer le bien au mal, faute de souffrances qui lui eussent appris la valeur des trésors jetés à ses pieds, elle s'en jouait. Ne connaissant pas les éclatantes délices de la lumière, elle se complaisait à rester dans les ténèbres. Armand, qui commençait à entrevoir cette bizarre situation, espérait dans la première parole de la nature. Il pensait, tous les soirs, en sortant de chez madame de Langeais, qu'une femme n'acceptait pas pendant sept mois les soins d'un homme et les preuves d'amour les plus tendres, les plus délicates, ne s'abandonnait pas aux exigences superficielles d'une passion pour la tromper en un moment, et il attendait patiemment la saison du soleil, ne doutant pas qu'il n'en recueillît les fruits dans leur primeur. Il avait parfaitement conçu les scrupules de la femme mariée et les scrupules religieux. Il était même joyeux de ces combats. Il trouvait la duchesse pudique là où elle n'était qu'horriblement coquette ; et il ne l'aurait pas voulue autrement. Il aimait donc à lui voir inventer des obstacles ; n'en triomphait-il pas graduellement ? Et chaque triomphe n'augmentait-il pas la faible somme des privautés amoureuses long-temps défendues, puis concédées par elle avec tous les semblants de l'amour ? Mais il avait si bien dégusté les menues et progressives conquêtes dont se repaissent les amants timides, qu'elles étaient devenues des habitudes pour lui. En fait d'obstacles, il n'avait donc plus que ses propres terreurs à vaincre ; car il ne voyait plus à son bonheur d'autre empêchement que les caprices de celle qui se laissait appeler *Antoinette*. Il résolut alors de vouloir plus, de vouloir tout. Embarrassé comme un amant jeune encore qui n'ose pas croire à l'abaissement de son idole, il hésita long-temps, et connut ces terribles réactions de cœur, ces volontés bien arrêtées qu'un mot anéantit, ces décisions prises qui expirent au seuil d'une porte. Il se méprisait de ne pas avoir la force de dire un mot, et ne le disait pas. Néanmoins un soir il procéda par une sombre mélancolie à la demande farouche de ses droits illégalement légitimes. La duchesse n'attendit pas la requête de son esclave pour en deviner le désir. Un désir d'homme est-il jamais secret? les femmes n'ont-elles pas toutes la science infuse de certains bouleversements de physionomie?

— Hé quoi! voulez-vous cesser d'être mon ami? dit-elle en l'interrompant au premier mot et lui jetant des regards embellis par une divine rougeur qui coula comme un sang nouveau sur son teint diaphane. Pour me récompenser de mes générosités, vous voulez me déshonorer. Réfléchissez donc un peu. Moi, j'ai beaucoup réfléchi ; je pense toujours à *nous*. Il existe une probité de femme à laquelle nous ne devons pas plus manquer que vous ne devez faillir à l'honneur. Moi, je ne sais pas tromper. Si je suis à vous, je ne pourrai plus être en aucune manière la femme de monsieur de Langeais. Vous exigez donc le sacrifice de ma position, de mon rang, de ma vie, pour un douteux amour qui n'a pas eu sept mois de patience. Comment! déjà vous voudriez me ravir la libre disposition de moi-même. Non, non, ne me parlez plus ainsi. Non, ne me dites rien. Je ne veux pas, je ne peux pas vous entendre. Là, madame de Langeais prit sa coiffure à deux mains pour reporter en arrière les touffes de boucles qui lui échauffaient le front, et parut très-animée. — Vous venez chez une faible créature avec des calculs bien arrêtés, en vous disant : Elle me parlera de son mari pendant un certain temps, puis de Dieu, puis des suites inévitables de l'amour ; mais j'userai, j'abuserai de l'influence que j'aurai conquise ; je me rendrai nécessaire ; j'aurai pour moi les liens de l'habitude, les arrangements tout faits par le public ; enfin, quand le monde aura fini par accepter notre liaison, je serai le maître de cette femme. Soyez franc, ce sont là vos pensées... Ah! vous calculez, et vous dites aimer, fi! Vous êtes amoureux, ha! je le crois bien! Vous me désirez, et voulez m'avoir pour maîtresse, voilà tout. Hé! bien, non, *la duchesse de Langeais* ne descendra pas jusque-là. Que de naïves bourgeoises soient les dupes de vos faussetés; moi, je ne le serai jamais. Rien ne m'assure de votre amour. Vous me parlez de ma beauté, je puis devenir laide en six mois, comme la chère princesse ma voisine. Vous êtes ravi de mon esprit, de ma grâce; mon Dieu, vous vous y accoutumerez comme vous vous accoutumeriez au plaisir. Ne vous êtes-vous pas habitué depuis quelques mois aux faveurs que j'ai eu la faiblesse de vous accorder? Quand je serai perdue, un jour, vous ne me donnerez d'autre raison de votre changement que le mot décisif : Je n'aime plus. Rang, fortune, honneur, toute la duchesse de Langeais se sera engloutie dans une espérance trompée. J'aurai des enfants qui attesteront ma honte, et... mais, reprit-elle en laissant échapper un geste d'impatience, je suis trop bonne de vous expliquer ce que vous savez mieux que moi. Allons! restons-en là. Je suis trop heureuse de pouvoir encore briser les liens que vous croyez si forts. Y a-t-il donc quelque chose de si héroïque à être venu à l'hôtel de Langeais passer tous les soirs quelques instants auprès d'une femme dont le babil vous plaisait, de laquelle vous vous amusiez comme d'un joujou? Mais quelques jeunes fats arrivent chez moi, de trois heures à cinq heures, aussi régulièrement que vous venez le soir. Ceux-là sont donc bien généreux. Je me moque d'eux, ils supportent assez tranquillement mes boutades, mes impertinences, et me font rire; tandis que vous, à qui j'accorde les plus précieux trésors de mon âme, vous voulez me perdre, et me causez mille ennuis. Taisez-vous, assez, assez, dit-elle en le voyant prêt à parler, vous n'avez ni cœur, ni âme, ni délicatesse. Je sais ce que vous voulez me dire. Eh! bien, oui. J'aime mieux passer à vos yeux pour une femme froide, insensible, sans dévouement, sans cœur même, que de passer aux yeux du monde pour une femme ordinaire, que d'être condamnée à des peines éternelles après avoir été condamnée à vos prétendus plaisirs, qui vous lasseront certainement. Votre égoïste amour ne vaut pas tant de sacrifices...

Ces paroles représentent imparfaitement celles que fredonna la duchesse avec la vive prolixité d'une serinette. Certes, elle put parler long-temps, le pauvre Armand n'opposait pour toute réponse à ce torrent de notes flûtées qu'un silence plein de sentiments horribles. Pour la première fois, il entrevoyait la coquetterie de cette femme, et devinait instinctivement que l'amour dévoué, l'amour partagé ne calculait pas, ne raisonnait pas ainsi chez une femme vraie. Puis il éprouvait une sorte de honte en se souvenant d'avoir involontairement fait les calculs dont les odieuses pensées lui étaient reprochées. Puis, en s'examinant avec une bonne foi tout angélique, il ne trouvait que de l'égoïsme dans ses paroles, dans ses idées, dans ses réponses conçues et non exprimées. Il se donna tort, et, dans son désespoir, il eut l'envie de se précipiter par la fenêtre. Le *moi* le tuait. Que dire, en effet, à une femme qui ne croit pas à l'amour ? — « Laissez-moi vous prouver combien je vous aime. » Toujours *moi*. Montriveau ne savait pas, comme en ces sortes de circonstances le savent les héros de boudoir, imiter le rude logicien marchant devant les Pyrrhoniens, qui niaient le mouvement. Cet homme audacieux manquait précisément de l'audace habituelle aux amants qui connaissent les formules de l'algèbre féminine. Si tant de femmes, et même les plus vertueuses, sont la proie des gens habiles en amour auxquels le vulgaire donne un méchant nom, peut-être est-ce parce qu'ils sont de grands *prouveurs*, et que l'amour veut, malgré sa délicieuse poésie de sentiment, un peu plus de géométrie qu'on ne le pense. Or, la duchesse et Montriveau se ressemblaient en ce point qu'ils étaient également inexperts en amour. Elle en connaissait très-peu la théorie, elle en ignorait la pratique, ne sentait rien et réfléchissait à tout. Montriveau connaissait peu de pratique, ignorait la théorie, et sentait trop pour réfléchir. Tous deux subissaient donc le malheur de cette situation bizarre. En ce moment suprême, ses myriades de pensées pouvaient se réduire à celle-ci : « Laissez-vous posséder. » Phrase horriblement égoïste pour une femme chez qui ces mots n'apportaient aucun souvenir et ne réveillaient aucune image. Néanmoins, il fallait répondre. Quoiqu'il eût le sang fouetté par ces petites phrases en forme de flèches, bien aiguës, bien froides, bien acérées, décochées coup sur coup, Montriveau devait aussi cacher sa rage, pour ne pas tout perdre par une extravagance.

— Madame la duchesse, je suis au désespoir que Dieu n'ait pas inventé pour la femme une autre façon de confirmer le don de son cœur que d'y ajouter celui de sa personne. Le haut prix que vous attachez à vous-même me montre que je ne dois pas en attacher un moindre. Si vous me donnez votre âme et tous vos sentiments, comme vous me le dites, qu'importe donc le reste? D'ailleurs, si mon bonheur vous est un si pénible sacrifice, n'en parlons plus. Seulement, vous pardonnerez à un homme de cœur de se trouver humilié en se voyant pris pour un épagneul.

Le ton de cette dernière phrase eût peut-être effrayé d'autres femmes ; mais quand une des porte-jupes s'est mise au-dessus de tout en se laissant diviniser, aucun pouvoir ici-bas n'est orgueilleux comme elle sait être orgueilleuse.

— Monsieur le marquis, je suis au désespoir que Dieu n'ait pas inventé pour l'homme une plus noble façon de confirmer le don de son cœur que la manifestation de désirs prodigieusement vulgaires. Si, en donnant notre personne, nous devenons esclaves, un homme ne s'engage à rien en nous acceptant. Qui m'assurera que je serai toujours aimée ? L'amour que je déploierais à tout moment pour vous mieux attacher à moi serait peut-être une raison d'être abandonnée. Je ne veux pas faire une seconde édition de madame de Beauséant. Sait-on jamais ce qui vous retient près de nous ? Notre constante froideur est le secret de la constante passion de quelques-uns d'entre vous ; à d'autres, il faut un dévouement perpétuel, une adoration de tous les moments ; à ceux-ci, la douceur ; à ceux-là, le despotisme. Aucune femme n'a encore pu bien déchiffrer vos cœurs. Il y eut une pause, après laquelle elle changea de ton. — Enfin, mon ami, vous ne pouvez pas empêcher une femme de trembler à cette question : Serai-je aimée toujours ? Quelque dures qu'elles soient, mes paroles me sont dictées par la crainte de vous perdre. Mon Dieu ! ce n'est pas moi, cher, qui parle, mais la raison ; et comment s'en trouve-t-il chez une personne aussi folle que je le suis ? En vérité, je n'en sais rien.

Entendre cette réponse, commencée par la plus déchirante ironie, et terminée par les accents les plus mélodieux dont une femme se soit servie pour peindre l'amour dans son ingénuité, n'était-ce pas aller en un moment du martyre au ciel ? Montriveau pâlit, et tomba pour la première fois de sa vie aux genoux d'une femme. Il baisa le bas de la robe de la duchesse, les pieds, les genoux ; mais, pour l'honneur du faubourg Saint-Germain, il est nécessaire de ne pas révéler les mystères de ses boudoirs, où l'on voulait tout de l'amour, moins ce qui pouvait attester l'amour.

— Chère Antoinette, s'écria Montriveau dans le délire où le plongea l'entier abandon de la duchesse qui se crut généreuse en se laissant adorer ; oui, tu as raison, je ne veux pas que tu conserves de doutes. En ce moment, je tremble aussi d'être quitté par l'ange de ma vie, et je voudrais inventer pour nous des liens indissolubles.

— Ah! dit-elle tout bas, tu vois, j'ai donc raison.

— Laisse-moi finir, reprit Armand, je vais d'un seul mot dissiper toutes tes craintes. Écoute, si je t'abandonnais, je mériterais mille morts. Sois toute à moi, je te donnerai le droit de me tuer si je te trahissais. J'écrirai moi-même une lettre par laquelle je déclarerai certains motifs qui me contraindraient à me tuer ; enfin, j'y mettrai mes dernières dispositions. Tu posséderas ce testament qui légitimerait ma mort, et pourras ainsi te venger sans avoir rien à craindre de Dieu ni des hommes.

— Ai-je besoin de cette lettre? Si j'avais perdu ton amour, que me ferait la vie? Si je voulais te tuer, ne saurais-je pas te suivre? Non, je te remercie de l'idée, mais je ne veux pas de la lettre. Ne pourrais-je pas croire que tu m'es fidèle par crainte, ou le danger d'une infidélité ne pourrait-il pas être un attrait pour celui qui livre ainsi sa vie? Armand, ce que je demande est seul difficile à faire.

— Et que veux-tu donc?

— Ton obéissance et ma liberté.

— Mon Dieu, s'écria-t-il, je suis comme un enfant.

— Un enfant volontaire et bien gâté, dit-elle en caressant l'épaisse chevelure de cette tête qu'elle garda sur ses genoux. Oh! oui, bien plus aimé qu'il ne le croit, et cependant bien désobéissant. Pourquoi ne pas rester ainsi? pourquoi ne pas me sacrifier des désirs qui m'offensent? pourquoi ne pas accepter ce que j'accorde, si c'est tout ce que je puis honnêtement octroyer? N'êtes-vous donc pas heureux?

— Oh! oui, dit-il, je suis heureux quand je n'ai point de doutes. Antoinette, en amour, douter, n'est-ce pas mourir?

Et il se montra tout à coup ce qu'il était et ce que sont tous les hommes sous le feu des désirs, éloquent, insinuant. Après avoir goûté les plaisirs permis sans doute par un secret et jésuitique oukase, la duchesse éprouva ces émotions cérébrales dont l'habitude lui avait rendu l'amour d'Armand nécessaire autant que l'étaient le monde, le bal et l'Opéra. Se voir adorée par un homme dont la supériorité, le caractère inspirent de l'effroi; en faire un enfant; jouer, comme Poppée, avec un Néron; beaucoup de femmes, comme firent les épouses d'Henri VIII, ont payé ce périlleux bonheur de tout le sang de leurs veines. Hé! bien, pressentiment bizarre! en lui livrant les jolis cheveux blanchement blonds dans lesquels il aimait à promener ses doigts, en sentant la petite main de cet homme vraiment grand la presser, en jouant elle-même avec les touffes noires de sa chevelure, dans ce boudoir où elle régnait, la duchesse se disait : — Cet homme est capable de me tuer, s'il s'aperçoit que je m'amuse de lui.

Monsieur de Montriveau resta jusqu'à deux heures du matin près de sa maîtresse, qui, dès ce moment, ne lui parut plus ni une duchesse, ni une Navarreins : Antoinette avait poussé le déguisement jusqu'à paraître femme. Pendant cette délicieuse soirée, la plus douce préface que jamais Parisienne ait faite pour ce que le monde appelle *une faute,* il fut permis au général de voir en elle, malgré les minauderies d'une pudeur jouée, toute la beauté des jeunes filles. Il put penser avec quelque raison que tant de querelles capricieuses formaient des voiles avec lesquels une âme céleste s'était vêtue, et qu'il fallait lever un à un, comme ceux dont elle enveloppait son adorable personne. La duchesse fut pour lui la plus naïve, la plus ingénue des maîtresses, et il en fit la femme de son choix ; il s'en alla tout heureux de l'avoir enfin amenée à lui donner tant de gages d'amour, qu'il lui semblait impossible de ne pas être désormais, pour elle, un époux secret dont le choix était approuvé par Dieu. Dans cette pensée, avec la candeur de ceux qui sentent toutes les obligations de l'amour en en savourant les plaisirs, Armand revint chez lui lentement. Il suivit les quais, afin de voir le plus grand espace possible de ciel, il voulait élargir le firmament et la nature en se trouvant le cœur agrandi. Ses poumons lui paraissaient aspirer plus d'air qu'ils n'en prenaient la veille. En marchant, il s'interrogeait, et se promettait d'aimer si religieusement cette femme qu'elle pût trouver tous les jours une absolution de ses fautes sociales dans un constant bonheur. Douces agitations d'une vie pleine ! Les hommes qui ont assez de force pour teindre leur âme d'un sentiment unique ressentent des jouissances infinies en contemplant par échappées toute une vie incessamment ardente, comme certains religieux pouvaient contempler la lumière divine dans leurs extases. Sans cette croyance en sa perpétuité, l'amour ne serait rien ; la constance le grandit. Ce fut ainsi qu'en s'en allant en proie à son bonheur, Montriveau comprenait la passion. — Nous sommes donc l'un à l'autre à jamais ! Cette pensée était pour cet homme un talisman qui réalisait les vœux de sa vie. Il ne se demandait pas si la duchesse changerait, si cet amour durerait ; non, il avait la foi, l'une des vertus sans laquelle il n'y a pas d'avenir chrétien, mais qui peut-être est encore plus nécessaire aux Sociétés. Pour la première fois, il concevait la vie par les sentiments, lui qui n'avait encore vécu que par l'action la plus exorbitante des forces humaines, le dévouement quasi-corporel du soldat.

Le lendemain, monsieur de Montriveau se rendit de bonne heure au faubourg Saint-Germain. Il avait un rendez-vous dans une maison voisine de l'hôtel de Langeais, où, quand ses affaires furent faites, il alla comme on va chez soi. Le général marchait alors de compagnie avec un homme pour lequel il paraissait avoir une sorte d'aversion quand il le rencontrait dans les salons. Cet homme était le marquis de Ronquerolles, dont la réputation devint si grande dans les boudoirs de Paris; homme d'esprit, de talent, homme de courage surtout, et qui donnait le ton à toute la jeunesse de Paris; un galant homme dont les succès et l'expérience étaient également enviés, et auquel ne manquaient ni la fortune, ni la naissance, qui ajoutent à Paris tant de lustre aux qualités des gens à la mode.

— Où vas-tu? dit monsieur de Ronquerolles à Montriveau.

— Chez madame de Langeais.

— Ah! c'est vrai, j'oubliais que tu t'es laissé prendre à sa glu. Tu perds chez elle un amour que tu pourrais bien mieux employer ailleurs. J'avais à te donner dans la Banque dix femmes qui valent mille fois mieux que cette courtisane titrée, qui fait avec sa tête ce que d'autres femmes plus franches font...

— Que dis-tu là, mon cher, dit Armand en interrompant Ronquerolles, la duchesse est un ange de candeur.

Ronquerolles se prit à rire.

— Puisque tu en es là, mon cher, dit-il, je dois t'éclairer. Un seul mot! entre nous, il est sans conséquence. La duchesse t'appartient-elle? En ce cas, je n'aurai rien à dire. Allons, fais-moi tes confidences. Il s'agit de ne pas perdre ton temps à greffer ta belle âme sur une nature ingrate qui doit laisser avorter les espérances de ta culture.

Quand Armand eut naïvement fait une espèce d'état de situation dans lequel il mentionna minutieusement les droits qu'il avait si péniblement obtenus, Ronquerolles partit d'un éclat de rire si cruel, qu'à tout autre il aurait coûté la vie. Mais à voir de quelle manière ces deux êtres se regardaient et se parlaient seuls au coin d'un mur, aussi loin des hommes qu'ils eussent pu l'être au milieu d'un désert, il était facile de présumer qu'une amitié sans bornes les unissait et qu'aucun intérêt humain ne pouvait les brouiller.

— Mon cher Armand, pourquoi ne m'as-tu pas dit que tu t'embarrassais de la duchesse? je t'aurais donné quelques conseils qui t'auraient fait mener à bien cette intrigue. Apprends d'abord que les femmes de notre faubourg aiment, comme toutes les autres, à se baigner dans l'amour ; mais elles veulent posséder sans être possédées. Elles ont transigé avec la nature. La jurisprudence de la paroisse leur a presque tout permis, moins le péché positif. Les friandises dont te régale ta jolie duchesse sont des péchés véniels dont elle se lave dans les eaux de la pénitence. Mais si tu avais l'impertinence de vouloir sérieusement le grand péché mortel auquel tu dois naturellement attacher la plus haute importance, tu verrais avec quel profond dédain la porte du boudoir et de l'hôtel te serait incontinent fermée. La tendre Antoinette aurait tout oublié, tu serais moins que zéro pour elle. Tes baisers, mon cher ami, seraient essuyés avec l'indifférence qu'une femme met aux choses de sa toilette. La duchesse épongerait l'amour sur ses joues comme elle en ôte le rouge. Nous connaissons ces sortes de femmes, la Parisienne pure. As-tu jamais vu dans les rues une grisette trottant menu? sa tête vaut un tableau : joli bonnet, joues fraîches, cheveux coquets, fin sourire, le reste est à peine soigné. N'en est-ce pas bien le portrait? Voilà la Parisienne, elle sait que sa tête seule sera vue ; à sa tête, tous les soins, les parures, les vanités. Hé! bien, ta duchesse est tout tête, elle ne sent que par sa tête, elle a un cœur dans la tête, une voix de tête, elle est friande par la tête. Nous nommons cette pauvre chose une Laïs intellectuelle. Tu es joué comme un enfant. Si tu en doutes, tu en auras la preuve ce soir, ce matin, à l'instant. Monte chez elle, essaie de demander, de vouloir impérieusement ce que l'on te refuse ; quand même tu t'y prendrais comme feu monsieur le maréchal de Richelieu, néant au placet.

Armand était hébété.

— La désires-tu au point d'en être devenu sot?

— Je la veux à tout prix, s'écria Montriveau désespéré.

— Hé! bien, écoute. Sois aussi implacable qu'elle le sera, tâche de l'humilier, de piquer sa vanité ; d'intéresser non pas le cœur, non pas l'âme, mais les nerfs et la lymphe de cette femme à la fois nerveuse et lymphatique. Si tu peux lui faire naître un désir, tu es sauvé. Mais quitte tes belles idées d'enfant. Si, l'ayant pressée dans ses serres d'aigle, tu cèdes, si tu recules, si l'un de tes sourcils remue, si elle croit pouvoir encore te dominer, elle glissera de tes griffes comme un poisson et s'échappera pour ne plus se laisser prendre. Sois inflexible comme la loi. N'aie pas plus de charité que n'en a le bourreau. Frappe. Quand tu auras frappé, frappe encore. Frappe toujours, comme si tu donnais le knout. Les duchesses sont dures, mon cher Armand, et ces natures de femmes ne s'amollissent que sous les coups ; la souffrance leur donne un cœur, et c'est œuvre de charité que de les frapper. Frappe donc sans cesse. Ah! quand la douleur aura bien attendri ces nerfs, ramolli ces fibres que tu crois douces et molles ; fait battre un cœur sec, qui, à ce jeu, reprendra de l'élasticité ; quand la cervelle aura cédé, la passion entrera peut-être dans les ressorts métalliques de cette machine à larmes, à manières, à évanouissements, à phrases fondantes ; et tu verras le plus magnifique des incendies, si toutefois la cheminée prend feu. Ce système d'acier femelle aura le rouge du fer dans la forge ! une chaleur plus durable que tout autre, et cette incandescence deviendra peut-être de l'amour. Néanmoins, j'en doute. Puis, la duchesse vaut-elle tant de peines? Entre nous, elle aurait besoin d'être préalablement formée par un homme comme moi, j'en ferais une femme charmante, elle a de la race ; tandis qu'à vous deux, vous en resterez à l'A B C de l'amour. Mais tu aimes, et tu ne partagerais pas en ce moment mes idées sur cette matière. — Bien du plaisir, mes enfants, ajouta Ronquerolles en riant et après une pause. Je me suis prononcé, moi, en faveur des femmes faciles ; au moins, elles sont tendres, elles aiment au naturel, et non avec les assaisonnements sociaux. Mon pauvre garçon, une femme qui se chicane, qui ne veut qu'inspirer de l'amour? eh, mais il faut en avoir une comme on a un cheval de luxe ; voir, dans le combat du confessionnal contre le canapé, ou du blanc contre le noir, de la reine contre le fou, des scrupules contre le plaisir, une partie d'échecs fort divertissante à jouer. Un homme tant soit peu roué, qui sait le jeu, donne le *mat* en trois coups, à volonté. Si j'entreprenais une femme de ce genre, je me donnerais pour but de.....

Il dit un mot à l'oreille d'Armand et le quitta brusquement pour ne pas entendre de réponse.

Quant à Montriveau, d'un bond il sauta dans la cour de l'hôtel de Langeais, monta chez la duchesse : et, sans se faire annoncer, il entra chez elle, dans sa chambre à coucher.

— Mais cela ne se fait pas, dit-elle en croisant à la hâte son peignoir, Armand, vous êtes un homme abominable. Allons, laissez-moi, je vous prie. Sortez, sortez donc. Attendez-moi dans le salon. Allez.

— Chère ange, lui dit-il, un époux n'a-t-il donc aucun privilége?

— Mais c'est d'un goût détestable, monsieur, soit à un époux, soit à un mari, de surprendre ainsi sa femme.

Il vint à elle, la prit, la serra dans ses bras : — Pardonne, ma chère Antoinette, mais mille soupçons mauvais me travaillent le cœur.

— Des soupçons, fi! Ah! fi, fi donc!

— Des soupçons presque justifiés. Si tu m'aimais, me ferais-tu cette querelle? N'aurais-tu pas été contente de me voir? n'aurais-tu pas senti je ne sais quel mouvement au cœur? Mais moi qui ne suis pas femme, j'éprouve des tressaillements intimes au seul son de ta voix. L'envie de te sauter au cou m'a souvent pris au milieu d'un bal.

— Ah! si vous avez des soupçons tant que je ne vous aurai pas sauté au cou devant tout le monde, je crois que je serai soupçonnée pendant toute ma vie; mais, auprès de vous, Othello n'est qu'un enfant!

— Ha! dit-il au désespoir, je ne suis pas aimé.

— Du moins, en ce moment, convenez que vous n'êtes pas aimable.

— J'en suis donc encore à vous plaire?

— Ah! je le crois, Allons, dit-elle d'un petit air impératif, sortez, laissez-moi. Je ne suis pas comme vous, moi : je veux toujours vous plaire...

Jamais aucune femme ne sut, mieux que madame de Langeais, mettre tant de grâce dans son impertinence; et n'est-ce pas en doubler l'effet? n'est-ce pas à rendre furieux l'homme le plus froid? En ce moment ses yeux, le son de sa voix, son attitude attestèrent une sorte de liberté parfaite qui n'est jamais chez la femme aimante, quand elle se trouve en présence de celui dont la seule vue doit la faire palpiter. Déniaisé par les avis du marquis de Ronquerolles, encore aidé par cette rapide intus-susception dont sont doués momentanément les êtres les moins sagaces par la passion, mais qui se trouve si complète chez les hommes forts, Armand devina la terrible vérité que trahissait l'aisance de la duchesse, et son cœur se gonfla d'un orage comme un lac prêt à se soulever.

— Si tu disais vrai hier, sois à moi, ma chère Antoinette, s'écria-t-il, je veux...

— D'abord, dit-elle en le repoussant avec force et calme, lorsqu'elle le vit s'avancer, ne me compromettez pas. Ma femme de chambre pourrait vous entendre. Respectez-moi, je vous prie. Votre familiarité est très-bonne, le soir, dans mon boudoir; mais ici, point. Puis, que signifie votre je veux? Je veux! Personne ne m'a dit encore ce mot. Il me semble très-ridicule, parfaitement ridicule.

— Vous ne me céderiez rien sur ce point? dit-il.

— Ah! vous nommez un point, la libre disposition de nous-mêmes : un point très-capital, en effet; et vous me permettrez d'être, en ce point, tout à fait la maîtresse.

— Et si, me fiant en vos promesses, je l'exigeais?

— Ah! vous me prouveriez que j'aurais eu le plus grand tort de vous faire la plus légère promesse, je ne serais pas assez sotte pour la tenir, et je vous prierais de me laisser tranquille.

Montriveau pâlit, voulut s'élancer; la duchesse sonna, sa femme de chambre parut, et cette femme lui dit en souriant avec une grâce moqueuse : — Ayez la bonté de revenir quand je serai visible.

Armand de Montriveau sentit alors la dureté de cette femme froide et tranchante autant que l'acier, elle était écrasante de mépris. En un moment, elle avait brisé des liens qui n'étaient forts que pour son amant. La duchesse avait lu sur le front d'Armand les exigences secrètes de cette visite, et avait jugé que l'instant était venu de faire sentir à ce soldat impérial que les duchesses pouvaient bien se prêter à l'amour, mais ne s'y donnaient pas, et que leur conquête était plus difficile à faire que ne l'avait été celle de l'Europe.

— Madame, dit Armand, je n'ai pas le temps d'attendre. Je suis, vous l'avez dit vous-même, un enfant gâté. Quand je voudrai sérieusement ce dont nous parlions tout à l'heure, je l'aurai.

— Vous l'aurez? dit-elle d'un air de hauteur auquel se mêla quelque surprise.

— Je l'aurai.

— Ah! vous me feriez bien plaisir de le vouloir. Pour la curiosité du fait, je serais charmée de savoir comment vous vous y prendriez...

— Je suis enchanté, répondit Montriveau en riant de façon à effrayer la duchesse, de mettre un intérêt dans votre existence. Me permettrez-vous de venir vous chercher pour aller au bal ce soir?

— Je vous rends mille grâces, monsieur de Marsay vous a prévenu, j'ai promis.

Montriveau salua gravement et se retira.

— Ronquerolles a donc raison, pensa-t-il, nous allons jouer maintenant une partie d'échecs.

Dès lors il cacha ses émotions sous un calme complet. Aucun homme n'est assez fort pour pouvoir supporter ces changements, qui font passer rapidement l'âme du plus grand bien à des malheurs suprêmes. N'avait-il donc aperçu la vie heureuse que pour mieux sentir le vide de son existence précédente! Ce fut un terrible orage; mais il savait souffrir, et reçut l'assaut de ses pensées tumultueuses, comme un rocher de granit reçoit les lames de l'Océan courroucé.

— Je n'ai rien pu lui dire; en sa présence, je n'ai plus d'esprit. Elle ne sait pas à quel point elle est vile et méprisable. Personne n'a osé mettre cette créature en face d'elle-même. Elle a sans doute joué bien des hommes, je les vengerai tous.

Pour la première fois peut-être, dans un cœur d'homme, l'amour et la vengeance se mêlèrent si également qu'il était impossible à Montriveau lui-même de savoir qui de l'amour, qui de la vengeance l'emporterait. Il se trouva le soir même au bal où devait être la duchesse de Langeais, et désespéra presque d'atteindre cette femme à laquelle il fut tenté d'attribuer quelque chose de démoniaque : elle se montra pour lui gracieuse et pleine d'agréables sourires, elle ne voulait pas sans doute laisser croire au monde qu'elle s'était compromise avec monsieur de Montriveau. Une mutuelle bouderie trahit l'amour. Mais que la duchesse ne changeât rien à ses manières, alors que le marquis était sombre et chagrin, n'était-ce pas faire voir qu'Armand n'avait rien obtenu d'elle? Le monde sait bien deviner le malheur des hommes dédaignés, et ne le confond point avec les brouilles que certaines femmes ordonnent à leurs amants d'affecter dans l'espoir de cacher un mutuel amour.

Et chacun se moqua de Montriveau, qui, n'ayant pas consulté son cornac, resta rêveur, souffrant; tandis que monsieur de Ronquerolles lui eût prescrit peut-être de compromettre la duchesse en répondant à ses fausses amitiés par des démonstrations passionnées. Armand de Montriveau quitta le bal, ayant horreur de la nature humaine, et croyant encore à peine à de si complètes perversités.

— S'il n'y a pas de bourreaux pour de semblables crimes, dit-il en regardant les croisées lumineuses des salons où dansaient, causaient et riaient les plus séduisantes femmes de Paris, je te prendrai par le chignon du cou, madame la duchesse, et t'y ferai sentir un fer plus mordant que ne l'est le couteau de la Grève. Acier contre acier, nous verrons quel cœur sera plus tranchant.

Pendant une semaine environ, madame de Langeais espéra revoir le marquis de Montriveau; mais Armand se contenta d'envoyer tous les matins sa carte à l'hôtel de Langeais. Chaque fois que cette carte était remise à la duchesse, elle ne pouvait s'empêcher de tressaillir, frappée par de sinistres pensées, mais indistinctes comme l'est un pressentiment de malheur. En lisant ce nom, tantôt elle croyait sentir dans ses cheveux la main puissante de cet homme implacable, tantôt ce nom lui pronostiquait des vengeances que son mobile esprit lui faisait atroces. Elle l'avait trop bien étudié pour ne pas le craindre. Serait-elle assassinée? Cet homme à cou de taureau l'éventrerait-il en la lançant au-dessus de sa tête? la foulerait-il aux pieds? Quand, où, comment la saisirait-il? la ferait-il bien souffrir, et quel genre de souffrance méditait-il de lui imposer? Elle se repentait. A certaines heures, s'il était venu, elle se serait jetée dans ses bras avec un complet abandon. Chaque soir, en s'endormant, elle revoyait la physionomie de Montriveau sous un aspect différent. Tantôt son sourire amer; tantôt la contraction jupitérienne de ses sourcils, son regard de lion, ou quelque hautain mouvement d'épaules, le lui faisaient terrible. Le lendemain, la carte lui semblait couverte de sang. Elle vivait agitée par ce nom, plus qu'elle ne l'avait été par l'amant fougueux, opiniâtre, exigeant. Puis ses appréhensions grandissaient encore dans le silence, elle était obligée de se préparer, sans secours étranger, à une lutte horrible dont il ne lui était pas permis de parler. Cette âme, fière et dure, était plus sensible aux titillations de la haine qu'elle ne l'avait été naguère aux caresses de l'amour. Ha! si le général avait pu voir sa maîtresse au moment où elle amassait les plis de son front entre ses sourcils, en se plongeant dans d'amères pensées, au fond de ce boudoir où il avait savouré tant de joies, peut-être eût-il conçu de grandes espérances. La fierté n'est-elle pas un des sentiments humains qui ne peuvent enfanter que de nobles actions? Quoique madame de Langeais gardât le secret de ses pensées, il est permis de supposer que monsieur de Montriveau ne lui était plus indifférent. N'est-ce pas une immense conquête pour un homme que d'occuper une femme? Chez elle, il doit nécessairement se faire un progrès dans un sens ou dans l'autre. Mettez une créature féminine sous les pieds d'un cheval furieux, en face de quelque animal terrible; elle tombera, certes, sur les genoux, elle attendra la mort; mais si la bête est clémente et ne la tue pas entièrement, elle aimera le cheval, le lion, le taureau, elle en parlera tout à l'aise. La duchesse se sentait sous les pieds du lion : elle tremblait, elle ne haïssait pas. Ces deux personnes, si singulièrement posées l'une en face de l'autre, se rencontrèrent trois fois dans le monde devant cette semaine. Chaque fois, en réponse à de coquettes interrogations, la duchesse reçut d'Armand des saluts respectueux et des sourires empreints d'une ironie si cruelle, qu'ils confirmaient toutes les appréhensions inspirées le matin par la carte de visite. La vie n'est que ce que nous la font les sentiments, les sentiments avaient creusé des abîmes entre ces deux personnes.

La comtesse de Sérizy, sœur du marquis de Ronquerolles, donnait au commencement de la semaine suivante un grand bal auquel devait venir madame de Langeais. La première figure que vit la duchesse en entrant fut celle d'Armand, Armand l'attendait cette fois, elle le pensa du moins. Tous deux échangèrent un regard. Une sueur froide sortit soudain de tous les pores de cette femme. Elle avait cru Montriveau capable de quelque vengeance inouïe, proportionnée à leur état; cette vengeance était trouvée, elle était prête, elle était chaude, elle bouillonnait. Les yeux de cet amant trahi lui lancèrent les éclairs de la foudre et son visage rayonnait de haine heureuse. Aussi, malgré la volonté qu'avait la duchesse d'exprimer la froideur et l'impertinence, son regard resta-t-il morne. Elle alla se placer près de la comtesse de Sérizy, qui ne put s'empêcher de lui dire : — Qu'avez-vous, ma chère Antoinette? Vous êtes à faire peur.

— Une contredanse va me remettre, répondit-elle en donnant la main à un jeune homme qui s'avançait.

Madame de Langeais se mit à valser avec une sorte de fureur et d'emportement que redoubla le regard pesant de Montriveau. Il resta debout, en avant de ceux qui s'amusaient à voir les valseurs. Chaque fois que sa maîtresse passait devant lui, ses yeux plongeaient sur cette tête tournoyante, comme ceux d'un tigre sûr de sa proie. La valse finie, la duchesse vint s'asseoir près de la comtesse, et le marquis ne cessa de la regarder en s'entretenant avec un inconnu.

— Monsieur, lui disait-il, l'une des choses qui m'ont le plus frappé dans ce voyage...

La duchesse était tout oreilles.

... Est la phrase que prononce le gardien de Westminster en vous montrant la hache avec laquelle un homme masqué trancha, dit-on, la tête de Charles Ier en mémoire du roi qui les dit à un curieux.

— Que dit-il? demanda madame de Sérizy.

— *Ne touchez pas à la hache*, répondit Montriveau d'un ton de voix où il y avait de la menace.

— En vérité, monsieur le marquis, dit la duchesse de Langeais, vous regardez mon cou d'un air si mélodramatique en répétant cette vieille histoire, connue de tous ceux qui vont à Londres, qu'il me semble, vous voir une hache à la main.

Ces derniers mots furent prononcés en riant, quoiqu'une sueur froide eût saisi la duchesse.

— Mais cette histoire est, par circonstance, très-neuve, répondit-il.

— Comment cela? je vous prie, de grâce, en quoi?

— En ce que, madame, vous avez touché à la hache, lui dit Montriveau à voix basse.

— Quelle ravissante prophétie! reprit-elle en souriant avec une grâce affectée. Et quand doit tomber ma tête?

— Je ne souhaite pas de voir tomber votre jolie tête, madame. Je crains seulement pour vous quelque grand malheur. Si l'on vous tondait, ne regretteriez-vous pas ces cheveux si mignonnement blonds, et dont vous tirez si bien parti...

— Mais il est des personnes auxquelles les femmes aiment à faire de ces sacrifices, et souvent même à des hommes qui ne savent pas leur faire crédit d'un mouvement d'humeur.

— D'accord. Eh! bien, si tout à coup, par un procédé chimique, un plaisant vous enlevait votre beauté, vous mettait à cent ans, quand vous n'en avez pour nous que dix-huit?

— Mais, monsieur, dit-elle en l'interrompant, la petite-vérole est notre bataille de Waterloo. Le lendemain nous connaissons ceux qui nous aiment véritablement.

— Vous ne regretteriez pas cette délicieuse figure qui...

— Ha, beaucoup; mais moins pour moi que pour celui dont elle ferait la joie. Cependant, si j'étais sincèrement aimée, toujours, bien, que m'importerait la beauté? Qu'en dites-vous, Clara?

— C'est une spéculation dangereuse, répondit madame de Sérizy.

— Pourrait-on demander à sa majesté le roi des sorciers, reprit madame de Langeais, quand j'ai commis la faute de toucher à la hache, moi qui ne suis pas encore allée à Londres...

— *Non so*, fit-il en laissant échapper un rire moqueur.

— Et quand commencera le supplice?

Là, Montriveau tira froidement sa montre et vérifia l'heure avec une conviction réellement effrayante.

— La journée ne finira pas sans qu'il vous arrive un horrible malheur...

— Je ne suis pas un enfant qu'on puisse facilement épouvanter, ou plutôt je suis un enfant qui ne connaît pas le danger, dit la duchesse, et vais danser sans crainte au bord de l'abîme.

— Je suis enchanté, madame, de vous savoir tant de caractère, répondit-il en la voyant aller prendre sa place à un quadrille.

Malgré son apparent dédain pour les noires prédictions d'Armand, la duchesse était en proie à une véritable terreur. A peine l'oppression morale et presque physique sous laquelle la tenait son amant cessa-t-elle lorsqu'il quitta le bal. Néanmoins, après avoir joui pendant un moment du plaisir de respirer à son aise, elle se surprit à regretter les émotions de la peur, tant la nature femelle est avide de sensations extrêmes. Ce regret n'était pas de l'amour, mais il appartenait certes aux sentiments qui le préparent. Puis, comme si la duchesse eût de nouveau ressenti l'effet que monsieur Montriveau lui avait fait éprouver, elle se rappela l'air de conviction avec lequel il venait de regarder l'heure, et, saisie d'épouvante, elle se retira. Il était alors environ minuit. Celui de ses gens qui l'attendait lui mit sa pelisse et marcha devant elle pour faire avancer sa voiture; puis, quand elle y fut assise, elle tomba dans une rêverie assez naturelle, provoquée par la prédiction de monsieur de Montriveau. Arrivée dans sa cour, elle entra dans un vestibule presque semblable à celui de son hôtel; mais tout à coup elle ne reconnut pas son escalier; puis au moment où elle se retourna pour appeler ses gens, plusieurs hommes l'assaillirent avec rapidité, lui jetèrent un mouchoir sur la bouche, lui lièrent les mains, les pieds, et l'enlevèrent. Elle jeta de grands cris.

— Madame, nous avons ordre de vous tuer si vous criez, lui dit-on à l'oreille.

La frayeur de la duchesse fut si grande, qu'elle ne put jamais s'expliquer par où ni comment elle fut transportée. Quand elle reprit ses sens, elle se trouva les pieds et les poings liés, avec des cordes de soie, couchée sur le canapé d'une chambre de garçon. Elle ne put retenir un cri en rencontrant les yeux d'Armand de Montriveau, qui, tranquillement assis dans un fauteuil, et enveloppé dans sa robe de chambre, fumait un cigare.

— Ne criez pas, madame la duchesse, dit-il en s'ôtant froidement son cigare de la bouche, j'ai la migraine. D'ailleurs je vais vous délier. Mais écoutez bien ce que j'ai l'honneur de vous dire. Il dénoua délicatement les cordes qui serraient les pieds de la duchesse. — A quoi vous serviraient vos cris? personne ne peut les entendre. Vous êtes trop bien élevée pour faire des grimaces inutiles. Si vous ne vous teniez pas tranquille, si vous vouliez lutter avec moi, je vous attacherais de nouveau les pieds et les mains. Je crois que, tout bien considéré, vous vous respecterez assez pour demeurer sur ce canapé, comme si vous étiez chez vous, sur le vôtre : froide encore, si vous voulez... Vous m'avez fait répandre, sur ce canapé, bien des pleurs que je cachais à tous les yeux.

Pendant que Montriveau lui parlait, la duchesse jeta autour d'elle ce regard de femme, regard furtif qui sait tout voir en paraissant distrait. Elle aima beaucoup cette chambre assez semblable à la cellule d'un moine. L'âme et la pensée de l'homme y planaient. Aucun ornement n'altérait la peinture grise des parois vides. A terre était un tapis vert. Un canapé noir, une table couverte de papiers, deux grands fauteuils, une commode ornée d'un réveil, un lit très-bas sur lequel était jeté un drap rouge bordé d'une grecque noire annonçaient par leur contexture les habitudes d'une vie réduite à sa plus simple expression. Un triple flambeau posé sur la cheminée rappelait, par sa forme égyptienne, l'immensité des déserts où cet homme avait longtemps erré. A côté du lit, entre le pied que d'énormes pates de sphinx faisaient deviner sous les plis de l'étoffe et l'un des murs latéraux de la chambre, se trouvait une porte cachée par un rideau vert à franges rouges et noires que de gros anneaux rattachaient sur une hampe. La porte par laquelle les inconnus étaient entrés avait une portière pareille, mais relevée par une embrasse. Au dernier regard que la duchesse jeta sur les deux rideaux pour les comparer, elle s'aperçut que la porte voisine du lit était ouverte, et que les lueurs rougeâtres allumées dans l'autre pièce se dessinaient sous l'effilé d'en bas. Sa curiosité fut naturellement excitée par cette lumière triste, qui lui permit à peine de distinguer dans les ténèbres quelques formes bizarres; mais, en ce moment, elle ne songea pas que son danger pût venir de là, et voulut satisfaire un plus ardent intérêt.

— Monsieur, est-ce une indiscrétion de vous demander ce que vous comptez faire de moi? dit-elle avec une impertinence et une moquerie perçante.

La duchesse croyait deviner un amour excessif dans les paroles de Montriveau. D'ailleurs, pour enlever une femme, ne faut-il pas l'adorer?

— Rien du tout, madame, répondit-il en soufflant avec grâce sa dernière bouffée de tabac. Vous êtes ici pour peu de temps. Je veux d'abord vous expliquer ce que vous êtes, et ce que je suis. Quand vous vous tortillez sur votre divan, dans votre boudoir, je ne trouve pas de mots pour mes idées. Puis chez vous, à la moindre pensée qui vous déplaît, vous tirez le cordon de votre sonnette, vous criez bien fort et mettez votre amant à la porte comme s'il était le dernier des misérables. Ici, j'ai l'esprit libre. Ici, personne ne peut me jeter à la porte. Ici, vous serez ma victime pour quelques instants, et vous aurez l'extrême bonté de m'écouter. Ne craignez rien. Je ne vous ai pas enlevée pour vous dire des injures, pour obtenir de vous par violence ce que je n'ai pas su mériter, ce que vous n'avez pas voulu m'octroyer de bonne grâce. Ce serait une indignité. Vous concevez peut-être le viol; moi, je ne le conçois pas.

Il lança, par un mouvement sec, son cigare au feu.

— Madame, la fumée vous incommode sans doute?

Aussitôt il se leva, prit dans le foyer une cassolette chaude, y

brûla des parfums, et purifia l'air. L'étonnement de la duchesse
n e pouvait se comparer qu'à son humiliation. Elle était au pouvoir
de cet homme, et cet homme ne voulait pas abuser de son pouvoir. Ces yeux jadis si flamboyants d'amour, elle les voyait calmes
et fixes comme des étoiles. Elle trembla. Puis la terreur qu'Armand
lui inspirait fut augmentée par une de ces sensations pétrifiantes,
analogues aux agitations sans mouvement ressenties dans le cauchemar. Elle resta clouée par la peur, en croyant voir la lueur placée derrière le rideau prendre de l'intensité sous les aspirations
d'un soufflet. Tout à coup les reflets devenus plus vifs avaient illuminé trois personnes masquées. Cet aspect horrible s'évanouit si
promptement qu'elle le prit pour une fantaisie d'optique.

— Madame, reprit Armand en la contemplant avec une méprisante froideur, une minute, une seule me suffira pour vous atteindre dans tous les moments de votre vie, la seule éternité dont je
puisse disposer, moi. Je ne suis pas Dieu. Écoutez-moi bien, dit-il, en faisant une pause pour donner de la solennité à son discours.
L'amour viendra toujours à vos souhaits; vous avez sur les hommes
un pouvoir sans bornes; mais souvenez-vous qu'un jour vous
avez appelé l'amour : il est venu pur et candide, autant qu'il peut
l'être sur cette terre; aussi respectueux qu'il était violent; caressant, comme l'est l'amour d'une femme dévouée, ou comme l'est
celui d'une mère pour son enfant; enfin, si grand, qu'il était une
folie. Vous vous êtes jouée de cet amour, vous avez commis un
crime. Le droit de toute femme est de se refuser à un amour qu'elle
sent ne pouvoir partager. L'homme qui aime sans se faire aimer ne
saurait être plaint, et n'a pas le droit de se plaindre. Mais, madame la duchesse, attirer à soi, en feignant le sentiment, un malheureux privé de toute affection, lui faire comprendre le bonheur
dans toute sa plénitude, pour le lui ravir; lui voler son avenir de
félicité; le tuer non-seulement aujourd'hui, mais dans l'éternité
de sa vie, en empoisonnant toutes ses heures et toutes ses pensées,
voilà ce que je nomme un épouvantable crime!

— Monsieur...

— Je ne puis encore vous permettre de me répondre. Écoutez-moi donc toujours. D'ailleurs, j'ai des droits sur vous; mais je ne
veux que de ceux du juge sur le criminel, afin de réveiller votre
conscience. Si vous n'aviez plus de conscience, je ne vous blâmerais point; mais vous êtes si jeune! vous devez vous sentir encore

de la vie au cœur, j'aime à le penser. Si je vous crois assez dépravée pour commettre un crime impuni par les lois, je ne vous fais pas assez dégradée pour ne pas comprendre la portée de mes paroles. Je reprends.

En ce moment, la duchesse entendit le bruit sourd d'un soufflet, avec lequel les inconnus qu'elle venait d'entrevoir attisaient sans doute le feu dont la clarté se projeta sur le rideau ; mais le regard fulgurant de Montriveau la contraignit à rester palpitante et les yeux fixes devant lui. Quelle que fût sa curiosité, le feu des paroles d'Armand l'intéressait plus encore que la voix de ce feu mystérieux.

— Madame, dit-il après une pause, lorsque, dans Paris, le bourreau devra mettre la main sur un pauvre assassin, et le couchera sur la planche où la loi veut qu'un assassin soit couché pour perdre la tête... Vous savez, les journaux en préviennent les riches et les pauvres, afin de dire aux uns de dormir tranquilles, et aux autres de veiller pour vivre. Eh! bien, vous qui êtes religieuse, et même un peu dévote, allez faire dire des messes pour cet homme : vous êtes de la famille; mais vous êtes de la branche aînée. Celle-là peut trôner en paix, exister heureuse et sans soucis. Poussé par la misère ou par la colère, votre frère de bagne n'a tué qu'un homme ; et vous! vous avez tué le bonheur d'un homme, sa plus belle vie, ses plus chères croyances. L'autre a tout naïvement attendu sa victime ; il l'a tuée malgré lui, par peur de l'échafaud ; mais vous!... vous avez entassé tous les forfaits de la faiblesse contre une force innocente; vous avez apprivoisé le cœur de votre patient pour en mieux dévorer le cœur; vous l'avez appâté de caresses; vous n'en avez omis aucune de celles qui pouvaient lui faire supposer, rêver, désirer les délices de l'amour. Vous lui avez demandé mille sacrifices pour les refuser tous. Vous lui avez bien fait voir la lumière avant de lui crever les yeux. Admirable courage ! De telles infamies sont un luxe que ne comprennent pas ces bourgeoises desquelles vous vous moquez. Elles savent se donner et pardonner ; elles savent aimer et souffrir. Elles nous rendent petits par la grandeur de leurs dévouements. A mesure que l'on monte en haut de la société, il s'y trouve autant de boue qu'il y en a par le bas ; seulement elle s'y durcit et se dore. Oui, pour rencontrer la perfection dans l'ignoble, il faut une belle éducation, un grand nom, une jolie femme, une duchesse. Pour tomber au-dessous de tout, il fallait être au-dessus de tout.

Je vous dis mal ce que je pense, je souffre encore trop des blessures que vous m'avez faites; mais ne croyez pas que je me plaigne! Non. Mes paroles ne sont l'expression d'aucune espérance personnelle, et ne contiennent aucune amertume. Sachez-le bien, madame, je vous pardonne, et ce pardon est assez entier pour que vous ne vous plaigniez point d'être venue le chercher malgré vous... Seulement, vous pourriez abuser d'autres cœurs aussi enfants que l'est le mien, et je dois leur épargner des douleurs. Vous m'avez donc inspiré une pensée de justice. Expiez votre faute ici-bas, Dieu vous pardonnera peut-être, je le souhaite; mais il est implacable, et vous frappera.

A ces mots, les yeux de cette femme abattue, déchirée, se remplirent de pleurs.

— Pourquoi pleurez-vous? Restez fidèle à votre nature. Vous avez contemplé sans émotion les tortures du cœur que vous brisiez. Assez, madame, consolez-vous. Je ne puis plus souffrir. D'autres vous diront que vous leur avez donné la vie, moi je vous dis avec délices que vous m'avez donné le néant. Peut-être devinez-vous que je ne m'appartiens pas, que je dois vivre pour mes amis, et qu'alors j'aurai la froideur de la mort et les chagrins de la vie à supporter ensemble. Auriez-vous tant de bonté? Seriez-vous comme les tigres du désert, qui font d'abord la plaie, et puis la lèchent?

La duchesse fondit en larmes.

— Épargnez-vous donc ces pleurs, madame. Si j'y croyais, ce serait pour m'en défier. Est-ce ou n'est-ce pas un de vos artifices? Après tous ceux que vous avez employés, comment penser qu'il peut y avoir en vous quelque chose de vrai? Rien de vous n'a désormais la puissance de m'émouvoir. J'ai tout dit.

Madame de Langeais se leva par un mouvement à la fois plein de noblesse et d'humilité.

— Vous êtes en droit de me traiter durement, dit-elle en tendant à cet homme une main qu'il ne prit pas, vos paroles ne sont pas assez dures encore, et je mérite cette punition.

— Moi, vous punir, madame! mais punir, n'est-ce pas aimer? N'attendez de moi rien qui ressemble à un sentiment. Je pourrais me faire, dans ma propre cause, accusateur et juge, arrêt et bourreau; mais non. J'accomplirai tout à l'heure un devoir, et nullement un désir de vengeance. La plus cruelle vengeance est, selon moi, le dédain d'une vengeance possible. Qui sait! je serai peut-être le ministre de vos plaisirs. Désormais, en portant élégamment la triste livrée dont la société revêt les criminels, peut-être serez-vous forcée d'avoir leur probité. Et alors vous aimerez !

La duchesse écoutait avec une soumission qui n'était plus jouée ni coquettement calculée ; elle ne prit la parole qu'après un intervalle de silence.

— Armand, dit-elle, il me semble qu'en résistant à l'amour, j'obéissais à toutes les pudeurs de la femme, et ce n'est pas de vous que j'eusse attendu de tels reproches. Vous vous armez de toutes mes faiblesses pour m'en faire des crimes. Comment n'avez-vous pas supposé que je pusse être entraînée au delà de mes devoirs par toutes les curiosités de l'amour, et que le lendemain je fusse fâchée, désolée d'être allée trop loin ? Hélas ! c'était pécher par ignorance. Il y avait, je vous le jure, autant de bonne foi dans mes fautes que dans mes remords. Mes duretés trahissaient bien plus d'amour que n'en accusaient mes complaisances. Et d'ailleurs, de quoi vous plaignez-vous ? Le don de mon cœur ne vous a pas suffi, vous avez exigé brutalement ma personne....

— Brutalement ! s'écria monsieur de Montriveau. Mais il se dit à lui-même : — Je suis perdu, si je me laisse prendre à des disputes de mots.

— Oui, vous êtes arrivé chez moi comme chez une de ces mauvaises femmes, sans le respect, sans aucune des attentions de l'amour. N'avais-je pas le droit de réfléchir ? Eh ! bien, j'ai réfléchi. L'inconvenance de votre conduite est excusable : l'amour en est le principe ; laissez-moi le croire et vous justifier à moi-même. Hé bien ! Armand, au moment même où ce soir vous me prédisiez le malheur, moi je croyais à notre bonheur. Oui, j'avais confiance en ce caractère noble et fier dont vous m'avez donné tant de preuves... Et j'étais toute à toi, ajouta-t-elle en se penchant à l'oreille de Montriveau. Oui, j'avais je ne sais quel désir de rendre heureux un homme si violemment éprouvé par l'adversité. Maître pour maître, je voulais un homme grand. Plus je me sentais haut, moins je voulais descendre. Confiante en toi, je voyais toute une vie d'amour au moment où tu me montrais la mort.... La force ne va pas sans la bonté. Mon ami, tu es trop fort pour te faire méchant contre une pauvre femme qui t'aime. Si j'ai eu des torts, ne puis-je donc obtenir un pardon ? ne puis-je les réparer ? Le repentir est la grâce de l'amour, je veux être bien gracieuse pour toi. Comment moi seule né pouvais-je partager avec toutes les femmes ces incertitudes, ces craintes, ces timidités qu'il est si naturel d'éprouver quand on se lie pour la vie, et que vous brisez si facilement ces sortes de liens ! Ces bourgeoises, auxquelles vous me comparez, se donnent, mais elles combattent. Hé ! bien, j'ai combattu, mais me voilà... — Mon Dieu ! il ne m'écoute pas ! s'écria-t-elle en s'interrompant. Elle se tordit les mains en criant : — Mais je t'aime ! mais je suis à toi ! Elle tomba aux genoux d'Armand. — A toi ! à toi, mon unique, mon seul maître !

— Madame, dit Armand en voulant la relever, Antoinette ne peut plus sauver la duchesse de Langeais. Je ne crois plus ni à l'une ni à l'autre. Vous vous donnerez aujourd'hui, vous vous refuserez peut-être demain. Aucune puissance ni dans les cieux ni sur la terre ne saurait me garantir la douce fidélité de votre amour. Les gages en étaient dans le passé; nous n'avons plus de passé.

En ce moment, une lueur brilla si vivement, que la duchesse ne put s'empêcher de tourner la tête vers la portière, et revit distinctement les trois hommes masqués.

— Armand, dit-elle, je ne voudrais pas vous mésestimer. Comment se trouve-t-il là des hommes ? Que préparez-vous donc contre moi ?

— Ces hommes sont aussi discrets que je le serai moi-même sur ce qui va se passer ici, dit-il. Ne voyez en eux que mes bras et mon cœur. L'un d'eux est un chirurgien....

— Un chirurgien, dit-elle. Armand, mon ami, l'incertitude est la plus cruelle des douleurs. Parlez donc, dites-moi si vous voulez ma vie : je vous la donnerai, vous ne la prendrez pas...

— Vous ne m'avez donc pas compris ? répliqua Montriveau. Ne vous ai-je pas parlé de justice ? Je vais, ajouta-t-il froidement, en prenant un morceau d'acier qui était sur la table, pour faire cesser vos appréhensions, vous expliquer ce que j'ai décidé de vous.

Il lui montra une croix de Lorraine adaptée au bout d'une tige d'acier.

— Deux de mes amis font rougir en ce moment une croix dont voici le modèle. Nous vous l'appliquerons au front, là, entre les deux yeux, pour que vous ne puissiez pas la cacher par quelques diamants, et vous soustraire ainsi aux interrogations du monde. Vous aurez enfin sur le front la marque infamante appliquée sur l'épaule de vos frères les forçats. La souffrance est peu de chose, mais je craignais quelque crise nerveuse, ou de la résistance......

— De la résistance, dit-elle en frappant de joie dans ses mains, non, non, je voudrais maintenant voir ici la terre entière. Ah! mon Armand, marque, marque vite ta créature comme une pauvre petite chose à toi? Tu demandais des gages à mon amour; mais les voilà tous dans un seul. Ah! je ne vois que clémence et pardon, que bonheur éternel en ta vengeance... Quand tu auras ainsi désigné une femme pour la tienne, quand tu auras une âme serve qui portera ton chiffre rouge, eh! bien, tu ne pourras jamais l'abandonner, tu seras à jamais à moi. En m'isolant sur la terre, tu seras chargé de mon bonheur, sous peine d'être un lâche, et je te sais noble, grand! Mais la femme qui aime se marque toujours elle-même. Venez, messieurs, entrez et marquez, marquez la duchesse de Langeais. Elle est à jamais à monsieur de Montriveau. Entrez vite, et tous, mon front brûle plus que votre fer.

Armand se retourna vivement pour ne pas voir la duchesse palpitante, agenouillée. Il dit un mot qui fit disparaître ses trois amis. Les femmes habituées à la vie des salons connaissent le jeu des glaces. Aussi la duchesse, interressée à bien lire dans le cœur d'Armand, était tout yeux. Armand, qui ne se défiait pas de son miroir laissa voir deux larmes rapidement essuyées. Tout l'avenir de la duchesse était dans ces deux larmes. Quand il revint pour relever madame de Langeais, il la trouva debout, elle se croyait aimée. Aussi, dut-elle vivement palpiter en entendant Montriveau lui dire, avec cette fermeté qu'elle savait si bien prendre jadis quand elle se jouait de lui : — Je vous fais grâce, madame. Vous pouvez me croire, cette scène sera comme si elle n'eût jamais été. Mais ici, disons-nous adieu. J'aime à penser que vous avez été franche sur votre canapé dans vos coquetteries, franche ici dans votre effusion de cœur. Adieu. Je ne me sens plus la foi. Vous me tourmenteriez encore, vous seriez toujours duchesse. Et... mais adieu, nous ne nous comprendrons jamais. Que souhaitez-vous maintenant? dit-il en prenant l'air d'un maître de cérémonies. Rentrer chez vous, ou revenir au bal de madame de Sérizy! J'ai employé tout mon pouvoir à laisser votre réputation intacte. Ni vos gens, ni le monde ne peuvent rien savoir de ce qui s'est passé entre nous depuis un quart d'heure. Vos gens vous croient au bal ; votre voiture n'a pas quitté la cour de madame de Sérizy ; votre coupé peut se trouver aussi dans celle de votre hôtel. Où voulez-vous être?

— Quel est votre avis, Armand?

— Il n'y a plus d'Armand, madame la duchesse. Nous sommes étrangers l'un à l'autre.

— Menez-moi donc au bal, dit-elle curieuse encore de mettre à l'épreuve le pouvoir d'Armand. Rejetez dans l'enfer du monde une créature qui y souffrait, et qui doit continuer d'y souffrir, si pour elle il n'est plus de bonheur. Oh! mon ami, je vous aime pourtant, comme aiment vos bourgeoises. Je vous aime à vous sauter au cou dans le bal, devant tout le monde, si vous le demandiez. Ce monde horrible, il ne m'a pas corrompue. Va, je suis jeune et viens de me rajeunir encore. Oui, je suis une enfant, ton enfant, tu viens de me créer. Oh! ne me bannis pas de mon Éden!

Armand fit un geste.

— Ah! si je sors, laisse-moi donc emporter d'ici quelque chose, un rien! ceci, pour le mettre ce soir sur mon cœur, dit-elle en s'emparant du bonnet d'Armand, qu'elle roula dans son mouchoir...

— Non, reprit-elle, je ne suis pas de ce monde de femmes dépravées; tu ne le connais pas, et alors tu ne peux m'apprécier; sache-le-donc! quelques-unes se donnent pour des écus; d'autres sont sensibles aux présents; tout y est infâme. Ah! je voudrais être une simple bourgeoise, une ouvrière, si tu aimes mieux une femme au-dessous de toi, qu'une femme en qui le dévouement s'allie aux grandeurs humaines. Ah! mon Armand, il est parmi nous de nobles, de grandes, de chastes, de pures femmes, et alors elles sont délicieuses. Je voudrais posséder toutes les noblesses pour te les sacrifier toutes; le malheur m'a faite duchesse; je voudrais être née près du trône, il ne manquerait rien à te sacrifier. Je serais grisette pour toi et reine pour les autres.

Il écoutait en humectant ses cigares.

— Quand vous voudrez partir, dit-il, vous me préviendrez.....

— Mais je voudrais rester...

— Autre chose, ça! fit-il.

— Tiens, il était mal arrangé, celui-là! s'écria-t-elle en s'emparant d'un cigare, et y dévorant ce que les lèvres d'Armand y avaient laissé.

— Tu fumerais? lui dit-il.

— Oh! que ne ferais-je pas pour te plaire!

— Eh! bien, allez-vous-en, madame...

— J'obéis, dit-elle en pleurant.

— Il faut vous couvrir la figure pour ne point voir les chemins par lesquels vous allez passer.

— Me voilà prête, Armand, dit-elle en se bandant les yeux.

— Y voyez-vous?

— Non.

Il se mit doucement à ses genoux.

— Ah! je t'entends, dit-elle en laissant échapper un geste plein de gentillesse en croyant que cette feinte rigueur allait cesser.

Il voulut lui baiser les lèvres, elle s'avança.

— Vous y voyez, madame.

— Mais je suis un peu curieuse.

— Vous me trompez donc toujours!

— Ah! dit-elle avec la rage de la grandeur méconnue, ôtez ce mouchoir et conduisez-moi, monsieur, je n'ouvrirai pas les yeux.

Armand, sûr de la probité en en entendant le cri, guida la duchesse qui, fidèle à sa parole, se fit noblement aveugle; mais, en la tenant paternellement par la main pour la faire tantôt monter, tantôt descendre, Montriveau étudia les vives palpitations qui agitaient le cœur de cette femme si promptement envahie par un amour vrai. Madame de Langeais, heureuse de pouvoir lui parler ainsi, se plut à lui tout dire, mais il demeura inflexible; et quand la main de la duchesse l'interrogeait, la sienne restait muette. Enfin, après avoir cheminé pendant quelque temps ensemble, Armand lui dit d'avancer, elle avança, et s'aperçut qu'il empêchait la robe d'effleurer les parois d'une ouverture sans doute étroite. Madame de Langeais fut touchée de ce soin, il trahissait encore un peu d'amour; mais ce fut en quelque sorte l'adieu de Montriveau, car il la quitta sans lui dire un mot. En se sentant dans une chaude atmosphère, la duchesse ouvrit les yeux. Elle se vit seule devant la cheminée du boudoir de la comtesse de Sérizy. Son premier soin fut de réparer le désordre de sa toilette; elle eut promptement rajusté sa robe et rétabli la poésie de sa coiffure.

— Eh! bien, ma chère Antoinette, nous vous cherchons partout, dit la comtesse en ouvrant la porte du boudoir.

— Je suis venue respirer ici, dit-elle, il fait dans les salons une chaleur insupportable.

— L'on vous croyait partie; mais mon frère Ronquerolles m'a dit avoir vu vos gens qui vous attendent.

— Je suis brisée, ma chère, laissez-moi un moment me reposer ici.

Et la duchesse s'assit sur le divan.

— Qu'avez-vous donc? vous êtes toute tremblante.

Le marquis de Ronquerolles entra.

— J'ai peur, madame la duchesse, qu'il ne vous arrive quelque accident. Je viens de voir votre cocher gris comme les Vingt-Deux Cantons.

La duchesse ne répondit pas, elle regardait la cheminée, les glaces, en y cherchant les traces de son passage; puis, elle éprouvait une sensation extraordinaire à se voir au milieu des joies du bal après la terrible scène qui venait de donner à sa vie un autre cours. Elle se prit à trembler violemment.

— J'ai les nerfs agacés par la prédiction que m'a faite ici monsieur de Montriveau. Quoique ce soit une plaisanterie, je vais aller voir si sa hache de Londres me troublera jusque dans mon sommeil. Adieu donc, chère. Adieu, monsieur le marquis.

Elle traversa les salons, où elle fut arrêtée par des complimenteurs qui lui firent pitié. Elle trouva le monde petit en s'en trouvant la reine, elle si humiliée, si petite. D'ailleurs, qu'étaient les hommes devant celui qu'elle aimait véritablement et dont le caractère avait repris les proportions gigantesques momentanément amoindries par elle, mais qu'alors elle grandissait peut-être outre mesure? Elle ne put s'empêcher de regarder celui de ses gens qui l'avait accompagnée, et le vit tout endormi.

— Vous n'êtes pas sorti d'ici! lui demanda-t-elle.

— Non, madame.

En montant dans son carosse, elle aperçut effectivement son cocher dans un état d'ivresse dont elle se fût effrayée en toute autre circonstance; mais les grandes secousses de la vie ôtent à la crainte ses aliments vulgaires. D'ailleurs elle arriva sans accident chez elle; mais elle s'y trouva changée et en proie à des sentiments tout nouveaux. Pour elle il n'y avait plus qu'un homme dans le monde, c'est-à-dire que pour lui seul elle désirait désormais avoir quelque valeur. Si les physiologistes peuvent promptement définir l'amour en s'en tenant aux lois de la nature, les moralistes sont bien plus embarrassés de l'expliquer quand ils veulent le considérer dans tous les développements que lui a donnés la société. Néanmoins il existe, malgré les hérésies des mille sectes qui divisent l'église amoureuse, une ligne droite et tranchée qui partage nettement leurs doctrines, une ligne que les discussions ne courberont jamais, et dont l'inflexible application explique la crise dans laquelle, comme presque toutes les femmes, la duchesse de Langeais était plongée. Elle n'aimait pas encore, elle avait une passion.

L'amour et la passion sont deux différents états de l'âme que poètes et gens du monde, philosophes et niais confondent continuellement. L'amour comporte une mutualité de sentiments, une certitude de jouissances que rien n'altère, et un trop constant échange de plaisirs, une trop complète adhérence entre les cœurs pour ne pas exclure la jalousie. La possession est alors un moyen et non un but; une infidélité fait souffrir, mais ne détache pas; l'âme n'est ni plus ou moins ardente ou troublée, elle est incessamment heureuse; enfin le désir étendu par un souffle divin d'un bout à l'autre sur l'immensité du temps nous le teint d'une même couleur : la vie est bleue comme l'est un ciel pur. La passion est le pressentiment de l'amour et de son infini auquel aspirent toutes les âmes souffrantes. La passion est un espoir qui peut-être sera trompé. Passion signifie à la fois souffrance et transition; la passion cesse quand l'espérance est morte. Hommes et femmes peuvent, sans se déshonorer, concevoir plusieurs passions; il est si naturel de s'élancer vers le bonheur! mais il n'est dans la vie qu'un seul amour. Toutes les discussions, écrites ou verbales, faites sur les sentiments, peuvent donc être résumées par ces deux questions : Est-ce une passion? Est-ce l'amour? L'amour n'existant pas sans la connaissance intime des plaisirs qui le perpétuent, la duchesse était donc sous le joug d'une passion; aussi en éprouva-t-elle les dévorantes agitations, les involontaires calculs, les desséchants désirs, enfin tout ce qu'exprime le mot *passion* : elle souffrit. Au milieu des troubles de son âme, il se rencontrait des tourbillons soulevés par sa vanité, par son amour-propre, par son orgueil ou par sa fierté : toutes ces variétés de l'égoïsme se tiennent. Elle avait dit à un homme : Je t'aime, je suis à toi! La duchesse de Langeais pouvait-elle avoir inutilement proféré ces paroles? Elle devait ou être aimée ou abdiquer son rôle social. Sentant alors la solitude de son lit voluptueux où la volupté n'avait pas encore mis ses pieds chauds, elle s'y roulait, s'y tordait en se répétant : — Je veux être aimée! Et la foi qu'elle avait encore en elle lui donnait l'espoir de réussir. La duchesse était piquée, la vaniteuse Parisienne était humiliée, la femme vraie entrevoyait le bonheur, et son imagination, vengeresse du temps perdu pour la nature, se plaisait à lui faire flamber les feux inextinguibles du plaisir. Elle atteignait presque aux sensations de l'amour ; car, dans le doute d'être aimée qui la poignait, elle se trouvait heureuse de se dire à elle-même : — Je l'aime ! Le monde et Dieu, elle avait envie de les fouler à ses pieds. Montriveau était maintenant sa religion. Elle passa la journée du lendemain dans un état de stupeur morale mêlé d'agitations corporelles que rien ne pourrait exprimer. Elle déchira autant de lettres qu'elle en écrivit, et fit mille suppositions impossibles. A l'heure où Montriveau venait jadis, elle voulut croire qu'il arriverait, et prit plaisir à l'attendre. Sa vie se concentra dans le seul sens de l'ouïe. Elle fermait parfois les yeux et s'efforçait d'écouter à travers les espaces. Puis elle souhaitait le pouvoir d'anéantir tout obstacle entre elle et son amant afin d'obtenir ce silence absolu qui permet de percevoir le bruit à d'énormes distances. Dans ce recueillement, les pulsations de sa pendule lui furent odieuses, elles étaient une sorte de bavardage sinistre qu'elle arrêta. Minuit sonna dans le salon.

— Mon Dieu ! se dit-elle, le voir ici, ce serait le bonheur. Et cependant il y venait naguère, amené par le désir. Sa voix remplissait ce boudoir. Et maintenant, rien !

En se souvenant des scènes de coquetterie qu'elle avait jouées, et qui le lui avaient ravi, des larmes de désespoir coulèrent de ses yeux pendant longtemps.

— Madame la duchesse, lui dit sa femme de chambre, ne sait peut-être pas qu'il est deux heures du matin, j'ai cru que madame était indisposée.

— Oui, je vais me coucher ; mais rappelez-vous, Suzette, dit madame de Langeais en essuyant ses larmes, de ne jamais entrer chez moi sans ordre, et je ne vous le dirai pas une seconde fois.

Pendant une semaine, madame de Langeais alla dans toutes les maisons où elle espérait rencontrer monsieur de Montriveau. Contrairement à ses habitudes, elle arrivait de bonne heure et se retirait tard ; elle ne dansait plus, elle jouait. Tentatives inutiles ! elle ne put parvenir à voir Armand, de qui elle n'osait plus prononcer le nom. Cependant un soir, dans un moment de désespérance, elle dit à madame de Sérizy, avec autant d'insouciance qu'il lui fut possible d'en affecter : — Vous êtes donc brouillée avec monsieur de Montriveau ? je ne le vois plus chez vous.

— Mais il ne vient donc plus ici? répondit la comtesse en riant. D'ailleurs, on ne l'aperçoit plus nulle part, il est sans doute occupé de quelque femme.

— Je croyais, reprit la duchesse avec douceur, que le marquis de Ronquerolles était un de ses amis...

— Je n'ai jamais entendu dire à mon frère qu'il le connût.

Madame de Langeais ne répondit rien. Madame de Sérizy crut pouvoir alors impunément fouetter une amitié discrète qui lui avait été si long-temps amère, et reprit la parole.

— Vous le regrettez donc, ce triste personnage. J'en ai ouï dire des choses monstrueuses : blessez-le, il ne revient jamais, ne pardonne rien ; aimez-le, il vous met à la chaîne. A tout ce que je disais de lui, l'un de ceux qui le portent aux nues me répondait toujours par un mot : *Il sait aimer!* On ne cesse de me répéter : Montriveau quittera tout pour son ami, c'est une âme immense. Ah, bah! la société ne demande pas des âmes si grandes. Les hommes de ce caractère sont très-bien chez eux, qu'ils y restent, et qu'ils nous laissent à nos bonnes petitesses. Qu'en dites-vous, Antoinette?

Malgré son habitude du monde, la duchesse parut agitée, mais elle dit néanmoins avec un naturel qui trompa son amie : Je suis fâchée de ne plus le voir, je prenais à lui beaucoup d'intérêt, et lui vouais une sincère amitié. Dussiez-vous me trouver ridicule, chère amie, j'aime les grandes âmes. Se donner à un sot, n'est-ce pas avouer clairement que l'on n'a que des sens?

Madame de Sérizy n'avait jamais *distingué* que des gens vulgaires, et se trouvait en ce moment aimée par un bel homme, le marquis d'Aiglemont.

La comtesse abrégea sa visite, croyez-le. Puis madame de Langeais voyant une espérance dans la retraite absolue d'Armand, elle lui écrivit aussitôt une lettre humble et douce qui devait le ramener à elle, s'il aimait encore. Elle fit porter le lendemain sa lettre par son valet de chambre, et, quand il fut de retour, elle lui demanda s'il l'avait remise à Montriveau lui-même; puis, sur son affirmation, elle ne put retenir un mouvement de joie. Armand était à Paris, il y restait seul, chez lui, sans aller dans le monde! Elle était donc aimée. Pendant toute la journée elle attendit une réponse, et la réponse ne vint pas. Au milieu des crises renaissantes que lui donna l'impatience, Antoinette se justifia ce retard : Armand était embarrassé, la réponse viendrait par la poste; mais, le soir, elle ne pouvait plus s'abuser. Journée affreuse, mêlée de souffrances qui plaisent, de palpitations qui écrasent, excès de cœur qui usent la vie. Le lendemain elle envoya chez Armand chercher une réponse.

— Monsieur le marquis a fait dire qu'il viendrait chez madame la duchesse, répondit Julien.

Elle se sauva afin de ne pas laisser voir son bonheur, elle alla tomber sur son canapé pour y dévorer ses premières émotions.

— Il va venir! Cette pensée lui déchira l'âme. Malheur, en effet, aux êtres pour lesquels l'attente n'est pas la plus horrible des tempêtes et la fécondation des plus doux plaisirs, ceux-là n'ont point en eux cette flamme qui réveille les images des choses, et double la nature en nous attachant autant à l'essence pure des objets qu'à leur réalité. En amour, attendre n'est-ce pas incessamment épuiser une espérance certaine, se livrer au fléau terrible de la passion, heureuse sans les désenchantements de la vérité! Émanation constante de force et de désirs, l'attente ne serait-elle pas à l'âme humaine ce que sont à certaines fleurs leurs exhalations parfumées? Nous avons bientôt laissé les éclatantes et stériles couleurs du choréopsis ou des tulipes, et nous revenons sans cesse aspirer les délicieuses pensées de l'oranger ou du volkameria, deux fleurs que leurs patries ont involontairement comparées à de jeunes fiancées pleines d'amour, belles de leur passé, belles de leur avenir.

La duchesse s'instruisit des plaisirs de sa nouvelle vie en sentant avec une sorte d'ivresse ces flagellations de l'amour; puis, en changeant de sentiments, elle trouva d'autres destinations et un meilleur sens aux choses de la vie. En se précipitant dans son cabinet de toilette, elle comprit ce que sont les recherches de la parure, les soins corporels les plus minutieux, quand ils sont commandés par l'amour et non par la vanité; déjà, ces apprêts lui aidèrent à supporter la longueur du temps. Sa toilette finie, elle retomba dans les excessives agitations, dans les foudroiement nerveux de cette horrible puissance qui met en fermentation toutes les idées, et qui n'est peut-être qu'une maladie dont on aime les souffrances. La duchesse était prête à deux heures de l'après midi; monsieur de Montriveau n'était pas encore arrivé à onze heures et demie du soir. Expliquer les angoisses de cette femme, qui pouvait passer pour l'enfant gâté de la civilisation, ce serait vouloir dire combien le cœur peut concentrer de poésies dans une pensée ; vouloir peser la force exhalée par l'âme au bruit d'une sonnette, ou estimer ce que consomme de vie l'abattement causé par une voiture dont le roulement continue sans s'arrêter.

— Se jouerait-il de moi ? dit-elle en écoutant sonner minuit.

Elle pâlit, ses dents se heurtèrent, et elle se frappa les mains en bondissant dans ce boudoir, où jadis, pensait-elle, il apparaissait sans être appelé. Mais elle se résigna. Ne l'avait-elle pas fait pâlir et bondir sous les piquantes flèches de son ironie ? Madame de Langeais comprit l'horreur de la destinée des femmes, qui, privées de tous les moyens d'action que possèdent les hommes, doivent attendre quand elles aiment. Aller au-devant de son aimé est une faute que peu d'hommes savent pardonner. La plupart d'entre eux voient une dégradation dans cette céleste flatterie ; mais Armand avait une grande âme, et devait faire partie du petit nombre d'hommes qui savent acquitter par un éternel amour un tel excès d'amour.

— Hé ! bien, j'irai, se dit-elle en se tournant dans son lit sans pouvoir y trouver le sommeil, j'irai vers lui, je lui tendrai la main sans me fatiguer de la lui tendre. Un homme d'élite voit dans chacun des pas que fait une femme vers lui des promesses d'amour et de constance. Oui, les anges doivent descendre des cieux pour venir aux hommes, et je veux être un ange pour lui.

Le lendemain elle écrivit un de ces billets où excelle l'esprit des dix mille Sévignés que compte maintenant Paris. Cependant, savoir se plaindre sans s'abaisser, voler à plein de ses deux ailes sans se traîner humblement, gronder sans offenser, se révolter avec grâce, pardonner sans compromettre la dignité personnelle, tout dire et ne rien avouer, il fallait être la duchesse de Langeais et avoir été élevée par madame la princesse de Blamont-Chauvry, pour écrire ce délicieux billet. Julien partit. Julien était, comme tous les valets de chambre, la victime des marches et contre-marches de l'amour.

— Que vous a répondu monsieur de Montriveau ? dit-elle aussi indifféremment qu'elle le put à Julien quand il vint lui rendre compte de sa mission.

— Monsieur le marquis m'a prié de dire à madame la duchesse que c'était bien.

Affreuse réaction de l'âme sur elle-même ! recevoir devant de curieux témoins la question du cœur, et ne pas murmurer, et se voir forcée au silence. Une des mille douleurs du riche!

Pendant vingt-deux jours madame de Langeais écrivit à monsieur de Montriveau sans obtenir de réponse. Elle avait fini par se dire malade pour se dispenser de ses devoirs, soit envers la princesse à laquelle elle était attachée, soit envers le monde. Elle ne recevait que son père, le duc de Navarreins, sa tante la princesse de Blamont-Chauvry, le vieux vidame de Pamiers, son grande-oncle maternel, et l'oncle de son mari, le duc de Grandlieu. Ces personnes crurent facilement à la maladie de madame de Langeais, en la trouvant de jour en jour plus abattue, plus pâle, plus amaigrie. Les vagues ardeurs d'un amour réel, les irritations de l'orgueil blessé, la constante piqûre du seul mépris qui pût l'atteindre, ses élancements vers des plaisirs perpétuellement souhaités, perpétuellement trahis; enfin, toutes ces forces inutilement excitées, minaient sa double nature. Elle payait l'arriéré de sa vie trompée. Elle sortit enfin pour assister à une revue où devait se trouver monsieur de Montriveau. Placée sur le balcon des Tuileries, avec la famille royale, la duchesse eut une de ces fêtes dont l'âme garde un long souvenir. Elle apparut sublime de langueur, et tous les yeux la saluèrent avec admiration. Elle échangea quelques regards avec Montriveau, dont la présence la rendait si belle. Le général défila presque à ses pieds dans toute la splendeur de ce costume militaire dont l'effet sur l'imagination féminine est avoué même par les plus prudes personnes. Pour une femme bien éprise, qui n'avait pas vu son amant depuis deux mois, ce rapide moment ne dut-il pas ressembler à cette phase de nos rêves où, fugitivement, notre vue embrasse une nature sans horizon? Aussi, les femmes ou les jeunes gens peuvent-ils seuls imaginer l'avidité stupide et délirante qu'exprimèrent les yeux de la duchesse. Quant aux hommes, si, pendant leur jeunesse, ils ont éprouvé, dans le paroxysme de leurs premières passions, ces phénomènes de la puissance nerveuse, plus tard ils les oublient si complétement, qu'ils arrivent à nier ces luxuriantes extases, le seul nom possible de ces magnifiques intuitions. L'extase religieuse est la folie de la pensée dégagée de ses liens corporels; tandis que, dans l'extase amoureuse, se confondent, s'unissent et s'embrassent les forces de nos deux natures. Quand une femme est en proie aux tyrannies furieuses sous lesquelles ployait madame de Langeais, les résolutions définitives se succèdent si rapidement, qu'il est impossible d'en rendre compte. Les pensées naissent alors les unes des autres, et courent dans l'âme comme ces nuages emportés par le vent sur un fond grisâtre qui voile le soleil. Dès lors, les faits disent tout. Voici donc les faits. Le lendemain de la revue, madame de Langeais envoya sa voiture et sa livrée attendre à la porte du marquis de Montriveau depuis huit heures du matin jusqu'à trois heures après midi. Armand demeurait rue de Seine, à quelques pas de la chambre des pairs, où il devait y avoir une séance ce jour-là. Mais longtemps avant que les pairs ne se rendissent à leur palais, quelques personnes aperçurent la voiture et la livrée de la duchesse. Un jeune officier dédaigné par madame de Langeais, et recueilli par madame de Sérisy, le baron de Maulincour, fut le premier qui reconnut les gens. Il alla sur-le-champ chez sa maîtresse lui raconter sous le secret cette étrange folie. Aussitôt, cette nouvelle fut télégraphiquement portée à la connaissance de toutes les coteries du faubourg Saint-Germain, parvint au château, à l'Élysée-Bourbon, devint le bruit du jour, le sujet de tous les entretiens, depuis midi jusqu'au soir. Presque toutes les femmes niaient le fait, mais de manière à le faire croire ; et les hommes le croyaient en témoignant à madame de Langeais le plus indulgent intérêt.

— Ce sauvage de Montriveau a un caractère de bronze, il aura sans doute exigé cet éclat, disaient les uns en rejetant la faute sur Armand.

— Hé ! bien, disaient les autres, madame de Langeais a commis la plus noble des imprudences ! En face de tout Paris, renoncer, pour son amant, au monde, à son rang, à sa fortune, à la considération, est un coup d'état féminin beau comme le coup de couteau de ce perruquier qui a tant ému Canning à la Cour d'Assises. Pas une des femmes qui blâment la duchesse ne ferait cette déclaration digne de l'ancien temps. Madame de Langeais est une femme héroïque de s'afficher ainsi franchement elle-même. Maintenant, elle ne peut plus aimer que Montriveau. N'y a-t-il pas quelque grandeur chez une femme à dire : Je n'aurai qu'une passion ?

— Que va donc devenir la société, monsieur, si vous honorez ainsi le vice, sans respect pour la vertu ? dit la femme du procureur-général, la comtesse de Grandville.

Pendant que le château, le faubourg et la Chaussée-d'Antin s'entretenaient du naufrage de cette aristocratique vertu ; que d'empressés jeunes gens couraient à cheval s'assurer, en voyant la voiture dans la rue de Seine, que la duchesse était bien réellement chez monsieur de Montriveau, elle gisait palpitante au fond de son boudoir. Armand, qui n'avait pas couché chez lui, se promenait aux Tuileries avec monsieur de Marsay. Puis, les grands-parents de madame de Langeais se visitaient les uns les autres en se donnant rendez-vous chez elle pour la semondre et aviser aux moyens d'arrêter le scandale causé par sa conduite. A trois heures, monsieur le duc de Navarreins, le vidame de Pamiers, la vieille princesse de Blamont-Chauvry et le duc de Grandlieu se trouvaient réunis dans le salon de madame de Langeais, et l'y attendaient. A eux, comme à plusieurs curieux, les gens avaient dit que leur maîtresse était sortie. La duchesse n'avait excepté personne de la consigne. Ces quatre personnages, illustres dans la sphère aristocratique dont l'almanach de Gotha consacre annuellement les révolutions et les prétentions héréditaires, veulent une rapide esquisse sans laquelle cette peinture sociale serait incomplète.

La princesse de Blamont-Chauvry était, dans le monde féminin, le plus poétique débris du règne de Louis XV, au surnom duquel, durant sa belle jeunesse, elle avait, dit-on, contribué pour sa quote-part. De ses anciens agréments, il ne lui restait qu'un nez remarquablement saillant, mince, recourbé comme une lame turque, et principal ornement d'une figure semblable à un vieux gant blanc; puis quelques cheveux crêpés et poudrés; des mules à talons, le bonnet de dentelles à coques, des mitaines noires et des *parfaits contentements*. Mais, pour lui rendre entièrement justice, il est nécessaire d'ajouter qu'elle avait une si haute idée de ses ruines, qu'elle se décolletait le soir, portait des gants longs, et se teignait encore les joues avec le rouge classique de Martin. Dans ses rides une amabilité redoutable, un feu prodigieux dans ses yeux, une dignité profonde dans toute sa personne, sur sa langue un esprit à triple dard, dans sa tête une mémoire infaillible faisaient de cette vieille femme une véritable puissance. Elle avait dans le parchemin de sa cervelle tout celui du cabinet des chartes et connaissait les alliances des maisons princières, ducales et comtales de l'Europe, à savoir où étaient les derniers germains de Charlemagne. Aussi nulle usurpation de titre ne pouvait-elle lui échapper. Les jeunes gens qui voulaient être bien vus, les ambitieux, les jeunes femmes lui rendaient de constants hommages. Son salon faisait autorité dans le faubourg Saint-Germain. Les mots de ce Talleyrand femelle restaient comme des arrêts. Certaines personnes venaient prendre chez elle des avis sur l'étiquette ou les usages, et y chercher des leçons de bon goût. Certes, nulle vieille femme ne savait comme elle empocher sa tabatière; et elle avait, en s'asseyant ou en se croisant les jambes, des mouvements de jupe d'une précision, d'une grâce qui désespérait les jeunes femmes les plus élégantes. Sa voix lui était demeurée dans la tête pendant le tiers de sa vie, mais elle n'avait pu l'empêcher de descendre dans les membranes du nez, ce qui la rendait étrangement significative. De sa grande fortune il lui restait cent cinquante mille *livres* en bois, généreusement rendus par Napoléon. Ainsi, biens et personne, tout en elle était considérable. Cette curieuse antique était dans une bergère au coin de la cheminée et causait avec le vidame de Pamiers, autre ruine contemporaine. Ce vieux seigneur, ancien Commandeur de l'Ordre de Malte, était un homme grand, long et fluet, dont le col était toujours serré de manière à lui comprimer les joues qui débordaient légèrement la cravate et à lui maintenir la tête haute; attitude pleine de suffisance chez certaines gens, mais justifiée chez lui par un esprit voltairien. Ses yeux à fleur de tête semblaient tout voir et avaient effectivement tout vu. Il mettait du coton dans ses oreilles. Enfin sa personne offrait dans l'ensemble un modèle parfait des lignes aristocratiques, lignes menues et frêles, souples et agréables, qui, semblables à celles du serpent, peuvent à volonté se courber, se dresser, devenir coulantes ou roides.

Le duc de Navarreins se promenait de long en large dans le salon avec monsieur le duc de Grandlieu. Tout deux étaient des hommes âgés de cinquante-cinq ans, encore verts, gros et courts, bien nourris, le teint un peu rouge, les yeux fatigués, les lèvres inférieures déjà pendantes. Sans le ton exquis de leur langage, sans l'affable politesse de leurs manières, sans leur aisance qui pouvait tout à coup se changer en impertinence, un observateur superficiel aurait pu les prendre pour des banquiers. Mais toute erreur devait cesser en écoutant leur conversation armée de précautions avec ceux qu'ils redoutaient, sèche ou vide avec leurs égaux, perfide pour les inférieurs que les gens de cour ou les hommes d'état savent apprivoiser par de verbeuses délicatesses et blesser par un mot inattendu. Tels étaient les représentants de cette grande noblesse qui voulait mourir ou rester tout entière, qui méritait autant d'éloge que de blâme, et sera toujours imparfaitement jugée jusqu'à ce qu'un poète l'ait montrée heureuse d'obéir au roi en expirant sous la hache de Richelieu, et méprisant la guillotine de 89 comme une sale vengeance.

Ces quatre personnages se distinguaient tous par une voix grêle, particulièrement en harmonie avec leurs idées et leur maintien. D'ailleurs, la plus parfaite égalité régnait entre eux. L'habitude prise par eux à la cour de cacher leurs émotions les empêchait sans doute de manifester le déplaisir que leur causait l'incartade de leur jeune parente.

Pour empêcher les critiques de taxer de puérilité le commencement de la scène suivante, peut-être est-il nécessaire de faire observer ici que Locke se trouvant dans la compagnie de seigneurs anglais renommés pour leur esprit, distingués autant par leurs manières que par leur consistance politique, s'amusa méchamment à sténographier leur conversation par un procédé particulier, et les fit éclater de rire en la leur lisant, afin de savoir d'eux ce qu'on en pouvait tirer. En effet, les classes élevées ont en tout pays un jargon de clinquant qui, lavé dans les cendres littéraires ou philosophiques, donne infiniment peu d'or au creuset. A tous les étages de la société, sauf quelques salons parisiens, l'observateur retrouve les mêmes ridicules que différencient seulement la transparence ou l'épaisseur du vernis. Ainsi, les conversations substantielles sont l'exception sociale, et le béotianisme défraie habituellement les diverses zones du monde. Si forcément on parle beaucoup dans les hautes sphères, on y pense peu. Penser est une fatigue, et les riches aiment à voir couler la vie sans grand effort. Aussi est-ce en comparant le fond des plaisanteries par échelons, depuis le gamin de Paris jusqu'au pair de France, que l'observateur comprend le mot de monsieur de Talleyrand : *Les manières sont tout*, traduction élégante de cet axiome judiciaire : *La forme emporte le fond*. Aux yeux du poète, l'avantage restera aux classes inférieures qui ne manquent jamais à donner un rude cachet de poésie à leurs pensées. Cette observation fera peut-être aussi comprendre l'infertilité des salons, leur vide, leur peu de profondeur, et la répugnance que les gens supérieurs éprouvent à faire le méchant commerce d'y échanger leurs pensées.

Le duc s'arrêta soudain, comme s'il concevait une idée lumineuse, et dit à son voisin : — Vous avez donc vendu Tornthon ?

— Non, il est malade. J'ai bien peur de le perdre, et j'en serais désolé ; c'est un cheval excellent à la chasse. Savez-vous comment va la duchesse de Marigny ?

— Non, je n'y suis pas allé ce matin. Je sortais pour la voir, quand vous êtes venu me parler d'Antoinette. Mais elle avait été fort mal hier, l'on en désespérait, elle a été administrée.

— Sa mort changera la position de votre cousin.

— En rien, elle a fait ses partages de son vivant et s'était réservé une pension que lui paye sa nièce, madame de Soulanges, à laquelle elle a donné sa terre de Guébriant à rente viagère.

— Ce sera une grande perte pour la société. Elle était bonne femme. Sa famille aura de moins une personne dont les conseils et l'expérience avaient de la portée. Entre nous soit dit, elle était le chef de la maison. Son fils, Marigny, est un aimable homme ; il a du trait ; il sait causer. Il est agréable, très-agréable ; oh ! pour agréable, il l'est sans contredit ; mais… aucun esprit de conduite. Eh bien ! c'est extraordinaire, il est très-fin. L'autre jour, il dînait au Cercle avec tous ces richards de la Chaussée-d'Antin, et votre oncle (qui va toujours y faire sa partie) le voit. Étonné de le rencontrer là, il lui demande s'il est du Cercle. — « Oui, je ne vais plus dans le monde, je vis avec les banquiers. » Vous savez pourquoi ? dit le marquis en jetant au duc un fin sourire.

— Non.

— Il est amouraché d'une nouvelle mariée, cette petite madame Keller, la fille de Grandville, une femme que l'on dit fort à la mode dans ce monde-là.

— Mais Antoinette ne s'ennuie pas, à ce qu'il paraît, dit le vieux vidame.

— L'affection que je porte à cette petite femme me fait prendre en ce moment un singulier passe-temps, lui répondit la princesse en empochant sa tabatière.

— Ma chère tante, dit le duc en s'arrêtant, je suis désespéré Il n'y avait qu'un homme de Bonaparte capable d'exiger d'une femme comme il faut de semblables inconvenances. Entre nous soit dit, Antoinette aurait dû choisir mieux.

— Mon cher, répondit la princesse, les Montriveau sont anciens et fort bien alliés, ils tiennent à toute la haute noblesse de Bourgogne. Si les Rivaudoult d'Arschoot, de la branche Dulmen, finissaient en Gallicie, les Montriveau succéderaient aux biens et aux titres d'Arschoot; ils en héritent par leur bisaïeul.

— Vous en êtes sûre?...

— Je le sais mieux que ne le savait le père de celui-ci, que je voyais beaucoup et à qui je l'ai appris. Quoique chevalier des ordres, il s'en moqua; c'était un encyclopédiste. Mais son frère en a bien profité dans l'émigration. J'ai ouï dire que ses parents du nord avaient été parfaits pour lui...

— Oui, certes! Le comte de Montriveau est mort à Pétersbourg où je l'ai rencontré, dit le vidame. C'était un gros homme qui avait une incroyable passion pour les huîtres.

— Combien en mangeait-il donc? dit le duc de Grandlieu.

— Tous les jours dix douzaines.

— Sans être incommodé?

— Pas le moins du monde.

— Oh! mais c'est extraordinaire! Ce goût ne lui a donné ni la pierre, ni la goutte, ni aucune incommodité?

— Non, il s'est parfaitement porté, il est mort par accident.

— Par accident! La nature lui avait dit de manger des huîtres, elles lui étaient probablement nécessaires; car, jusqu'à un certain point, nos goûts prédominants sont des conditions de notre existence.

— Je suis de votre avis, dit la princesse en souriant.

— Madame, vous entendez toujours malicieusement les choses, dit le marquis.

— Je veux seulement vous faire comprendre que ces choses seraient très-mal entendues par une jeune femme, répondit-elle.

Elle s'interrompit pour dire : — Mais ma nièce! ma nièce!

— Chère tante, dit monsieur de Navarreins, je ne peux pas encore croire qu'elle soit allée chez monsieur de Montriveau.

— Bah! fit la princesse.

— Quelle est votre idée, vidame? demanda le marquis.

— Si la duchesse était naïve, je croirais...

— Mais une femme qui aime devient naïve, mon pauvre vidame. Vous vieillissez donc?

— Enfin, que faire? dit le duc.

— Si ma chère nièce est sage, répondit la princesse, elle ira ce soir à la Cour, puisque, par bonheur, nous sommes un lundi, jour de réception; vous verrez à la bien entourer et à démentir ce bruit ridicule. Il y a mille moyens d'expliquer les choses; et si le marquis de Montriveau est un galant homme, il s'y prêtera. Nous ferons entendre raison à ces enfants-là...

— Mais il est difficile de rompre en visière à monsieur de Montriveau, chère tante, c'est un élève de Bonaparte, et il a une position. Comment donc! c'est un seigneur du jour, il a un commandement important dans la Garde, où il est très-utile. Il n'a pas la moindre ambition. Au premier mot qui lui déplairait, il est homme à dire au roi : — Voilà ma démission, laissez-moi tranquille.

— Comment pense-t-il donc?

— Très-mal.

— Vraiment, dit la princesse, le roi reste ce qu'il a toujours été, un jacobin fleurdelisé.

— Oh! un peu modéré, dit le vidame.

— Non, je le connais de longue date. L'homme qui disait à sa femme, le jour où elle assista au premier grand couvert : « Voilà nos gens ! » en lui montrant la cour, ne pouvait être qu'un noir scélérat. Je retrouve parfaitement MONSIEUR dans le Roi. Le mauvais frère qui votait si mal dans son bureau de l'Assemblée constituante doit pactiser avec les Libéraux, les laisser parler, discuter. Ce cagot de philosophie sera tout aussi dangereux pour son cadet qu'il l'a été pour l'aîné; car je ne sais si son successeur pourra se tirer des embarras que se plaît à lui créer ce gros homme de petit esprit; d'ailleurs il l'exècre, et serait heureux de se dire en mourant : Il ne règnera pas long-temps.

— Ma tante, c'est le Roi, j'ai l'honneur de lui appartenir, et...

— Mais, mon cher, votre charge vous ôte-t-elle votre franc-parler! Vous êtes d'aussi bonne maison que les Bourbons. Si les Guise avaient eu un peu plus de résolution, Sa Majesté serait un pauvre sire aujourd'hui. Je m'en vais de ce monde à temps, la noblesse est morte. Oui, tout est perdu pour vous, mes enfants, dit-elle en regardant le vidame. Est-ce que la conduite de ma nièce devrait occuper la ville? Elle a eu tort, je ne l'approuve pas, un scandale inutile est une faute; aussi douté-je encore de ce manque aux convenances, je l'ai élevée et je sais que...

En ce moment la duchesse sortit de son boudoir. Elle avait reconnu la voix de sa tante et entendu prononcer le nom de Montriveau. Elle était dans un déshabillé du matin, et, quand elle se montra, monsieur de Grandlieu, qui regardait insoucieusement par la croisée, vit revenir la voiture de sa nièce sans elle.

— Ma chère fille, lui dit le duc en lui prenant la tête et l'embrassant au front, tu ne sais donc pas ce qui se passe?

— Que se passe-t-il d'extraordinaire, cher père?

— Mais tout Paris te croit chez M. de Montriveau.

— Ma chère Antoinette, tu n'es pas sortie, n'est-ce pas? dit la princesse en lui tendant la main que la duchesse baisa avec une respectueuse affection.

— Non, chère mère, je ne suis pas sortie. Et, dit-elle en se retournant pour saluer le vidame et le marquis, j'ai voulu que tout Paris me crût chez monsieur de Montriveau.

Le duc leva les mains au ciel, se les frappa désespérément et se croisa les bras.

— Mais vous ne savez donc pas ce qui résultera de ce coup de tête? dit-il enfin.

La vieille princesse s'était subitement dressée sur ses talons, et regardait la duchesse qui se prit à rougir et baissa les yeux; madame de Chauvry l'attira doucement et lui dit: — Laissez-moi vous baiser, mon petit ange. Puis, elle l'embrassa sur le front fort affectueusement, lui serra la main et reprit en souriant: — Nous ne sommes plus sous les Valois, ma chère fille. Vous avez compromis votre mari, votre état dans le monde; cependant, nous allons aviser à tout réparer.

— Mais, ma chère tante, je ne veux rien réparer. Je désire que tout Paris sache ou dise que j'étais ce matin chez monsieur de Montriveau. Détruire cette croyance, quelque fausse qu'elle soit, est me nuire étrangement.

— Ma fille, vous voulez donc vous perdre, et affliger votre famille?

— Mon père, ma famille, en me sacrifiant à des intérêts, m'a, sans le vouloir, condamnée à d'irréparables malheurs. Vous pouvez me blâmer d'y chercher des adoucissements, mais certes vous me plaindrez.

— Donnez-vous donc mille peines pour établir convenablement des filles! dit en murmurant monsieur de Navarreins au vidame.

— Chère petite, dit la princesse en secouant les grains de tabac tombés sur sa robe, soyez heureuse si vous pouvez; il ne s'agit pas de troubler votre bonheur, mais de l'accorder avec les usages. Nous savons tous, ici, que le mariage est une défectueuse institution tempérée par l'amour. Mais est-il besoin, en prenant un amant, de faire son lit sur le Carrousel? Voyons, ayez un peu de raison, écoutez-nous.

— J'écoute.

— Madame la duchesse, dit le duc de Grandlieu, si les oncles étaient obligés de garder leurs nièces, ils auraient un état dans le monde; la société leur devrait des honneurs, des récompenses, des traitements comme elle en donne aux gens du Roi. Aussi ne suis-je pas venu pour vous parler de mon neveu, mais de vos intérêts. Calculons un peu. Si vous tenez à faire un éclat, je connais le sire, je ne l'aime guère. Langeais est assez avare, personnel en diable; il se séparera de vous, gardera votre fortune, vous laissera pauvre et conséquemment sans considération. Les cent mille livres de rentes que vous avez héritées dernièrement de votre grand'tante maternelle payeront les plaisirs de ses maîtresses, et vous serez liée, garrottée par les lois, obligée de dire *amen* à ces arrangements-là. Que monsieur de Montriveau vous quitte! Mon Dieu, chère nièce, ne nous colérons point, un homme ne vous abandonnera pas jeune et belle; cependant nous avons vu tant de jolies femmes délaissées, même parmi les princesses, que vous me permettrez une supposition presque impossible, je veux le croire; alors que deviendriez-vous sans mari? Ménagez donc le vôtre au même titre que vous soignez votre beauté, qui est après tout le parachute des femmes, aussi bien qu'un mari. Je vous fais toujours heureuse et aimée; je ne tiens compte d'aucun événement malheureux. Cela étant, par bonheur ou par malheur vous aurez des enfants? Qu'en ferez-vous? Des Montriveau? — Hé! bien, ils ne succéderont point à toute la fortune de leur père. Vous voudrez leur donner toute la vôtre et lui toute la sienne. Mon Dieu, rien n'est plus naturel. Vous trouverez les lois contre vous. Combien avons-nous vu de procès faits par les héritiers légitimes aux enfants de l'amour! J'en entends retentir dans tous les tribunaux du monde. Aurez-vous recours à quelque *fidéicommis*: si la personne en qui vous mettrez votre confiance vous trompe, à la vérité la justice humaine n'en saura rien; mais vos enfants seront ruinés. Choisissez donc bien! Voyez en quelles perplexités vous êtes. De toute manière vos enfants seront nécessairement sacrifiés aux fantaisies de votre cœur et privés de leur état. Mon Dieu, tant qu'ils seront petits, ils seront charmants; mais ils vous reprocheront un jour d'avoir songé plus à vous qu'à eux. Nous savons tous cela, nous autres vieux gentilshommes. Les enfants deviennent des hommes, et les hommes sont ingrats. N'ai-je pas entendu le jeune de Horn, en Allemagne, disant après souper : — Si ma mère avait été honnête femme, je serais prince régnant. Mais ce SI, nous avons passé notre vie à l'entendre dire aux roturiers, et il a fait la révolution. Quand les hommes ne peuvent accuser ni leur père, ni leur mère, ils s'en prennent à Dieu de leur mauvais sort. En somme, chère enfant, nous sommes ici pour vous éclairer. Hé! bien, je me résume par un mot que vous devez méditer : une femme ne doit jamais donner raison à son mari.

— Mon oncle, j'ai calculé tant que je n'aimais pas. Alors je voyais comme vous des intérêts là où il n'y a plus pour moi que des sentiments, dit la duchesse.

— Mais, ma chère petite, la vie est tout bonnement une complication d'intérêts et de sentiments, lui répliqua le vidame; et pour être heureux, surtout dans la position où vous êtes, il faut tâcher d'accorder ses sentiments avec ses intérêts. Qu'une grisette fasse l'amour à sa fantaisie, cela se conçoit; mais vous avez une jolie fortune, une famille, un titre, une place à la cour, et vous ne devez pas les jeter par la fenêtre. Pour tout concilier, que venons-nous vous demander? De tourner habilement la loi des convenances au lieu de la violer. Hé, mon Dieu, j'ai bientôt quatre-vingts ans, je ne me souviens pas d'avoir rencontré, sous aucun régime, un amour qui valût le prix dont vous voulez payer celui de cet heureux jeune homme.

La duchesse imposa silence au vidame par un regard; et si Montriveau l'avait pu voir, il aurait tout pardonné...

— Ceci serait d'un bel effet au théâtre, dit le duc de Grandlieu, et ne signifie rien quand il s'agit de vos paraphernaux, de votre position et de votre indépendance. Vous n'êtes pas reconnaissante, ma chère nièce. Vous ne trouverez pas beaucoup de familles où les parents soient assez courageux pour apporter les enseignements de l'expérience et faire entendre le langage de la raison à de jeunes têtes folles. Renoncez à votre salut en deux minutes, s'il vous plaît de vous damner; d'accord! Mais réfléchissez bien quand il s'agit de renoncer à vos rentes. Je ne connais pas de confesseur qui nous absolve de la misère. Je me crois le droit de vous parler ainsi; car, si vous vous perdez, moi seul je pourrai vous offrir un asile. Je suis presque l'oncle de Langeais, et moi seul aurai raison en lui donnant tort.

— Ma fille, dit le duc de Navarreins en se réveillant d'une douloureuse méditation, puisque vous parlez de sentiments, laissez-moi vous faire observer qu'une femme qui porte votre nom se doit à des sentiments autres que ceux des gens du commun. Vous voulez donc donner gain de cause aux Libéraux, à ces jésuites de Robespierre qui s'efforcent de honnir la noblesse. Il est certaines choses qu'une Navarreins ne saurait faire sans manquer à toute sa maison. Vous ne seriez pas seule déshonorée.

— Allons, dit la princesse, voilà le déshonneur. Mes enfants, ne faites pas tant de bruit pour la promenade d'une voiture vide, et laissez-moi seule avec Antoinette. Vous viendrez dîner avec moi tous trois. Je me charge d'arranger convenablement les choses. Vous n'y entendez rien, vous autres hommes, vous mettez déjà de l'aigreur dans vos paroles, et je ne veux pas vous voir brouillés avec ma chère fille. Faites-moi donc le plaisir de vous en aller.

Les trois gentilshommes devinèrent sans doute les intentions de la princesse, ils saluèrent leurs parentes ; et monsieur de Navarreins vint embrasser sa fille au front, en lui disant : — Allons, chère enfant, sois sage. Si tu veux, il en est encore temps.

— Est-ce que nous ne pourrions pas trouver dans la famille quelque bon garçon qui chercherait dispute à ce Montriveau ? dit le vidame en descendant les escaliers.

— Mon bijou, dit la princesse, en faisant signe à son élève de s'asseoir sur une petite chaise basse, près d'elle, quand elles furent seules ; je ne sais rien de plus calomnié dans ce bas monde que Dieu et le dix-huitième siècle, car, en me remémorant les choses de ma jeunesse, je ne me rappelle pas qu'une seule duchesse ait foulé aux pieds les convenances comme vous venez de le faire. Les romanciers et les écrivailleurs ont déshonoré le règne de Louis XV, ne les croyez pas. La Dubarry, ma chère, valait bien la veuve Scarron, et elle était meilleure personne. Dans mon temps, une femme savait, au milieu de ses galanteries, garder sa dignité. Les indiscrétions nous ont perdues. De là vient tout le mal. Les philosophes, ces gens de rien que nous mettions dans nos salons, ont eu l'inconvenance et l'ingratitude, pour prix de nos bontés, de faire l'inventaire de nos cœurs, de nous décrier en masse, en détail, et de déblatérer contre le siècle. Le peuple, qui est très-mal placé pour juger quoi que ce soit, a vu le fond des choses, sans en voir la forme. Mais dans ce temps-là, mon cœur, les hommes et les femmes ont été tout aussi remarquables qu'aux autres époques de la monarchie. Pas un de vos Werther, aucune de vos notabilités, comme ça s'appelle, pas un de vos hommes en gants jaunes et dont les pantalons dissimulent la pauvreté de leurs jambes, ne traverserait l'Europe, déguisé en colporteur, pour aller s'enfermer, au risque de la vie et en bravant les poignards du duc de Modène, dans le cabinet de toilette de la fille du régent. Aucun de vos petits poitrinaires à lunettes d'écaille ne se cacherait comme Lauzun, durant six semaines, dans une armoire pour donner du courage à sa maîtresse pendant qu'elle accouchait. Il y avait plus de passion dans le petit doigt de monsieur de Jaucourt que dans toute votre race de disputailleurs qui laissent les femmes pour des amendements ! Trouvez-moi donc aujourd'hui des pages qui se fassent hacher et ensevelir sous un plancher pour venir baiser le doigt ganté d'une Konismark ? Aujourd'hui, vraiment, il semblerait que les rôles soient changés, et que les femmes doivent se dévouer pour les hommes. Ces messieurs valent moins et s'estiment davantage. Croyez-moi, ma chère, toutes ces aventures qui sont devenues publiques et dont on s'arme aujourd'hui pour assassiner notre bon Louis XV, étaient d'abord secrètes. Sans un tas de poétriaux, de rimailleurs, de moralistes qui entretenaient nos femmes de chambre et en écrivaient les calomnies, notre époque aurait eu littérairement des mœurs. Je justifie le siècle et non sa lisière. Peut-être y a-t-il eu cent femmes de qualité perdues ; mais les drôles en ont mis un millier, ainsi que font les gazetiers quand ils évaluent les morts du parti battu. D'ailleurs, je ne sais pas ce que la Révolution et l'Empire peuvent nous reprocher : ces temps-là ont été licencieux, sans esprit, grossiers, fi ! tout cela me révolte. Ce sont les mauvais lieux de notre histoire ! Ce préambule, ma chère enfant, reprit-elle après une pause, est pour arriver à te dire que si Montriveau te plaît, tu es bien la maîtresse de l'aimer à ton aise, et tant que tu pourras. Je sais, moi, par expérience (à moins de t'enfermer, mais on n'enferme plus aujourd'hui), que tu feras ce qui te plaira ; et c'est ce que j'aurais fait à ton âge. Seulement, mon cher bijou, je n'aurais pas abdiqué le droit de faire des ducs de Langeais. Ainsi comporte-toi décemment. Le vidame a raison, aucun homme ne vaut un seul des sacrifices par lesquels nous sommes assez folles pour payer leur amour. Mets-toi donc dans la position de pouvoir, si tu avais le malheur d'en être à te repentir, te trouver encore la femme de monsieur de Langeais. Quand tu seras vieille, tu seras bien aise d'entendre la messe à la cour et non dans un couvent de province, voilà toute la question. Une imprudence, c'est une pension, une vie errante, être à la merci de son amant; c'est l'ennui causé par les impertinences des femmes qui vaudront moins que toi, précisément parce qu'elles auront été très-ignoblement adroites. Il valait cent fois mieux aller chez Montriveau, le soir, en fiacre, déguisée, que d'y envoyer ta voiture en plein jour. Tu es une petite sotte, ma chère enfant! Ta voiture a flatté sa vanité, ta personne lui aurait pris le cœur. Je t'ai dit ce qui est juste et vrai, mais je ne t'en veux pas, moi. Tu es de deux siècles en arrière avec ta fausse grandeur. Allons, laisse-nous arranger tes affaires, dire que le Montriveau aura grisé tes gens, pour satisfaire son amour-propre et te compromettre....

— Au nom du ciel, ma tante, s'écria la duchesse en bondissant, ne le calomniez pas.

— Oh! chère enfant, dit la princesse dont les yeux s'animèrent, je voudrais te voir des illusions qui ne te fussent pas funestes, mais toute illusion doit cesser. Tu m'attendrirais, n'était mon âge. Allons, ne fais de chagrin à personne, ni à lui, ni à nous. Je me charge de contenter tout le monde; mais promets-moi de ne pas te permettre désormais une seule démarche sans me consulter. Conte-moi tout, je te mènerai peut-être à bien.

— Ma tante, je vous promets...

— De me dire tout...

— Oui, tout, tout ce qui pourra se dire.

— Mais, mon cœur, c'est précisément ce qui ne pourra pas se dire que je veux savoir. Entendons-nous bien. Allons, laisse-moi appuyer mes lèvres sèches sur ton beau front. Non, laisse-moi faire, je te défends de baiser mes os. Les vieillards ont une politesse à eux... Allons, conduis-moi jusqu'à mon carrosse, dit-elle après avoir embrassé sa nièce.

— Chère tante, je puis donc aller chez lui déguisée?

— Mais, oui, ça peut toujours se nier, dit la vieille.

La duchesse n'avait clairement perçu que cette idée dans le sermon que la princesse venait de lui faire. Quand madame de Chauvry fut assise dans le coin de sa voiture, madame de Langeais lui dit un gracieux adieu, et remonta chez elle tout heureuse.

— Ma personne lui aurait pris le cœur; elle a raison, ma tante, un homme ne doit pas refuser une jolie femme, quand elle sait se bien offrir.

Le soir, au cercle de madame la duchesse de Berri, le duc de Navarreins, monsieur de Pamiers, monsieur de Marsay, monsieur de Grandlieu, le duc de Maufrigneuse démentirent victorieusement les bruits offensants qui couraient sur la duchesse de Langeais. Tan d'officiers et de personnes attestèrent avoir vu Montriveau se promenant aux Tuileries pendant la matinée, que cette sotte histoire fut mise sur le compte du hasard, qui prend tout ce qu'on lui donne. Aussi le lendemain la réputation de la duchesse devint-elle, malgré la station de sa voiture, nette et claire comme l'armet de Mambrin après avoir été fourbi par Sancho. Seulement, à deux heures, au bois de Boulogne, monsieur de Ronquerolles passant à côté de Montriveau dans une allée déserte, lui dit en souriant : — Elle va bien, ta duchesse ! — Encore et toujours, ajouta-t-il en appliquant un coup de cravache significatif à sa jument qui fila comme un boulet.

Deux jours après son éclat inutile, madame de Langeais écrivit à monsieur de Montriveau une lettre qui resta sans réponse comme les précédentes. Cette fois elle avait pris ses mesures, et corrompu Auguste, le valet de chambre d'Armand. Aussi, le soir, à huit heures, fut-elle introduite chez Armand, dans une chambre tout autre que celle où s'était passée la scène demeurée secrète. La duchesse apprit que le général ne rentrerait pas. Avait-il deux domiciles ? Le valet ne voulut pas répondre. Madame de Langeais avait acheté la clef de cette chambre, et non toute la probité de cet homme. Restée seule, elle vit ses quatorze lettres posées sur un vieux guéridon ; elles n'étaient ni froissées, ni décachetées ; elles n'avaient pas été lues. A cet aspect, elle tomba sur un fauteuil, et perdit pendant un moment toute connaissance. En se réveillant, elle aperçut Auguste, qui lui faisait respirer du vinaigre.

— Une voiture, vite, dit-elle.

La voiture venue, elle descendit avec une rapidité convulsive, revint chez elle, se mit au lit, et fit défendre sa porte. Elle resta vingt-quatre heures couchée, ne laissant approcher d'elle que sa femme de chambre qui lui apporta quelques tasses d'infusion de feuilles d'oranger. Suzette entendit sa maîtresse faisant quelques plaintes, et surprit des larmes dans ses yeux éclatants mais cernés. Le surlendemain, après avoir médité dans les larmes du désespoir le parti qu'elle voulait prendre, madame de Langeais eut une conférence avec son homme d'affaires, et le chargea sans doute de quelques préparatifs. Puis elle envoya chercher le vieux vidame de Pamiers. En attendant le commandeur, elle écrivit à monsieur de Montriveau. Le vidame fut exact. Il trouva sa jeune cousine pâle, abattue, mais résignée. Il était environ deux heures après-midi. Jamais cette divine créature n'avait été plus poétique qu'elle ne l'était alors dans les langueurs de son agonie.

— Mon cher cousin, dit-elle au vidame, vos quatre-vingts ans vous valent ce rendez-vous. Oh! ne souriez pas, je vous en supplie, devant une pauvre femme au comble du malheur. Vous êtes un galant homme, et les aventures de votre jeunesse vous ont, j'aime à le croire, inspiré quelque indulgence pour les femmes.

— Pas la moindre, dit-il.

— Vraiment!

— Elles sont heureuses de tout, reprit-il.

— Ah! Eh! bien, vous êtes au cœur de ma famille: vous serez peut-être le dernier parent, le dernier ami de qui j'aurai serré la main; je puis donc réclamer de vous un bon office. Rendez-moi, mon cher vidame, un service que je ne saurais demander à mon père, ni à mon oncle Grandlieu, ni à aucune femme. Vous devez me comprendre. Je vous supplie de m'obéir, et d'oublier que vous m'avez obéi, quelle que soit l'issue de vos démarches. Il s'agit d'aller, muni de cette lettre, chez monsieur de Montriveau, de le voir, de la lui montrer, de lui demander, comme vous savez d'homme à homme demander les choses, car vous avez entre vous une probité, des sentiments que vous oubliez avec nous, de lui demander s'il voudra bien la lire, non pas en votre présence, les hommes se cachent certaines émotions. Je vous autorise, pour le décider, et si vous le jugez nécessaire, à lui dire qu'il s'en va de ma vie ou de ma mort. S'il daigne...

— Daigne! fit le commandeur.

— S'il daigne la lire, reprit avec dignité la duchesse, faites-lui une dernière observation. Vous le verrez à cinq heures, il dîne à cette heure, chez lui, aujourd'hui, je le sais; eh! bien, il doit, pour toute réponse, venir me voir. Si trois heures après, si à huit heures, il n'est pas sorti, tout sera dit. La duchesse de Langeais aura disparu de ce monde. Je ne serai pas morte, cher, non; mais aucun pouvoir humain ne me retrouvera sur cette terre. Venez dîner avec moi, j'aurai du moins un ami pour m'assister dans mes dernières angoisses. Oui, ce soir, mon cher cousin, ma vie sera décidée ; et quoi qu'il arrive, elle ne peut être que cruellement ardente. Allez, silence, je ne veux rien entendre qui ressemble soit à des observations, soit à des avis. — Causons, rions, dit-elle en lui tendant une main qu'il baisa. Soyons comme deux vieillards philosophes qui savent jouir de la vie jusqu'au moment de leur mort. Je me parerai, je serai bien coquette pour vous. Vous serez peut-être le dernier homme qui aura vu la duchesse de Langeais.

Le vidame ne répondit rien, il salua, prit la lettre et fit la commission. Il revint à cinq heures, trouva sa cousine mise avec recherche, délicieuse enfin. Le salon était paré de fleurs comme pour une fête. Le repas fut exquis. Pour ce vieillard, la duchesse fit jouer tous les brillants de son esprit, et se montra plus attrayante qu'elle ne l'avait jamais été. Le commandeur voulut d'abord voir une plaisanterie de jeune femme dans tous ces apprêts ; mais, de temps à autre, la fausse magie des séductions déployées par sa cousine pâlissait. Tantôt, il la surprenait à tressaillir émue par une sorte de terreur soudaine ; et tantôt elle semblait écouter dans le silence. Alors, s'il lui disait : — Qu'avez-vous ?

— Chut ! répondait-elle.

A sept heures elle le quitta, revint promptement, mais habillée comme aurait pu l'être sa femme de chambre pour un voyage. Elle réclama le bras du vieillard qu'elle voulut pour compagnon, se jeta dans une voiture de louage, et tous deux furent, vers les huit heures moins un quart, à la porte de monsieur de Montriveau.

Armand, lui, pendant ce temps, avait médité la lettre suivante :

« Mon ami, j'ai passé quelques moments chez vous, à votre insu ; j'y ai repris mes lettres. Oh ! Armand, de vous à moi, ce ne peut être indifférence, et la haine procède autrement. Si vous m'aimez, cessez un jeu cruel. Vous me tueriez. Plus tard, vous en seriez au désespoir, en apprenant combien vous êtes aimé. Si je vous ai malheureusement compris, si vous n'avez pour moi que de l'aversion, l'aversion comporte et mépris et dégoût ; alors, tout espoir m'abandonne : les hommes ne reviennent pas de ces deux sentiments. Quelque terrible qu'elle puisse être, cette pensée apportera des consolations à ma longue douleur. Vous n'aurez pas de regrets un jour. Des regrets ! ah, mon Armand, que je les ignore, si je vous en causais un seul ?... Non je ne veux pas vous dire quels ravages il ferait en moi. Je vivrais et ne pourrais plus être votre femme. Après m'être entièrement donnée à vous en pensée, à qui donc me donner?... à Dieu. Oui, les yeux que vous avez aimés pendant un moment, ne verront plus aucun visage d'homme; et puisse la gloire de Dieu les fermer! Je n'entendrai plus de voix humaine, après avoir entendu la vôtre, si douce d'abord, si terrible hier, car je suis toujours au lendemain de votre vengeance; puisse donc la parole de Dieu me consumer! Entre sa colère et la vôtre, mon ami, il n'y aura pour moi que larmes et que prières. Vous vous demanderez peut-être pourquoi vous écrire? Hélas! ne m'en voulez pas de conserver une lueur d'espérance, de jeter encore un soupir sur la vie heureuse avant de la quitter pour un jamais. Je suis dans une horrible situation. J'ai toute la sérénité que communique à l'âme une grande résolution, et sens encore les derniers grondements de l'orage. Dans cette terrible aventure qui m'a tant attachée à vous, Armand, vous alliez du désert à l'oasis, mené par un bon guide. Eh! bien, moi, je me traîne de l'oasis au désert, et vous m'êtes un guide sans pitié. Néanmoins, vous seul, mon ami, pouvez comprendre la mélancolie des derniers regards que je jette au bonheur, et vous êtes le seul auquel je puisse me plaindre sans rougir. Si vous m'exaucez, je serai heureuse; si vous êtes inexorable, j'expierai mes torts. Enfin, n'est-il pas naturel à une femme de vouloir rester dans la mémoire de son aimé, revêtue de tous les sentiments nobles? Oh! seul cher à moi! laissez votre créature s'ensevelir avec la croyance que vous la trouverez grande. Vos sévérités m'ont fait réfléchir; et depuis que je vous aime bien, je me suis trouvée moins coupable que vous ne le pensez. Écoutez donc ma justification, je vous la dois; et vous, qui êtes tout pour moi dans le monde, vous me devez au moins un instant de justice.

» J'ai su, par mes propres douleurs, combien mes coquetteries vous ont fait souffrir; mais alors, j'étais dans une complète ignorance de l'amour. Vous êtes, vous, dans le secret de ces tortures, et vous me les imposez. Pendant les huit premiers mois que vous m'avez accordés, vous ne vous êtes point fait aimer. Pourquoi, mon ami? Je ne sais pas plus vous le dire, que je ne puis vous expliquer pourquoi je vous aime. Ah! certes, j'étais flattée de me voir l'objet de vos discours passionnés, de recevoir vos regards de feu; mais vous me laissiez froide et sans désirs. Non, je n'étais point femme, je ne concevais ni le dévouement ni le bonheur de notre sexe. A qui la faute ! Ne m'auriez-vous pas méprisée, si je m'étais livrée sans entraînement ? Peut être est-ce le sublime de notre sexe, de se donner sans recevoir aucun plaisir ; peut-être n'y a-t-il aucun mérite à s'abandonner à des jouissances connues et ardemment désirées ? Hélas ! mon ami, je puis vous le dire, ces pensées me sont venues quand j'étais si coquette pour vous ; mais je vous trouvais déjà si grand, que je ne voulais pas que vous me dussiez à la pitié... Quel mot viens-je d'écrire ! Ah ! j'ai repris chez vous toutes mes lettres, je les jette au feu ! Elles brûlent. Tu ne sauras jamais ce qu'elles accusaient d'amour, de passion, de folie... Je me tais, Armand, je m'arrête, je ne veux plus rien vous dire de mes sentiments. Si mes vœux n'ont pas été entendus d'âme à âme, je ne pourrais donc plus, moi aussi, moi la femme, ne devoir votre amour qu'à votre pitié. Je veux être aimée irrésistiblement ou laissée impitoyablement. Si vous refusez de lire cette lettre, elle sera brûlée. Si, l'ayant lue, vous n'êtes pas trois heures après, pour toujours mon seul époux, je n'aurai point de honte à vous la savoir entre les mains : la fierté de mon désespoir garantira ma mémoire de toute injure, et ma fin sera digne de mon amour. Vous-même, ne me rencontrant plus sur cette terre, quoique vivante, vous ne penserez pas sans frémir à une femme qui, dans trois heures, ne respirera plus que pour vous accabler de sa tendresse, à une femme consumée par un amour sans espoir, et fidèle, non pas à des plaisirs partagés, mais à des sentiments méconnus. La duchesse de Lavallière pleurait un bonheur perdu, sa puissance évanouie ; tandis que la duchesse de Langeais sera heureuse de ses pleurs et restera pour vous un pouvoir. Oui, vous me regretterez. Je sens bien que je n'étais pas de ce monde, et vous remercie de me l'avoir prouvé. Adieu, vous ne toucherez point à ma hache ; la vôtre était celle du bourreau, la mienne est celle de Dieu ; la vôtre tue, et la mienne sauve. Votre amour était mortel, il ne savait supporter ni le dédain ni la raillerie ; le mien peut tout endurer sans faiblir, il est immortellement vivace. Ah ! j'éprouve une joie sombre à vous écraser, vous qui vous croyez si grand, à vous humilier par le sourire calme et protecteur des anges faibles qui prennent, en se couchant aux pieds de Dieu, le droit et la force de veiller en son nom sur les hommes. Vous n'avez eu que de passagers désirs ; tandis que la pauvre religieuse vous éclairera sans cesse de ses ardentes prières, et vous couvrira toujours des ailes de l'amour divin. Je pressens votre réponse, Amand, et vous donne rendez-vous... dans le ciel. Ami, la force et la faiblesse y sont également admises; toutes deux sont des souffrances. Cette pensée apaise les agitations de ma dernière épreuve. Me voilà si calme, que je craindrais de ne plus t'aimer, si ce n'était pour toi que je quitte le monde.

« Antoinette. »

— Mon cher cousin, dit la duchesse en arrivant à la maison de Montriveau, faites-moi la grâce de demander à la porte s'il est chez lui.

Le commandeur, obéissant à la manière des hommes du dix-huitième siècle, descendit et revint dire à sa cousine un oui qui lui donna le frisson. A ce mot, elle prit le commandeur, lui serra la main, se laissa baiser par lui sur les deux joues, et le pria de s'en aller sans l'espionner ni vouloir la protéger.

— Mais les passants? dit-il.

— Personne ne peut me manquer de respect, répondit-elle.

Ce fut le dernier mot de la femme à la mode et de la duchesse. Le commandeur s'en alla. Madame de Langeais resta sur le seuil de cette porte en s'enveloppant de son manteau, et attendit que huit heures sonnassent. L'heure expira. Cette malheureuse femme se donna dix minutes, un quart-d'heure; enfin, elle voulut voir une nouvelle humiliation dans ce retard, et la foi l'abandonna. Elle ne put retenir cette exclamation : — O mon Dieu ! puis quitta ce funeste seuil. Ce fut le premier mot de la carmélite.

Montriveau avait une conférence avec quelques amis, il les pressa de finir, mais sa pendule retardait, et il ne sortit pour aller à l'hôtel de Langeais qu'au moment où la duchesse, emportée par une rage froide, fuyait à pied dans les rues de Paris. Elle pleura quand elle atteignit le boulevard d'Enfer. Là, pour la dernière fois, elle regarda Paris fumeux, bruyant, couvert de la rouge atmosphère produite par ses lumières ; puis elle monta dans une voiture de place, et sortit de cette ville pour n'y jamais rentrer. Quand le marquis de Montriveau vint à l'hôtel de Langeais, il n'y trouva point sa maîtresse, et se crut joué. Il courut alors chez le vidame, et y fut reçu au moment où le bonhomme passait sa robe de chambre en pensant au bonheur de sa jolie parente. Montriveau lui jeta ce regard terrible dont la commotion électrique frappait également les hommes et les femmes:

— Monsieur, vous seriez-vous prêté à quelque cruelle plaisanterie? s'écria-t-il. Je viens de chez madame de Langeais, et ses gens la disent sortie.

— Il est sans doute arrivé, par votre faute, un grand malheur, répondit le vidame. J'ai laissé la duchesse à votre porte...

— A quelle heure?

— A huit heures moins un quart.

— Je vous salue, dit Montriveau qui revint précipitamment chez lui pour demander à son portier s'il n'avait pas vu dans la soirée une dame à la porte.

— Oui, monsieur, une belle femme qui paraissait avoir bien du désagrément. Elle pleurait comme une Madeleine, sans faire de bruit, et se tenait droit comme un piquet. Enfin, elle a dit un : O mon Dieu! en s'en allant, qui nous a, sous votre respect, crevé le cœur à mon épouse et à moi, qu'étions là sans qu'elle s'en aperçût.

Ce peu de mots fit pâlir cet homme si ferme. Il écrivit quelques lignes à monsieur de Ronquerolles, chez lequel il envoya sur-le-champ, et remonta dans son appartement.

Vers minuit, le marquis de Ronquerolles arriva.

— Qu'as-tu, mon bon ami? dit-il en voyant le général.

Armand lui donna la lettre de la duchesse à lire.

— Eh! bien? lui demanda Ronquerolles.

— Elle était à ma porte à huit heures, et à huit heures un quart elle a disparu. Je l'ai perdue, et je l'aime! Ah! si ma vie m'appartenait, je me serais déjà fait sauter la cervelle!

— Bah! bah! dit Ronquerolles, calme-toi. Les duchesses ne 'envolent pas comme des bergeronnettes. Elle ne fera pas plus de trois lieues à l'heure; demain, nous en ferons six, nous autres.

— Ah! peste! reprit-il, madame de Langeais n'est pas une femme ordinaire. Nous serons tous à cheval demain. Dans la journée, nous saurons par la police où elle est allée. Il lui faut une voiture, ces anges-là n'ont pas d'ailes. Qu'elle soit en route ou cachée dans Paris, nous la trouverons. N'avons-nous pas le télégraphe pour l'arrêter sans la suivre? Tu seras heureux. Mais, mon cher frère, tu as commis la faute dont sont plus ou moins coupables les hommes de ton énergie. Ils jugent les autres âmes d'après la leur, et ne savent pas où casse l'humanité quand ils en tendent les cordes. Que ne me disais-tu donc un mot tantôt? Je t'aurais dit : — Sois exact.

— A demain, donc, ajouta-t-il en serrant la main de Montriveau qui restait muet. Dors, si tu peux.

Mais les plus immenses ressources dont jamais hommes d'État, souverains, ministres, banquiers, enfin dont tout pouvoir humain se soit socialement investi, furent en vain déployées. Ni Montriveau ni ses amis ne purent trouver la trace de la duchesse. Elle s'était évidemment cloîtrée. Montriveau résolut de fouiller ou de faire fouiller tous les couvents du monde. Il lui fallait la duchesse, quand même il en aurait coûté la vie à toute une ville. Pour rendre justice à cet homme extraordinaire, il est nécessaire de dire que sa fureur passionnée se leva également ardente chaque jour, et dura cinq années. En 1829 seulement, le duc de Navarreins apprit, par hasard, que sa fille était partie pour l'Espagne, comme femme de chambre de lady Julia Hopwood, et qu'elle avait quitté cette dame à Cadix, sans que lady Julia se fût aperçue que mademoiselle Caroline était l'illustre duchesse dont la disparition occupait la haute société parisienne.

Les sentiments qui animèrent les deux amants quand ils se retrouvèrent à la grille des Carmélites et en présence d'une mère supérieure doivent être maintenant compris dans toute leur étendue, et leur violence, réveillée de part et d'autre, expliquera sans doute le dénoûment de cette aventure.

Donc, en 1823, le duc de Langeais mort, sa femme était libre. Antoinette de Navarreins vivait consumée par l'amour sur un banc de la Méditerranée; mais le pape pouvait casser les vœux de la sœur Thérèse. Le bonheur acheté par tant d'amour pouvait éclore pour les deux amants. Ces pensées firent voler Montriveau de Cadix à Marseille, de Marseille à Paris. Quelques mois après son arrivée en France, un brick de commerce armé en guerre partit du port de Marseille et fit route pour l'Espagne. Ce bâtiment était frété par plusieurs hommes de distinction, presque tous Français qui, épris de belle passion pour l'Orient, voulaient en visiter les contrées. Les grandes connaissances de Montriveau sur les mœurs de ces pays en faisaient un précieux compagnon de voyage pour ces personnes, qui le prièrent d'être des leurs, et il y consentit. Le ministre de la guerre le nomma lieutenant-général et le mit au comité d'artillerie pour lui faciliter cette partie de plaisir.

Le brick s'arrêta, vingt-quatre heures après son départ, au nord-ouest d'une île en vue des côtes d'Espagne. Le bâtiment avait été choisi assez fin de carène, assez léger de mâture pour qu'il pût sans danger s'ancrer à une demi-lieue environ des rescifs qui, de ce côté, défendaient sûrement l'abordage de l'île. Si des barques ou des habitants apercevaient le brick dans ce mouillage, ils ne pouvaient d'abord en concevoir aucune inquiétude. Puis il fut facile d'en justifier aussitôt le stationnement. Avant d'arriver en vue de l'île, Montriveau fit arborer le pavillon des États-Unis. Les matelots engagés pour le service du bâtiment étaient américains et ne parlaient que la langue anglaise. L'un des compagnons de monsieur de Montriveau les embarqua tous sur une chaloupe et les amena dans une auberge de la petite ville, où il les maintint à une hauteur d'ivresse qui ne leur laissa pas la langue libre. Puis il dit que le brick était monté par des chercheurs de trésors, gens connus aux États-Unis pour leur fanatisme, et dont un des écrivains de ce pays a écrit l'histoire. Ainsi la présence du vaisseau dans les rescifs fut suffisamment expliquée. Les armateurs et les passagers y cherchaient, dit le prétendu contre-maître des matelots, les débris d'un galion échoué en 1778 avec les trésors envoyés du Mexique. Les aubergistes et les autorités du pays n'en demandèrent pas davantage.

Armand et les amis dévoués qui le secondaient dans sa difficile entreprise pensèrent tout d'abord que ni la ruse ni la force ne pouvaient faire réussir la délivrance ou l'enlèvement de la sœur Thérèse du côté de la petite ville. Alors, d'un commun accord, ces hommes d'audace résolurent d'attaquer le taureau par les cornes. Ils voulurent se frayer un chemin jusqu'au couvent par les lieux mêmes où tout accès y semblait impraticable, et de vaincre la nature, comme le général Lamarque l'avait vaincue à l'assaut de Caprée. En cette circonstance, les tables de granit taillées à pic, au bout de l'île, leur offraient moins de prise que celles de Caprée n'en avaient offert à Montriveau, qui fut de cette incroyable expédition, et les nonnes lui semblaient plus redoutables que ne le fut sir Hudson-Lowe. Enlever la duchesse avec fracas couvrait ces hommes de honte. Autant aurait valu faire le siége de la ville, du couvent, et ne pas laisser un seul témoin de leur victoire, à la manière des pirates. Pour eux cette entreprise n'avait donc que deux faces. Ou quelque incendie, quelque fait d'armes qui effrayât l'Europe en y laissant ignorer la raison du crime; ou quelque enlèvement aérien, mystérieux, qui persuadât aux nonnes que le diable leur avait rendu visite. Ce dernier parti triompha dans le conseil secret tenu à Paris avant le départ. Puis, tout avait été prévu pour le succès d'une entreprise qui offrait à ces hommes blasés des plaisirs de Paris un véritable amusement.

Une espèce de pirogue d'une excessive légèreté, fabriquée à Marseille d'après un modèle malais, permit de naviguer dans les rescifs jusqu'à l'endroit où ils cessaient d'être praticables. Deux cordes en fil de fer, tendues parallèlement à une distance de quelques pieds sur des inclinaisons inverses, et sur lesquelles devaient glisser les paniers également en fil de fer, servirent de pont, comme en Chine, pour aller d'un rocher à l'autre. Les écueils furent ainsi unis les uns aux autres par un système de cordes et de paniers qui ressemblaient à ces fils sur lesquels voyagent certaines araignées, et pas lesquels elles enveloppent un arbre ; œuvre d'instinct que les Chinois, ce peuple essentiellement imitateur, a copiée le premier, historiquement parlant. Ni les lames ni les caprices de la mer ne pouvaient déranger ces fragiles constructions. Les cordes avaient assez de jeu pour offrir aux fureurs des vagues cette courbure étudiée par un ingénieur, feu Cachin, l'immortel créateur du port de Cherbourg, la ligne savante au delà de laquelle cesse le pouvoir de l'eau courroucée ; courbe établie d'après une loi dérobée aux secrets de la nature par le génie de l'observation, qui est presque tout le génie humain.

Les compagnons de monsieur de Montriveau étaient seuls sur ce vaisseau. Les yeux de l'homme ne pouvaient arriver jusqu'à eux. Les meilleures longues-vues braquées du haut des tillacs par les marins des bâtiments à leur passage n'eussent laissé découvrir ni les cordes perdues dans les rescifs ni les hommes cachés dans les rochers. Après onze jours de travaux préparatoires, ces treize démons humains arrivèrent au pied du promontoire élevé d'une trentaines de toises au-dessus de la mer, bloc aussi difficile à gravir par des hommes qu'il peut l'être à une souris de grimper sur les contours polis du ventre en porcelaine d'un vase uni. Cette table de granit était heureusement fendue. Sa fissure, dont les deux lèvres avaient la roideur de la ligne droite, permit d'y attacher, à un pied de distance, de gros coins de bois dans lesquels ces hardis travailleurs enfoncèrent des crampons de fer. Ces crampons, préparés à l'avance, étaient terminés par une palette trouée sur laquelle ils fixèrent une marche faite avec une planche de sapin extrêmement légère qui venait s'adapter aux entailles d'un mât aussi haut que le promontoire et qui fut assujettie dans le roc au bas de la grève. Avec une habileté digne de ces hommes d'exécution, l'un d'eux, profond mathématicien, avait calculé l'angle nécessaire pour écarter graduellement les marches en haut et en bas du mât, de manière à placer dans son milieu le point à partir duquel les marches de la partie supérieure gagnaient en éventail le haut du rocher ; figure également représentée, mais en sens inverse, par les marches d'en bas. Cet escalier, d'une légèreté miraculeuse et d'une solidité parfaite, coûta vingt-deux jours de travail. Un briquet phosphorique, une nuit et le ressac de la mer suffisaient à en faire disparaître éternellement les traces. Ainsi nulle indiscrétion n'était possible, et nulle recherche contre les violateurs du couvent ne pouvait avoir de succès.

Sur le haut du rocher se trouvait une plate-forme, bordée de tous côtés par le précipice taillé à pic. Les treize inconnus, en examinant le terrain avec leurs lunettes du haut de la hune, s'étaient assurés que, malgré quelques aspérités, ils pourraient facilement arriver aux jardins du couvent, dont les arbres suffisamment touffus offraient de sûrs abris. Là, sans doute, ils devaient ultérieurement décider par quels moyens se consommerait le rapt de la religieuse. Après de si grands efforts, ils ne voulurent pas compromettre le succès de leur entreprise en risquant d'être aperçus, et furent obligés d'attendre que le dernier quartier de la lune expirât.

Montriveau resta, pendant deux nuits, enveloppé dans son manteau, couché sur le roc. Les chants du soir et ceux du matin lui causèrent d'inexprimables délices. Il alla jusqu'au mur, pour pouvoir entendre la musique des orgues, et s'efforça de distinguer une voix dans cette masse de voix. Mais, malgré le silence, l'espace ne laissait parvenir à ses oreilles que les effets confus de la musique. C'était de suaves harmonies où les défauts de l'exécution ne se faisaient plus sentir, et d'où la pure pensée de l'art se dégageait en se communiquant à l'âme, sans lui demander ni les efforts de l'attention ni les fatigues de l'entendement. Terribles souvenirs pour Armand, dont l'amour reflorissait tout entier dans cette brise de musique, où il voulut trouver d'aériennes promesses de bonheur. Le lendemain de la dernière nuit, il descendit avant le lever du soleil, après être resté durant plusieurs heures les yeux attachés sur la fenêtre d'une cellule sans grille. Les grilles n'étaient pas nécessaires au-dessus de ces abîmes. Il y avait vu de la lumière pendant toute la nuit. Or, cet instinct du cœur, qui trompe aussi souvent qu'il dit vrai, lui avait crié : — Elle est là !

— Elle est certainement là, et demain je l'aurai, se dit-il en mêlant de joyeuses pensées aux tintements d'une cloche qui sonnait lentement. Étrange bizarrerie du cœur ! il aimait avec plus de passion la religieuse dépérie dans les élancements de l'amour, consumée par les larmes, les jeûnes, les veilles et la prière, la femme de vingt-neuf ans fortement éprouvée, qu'il n'avait aimé la jeune fille légère, la femme de vingt-quatre ans, la sylphide. Mais les hommes d'âme vigoureuse n'ont-ils pas un penchant qui les entraîne vers les sublimes expressions que de nobles malheurs ou d'impétueux mouvements de pensées ont gravées sur le visage d'une femme ? La beauté d'une femme endolorie n'est-elle pas la plus attachante de toutes pour les hommes qui se sentent au cœur un trésor inépuisable de consolations et de tendresses à répandre sur une créature gracieuse de faiblesse et forte par le sentiment. La beauté fraîche, colorée, unie, le *joli* en un mot, est l'attrait vulgaire auquel se prend la médiocrité. Montriveau devait aimer ces visages où l'amour se réveille au milieu des plis de la douleur et des ruines de la mélancolie. Un amant ne fait-il pas alors saillir, à la voix de ses puissants désirs, un être tout nouveau, jeune, palpitant, qui brise pour lui seul une enveloppe belle pour lui, détruite pour le monde. Ne possède-t-il pas deux femmes : celle qui se présente aux autres pâle, décolorée, triste ; puis celle du cœur que personne ne voit, un ange qui comprend la vie par le sentiment, et ne paraît dans toute sa gloire que pour les solennités de l'amour ? Avant de quitter son poste, le général entendit de faibles accords qui partaient de cette cellule, douces voix pleines de tendresse. En revenant sous le rocher au bas duquel se tenaient ses amis, il leur dit en quelques mots, empreints de cette passion communicative quoique discrète dont les hommes respectent toujours l'expression grandiose, que jamais, en sa vie, il n'avait éprouvé de si captivantes félicités.

Le lendemain soir, onze compagnons dévoués se hissèrent dans l'ombre en haut de ces rochers, ayant chacun sur eux un poignard, une provision de chocolat, et tous les instruments que comporte le métier des voleurs. Arrivés au mur d'enceinte, ils le franchirent au moyen d'échelles qu'ils avaient fabriquées, et se trouvèrent dans le cimetière du couvent. Montriveau reconnut et la longue galerie voûtée par laquelle il était venu naguère au parloir, et les fenêtres de cette salle. Sur-le-champ, son plan fut fait et adopté. S'ouvrir un passage par la fenêtre de ce parloir qui en éclairait la partie affectée aux carmélites, pénétrer dans les corridors, voir si les noms étaient inscrits sur chaque cellule, aller à celle de la sœur Thérèse, y surprendre et bâillonner la religieuse pendant son sommeil, la lier et l'enlever, toutes ces parties du programme étaient faciles pour des hommes qui, à l'audace, à l'adresse des forçats, joignaient les connaissances particulières aux gens du monde, et auxquels il était indifférent de donner un coup de poignard pour acheter le silence.

La grille de la fenêtre fut sciée en deux heures. Trois hommes se mirent en faction au dehors, et deux autres restèrent dans le parloir. Le reste, pieds nus, se posta de distance en distance à travers le cloître où s'engagea Montriveau, caché derrière un jeune homme, le plus adroit d'entre eux, Henri de Marsay, qui, par prudence, s'était vêtu d'un costume de carmélite absolument semblable à celui du couvent. L'horloge sonna trois heures quand la fausse religieuse et Montriveau parvinrent au dortoir. Ils eurent bientôt reconnu la situation des cellules. Puis, n'entendant aucun bruit, ils lurent, à l'aide d'une lanterne sourde, les noms heureusement écrits sur chaque porte, et accompagnés de ces devises mystiques, de ces portraits de saints ou de saintes que chaque religieuse inscrit en forme d'épigraphe sur le nouveau rôle de sa vie, et où elle révèle sa dernière pensée. Arrivé à la cellule de la sœur Thérèse, Montriveau lut cette inscription : *Sub invocatione sanctæ matris Theresæ!* La devise était : *Adoremus in æternum.* Tout à coup son compagnon lui mit la main sur l'épaule, et lui fit voir une vive lueur qui éclairait les dalles du corridor par la fente de la porte. En ce moment, monsieur de Ronquerolles les rejoignit.

— Toutes les religieuses sont à l'église et commencent l'office des morts, dit-il.

— Je reste, répondit Montriveau ; repliez-vous dans le parloir, et fermez la porte de ce corridor.

Il entra vivement en se faisant précéder de la fausse religieuse, qui rabattit son voile. Ils virent alors, dans l'antichambre de la cellule, la duchesse morte, posée à terre sur la planche de son lit, et éclairée par deux cierges. Ni Montriveau ni de Marsay ne dirent une parole, ne jetèrent un cri ; mais ils se regardèrent. Puis le général fit un geste qui voulait dire : — Emportons-la.

— Sauvez-vous, cria Ronquerolles, la procession des religieuses se met en marche, vous allez être surpris.

Avec la rapidité magique que communique aux mouvements un extrême désir, la morte fut apportée dans le parloir, passée par la fenêtre et transportée au pied des murs, au moment où l'abbesse, suivie des religieuses, arrivait pour prendre le corps de la sœur Thérèse. La sœur chargée de garder la morte avait eu l'imprudence de fouiller dans sa chambre pour en connaître les secrets, et s'était si fort occupée à cette recherche qu'elle n'entendit rien et sortait alors épouvantée de ne plus trouver le corps. Avant que ces femmes stupéfiées n'eussent la pensée de faire des recherches, la duchesse avait été descendue par une corde en bas des rochers et les compagnons de Montriveau avaient détruit leur ouvrage. A neuf heures du matin, nulle trace n'existait ni de l'escalier ni des ponts de cordes ; le corps de la sœur Thérèse était à bord ; le brick vint au port embarquer ses matelots, et disparut dans la journée. Montriveau resta seul dans sa cabine avec Antoinette de Navarreins, dont, pendant quelques heures, le visage resplendit complaisamment pour lui des sublimes beautés dues au calme particulier que prête la mort à nos dépouilles mortelles.

— Ah ! çà, dit Ronquerolles à Montriveau quand celui-ci reparut sur le tillac, c'était une femme, maintenant ce n'est rien. Attachons un boulet à chacun de ses pieds, jetons-la dans la mer, et n'y pense plus que comme nous pensons à un livre lu pendant notre enfance.

— Oui, dit Montriveau, car ce n'est plus qu'un poëme.

— Te voilà sage. Désormais aie des passions ; mais de l'amour, il faut savoir le bien placer, et il n'y a que le dernier amour d'une femme qui satisfasse le premier amour d'un homme.

Genève, au Pré-Lévêque, 26 janvier 1834.

III.

LA FILLE AUX YEUX D'OR.

A EUGÈNE DELACROIX, PEINTRE.

Un des spectacles où se rencontre le plus d'épouvantement est certes l'aspect général de la population parisienne, peuple horrible à voir, hâve, jaune, tanné. Paris n'est-il pas un vaste champ incessamment remué par une tempête d'intérêts sous laquelle tourbillonne une moisson d'hommes que la mort fauche plus souvent qu'ailleurs et qui renaissent toujours aussi serrés, dont les visages contournés, tordus, rendent par tous les pores l'esprit, les désirs, les poisons dont sont engrossés leurs cerveaux; non pas des visages, mais bien des masques : masques de faiblesse, masques de force, masques de misère, masques de joie, masques d'hypocrisie; tous exténués, tous empreints des signes ineffaçables d'une haletante avidité? Que veulent-ils? De l'or, ou du plaisir?

Quelques observations sur l'âme de Paris peuvent expliquer les causes de sa physionomie cadavéreuse qui n'a que deux âges, ou la jeunesse ou la caducité : jeunesse blafarde et sans couleur, caducité fardée qui veut paraître jeune. En voyant ce peuple exhumé, les étrangers, qui ne sont pas tenus de réfléchir, éprouvent tout d'abord un mouvement de dégoût pour cette capitale, vaste atelier de jouissances, d'où bientôt eux-mêmes ils ne peuvent sortir, et restent à s'y déformer volontiers. Peu de mots suffiront pour justifier physiologiquement la teinte presque infernale des figures parisiennes, car ce n'est pas seulement par plaisanterie que Paris a été nommé un enfer. Tenez ce mot pour vrai. Là, tout fume, tout brûle, tout brille, tout bouillonne, tout flambe, s'évapore, s'éteint, se rallume, étincelle, pétille et se consume. Jamais vie en aucun pays ne fut plus ardente, ni plus cuisante. Cette nature sociale toujours en fusion semble se dire après chaque œuvre finie :
— A une autre! comme se le dit la nature elle-même. Comme la

nature, cette nature sociale s'occupe d'insectes, de fleurs d'un jour, de bagatelles, d'éphémères, et jette aussi feu et flamme par son éternel cratère. Peut-être avant d'analyser les causes qui font une physionomie spéciale à chaque tribu de cette nation intelligente et mouvante, doit-on signaler la cause générale qui en décolore, blêmit, bleuit et brunit plus ou moins les individus.

A force de s'intéresser à tout, le Parisien finit par ne s'intéresser à rien. Aucun sentiment ne dominant sur sa face usée par le frottement, elle devient grise comme le plâtre des maisons qui a reçu toute espèce de poussière et de fumée. En effet, indifférent la veille à ce dont il s'enivrera le lendemain, le Parisien vit en enfant quel que soit son âge. Il murmure de tout, se console de tout, se moque de tout, oublie tout, veut tout, goûte à tout, prend tout avec passion, quitte tout avec insouciance; ses rois, ses conquêtes, sa gloire, son idole, qu'elle soit de bronze ou de verre; comme il jette ses bas, ses chapeaux et sa fortune. A Paris, aucun sentiment ne résiste au jet des choses, et leur courant oblige à une lutte qui détend les passions : l'amour y est un désir, et la haine une velléité; il n'y a là de vrai parent que le billet de mille francs, d'autre ami que le Mont-de-Piété. Ce laissez-aller général porte ses fruits; et, dans le salon, comme dans la rue, personne n'y est de trop, personne n'y est absolument utile, ni absolument nuisible : les sots et les fripons, comme les gens d'esprit ou de probité. Tout y est toléré, le gouvernement et la guillotine, la religion et le choléra. Vous convenez toujours à ce monde, vous n'y manquez jamais. Qui donc domine en ce pays sans mœurs, sans croyance, sans aucun sentiment; mais d'où partent et où aboutissent tous les sentiments, toutes les croyances et toutes les mœurs? L'or et le plaisir. Prenez ces deux mots comme une lumière et parcourez cette grande cage de plâtre, cette ruche à ruisseaux noirs, et suivez-y les serpenteaux de cette pensée qui l'agite, la soulève, la travaille? Voyez. Examinez d'abord le monde qui n'a rien?

L'ouvrier, le prolétaire, l'homme qui remue ses pieds, ses mains, sa langue, son dos, son seul bras, ses cinq doigts pour vivre; eh! bien, celui-là qui, le premier, devrait économiser le principe de sa vie, il outrepasse ses forces, attelle sa femme à quelque machine, use son enfant et le cloue à un rouage. Le fabricant, le je ne sais quel fil secondaire dont le branle agite ce peuple qui, de ses mains sales, tourne et dore les porcelaines, coud les habits et les robes, amincit le fer, amenuise le bois, tisse l'acier, solidifie le chanvre et le fil, satine les bronzes, festonne le cristal, imite les fleurs, brode la laine, dresse les chevaux, tresse les harnais et les galons, découpe le cuivre, peint les voitures, arrondit les vieux ormeaux, vaporise le coton, souffle les tuls, corrode le diamant, polit les métaux, transforme en feuilles le marbre, lèche les cailloux, toilette la pensée, colore, blanchit et noircit tout ; hé ! bien, ce sous-chef est venu promettre à ce monde de sueur et de volonté, d'étude et de patience, un salaire excessif, soit au nom des caprices de la ville, soit à la voix du monstre nommé Spéculation. Alors ces quadrumanes se sont mis à veiller, pâtir, travailler, jurer, jeûner, marcher ; tous se sont excédés pour gagner cet or qui les fascine. Puis, insouciants de l'avenir, avides de jouissances, comptant sur leurs bras comme le peintre sur sa palette, ils jettent, grands seigneurs d'un jour, leur argent le lundi dans les cabarets, qui font une enceinte de boue à la ville ; ceinture de la plus impudique des Vénus, incessamment pliée et dépliée, où se perd comme au jeu la fortune périodique de ce peuple, aussi féroce au plaisir qu'il est tranquille au travail. Pendant cinq jours donc, aucun repos pour cette partie agissante de Paris ! Elle se livre à des mouvements qui la font se gauchir, se grossir, maigrir, pâlir, jaillir en mille jets de volonté créatrice. Puis son plaisir, son repos est une lassante débauche, brune de peau, noire de tapes, blême d'ivresse, ou jaune d'indigestion, qui ne dure que deux jours, mais qui vole le pain de l'avenir, la soupe de la semaine, les robes de la femme, les langes de l'enfant tous en haillons. Ces hommes, nés sans doute pour être beaux, car toute créature a sa beauté relative, se sont enrégimentés, dès l'enfance, sous le commandement de la force, sous le règne du marteau, des cisailles, de la filature, et se sont promptement vulcanisés. Vulcain, avec sa laideur et sa force, n'est-il pas l'emblème de cette laide et forte nation, sublime d'intelligence mécanique, patiente à ses heures, terrible un jour par siècle, inflammable comme la poudre, et préparée à l'incendie révolutionnaire par l'eau-de-vie, enfin assez spirituelle pour prendre feu sur un mot captieux qui signifie toujours pour elle : or et plaisir ! En comprenant tous ceux qui tendent la main pour une aumône, pour de légitimes salaires ou pour les cinq francs accordés à tous les genres de prostitution parisienne, enfin pour tout argent bien ou mal gagné, ce peuple compte trois cent mille individus.

Sans les cabarets, le gouvernement ne serait-il pas renversé tous les mardis? Heureusement, le mardi, ce peuple est engourdi, cuve son plaisir, n'a plus le sou, et retourne au travail, au pain sec, stimulé par un besoin de procréation matérielle qui, pour lui, devient une habitude. Néanmoins ce peuple a ses phénomènes de vertu, ses hommes complets, ses Napoléons inconnus, qui sont le type de ses forces portées à leur plus haute expression, et résument sa portée sociale dans une existence où la pensée et le mouvement se combinent moins pour y jeter de la joie que pour y régulariser l'action de la douleur.

Le hasard a fait un ouvrier économe, le hasard l'a gratifié d'une pensée, il a pu jeter les yeux sur l'avenir, il a rencontré une femme, il s'est trouvé père, et après quelques années de privations dures il entreprend un petit commerce de mercerie, loue une boutique. Si ni la maladie ni le vice ne l'arrêtent en sa voie, s'il a prospéré, voici le croquis de cette vie normale.

Et, d'abord, saluez ce roi du mouvement parisien, qui s'est soumis le temps et l'espace. Oui, saluez cette créature composée de salpêtre et de gaz qui donne des enfants à la France pendant ses nuits laborieuses, et remultiplie pendant le jour son individu pour le service, la gloire et le plaisir de ses concitoyens. Cet homme résout le problème de suffire, à la fois, à une femme aimable, à son ménage, au Constitutionnel, à son bureau, à la Garde nationale, à l'Opéra, à Dieu; mais pour transformer en écus le Constitutionnel, le Bureau, l'Opéra, la Garde nationale, la femme et Dieu. Enfin, saluez un irréprochable cumulard. Levé tous les jours à cinq heures, il a franchi comme un oiseau l'espace qui sépare son domicile de la rue Montmartre. Qu'il vente ou tonne, pleuve ou neige, il est au Constitutionnel et y attend la charge de journaux dont il a soumissionné la distribution. Il reçoit ce pain politique avec avidité, le prend et le porte. A neuf heures, il est au sein de son ménage, débite un calembour à sa femme, lui dérobe un gros baiser, déguste une tasse de café ou gronde ses enfants. A dix heures moins un quart, il apparaît à la mairie. Là, posé sur un fauteuil, comme un perroquet sur son bâton, chauffé par la ville de Paris, il inscrit jusqu'à quatre heures, sans leur donner une larme ou un sourire, les décès et les naissances de tout un arrondissement. Le bonheur, le malheur du quartier passe par le bec de sa plume, comme l'esprit du Constitutionnel voyageait naguère sur ses épaules. Rien ne lui pèse! Il va toujours droit devant lui, prend son patriotisme tout fait dans le journal, ne contredit personne, crie ou applaudit avec tout le monde, et vit en hirondelle. A deux pas de sa paroisse, il peut, en cas d'une cérémonie importante, laisser sa place à un surnuméraire, et aller chanter un *requiem* au lutrin de l'église, dont il est, le dimanche et les jours de fête, le plus bel ornement, la voix la plus imposante, où il tord avec énergie sa large bouche en faisant tonner un joyeux *Amen*. Il est chantre. Libéré à quatre heures de son service officiel, il apparaît pour répandre la joie et la gaieté au sein de la boutique la plus célèbre qui soit en la Cité. Heureuse est sa femme, il n'a pas le temps d'être jaloux; il est plutôt homme d'action que de sentiment. Aussi, dès qu'il arrive, agace-t-il les demoiselles de comptoir, dont les yeux vifs attirent force chalands; se gaudit au sein des parures, des fichus, de la mousseline façonnée par ces habiles ouvrières; ou, plus souvent encore, avant de dîner, il sert une pratique, copie une page du journal ou porte chez l'huissier quelque effet en retard. A six heures, tous les deux jours, il est fidèle à son poste. Inamovible basse-taille des chœurs, il se trouve à l'Opéra, prêt à y devenir soldat, Arabe, prisonnier, sauvage, paysan, ombre, patte de chameau, lion, diable, génie, esclave, eunuque noir ou blanc, toujours expert à produire de la joie, de la douleur, de la pitié, de l'étonnement, à pousser d'invariables cris, à se taire, à chasser, à se battre, à représenter Rome ou l'Égypte; mais toujours *in petto*, mercier. A minuit, il redevient bon mari, homme, tendre père, il se glisse dans le lit conjugal, l'imagination encore tendue par les formes décevantes des nymphes de l'Opéra, et fait ainsi tourner, au profit de l'amour conjugal, les dépravations du monde et les voluptueux ronds de jambe de la Taglioni. Enfin, s'il dort, il dort vite, et dépêche son sommeil comme il a dépêché sa vie. N'est-ce pas le mouvement fait homme, l'espace incarné, le protée de la civilisation? Cet homme résume tout : histoire, littérature, politique, gouvernement, religion, art militaire. N'est-ce pas une encyclopédie vivante, un atlas grotesque, sans cesse en marche comme Paris et qui jamais ne repose? En lui tout est jambes. Aucune physionomie ne saurait se conserver pure en de tels travaux. Peut-être l'ouvrier qui meurt vieux à trente ans, l'estomac tanné par les doses progressives de son eau-de-vie, sera-t-il trouvé, au dire de quelques philosophes bien rentés, plus heureux que ne l'est le mercier. L'un périt d'un seul coup et l'autre en détail. De ses huit industries, de ses épaules, de son gosier, de ses mains, de sa femme et de son commerce, celui-ci retire, comme d'autant de fermes, des enfants, quelques mille francs et le plus laborieux bonheur qui ait jamais récréé cœur d'homme. Cette fortune et ces enfants, ou les enfants qui résument tout pour lui, deviennent la proie du monde supérieur, auquel il porte ses écus et sa fille, ou son fils élevé au collége, qui, plus instruit que ne l'est son père, jette plus haut ses regards ambitieux. Souvent le cadet d'un petit détaillant veut être quelque chose dans l'Etat.

Cette ambition introduit la pensée dans la seconde des sphères parisiennes. Montez donc un étage et allez à l'entresol; ou descendez du grenier et restez au quatrième; enfin, pénétrez dans le monde qui a quelque chose : là, même résultat. Les commerçants en gros et leurs garçons, les employés, les gens de la petite banque et de grande probité, les fripons, les âmes damnées, les premiers et les derniers commis, les clercs de l'huissier, de l'avoué, du notaire, enfin les membres agissants, pensants, spéculants de cette petite bourgeoisie qui triture les intérêts de Paris et veille à son grain, accapare les denrées, enmagasine les produits fabriqués par les prolétaires, encaque les fruits du Midi, les poissons de l'Océan, les vins de toute côte aimée du soleil ; qui étend les mains sur l'Orient, y prend les châles dédaignés par les Turcs et les Russes ; va récolter jusque dans les Indes, se couche pour attendre la vente, aspire après le bénéfice, escompte les effets, roule et encaisse toutes les valeurs ; emballe en détail Paris tout entier, le voiture, guette les fantaisies de l'enfance, épie les caprices et les vices de l'âge mur, en pressure les maladies ; eh bien, sans boire de l'eau-de-vie comme l'ouvrier, ni sans aller se vautrer dans la fange des barrières, tous excèdent aussi leurs forces ; tendent outre-mesure leur corps, et leur moral, l'un par l'autre ; se dessèchent de désirs s'abîment de courses précipitées. Chez eux, la torsion physique s'accomplit sous le fouet des intérêts, sous le fléau des ambitions qui tourmentent les mondes élevés de cette monstrueuse cité, comme celle des prolétaires s'est accomplie sous le cruel balancier des élaborations matérielles incessamment désirées par le despotisme du *je le veux* aristocrate. Là donc aussi, pour obéir à ce maître universel, le plaisir ou l'or, il faut dévorer le temps, presser le temps, trouver plus de vingt-quatre heures dans le jour et la nuit, s'énerver, se tuer, vendre trente ans de vieillesse pour deux ans d'un repos maladif. Seulement l'ouvrier meurt à l'hôpital, quand son dernier terme de rabougrissement s'est opéré, tandis que le petit bourgeois persiste à vivre et vit, mais crétinisé : vous le rencontrez la face usée, plate, vieille, sans lueur aux yeux, sans fermeté dans la jambe, se traînant d'un air hébété sur le boulevard, la ceinture de sa Vénus, de sa ville chérie. Que voulait le bourgeois ? le briquet du garde national, un immuable pot-au-feu, une place décente au Père-Lachaise, et pour sa vieillesse un peu d'or légitimement gagné. Son lundi, à lui, est le dimanche ; son repos est la promenade en voiture de remise, la partie de campagne, pendant laquelle femme et enfants avalent joyeusement de la poussière ou se rôtissent au soleil ; sa barrière est le restaurateur dont le vénéneux dîner a du renom, ou quelque bal de famille où l'on étouffe jusqu'à minuit. Certains niais s'étonnent de la Saint-Guy dont sont atteints les monades que le microscope fait apercevoir dans une goutte d'eau, mais que dirait le Gargantua de Rabelais, figure d'une sublime audace incomprise, que dirait ce géant, tombé des sphères célestes, s'il s'amusait à contempler le mouvement de cette seconde vie parisienne, dont voici l'une des formules ? Avez-vous vu ces petites baraques, froides en été, sans autre foyer qu'une chaufferette en hiver, placées sous la vaste calotte de cuivre qui coiffe la halle au blé ? Madame est là dès le matin, elle est Factrice aux halles et gagne à ce métier douze mille francs par an, dit-on. Monsieur, quand madame se lève, passe dans un sombre cabinet, où il prête à la petite semaine, aux commerçants de son quartier. A neuf heures, il se trouve au bureau des passe-ports, dont il est un des sous-chefs. Le soir, il est à la caisse du théâtre Italien, ou de tout autre théâtre qu'il vous plaira choisir. Les enfants sont mis en nourrice, et en reviennent pour aller au collège ou dans un pensionnat. Monsieur et madame demeurent à un troisième étage, n'ont qu'une cuisinière, donnent des bals dans un salon de douze pieds sur huit, et éclairé par des quinquets ; mais ils donnent cent cinquante mille francs à leur fille, et se reposent à cinquante ans, âge auquel ils commencent à paraître aux troisièmes loges à l'Opéra, dans un fiacre à Longchamp, ou en toilette fanée, tous les jours de soleil, sur les boulevards, l'espalier de ces fructifications. Estimés dans le quartier, aimés du gouvernement, alliés à la haute bourgeoisie, Monsieur obtient à soixante-cinq ans la croix de la

Légion-d'Honneur, et le père de son gendre, maire d'un arrondissement, l'invite à ses soirées. Ces travaux de toute une vie profitent donc à des enfants que cette petite bourgeoisie tend fatalement à élever jusqu'à la haute. Chaque sphère jette ainsi tout son frai dans sa sphère supérieure. Le fils du riche épicier se fait notaire, le fils du marchand de bois devient magistrat. Pas une dent ne manque à mordre sa rainure, et tout stimule le mouvement ascensionnel de l'argent.

Nous voici donc amenés au troisième cercle de cet enfer, qui, peut-être un jour, aura son DANTE. Dans ce troisième cercle social, espèce de ventre parisien, où se digèrent les intérêts de la ville et où ils se condensent sous la forme dite *affaires*, se remue et s'agite par un âcre et fielleux mouvement intestinal, la foule des avoués, médecins, notaires, avocats, gens d'affaires, banquiers, gros commerçants, spéculateurs, magistrats. Là, se rencontrent encore plus de causes pour la destruction physique et morale que partout ailleurs. Ces gens vivent, presque tous, en d'infectes Études, en des salles d'audiences empestées, dans de petits cabinets grillés, passent le jour courbés sous le poids des affaires, se lèvent dès l'aurore pour être en mesure, pour ne pas se laisser dévaliser, pour tout gagner ou pour ne rien perdre, pour saisir un homme ou son argent, pour emmancher ou démancher une affaire, pour tirer parti d'une circonstance fugitive, pour faire pendre ou acquitter un homme. Ils réagissent sur les chevaux, ils les crèvent, les surmènent, leur vieillissent, aussi à eux, les jambes avant le temps. Le temps est leur tyran, il leur manque, il leur échappe; ils ne peuvent ni l'étendre, ni le resserrer. Quelle âme peut rester grande, pure, morale, généreuse, et conséquemment quelle figure demeure belle dans le dépravant exercice d'un métier qui force à supporter le poids des misères publiques, à les analyser, les peser, les estimer, les mettre en coupe réglée? Ces gens-là déposent leur cœur, où?... je ne sais; mais ils le laissent quelque part, quand ils en ont un, avant de descendre tous les matins au fond des peines qui poignent les familles. Pour eux, point de mystères, ils voient l'envers de la société dont ils sont les confesseurs, et la méprisent. Or, quoi qu'ils fassent, à force de se mesurer avec la corruption, ils en ont horreur et s'attristent; ou par lassitude, par transaction secrète, ils l'épousent; enfin, nécessairement, ils se blasent sur tous les sentiments, eux que les lois, les hommes, les institutions font voler comme des choucas sur les cadavres encore chauds. A toute heure, l'homme d'argent pèse les vivants, l'homme des contrats pèse les morts, l'homme de loi pèse la conscience. Obligés de parler sans cesse, tous remplacent l'idée par la parole, le sentiment par la phrase, et leur âme devient un larynx. Ils s'usent et se démoralisent. Ni le grand négociant, ni le juge, ni l'avocat ne conservent leur sens droit : ils ne sentent plus, ils appliquent les règles que faussent les espèces. Emportés par leur existence torrentueuse, ils ne sont ni époux, ni pères, ni amants ; ils glissent à la ramasse sur les choses de la vie, et vivent à toute heure, poussés par les affaires de la grande cité. Quand ils rentrent chez eux, ils sont requis d'aller au bal, à l'Opéra, dans les fêtes où ils vont se faire des clients, des connaissances, des protecteurs. Tous mangent démesurément, jouent, veillent, et leurs figures s'arrondissent, s'aplatissent, se rougissent. A de si terribles dépenses de forces intellectuelles, à des contractions morales si multipliées, ils opposent non pas le plaisir, il est trop pâle et ne produit aucun contraste, mais la débauche, débauche secrète, effrayante, car ils peuvent disposer de tout, et font la morale de la société. Leur stupidité réelle se cache sous une science spéciale. Ils savent leur métier, mais ils ignorent tout ce qui n'en est pas. Alors, pour sauver leur amour-propre, ils mettent tout en question, critiquent à tort et à travers ; paraissent douteurs et sont gobe-mouches en réalité, noient leur esprit dans leurs interminables discussions. Presque tous adoptent commodément les préjugés sociaux, littéraires ou politiques pour se dispenser d'avoir une opinion ; de même qu'ils mettent leurs consciences à l'abri du code, ou du tribunal de commerce. Partis de bonne heure pour être des hommes remarquables, ils deviennent médiocres, et rampent sur les sommités du monde. Aussi leurs figures offrent-elles cette pâleur aigre, ces colorations fausses, ces yeux ternis, cernés, ces bouches bavardes et sensuelles où l'observateur reconnaît les symptômes de l'abâtardissement de la pensée et sa rotation dans le cirque d'une spécialité qui tue les facultés génératives du cerveau, le don de voir en grand, de généraliser et de déduire. Ils se ratatinent presque tous dans la fournaise des affaires. Aussi jamais un homme qui s'est laissé prendre dans les conquassations ou dans l'engrenage de ces immenses machines, ne peut-il devenir grand. S'il est médecin, ou il a peu fait la médecine, ou il est une exception, un Bichat qui meurt jeune.

Si, grand négociant, il reste quelque chose, il est presque Jacques Cœur. Robespierre exerça-t-il? Danton était un paresseux qui attendait. Mais qui d'ailleurs a jamais envié les figures de Danton et de Robespierre, quelque superbes qu'elles puissent être? Ces affairés par excellence attirent à eux l'argent et l'entassent pour s'allier aux familles aristocratiques. Si l'ambition de l'ouvrier est celle du petit bourgeois, ici, mêmes passions encore. A Paris, la vanité résume toutes les passions. Le type de cette classe serait soit le bourgeois ambitieux, qui, après une vie d'angoisses et de manœuvres continuelles, passe au Conseil-d'État comme une fourmi passe par une fente; soit quelque rédacteur de journal, roué d'intrigues, que le roi fait Pair de France, peut-être pour se venger de la noblesse; soit quelque notaire devenu Maire de son arrondissement, tous gens laminés par les affaires et qui, s'ils arrivent à leur but, y arrivent *tués*. En France, l'usage est d'introniser la perruque. Napoléon, Louis XIV, les grands rois seuls ont toujours voulu des jeunes gens pour mener leurs desseins.

Au-dessus de cette sphère, vit le monde artiste. Mais là encore les visages marqués du sceau de l'originalité, sont noblement brisés, mais brisés, fatigués, sinueux. Excédés par un besoin de produire, dépassés par leurs coûteuses fantaisies, lassés par un génie dévoreur, affamés de plaisir, les artistes de Paris veulent tous regagner par d'excessifs travaux les lacunes laissées par la paresse, et cherchent vainement à concilier le monde et la gloire, l'argent et l'art. En commençant, l'artiste est sans cesse haletant sous le créancier; ses besoins enfantent les dettes, et ses dettes lui demandent ses nuits. Après le travail, le plaisir. Le comédien joue jusqu'à minuit, étudie le matin, répète à midi; le sculpteur plie sous sa statue; le journaliste est une pensée en marche comme le soldat en guerre; le peintre en vogue est accablé d'ouvrage, le peintre sans occupation se ronge les entrailles s'il se sent homme de génie. La concurrence, les rivalités, les calomnies assassinent ces talents. Les uns, désespérés, roulent dans les abîmes du vice, les autres meurent jeunes et ignorés pour s'être escompté trop tôt leur avenir. Peu de ces figures, primitivement sublimes, restent belles. D'ailleurs la beauté flamboyante de leurs têtes demeure incomprise. Un visage d'artiste est toujours exorbitant, il se trouve toujours en dessus ou en dessous des lignes convenues pour ce que les imbéciles nomment le beau idéal. Quelle puissance les détruit? La passion. Toute passion à Paris se résout par deux termes : or et plaisir.

Maintenant, ne respirez-vous pas? Ne sentez-vous pas l'air et l'espace purifiés? Ici ni travaux ni peines. La tournoyante volute de l'or a gagné les sommités. Du fond des soupiraux où commencent ses rigoles, du fond des boutiques où l'arrêtent de chétifs batardeaux, du sein des comptoirs et des grandes officines où il se laisse mettre en barres, l'or, sous forme de dots ou de successions, amené par la main des jeunes filles ou par les mains ossues du vieillard, jaillit vers la gent aristocratique où il va reluire, s'étaler, ruisseler. Mais avant de quitter les quatre terrains sur lesquels s'appuie la haute propriété parisienne, ne faut-il pas, après les causes morales dites, déduire les causes physiques, et faire observer une peste, pour ainsi dire sous-jacente, qui constamment agit sur les visages du portier, du boutiquier, de l'ouvrier; signaler une délétère influence dont la corruption égale celle des administrateurs parisiens qui la laissent complaisamment subsister! Si l'air des maisons où vivent la plupart des bourgeois est infect, si l'atmosphère des rues crache des miasmes cruels en des arrière-boutiques où l'air se raréfie ; sachez qu'outre cette pestilence, les quarante mille maisons de cette grande ville baignent leurs pieds en des immondices que le pouvoir n'a pas encore voulu sérieusement enceindre de murs en béton qui pussent empêcher la plus fétide boue de filtrer à travers le sol, d'y empoisonner les puits et de continuer souterrainement à Lutèce son nom célèbre. La moitié de Paris couche dans les exhalaisons putrides des cours, des rues et des basses œuvres. Mais abordons les grands salons aérés et dorés, les hôtels à jardins, le monde riche, oisif, heureux, renté. Les figures y sont étiolées et rongées par la vanité. Là rien de réel. Chercher le plaisir, n'est-ce pas trouver l'ennui? Les gens du monde ont de bonne heure fourbu leur nature. N'étant occupés qu'à se fabriquer de la joie, ils ont promptement abusé de leurs sens, comme l'ouvrier abuse de l'eau-de-vie. Le plaisir est comme certaines substances médicales : pour obtenir constamment les mêmes effets, il faut doubler les doses, et la mort ou l'abrutissement est contenu dans la dernière. Toutes les classes inférieures sont tapies devant les riches et en guettent les goûts pour en faire des vices et les exploiter. Comment résister aux habiles séductions qui se trament en ce pays? Aussi Paris a-t-il ses thériakis, pour qui le jeu, la gastrolâtrie ou la courtisane sont un opium. Aussi voyez-vous de bonne heure à ces gens-là des goûts et non des passions, des fantaisies romanesques et des amours frileux. Là règne l'impuissance; là plus d'idées, elles ont passé comme l'énergie dans les simagrées du boudoir, dans les singeries féminines. Il y a des blancs-becs de quarante ans, de vieux docteurs de seize ans. Les riches rencontrent à Paris de l'esprit tout fait, la science toute mâchée, des opinions toutes formulées qui les dispensent d'avoir esprit, science ou opinion. Dans ce monde, la déraison est égale à la faiblesse et au libertinage. On y est avare de temps à force d'en perdre. N'y cherchez pas plus d'affections que d'idées. Les embrassades couvrent une profonde indifférence, et la politesse un mépris continuel. On n'y aime jamais autrui. Des saillies sans profondeur, beaucoup d'indiscrétions, des commérages, par-dessus tout des lieux communs; tel est le fond de leur langage; mais ces malheureux *Heureux* prétendent qu'ils ne se rassemblent pas pour dire et faire des maximes à la façon de La Rochefoucauld; comme s'il n'existait pas un milieu, trouvé par le dix-huitième siècle, entre le trop plein et le vide absolu. Si quelques hommes valides usent d'une plaisanterie fine et légère, elle est incomprise; bientôt fatigués de donner sans recevoir, ils restent chez eux et laissent régner les sots sur leur terrain. Cette vie creuse, cette attente continuelle d'un plaisir qui n'arrive jamais, cet ennui permanent, cette inanité d'esprit, de cœur et de cervelle, cette lassitude du grand raoût parisien se reproduisent sur les traits, et confectionnent ces visages de carton, ces rides prématurées, cette physionomie des riches où grimace l'impuissance, où se reflète l'or, et d'où l'intelligence a fui.

Cette vue du Paris moral prouve que le Paris physique ne saurait être autrement qu'il n'est. Cette ville à diadème est une reine qui, toujours grosse, a des envies irrésistiblement furieuses. Paris est la tête du globe, un cerveau qui crève de génie et conduit la civilisation humaine, un grand homme, un artiste incessamment créateur, un politique à seconde vue qui doit nécessairement avoir les rides du cerveau, les vices du grand homme, les fantaisies de l'artiste et les blasements du politique. Sa physionomie sous-entend la germination du bien et du mal, le combat et la victoire; la bataille morale de 89 dont les trompettes retentissent encore dans tous les coins du monde; et aussi l'abattement de 1814. Cette ville ne peut donc pas être plus morale, ni plus cordiale, ni plus propre que ne l'est la chaudière motrice de ces magnifiques pyroscaphes que vous admirez fendant les ondes! Paris n'est-il pas un sublime vaisseau chargé d'intelligence? Oui, ses armes sont un de ces oracles que se permet quelquefois la fatalité. LA VILLE DE PARIS a son grand mât tout de bronze, sculpté de victoires, et pour vigie Napoléon. Cette nauf a bien son tangage et son roulis; mais elle sillonne le monde, y fait feu par les cent bouches de ses tribunes, laboure les mers scientifiques, y vogue à pleines voiles, crie du haut de ses huniers par la voix de ses savants et de ses artistes : — « En avant, marchez ! suivez-moi ! » Elle porte un équipage immense qui se plaît à la pavoiser de nouvelles banderoles. Ce sont mousses et gamins riant dans les cordages; lest de lourde bourgeoisie; ouvriers et matelots goudronnés; dans ses cabines, les heureux passagers; d'élégants midshipman fument leurs cigares, penchés sur le bastingage; puis sur le tillac, ses soldats, novateurs ou ambitieux, vont aborder à tous les rivages, et, tout en y répandant de vives lueurs, demandent de la gloire qui est un plaisir, ou des amours qui veulent de l'or.

Donc le mouvement exorbitant des prolétaires, donc la dépravation des intérêts qui broient les deux bourgeoisies, donc les cruautés de la pensée artiste, et les excès du plaisir incessamment cherché par les grands, expliquent la laideur normale de la physionomie parisienne. En Orient seulement, la race humaine offre un buste magnifique; mais il est un effet du calme constant affecté par ces profonds philosophes à longue pipe, à petites jambes, à torses carrés, qui méprisent le mouvement et l'ont en horreur; tandis qu'à Paris, Petits, Moyens et Grands courent, sautent et cabriolent, fouettés par une impitoyable déesse, la Nécessité : nécessité d'argent, de gloire ou d'amusement. Aussi quelque visage frais, reposé, gracieux, vraiment jeune y est-il la plus extraordinaire des exceptions : il s'y rencontre rarement. Si vous en voyez un, assurément il appartient : à un ecclésiastique jeune et fervent, ou à quelque bon abbé quadragénaire, à triple menton; à une jeune personne de mœurs pures comme il s'en élève dans certaines familles bourgeoises; à une mère de vingt ans, encore pleine d'illusions et qui allaite son premier né; à un jeune homme frais débarqué de province, et confié à une douairière dévote qui le laisse sans un sou; ou peut-être à quelque garçon de boutique, qui se couche à minuit, bien fatigué d'avoir plié ou déplié du calicot, et qui se lève à sept heures pour arranger l'étalage; ou, souvent à un homme de science ou de poésie, qui vit monastiquement en bonne fortune avec une belle idée, qui demeure sobre, patient et chaste; ou à quelque sot, content de lui-même, se nourrissant de bêtise, crevant de santé, toujours occupé de se sourire à lui-même; ou à l'heureuse et molle espèce des flâneurs, les seuls gens réellement heureux à Paris, et qui en dégustent à chaque heure les mouvantes poésies. Néanmoins, il est à Paris une portion d'êtres privilégiés auxquels profite ce mouvement excessif des fabrications, des intérêts, des affaires, des arts et de l'or. Ces êtres sont les femmes. Quoiqu'elles aient aussi mille causes secrètes qui là, plus qu'ailleurs, détruisent leur physionomie, il se rencontre, dans le monde féminin, de petites peuplades heureuses qui vivent à l'orientale, et peuvent conserver leur beauté; mais ces femmes se montrent rarement à pied dans les rues, elles demeurent cachées, comme des plantes rares qui ne déploient leurs pétales qu'à certaines heures, et qui constituent de véritables exceptions exotiques. Cependant Paris est essentiellement aussi le pays des contrastes. Si les sentiments vrais y sont rares, il se rencontre aussi, là comme ailleurs, de nobles amitiés, des dévouements sans bornes. Sur ce champ de bataille des intérêts et des passions, de même qu'au milieu de ces sociétés en marche où triomphe l'égoïsme, où chacun est obligé de se défendre lui seul, et que nous appelons des *armées*, il semble que les sentiments se plaisent à être complets quand ils se montrent, et sont sublimes par juxta-position. Ainsi des figures. A Paris, parfois, dans la haute aristocratie, se voient clair-semés quelques ravissants visages de jeunes gens, fruits d'une éducation et de mœurs tout exceptionnelles. A la juvénile beauté du sang anglais ils unissent la fermeté des traits méridionaux, l'esprit français, la pureté de la forme. Le feu de leurs yeux, une délicieuse rougeur de lèvres, le noir lustré de leur chevelure fine, un teint blanc, une coupe de visage distinguée les rendent de belles fleurs humaines, magnifiques à voir sur la masse des autres physionomies, ternies, vieillottes, crochues, grimaçantes. Aussi, les femmes admirent-elles aussitôt ces jeunes gens avec ce plaisir avide que prennent les hommes à regarder une jolie personne, décente, gracieuse, décorée de toutes les virginités dont notre imagination se plaît à embellir la fille parfaite. Si ce coup d'œil rapidement jeté sur la population de Paris a fait concevoir la rareté d'une figure raphaëlesque, et l'admiration passionnée qu'elle y doit inspirer à première vue, le principal intérêt de notre histoire se trouvera justifié. *Quod erat demonstrandum*, ce qui était à démontrer, s'il est permis d'appliquer les formules de la scolastique à la science des mœurs.

Or, par une de ces belles matinées de printemps, où les feuilles ne sont pas vertes encore, quoique dépliées ; où le soleil commence à faire flamber les toits et où le ciel est bleu ; où la population parisienne sort de ses alvéoles, vient bourdonner sur les boulevards, coule comme un serpent aux mille couleurs, par la rue de la Paix vers les Tuileries, en saluant les pompes de l'hyménée que recommence la campagne ; dans une de ces joyeuses journées donc, un jeune homme, beau comme était le jour de ce jour-là, mis avec goût, aisé dans ses manières (disons le secret), un enfant de l'amour, le fils naturel de lord Dudley et de la célèbre marquise de Vordac, se promenait dans la grande allée des Tuileries. Cet Adonis, nommé Henri de Marsay, naquit en France, où lord Dudley vint marier la jeune personne, déjà mère d'Henri, à un vieux gentilhomme appelé monsieur de Marsay. Ce papillon déteint et presque éteint reconnut l'enfant pour sien, moyennant l'usufruit d'une rente de cent mille francs définitivement attribuée à son fils putatif ; folie qui ne coûta pas fort cher à lord Dudley : les rentes françaises valaient alors dix-sept francs cinquante centimes. Le vieux gentilhomme mourut sans avoir connu sa femme. Madame de Marsay épousa depuis le marquis de Vordac ; mais, avant de devenir marquise, elle s'inquiéta peu de son enfant et de lord Dudley. D'abord, la guerre déclarée entre la France et l'Angleterre avait séparé les deux amants, et la fidélité *quand même* n'était pas et ne sera guère de mode à Paris. Puis les succès de la femme élégante, jolie, universellement adorée, étourdirent dans la Parisienne le sentiment maternel. Lord Dudley ne fut pas plus soigneux de sa progéniture que ne l'était la mère. La prompte infidélité d'une jeune fille ardemment aimée lui donna peut-être une sorte d'aversion pour tout ce qui venait d'elle. D'ailleurs, peut-être aussi, les pères n'aiment-ils que les enfants avec lesquels ils ont fait une ample connaissance ; croyance sociale de la plus haute importance pour le repos des familles, et que doivent entretenir tous les célibataires, en prouvant que la paternité est un sentiment élevé en serre chaude par la femme, par les mœurs et les lois.

Le pauvre Henri de Marsay ne rencontra de père que dans celui des deux qui n'était pas obligé de l'être. La Paternité de monsieur de Marsay fut naturellement très-incomplète. Les enfants n'ont, dans l'ordre naturel, de père que pendant peu de moments ; et le gentilhomme imita la nature. Le bonhomme n'eût pas vendu son nom s'il n'avait point eu de vices. Alors il mangea sans remords dans les tripots, et but ailleurs le peu de semestres que payait aux rentiers le trésor national. Puis il livra l'enfant à une vieille sœur, une demoiselle de Marsay, qui en eut grand soin, et lui donna, sur la maigre pension allouée par son frère, un précepteur, un abbé sans sou, ni maille, qui toisa l'avenir du jeune homme et résolut de se payer, sur les cent mille livres de rente, des soins donnés à son pupille, qu'il prit en affection. Ce précepteur se trouvait par hasard être un vrai prêtre, un de ces ecclésiastiques taillés pour devenir cardinaux en France ou Borgia sous la tiare. Il apprit en trois ans à l'enfant ce qu'on lui eût appris en dix ans au collége. Puis ce grand homme, nommé l'abbé de Maronis, acheva l'éducation de son élève en lui faisant étudier la civilisation sous toutes ses faces : il le nourrit de son expérience, le traîna fort peu dans les églises, alors fermées ; le promena quelquefois dans les coulisses, plus souvent chez les courtisanes ; il lui démonta les sentiments humains pièce à pièce ; lui enseigna la politique au cœur des salons où elle se rôtissait alors ; il lui numérota les machines du gouvernement, et tenta, par amitié pour une belle nature délaissée, mais riche en espérance, de remplacer virilement la mère : l'Église n'est-elle pas la mère des orphelins ? L'élève répondit à tant de soins. Ce digne homme mourut évêque en 1812, avec la satisfaction d'avoir laissé sous le ciel un enfant dont le cœur et l'esprit étaient à seize ans si bien façonnés, qu'il pouvait jouer sous jambe un homme de quarante. Qui se serait attendu à rencontrer un cœur de bronze, une cervelle alcoolisée sous les dehors les plus séduisants que les vieux peintres, ces artistes naïfs, aient donné au serpent dans le paradis terrestre ? Ce n'est rien encore. De plus, le bon diable violet avait fait faire à son enfant de prédilection certaines connaissances dans la haute société de Paris qui pouvaient équivaloir comme produit, entre les mains du jeune homme, à cent autres mille livres de rente. Enfin, ce prêtre, vicieux mais politique, incrédule mais savant, perfide mais aimable, faible en apparence mais aussi vigoureux de tête que de corps, fut si réellement utile à son élève, si complaisant à ses vices, si bon calculateur de toute espèce de force, si profond quand il fallait faire quelque décompte humain, si jeune à table, à Frascati, à.... je ne sais où, que le reconnaissant Henri de Marsay ne s'attendrissait plus guère, en 1814, qu'en voyant le portrait de son cher évêque, seule chose mobilière qu'ait pu lui léguer ce prélat, admirable type des hommes dont le génie sauvera l'Église catholique, apostolique et romaine, compromise en ce moment par la faiblesse de ses recrues, et par la vieillesse de ses pontifes; mais si veut l'Église. La guerre continentale empêcha le jeune de Marsay de connaître son vrai père dont il est douteux qu'il sût le nom. Enfant abandonné, il ne connut pas davantage madame de Marsay. Naturellement il regretta fort peu son père putatif. Quant à mademoiselle de Marsay, sa seule mère, il lui fit élever dans le cimetière du père Lachaise, lorsqu'elle mourut, un fort joli petit tombeau. Mgr de Maronis avait garanti à ce vieux bonnet à coques l'une des meilleures places dans le ciel, en sorte que, la voyant heureuse de mourir, Henri lui donna des larmes égoïstes, il se mit à la pleurer pour lui-même. Voyant cette douleur, l'abbé sécha les larmes de son élève, en lui faisant observer que la bonne fille prenait bien dégoûtamment son tabac, et devenait si laide, si sourde, si ennuyeuse, qu'il devait des remercîments à la mort. L'évêque avait fait émanciper son élève en 1811. Puis quand la mère de monsieur de Marsay se remaria, le prêtre choisit, dans un conseil de famille, un de ces honnêtes acéphales triés par lui sur le volet du confessionnal, et le chargea d'administrer la fortune dont il appliquait bien les revenus au besoin de la communauté, mais dont il voulait conserver le capital.

Vers la fin de 1814, Henri de Marsay n'avait donc sur terre aucun sentiment obligatoire et se trouvait libre autant que l'oiseau sans compagne. Quoiqu'il eût vingt-deux ans accomplis, il paraissait en avoir à peine dix-sept. Généralement, les plus difficiles de ses rivaux le regardaient comme le plus joli garçon de Paris. De son père, lord Dudley, il avait pris les yeux bleus les plus amoureusement décevants; de sa mère, les cheveux noirs les plus touffus; de tous deux, un sang pur, une peau de jeune fille, un air doux et modeste, une taille fine et aristocratique, de fort belles mains. Pour une femme, le voir, c'était en être folle; vous savez? concevoir un de ces désirs qui mordent le cœur, mais qui s'oublient par impossibilité de le satisfaire, parce que la femme est vulgairement à Paris sans ténacité. Peu d'entre elles se disent à la manière des hom-

HENRY DE MARSAY.

Quoiqu'il eût vingt-deux ans accomplis, il paraissait en avoir
à peine dix-sept.

mes, le : JE MAINTIENDRAI de la maison d'Orange. Sous cette fraîcheur de vie, et malgré l'eau limpide de ses yeux, Henri avait un courage de lion, une adresse de singe. Il coupait une balle à dix pas dans la lame d'un couteau ; montait à cheval de manière à réaliser la fable du centaure ; conduisait avec grâce une voiture à grandes guides ; était leste comme Chérubin et tranquille comme un mouton ; mais il savait battre un homme du faubourg au terrible jeu de la savate ou du bâton ; puis, il touchait du piano de manière à pouvoir se faire artiste s'il tombait dans le malheur, et possédait une voix qui lui aurait valu de Barbaja, cinquante mille francs par saison. Hélas ! toutes ces belles qualités, ces jolis défauts étaient ternis par un épouvantable vice : il ne croyait ni aux hommes ni aux femmes, ni à Dieu ni au diable. La capricieuse nature avait commencé à le douer ; un prêtre l'avait achevé.

Pour rendre cette aventure compréhensible, il est nécessaire d'ajouter ici que lord Dudley trouva naturellement beaucoup de femmes disposées à tirer quelques exemplaires d'un si délicieux portrait. Son second chef-d'œuvre en ce genre fut une jeune fille nommée Euphémie, née d'une dame espagnole, élevée à la Havane, ramenée à Madrid avec une jeune créole des Antilles, avec les goûts ruineux des colonies ; mais heureusement mariée à un vieux et puissamment riche seigneur espagnol, don Hijos, marquis de San-Réal qui, depuis l'occupation de l'Espagne par les troupes françaises, était venu habiter Paris, et demeurait rue Saint-Lazare. Autant par insouciance que par respect pour l'innocence du jeune âge, lord Dudley ne donna point avis à ses enfants des parentés qu'il leur créait partout. Ceci est un léger inconvénient de la civilisation, elle a tant d'avantages, il faut lui passer ses malheurs en faveur de ses bienfaits. Lord Dudley, pour n'en plus parler, vint, en 1816, se réfugier à Paris, afin d'éviter les poursuites de la justice anglaise qui, de l'Orient, ne protége que la marchandise. Le lord voyageur demanda quel' était ce beau jeune homme en voyant Henri. Puis, en l'entendant nommer : — Ah ! c'est mon fils. Quel malheur ! dit-il.

Telle était l'histoire du jeune homme qui, vers le milieu du mois d'avril, en 1815, parcourait nonchalamment la grande allée des Tuileries, à la manière de tous les animaux qui, connaissant leurs forces, marchent dans leur paix et leur majesté ; les bourgeoises se retournaient tout naïvement pour le revoir, les femmes ne se retournaient point, elles l'attendaient au retour, et gravaient dans leur mémoire, pour s'en souvenir à propos, cette suave figure qui n'eût pas déparé le corps de la plus belle d'entre elles.

— Que fais-tu donc ici le dimanche? dit à Henri le marquis de Ronquerolles en passant.

— Il y a du poisson dans la nasse, répondit le jeune homme.

Cet échange de pensées se fit au moyen de deux regards significatifs et sans que ni Ronquerolles ni de Marsay eussent l'air de se connaître. Le jeune homme examinait les promeneurs, avec cette promptitude de coup d'œil et d'ouïe particulière au Parisien qui paraît, au premier aspect, ne rien voir et ne rien entendre, mais qui voit et entend tout. En ce moment, un jeune homme vint à lui, lui prit familièrement le bras, en lui disant :

— Comment cela va-t-il, mon bon de Marsay ?

— Mais très-bien, lui répondit de Marsay de cet air affectueux en apparence, mais qui entre les jeunes gens Parisiens, ne prouve rien, ni pour le présent ni pour l'avenir.

En effet, les jeunes gens de Paris ne ressemblent aux jeunes gens d'aucune autre ville. Ils se divisent en deux classes : le jeune homme qui a quelque chose, et le jeune homme qui n'a rien ; ou, le jeune homme qui pense et celui qui dépense. Mais entendez-le bien, il ne s'agit ici que de ces indigènes qui mènent à Paris le train délicieux d'une vie élégante. Il y existe bien quelques autres jeunes gens, mais ceux-là sont des enfants qui conçoivent très-tard l'existence parisienne et en restent les dupes. Ils ne spéculent pas, ils étudient, ils piochent, disent les autres. Enfin il s'y voit encore certains jeunes gens, riches ou pauvres, qui embrassent des carrières et les suivent tout uniment; ils sont un peu l'Emile de Rousseau, de la chair à citoyen, et n'apparaissent jamais dans le monde. Les diplomates les nomment impoliment des niais. Niais ou non, ils augmentent le nombre de ces gens médiocres sous le poids desquels plie la France. Ils sont toujours là ; toujours prêts à gâcher les affaires publiques ou particulières, avec la plate truelle de la médiocrité, en se targuant de leur impuissance qu'ils nomment mœurs et probité. Ces espèces de *Prix d'excellence* sociaux infestent l'administration, l'armée, la magistrature, les chambres, la cour. Ils amoindrissent, aplatissent le pays et constituent en quelque sorte dans le corps politique, une lymphe qui le surcharge et le rend mollasse. Ces honnêtes personnes nomment les gens de talent, immoraux, ou fripons. Si ces fripons font payer leurs services, du moins ils servent; tandis que ceux-là nuisent et sont respectés par la foule; mais heureusement pour la France, la jeunesse élégante les stigmatise sans cesse du nom de ganaches.

Donc, au premier coup d'œil, il est naturel de croire très-distinctes, les deux espèces de jeunes gens qui mènent une vie élégante; aimable corporation à laquelle appartenait Henri de Marsay. Mais les observateurs qui ne s'arrêtent pas à la superficie des choses, sont bientôt convaincus que les différences sont purement morales, et que rien n'est trompeur comme l'est cette jolie écorce. Néanmoins tous prennent également le pas sur tout le monde; parlent, à tort et à travers, des choses, des hommes, de littérature, de beaux-arts; ont toujours à la bouche le *Pitt et Cobourg* de chaque année; interrompent une conversation par un calembour; tournent en ridicule la science et le savant; méprisent tout ce qu'ils ne connaissent pas ou tout ce qu'ils craignent; puis se mettent au-dessus de tout, en s'instituant juges suprêmes de tout. Tous mystifieraient leurs pères, et seraient prêts à verser dans le sein de leurs mères des larmes de crocodile; mais généralement ils ne croient à rien, médisent des femmes, ou jouent la modestie, et obéissent en réalité, à une mauvaise courtisane, ou à quelque vieille femme. Tous sont également cariés jusqu'aux os par le calcul, par la dépravation, par une brutale envie de parvenir, et s'ils sont menacés de la pierre, en les sondant on la leur trouverait à tous, au cœur. A l'état normal, ils ont les plus jolis dehors, mettent l'amitié à tout propos en jeu, sont également entraînants. Le même persiflage domine leurs changeants jargons; ils visent à la bizarrerie dans leurs toilettes, se font gloire de répéter les bêtises de tel ou tel acteur en vogue, et débutent avec qui que ce soit par le mépris ou l'impertinence pour avoir en quelque sorte la première manche à ce jeu; mais malheur à qui ne sait pas se laisser crever un œil pour leur en crever deux. Ils paraissent également indifférents aux malheurs de la patrie, et à ses fléaux. Ils ressemblent enfin bien tous à la jolie écume blanche qui couronne le flot des tempêtes. Ils s'habillent, dînent, dansent, s'amusent le jour de la bataille de Waterloo, pendant le choléra, ou pendant une révolution. Enfin, ils font bien tous la même dépense; mais ici commence le parallèle. De cette fortune flottante et agréablement gaspillée, les uns ont le capital, et les autres l'attendent ; ils ont les mêmes tailleurs, mais les factures de ceux-là sont à solder. Puis si les uns, semblables à des cribles, reçoivent toutes espèces d'idées, sans en garder aucune ; ceux-là, les comparent et s'assimilent toutes les bonnes. Si ceux-ci croient savoir quelque chose, ne savent rien et comprennent tout ; prêtent tout à ceux qui n'ont besoin de rien et n'offrent rien à ceux qui ont besoin de quelque chose ; ceux-là étudient secrètement les pensées d'autrui, et placent leur argent aussi bien que leurs folies à gros intérêts. Les uns n'ont plus d'impressions fidèles, parce que leur âme, comme une glace dépolie par l'user, ne réfléchit plus aucune image ; les autres économisent leurs sens et leur vie tout en paraissant la jeter, comme ceux-là, par les fenêtres. Les premiers, sur la foi d'une espérance, se dévouent sans conviction à un système qui a le vent et remonte le courant, mais ils sautent sur une autre embarcation politique, quand la première va en dérive ; les seconds toisent l'avenir, le sondent et voient dans la fidélité politique ce que les Anglais voient dans la probité commerciale, un élément de succès. Mais là où le jeune homme qui a quelque chose fait un calembour ou dit un bon mot sur le revirement du trône ; celui qui n'a rien, fait un calcul public, ou une bassesse secrète, et parvient tout en donnant des poignées de main à ses amis. Les uns ne croient jamais de facultés à autrui, prennent toutes leurs idées pour neuves, comme si le monde était fait de la veille, ils ont une confiance illimitée en eux, et n'ont pas d'ennemi plus cruel que leur personne. Mais les autres sont armés d'une défiance continuelle des hommes qu'ils estiment à leur valeur, et sont assez profonds pour avoir une pensée de plus que leurs amis qu'ils exploitent ; alors le soir, quand leur tête est sur l'oreiller, ils pèsent les hommes comme un avare pèse ses pièces d'or. Les uns se fâchent d'une impertinence sans portée et se laissent plaisanter par les diplomates qui les font poser devant eux en tirant le fil principal de ces pantins, l'amour-propre ; tandis que les autres se font respecter et choisissent leurs victimes et leurs protecteurs. Alors, un jour, ceux qui n'avaient rien, ont quelque chose ; et ceux qui avaient quelque chose, n'ont rien. Ceux-ci regardent leurs camarades parvenus à une position comme des sournois, des mauvais cœurs, mais aussi comme des hommes forts. — Il est très-fort !... est l'immense éloge décerné à ceux qui sont arrivés, *quibuscumque viis*, à la politique, à une femme ou à une fortune. Parmi eux, se rencontrent certains jeunes gens qui jouent ce rôle en le commençant avec des dettes; et naturellement, ils sont plus dangereux que ceux qui le jouent sans avoir un sou.

Le jeune homme qui s'intitulait ami de Henri de Marsay était un étourdi, arrivé de province et auquel les jeunes gens, alors à la mode, apprenaient l'art d'écorner proprement une succession, mais il avait un dernier gâteau à manger dans sa province, un établissement certain. C'était tout simplement un héritier passé sans transition de ses maigres cent francs par mois, à toute la fortune paternelle, et qui, s'il n'avait pas assez d'esprit pour s'apercevoir que l'on se moquait de lui, savait assez de calcul pour s'arrêter aux deux tiers de son capital. Il venait découvrir à Paris, moyennant quelques billets de mille francs, la valeur exacte des harnais, l'art de ne pas trop respecter ses gants, y entendre de savantes méditations sur les gages à donner aux gens, et chercher quel forfait était le plus avantageux à conclure avec eux; il tenait beaucoup à pouvoir parler en bons termes de ses chevaux, de son chien des Pyrénées, à reconnaître d'après la mise, le marcher, le brodequin, à quelle espèce appartenait une femme; étudier l'écarté, retenir quelques mots à la mode, et conquérir, par son séjour dans le monde parisien, l'autorité nécessaire pour importer plus tard en province le goût du thé, l'argenterie à forme anglaise, et se donner le droit de tout mépriser autour de lui pendant le reste de ses jours. De Marsay l'avait pris en amitié pour s'en servir dans le monde, comme un hardi spéculateur se sert d'un commis de confiance. L'amitié fausse ou vraie de de Marsay était une position sociale pour Paul de Manerville qui, de son côté, se croyait fort en exploitant à sa manière son ami intime. Il vivait dans le reflet de son ami, se mettait constamment sous son parapluie, en chaussait les bottes, se dorait de ses rayons. En se posant près de Henri, ou même en marchant à ses côtés, il avait l'air de dire : — Ne nous insultez pas, nous sommes de vrais tigres. Souvent il se permettait de dire avec fatuité : — Si je demandais telle ou telle chose à Henri, il est assez mon ami pour le faire.... Mais il avait soin de ne lui jamais rien demander. Il le craignait, et sa crainte, quoique imperceptible, réagissait sur les autres, et servait de Marsay. — C'est un fier homme que de Marsay, disait Paul. Ha, ha, vous verrez, il sera ce qu'il voudra être. Je ne m'étonnerais pas de le trouver un jour ministre des affaires étrangères. Rien ne lui résiste. Puis il aisait de de Marsay ce que le caporal Trim faisait de son bonnet, un enjeu perpétuel. Demandez à de Marsay, et vous verrez !

Ou bien : — L'autre jour, nous chassions, de Marsay et moi, il ne voulait pas me croire, j'ai sauté un buisson sans bouger de mon chveal !

Ou bien : — Nous étions, de Marsay et moi, chez des femmes, et, ma parole d'honneur, j'étais, etc.

Ainsi Paul de Manerville ne pouvait se classer que dans la grande, l'illustre et puissante famille des niais qui arrivent. Il devait être un jour député. Pour le moment il n'était même pas un jeune homme. Son ami de Marsay le définissait ainsi : — Vous me demandez ce que c'est que Paul. Mais Paul ?... c'est Paul de Manerville.

— Je m'étonne, mon bon, dit-il à de Marsay, que vous soyez là, le dimanche.

— J'allais te faire la même question.

— Une intrigue.

— Une intrigue ?

— Bah !

— Je puis bien te dire cela à toi, sans compromettre ma passion. Puis une femme qui vient le dimanche aux Tuileries n'a pas de valeur, aristocratiquement parlant.

— Ha ! ha !

— Tais-toi donc, ou je ne te dis plus rien. Tu ris trop haut, tu vas faire croire que nous avons trop déjeuné. Jeudi dernier, ici, sur la terrasse des Feuillants, je me promenais sans penser à rien du tout. Mais en arrivant à la grille de la rue Castiglione par laquelle je comptais m'en aller, je me trouve nez à nez avec une femme, ou plutôt avec une jeune personne qui, si elle ne m'a pas sauté au cou, fut arrêtée, je crois, moins par le respect humain que par un de ces étonnements profonds qui coupent bras et jambes, descendent le long de l'épine dorsale et s'arrêtent dans la plante des pieds pour vous attacher au sol. J'ai souvent produit des effets de ce genre, espèce de magnétisme animal qui devient très-puissant lorsque les rapports sont respectivement crochus. Mais, mon cher, ce n'était ni une stupéfaction, ni une fille vulgaire. Moralement parlant, sa figure semblait dire : — Quoi, te voilà, mon idéal, l'être de mes pensées, de mes rêves du soir et du matin. Comment es-tu là ? pourquoi ce matin ? pourquoi pas hier ? Prends-moi, je suis à toi, *et cœtera !* — Bon, me dis-je en moi-même, encore une ! Je l'examine donc. Ah! mon cher, physiquement parlant, l'inconnue est la personne la plus adorablement femme que j'aie jamais rencontrée. Elle appartient à cette variété féminine que les Romains nommaient *fulva, flava,* la femme de feu. Et d'abord, ce qui m'a le plus frappé, ce dont je suis encore épris, ce sont deux yeux jaunes comme ceux des tigres; un jaune d'or qui brille, de l'or vivant, de l'or qui pense, de l'or qui aime et veut absolument venir dans votre gousset!

— Nous ne connaissons que ça, mon cher! s'écria Paul. Elle vient quelquefois ici, c'est la *Fille aux yeux d'or.* Nous lui avons donné ce nom-là. C'est une jeune personne d'environ vingt-deux ans, et que j'ai vue ici quand les Bourbons y étaient, mais avec une femme qui vaut cent mille fois mieux qu'elle.

— Tais-toi, Paul! Il est impossible à quelque femme que ce soit, de surpasser cette fille semblable à une chatte qui veut venir frôler vos jambes, une fille blanche à cheveux cendrés, délicate en apparence, mais qui doit avoir des fils cotonneux sur la troisième phalange de ses doigts; et le long des joues un duvet blanc dont la ligne, lumineuse par un beau jour, commence aux oreilles et se perd sur le col.

— Ah! l'autre! mon cher de Marsay. Elle vous a des yeux noirs qui n'ont jamais pleuré, mais qui brûlent; des sourcils noirs qui se rejoignent et lui donnent un air de dureté démentie par le réseau plissé de ses lèvres, sur lesquelles un baiser ne reste pas, des lèvres ardentes et fraîches; un teint mauresque auquel un homme se chauffe comme au soleil; mais, ma parole d'honneur, elle te ressemble...

— Tu la flattes!

— Une taille cambrée, la taille élancée d'une corvette construite pour faire la course, et qui se rue sur le vaisseau marchand avec une impétuosité française, le mord et le coule bas en deux temps.

— Enfin, mon cher, que me fait celle que je n'ai point vue! reprit de Marsay. Depuis que j'étudie les femmes, mon inconnue est la seule dont le sein vierge, les formes ardentes et voluptueuses m'aient réalisé la seule femme que j'aie rêvée, moi! Elle est l'original de la délirante peinture, appelée *la femme caressant sa chimère,* la plus chaude, la plus infernale inspiration du génie antique; une sainte poésie prostituée par ceux qui l'ont copiée pour les fresques et les mosaïques; pour un tas de bourgeois qui n' voient dans ce camée qu'une breloque, et la mettent à leurs clefs de montre, tandis que c'est toute la femme, un abîme de plaisirs où l'on roule sans en trouver la fin, tandis que c'est une femme idéale qui se voit quelquefois en réalité dans l'Espagne, dans l'Italie, presque jamais en France. Hé! bien, j'ai revue cette fille aux yeux d'or, cette femme caressant sa chimère, je l'ai revue ici, vendredi. Je pressentais que le lendemain elle viendrait à la même heure. Je ne me trompais point. Je me suis plu à la suivre sans qu'elle me vît, à étudier cette démarche indolente de la femme inoccupée, mais dans les mouvements de laquelle se devine la volupté qui dort. Eh! bien, elle s'est retournée, elle m'a vu, m'a de nouveau adoré, a de nouveau tressailli, frissonné. Alors j'ai remarqué la véritable *duègne* espagnole qui la garde, une hyène à laquelle un jaloux a mis une robe, quelque diablesse bien payée pour garder cette suave créature... Oh! alors, la duègne m'a rendu plus qu'amoureux, je suis devenu curieux. Samedi, personne. Me voilà, aujourd'hui, attendant cette fille dont je suis la chimère, et ne demandant pas mieux que de me poser comme le monstre de la fresque.

— La voilà, dit Paul, tout le monde se retourne pour la voir...

L'inconnue rougit, ses yeux scintillèrent en apercevant Henri, elle les ferma, et passa.

— Tu dis qu'elle te remarque? s'écria plaisamment Paul de Manerville.

La duègne regarda fixement et avec attention les deux jeunes gens. Quand l'inconnue et Henri se rencontrèrent de nouveau, la jeune fille le frôla, et de sa main serra la main du jeune homme. Puis, elle se retourna, sourit avec passion; mais la duègne l'entraînait fort vite, vers la grille de la rue Castiglione. Les deux amis suivirent la jeune fille en admirant la torsion magnifique de ce cou auquel la tête se joignait par une combinaison de lignes vigoureuses, et d'où se relevaient avec force quelques rouleaux de petits cheveux. La fille aux yeux d'or avait ce pied bien attaché, mince, recourbé, qui offre tant d'attraits aux imaginations friandes. Aussi était-elle élégamment chaussée, et portait-elle une robe courte. Pendant ce trajet, elle se retourna de moments en moments pour revoir Henri, et parut suivre à regret la vieille dont elle semblait être tout à la fois la maîtresse et l'esclave : elle pouvait la faire rouer de coups, mais non la faire renvoyer. Tout cela se voyait.

Les deux amis arrivèrent à la grille. Deux valets en livrée dépliaient le marchepied d'un coupé de bon goût, chargé d'armoiries. La fille aux yeux d'or y monta la première, prit le côté où elle devait être vue quand la voiture se retournerait ; mit sa main sur la portière, et agita son mouchoir, à l'insu de la duègne, en se moquant du *qu'en dira-t-on* des curieux et disant à Henri publiquement à coups de mouchoir : — Suivez-moi...

— As-tu jamais vu mieux jeter le mouchoir? dit Henri à Paul de Manerville.

Puis apercevant un fiacre prêt à s'en aller après avoir amené du monde, il fit signe au cocher de rester.

— Suivez ce coupé, voyez dans quelle rue, dans quelle maison il entrera, vous aurez dix francs. — Adieu, Paul.

Le fiacre suivit le coupé. Le coupé rentra rue Saint-Lazare, dans un des plus beaux hôtels de ce quartier.

De Marsay n'était pas un étourdi. Tout autre jeune homme aurait obéi au désir de prendre aussitôt quelques renseignements sur une fille qui réalisait si bien les idées les plus lumineuses, exprimées sur les femmes par la poésie orientale ; mais, trop adroit pour compromettre ainsi l'avenir de sa bonne fortune, il avait dit à son fiacre de continuer la rue Saint-Lazare, et de le ramener à son hôtel. Le lendemain, son premier valet de chambre nommé Laurent, garçon rusé comme un Frontin de l'ancienne comédie, attendit aux environs de la maison habitée par l'inconnue, l'heure à laquelle se distribuent les lettres. Afin de pouvoir espionner à son aise et rôder autour de l'hôtel, il avait, suivant la coutume des gens de police qui veulent se bien déguiser, acheté sur place la défroque d'un Auvergnat, en essayant d'en prendre la physionomie. Quand le facteur, qui pour cette matinée faisait le service de la rue Saint-Lazare, vint à passer, Laurent feignit d'être un commissionnaire en peine de se rappeler le nom d'une personne à laquelle il devait remettre un paquet, et consulta le facteur. Trompé d'abord par les apparences, ce personnage si pittoresque au milieu de la civilisation parisienne, lui apprit que l'hôtel où demeurait la *Fille aux yeux d'or* appartenait à Don Hijos, marquis de San-Réal, Grand d'Espagne. Naturellement l'Auvergnat n'avait pas affaire au marquis.

— Mon paquet, dit-il, est pour la marquise.

— Elle est absente, répondit le facteur. Ses lettres sont retournées sur Londres.

— La marquise n'est donc pas une jeune fille qui...

— Ah! dit le facteur en interrompant le valet de chambre et le regardant avec attention, tu es un commissionnaire comme je danse.

Laurent montra quelques pièces d'or au fonctionnaire à claquette, qui se mit à sourire.

— Tenez, voici le nom de votre gibier, dit-il en prenant dans sa boîte de cuir une lettre qui portait le timbre de Londres et sur laquelle cette adresse :

A mademoiselle

PAQUITA VALDÈS,
Rue Saint-Lazare, hôtel de San-Réal.

PARIS.

était écrite en caractères allongés et menus qui annonçaient une main de femme.

— Seriez-vous cruel à une bouteille de vin de Chablis, accompagnée d'un filet sauté aux champignons, et précédée de quelques douzaines d'huîtres? dit Laurent qui voulait conquérir la précieuse amitié du facteur.

— A neuf heures et demie, après mon service. Où?

— Au coin de la rue de la Chaussée-d'Antin et de la rue Neuve-des-Mathurins, AU PUITS SANS VIN, dit Laurent.

— Écoutez, l'ami, dit le facteur en rejoignant le valet de chambre, une heure après cette rencontre, si votre maître est amoureux de cette fille, il s'inflige un fameux travail! Je doute que vous réussissiez à la voir. Depuis dix ans que je suis facteur à Paris, j'ai pu y remarquer bien des systèmes de porte! mais je puis bien dire, sans crainte d'être démenti par aucun de mes camarades, qu'il n'y a pas une porte aussi mystérieuse que l'est celle de monsieur de San-Réal. Personne ne peut pénétrer dans l'hôtel sans je ne sais quel mot d'ordre, et remarquez qu'il a été choisi exprès entre cour et jardin pour éviter toute communication avec d'autres maisons. Le suisse est un vieil Espagnol qui ne dit jamais un mot de français; mais qui vous dévisage les gens, comme ferait Vidocq, pour savoir s'ils ne sont pas des voleurs. Si ce premier guichetier pouvait se laisser tromper par un amant, par un voleur ou par vous, sans comparaison, eh! bien, vous rencontreriez dans la première salle, qui est fermée par une porte vitrée, un majordome entouré de laquais, un vieux farceur encore plus sauvage et plus bourru que ne l'est le suisse. Si quelqu'un franchit la porte cochère, mon majordome sort, vous l'attend sous le péristyle et te lui fait subir un interrogatoire comme à un criminel. Ça m'est arrivé, à moi, simple facteur. Il me prenait pour un *hémisphère* déguisé, dit-il en riant de son coq-à-l'âne. Quant aux gens, n'en espérez rien tirer, je les crois muets, personne dans le quartier ne connaît la couleur de leurs paroles ; je ne sais pas ce qu'on leur donne de gages pour ne point parler et pour ne point boire ; le fait est qu'ils sont inabordables, soit qu'ils aient peur d'être fusillés, soit qu'ils aient une somme énorme à perdre en cas d'indiscrétion. Si votre maître aime assez mademoiselle Paquita Valdès pour surmonter tous ces obstacles, il ne triomphera certes pas de dona Concha Marialva, la duègne qui l'accompagne et qui la mettrait sous ses jupes plutôt que de la quitter. Ces deux femmes ont l'air d'être cousues ensemble.

— Ce que vous me dites, estimable facteur, reprit Laurent après avoir dégusté le vin, me confirme ce que je viens d'apprendre. Foi d'honnête homme, j'ai cru que l'on se moquait de moi. La fruitière d'en face m'a dit qu'on lâchait pendant la nuit, dans les jardins, des chiens dont la nourriture est suspendue à des poteaux, de manière qu'ils ne puissent pas y atteindre. Ces damnés animaux croient alors que les gens susceptible d'entrer en veulent à leur manger, et les mettraient en pièces. Vous me direz qu'on peut leur jeter des boulettes, mais il paraît qu'ils sont dressés à ne rien manger que de la main du concierge.

— Le portier de monsieur le baron de Nucingen, dont le jardin touche par en haut à celui de l'hôtel San-Réal, me l'a dit effectivement, reprit le facteur.

— Bon, mon maître le connaît, se dit Laurent. Savez-vous, reprit-il en guignant le facteur, que j'appartiens à un maître qui est un fier homme, et s'il se mettait en tête de baiser la plante des pieds d'une impératrice, il faudrait bien qu'elle en passât par là ? S'il avait besoin de vous, ce que je vous souhaite, car il est généreux, pourrait-on compter sur vous ?

— Dame, monsieur Laurent, je me nomme Moinot. Mon nom s'écrit absolument comme un moineau : M-o-i-n-o-t, not, Moinot.

— Effectivement, dit Laurent.

— Je demeure rue des Trois-Frères, n° 11, au cintième, reprit Moinot ; j'ai une femme et quatre enfants. Si ce que vous voudrez de moi ne dépasse pas les possibilités de la conscience et mes devoirs administratifs, vous comprenez ! je suis le vôtre.

— Vous êtes un brave homme, lui dit Laurent en lui serrant la main.

— Paquita Valdès est sans doute la maîtresse du marquis de San-Réal, l'ami du roi Ferdinand. Un vieux cadavre espagnol de quatre-vingts ans est seul capable de prendre des précautions semblables, dit Henri quand son valet de chambre lui eut raconté le résultat de ses recherches.

— Monsieur, lui dit Laurent, à moins d'y arriver en ballon, personne ne peut entrer dans cet hôtel-là.

— Tu es une bête ! Est-il donc nécessaire d'entrer dans l'hôtel pour avoir Paquita, du moment où Paquita peut en sortir ?

— Mais, monsieur, et la duègne ?

— On la chambrera pour quelques jours, ta duègne.

— Alors, nous aurons Paquita ! dit Laurent en se frottant les mains.

— Drôle ! répondit Henri, je te condamne à la Concha si tu pousses l'insolence jusqu'à parler ainsi d'une femme avant que je ne l'aie eue. Pense à m'habiller, je vais sortir.

Henri resta pendant un moment plongé dans de joyeuses réflexions. Disons-le à la louange des femmes, il obtenait toutes celles qu'il daignait désirer. Et que faudrait-il donc penser d'une femme sans amant, qui aurait su résister à un jeune homme armé de la beauté qui est l'esprit du corps, armé de l'esprit qui est une grâce de l'âme, armé de la force morale et de la fortune qui sont les deux seules puissances réelles? Mais en triomphant aussi facilement, de Marsay devait s'ennuyer de ses triomphes ; aussi, depuis environ deux ans s'ennuyait-il beaucoup. En plongeant au fond des voluptés, il en rapportait plus de gravier que de perles. Donc il en était venu, comme les souverains, à implorer du hasard quelque obstacle à vaincre, quelque entreprise qui demandât le déploiement de ses forces morales et physiques inactives. Quoique Paquita Valdès lui présentât le merveilleux assemblage des perfections dont il n'avait encore joui qu'en détail, l'attrait de la passion était presque nul chez lui. Une satiété constante avait affaibli dans son cœur le sentiment de l'amour. Comme les vieillards et les gens blasés, il n'avait plus que des caprices extravagants, des goûts ruineux, des fantaisies qui, satisfaites, ne lui laissaient aucun bon souvenir au cœur. Chez les jeunes gens, l'amour est le plus beau des sentiments, il fait fleurir la vie dans l'âme, il épanouit par sa puissance solaire les plus belles inspirations et leurs grandes pensées : les prémices en toute chose ont une délicieuse saveur. Chez les hommes, l'amour devient une passion : la force mène à l'abus. Chez les vieillards, il se tourne au vice : l'impuissance conduit à l'extrême. Henri était à la fois vieillard, homme et jeune. Pour lui rendre les émotions d'un véritable amour, il lui fallait comme à Lovelace une Clarisse Harlowe. Sans le reflet magique de cette perle introuvable, il ne pouvait plus avoir que, soit des passions aiguisées par quelque vanité parisienne, soit des partis pris avec lui même de faire arriver telle femme à tel degré de corruption, soit des aventures qui stimulassent sa curiosité. Le rapport de Laurent, son valet de chambre, venait de donner un prix énorme à la *Fille aux yeux d'or*. Il s'agissait de livrer bataille à quelque ennemi secret, qui paraissait aussi dangereux qu'habile ; et, pour remporter la victoire, toutes les forces dont Henri pouvait disposer n'étaient pas inutiles. Il allait jouer cette éternelle vieille comédie qui sera toujours neuve, et dont les personnages sont un vieillard, une jeune fille et un amoureux : don Hijos, Paquita, de Marsay. Si Laurent valait Figaro, la duègne paraissait incorruptible. Ainsi, la pièce vivante était plus fortement nouée par le hasard qu'elle ne l'avait jamais été par aucun auteur dramatique ! Mais aussi le hasard n'est-il pas un homme de génie ?

— Il va falloir jouer serré, se dit Henri.

— Hé ! bien, lui dit Paul de Manerville en entrant, où en sommes-nous ? Je viens déjeuner avec toi.

— Soit, dit Henri. Tu ne te choqueras pas si je fais ma toilette devant toi ?

— Quelle plaisanterie !

— Nous prenons tant de choses des Anglais en ce moment que nous pourrions devenir hypocrites et prudes comme eux, dit Henri.

Laurent avait apporté devant son maître tant d'ustensiles, tant de meubles différents, et de si jolies choses, que Paul ne put s'empêcher de dire : — Mais, tu vas en avoir pour deux heures ?

— Non ! dit Henri, deux heures et demie.

— Eh ! bien, puisque nous sommes entre nous et que nous pouvons tout nous dire, explique-moi pourquoi un homme supérieur autant que tu l'es, car tu es supérieur, affecte d'outrer une fatuité qui ne doit pas être naturelle en lui. Pourquoi passer deux heures et demie à s'étriller, quand il suffit d'entrer un quart d'heure dans un bain, de se peigner en deux temps, et de se vêtir? Là, dis-moi ton système.

— Il faut que je t'aime bien, mon gros balourd, pour te confier de si hautes pensées, dit le jeune homme qui se faisait en ce moment brosser les pieds avec une brosse douce frottée de savon anglais.

— Mais je t'ai voué le plus sincère attachement, répondit Paul de Manerville, et je t'aime en te trouvant supérieur à moi...

— Tu as dû remarquer, si toutefois tu es capable d'observer un fait moral, que la femme aime le fat, reprit de Marsay sans répondre autrement que par un regard à la déclaration de Paul. Sais-tu pourquoi les femmes aiment les fats? Mon ami, les fats sont les seuls hommes qui aient soin d'eux-mêmes. Or, avoir trop soin de soi, n'est-ce pas dire qu'on soigne en soi-même le bien d'autrui? L'homme qui ne s'appartient pas est précisément l'homme dont les femmes sont friandes. L'amour est essentiellement voleur. Je ne te parle pas de cet excès de propreté dont elles raffolent. Trouves-en une qui se soit passionnée pour un *sans-soins*, fût-ce un homme remarquable? Si le fait a eu lieu, nous devons le mettre sur le compte des envies de femme grosse, ces idées folles qui passent par la tête à tout le monde. Au contraire, j'ai vu des gens fort remarquables plantés net pour cause de leur incurie. Un fat qui s'occupe de sa personne s'occupe d'une niaiserie, de petites choses. Et qu'est-ce que la femme? Une petite chose, un ensemble de niaiseries. Avec deux mots dits en l'air, ne la fait-on pas travailler pendant quatre heures? Elle est sûre que le fat s'occupera d'elle, puisqu'il ne pense pas à de grandes choses. Elle ne sera jamais négligée pour la gloire, l'ambition, la politique, l'art, ces grandes filles publiques qui, pour elle, sont des rivales. Puis les fats ont le courage de se couvrir de ridicule pour plaire à la femme, et son cœur est plein de récompenses pour l'homme ridicule par amour. Enfin, un fat ne peut être fat que s'il a raison de l'être. C'est les femmes qui nous donnent ce grade-là. Le fat est le colonel de l'amour, il a des bonnes fortunes, il a son régiment de femmes à commander! Mon cher! à Paris, tout se sait, et un homme ne peut pas y être fat *gratis*. Toi qui n'as qu'une femme et qui peut-être as raison de n'en avoir qu'une, essaye de faire le fat?... tu ne deviendras même pas ridicule, tu seras mort. Tu deviendrais un préjugé à deux pattes, un de ces hommes condamnés inévitablement à faire une seule et même chose. Tu signifierais *sottise* comme M. de La Fayette signifie Amérique ; M. de Talleyrand, diplomatie ; Désaugiers, chanson ; M. de Ségur, romance. S'ils sortent de leur genre, on ne croit plus à la valeur de ce qu'ils font. Voilà comme nous sommes en France, toujours souverainement injustes ! M. de Talleyrand est peut-être un grand financier, M. de La Fayette un tyran, et Désaugiers un administrateur. Tu aurais quarante femmes l'année suivante, on ne t'en accorderait pas publiquement une seule. Ainsi donc la fatuité, mon ami Paul, est le signe d'un incontestable pouvoir conquis sur le peuple femelle. Un homme aimé par plusieurs femmes passe pour avoir des qualités supérieures ; et alors c'est à qui l'aura, le malheureux ! Mais crois-tu que ce ne soit rien aussi que d'avoir le droit d'arriver dans un salon, d'y regarder tout le monde du haut de sa cravate, ou à travers un lorgnon, et de pouvoir mépriser l'homme le plus supérieur s'il porte un gilet arriéré ? Laurent, tu me fais mal ! Après déjeuner, Paul, nous irons aux Tuileries voir l'adorable *Fille aux yeux d'or*.

Quand, après avoir fait un excellent repas, les deux jeunes gens eurent arpenté la terrasse des Feuillants et la grande allée des Tuileries, ils ne rencontrèrent nulle part la sublime Paquita Valdès pour le compte de laquelle se trouvaient cinquante des plus élégants jeunes gens de Paris, tous musqués, haut cravatés, bottés, éperonnaillés, cravachant, marchant, parlant, riant, et se donnant à tous les diables.

— Messe blanche, dit Henri ; mais il m'est venu la plus excellente idée du monde. Cette fille reçoit des lettres de Londres, il faut acheter ou griser le facteur, décacheter une lettre, naturellement la lire, y glisser un petit billet doux, et la recacheter. Le vieux tyran, *crudel tiranno*, doit sans doute connaître la personne qui écrit les lettres venant de Londres et ne s'en défie plus.

Le lendemain, de Marsay vint encore se promener au soleil sur la terrasse des Feuillants, et y vit Paquita Valdès : déjà pour lui la passion l'avait embellie. Il s'affola sérieusement de ces yeux dont les rayons semblaient avoir la nature de ceux que lance le soleil et dont l'ardeur résumait celle de ce corps parfait où tout était volupté. De

Marsay brûlait de frôler la robe de cette séduisante fille quand ils se rencontraient dans leur promenade ; mais ses tentatives étaient toujours vaines. En un moment où il avait dépassé la duègne et Paquita, pour pouvoir se trouver du côté de la *Fille aux yeux d'or* quand il se retournerait, Paquita, non moins impatiente, s'avança vivement, et de Marsay se sentit presser la main par elle d'une façon tout à la fois si rapide et si passionnément significative, qu'il crut avoir reçu le choc d'une étincelle électrique. En un instant toutes ses émotions de jeunesse lui sourdirent au cœur. Quand les deux amants se regardèrent, Paquita parut honteuse ; elle baissa les yeux pour ne pas revoir les yeux d'Henri, mais son regard se coula par en dessous pour regarder les pieds et la taille de celui que les femmes nommaient avant la révolution *leur vainqueur*.

— J'aurai décidément cette fille pour maîtresse, se dit Henri.

En la suivant au bout de la terrasse, du côté de la place Louis XV, il aperçut le vieux marquis de San-Réal qui se promenait appuyé sur le bras de son valet de chambre, en marchant avec toute la précaution d'un goutteux et d'un cacochyme. Dona Concha, qui se défiait d'Henri, fit passer Paquita entre elle et le vieillard.

— Oh ! toi, se dit de Marsay en jetant un regard de mépris sur la duègne, si l'on ne peut pas te faire capituler, avec un peu d'opium l'on t'endormira. Nous connaissons la Mythologie et la fable d'Argus.

Avant de monter en voiture, la *Fille aux yeux d'or* échangea avec son amant quelques regards dont l'expression n'était pas douteuse et dont Henri fut ravi ; mais la duègne en surprit un, et dit vivement quelques mots à Paquita, qui se jeta dans le coupé d'un air désespéré. Pendant quelques jours Paquita ne vint plus aux Tuileries. Laurent, qui, par ordre de son maître, alla faire le guet autour de l'hôtel, apprit par les voisins que ni les deux femmes ni le vieux marquis n'étaient sortis depuis le jour où la duègne avait surpris un regard entre la jeune fille commise à sa garde et Henri. Le lien si faible qui unissait les deux amants était donc déjà rompu.

Quelques jours après, sans que personne sût par quels moyens, de Marsay était arrivé à son but, il avait un cachet et de la cire absolument semblables au cachet et à la cire qui cachetaient les lettres envoyées de Londres à mademoiselle Valdès, du papier pareil à celui dont se servait le correspondant, puis tous les ustensiles et les fers nécessaires pour y apposer les timbres des postes anglaise et française. Il avait écrit la lettre suivante, à laquelle il donna toutes les façons d'une lettre envoyée de Londres.

« Chère Paquita, je n'essaierai pas de vous peindre, par des
» paroles, la passion que vous m'avez inspirée. Si, pour mon bon-
» heur, vous la partagez, sachez que j'ai trouvé les moyens de cor-
» respondre avec vous. Je me nomme Adolphe de Gouges, et de-
» meure rue de l'Université, n° 54. Si vous êtes trop surveillée
» pour m'écrire, si vous n'avez ni papier ni plumes, je le saurai
» par votre silence. Donc, si demain, de huit heures du matin à
» dix heures du soir, vous n'avez pas jeté de lettre par-dessus le
» mur de votre jardin dans celui du baron de Nucingen, où l'on
» attendra pendant toute la journée, un homme qui m'est entière-
» ment dévoué vous glissera par dessus le mur, au bout d'une corde,
» deux flacons, à dix heures du matin, le lendemain. Soyez à vous
» promener vers ce moment-là, l'un des deux flacons contiendra de
» l'opium pour endormir votre Argus, il suffira de lui en donner
» six gouttes. L'autre contiendra de l'encre. Le flacon à l'encre est
» taillé, l'autre est uni. Tous deux sont assez plats pour que vous
» puissiez les cacher dans votre corset. Tout ce que j'ai fait déjà
» pour pouvoir correspondre avec vous doit vous dire combien je
» vous aime. Si vous en doutiez, je vous avoue que, pour obtenir
» un rendez-vous d'une heure, je donnerais ma vie. »

— Elles croient cela pourtant, ces pauvres créatures! se dit de Marsay; mais elles ont raison. Que penserions-nous d'une femme qui ne se laisserait pas séduire par une lettre d'amour accompagnée de circonstances si probantes?

Cette lettre fut remise par le sieur Moinot, facteur, le lendemain, vers huit heures du matin, au concierge de l'hôtel San-Réal.

Pour se rapprocher du champ de bataille, de Marsay était venu déjeuner chez Paul, qui demeurait rue de la Pépinière. A deux heures, au moment où les deux amis se contaient en riant la déconfiture d'un jeune homme qui avait voulu mener le train de la vie élégante sans une fortune assise, et qu'ils lui cherchaient une fin, le cocher d'Henri vint chercher son maître jusque chez Paul, et lui présenta un personnage mystérieux, qui voulait absolument lui parler à lui-même. Ce personnage était un mulâtre dont Talma se serait certes inspiré pour jouer Othello s'il l'avait rencontré.

Jamais figure africaine n'exprima mieux la grandeur dans la vengeance, la rapidité du soupçon, la promptitude dans l'exécution d'une pensée, la force du Maure et son irréflexion d'enfant. Ses yeux noirs avaient la fixité des yeux d'un oiseau de proie, et ils étaient enchâssés, comme ceux d'un vautour, par une membrane bleuâtre dénuée de cils. Son front, petit et bas, avait quelque chose de menaçant. Évidemment cet homme était sous le joug d'une seule et même pensée. Son bras nerveux ne lui appartenait pas. Il était suivi d'un homme que toutes les imaginations, depuis celles qui grelottent au Groënland jusqu'à celles qui suent à la Nouvelle-Angleterre, se peindront d'après cette phrase : *c'était un homme malheureux*. A ce mot, tout le monde le devinera, se le représentera d'après les idées particulières à chaque pays. Mais qui se figurera son visage blanc, ridé, rouge aux extrémités, et sa barbe longue? qui verra sa cravate jaunasse en corde, son col de chemise gras, son chapeau tout usé, sa redingote verdâtre, son pantalon piteux, son gilet recroquevillé, son épingle en faux or, ses souliers crottés, dont les rubans avaient barboté dans la boue? qui le comprendra dans toute l'immensité de sa misère présente et passée? Qui? le Parisien seulement. L'homme malheureux de Paris est l'homme malheureux complet, car il trouve encore de la joie pour savoir combien il est malheureux. Le mulâtre semblait être un bourreau de Louis XI tenant un homme à pendre.

— Qu'est-ce qui nous a pêché ces deux drôles-là? dit Henri.

— Pantoufle! il y en a un qui me donne le frisson, répondit Paul.

— Qui es-tu, toi qui as l'air d'être le plus chrétien des deux? dit Henri en regardant l'homme malheureux.

Le mulâtre resta les yeux attachés sur ces deux jeunes gens, en homme qui n'entendait rien, et qui cherchait néanmoins à deviner quelque chose d'après les gestes et le mouvement des lèvres.

— Je suis écrivain public et interprète. Je demeure au Palais de Justice et me nomme Poincet.

— Bon! Et celui-là? dit Henri à Poincet en montrant le mulâtre.

— Je ne sais pas; il ne parle qu'une espèce de patois espagnol, et m'a emmené ici pour pouvoir s'entendre avec vous.

Le mulâtre tira de sa poche la lettre écrite à Paquita par Henri, il la lui remit, Henri la jeta dans le feu.

— Eh! bien, voilà qui commence à se dessiner, se dit en lui-même Henri. Paul, laisse-nous seuls un moment.

— Je lui ai traduit cette lettre, reprit l'interprète lorsqu'ils furent seuls. Quand elle fut traduite, il a été je ne sais où. Puis il est revenu me chercher pour m'amener ici en me promettant deux louis.

— Qu'as-tu à me dire, Chinois? demanda Henri.

— Je ne lui ai pas dit *Chinois*, dit l'interprète en attendant la réponse du mulâtre.

— Il dit, monsieur, reprit l'interprète après avoir écouté l'inconnu, qu'il faut que vous vous trouviez demain soir, à dix heures et demie, sur le boulevard Montmartre, auprès du café. Vous y verrez une voiture, dans laquelle vous monterez en disant à celui qui sera prêt à ouvrir la portière le mot *cortejo*, un mot espagnol qui veut dire *amant*, ajouta Poincet en jetant un regard de félicitation à Henri.

— Bien!

Le mulâtre voulut donner deux louis; mais de Marsay ne le souffrit pas et récompensa l'interprète; pendant qu'il le payait le mulâtre proféra quelques paroles.

— Que dit-il?

— Il me prévient, répondit l'homme malheureux, que, si je fais une seule indiscrétion, il m'étranglera. Il est gentil, et il a très-fort l'air d'en être capable.

— J'en suis sûr, répondit Henri. Il le ferait comme il le dit.

— Il ajoute, reprit l'interprète, que la personne dont il est l'envoyé vous supplie, pour vous et pour elle, de mettre la plus grande prudence dans vos actions, parce que les poignards levés sur vos têtes tomberaient dans vos cœurs, sans qu'aucune puissance humaine pût vous en garantir.

— Il a dit cela! Tant mieux, ce sera plus amusant. — Mais tu peux entrer, Paul! cria-t-il à son ami.

Le mulâtre, qui n'avait pas cessé de regarder l'amant de Paquita Valdès avec une attention magnétique, s'en alla suivi de l'interprète.

— Enfin, voici donc une aventure bien romanesque, se dit Henri quand Paul revint. A force de participer à quelques-unes, j'ai fini par rencontrer dans ce Paris une intrigue accompagnée de circonstances graves, de périls majeurs. Ah! diantre, combien le danger rend la femme hardie! Gêner une femme, la vouloir contraindre, n'est-ce pas lui donner le droit et le courage de franchir en un moment des barrières qu'elle mettrait des années à sauter? Gentille créature, va, saute. Mourir? pauvre enfant! Des poignards? imagination de femmes! Elles sentent toutes le besoin de faire valoir leur petite plaisanterie. D'ailleurs on y pensera, Paquita! on y pensera, ma fille! Le diable m'emporte, maintenant que je sais que cette belle fille, ce chef-d'œuvre de la nature est à moi, l'aventure a perdu de son piquant.

Malgré cette parole légère, le jeune homme avait reparu chez Henri. Pour attendre jusqu'au lendemain sans souffrances, il eut recours à d'exorbitants plaisirs : il joua, dîna, soupa avec ses amis; il but comme un fiacre, mangea comme un Allemand, et gagna dix ou douze mille francs. Il sortit du Rocher de Cancale à deux heures du matin, dormit comme un enfant, se réveilla le lendemain frais et rose, et s'habilla pour aller aux Tuileries, en se proposant de monter à cheval après avoir vu Paquita pour gagner de l'appétit et mieux dîner, afin de pouvoir brûler le temps.

A l'heure dite, Henri fut sur le boulevard, vit la voiture et donna le mot d'ordre à un homme qui lui parut être le mulâtre. En entendant ce mot, l'homme ouvrit la portière et déplia vivement le marchepied. Henri fut si rapidement emporté dans Paris, et ses pensées lui laissèrent si peu la faculté de faire attention aux rues par lesquelles il passait, qu'il ne sut pas où la voiture s'arrêta. Le mulâtre l'introduisit dans une maison où l'escalier se trouvait près de la porte cochère. Cet escalier était sombre, aussi bien que le palier sur lequel Henri fut obligé d'attendre pendant le temps que le mulâtre mit à ouvrir la porte d'un appartement humide, nauséabond, sans lumière, et dont les pièces, à peine éclairées par la bougie que son guide trouva dans l'antichambre, lui parurent vides et mal meublées, comme le sont celles d'un maison dont les habitants sont en voyage. Il reconnut cette sensation que lui procurait la lecture d'un de ces romans d'Anne Radcliffe où le héros traverse les salles froides, sombres, inhabitées, de quelque lieu triste et désert. Enfin le mulâtre ouvrit la porte d'un salon. L'état des vieux meubles et des draperies passées dont cette pièce était ornée la faisait ressembler au salon d'un mauvais lieu. C'était la même prétention à l'élégance et le même asssemblage de choses de mauvais goût, de poussière et de crasse. Sur un canapé couvert en velours d'Utrecht rouge, au coin d'une cheminée qui fumait, et dont le feu était enterré dans les cendres, se tenait une vieille femme assez mal vêtue, coiffée d'un de ces turbans que savent inventer les femmes anglaises quand elles arrivent à un certain âge, et qui auraient infiniment de succès en Chine, où le beau idéal des artistes est la monstruosité. Ce salon, cette vieille femme, ce foyer froid, tout eût glacé l'amour, si Paquita n'avait pas été là sur une causeuse dans un voluptueux peignoir, libre de jeter ses regards d'or et de flamme, libre de montrer son pied recourbé, libre de ses mouvements lumineux. Cette première entrevue fut ce que sont tous les premiers rendez-vous que se donnent des personnes passionnées qui ont rapidement franchi les distances et qui se désirent ardemment, sans néanmoins se connaître. Il est impossible qu'il ne se rencontre pas d'abord quelques discordances dans cette situation, gênante jusqu'au moment où les âmes se sont mises au même ton. Si le désir donne de la hardiesse à l'homme et le dispose à ne rien ménager; sous peine de ne pas être femme, la maîtresse, quelque extrême que soit son amour, est effrayée de se trouver si promptement arrivée au but et face à face avec la nécessité de se donner, qui pour beaucoup de femmes équivaut à une chute dans un abîme, au fond duquel elles ne savent pas ce qu'elles trouveront. La froideur involontaire de cette femme contraste avec sa passion avouée et réagit nécessairement sur l'amant le plus épris. Ces idées, qui souvent flottent comme des vapeurs à l'alentour des âmes, y déterminent donc une sorte de maladie passagère. Dans le doux voyage que deux êtres entreprennent à travers les belles contrées de l'amour, ce moment est comme une lande à traverser, une lande sans bruyères, alternativement humide et chaude, pleine de sables ardents, coupée par des marais, et qui mène aux riants bocages vêtus de roses où se déploient l'amour et son cortége de plaisirs sur des tapis de fine verdure. Souvent l'homme spirituel se trouve doué d'un rire bête qui lui sert de réponse à tout; son esprit est comme engourdi sous la glaciale compression de ses désirs. Il ne serait pas impossible que deux êtres également beaux, spirituels et passionnés, parlassent d'abord des lieux communs les plus niais, jusqu'à ce que le hasard, un mot, le tremblement d'un certain regard, la communication d'une étincelle, leur ait fait rencontrer l'heureuse transition qui les amène dans le sentier fleuri où l'on ne marche pas, mais où l'on roule sans néanmoins descendre. Cet état de l'âme est toujours en raison de la violence des sentiments. Deux êtres qui s'aiment faiblement n'éprouvent rien de pareil. L'effet de cette crise peut encore se comparer à celui que produit l'ardeur d'un ciel pur. La nature semble au premier aspect couverte d'un voile de gaze, l'azur du firmament paraît noir, l'extrême lumière ressemble aux ténèbres. Chez Henri, comme chez l'Espagnole, il se rencontrait une égale violence : et cette loi de la statique en vertu de laquelle deux forces identiques s'annulent en se rencontrant pourrait être vraie aussi dans le règne moral. Puis l'embarras de ce moment fut singulièrement augmenté par la présence de la vieille momie. L'amour s'effraie ou s'égaie de tout, pour lui tout a un sens, tout lui est présage heureux ou funeste. Cette femme décrépite était là comme un dénoûment possible, et figurait l'horrible queue de poisson par laquelle les symboliques génies de la Grèce ont terminé les Chimères et les Sirènes, si séduisantes, si décevantes par le corsage, comme le sont toutes les passions au début. Quoique Henri fût, non pas un esprit fort, ce mot est toujours une raillerie, mais un homme d'une puissance extraordinaire, un homme aussi grand qu'on peut l'être sans croyance, l'ensemble de toutes ces circonstances le frappa. D'ailleurs les hommes les plus forts sont naturellement les plus impressionnés, et conséquemment les plus superstitieux, si toutefois l'on peut appeler superstition le préjugé du premier mouvement, qui sans doute est l'aperçu du résultat dans les causes cachées à d'autres yeux, mais perceptibles aux leurs.

L'Espagnole profitait de ce moment de stupeur pour se laisser aller à l'extase de cette adoration infinie qui saisit le cœur d'une femme quand elle aime véritablement et qu'elle se trouve en présence d'une idole vainement espérée. Ses yeux étaient tout joie, tout bonheur, et il s'en échappait des étincelles. Elle était sous le charme, et s'enivrait sans crainte d'une félicité long-temps rêvée. Elle parut alors si merveilleusement belle à Henri que toute cette fantasmagorie de haillons, de vieillesse, de draperies rouges usées, de paillassons verts devant les fauteuils, que le carreau rouge mal frotté, que tout ce luxe infirme et souffrant disparut aussitôt. Le salon s'illumina, il ne vit plus qu'à travers un nuage la terrible harpie, fixe, muette sur son canapé rouge, et dont les yeux jaunes trahissaient les sentiments serviles que le malheur inspire ou que cause un vice sous l'esclavage duquel on est tombé comme sous un tyran qui vous abrutit sous les flagellations de son despotisme. Ses yeux avaient l'éclat froid de ceux d'un tigre en cage qui sait son impuissance et se trouve obligé de dévorer ses envies de destruction.

— Quelle est cette femme? dit Henri à Paquita.

Mais Paquita ne répondit pas. Elle fit signe qu'elle n'entendait pas le français, et demanda à Henri s'il parlait anglais. De Marsay répéta sa question en anglais.

— C'est la seule femme à laquelle je puisse me fier, quoiqu'elle m'ait déjà vendue, dit Paquita tranquillement. Mon cher Adolphe, c'est ma mère, une esclave achetée en Géorgie pour sa rare beauté, mais dont il reste peu de chose aujourd'hui. Elle ne parle que sa langue maternelle.

L'attitude de cette femme et son envie de deviner, par les mouvements de sa fille et d'Henri, ce qui se passait entre eux furent expliquées soudain au jeune homme, que cette explication mit à l'aise.

— Paquita, lui dit-il, nous ne serons donc pas libres?

— Jamais! dit-elle d'un air triste. Nous avons même peu de jours à nous.

Elle baissa les yeux, regarda sa main, et compta de sa main droite sur les doigts de sa main gauche, en montrant ainsi les plus belles mains qu'Henri eût jamais vues.

— Un, deux, trois...

Elle compta jusqu'à douze.

— Oui, dit-elle, nous avons douze jours.

— Et après?

— Après, dit-elle en restant absorbée comme une femme faible devant la hache du bourreau et tuée d'avance par une crainte qui la dépouillait de cette magnifique énergie que la nature semblait ne lui avoir départie que pour agrandir les voluptés et pour convertir en poèmes sans fin les plaisirs les plus grossiers. — Après, répéta-t-elle. Ses yeux devinrent fixes; elle parut contempler un objet éloigné, menaçant. — Je ne sais pas, dit-elle.

— Cette fille est folle, se dit Henri, qui tomba lui-même en des réflexions étranges.

Paquita lui parut occupée de quelque chose qui n'était pas lui, comme une femme également contrainte et par le remords et par la passion. Peut-être avait-elle dans le cœur un autre amour qu'elle oubliait et se rappelait tour à tour. En un moment, Henri fut assailli de mille pensées contradictoires. Pour lui cette fille devint un mystère ; mais, en la contemplant avec la savante attention de l'homme blasé, affamé de voluptés nouvelles, comme ce roi d'Orient qui demandait qu'on lui créât un plaisir, soif horrible, dont les grandes âmes sont saisies, Henri reconnaissait dans Paquita la plus riche organisation que la nature se fût complu à composer pour l'amour. Le jeu présumé de cette machine, l'âme mise à part, eût effrayé tout autre homme que de Marsay ; mais il fut fasciné par cette riche moisson de plaisir promis, par cette constante variété dans le bonheur, le rêve de tout homme, et que toute femme aimante ambitionne aussi. Il fut affolé par l'infini rendu palpable et transporté dans les plus excessives jouissances de la créature. Il vit tout cela dans cette fille plus distinctement qu'il ne l'avait encore vu, car elle se laissait complaisamment voir, heureuse d'être admirée. L'admiration de de Marsay devint une rage secrète, et il la dévoila tout entière en lançant un regard que comprit l'Espagnole, comme si elle était habituée à en recevoir de semblables.

— Si tu ne devais pas être à moi seul, je te tuerais ! s'écria-t-il.

En entendant ce mot, Paquita se voila le visage de ses mains et s'écria naïvement : — Sainte Vierge, où me suis-je fourrée !

Elle se leva, s'alla jeter sur le canapé rouge, se plongea la tête dans les haillons qui couvraient le sein de sa mère, et y pleura. La vieille reçut sa fille sans sortir de son immobilité, sans lui rien témoigner. La mère possédait au plus haut degré cette gravité des peuplades sauvages, cette impassibilité de la statuaire sur laquelle échoue l'observation. Aimait-elle, n'aimait-elle pas sa fille ? Nulle réponse. Sous ce masque couvaient tous les sentiments humains, les bons et les mauvais, et l'on pouvait tout attendre de cette créature. Son regard allait lentement des beaux cheveux de sa fille, qui la couvraient comme d'une mantille, à la figure d'Henri, qu'elle observait avec une inexprimable curiosité. Elle semblait se demander par quel sortilége il était là, par quel caprice la nature avait fait un homme si séduisant.

— Ces femmes se moquent de moi ! se dit Henri.

En ce moment, Paquita leva la tête, jeta sur lui un de ces regards qui vont jusqu'à l'âme et la brûlent. Elle lui parut si belle, qu'il se jura de posséder ce trésor de beauté.

— Ma Paquita, sois à moi!

— Tu veux me tuer? dit-elle peureuse, palpitante, inquiète, mais ramenée à lui par une force inexplicable.

— Te tuer, moi! dit-il en souriant.

Paquita jeta un cri d'effroi, dit un mot à la vieille, qui prit d'autorité la main de Henri, celle de sa fille, les regarda longtemps, les leur rendit en hochant la tête d'une façon horriblement significative.

— Sois à moi ce soir, à l'instant, suis-moi, ne me quitte pas, je le veux, Paquita! m'aimes-tu? viens!

En un moment, il lui dit mille paroles insensées avec la rapidité d'un torrent qui bondit entre des rochers, et répète le même son sous mille formes différentes.

— C'est la même voix! dit Paquita mélancoliquement, sans que de Marsay pût l'entendre, et... la même ardeur, ajouta-t-elle.

— Hé! bien, oui, dit-elle avec un abandon de passion que rien ne saurait exprimer. Oui, mais pas ce soir. Ce soir, Adolphe, j'ai donné trop peu d'opium à la *Concha*, elle pourrait se réveiller, je serais perdue. En ce moment, toute la maison me croit endormie dans ma chambre. Dans deux jours, sois au même endroit, dis le même mot au même homme. Cet homme est mon père nourricier, Christemio m'adore et mourrait pour moi dans les tourments sans qu'on lui arrachât une parole contre moi. Adieu, dit-elle en saisissant Henri par le corps et s'entortillant autour de lui comme un serpent.

Elle le pressa de tous les côtés à la fois, lui apporta sa tête sous la sienne, lui présenta ses lèvres, et prit un baiser qui leur donna de tels vertiges à tous deux, que de Marsay crut que la terre s'ouvrait, et que Paquita cria : — « Va-t'en! » d'une voix qui annonçait assez combien elle était peu maîtresse d'elle-même. Mais elle le garda tout en lui criant toujours : « Va-t'en! » et le mena lentement jusqu'à l'escalier.

Là, le mulâtre, dont les yeux blancs s'allumèrent à la vue de Paquita, prit le flambeau des mains de son idole, et conduisit Henri juqu'à la rue, Il laissa le flambeau sous la voûte, ouvrit la portière, remit Henri dans la voiture, et le déposa sur le boulevard des Italiens avec une rapidité merveilleuse. Les chevaux semblaient avoir l'enfer dans le corps,

Cette scène fut comme un songe pour de Marsay, mais un de ces songes qui, tout en s'évanouissant, laissent dans l'âme un sentiment de volupté surnaturelle, après laquelle un homme court pendant le reste de sa vie. Un seul baiser avait suffi. Aucun rendez-vous ne s'était passé d'une manière plus décente, ni plus chaste, ni plus froide peut-être, dans un lieu plus horrible par les détails, devant une plus hideuse divinité; car cette mère était restée dans l'imagination d'Henri comme quelque chose d'infernal, d'accroupi, de cadavéreux, de vicieux, de sauvagement féroce, que la fantaisie des peintres et des poètes n'avait pas encore deviné. En effet, jamais rendez-vous n'avait plus irrité ses sens, n'avait révélé de voluptés plus hardies, n'avait mieux fait jaillir l'amour de son centre pour se répandre comme une atmosphère autour d'un homme. Ce fut quelque chose de sombre, de mystérieux, de doux, de tendre, de contraint et d'expansif, un accouplement de l'horrible et du céleste, du paradis et de l'enfer, qui rendit de Marsay comme ivre. Il ne fut plus lui-même, et il était assez grand cependant pour pouvoir résister aux enivrements du plaisir.

Pour bien comprendre sa conduite au dénoûment de cette histoire, il est nécessaire d'expliquer comment son âme s'était élargie à l'âge où les jeunes gens se rapetissent ordinairement en se mêlant aux femmes ou en s'en occupant trop. Il avait grandi par un concours de circonstances secrètes qui l'investissait d'un immense pouvoir inconnu. Ce jeune homme avait en main un sceptre plus puissant que ne l'est celui des rois modernes presque tous bridés par les lois dans leurs moindres volontés. De Marsay exerçait le pouvoir autocratique du despote oriental. Mais ce pouvoir, si stupidement mis en œuvre dans l'Asie par des hommes abrutis, était décuplé par l'intelligence européenne, par l'esprit français, le plus vif, le plus acéré de tous les instruments intelligentiels. Henri pouvait ce qu'il voulait dans l'intérêt de ses plaisirs et de ses vanités. Cette invisible action sur le monde social l'avait revêtu d'une majesté réelle, mais secrète, sans emphase et repliée sur lui-même. Il avait de lui, non pas l'opinion que Louis XIV pouvait avoir de soi, mais celle que le plus orgueilleux des Kalifes, des Pharaons, des Xerxès qui se croyaient de race divine, avaient d'eux-mêmes, quand ils imitaient Dieu en se voilant à leurs sujets, sous prétexte que leurs regards donnaient la mort. Ainsi, sans avoir aucun remords d'être à la fois juge et partie, de Marsay condamnait froidement à mort l'homme ou la femme qui l'avait offensé sérieusement. Quoique souvent prononcé presque légèrement, l'arrêt était irrévocable. Une erreur était un malheur semblable à celui que cause la foudre en tombant sur une Parisienne heureuse dans quelque fiacre, au lieu d'écraser le vieux cocher qui la conduit à un rendez-vous. Aussi la plaisanterie amère et profonde qui distinguait la conversation de ce jeune homme causait-elle assez généralement de l'effroi ; personne ne se sentait l'envie de le choquer. Les femmes aiment prodigieusement ces gens qui se nomment pachas eux-mêmes, qui semblent accompagnés de lions, de bourreaux, et marchent dans un appareil de terreur. Il en résulte chez ces hommes une sécurité d'action, une certitude de pouvoir, une fierté de regard, une conscience léonine qui réalise pour les femmes le type de force qu'elles rêvent toutes. Ainsi était de Marsay.

Heureux en ce moment de son avenir, il redevint jeune et flexible, et ne songeait qu'à aimer en allant se coucher. Il rêva de la *Fille aux yeux d'or*, comme rêvent les jeunes gens passionnés. Ce fut des images montrueuses, des bizarreries insaisissables, pleines de lumière, et qui révèlent les mondes invisibles, mais d'une manière toujours incomplète, car un voile interposé change les conditions de l'optique. Le lendemain et le surlendemain il disparut sans que l'on pût savoir où il était allé. Sa puissance ne lui appartenait qu'à de certaines conditions, et heureusement pour lui, pendant ces deux jours, il fut simple soldat au service du démon dont il tenait sa talismanique existence. Mais à l'heure dite, le soir, sur le boulevard, il attendit la voiture, qui ne se fit pas attendre. Le mulâtre s'approcha d'Henri pour lui dire en français une phrase qu'il paraissait avoir apprise par cœur : — Si vous voulez venir, m'a-t-elle dit, il faut consentir à vous laisser bander les yeux.

Et Christemio montra un foulard de soie blanche.

— Non ! dit Henri dont la toute-puissance se révolta soudain.

Et il voulut monter. Le mulâtre fit un signe ; la voiture partit.

— Oui ! cria de Marsay furieux de perdre un bonheur qu'il s'était promis. D'ailleurs, il voyait l'impossibilité de capituler avec un esclave dont l'obéissance était aveugle autant que celle d'un bourreau. Puis, était-ce sur cet instrument passif que devait tomber sa colère?

Le mulâtre siffla, la voiture revint. Henri monta précipitamment. Déjà quelques curieux s'amassaient niaisement sur le boulevard. Henri était fort, il voulut se jouer du mulâtre. Lorsque la voiture partit au grand trot, il lui saisit les mains pour s'emparer de lui et pouvoir garder, en domptant son surveillant, l'exercice de ses facultés afin de savoir où il allait. Tentative inutile. Les yeux du mulâtre étincelèrent dans l'ombre. Cet homme poussa des cris que la fureur faisait expirer dans sa gorge, se dégagea, rejeta de Marsay par une main de fer, et le cloua, pour ainsi dire, au fond de la voiture; puis, de sa main libre, il tira un poignard triangulaire, en sifflant. Le cocher entendit le sifflement, et s'arrêta. Henri était sans armes, il fut forcé de plier; il tendit la tête vers le foulard. Ce geste de soumission apaisa Christemio, qui lui banda les yeux avec un respect et un soin qui témoignaient une sorte de vénération pour la personne de l'homme aimé par son idole. Mais, avant de prendre cette précaution, il avait serré son poignard avec défiance dans sa poche de côté, et se boutonna jusqu'au menton.

— Il m'aurait tué, ce Chinois-là! se dit de Marsay.

La voiture roula de nouveau rapidement. Il restait une ressource à un jeune homme qui connaissait aussi bien Paris que le connaissait Henri. Pour savoir où il allait, il lui suffisait de se recueillir, de compter, par le nombre de ruisseaux franchis, les rues devant lesquelles on passerait sur les boulevards tant que la voiture continuerait d'aller droit. Il pouvait ainsi reconnaître par quelle rue latérale la voiture se dirigerait, soit vers la Seine, soit vers les hauteurs de Montmartre, et deviner le nom ou la position de la rue où son guide le ferait arrêter. Mais l'émotion violente que lui avait causée sa lutte, la fureur où le mettait sa dignité compromise, les idées de vengeance auxquelles il se livrait, les suppositions que lui suggérait le soin minutieux que prenait cette fille mystérieuse pour le faire arriver à elle, tout l'empêcha d'avoir cette attention d'aveugle, nécessaire à la concentration de son intelligence, et à la parfaite perspicacité du souvenir. Le trajet dura une demi-heure. Quand la voiture s'arrêta, elle n'était plus sur le pavé. Le mulâtre et le cocher prirent Henri à bras le corps, l'enlevèrent, le mirent sur une espèce de civière, et le transportèrent à travers un jardin dont il sentit les fleurs et l'odeur particulière aux arbres et à la verdure.

Le silence qui y régnait était si profond qu'il put distinguer le bruit que faisaient quelques gouttes d'eau en tombant des feuilles humides. Les deux hommes le montèrent dans un escalier, le firent lever, le conduisirent à travers plusieurs pièces, en le guidant par les mains, et le laissèrent dans une chambre dont l'atmosphère était parfumée, et dont il sentit sous ses pieds le tapis épais. Une main de femme le poussa sur un divan et lui dénoua le foulard. Henri vit Paquitta devant lui, mais Paquita dans sa gloire de femme voluptueuse.

La moitié du boudoir où se trouvait Henri décrivait une ligne circulaire mollement gracieuse, qui s'opposait à l'autre partie parfaitement carrée, au milieu de laquelle brillait une cheminée en marbre blanc et or. Il était entré par une porte latérale que cachait une riche portière en tapisserie, et qui faisait face à une fenêtre. Le fer-à-cheval était orné d'un véritable divan turc, c'est-à-dire un matelas posé par terre, mais un matelas large comme un lit, un divan de cinquante pieds de tour, en cachemire blanc, relevé par des bouffettes en soie noire et ponceau, disposées en losanges. Le dossier de cet immense lit s'élevait de plusieurs pouces au-dessus des nombreux coussins qui l'enrichissaient encore par le goût de leurs agréments. Ce boudoir était tendu d'une étoffe rouge, sur laquelle était posée une mousseline des Indes cannelée comme l'est une colonne corinthienne, par des tuyaux alternativement creux et ronds, arrêtés en haut et en bas dans une bande d'étoffe couleur ponceau sur laquelle étaient dessinées des arabesques noires. Sous la mousseline, le ponceau devenait rose, couleur amoureuse que répétaient les rideaux de la fenêtre qui étaient en mousseline des Indes doublée de taffetas rose, et ornés de franges ponceau mélangé de noir. Six bras en vermeil supportant chacun deux bougies, étaient attachés sur la tenture à d'égales distances pour éclairer le divan. Le plafond, au milieu duquel pendait un lustre en vermeil mat, étincelait de blancheur, et la corniche était dorée. Le tapis ressemblait à un châle d'Orient, il en offrait les dessins et rappelait les poésies de la Perse, où des mains d'esclaves l'avaient travaillé. Les meubles étaient couverts en cachemire blanc, rehaussé par des agréments noirs et ponceau. La pendule, les candélabres, tout était en marbre blanc et or. La seule table qu'il y eût avait un cachemire pour tapis. D'élégantes jardinières contenaient des roses de toutes les espèces, des fleurs ou blanches ou rouges. Enfin le moindre détail semblait avoir été l'objet d'un soin pris avec amour. Jamais la richesse ne s'était plus coquettement cachée pour devenir de l'élégance, pour exprimer la grâce, pour inspirer la volupté. Là tout aurait réchauffé l'être le plus froid. Les chatoiements de la tenture, dont la couleur changeait suivant la direction du regard, en devenant ou toute blanche, ou toute rose, s'accordaient avec les effets de la lumière qui s'infusait dans les diaphanes tuyaux de la mousseline, en produisant de nuageuses apparences. L'âme a je ne sais quel attachement pour le blanc, l'amour se plaît dans le rouge, et l'or flatte les passions, il a la puissance de réaliser leurs fantaisies. Ainsi tout ce que l'homme a de vague et de mystérieux en lui-même, toutes ses affinités inexpliquées se trouvaient caressées dans leurs sympathies involontaires. Il y avait dans cette harmonie parfaite un concert de couleurs auquel l'âme répondait par des idées voluptueuses, indécises, flottantes.

Ce fut au milieu d'une vaporeuse atmosphère chargée de parfums exquis que Paquita, vêtue d'un peignoir blanc, les pieds nus, des fleurs d'oranger dans ses cheveux noirs, apparut à Henri agenouillée devant lui, l'adorant comme le dieu de ce temple où il avait daigné venir. Quoique de Marsay eût l'habitude de voir les recherches du luxe parisien, il fut surpris à l'aspect de cette coquille, semblable à celle où naquit Vénus. Soit effet du contraste entre les ténèbres d'où il sortait et la lumière qui baignait son âme, soit par une comparaison rapidement faite entre cette scène et celle de la première entrevue, il éprouva une de ces sensations délicates que donne la vraie poésie. En apercevant, au milieu de ce réduit éclos par la baguette d'une fée, le chef-d'œuvre de la création, cette fille dont le teint chaudement coloré, dont la peau douce, mais légèrement dorée par les reflets du rouge et par l'effusion de je ne sais quelle vapeur d'amour étincelait comme si elle eût réfléchi les rayons des lumières et des couleurs, sa colère, ses désirs de vengeance, sa vanité blessée, tout tomba. Comme un aigle qui fond sur sa proie, il la prit à plein corps, l'assit sur ses genoux, et sentit avec une indicible ivresse la voluptueuse pression de cette fille dont les beautés si grassement développées l'enveloppèrent doucement.

— Viens! Paquita! dit-il à voix basse.

— Parle! parle sans crainte, lui dit-elle. Cette retraite a été construite pour l'amour. Aucun son ne s'en échappe, tant on y veut ambitieusement garder les accents et les musiques de la voix aimée. Quelque forts que soient des cris, ils ne sauraient être entendus au delà de cette enceinte. On y peut assassiner quelqu'un, ses plaintes y seraient vaines comme s'il était au milieu du Grand-Désert.

— Qui donc a si bien compris la jalousie et ses besoins ?

— Ne me questionne jamais là-dessus, répondit-elle en défaisant avec une incroyable gentillesse de geste la cravate du jeune homme, sans doute pour en bien voir le col.

— Oui, voilà ce cou que j'aime tant ! dit-elle. Veux-tu me plaire ?

Cette interrogation, que l'accent rendait presque lascive, tira de Marsay de la rêverie où l'avait plongé la despotique réponse par laquelle Paquita lui avait interdit toute recherche sur l'être inconnu qui planait comme une ombre au-dessus d'eux.

— Et si je voulais savoir qui règne ici ?

Paquita le regarda en tremblant.

— Ce n'est donc pas moi, dit-il en se levant et se débarrassant de cette fille qui tomba la tête en arrière. Je veux être seul, là où je suis.

— Frappant ! frappant ! dit la pauvre esclave en proie à la terreur.

— Pour qui me prends-tu donc ? Répondras-tu ?

Paquita se leva doucement, les yeux en pleurs, alla prendre dans un des deux meubles d'ébène un poignard et l'offrit à Henri par un geste de soumission qui aurait attendri un tigre.

— Donne-moi une fête comme en donnent les hommes quand ils aiment, dit-elle, et pendant que je dormirai, tue-moi, car je ne saurais te répondre. Écoute : Je suis attachée comme un pauvre animal à son piquet ; je suis étonnée d'avoir pu jeter un pont sur l'abîme qui nous sépare. Enivre-moi, puis tue-moi. Oh ! non, non, dit-elle en joignant les mains, ne me tue pas ! j'aime la vie ! La vie est si belle pour moi ! Si je suis esclave, je suis reine aussi. Je pourrais t'abuser par des paroles, te dire que je n'aime que toi, te le prouver, profiter de mon empire momentané pour te dire : — Prends-moi comme on goûte en passant le parfum d'une fleur dans le jardin d'un roi. Puis, après avoir déployé l'éloquence rusée de la femme et les ailes du plaisir, après avoir désaltéré ma soif, je pourrais te faire jeter dans un puits où personne ne te trouverait, et qui a été construit pour satisfaire la vengeance sans avoir à redouter celle de la justice, un puits plein de chaux qui s'allumerait pour te consumer sans qu'on retrouvât une parcelle de ton être. Tu resterais dans mon cœur, à moi pour toujours.

Henri regarda cette fille sans trembler, et ce regard sans peur la combla de joie.

— Non, je ne le ferai pas! tu n'es pas tombé ici dans un piége, mais dans un cœur de femme qui t'adore, et c'est moi qui serai jetée dans le puits.

— Tout cela me paraît prodigieusement drôle, lui dit de Marsay en l'examinant. Mais tu me parais une bonne fille, une nature bizarre; tu es, foi d'honnête homme, une charade vivante dont le mot me semble bien difficile à trouver.

Paquita ne comprit rien à ce que disait le jeune homme; elle le regarda doucement en ouvrant des yeux qui ne pouvaient jamais être bêtes, tant il s'y peignait de volupté.

— Tiens, mon amour, dit-elle en revenant à sa première idée, veux-tu me plaire?

— Je ferai tout ce que tu voudras, et même ce que tu ne voudras pas, répondit en riant de Marsay qui retrouva son aisance de fat en prenant la résolution de se laisser aller au cours de sa bonne fortune sans regarder ni en arrière ni en avant. Puis peut-être comptait-il sur sa puissance et sur son savoir-faire d'homme à bonnes fortunes pour dominer quelques heures plus tard cette fille, et en apprendre tous les secrets.

— Eh! bien, lui dit-elle, laisse-moi t'arranger à mon goût.

— Mets-moi donc à ton goût, dit Henri.

Paquita joyeuse alla prendre dans un des deux meubles une robe de velours rouge, dont elle habilla de Marsay, puis elle le coiffa d'un bonnet de femme et l'entortilla d'un châle. En se livrant à ses folies, faites avec une innocence d'enfant, elle riait d'un rire convulsif, et ressemblait à un oiseau battant des ailes; mais elle ne voyait rien au delà.

S'il est impossible de peindre les délices inouïes que rencontrèrent ces deux belles créatures faites par le ciel dans un moment où il était en joie, il est peut-être nécessaire de traduire métaphysiquement les impressions extraordinaires et presque fantastiques du jeune homme. Ce que les gens qui se trouvent dans la situation sociale où était de Marsay et qui vivent comme il vivait, savent le mieux reconnaître, est l'innocence d'une fille. Mais, chose étrange ! si la *Fille aux yeux d'or* était vierge, elle n'était certes pas innocente. L'union si bizarre du mystérieux et du réel, de l'ombre et de la lumière, de l'horrible et du beau, du plaisir et du danger, du paradis et de l'enfer, qui s'était déjà rencontrée dans cette aventure, se continuait dans l'être capricieux et sublime dont se jouait de Marsay. Tout ce que la volupté la plus raffinée a de plus savant, tout ce que pouvait connaître Henri de cette poésie des sens que l'on nomme l'amour, fut dépassé par les trésors que déroula cette fille dont les yeux jaillissants ne mentirent à aucune des promesses qu'ils faisaient. Ce fut un poème oriental, où rayonnait le soleil que Saadi, Hafiz ont mis dans leurs bondissantes strophes. Seulement, ni le rhythme de Saadi, ni celui de Pindare n'auraient exprimé l'extase pleine de confusion et la stupeur dont cette délicieuse fille fut saisie quand cessa l'erreur dans laquelle une main de fer la faisait vivre.

— Morte! dit-elle, je suis morte! Adolphe, emmène-moi donc au bout de la terre, dans une île où personne ne nous sache. Que notre fuite ne laisse pas de traces! Nous serions suivis dans l'enfer. Dieu! voici le jour. Sauve-toi. Te reverrai-je jamais? Oui, demain, je veux te revoir, dussé-je, pour avoir ce bonheur, donner la mort à tous mes surveillants. A demain.

Elle le serra dans ses bras par une étreinte où il y avait la terreur de la mort. Puis elle poussa un ressort qui devait répondre à une sonnette, et supplia de Marsay de se laisser bander les yeux.

— Et si je ne voulais plus, et si je voulais rester ici.

— Tu causerais plus promptement ma mort, dit-elle ; car maintenant je suis sûre de mourir pour toi ?

Henri se laissa faire. Il se rencontre en l'homme qui vient de se gorger de plaisir une pente à l'oubli, je ne sais quelle ingratitude, un désir de liberté, une fantaisie d'aller se promener, une teinte de mépris et peut-être de dégoût pour son idole, il se rencontre enfin d'inexplicables sentiments qui le rendent infâme et ignoble. La certitude de cette affection confuse, mais réelle chez les âmes qui ne sont ni éclairées par cette lumière céleste, ni parfumées de ce baume saint d'où nous vient la pertinacité du sentiment, a dicté sans doute à Rousseau les aventures de milord Édouard, par lesquelles sont terminées les lettres de la *Nouvelle-Héloïse*. Si Rousseau s'est évidemment inspiré de l'œuvre de Richardson, il s'en est éloigné par mille détails qui laissent son monument magnifiquement original ; il l'a recommandé à la postérité par de grandes idées qu'il est difficile de dégager par l'analyse, quand, dans la jeunesse, on lit cet ouvrage avec le dessein d'y trouver la chaude peinture du plus physique de nos sentiments, tandis que les écrivains sérieux et philosophes n'en emploient jamais les images que comme la conséquence ou la nécessité d'une vaste pensée ; et les aventures de milord Édouard sont une des idées les plus européennement délicates de cette œuvre.

Henri se trouvait donc sous l'empire de ce sentiment confus que ne connaît pas le véritable amour. Il fallait en quelque sorte le persuasif arrêt des comparaisons et l'attrait irrésistible des souvenirs pour le ramener à une femme. L'amour vrai règne surtout par la mémoire. La femme qui ne s'est gravée dans l'âme ni par l'excès du plaisir, ni par la force du sentiment, celle-là peut-elle jamais être aimée ? A l'insu d'Henri, Paquita s'était établie chez lui par ces deux moyens. Mais en ce moment, tout entier à la fatigue du bonheur, cette délicieuse mélancolie du corps, il ne pouvait guère s'analyser le cœur en reprenant sur ses lèvres le goût des plus vives voluptés qu'il eût encore égrappées. Il se trouva sur le boulevard Montmartre au petit jour, regarda stupidement l'équipage qui s'enfuyait, tira deux cigares de sa poche, en alluma un à la lanterne d'une bonne femme qui vendait de l'eau-de-vie et du café aux ouvriers, aux gamins, aux maraîchers, à toute cette population parisienne qui commence sa vie avant le jour ; puis il s'en alla, fumant son cigare, et mettant ses mains dans les poches de son pantalon avec une insouciance vraiment déshonorante.

— La bonne chose qu'un cigare ! Voilà ce dont un homme ne se lassera jamais, se dit-il.

Cette *Fille aux yeux d'or* dont raffolait à cette époque toute la jeunesse élégante de Paris, il y songeait à peine ! L'idée de la mort exprimée à travers les plaisirs, et dont la peur avait à plusieurs reprises rembruni le front de cette belle créature qui tenait aux houris de l'Asie par sa mère, à l'Europe par son éducation, aux Tropiques par sa naissance, lui semblait être une de ces tromperies par lesquelles toutes les femmes essaient de se rendre intéressantes.

— Elle est de la Havane, du pays le plus espagnol qu'il y ait dans le Nouveau-Monde ; elle a donc mieux aimé jouer la terreur que de me jeter au nez de la souffrance, de la difficulté, de la coquetterie ou le devoir, comme font les Parisiennes. Par ses yeux d'or, j'ai bien envie de dormir.

Il vit un cabriolet de place, qui stationnait au coin de Frascati, en attendant quelques joueurs, il le réveilla, se fit conduire chez lui, se coucha, et s'endormit du sommeil des mauvais sujets, lequel, par une bizarrerie dont aucun chansonnier n'a encore tiré parti, se trouve être aussi profond que celui de l'innocence. Peut-être est-ce un effet de cet axiome proverbial, *les extrêmes se touchent.*

Vers midi, de Marsay se détira les bras en se réveillant, et sentit les atteintes d'une de ces faims canines que tous les vieux soldats peuvent se souvenir d'avoir éprouvée au lendemain de la victoire. Aussi vit-il devant lui Paul de Manerville avec plaisir, car rien n'est alors plus agréable que de manger en compagnie.

— Eh! bien, lui dit son ami, nous imaginions tous que tu t'étais enfermé depuis dix jours avec la *Fille aux yeux d'or.*

— La *Fille aux yeux d'or!* je n'y pense plus. Ma foi! j'ai bien d'autres chats à fouetter.

— Ah! tu fais le discret.

— Pourquoi pas? dit en riant de Marsay. Mon cher, la discrétion est le plus habile des calculs. Écoute... Mais non, je ne te dirai pas un mot. Tu ne m'apprends jamais rien, je ne suis pas disposé à donner en pure perte les trésors de ma politique. La vie est un fleuve qui sert à faire du commerce. Par tout ce qu'il y a de plus sacré sur la terre, par les cigares, je ne suis pas un professeur d'économie sociale mise à la portée des niais. Déjeunons. Il est moins coûteux de te donner une omelette au thon que de te prodiguer ma cervelle.

— Tu comptes avec tes amis?

— Mon cher, dit Henri qui se refusait rarement une ironie, comme il pourrait t'arriver cependant tout comme à un autre d'avoir besoin de discrétion, et que je t'aime beaucoup... Oui, je t'aime! Ma parole d'honneur, s'il ne te fallait qu'un billet de mille francs pour t'empêcher de te brûler la cervelle, tu le trouverais ici, car nous n'avons encore rien hypothéqué là-bas, hein, Paul? Si tu te battais demain, je mesurerais la distance et chargerais les pistolets, afin que tu sois tué dans les règles. Enfin, si une personne autre que moi s'avisait de dire du mal de toi en ton absence, il faudrait se mesurer avec un rude gentilhomme qui se trouve dans ma peau, voilà ce que j'appelle une amitié à toute épreuve. Hé! bien, quand tu auras besoin de discrétion, mon petit, apprends qu'il existe deux espèces de discrétion : discrétion active et discrétion négative. La discrétion négative est celle des sots qui emploient le silence, la négation, l'air renfrogné, la discrétion des portes fermées, véritable impuissance! La discrétion active procède par affirmation. Si ce soir, au Cercle, je disais : — Foi d'honnête homme, la *Fille aux yeux d'or* ne valait pas ce qu'elle m'a coûté! tout le monde, quand je serais parti, s'écrierait : — Avez-vous entendu ce fat de de Marsay qui voudrait nous faire accroire qu'il a déjà eu la *Fille aux yeux d'or?* il voudrait ainsi se débarrasser de ses rivaux, il n'est pas maladroit. Mais cette ruse est vulgaire et dangereuse. Quelque grosse que soit la sottise qui nous échappe, il se rencontre toujours des niais qui peuvent y croire. La meilleure des discrétions est celle dont usent les femmes adroites quand elles veulent donner le change à leurs maris. Elle consiste à compromettre une femme à laquelle nous ne tenons pas, ou que nous n'aimons pas, ou que nous n'avons pas, pour conserver l'honneur de celle que nous aimons assez pour la respecter. C'est ce que j'appelle la *femme-écran.* — Ha! voici Laurent. Que nous apportes-tu ?

— Des huîtres d'Ostende, monsieur le comte...

— Tu sauras quelque jour, Paul, combien il est amusant de se jouer du monde en lui dérobant le secret de nos affections. J'éprouve un immense plaisir d'échapper à la stupide juridiction de la masse qui ne sait jamais ni ce qu'elle veut ni ce qu'on lui fait vouloir, qui prend le moyen pour le résultat, qui tour à tour adore et maudit, élève et détruit! Quel bonheur de lui imposer des émotions et de n'en pas recevoir, de la dompter, de ne jamais lui obéir! Si l'on peut être fier de quelque chose, n'est-ce pas d'un pouvoir acquis par soi-même, dont nous sommes à la fois la cause, l'effet, le principe et le résultat? Hé! bien, aucun homme ne sait qui j'aime, ni ce que je veux. Peut-être saura-t-on qui j'ai aimé, ce que j'aurai voulu, comme on sait les drames accomplis; mais laisser voir dans mon jeu?... faiblesse, duperie. Je ne connais rien de plus méprisable que la force jouée par l'adresse. Je m'initie tout en riant au métier d'ambassadeur, si toutefois la diplomatie est aussi difficile que l'est la vie? J'en doute. As-tu de l'ambition? veux-tu devenir quelque chose?

— Mais, Henri, tu te moques de moi, comme si je n'étais pas assez médiocre pour arriver à tout.

— Bien! Paul. Si tu continues à te moquer de toi-même, tu pourras bientôt te moquer de tout le monde.

En déjeunant, de Marsay commença, quand il en fut à fumer ses cigares, à voir les événements de sa nuit sous un singulier jour. Comme beaucoup de grands esprits, sa perspicacité n'était pas spontanée, il n'entrait pas tout à coup au fond des choses. Comme chez toutes les natures douées de la faculté de vivre beaucoup dans le présent, d'en exprimer pour ainsi dire le jus et de le dévorer, sa seconde vue avait besoin d'une espèce de sommeil pour s'identifier aux causes. Le cardinal de Richelieu était ainsi, ce qui n'excluait pas en lui le don de prévoyance nécessaire à la conception des grandes choses. De Marsay se trouvait dans toutes ces conditions, mais il n'usa d'abord de ses armes qu'au profit de ses plaisirs, et ne devint l'un des hommes politiques les plus profonds du temps actuel que quand il se fut saturé des plaisirs auxquels pense tout d'abord un jeune homme lorsqu'il a de l'or et le pouvoir. L'homme se bronze ainsi : il use la femme, pour que la femme ne puisse pas l'user.

En ce moment donc, de Marsay s'aperçut qu'il avait été joué par la *Fille aux yeux d'or*, en voyant dans son ensemble cette nuit dont les plaisirs n'avaient que graduellement ruisselé pour finir par s'épancher à torrents. Il put alors lire dans cette page si brillante d'effet, en deviner le sens caché. L'innocence purement physique de Paquita, l'étonnement de sa joie, quelques mots d'abord obscurs et maintenant clairs, échappés au milieu de la joie, tout lui prouva qu'il avait posé pour une autre personne. Comme aucune des corruptions sociales ne lui était inconnue, qu'il professait au sujet de tous les caprices une parfaite indifférence, et les croyait justifiés par cela même qu'ils se pouvaient satisfaire, il ne s'effaroucha pas du vice, il le connaissait comme on connaît un ami, mais il fut blessé de lui avoir servi de pâture. Si ses présomptions étaient justes, il avait été outragé dans le vif de son être. Ce seul soupçon le mit en fureur, il laissa éclater le rugissement du tigre dont une gazelle se serait moquée, le cri d'un tigre qui joignait à la force de la bête l'intelligence du démon.

— Eh! bien, qu'as-tu donc? lui dit Paul.

— Rien!

— Je ne voudrais pas, si l'on te demandait si tu as quelque chose contre moi, que tu répondisses un *rien* semblable, il faudrait sans doute nous battre le lendemain.

— Je ne me bats plus, dit de Marsay.

— Ceci me semble encore plus tragique. Tu assassines donc?

— Tu travestis les mots. J'exécute.

— Mon cher ami, dit Paul, tes plaisanteries sont bien poussées au noir, ce matin.

— Que veux-tu? la volupté mène à la férocité. Pourquoi? je n'en sais rien, et je ne suis pas assez curieux pour en chercher la cause. — Ces cigares sont excellents. Donne du thé à ton ami. — Sais-tu, Paul, que je mène une vie de brute? Il serait bien temps de se choisir une destinée, d'employer ses forces à quelque chose qui valût la peine de vivre. La vie est une singulière comédie. Je suis effrayé, je ris de l'inconséquence de notre ordre social. Le gouvernement fait trancher la tête à de pauvres diables qui ont tué un homme, et il patente des créatures qui expédient, médicalement parlant, une douzaine de jeunes gens par hiver. La morale est sans force contre une douzaine de vices qui détruisent la société, et que rien ne peut punir. — Encore une tasse? — Ma parole d'honneur! l'homme est un bouffon qui danse sur un précipice. On nous parle de l'immoralité des *Liaisons Dangereuses*, et de je ne sais quel autre livre qui a un nom de femme de chambre; mais il existe un livre horrible, sale, épouvantable, corrupteur, toujours ouvert, qu'on ne fermera jamais, le grand livre du monde, sans compter un autre livre mille fois plus dangereux, qui se compose de tout ce qui se dit à l'oreille, entre hommes, ou sous l'éventail entre femmes, le soir, au bal.

— Henri, certes il se passe en toi quelque chose d'extraordinaire, et cela se voit malgré ta discrétion active.

— Oui! tiens, il faut que je dévore le temps jusqu'à ce soir. Allons au jeu. Peut-être aurai-je le bonheur de perdre.

De Marsay se leva, prit une poignée de billets de banque, les roula dans sa boîte à cigares, s'habilla et profita de la voiture de Paul pour aller au Salon des Étrangers où, jusqu'au dîner, il consuma le temps dans ces émouvantes alternatives de perte et de gain, qui sont la dernière ressource des organisations fortes, quand elles sont contraintes de s'exercer dans le vide. Le soir il vint au rendez-vous, et se laissa complaisamment bander les yeux. Puis, avec cette ferme volonté que les hommes vraiment forts ont seuls la faculté de concentrer, il porta son attention et appliqua son intelligence à deviner par quelles rues passait la voiture. Il eut une sorte de certitude d'être mené rue Saint-Lazare, et d'être arrêté à la petite porte du jardin de l'hôtel San-Réal. Quand il passa, comme la première fois cette porte, et qu'il fut mis sur un brancard porté sans doute par le mulâtre et par le cocher, il comprit, en entendant crier le sable sous leurs pieds, pourquoi l'on prenait de si minutieuses précautions. Il aurait pu, s'il avait été libre, ou s'il avait marché, cueillir une branche d'arbuste, regarder la nature du sable qui se serait attaché à ses bottes; tandis que, transporté pour ainsi dire aériennement dans un hôtel inaccessible, sa bonne fortune devait être ce qu'elle avait été jusqu'alors, un rêve. Mais, pour le désespoir de l'homme, il ne peut rien faire que d'imparfait, soit en bien soit en mal. Toutes ses œuvres intellectuelles ou physiques sont signées par une marque de destruction. Il avait plu légèrement, la terre était humide. Pendant la nuit certaines odeurs végétales sont beaucoup plus fortes que pendant le jour, Henri sentit donc les parfums du réséda le long de l'allée par laquelle il était convoyé. Cette indication devait l'éclairer dans les recherches qu'il se promettait de faire pour reconnaître l'hôtel où se trouvait le boudoir de Paquita. Il étudia de même les détours que ses porteurs firent dans la maison, et crut pouvoir se les rappeler. Il se vit comme la veille sur l'ottomane, devant Paquita qui lui défaisait son bandeau; mais il la vit pâle et changée. Elle avait pleuré. Agenouillée comme un ange en prière, mais comme un ange triste et profondément mélancolique, la pauvre fille ne ressemblait plus à la curieuse, à l'impatiente, à la bondissante créature qui avait pris de Marsay sur ses ailes pour le transporter dans le septième ciel de l'amour. Il y avait quelque chose de si vrai dans ce désespoir voilé par le plaisir, que le terrible de Marsay sentit en lui-même une admiration pour ce nouveau chef-d'œuvre de la nature, et oublia momentanément l'intérêt principal de ce rendez-vous.

— Qu'as-tu donc, ma Paquita?

— Mon ami, dit-elle, emmène-moi, cette nuit même? Jette-moi quelque part où l'on ne puisse pas dire en me voyant : Voici Paquita; où personne ne réponde : Il y a ici une fille au regard doré, qui a de longs cheveux. Là je te donnerai des plaisirs tant que tu voudras en recevoir de moi. Puis, quand tu ne m'aimeras plus, tu me laisseras, je ne me plaindrai pas, je ne dirai rien; et mon abandon ne devra te causer aucun remords, car un jour passé près de toi, un seul jour pendant lequel je t'aurai regardé, m'aura valu toute une vie. Mais si je reste ici, je suis perdue.

— Je ne puis pas quitter Paris, ma petite, répondit Henri. Je ne m'appartiens pas, je suis lié par un serment au sort de plusieurs personnes qui sont à moi comme je suis à elles. Mais je puis te faire dans Paris un asile où nul pouvoir humain n'arrivera.

— Non, dit-elle, tu oublies le pouvoir féminin.

Jamais phrase prononcée par une voix humaine n'exprima plus complétement la terreur.

— Qui pourrait donc arriver à toi, si je me mets entre toi et le monde?

— Le poison! dit-elle. Déjà dona Concha te soupçonne. Et, reprit-elle en laissant couler des larmes qui brillèrent le long de ses joues, il est bien facile de voir que je ne suis plus la même. Et! bien, si tu m'abandonnes à la fureur du monstre qui me dévorera, que ta sainte volonté soit faite! Mais viens, fais qu'il y ait toutes les voluptés de la vie dans notre amour. D'ailleurs, je supplierai, je pleurerai, je crierai, je me défendrai, je me sauverai peut-être.

— Qui donc imploreras-tu? dit-il.

— Silence! reprit Paquita. Si j'obtiens ma grâce, ce sera peut-être à cause de ma discrétion.

— Donne-moi ma robe, dit insidieusement Henri.

— Non, non, répondit-elle vivement, reste ce que tu es, un de ces anges qu'on m'avait appris à haïr, et dans lesquels je ne voyais que des monstres, tandis que vous êtes ce qu'il y a de plus beau sous le ciel, dit-elle en caressant les cheveux d'Henri. Tu ignores à quel point je suis idiote? je n'ai rien appris. Depuis l'âge de douze ans, je suis enfermée sans avoir vu personne. Je ne sais ni lire ni écrire, je ne parle que l'anglais et l'espagnol.

— Comment se fait-il donc que tu reçoives des lettres de Londres?

— Mes lettres! tiens, les voici! dit-elle en allant prendre quelques papiers dans un long vase du Japon.

Elle tendit à de Marsay des lettres où le jeune homme vit avec surprise des figures bizarres semblables à celles des rébus, tracées avec du sang, et qui exprimaient des phrases pleines de passion.

— Mais, s'écria-t-il en admirant ces hiéroglyphes créés par une habile jalousie, tu es sous la puissance d'un infernal génie ?

— Infernal, répéta-t-elle.

— Mais comment donc as-tu pu sortir....

— Ha ! dit-elle, de là vient ma perte. J'ai mis dona Concha entre la peur d'une mort immédiate et une colère à venir. J'avais une curiosité de démon, je voulais rompre ce cercle d'airain que l'on avait décrit entre la création et moi, je voulais voir ce que c'était que des jeunes gens, car je ne connais d'hommes que le marquis et Christemio. Notre cocher et le valet qui nous accompagne sont des vieillards...

— Mais, tu n'étais pas toujours enfermée ? Ta santé voulait...

— Ha ! reprit-elle, nous nous promenions, mais pendant la nuit et dans la campagne, au bord de la Seine, loin du monde.

— N'es-tu pas fière d'être aimée ainsi ?

— Non, dit-elle, plus ! Quoique bien remplie, cette vie cachée n'est que ténèbres en comparaison de la lumière.

— Qu'appelles-tu la lumière ?

— Toi, mon bel Adolphe ! toi, pour qui je donnerais ma vie. Toutes les choses de passion que l'on m'a dites et que j'inspirais, je les ressens pour toi ! Pendant certains moments je ne comprenais rien à l'existence, mais maintenant je sais comment nous aimons, et jusqu'à présent j'étais aimée seulement, moi je n'aimais pas. Je quitterais tout pour toi, emmène-moi. Si tu le veux, prends-moi comme un jouet, mais laisse-moi près de toi jusqu'à ce que tu me brises.

— Tu n'auras pas de regret ?

— Pas un seul ! dit-elle en laissant lire dans ses yeux dont la teinte d'or resta pure et claire.

— Suis-je le préféré ? se dit en lui-même Henri qui, s'il entrevoyait la vérité, se trouvait alors disposé à pardonner l'offense en faveur d'un amour si naïf. — Je verrai bien, pensa-t-il.

Si Paquita ne lui devait aucun compte du passé, le moindre souvenir devenait un crime à ses yeux. Il eut donc la triste force d'avoir une pensée à lui, de juger sa maîtresse, de l'étudier tout en s'abandonnant aux plaisirs les plus entraînants que jamais Péri descendue des cieux ait trouvés pour son bien-aimé. Paquita semblait avoir été créée pour l'amour, avec un soin spécial de la nature. D'une nuit à l'autre, son génie de femme avait fait les plus rapides progrès. Quelle que fût la puissance de ce jeune homme et son insouciance en fait de plaisirs, malgré sa satiété de la veille, il trouva dans la *Fille aux yeux d'or* ce sérail que sait créer la femme aimante et à laquelle un homme ne renonce jamais. Paquita répondait à cette passion que sentent tous les hommes vraiment grands pour l'infini, passion mystérieuse si dramatiquement exprimée dans Faust, si poétiquement traduite dans Manfred, et qui poussait Don Juan à fouiller le cœur des femmes, en espérant y trouver cette pensée sans bornes à la recherche de laquelle se mettent tant de chasseurs de spectres, que les savants croient entrevoir dans la science, et que les mystiques trouvent en Dieu seul. L'espérance d'avoir enfin l'Être idéal avec lequel la lutte pouvait être constante sans fatigue, ravit de Marsay qui, pour la première fois, depuis long-temps, ouvrit son cœur. Ses nerfs se détendirent, sa froideur se fondit dans l'atmosphère de cette âme brûlante, ses doctrines tranchantes s'envolèrent, et le bonheur lui colora son existence, comme l'était ce boudoir blanc et rose. En sentant l'aiguillon d'une volupté supérieure, il fut entraîné par delà les limites dans lesquelles il avait jusqu'alors enfermé la passion. Il ne voulut pas être dépassé par cette fille qu'un amour en quelque sorte artificiel avait formée par avance aux besoins de son âme, et alors il trouva, dans cette vanité qui pousse l'homme à rester en tout vainqueur, des forces pour dompter cette fille ; mais aussi, jeté par delà cette ligne où l'âme est maîtresse d'elle-même, il se perdit dans ces limbes délicieuses que le vulgaire nomme si niaisement *les espaces imaginaires*. Il fut tendre, bon et communicatif. Il rendit Paquita presque folle.

— Pourquoi n'irions-nous pas à Sorrente, à Nice, à Chiavari, passer toute notre vie ainsi? Veux-tu? disait-il à Paquita d'une voix pénétrante.

— As-tu donc jamais besoin de me dire : — *Veux-tu*? s'écriat-elle. Ai-je une volonté? Je ne suis quelque chose hors de toi qu'afin d'être un plaisir pour toi. Si tu veux choisir une retraite digne de nous, l'Asie est le seul pays où l'amour puisse déployer ses ailes...

— Tu as raison, reprit Henri. Allons aux Indes, là où le printemps est éternel, où la terre n'a jamais que des fleurs, où l'homme peut déployer l'appareil des souverains, sans qu'on en glose comme dans les sots pays où l'on veut réaliser la plate chimère de l'égalité. Allons dans la contrée où l'on vit au milieu d'un peuple d'esclaves, où le soleil illumine toujours un palais qui reste blanc, où l'on sème des parfums dans l'air, où les oiseaux chantent l'amour, et où l'on meurt quand on ne peut plus aimer...

— Et où l'on meurt ensemble ! dit Paquita. Mais ne partons pas demain, partons à l'instant, emmenons Christemio.

— Ma foi, le plaisir est le plus beau dénoûment de la vie. Allons en Asie, mais pour partir, enfant ! il faut beaucoup d'or, et pour avoir de l'or, il faut arranger ses affaires.

Elle ne comprenait rien à ces idées.

— De l'or, il y en a ici haut comme ça, dit-elle en levant la main.

— Il n'est pas à moi.

— Qu'est-ce que cela fait ? reprit-elle, si nous en avons besoin, prenons-le.

— Il ne t'appartient pas.

— Appartenir ! répéta-t-elle. Ne m'as-tu pas prise ? Quand nous l'aurons pris, il nous appartiendra.

Il se mit à rire.

— Pauvre innocente ! tu ne sais rien des choses de ce monde.

— Non, mais voilà ce que je sais, s'écria-t-elle en attirant Henri sur elle.

Au moment même où de Marsay oubliait tout, et concevait le désir de s'approprier à jamais cette créature, il reçut au milieu de sa joie un coup de poignard qui traversa de part en part son cœur mortifié pour la première fois. Paquita, qui l'avait enlevé vigoureusement en l'air comme pour le contempler, s'était écriée : — Oh ! Mariquita !

— Mariquita ! cria le jeune homme en rugissant, je sais maintenant tout ce dont je voulais encore douter.

Il sauta sur le meuble où était renfermé le long poignard. Heureusement pour elle et pour lui, l'armoire était fermée. Sa rage s'accrut de cet obstacle ; mais il recouvra sa tranquillité, alla prendre sa cravate et s'avança vers elle d'un air si férocement significatif, que, sans connaître de quel crime elle était coupable, Paquita comprit néanmoins qu'il s'agissait pour elle de mourir. Alors elle s'élança d'un seul bond au bout de la chambre pour éviter le nœud fatal que de Marsay voulait lui passer autour du cou. Il y eut un combat. De part et d'autre la souplesse, l'agilité, la vigueur furent égales. Pour finir la lutte, Paquita jeta dans les jambes de son amant un coussin qui le fit tomber, et profita du répit que lui laissa cet avantage pour pousser la détente du ressort auquel répondait un avertissement. Le mulâtre arriva brusquement. En un clin d'œil Christemio sauta sur de Marsay, le terrassa, lui mit le pied sur la poitrine, le talon tourné vers la gorge. De Marsay comprit que s'il se débattait il était à l'instant écrasé sur un seul signe de Paquita.

— Pourquoi voulais-tu me tuer, mon amour? lui dit-elle.

De Marsay ne répondit pas.

— En quoi t'ai-je déplu? lui dit-elle. Parle, expliquons-nous.

Henri garda l'attitude flegmatique de l'homme fort qui se sent vaincu; contenance froide, silencieuse, tout anglaise, qui annonçait la conscience de sa dignité par une résignation momentanée. D'ailleurs il avait déjà pensé, malgré l'emportement de sa colère, qu'il était peu prudent de se commettre avec la justice en tuant cette fille à l'improviste et sans en avoir préparé le meurtre de manière à s'assurer l'impunité.

— Mon bien-aimé, reprit Paquita, parle-moi; ne me laisse pas sans un adieu d'amour! Je ne voudrais pas garder dans mon cœur l'effroi que tu viens d'y mettre. Parleras-tu? dit-elle en frappant du pied avec colère.

De Marsay lui jeta pour réponse un regard qui signifiait si bien : *tu mourras!* que Paquita se précipita sur lui.

— Hé! bien, veux-tu me tuer? Si ma mort peut te faire plaisir, tue-moi!

Elle fit un signe à Christemio, qui leva son pied de dessus le jeune homme et s'en alla sans laisser voir sur sa figure qu'il portât un jugement bon ou mauvais sur Paquita.

— Voilà un homme! se dit de Marsay en montrant le mulâtre par un geste sombre. Il n'y a de dévouement que le dévouement qui obéit à l'amitié sans la juger. Tu as en cet homme un véritable ami.

— Je te le donnerai si tu veux, répondit-elle; il te servira avec le même dévouement qu'il a pour moi si je le lui recommande.

Elle attendit un mot de réponse, et reprit avec un accent plein de tendresse : — Adolphe, dis-moi donc une bonne parole. Voici bientôt le jour.

Henri ne répondit pas. Ce jeune homme avait une triste qualité, car on regarde comme une grande chose tout ce qui ressemble à de la force, et souvent les hommes divinisent des extravagances. Henri ne savait pas pardonner. Le savoir-revenir, qui certes est une des grâces de l'âme, était un non-sens pour lui. La férocité des hommes du Nord, dont le sang anglais est assez fortement teint, lui avait été transmise par son père. Il était inébranlable dans ses bons comme dans ces mauvais sentiments. L'exclamation de Paquita fut d'autant plus horrible pour lui qu'il avait été détrôné du plus doux triomphe qui eût jamais agrandi sa vanité d'homme. L'espérance, l'amour et tous les sentiments s'étaient exaltés chez lui, tout avait flambé dans son cœur et dans son intelligence ; puis ces flambeaux, allumés pour éclairer sa vie, avaient été soufflés par un vent froid. Paquita, stupéfaite, n'eut dans sa douleur que la force de donner le signal du départ.

— Ceci est inutile, dit-elle en jetant le bandeau. S'il ne m'aime plus, s'il me hait, tout est fini.

Elle attendit un regard, ne l'obtint pas, et tomba demi-morte. Le mulâtre jeta sur Henri un coup d'œil si épouvantablement significatif qu'il fit trembler, pour la première fois de sa vie, ce jeune homme, à qui personne ne refusait le don d'une rare intrépidité. — « Si tu ne l'aimes pas bien, si tu lui fais la moindre peine, je te tuerai. » Tel était le sens de ce rapide regard. De Marsay fut conduit avec des soins presque serviles le long d'un corridor éclairé par des jours de souffrance, et au bout duquel il sortit par une porte secrète dans un escalier dérobé qui conduisait au jardin de l'hôtel San-Réal. Le mulâtre le fit marcher précautionneusement le long d'une allée de tilleuls qui aboutissait à une petite porte donnant sur une rue déserte à cette époque. De Marsay remarqua bien tout, la voiture l'attendait; cette fois le mulâtre ne l'accompagna point; et, au moment où Henri mit la tête à la portière pour revoir les jardins et l'hôtel, il rencontra les yeux blancs de Christemio, avec lequel il échangea un regard. De part et d'autre ce fut une provocation, un défi, l'annonce d'une guerre de sauvages, d'un duel où cessaient les lois ordinaires, où la trahison, où la perfidie était un moyen admis. Christemio savait qu'Henri avait juré la mort de Paquita. Henri savait que Christemio voulait le tuer avant qu'il ne tuât Paquita. Tous deux s'entendirent à merveille.

— L'aventure se complique d'une façon assez intéressante, se dit Henri.

— Où monsieur va-t-il? lui demanda le cocher.

De Marsay se fit conduire chez Paul de Manerville.

Pendant plus d'une semaine Henri fut absent de chez lui, sans que personne pût savoir ni ce qu'il fit pendant ce temps, ni dans quel endroit il demeura. Cette retraite le sauva de la fureur du mulâtre, et causa la perte de la pauvre créature qui avait mis toute son espérance dans celui qu'elle aimait comme jamais aucune créature n'aima sur cette terre.

Le dernier jour de cette semaine, vers onze heures du soir, Henri vint en voiture à la petite porte du jardin de l'hôtel San-Réal. Trois hommes l'accompagnaient. Le cocher était évidemment un de ses amis, car il se leva droit sur son siége, en homme qui voulait, comme une sentinelle attentive, écouter le moindre bruit. L'un des trois autres se tint en dehors de la porte, dans la rue; le second resta debout dans le jardin, appuyé sur le mur; le dernier, qui tenait à la main un trousseau de clefs, accompagna de Marsay.

— Henri, lui dit son compagnon, nous sommes trahis.

— Par qui, mon bon Ferragus?

— Ils ne dorment pas tous, répondit le chef des Dévorants : il faut absolument que quelqu'un de la maison n'ait ni bu ni mangé. Tiens, vois cette lumière.

— Nous avons le plan de la maison, d'où vient-elle?

— Je n'ai pas besoin du plan pour le savoir, répondit Ferragus; elle vient de la chambre de la marquise.

— Ah! cria de Marsay. Elle sera sans doute arrivée de Londres aujourd'hui. Cette femme m'aura pris jusqu'à ma vengeance! Mais, si elle m'a devancé, mon bon Gratien, nous la livrerons à la justice.

— Écoute donc! l'affaire est faite, dit Ferragus à Henri.

Les deux amis prêtèrent l'oreille et entendirent des cris affaiblis qui eussent attendri des tigres.

— Ta marquise n'a pas pensé que les sons sortiraient par le tuyau de la cheminée, dit le chef des Dévorants avec le rire d'un critique enchanté de découvrir une faute dans une belle œuvre.

— Nous seuls savons tout prévoir, dit Henri. Attends-moi, je veux aller voir comment cela se passe là-haut, afin d'apprendre la manière dont se traitent leurs querelles de ménage. Par le nom de Dieu, je crois qu'elle la fait cuire à petit feu.

De Marsay grimpa lestement l'escalier qu'il connaissait et reconnut le chemin du boudoir. Quand il en ouvrit la porte, il eut le frissonnement involontaire que cause à l'homme le plus déterminé la vue du sang répandu. Le spectacle qui s'offrit à ses regards eut d'ailleurs pour lui plus d'une cause d'étonnement. La marquise était femme : elle avait calculé sa vengeance avec cette perfection de perfidie qui distingue les animaux faibles. Elle avait dissimulé sa colère pour s'assurer du crime avant de le punir.

— Trop tard, mon bien-aimé! dit Paquita mourante dont les yeux pâles se tournèrent vers de Marsay.

La *Fille aux yeux d'or* expirait noyée dans le sang. Tous les flambeaux allumés, un parfum délicat qui se faisait sentir, certain désordre où l'œil d'un homme à bonnes fortunes devait reconnaître des folies communes à toutes les passions, annonçaient que la marquise avait savamment questionné la coupable. Cet appartement blanc, où le sang paraissait si bien, trahissait un long combat. Les mains de Paquita étaient empreintes sur les coussins. Partout elle s'était accrochée à la vie, partout elle s'était défendue, et partout elle avait été frappée. Des lambeaux entiers de la tenture cannelée étaient arrachés par ses mains ensanglantées, qui sans doute avaient lutté long-temps. Paquita devait avoir essayé d'escalader le plafond. Ses pieds nus étaient marqués le long du dossier du divan, sur lequel elle avait sans doute couru. Son corps, déchiqueté à coups de poignard par son bourreau, disait avec quel acharnement elle avait disputé une vie qu'Henri lui rendait si chère. Elle gisait à terre, et avait, en mourant, mordu les muscles du cou-de-pied de madame de San-Réal, qui gardait à la main son poignard trempé de sang. La marquise avait les cheveux arrachés, elle était couverte de morsures, dont plusieurs saignaient, et sa robe déchirée la laissait voir à demi nue, les seins égratignés. Elle était sublime ainsi. Sa tête avide et furieuse respirait l'odeur du sang. Sa bouche haletante restait entr'ouverte, et ses narines ne suffisaient pas à ses aspirations. Certains animaux, mis en fureur, fondent sur leur ennemi, le mettent à mort, et, tranquilles dans leur victoire, semblent avoir tout oublié. Il en est d'autres qui tournent autour de

leur victime, qui la gardent en craignant qu'on ne la leur vienne
enlever, et qui, semblables à l'Achille d'Homère, font neuf fois le
tour de Troie en traînant leur ennemi par les pieds. Ainsi était la
marquise. Elle ne vit pas Henri. D'abord, elle se savait trop bien
seule pour craindre des témoins; puis, elle était trop enivrée de
sang chaud, trop animée par la lutte, trop exaltée pour apercevoir
Paris entier, si Paris avait formé un cirque autour d'elle. Elle
n'aurait pas senti la foudre. Elle n'avait même pas entendu le dernier soupir de Paquita, et croyait qu'elle pouvait encore être écoutée
par la morte.

— Meurs sans confession! lui disait-elle; va en enfer, monstre
d'ingratitude; ne sois plus à personne qu'au démon. Pour le sang
que tu lui as donné, tu me dois tout le tien! Meurs, meurs,
souffre mille morts, j'ai été trop bonne, je n'ai mis qu'un moment
à te tuer, j'aurais voulu te faire éprouver toutes les douleurs que
tu me lègues. Je vivrai, moi! je vivrai malheureuse, je suis réduite
à ne plus aimer que Dieu!

Elle la contempla.

— Elle est morte! se dit-elle après une pause en faisant un
violent retour sur elle-même. Morte, ah! j'en mourrai de douleur!

La marquise voulut s'aller jeter sur le divan, accablée par un désespoir qui lui ôtait la voix, et ce mouvement lui permit alors de
voir Henri de Marsay.

— Qui es-tu? lui dit-elle en courant à lui le poignard levé.

Henri lui arrêta le bras, et ils purent ainsi se contempler tous
deux face à face. Une surprise horrible leur fit couler à tous deux
un sang glacé dans les veines, et ils tremblèrent sur leurs jambes
comme des chevaux effrayés. En effet, deux Ménechmes ne se seraient pas mieux ressemblé. Ils dirent ensemble le même mot : —
Lord Dudley doit être votre père?

Chacun d'eux baissa la tête affirmativement.

— Elle était fidèle au sang, dit Henri en montrant Paquita.

— Elle était aussi peu coupable qu'il est possible, reprit Marga-
rita-Euphémia Porrabéril, qui se jeta sur le corps de Paquita en
poussant un cri de désespoir. — Pauvre fille! oh! je voudrais te
ranimer! J'ai eu tort, pardonne-moi, Paquita! Tu es morte, et
je vis, moi! Je suis la plus malheureuse.

En ce moment apparut l'horrible figure de la mère de Paquita.

— Tu vas me dire que tu ne l'avais pas vendue pour que je la tuasse, s'écria la marquise. Je sais pourquoi tu sors de ta tanière. Je te la payerai deux fois. Tais-toi.

Elle alla prendre un sac d'or dans le meuble d'ébène et le jeta dédaigneusement aux pieds de cette vieille femme. Le son de l'or eut le pouvoir de dessiner un sourire sur l'immobile physionomie de la Géorgienne.

— J'arrive à temps pour toi, ma sœur, dit Henri. La justice va te demander...

— Rien, répondit la marquise. Une seule personne pouvait demander compte de cette fille. Christemio est mort.

— Et cette mère, demanda Henri en montrant la vieille, ne te rançonnera-t-elle pas toujours?

— Elle est d'un pays où les femmes ne sont pas des êtres, mais des choses dont on fait ce qu'on veut, que l'on vend, que l'on achète, que l'on tue, enfin dont on se sert pour ses caprices, comme vous vous servez ici de vos meubles. d'ailleurs, elle a une passion qui fait capituler toutes les autres, et qui aurait anéanti son amour maternel, si elle avait aimé sa fille; une passion..

— Laquelle? dit vivement Henri en interrompant sa sœur.

— Le jeu, dont Dieu te garde! répondit la marquise.

— Mais par qui vas-tu te faire aider, dit Henri en montrant la *Fille aux yeux d'or*, pour enlever les traces de cette fantaisie, que la justice ne te passerait pas?

— J'ai sa mère, répondit la marquise, en montrant la vieille Géorgienne à qui elle fit signe de rester.

— Nous nous reverrons, dit Henri, qui songeait à l'inquiétude de ses amis et sentait la nécessité de partir.

— Non, mon frère, dit-elle, nous ne nous reverrons jamais. Je retourne en Espagne pour m'aller mettre au couvent de *los Dolores*.

— Tu es encore trop jeune, trop belle, dit Henri en la prenant dans ses bras et lui donnant un baiser.

— Adieu, dit-elle, rien ne console d'avoir perdu ce qui nous a paru être l'infini.

Huit jours après, Paul de Manerville rencontra de Marsay aux Tuileries, sur la terrasse des Feuillants.

— Eh! bien, qu'est donc devenue notre belle FILLE AUX YEUX D'OR, grand scélérat?

— Elle est morte.

— De quoi?

— De la poitrine.

Paris, mars 1834, — avril 1835.

FIN DE L'HISTOIRE DES TREIZE.

MADAME VAQUUER.

Enfin, toute sa personne explique la pension, comme la pension implique sa personne.

(LE PÈRE GORIOT.)

LE PÈRE GORIOT.

AU GRAND ET ILLUSTRE GEOFFROY-SAINT-HILAIRE,

Comme un témoignage d'admiration de ses travaux et de son génie.

DE BALZAC.

Madame Vauquer, née de Conflans, est une vieille femme qui, depuis quarante ans, tient à Paris une pension bourgeoise établie rue Neuve-Sainte-Geneviève, entre le quartier latin et le faubourg Saint-Marceau. Cette pension, connue sous le nom de la Maison Vauquer, admet également des hommes et des femmes, des jeunes gens et des vieillards, sans que jamais la médisance ait attaqué les mœurs de ce respectable établissement. Mais aussi depuis trente ans ne s'y était-il jamais vu de jeune personne, et pour qu'un jeune homme y demeure, sa famille doit-elle lui faire une bien maigre pension. Néanmoins, en 1819, époque à laquelle ce drame commence, il s'y trouvait une pauvre jeune fille. En quelque discrédit que soit tombé le mot drame par la manière abusive et tortionnaire dont il a été prodigué dans ces temps de douloureuse littérature, il est nécessaire de l'employer ici : non que cette histoire soit dramatique dans le sens vrai du mot; mais, l'œuvre accomplie, peut-être aura-t-on versé quelques larmes *intra muros* et *extra*. Sera-t-elle comprise au delà de Paris ? le doute est permis. Les particularités de cette scène pleine d'observations et de couleurs locales ne peuvent être appréciées qu'entre les buttes de Montmartre et les hauteurs de Montrouge, dans cette illustre vallée de plâtras incessamment près de tomber et de ruisseaux noirs de boue; vallée remplie de souffrances réelles, de joies souvent fausses, et si terriblement agitée qu'il faut je ne sais quoi d'exorbitant pour y produire une sensation de quelque durée. Cependant il s'y rencontre çà et là des douleurs que l'agglomération des vices et des vertus rend grandes et solennelles : à leur aspect, les égoïsmes, les intérêts, s'arrêtent et s'apitoient; mais l'impression qu'ils en reçoivent est comme un fruit savoureux promptement dévoré. Le char de la civilisation, semblable à celui de l'idole de Jaggernat, à peine retardé par un cœur moins facile à broyer que les autres et qui enraye sa roue, l'a brisé bientôt et continue sa marche glorieuse. Ainsi ferez-vous, vous qui tenez ce livre d'une main blanche, vous qui vous enfoncez dans un moelleux fauteuil en vous disant : Peut-être ceci va-t-il m'amuser. Après avoir lu les secrètes infortunes du père Goriot, vous dînerez avec appétit en mettant votre insensibilité sur le compte de l'auteur, en le taxant d'exagération, en l'accusant de poésie. Ah! sachez-le : ce drame n'est ni une fiction, ni un roman. *All is true*, il est si véritable, que chacun peut en reconnaître les éléments chez soi, dans son cœur peut-être.

La maison où s'exploite la pension bourgeoise appartient à madame Vauquer. Elle est située dans le bas de la rue Neuve-Sainte-Geneviève, à l'endroit où le terrain s'abaisse vers la rue de l'Arbalète par une pente si brusque et si rude que les chevaux la montent ou la descendent rarement. Cette circonstance est favorable au silence qui règne dans ces rues serrées entre le dôme du Val-de-Grâce et le dôme du Panthéon, deux monuments qui changent les conditions de l'atmosphère en y jetant des tons jaunes, en y assombrissant tout par les teintes sévères que projettent leurs coupoles. Là, les pavés sont secs, les ruisseaux n'ont ni boue ni eau, l'herbe croît le long des murs. L'homme le plus insouciant s'y attriste comme tous les passants, le bruit d'une voiture y devient un événement, les maisons y sont mornes, les murailles y sentent la prison. Un Parisien égaré ne verrait là que des pensions bourgeoises ou des Institutions, de la misère ou de l'ennui, de la vieillesse qui meurt, de la joyeuse jeunesse contrainte à travailler. Nul quartier de Paris n'est plus horrible, ni, disons-le, plus inconnu. La rue Neuve-Sainte-Geneviève surtout est comme un cadre de bronze, le seul qui convienne à ce récit, auquel on ne saurait trop préparer l'intelligence par des couleurs brunes, par des idées graves; ainsi que, de marche en marche, le jour diminue et le chant du conducteur se creuse, alors que le voyageur descend aux Catacombes. Comparaison vraie! Qui décidera de ce qui est plus horrible à voir, ou des cœurs desséchés, ou des crânes vides?

La façade de la pension donne sur un jardinet, en sorte que la maison tombe à angle droit sur la rue Neuve-Sainte-Geneviève, où vous la voyez coupée dans sa profondeur. Le long de cette façade, entre la maison et le jardinet, règne un cailloutis en cuvette, large d'une toise, devant lequel est une allée sablée, bordée de géraniums, de lauriers-roses et de grenadiers plantés dans de grands vases en faïence bleue et blanche. On entre dans cette allée par une porte bâtarde, surmontée d'un écriteau sur lequel est écrit : MAISON-VAUQUER, et dessous : *Pension bourgeoise des deux sexes et autres.* Pendant le jour, une porte à claire-voie, armée d'une sonnette criarde, laisse apercevoir au bout du petit pavé, sur le mur opposé à la rue, une arcade peinte en marbre vert par un artiste du quartier. Sous le renfoncement que simule cette peinture, s'élève une statue représentant l'Amour. A voir le vernis écaillé qui la couvre, les amateurs de symboles y découvriraient peut-être un mythe de l'amour parisien qu'on guérit à quelques pas de là. Sous le socle, cette inscription à demi effacée rappelle le temps auquel remonte cet ornement par l'enthousiasme dont il témoigne pour Voltaire, rentré dans Paris en 1777 :

> Qui que tu sois, voici ton maître.
> Il l'est, le fut, ou le doit être.

A la nuit tombante, la porte à claire-voie est remplacée par une porte pleine. Le jardinet, aussi large que la façade est longue, se trouve encaissé par le mur de la rue et par le mur mitoyen de la maison voisine, le long de laquelle pend un manteau de lierre qui la cache entièrement, et attire les yeux des passants par un effet pittoresque dans Paris. Chacun de ces murs est tapissé d'espaliers et de vignes dont les fructifications grêles et poudreuses sont l'objet des craintes annuelles de madame Vauquer et de ses conversations avec les pensionnaires. Le long de chaque muraille, règne une étroite allée qui mène à un couvert de tilleuls, mot que madame Vauquer, quoique née de Conflans, prononce obstinément *tieuilles*, malgré les observations grammaticales de ses hôtes. Entre les deux allées latérales est un carré d'artichauds flanqué d'arbres fruitiers en quenouille, et bordé d'oseille, de laitue ou de persil. Sous le couvert de tilleuls est plantée une table ronde peinte en vert, et entourée de siéges. Là, durant les jours caniculaires, les convives assez riches pour se permettre de prendre du café, viennent le savourer par une chaleur capable de faire éclore des œufs. La façade, élevée de trois étages et surmontée de mansardes, est bâtie en moellons et badigeonnée avec cette couleur jaune qui donne un caractère ignoble à presque toutes les maisons de Paris. Les cinq croisées percées à chaque étage ont de petits carreaux et sont garnies de jalousies dont aucune n'est relevée de la même manière, en sorte que toutes leurs lignes jurent entre elles. La profondeur de cette maison comporte deux croisées qui, au rez-de-chaussée, ont pour ornement des barreaux en fer, grillagés. Derrière le bâtiment est une cour large d'environ vingt pieds, où vivent en bonne intelligence des cochons, des poules, des lapins, et au fond de laquelle s'élève un hangar à serrer le bois. Entre ce hangar et la fenêtre de la cuisine se suspend le garde-manger, au-dessous duquel tombent les eaux grasses de l'évier. Cette cour a sur la rue Neuve-Sainte-Geneviève une porte étroite par où la cuisinière chasse les ordures de la maison en nettoyant cette sentine à grand renfort d'eau, sous peine de pestilence.

Naturellement destiné à l'exploitation de la pension bourgeoise, le rez-de-chaussée se compose d'une première pièce éclairée par les deux croisées de la rue, et où l'on entre par une porte-fenêtre. Ce salon communique à une salle à manger qui est séparée de la cuisine par la cage d'un escalier dont les marches sont en bois et en carreaux mis en couleur et frottés. Rien n'est plus triste à voir que ce salon meublé de fauteuils et de chaises en étoffe de crin à raies alternativement mates et luisantes. Au milieu se trouve une table ronde à dessus de marbre Sainte-Anne, décorée de ce cabaret en porcelaine blanche ornée de filets d'or effacés à demi, que l'on rencontre partout aujourd'hui. Cette pièce, assez mal planchéiée, est lambrissée à hauteur d'appui. Le surplus des parois est tendu d'un papier verni représentant les principales scènes de Télémaque, et dont les classiques personnages sont coloriés. Le panneau d'entre les croisées grillagées offre aux pensionnaires le tableau du festin donné au fils d'Ulysse par Calypso. Depuis quarante ans cette peinture excite les plaisanteries des jeunes pensionnaires, qui se croient supérieurs à leur position en se moquant du dîner auquel la misère les condamne. La cheminée en pierre, dont le foyer toujours propre atteste qu'il ne s'y fait de feu que dans les grandes occasions, est ornée de deux vases pleins de fleurs artificielles, vieillies et encagées, qui accompagnent une pendule en marbre bleuâtre du plus mauvais goût. Cette première pièce exhale une odeur sans nom dans la langue, et qu'il faudrait appeler l'*odeur de pension.* Elle sent le renfermé, le moisi, le rance; elle donne froid, elle est humide au nez, elle pénètre les vêtements; elle a le goût d'une salle où l'on a dîné; elle pue le service, l'office, l'hospice. Peut-être pourrait-elle se décrire si l'on inventait un procédé pour évaluer les quantités élémentaires et nauséabondes qu'y jettent les atmosphères catarrhales et *sui generis* de chaque pensionnaire, jeune ou vieux. Eh! bien, malgré ces plates horreurs, si vous le compariez à la salle à manger, qui lui est contiguë, vous trouveriez ce salon élégant et parfumé comme doit l'être un boudoir. Cette salle, entièrement boisée, fut jadis peinte en une couleur indistincte aujourd'hui, qui forme un fond sur lequel la crasse a imprimé ses couches de manière à y dessiner des figures bizarres. Elle est plaquée de buffets gluants sur lesquels sont des carafes échancrées, ternies, des ronds de moiré métallique, des piles d'assiettes en porcelaine épaisse, à bords bleus, fabriquées à Tournai. Dans un angle est placée une boîte à cases numérotées qui sert à garder les serviettes, ou tachées ou vineuses, de chaque pensionnaire. Il s'y rencontre de ces meubles indestructibles, proscrits partout, mais placés là comme le sont les débris de la civilisation aux Incurables. Vous y verriez un baromètre à capucin qui sort quand il pleut, des gravures exécrables qui ôtent l'appétit, toutes encadrées en bois noir verni à filets dorés; un cartel en écaille incrustée de cuivre; un poêle vert, des quinquets d'Argand où la poussière se combine avec l'huile, une longue table couverte en toile cirée assez grasse pour qu'un facétieux externe y écrive son nom en se servant de son doigt comme de style, des chaises estropiées, de petits paillassons piteux en sparterie qui se déroule toujours sans se perdre jamais, puis des chaufferettes misérables à trous cassés, à charnières défaites, dont le bois se carbonise. Pour expliquer combien ce mobilier est vieux, crevassé, pourri, tremblant, rongé, manchot, borgne, invalide, expirant, il faudrait en faire une description qui retarderait trop l'intérêt de cette histoire, et que les gens pressés ne pardonneraient pas. Le carreau rouge est plein de vallées produites par le frottement ou par les mises en couleur. Enfin, là règne la misère sans poésie; une misère économe, concentrée, râpée. Si elle n'a pas de fange encore, elle a des taches; si elle n'a ni trous ni haillons, elle va tomber en pourriture.

Cette pièce est dans tout son lustre au moment où, vers sept heures du matin, le chat de madame Vauquer précède sa maîtresse; saute sur les buffets, y flaire le lait que contiennent plusieurs jattes couvertes d'assiettes, et fait entendre son *rourou* matinal. Bientôt la veuve se montre, attifée de son bonnet de tulle sous lequel pend un tour de faux cheveux mal mis; elle marche en traînassant ses pantoufles grimacées. Sa face vieillotte, grassouillette, du milieu de laquelle sort un nez à bec de perroquet ; ses petites mains potelées, sa personne dodue comme un rat d'église, son corsage trop plein et qui flotte, sont en harmonie avec cette salle où suinte le malheur, où s'est blottie la spéculation, et dont madame Vauquer respire l'air chaudement fétide sans en être écœurée. Sa figure fraîche comme une première gelée d'automne, ses yeux ridés, dont l'expression passe du sourire prescrit aux danseuses à l'amer renfrognement de l'escompteur, enfin toute sa personne explique la pension, comme la pension implique sa personne. Le bagne ne va pas sans l'argousin, vous n'imagineriez pas l'un sans l'autre. L'embonpoint blafard de cette petite femme est le produit de cette vie, comme le typhus est la conséquence des exhalaisons d'un hôpital. Son jupon de laine tricotée, qui dépasse sa première jupe faite avec une vieille robe, et dont la ouate s'échappe par les fentes de l'étoffe lézardée, résume le salon, la salle à manger, le jardinet, annonce la cuisine et fait pressentir les pensionnaires. Quand elle est là, ce spectacle est complet. Agée d'environ cinquante ans, madame Vauquer ressemble à toutes les *femmes qui ont eu des malheurs*. Elle a l'œil vitreux, l'air innocent d'une entremetteuse qui va se gendarmer pour se faire payer plus cher, mais d'ailleurs prête à tout pour adoucir son sort, à livrer Georges ou Pichegru, si Georges ou Pichegru étaient encore à livrer. Néanmoins, elle est *bonne femme au fond*, disent les pensionnaires, qui la croient sans fortune en l'entendant geindre et tousser comme eux. Qu'avait été monsieur Vauquer? Elle ne s'expliquait jamais sur le défunt. Comment avait-il perdu sa fortune? Dans les malheurs, répondait-elle. Il s'était mal conduit envers elle, ne lui avait laissé que les yeux pour pleurer, cette maison pour vivre, et le droit de ne compatir à aucune infortune, parce que, disait-elle, elle avait souffert tout ce qu'il est possible de souffrir. En entendant trottiner sa maîtresse, la grosse Sylvie, la cuisinière, s'empressait de servir le déjeuner des pensionnaires internes.

Généralement les pensionnaires externes ne s'abonnaient qu'au dîner, qui coûtait trente francs par mois. A l'époque où cette histoire commence, les internes étaient au nombre de sept. Le premier étage contenait les deux meilleurs appartements de la maison. Madame Vauquer habitait le moins considérable, et l'autre appartenait à madame Couture, veuve d'un Commissaire-Ordonnateur de la République française. Elle avait avec elle une très-jeune personne, nommée Victorine Taillefer, à qui elle servait de mère. La pension de ces deux dames montait à dix-huit cents francs. Les deux appartements du second étaient occupés, l'un par un vieillard nommé Poiret; l'autre, par un homme âgé d'environ quarante ans, qui portait une perruque noire, se teignait les favoris, se disait ancien négociant, et s'appelait monsieur Vautrin. Le troisième étage se composait de quatre chambres, dont deux étaient louées, l'une par une vieille fille nommée mademoiselle Michonneau; l'autre, par un ancien fabricant de vermicelles, de pâtes d'Italie et d'amidon, qui se laissait nommer le Père Goriot. Les deux autres chambres étaient destinées aux oiseaux de passage, à ces infortunés étudiants qui, comme le père Goriot et mademoiselle Michonneau, ne pouvaient mettre que quarante-cinq francs par mois à leur nourriture et à leur logement; mais madame Vauquer souhaitait peu leur présence et ne les prenait que quand elle ne trouvait pas mieux : ils mangeaient trop de pain. En ce moment, l'une de ces deux chambres appartenait à un jeune homme venu des environs d'Angoulême à Paris pour y faire son Droit, et dont la nombreuse famille se soumettait aux plus dures privations afin de lui envoyer douze cents francs par an. Eugène de Rastignac, ainsi se nommait-il, était un de ces jeunes gens façonnés au travail par le malheur, qui comprennent dès le jeune âge les espérances que leurs parents placent en eux, et qui se préparent une belle destinée en calculant déjà la portée de leurs études, et, les adaptant par avance au mouvement futur de la société, pour être les premiers à la pressurer. Sans ses observations curieuses et l'adresse avec laquelle il sut se produire dans les salons de Paris, ce récit n'eût pas été coloré des tons vrais qu'il devra sans doute à son esprit sagace et à son désir de pénétrer les mystères d'une situation épouvantable aussi soigneusement cachée par ceux qui l'avaient créée que par celui qui la subissait.

Au-dessus de ce troisième étage étaient un grenier à étendre le linge et deux mansardes où couchaient un garçon de peine, nommé

Christophe, et la grosse Sylvie, la cuisinière. Outre les sept pensionnaires internes, madame Vauquer avait, bon an, mal an, huit étudiants en Droit ou en Médecine, et deux ou trois habitués qui demeuraient dans le quartier, abonnés tous pour le dîner seulement. La salle contenait à dîner dix-huit personnes et pouvait en admettre une vingtaine; mais le matin, il ne s'y trouvait que sept locataires dont la réunion offrait pendant le déjeuner l'aspect d'un repas de famille. Chacun descendait en pantoufles, se permettait des observations confidentielles sur la mise ou sur l'air des externes, et sur les événements de la soirée précédente, en s'exprimant avec la confiance de l'intimité. Ces sept pensionnaires étaient les enfants gâtés de madame Vauquer, qui leur mesurait avec une précision d'astronome les soins et les égards, d'après le chiffre de leurs pensions. Une même considération affectait ces êtres rassemblés par le hasard. Les deux locataires du second ne payaient que soixante-douze francs par mois. Ce bon marché, qui ne se rencontre que dans le faubourg Saint-Marcel, entre la Bourbe et la Salpêtrière, et auquel madame Couture faisait seule exception, annonce que ces pensionnaires devaient être sous le poids de malheurs plus ou moins apparents. Aussi le spectacle désolant que présentait l'intérieur de cette maison se répétait-il dans le costume de ses habitués, également délabrés. Les hommes portaient des redingotes dont la couleur était devenue problématique, des chaussures comme il s'en jette au coin des bornes dans les quartiers élégants, du linge élimé, des vêtements qui n'avaient plus que l'âme. Les femmes avaient des robes passées, reteintes, déteintes, de vieilles dentelles raccommodées, des gants glacés par l'usage, des collerettes toujours rousses et des fichus éraillés. Si tels étaient les habits, presque tous montraient des corps solidement charpentés, des constitutions qui avaient résisté aux tempêtes de la vie, des faces froides, dures, effacées comme celles des écus démonétisés. Les bouches flétries étaient armées de dents avides. Ces pensionnaires faisaient pressentir des drames accomplis ou en action; non pas de ces drames joués à la lueur des rampes, entre des toiles peintes, mais des drames vivants et muets, des drames glacés qui remuaient chaudement le cœur, des drames continus.

La vieille demoiselle Michonneau gardait sur ses yeux fatigués un crasseux abat-jour en taffetas vert, cerclé par du fil d'archal qui aurait effarouché l'ange de la Pitié. Son châle à franges maigres et pleurardes semblait couvrir un squelette, tant les formes qu'il cachait étaient anguleuses. Quel acide avait dépouillé cette créature de ses formes féminines ? elle devait avoir été jolie et bien faite : était-ce le vice, le chagrin, la cupidité ? avait-elle trop aimé, avait-elle été marchande à la toilette, ou seulement courtisane ? Expiait-elle les triomphes d'une jeunesse insolente au-devant de laquelle s'étaient rués les plaisirs par une vieillesse que fuyaient les passants ? Son regard blanc donnait froid, sa figure rabougrie menaçait. Elle avait la voix clairette d'une cigale criant dans son buisson aux approches de l'hiver. Elle disait avoir pris soin d'un vieux monsieur affecté d'un catarrhe à la vessie, et abandonné par ses enfants, qui l'avaient cru sans ressource. Ce vieillard lui avait légué mille francs de rente viagère, périodiquement disputés par les héritiers, aux calomnies desquels elle était en butte. Quoique le jeu des passions eût ravagé sa figure, il s'y trouvait encore certains vestiges d'une blancheur et d'une finesse dans le tissu qui permettaient de supposer que le corps conservait quelques restes de beauté.

Monsieur Poiret était une espèce de mécanique. En l'apercevant s'étendre comme une ombre grise le long d'une allée au Jardin-des-Plantes, la tête couverte d'une vieille casquette flasque, tenant à peine sa canne à pomme d'ivoire jauni dans sa main, laissant flotter les pans flétris de sa redingote qui cachait mal une culotte presque vide, et des jambes en bas bleus qui flageolaient comme celles d'un homme ivre, montrant son gilet blanc sale et son jabot de grosse mousseline recroquevillée qui s'unissait imparfaitement à sa cravate cordée autour de son cou de dindon, bien des gens se demandaient si cette ombre chinoise appartenait à la race audacieuse des fils de Japhet qui papillonnent sur le boulevard Italien. Quel travail avait pu le ratatiner ainsi ? quelle passion avait bistré sa face bulbeuse, qui, dessinée en caricature, aurait paru hors du vrai ? Ce qu'il avait été ? mais peut-être avait-il été employé au Ministère de la Justice, dans le bureau où les exécuteurs des hautes-œuvres envoient leurs mémoires de frais, le compte des fournitures de voiles noirs pour les parricides, de son pour les paniers, de ficelle pour les couteaux. Peut-être avait-il été receveur à la porte d'un abattoir, ou sous-inspecteur de salubrité. Enfin, cet homme semblait avoir été l'un des ânes de notre grand moulin social, l'un de ces Ratons parisiens qui ne connaissent même pas leurs Bertrands, quelque pivot sur lequel avaient tourné les infortunes ou les saletés publiques, enfin l'un de ces hommes dont nous disons, en les voyant : *Il en faut pourtant comme ça*. Le beau Paris ignore ces figures blêmes de souffrances morales ou physiques. Mais Paris est un véritable océan. Jetez-y la sonde, vous n'en connaîtrez jamais la profondeur. Parcourez-le, décrivez-le ? quelque soin que vous mettiez à le parcourir, à le décrire ; quelque nombreux et intéressés que soient les explorateurs de cette mer, il s'y rencontrera toujours un lieu vierge, un antre inconnu, des fleurs, des perles, des monstres, quelque chose d'inouï, oublié par les plongeurs littéraires. La Maison Vauquer est une de ces monstruosités curieuses.

Deux figures y formaient un contraste frappant avec la masse des pensionnaires et des habitués. Quoique mademoiselle Victorine Taillefer eût une blancheur maladive semblable à celle des jeunes filles attaquées de chlorose, et qu'elle se rattachât à la souffrance générale qui faisait le fond de ce tableau, par une tristesse habituelle, par une contenance gênée, par un air pauvre et grêle, néanmoins son visage n'était pas vieux, ses mouvements et sa voix étaient agiles. Ce jeune malheur ressemblait à un arbuste aux feuilles jaunies, fraîchement planté dans un terrain contraire. Sa physionomie roussâtre, ses cheveux d'un blond fauve, sa taille trop mince, exprimaient cette grâce que les poètes modernes trouvaient aux statuettes du Moyen-Age. Ses yeux gris mélangés de noir exprimaient une douceur, une résignation chrétiennes. Ses vêtements simples, peu coûteux, trahissaient des formes jeunes. Elle était jolie par juxtaposition. Heureuse, elle eût été ravissante : le bonheur est la poésie des femmes, comme la toilette en est le fard. Si la joie d'un bal eût réflété ses teintes rosées sur ce visage pâle ; si les douceurs d'une vie élégante eussent rempli, eussent vermillonné ces joues déjà légèrement creusées ; si l'amour eût ranimé ces yeux tristes, Victorine aurait pu lutter avec les plus belles jeunes filles. Il lui manquait ce qui crée une seconde fois la femme, les chiffons et les billets doux. Son histoire eût fourni le sujet d'un livre. Son père croyait avoir des raisons pour ne pas la reconnaître, refusait de la garder près de lui, ne lui accordait que six cents francs par an, et avait dénaturé sa fortune, afin de pouvoir la transmettre en entier à son fils. Parente éloignée de la mère de Victorine, qui jadis était venue mourir de désespoir chez elle, madame Couture prenait soin de l'orpheline comme de son enfant. Malheureusement la veuve du Commissaire-Ordonnateur des armées de la République ne possédait

VAUTRIN.

Sa figure, rayée par des rides prématurées, offrait des signes de dureté que démentait ses manières souples et liantes.

(LE PÈRE GORIOT.)

rien au monde que son douaire et sa pension; elle pouvait laisser un jour cette pauvre fille, sans expérience et sans ressources, à la merci du monde. La bonne femme menait Victorine à la messe tous les dimanches, à confesse tous les quinze jours, afin d'en faire à tout hasard une fille pieuse. Elle avait raison. Les sentiments religieux offraient un avenir à cet enfant désavoué, qui aimait son père, qui tous les ans s'acheminait chez lui pour y apporter le pardon de sa mère; mais qui, tous les ans, se cognait contre la porte de la maison paternelle, inexorablement fermée. Son frère, son unique médiateur, n'était pas venu la voir une seule fois en quatre ans, et ne lui envoyait aucun secours. Elle suppliait Dieu de dessiller les yeux de son père, d'attendrir le cœur de son frère, et priait pour eux sans les accuser. Madame Couture et madame Vauquer ne trouvaient pas assez de mots dans le dictionnaire des injures pour qualifier cette conduite barbare. Quand elles maudissaient ce millionnaire infâme, Victorine faisait entendre de douces paroles, semblables au chant du ramier blessé, dont le cri de douleur exprime encore l'amour.

Eugène de Rastignac avait un visage tout méridional, le teint blanc, des cheveux noirs, des yeux bleus. Sa tournure, ses manières, sa pose habituelle dénotaient le fils d'une famille noble, où l'éducation première n'avait comporté que des traditions de bon goût. S'il était ménager de ses habits, si les jours ordinaires il achevait d'user les vêtements de l'an passé, néanmoins il pouvait sortir quelquefois mis comme l'est un jeune homme élégant. Ordinairement il portait une vieille redingote, un mauvais gilet, la méchante cravate noire, flétrie, mal nouée de l'Étudiant, un pantalon à l'avenant et des bottes ressemelées.

Entre ces deux personnages et les autres, Vautrin, l'homme de quarante ans, à favoris peints, servait de transition. Il était un de ces gens dont le peuple dit : Voilà un fameux gaillard! Il avait les épaules larges, le buste bien développé, les muscles apparents, des mains épaisses, carrées et fortement marquées aux phalanges par des bouquets de poils touffus et d'un roux ardent. Sa figure, rayée par des rides prématurées, offrait des signes de dureté que démentaient ses manières souples et liantes. Sa voix de basse-taille, en harmonie avec sa grosse gaieté, ne déplaisait point. Il était obligeant et rieur. Si quelque serrure allait mal, il l'avait bientôt démontée, rafistolée, huilée, limée, remontée, en disant : Ça me connaît. Il

connaissait tout d'ailleurs, les vaisseaux, la mer, la France, l'étranger,
les affaires, les hommes, les événements, les lois, les hôtels et les
prisons. Si quelqu'un se plaignait par trop, il lui offrait aussitôt ses
services. Il avait prêté plusieurs fois de l'argent à madame Vauquer
et à quelques pensionnaires; mais ses obligés seraient morts plutôt
que de ne pas le lui rendre, tant, malgré son air bonhomme, il
imprimait de crainte par un certain regard profond et plein de
résolution. A la manière dont il lançait un jet de salive, il annonçait
un sang-froid impertubable qui ne devait pas le faire reculer devant un crime pour sortir d'une position équivoque. Comme un
juge sévère, son œil semblait aller au fond de toutes les questions,
de toutes les consciences, de tous les sentiments. Ses mœurs consistaient à sortir après le déjeuner, à revenir pour dîner, à décamper pour toute la soirée, et à rentrer vers minuit, à l'aide d'un
passe-partout que lui avait confié madame Vauquer. Lui seul jouissait de cette faveur. Mais aussi était-il au mieux avec la veuve,
qu'il appelait maman en la saisissant par la taille, flatterie peu comprise! La bonne femme croyait la chose encore facile, tandis que
Vautrin seul avait les bras assez longs pour presser cette pesante
circonférence. Un trait de son caractère était de payer généreusement quinze francs par mois pour le *gloria* qu'il prenait au dessert.
Des gens moins superficiels que ne l'étaient ces jeunes gens emportés par les tourbillons de la vie parisienne, ou ces vieillards indifférents à ce qui ne les touchait pas directement, ne se seraient pas
arrêtés à l'impression douteuse que leur causait Vautrin. Il savait
ou devinait les affaires de ceux qui l'entouraient, tandis que nul ne
pouvait pénétrer ni ses pensées ni ses occupations. Quoiqu'il eût
jeté son apparente bonhomie, sa constante complaisance et sa gaieté
comme une barrière entre les autres et lui, souvent il laissait percer l'épouvantable profondeur de son caractère. Souvent une boutade digne de Juvénal, et par laquelle il semblait se complaire à
bafouer les lois, à fouetter la haute société, à la convaincre d'inconséquence avec elle-même, devait faire supposer qu'il gardait
rancune à l'état social, et qu'il y avait au fond de sa vie un mystère
soigneusement enfoui.

Attirée, peut-être à son insu, par la force de l'un ou par la beauté
de l'autre, mademoiselle Taillefer partageait ses regards furtifs, ses
pensées secrètes, entre ce quadragénaire et le jeune étudiant; mais
aucun d'eux ne paraissait songer à elle, quoique d'un jour à l'autre

le hasard pût changer sa position et la rendre un riche parti. D'ailleurs aucune de ces personnes ne se donnait la peine de vérifier si les malheurs allégués par l'une d'elles étaient faux ou véritables. Toutes avaient les unes pour les autres une indifférence mêlée de défiance qui résultait de leurs situations respectives. Elles se savaient impuissantes à soulager leurs peines, et toutes avaient en se les contant épuisé la coupe des condoléances. Semblables à de vieux époux, elles n'avaient plus rien à se dire. Il ne restait donc entre elles que les rapports d'une vie mécanique, le jeu de rouages sans huile. Toutes devaient passer droit dans la rue devant un aveugle, écouter sans émotion le récit d'une infortune, et voir dans une mort la solution d'un problème de misère qui les rendait froides à la plus terrible agonie. La plus heureuse de ces âmes désolées était madame Vauquer, qui trônait dans cet hospice libre. Pour elle seule ce petit jardin, que le silence et le froid, le sec et l'humide faisaient vaste comme un steppe, était un riant bocage. Pour elle seule cette maison jaune et morne, qui sentait le vert-de-gris du comptoir, avait des délices. Ces cabanons lui appartenaient. Elle nourrissait ces forçats acquis à des peines perpétuelles, en exerçant sur eux une autorité respectée. Où ces pauvres êtres auraient-ils trouvé dans Paris, au prix où elle les donnait, des aliments sains, suffisants, et un appartement qu'ils étaient maîtres de rendre, sinon élégant ou commode, du moins propre et salubre? Se fût-elle permis une injustice criante, la victime l'aurait supportée sans se plaindre.

Une réunion semblable devait offrir et offrait en petit les éléments d'une société complète. Parmi les dix-huit convives il se rencontrait, comme dans les colléges, comme dans le monde, une pauvre créature rebutée, un souffre-douleur sur qui pleuvaient les plaisanteries. Au commencement de la seconde année, cette figure devint pour Eugène de Rastignac la plus saillante de toutes celles au milieu desquelles il était condamné à vivre encore pendant deux ans. Ce *Patiras* était l'ancien vermicellier, le père Goriot, sur la tête duquel un peintre aurait, comme l'historien, fait tomber toute la lumière du tableau. Par quel hasard ce mépris à demi haineux, cette persécution mélangée de pitié, ce non-respect du malheur avaient-ils frappé le plus ancien pensionnaire? Y avait-il donné lieu par quelques-uns de ces ridicules ou de ces bizarreries que l'on pardonne moins qu'on ne pardonne des vices? Ces questions tiennent de près à bien des injustices sociales. Peut-être est-il dans la nature humaine de tout faire supporter à qui souffre tout par humilité vraie, par faiblesse ou par indifférence. N'aimons-nous pas tous à prouver notre force aux dépens de quelqu'un ou de quelque chose? L'être le plus débile, le gamin sonne à toutes les portes quand il gèle, ou se hisse pour écrire son nom sur un monument vierge.

Le père Goriot, vieillard de soixante-neuf ans environ, s'était retiré chez madame Vauquer, en 1813, après avoir quitté les affaires. Il y avait d'abord pris l'appartement occupé par madame Couture, et donnait alors douze cents francs de pension, en homme pour qui cinq louis de plus ou de moins étaient une bagatelle. Madame Vauquer avait rafraîchi les trois chambres de cet appartement moyennant une indemnité préalable qui paya, dit-on, la valeur d'un méchant ameublement composé de rideaux en calicot jaune, de fauteuils en bois verni couverts en velours d'Utrecht, de quelques peintures à la colle, et de papiers que refusaient les cabarets de la banlieue. Peut-être l'insouciante générosité que mit à se laisser attraper le père Goriot, qui vers cette époque était respectueusement nommé monsieur Goriot, le fit-elle considérer comme un imbécile qui ne connaissait rien aux affaires. Goriot vint muni d'une garde-robe bien fournie, le trousseau magnifique du négociant qui ne se refuse rien en se retirant du commerce. Madame Vauquer avait admiré dix-huit chemises de demi-hollande, dont la finesse était d'autant plus remarquable que le vermicellier portait sur son jabot dormant deux épingles unies par une chaînette, et dont chacune était montée d'un gros diamant. Habituellement vêtu d'un habit bleu-barbeau, il prenait chaque jour un gilet de piqué blanc, sous lequel fluctuait son ventre piriforme et proéminent, qui faisait rebondir une lourde chaîne d'or garnie de breloques. Sa tabatière, également en or, contenait un médaillon plein de cheveux qui le rendaient en apparence coupable de quelques bonnes fortunes. Lorsque son hôtesse l'accusa d'être un *galantin*, il laissa errer sur ses lèvres le gai sourire du bourgeois dont on a flatté le dada. Ses *ormoires* (il prononçait ce mot à la manière du menu peuple) furent remplies par la nombreuse argenterie de son ménage. Les yeux de la veuve s'allumèrent quand elle l'aida complaisamment à déballer et ranger les louches, les cuillers à ragoût, les couverts, les huiliers, les saucières, plusieurs plats, des déjeuners en vermeil, enfin des pièces plus ou moins belles, pesant un certain nombre de marcs, et dont il ne voulait pas se défaire. Ces cadeaux lui rappelaient les solennités de sa vie domestique. « Ceci, dit-il à madame Vauquer en serrant un plat et une petite écuelle dont le couvercle représentait deux tourterelles qui se becquetaient, est le premier présent que m'a fait ma femme, le jour de notre anniversaire. Pauvre bonne ! elle y avait consacré ses économies de demoiselle. Voyez-vous, madame ? j'aimerais mieux gratter la terre avec mes ongles que de me séparer de cela. Dieu merci ! je pourrai prendre dans cette écuelle mon café tous les matins durant le reste de mes jours. Je ne suis pas à plaindre, j'ai sur la planche du pain de cuit pour long-temps. » Enfin, madame Vauquer avait bien vu, de son œil de pie, quelques inscriptions sur le grand-livre qui, vaguement additionnées, pouvaient faire à cet excellent Goriot un revenu d'environ huit à dix mille francs. Dès ce jour, madame Vauquer, née de Conflans, qui avait alors quarante-huit ans effectifs et n'en acceptait que trente-neuf, eut des idées. Quoique le larmier des yeux de Goriot fût retourné, gonflé, pendant, ce qui l'obligeait à les essuyer assez fréquemment, elle lui trouva l'air agréable et comme il faut. D'ailleurs son mollet charnu, saillant, pronostiquait, autant que son long nez carré, des qualités morales auxquelles paraissait tenir la veuve, et que confirmait la face lunaire et naïvement niaise du bonhomme. Ce devait être une bête solidement bâtie, capable de dépenser tout son esprit en sentiment. Ses cheveux en ailes de pigeon, que le coiffeur de l'école Polytechnique vint lui poudrer tous les matins, dessinaient cinq pointes sur son front bas, et décoraient bien sa figure. Quoique un peu rustaud, il était si bien tiré à quatre épingles, il prenait si richement son tabac, il le humait en homme si sûr de toujours avoir sa tabatière pleine de macouba, que le jour où monsieur Goriot s'installa chez elle, madame Vauquer se coucha le soir en rôtissant, comme une perdrix dans sa barde, au feu du désir qui la saisit de quitter le suaire du Vauquer pour renaître en Goriot. Se marier, vendre sa pension, donner le bras à cette fine fleur de bourgeoisie, devenir une dame notable dans le quartier, y quêter pour les indigents, faire de petites parties le dimanche à Choisy, Soissy, Gentilly ; aller au spectacle à sa guise, en loge, sans attendre les billets d'auteur que lui donnaient quelques-uns de ses pensionnaires, au mois de juillet ; elle rêva tout l'Eldorado des petits ménages parisiens. Elle n'avait avoué à personne qu'elle possédait quarante mille francs amassés sou à sou. Certes elle se croyait, sous le rapport de la fortune, un parti sortable. « Quant au reste, je vaux bien le bonhomme ! se dit-elle en se retournant dans son lit, comme pour s'attester à elle-même des charmes que la grosse Sylvie trouvait chaque matin moulés en creux. Dès ce jour, pendant environ trois mois, la veuve Vauquer profita du coiffeur de monsieur Goriot, et fit quelques frais de toilette, excusés par la nécessité de donner à sa maison un certain décorum en harmonie avec les personnes honorables qui la fréquentaient. Elle s'intrigua beaucoup pour changer le personnel de ses pensionnaires, en affichant la prétention de n'accepter désormais que les gens les plus distingués sous tous les rapports. Un étranger se présentait-il, elle lui vantait la préférence que monsieur Goriot, un des négociants les plus notables et les plus respectables de Paris, lui avait accordée. Elle distribua des prospectus en tête desquels se lisait : MAISON VAUQUER. « C'était, disait-elle, une des plus anciennes et des plus estimées pensions bourgeoises du pays latin. Il y existait une vue des plus agréables sur la vallée des Gobelins (on l'apercevait du troisième étage), et un *joli* jardin, au bout duquel s'ÉTENDAIT une ALLÉE de tilleuls. » Elle y parlait du bon air et de la solitude. Ce prospectus lui amena madame la comtesse de l'Ambermesnil, femme de trente-six ans, qui attendait la fin de la liquidation et le règlement d'une pension qui lui était due, en qualité de veuve d'un général mort sur *les* champs de bataille. Madame Vauquer soigna sa table, fit du feu dans les salons pendant près de six mois, et tint si bien les promesses de son prospectus, qu'*elle y mit du sien*. Aussi la comtesse disait-elle à madame Vauquer, en l'appelant *chère amie*, qu'elle lui procurerait la baronne de Vaumerland et la veuve du colonel comte Picquoiseau, deux de ses amies, qui achevaient au Marais leur terme dans une pension plus coûteuse que ne l'était la Maison Vauquer. Ces dames seraient d'ailleurs fort à leur aise quand les Bureaux de la Guerre auraient fini leur travail. « Mais, disait-elle, les Bureaux ne terminent rien. » Les deux veuves montaient ensemble après le dîner dans la chambre de madame Vauquer, et y faisaient de petites causettes en buvant du cassis et mangeant des friandises réservées pour la bouche de la maîtresse. Madame de l'Ambermesnil approuva beaucoup les vues de son hôtesse sur le Goriot, vues excellentes, qu'elle avait d'ailleurs devinées dès le premier jour ; elle le trouvait un homme parfait.

— Ah! ma chère dame, un homme sain comme mon œil, lui disait la veuve, un homme parfaitement conservé, et qui peut donner encore bien de l'agrément à une femme.

La comtesse fit généreusement des observations à madame Vauquer sur sa mise, qui n'était pas en harmonie avec ses prétentions.

— Il faut vous mettre sur le pied de guerre, lui dit-elle. Après bien des calculs, les deux veuves allèrent ensemble au Palais-Royal, où elles achetèrent, aux Galeries de Bois, un chapeau à plumes et un bonnet. La comtesse entraîna son amie au magasin de La Petite Jeannette, où elles choisirent une robe et une écharpe. Quand ces munitions furent employées, et que la veuve fut sous les armes, elle ressembla parfaitement à l'enseigne du *Bœuf à la Mode*. Néanmoins elle se trouva si changée à son avantage, qu'elle se crut l'obligée de la comtesse, et, quoique peu *donnante*, elle la pria d'accepter un chapeau de vingt francs. Elle comptait, à la vérité, lui demander le service de sonder Goriot et de la faire valoir auprès de lui. Madame de l'Ambermesnil se prêta fort amicalement à ce manége, et cerna le vieux vermicellier avec lequel elle réussit à avoir une conférence; mais après l'avoir trouvé pudibond, pour ne pas dire réfractaire aux tentatives que lui suggéra son désir particulier de le séduire pour son propre compte, elle sortit révoltée de sa grossièreté.

— Mon ange, dit-elle à sa chère amie, vous ne tirerez rien de cet homme-là! il est ridiculement défiant, c'est un grippe-sou, une bête, un sot, qui ne vous causera que du désagrément.

Il y eut entre monsieur Goriot et madame de l'Ambermesnil des choses telles que la comtesse ne voulut même plus se trouver avec lui. Le lendemain, elle partit en oubliant de payer six mois de pension, et en laissant une défroque prisée cinq francs. Quelque âpreté que madame Vauquer mît à ses recherches, elle ne put obtenir aucun renseignement dans Paris sur la comtesse de l'Ambermesnil. Elle parlait souvent de cette déplorable affaire, en se plaignant de son trop de confiance, quoiqu'elle fût plus méfiante que ne l'est une chatte; mais elle ressemblait à beaucoup de personnes qui se défient de leurs proches, et se livrent au premier venu. Fait moral, bizarre, mais vrai, dont la racine est facile à trouver dans le cœur humain. Peut-être certaines gens n'ont-ils plus rien à gagner auprès des personnes avec lesquelles ils vivent; après leur avoir montré le vide de leur âme, ils se sentent secrètement jugés par elles avec une sévérité méritée ; mais, éprouvant un invincible besoin de flatteries qui leur manquent, ou dévorés par l'envie de paraître posséder les qualités qu'ils n'ont pas, ils espèrent surprendre l'estime ou le cœur de ceux qui leur sont étrangers, au risque d'en déchoir un jour. Enfin il est des individus nés mercenaires qui ne font aucun bien à leurs amis ou à leurs proches, parce qu'ils le doivent ; tandis qu'en rendant service à des inconnus, ils en recueillent un gain d'amour-propre : plus le cercle de leurs affections est près d'eux, moins ils aiment; plus il s'étend, plus serviables ils sont. Madame Vauquer tenait sans doute de ces deux natures, essentiellement mesquines, fausses, exécrables.

— Si j'avais été ici, lui disait alors Vautrin, ce malheur ne vous serait pas arrivé ! je vous aurais joliment dévisagé cette farceuse-là. Je connais leurs *frimousses*.

Comme tous les esprits rétrécis, madame Vauquer avait l'habitude de ne pas sortir du cercle des événements, et de ne pas juger leurs causes. Elle aimait à s'en prendre à autrui de ses propres fautes. Quand cette perte eut lieu, elle considéra l'honnête vermicellier comme le principe de son infortune, et commença dès lors, disait-elle, à se dégriser sur son compte. Lorsqu'elle eut reconnu l'inutilité de ses agaceries et de ses frais de représentation, elle ne tarda pas à en deviner la raison. Elle s'aperçut alors que son pensionnaire avait déjà, selon son expression, ses allures. Enfin il lui fut prouvé que son espoir si mignonnement caressé reposait sur une base chimérique, et qu'elle ne tirerait jamais rien de cet homme-là, suivant le mot énergique de la comtesse, qui paraissait être une connaisseuse. Elle alla nécessairement plus loin en aversion qu'elle n'était allée dans son amitié. Sa haine ne fut pas en raison de son amour, mais de ses espérances trompées. Si le cœur humain trouve des repos en montant les hauteurs de l'affection, il s'arrête rarement sur la pente rapide des sentiments haineux. Mais monsieur Goriot était son pensionnaire, la veuve fut donc obligée de réprimer les explosions de son amour-propre blessé, d'enterrer les soupirs que lui causa cette déception, et de dévorer ses désirs de vengeance, comme un moine vexé par son prieur. Les petits esprits satisfont leurs sentiments, bons ou mauvais, par des petitesses incessantes. La veuve employa sa malice de femme à inventer de sourdes persécutions contre sa victime. Elle commença par retrancher les superfluités introduites dans sa pension. « Plus de cornichons, plus d'anchois : c'est des duperies ! » dit-elle à Sylvie, le matin où elle rentra dans son ancien programme. Monsieur Goriot était un homme frugal, chez qui la parcimonie nécessaire aux gens qui font eux-mêmes leur fortune était dégénérée en habitude. La soupe, le bouilli, un plat de légumes, avaient été, devaient toujours être son dîner de prédilection. Il fut donc bien difficile à madame Vauquer de tourmenter son pensionnaire, de qui elle ne pouvait en rien froisser les goûts. Désespérée de rencontrer un homme inattaquable, elle se mit à le déconsidérer, et fit ainsi partager son aversion pour Goriot par ses pensionnaires, qui, par amusement, servirent ses vengeances. Vers la fin de la première année, la veuve en était venue à un tel degré de méfiance, qu'elle se demandait pourquoi ce négociant, riche de sept à huit mille livres de rente, qui possédait une argenterie superbe et des bijoux aussi beaux que ceux d'une fille entretenue, demeurait chez elle, en lui payant une pension si modique relativement à sa fortune. Pendant la plus grande partie de cette première année, Goriot avait souvent dîné dehors une ou deux fois par semaine ; puis, insensiblement, il en était arrivé à ne plus dîner en ville que deux fois par mois. Les petites parties fines du sieur Goriot convenaient trop bien aux intérêts de madame Vauquer pour qu'elle ne fût pas mécontente de l'exactitude progressive avec laquelle son pensionnaire prenait ses repas chez elle. Ces changements furent attribués autant à une lente diminution de fortune qu'au désir de contrarier son hôtesse. Une des plus détestables habitudes de ces esprits lilliputiens est de supposer leurs petitesses chez les autres. Malheureusement, à la fin de la deuxième année, monsieur Goriot justifia les bavardages dont il était l'objet, en demandant à madame Vauquer de passer au second étage, et de réduire sa pension à neuf cents francs. Il eut besoin d'une si stricte économie qu'il ne fit plus de feu chez lui pendant l'hiver. La veuve Vauquer voulut être payée d'avance ; à quoi consentit monsieur Goriot, que dès lors elle nomma le père Goriot. Ce fut à qui devinerait les causes de cette décadence. Exploration difficile ! Comme l'avait dit la fausse comtesse, le père Goriot était un sournois, un taciturne. Suivant la logique des gens à tête vide, tous indiscrets parce qu'ils n'ont que des riens à dire, ceux qui ne parlent pas de leurs affaires en doivent faire de mauvaises. Ce négociant si distingué devint donc un fripon, ce galantin fut un vieux drôle. Tantôt, selon Vautrin, qui vint vers cette époque habiter la Maison Vauquer, le père Goriot était un homme qui allait à la Bourse et qui, suivant une expression assez énergique de la langue financière, *carottait* sur les rentes après s'y être ruiné. Tantôt c'était un de ces petits joueurs qui vont hasarder et gagner tous les soirs dix francs au jeu. Tantôt on en faisait un espion attaché à la haute-police ; mais Vautrin prétendait qu'il n'était pas assez rusé pour *en être*. Le père Goriot était encore un avare qui prêtait à la petite semaine, un homme qui nourrissait des numéros à la loterie. On en faisait tout ce que le vice, la honte, l'impuissance engendrent de plus mystérieux. Seulement, quelque ignoble que fussent sa conduite ou ses vices, l'aversion qu'il inspirait n'allait pas jusqu'à le faire bannir : il payait sa pension. Puis il était utile, chacun essuyait sur lui sa bonne ou mauvaise humeur par des plaisanteries ou par des bourrades. L'opinion qui paraissait plus probable, et qui fut généralement adoptée, était celle de madame Vauquer. A l'entendre, cet homme si bien conservé, sain comme son œil et avec lequel on pouvait avoir encore beaucoup d'agrément, était un libertin qui avait des goûts étranges. Voici sur quels faits la veuve Vauquer appuyait ses calomnies. Quelques mois après le départ de cette désastreuse comtesse qui avait su vivre pendant six mois à ses dépens, un matin, avant de se lever, elle entendit dans son escalier le froufrou d'une robe de soie et le pas mignon d'une femme jeune et légère qui filait chez Goriot, dont la porte s'était intelligemment ouverte. Aussitôt la grosse Sylvie vint dire à sa maîtresse qu'une fille trop jolie pour être honnête, *mise comme une divinité*, chaussée en brodequins de prunelle qui n'étaient pas crottés, avait glissé comme une anguille de la rue jusqu'à sa cuisine, et lui avait demandé l'appartement de monsieur Goriot. Madame Vauquer et sa cuisinière se mirent aux écoutes, et surprirent plusieurs mots tendrement prononcés pendant la visite, qui dura quelque temps. Quand monsieur Goriot reconduisit *sa dame*, la grosse Sylvie prit aussitôt son panier, et feignit d'aller au marché, pour suivre le couple amoureux.

— Madame, dit-elle à sa maîtresse en revenant, il faut que monsieur Goriot soit diantrement riche tout de même, pour les mettre sur ce pied-là. Figurez-vous qu'il y avait au coin de l'Estrapade un superbe équipage dans lequel *elle* est montée.

Pendant le dîner, madame Vauquer alla tirer un rideau, pour empêcher que Goriot ne fût incommodé par le soleil dont un rayon lui tombait sur les yeux.

— Vous êtes aimé des belles, monsieur Goriot, le soleil vous cherche, dit-elle en faisant allusion à la visite qu'il avait reçue. Peste! vous avez bon goût, elle était bien jolie.

— C'était ma fille, dit-il avec une sorte d'orgueil dans lequel les pensionnaires voulurent voir la fatuité d'un vieillard qui garde les apparences.

Un mois après cette visite, monsieur Goriot en reçut une autre. Sa fille qui, la première fois, était venue en toilette du matin, vint après le dîner et habillée comme pour aller dans le monde. Les pensionnaires, occupés à causer dans le salon, purent voir en elle une jolie blonde, mince de taille, gracieuse, et beaucoup trop distinguée pour être la fille d'un père Goriot.

— Et de deux! dit la grosse Sylvie, qui ne la reconnut pas.

Quelques jours après, une autre fille, grande et bien faite brune, à cheveux noirs et à l'œil vif, demanda monsieur Goriot.

— Et de trois! dit Sylvie.

Cette seconde fille, qui la première fois était aussi venue voir son père le matin, vint quelques jours après, le soir, en toilette de bal et en voiture.

— Et de quatre! dirent madame Vauquer et la grosse Sylvie, qui ne reconnurent dans cette grande dame aucun vestige de la fille simplement mise le matin où elle fit sa première visite.

Goriot payait encore douze cents francs de pension. Madame Vauquer trouva tout naturel qu'un homme riche eût quatre ou cinq maîtresses, et le trouva même fort adroit de les faire passer pour ses filles. Elle ne se formalisa point de ce qu'il les mandait dans la Maison-Vauquer. Seulement, comme ces visites lui expliquaient l'indifférence de son pensionnaire à son égard, elle se permit, au commencement de la deuxième année, de l'appeler *vieux matou*. Enfin, quand son pensionnaire tomba dans les neuf cents francs, elle lui demanda fort insolemment ce qu'il comptait faire de sa maison, en voyant descendre une de ces dames. Le père Goriot lui répondit que cette dame était sa fille aînée.

— Vous en avez donc trente-six, des filles? dit aigrement madame Vauquer.

— Je n'en ai que deux, répliqua le pensionnaire avec la douceur d'un homme ruiné qui arrive à toutes les docilités de la misère.

Vers la fin de la troisième année, le père Goriot réduisit encore ses dépenses, en montant au troisième étage et en se mettant à quarante-cinq francs de pension par mois. Il se passa de tabac, congédia son perruquier et ne mit plus de poudre. Quand le père Goriot parut pour la première fois sans être poudré, son hôtesse laissa échapper une exclamation de surprise en apercevant la couleur de ses cheveux, ils étaient d'un gris sale et verdâtre. Sa physionomie, que des chagrins secrets avaient insensiblement rendue plus triste de jour en jour, semblait la plus désolée de toutes celles qui garnissaient la table. Il n'y eut alors plus aucun doute. Le père Goriot était un vieux libertin dont les yeux n'avaient été préservés de la maligne influence des remèdes nécessités par ses maladies que par l'habileté d'un médecin. La couleur dégoûtante de ses cheveux provenait de ses excès et des drogues qu'il avait prises pour les continuer. L'état physique et moral du bonhomme donnait raison à ces radotages. Quand son trousseau fut usé, il acheta du calicot à quatorze sous l'aune pour remplacer son beau linge. Ses diamants, sa tabatière d'or, sa chaîne, ses bijoux, disparurent un à un. Il avait quitté l'habit bleu-barbeau, tout son costume cossu, pour porter, été comme hiver, une redingote de drap marron grossier, un gilet en poil de chèvre, et un pantalon gris en cuir de laine. Il devint progressivement maigre; ses mollets tombèrent; sa figure, bouffie par le contentement d'un bonheur bourgeois, se rida démesurément; son front se plissa, sa mâchoire se dessina. Durant la quatrième année de son établissement rue Neuve-Sainte-Geneviève, il ne se ressemblait plus. Le bon vermicellier de soixante-deux ans qui ne paraissait pas en avoir quarante, le bourgeois gros et gras, frais de bêtise, dont la tenue égrillarde réjouissait les passants, qui avait quelque chose de jeune dans le sourire, semblait être un septuagénaire hébété, vacillant, blafard. Ses yeux bleus si vivaces prirent des teintes ternes et gris-de-fer, ils avaient pâli, ne larmoyaient plus, et leur bordure rouge semblait pleurer du sang. Aux uns, il faisait horreur; aux autres, il faisait pitié. De jeunes étudiants en Médecine, ayant remarqué l'abaissement de sa lèvre inférieure et mesuré le sommet de son angle facial, le déclarèrent atteint de crétinisme, après l'avoir long-temps houspillé sans en rien tirer. Un soir, après le dîner, madame Vauquer lui ayant dit

Aux uns il faisait horreur, aux autres il faisait pitié

(LE PÈRE GORIOT.)

en manière de raillerie : « Eh ! bien, elles ne viennent donc plus vous voir, vos filles ? » en mettant en doute sa paternité, le père Goriot tressaillit comme si son hôtesse l'eût piqué avec un fer.

— Elles viennent quelquefois, répondit-il d'une voix émue.

— Ah ! ah ! vous les voyez encore quelquefois ! s'écrièrent les étudiants. Bravo, père Goriot !

Mais le vieillard n'entendit pas les plaisanteries dont sa réponse fut le sujet : il était retombé dans un état méditatif que ceux qui l'observaient superficiellement prenaient pour un engourdissement sénile dû à son défaut d'intelligence. S'ils l'avaient bien connu, peut-être auraient-ils été vivement intéressés par le problème que présentait sa situation physique et morale; mais rien n'était plus difficile. Quoiqu'il fût aisé de savoir si Goriot avait réellement été vermicellier, et quel était le chiffre de sa fortune, les vieilles gens dont la curiosité s'éveilla sur son compte ne sortaient pas du quartier et vivaient dans la pension comme des huîtres sur un rocher. Quant aux autres personnes, l'entraînement particulier de la vie parisienne leur faisait oublier, en sortant de la rue Neuve-Sainte-Geneviève, le pauvre vieillard dont ils se moquaient. Pour ces esprits étroits, comme pour ces jeunes gens insouciants, la sèche misère du père Goriot et sa stupide attitude étaient incompatibles avec une fortune et une capacité quelconques. Quant aux femmes qu'il nommait ses filles, chacun partageait l'opinion de madame Vauquer, qui disait, avec la logique sévère que l'habitude de tout supposer donne aux vieilles femmes occupées à bavarder pendant leurs soirées : « Si le père Goriot avait des filles aussi riches que paraissaient l'être toutes les dames qui sont venues le voir, il ne serait pas dans ma maison, au troisième, à quarante-cinq francs par mois, et n'irait pas vêtu comme un pauvre. » Rien ne pouvait démentir ces inductions. Aussi, vers la fin du mois de novembre 1819, époque à laquelle éclata ce drame, chacun dans la pension avait-il des idées bien arrêtées sur le pauvre vieillard. Il n'avait jamais eu ni fille ni femme; l'abus des plaisirs en faisait un colimaçon, un mollusque anthropomorphe à classer dans les *Casquettifères*, disait un employé au Muséum, un des habitués à cachet. Poiret était un aigle, un gentleman auprès de Goriot. Poiret parlait, raisonnait, répondait; il ne disait rien, à la vérité, en parlant, raisonnant ou répondant, car il avait l'habitude de répéter en d'autres termes ce que les autres disaient; mais il contribuait à la conversation, il était vivant, il paraissait sensible ; tandis que le père Goriot, disait encore l'employé au Muséum, était constamment à zéro de Réaumur.

Eugène de Rastignac était revenu dans une disposition d'esprit que doivent avoir connue les jeunes gens supérieurs, ou ceux auxquels une position difficile communique momentanément les qualités des hommes d'élite. Pendant sa première année de séjour à Paris, le peu de travail que veulent les premiers grades à prendre dans la Faculté l'avait laissé libre de goûter les délices visibles du Paris matériel. Un étudiant n'a pas trop de temps s'il veut connaître le répertoire de chaque théâtre, étudier les issues du labyrinthe parisien, savoir les usages, apprendre la langue et s'habituer aux plaisirs particuliers de la capitale ; fouiller les bons et les mauvais endroits, suivre les Cours qui amusent, inventorier les richesses des musées. Un étudiant se passionne alors pour des niaiseries qui lui paraissent grandioses. Il a son grand homme, un professeur du collège de France, payé pour se tenir à la hauteur de son auditoire. Il rehausse sa cravate et se pose pour la femme des premières galeries de l'Opéra-Comique. Dans ces initiations successives, il se dépouille de son aubier, agrandit l'horizon de sa vie, et finit par concevoir la superposition des couches humaines qui composent la société. S'il a commencé par admirer les voitures au défilé des Champs-Élysées par un beau soleil, il arrive bientôt à les envier. Eugène avait subi cet apprentissage à son insu, quand il partit en vacances, après avoir été reçu bachelier ès-Lettres et bachelier en Droit. Ses illusions d'enfance, ses idées de province avaient disparu. Son intelligence modifiée, son ambition exaltée lui firent voir juste au milieu du manoir paternel, au sein de la famille. Son père, sa mère, ses deux frères, ses deux sœurs, et une tante dont la fortune consistait en pensions, vivaient sur la petite terre de Rastignac. Ce domaine d'un revenu d'environ trois mille francs était soumis à l'incertitude qui régit le produit tout industriel de la vigne, et néanmoins il fallait en extraire chaque année douze cents francs pour lui. L'aspect de cette constante détresse qui lui était généreusement cachée, la comparaison qu'il fut forcé d'établir entre ses sœurs, qui lui semblaient si belles dans son enfance, et les femmes de Paris, qui lui avaient réalisé le type d'une beauté rêvée, l'avenir incertain de cette nombreuse famille qui reposait sur lui, la parcimonieuse attention avec laquelle il vit serrer les plus minces productions, la boisson faite pour sa famille avec les marcs du pressoir, enfin une foule de circonstances inutiles à consigner ici, décuplèrent son désir de parvenir et lui donnèrent soif des distinctions. Comme il arrive aux âmes grandes, il voulut ne rien devoir qu'à son mérite. Mais son esprit était éminemment méridional; à l'exécution, ses déterminations devaient donc être frappées de ces hésitations qui saisissent les jeunes gens quand ils se trouvent en pleine mer, sans savoir ni de quel côté diriger leurs forces, ni sous quel angle enfler leurs voiles. Si d'abord il voulut se jeter à corps perdu dans le travail, séduit bientôt par la nécessité de se créer des relations, il remarqua combien les femmes ont d'influence sur la vie sociale, et avisa soudain à se lancer dans le monde, afin d'y conquérir des protectrices : devaient-elles manquer à un jeune homme ardent et spirituel dont l'esprit et l'ardeur étaient rehaussés par une tournure élégante et par une sorte de beauté nerveuse à laquelle les femmes se laissent prendre volontiers ? Ces idées l'assaillirent au milieu des champs, pendant les promenades que jadis il faisait gaiement avec ses sœurs, qui le trouvèrent bien changé. Sa tante, madame de Marcillac, autrefois présentée à la cour, y avait connu les sommités aristocratiques. Tout à coup le jeune ambitieux reconnut, dans les souvenirs dont sa tante l'avait si souvent bercé, les éléments de plusieurs conquêtes sociales, au moins aussi importantes que celles qu'il entreprenait à l'École de Droit; il la questionna sur les liens de parenté qui pouvaient encore se renouer. Après avoir secoué les branches de l'arbre généalogique, la vieille dame estima que, de toutes les personnes qui pouvaient servir son neveu parmi la gent égoïste des parents riches, madame la vicomtesse de Beauséant serait la moins récalcitrante. Elle écrivit à cette jeune femme une lettre dans l'ancien style, et la remit à Eugène, en lui disant que s'il réussissait auprès de la vicomtesse, elle lui ferait retrouver ses autres parents. Quelques jours après son arrivée, Rastignac envoya la lettre de sa tante à madame de Beauséant. La vicomtesse répondit par une invitation de bal pour le lendemain.

Telle était la situation générale de la pension bourgeoise à la fin du mois de novembre 1819. Quelques jours plus tard, Eugène, après être allé au bal de madame de Beauséant, rentra vers deux heures dans la nuit. Afin de regagner le temps perdu, le courageux étudiant s'était promis, en dansant, de travailler jusqu'au matin. Il allait passer la nuit pour la première fois au milieu de ce silencieux quartier, car il s'était mis sous le charme d'une fausse énergie en voyant les splendeurs du monde. Il n'avait pas dîné chez madame Vauquer. Les pensionnaires purent donc croire qu'il ne reviendrait du bal que le lendemain matin au petit jour, comme il était quelquefois rentré des fêtes du Prado ou des Bals de l'Odéon, en crottant ses bas de soie et gauchissant ses escarpins. Avant de mettre les verrous à la porte, Christophe l'avait ouverte pour regarder dans la rue. Rastignac se présenta dans ce moment, et put monter à sa chambre sans faire de bruit, suivi de Christophe qui en faisait beaucoup. Eugène se déshabilla, se mit en pantoufles, prit une méchante redingote, alluma son feu de mottes, et se prépara lestement au travail, en sorte que Christophe couvrit encore par le tapage de ses gros souliers les apprêts peu bruyants du jeune homme. Eugène resta pensif pendant quelques moments avant de se plonger dans ses livres de Droit. Il venait de reconnaître en madame la vicomtesse de Beauséant l'une des reines de la mode à Paris, et dont la maison passait pour être la plus agréable du faubourg Saint-Germain. Elle était d'ailleurs, et par son nom et par sa fortune, l'une des sommités du monde aristocratique. Grâce à sa tante de Marcillac, le pauvre étudiant avait été bien reçu dans cette maison, sans connaître l'étendue de cette faveur. Être admis dans ces salons dorés équivalait à un brevet de haute noblesse. En se montrant dans cette société, la plus exclusive de toutes, il avait conquis le droit d'aller partout. Ébloui par cette brillante assemblée, ayant à peine échangé quelques paroles avec la vicomtesse, Eugène s'était contenté de distinguer, parmi la foule des déités parisiennes qui se pressaient dans ce raoût, une de ces femmes que doit adorer tout d'abord un jeune homme. La comtesse Anastasie de Restaud, grande et bien faite, passait pour avoir l'une des plus jolies tailles de Paris. Figurez-vous de grands yeux noirs, une main magnifique, un pied bien découpé, du feu dans les mouvements, une femme que le marquis de Ronquerolles nommait un cheval de pur sang. Cette finesse de nerfs ne lui ôtait aucun avantage; elle avait les formes pleines et rondes, sans qu'elle pût être accusée de trop d'embonpoint. *Cheval de pur sang, femme de race,* ces locutions commençaient à remplacer les anges du ciel, les figures ossianiques, toute l'ancienne mythologie amoureuse repoussée par le dandysme. Mais pour Rastignac, madame Anastasie de Restaud fut la femme désirable. Il s'était ménagé deux tours dans la liste des cavaliers écrite sur l'éventail, et avait pu lui parler pendant la première contredanse. — Où vous rencontrer désormais, madame? lui avait-il dit brusquement avec cette force de passion qui plaît tant aux femmes. — Mais, dit-elle, au Bois, aux Bouffons, chez moi, partout. Et l'aventureux méridional s'était empressé de se lier avec cette délicieuse comtesse, autant qu'un jeune homme peut se lier avec une femme pendant une contredanse et une walse. En se disant cousin de madame de Beauséant, il fut invité par cette femme, qu'il prit pour une grande dame, et eut ses entrées chez elle. Au dernier sourire qu'elle lui jeta, Rastignac crut sa visite nécessaire. Il avait eu le bonheur de rencontrer un homme qui ne s'était pas moqué de son ignorance, défaut mortel au milieu des illustres impertinents de l'époque, les Maulincourt, les Ronquerolles, les Maxime de Trailles, les de Marsay, les Adjuda-Pinto, les Vandenesse, qui étaient là dans la gloire de leurs fatuités et mêlés aux femmes les plus élégantes, lady Brandon, la duchesse de Langeais, la comtesse de Kergarouët, madame de Sérizy, la duchesse de Carigliano, la comtesse Ferraud, madame de Lanty, la marquise d'Aiglemont, madame Firmiani, la marquise de Listomère et la marquise d'Espard, la duchesse de Maufrigneuse et les Grandlieu. Heureusement donc, le naïf étudiant tomba sur le marquis de Montriveau, l'amant de la duchesse de Langeais, un général simple comme un enfant, qui lui apprit que la comtesse de Restaud demeurait rue du Helder. Être jeune, avoir soif du monde, avoir faim d'une femme, et voir s'ouvrir pour soi deux maisons! mettre le pied au faubourg Saint-Germain chez la vicomtesse de Beauséant, le genou dans la Chaussée-d'Antin chez la comtesse de Restaud! plonger d'un regard dans les salons de Paris en enfilade, et se croire assez joli garçon pour y trouver aide et protection dans un cœur de femme! se sentir assez ambitieux pour donner un superbe coup de pied à la corde roide sur laquelle il faut marcher avec l'assurance du sauteur qui ne tombera pas, et avoir trouvé dans une charmante femme le meilleur des balanciers! Avec ces pensées et devant cette femme qui se dressait sublime auprès d'un feu de mottes, entre le Code et la misère, qui n'aurait comme Eugène sondé l'avenir par une méditation, qui ne l'aurait meublé de succès? Sa pensée vagabonde escomptait si drûment ses joies futures qu'il se croyait auprès de madame de Restaud, quand un soupir semblable à un *han* de saint Joseph troubla le silence de la nuit, retentit au cœur du jeune homme de manière à le lui faire prendre pour le râle d'un moribond. Il ouvrit doucement sa porte, et quand il fut dans le corridor, il aperçut une ligne de lumière tracée au bas de la porte du père Goriot. Eugène craignit que son voisin ne se trouvât indisposé, il approcha son œil de la serrure, regarda dans la chambre, et vit le vieillard occupé de travaux qui lui parurent trop criminels pour qu'il ne crût pas rendre service à la société en examinant bien ce que machinait nuitamment le soi-disant vermicellier. Le père Goriot, qui sans doute avait attaché sur la barre d'une table renversée un plat et une espèce de soupière en vermeil, tournait une espèce de câble autour de ces objets richement sculptés, en les serrant avec une si grande force qu'il les tordait vraisemblablement pour les convertir en lingots. — Peste ! quel homme ! se dit Rastignac en voyant le bras nerveux du vieillard qui, à l'aide de cette corde, pétrissait sans bruit l'argent doré, comme une pâte. Mais serait-ce donc un voleur ou un receleur qui, pour se livrer plus sûrement à son commerce, affecterait la bêtise, l'impuissance, et vivrait en mendiant ? se dit Eugène en se relevant un moment. L'étudiant appliqua de nouveau son œil à la serrure. Le père Goriot, qui avait déroulé son câble, prit la masse d'argent, la mit sur la table après y avoir étendu sa couverture, et l'y roula pour l'arrondir en barre, opération dont il s'acquitta avec une facilité merveilleuse. — Il serait donc aussi fort que l'était Auguste, roi de Pologne ? se dit Eugène quand la barre ronde fut à peu près façonnée. Le père Goriot regarda tristement son ouvrage d'un air triste, des larmes sortirent de ses yeux, il souffla le rat-de-cave à la lueur duquel il avait tordu ce vermeil, et Eugène l'entendit se coucher en poussant un soupir. — Il est fou, pensa l'étudiant.

— Pauvre enfant ! dit à haute voix le père Goriot.

A cette parole, Rastignac jugea prudent de garder le silence sur cet événement, et de ne pas inconsidérément condamner son voisin. Il allait rentrer quand il distingua soudain un bruit assez difficile à exprimer, et qui devait être produit par des hommes en chaussons de lisière montant l'escalier. Eugène prêta l'oreille, et reconnut en effet le son alternatif de la respiration de deux hommes. Sans avoir entendu ni le cri de la porte ni les pas des hommes, il vit tout à coup une faible lueur au second étage, chez monsieur

Vautrin. — Voilà bien des mystères dans une pension bourgeoise ! se dit-il. Il descendit quelques marches, se mit à écouter, et le son de l'or frappa son oreille. Bientôt la lumière fut éteinte, les deux respirations se firent entendre derechef sans que la porte eût crié. Puis, à mesure que les deux hommes descendirent, le bruit alla s'affaiblissant.

— Qui va là? cria madame Vauquer en ouvrant la fenêtre de sa chambre.

— C'est moi qui rentre, maman Vauquer, dit Vautrin de sa grosse voix.

— C'est singulier ! Christophe avait mis les verrous, se dit Eugène en rentrant dans sa chambre. Il faut veiller pour bien savoir ce qui se passe autour de soi, dans Paris. Détourné par ces petits événements de sa méditation ambitieusement amoureuse, il se mit au travail. Distrait par les soupçons qui lui venaient sur le compte du père Goriot, plus distrait encore par la figure de madame de Restaud, qui de moments en moments se posait devant lui comme la messagère d'une brillante destinée, il finit par se coucher et par dormir à poings fermés. Sur dix nuits promises au travail par les jeunes gens, ils en donnent sept au sommeil. Il faut avoir plus de vingt ans pour veiller.

Le lendemain matin régnait à Paris un de ces épais brouillards qui l'enveloppent et l'embrument si bien que les gens les plus exacts sont trompés sur le temps. Les rendez-vous d'affaires se manquent. Chacun se croit à huit heures quand midi sonne. Il était neuf heures et demie, madame Vauquer n'avait pas encore bougé de son lit. Christophe et la grosse Sylvie, attardés aussi, prenaient tranquillement leur café, préparé avec les couches supérieures du lait destiné aux pensionnaires, et que Sylvie faisait longtemps bouillir, afin que madame Vauquer ne s'aperçût pas de cette dîme illégalement levée.

— Sylvie, dit Christophe en mouillant sa première rôtie, monsieur Vautrin, qu'est un bon homme tout de même, a encore vu deux personnes cette nuit. Si madame s'en inquiétait, ne faudrait rien lui dire.

— Vous a-t-il donné quelque chose ?

— Il m'a donné cent sous pour son mois, une manière de me dire : Tais-toi.

— Sauf lui et madame Couture, qui ne sont pas regardants, les autres voudraient nous retirer de la main gauche ce qu'ils nous donnent de la main droite au jour de l'an, dit Sylvie.

— Encore qu'est-ce qu'ils donnent! fit Christophe, une méchante pièce, et de cent sous. Voilà depuis deux ans le père Goriot qui fait ses souliers lui-même. Ce *grigou* de Poiret se passe de cirage, et le boirait plutôt que de le mettre à ses savates. Quant au gringalet d'étudiant, il me donne quarante sous. Quarante sous ne payent pas mes brosses, et il vend ses vieux habits, par-dessus le marché. Qué baraque!

— Bah! fit Sylvie en buvant de petites gorgées de café, nos places sont encore les meilleures du quartier : on y vit bien. Mais, à propos du gros papa Vautrin, Christophe, vous a-t-on dit quelque chose?

— Oui. J'ai rencontré il y a quelques jours un monsieur dans la rue, qui m'a dit : — N'est-ce pas chez vous que demeure un gros monsieur qui a des favoris qu'il teint? Moi j'ai dit : — Non, monsieur, il ne les teint pas. Un homme gai comme lui, il n'en a pas le temps. J'ai donc dit ça à monsieur Vautrin, qui m'a répondu : — Tu as bien fait, mon garçon! Réponds toujours comme ça. Rien n'est plus désagréable que de laisser connaître nos infirmités. Ça peut faire manquer des mariages.

— Eh! bien, à moi, au marché, on a voulu m'englauder aussi pour me faire dire si je lui voyais passer sa chemise. C'te farce! Tiens, dit-elle en s'interrompant, voilà dix heures quart moins qui sonnent au Val-de-Grâce, et personne ne bouge.

— Ah bah! ils sont tous sortis. Madame Couture et sa jeune personne sont allées manger le bon Dieu à Saint-Étienne dès huit heures. Le père Goriot est sorti avec un paquet. L'étudiant ne reviendra qu'après son cours, à dix heures. Je les ai vus partir en faisant mes escaliers; que le père Goriot m'a donné un coup avec ce qu'il portait, qu'était dur comme du fer. Qué qui fait donc, ce bonhomme-là? Les autres le font aller comme une toupie, mais c'est un brave homme tout de même, et qui vaut mieux qu'eux tous. Il ne donne pas grand'chose; mais les dames chez lesquelles il m'envoie quelquefois allongent de fameux pourboires, et sont joliment ficelées.

— Celles qu'il appelle ses filles, hein? Elles sont une douzaine.

— Je ne suis jamais allé que chez deux, les mêmes qui sont venues ici.

— Voilà madame qui se remue; elle va faire son sabbat : faut que j'y aille. Vous veillerez au lait, Christophe, rapport au chat.

Sylvie monta chez sa maîtresse.

— Comment, Sylvie, voilà dix heures quart moins, vous m'avez laissée dormir comme une marmotte! Jamais pareille chose n'est arrivée.

— C'est le brouillard, qu'est à couper au couteau.

— Mais le déjeuner?

— Bah! vos pensionnaires avaient bien le diable au corps; ils ont tous décanillé dès le patron-jacquette.

— Parle donc bien, Sylvie, reprit madame Vauquer : on dit le patron-minette.

— Ah! madame, je dirai comme vous voudrez. Tant y a que vous pouvez déjeuner à dix heures. La Michonnette et le Poireau n'ont pas bougé. Il n'y a qu'eux qui soient dans la maison, et ils dorment comme des souches qui sont.

— Mais, Sylvie, tu les mets tous les deux ensemble, comme si.....

— Comme si, quoi? reprit Sylvie en laissant échapper un gros rire bête. Les deux font la paire.

— C'est singulier, Sylvie : comment monsieur Vautrin est-il donc rentré cette nuit après que Christophe a eu mis les verrous?

— Bien au contraire, madame. Il a entendu monsieur Vautrin, et est descendu pour lui ouvrir la porte. Et voilà ce que vous avez cru...

— Donne-moi ma camisole, et va vite voir au déjeuner. Arrange le reste du mouton avec des pommes de terre, et donne des poires cuites, de celles qui coûtent deux liards la pièce.

Quelques instants après, madame Vauquer descendit au moment où son chat venait de renverser d'un coup de patte l'assiette qui couvrait un bol de lait, et le lapait en toute hâte.

— Mistrigris! s'écria-t-elle. Le chat se sauva, puis revint se frotter à ses jambes. Oui, oui, fais ton capon, vieux lâche! lui dit-elle. Sylvie! Sylvie!

— Eh! bien, quoi, madame?

— Voyez donc ce qu'a bu le chat.

— C'est la faute de cet animal de Christophe, à qui j'avais dit de mettre le couvert. Où est-il passé? Ne vous inquiétez pas, madame; ce sera le café du père Goriot. Je mettrai de l'eau dedans, il ne s'en apercevra pas. Il ne fait attention à rien, pas même à ce qu'il mange.

— Où donc est-il allé, ce chinois-là ? dit madame Vauquer en plaçant les assiettes.

— Est-ce qu'on sait ? Il fait des trafics des cinq cents diables.

— J'ai trop dormi, dit madame Vauquer.

— Mais aussi madame est-elle fraîche comme une rose...

En ce moment la sonnette se fit entendre, et Vautrin entra dans le salon en chantant de sa grosse voix :

> J'ai longtemps parcouru le monde,
> Et l'on m'a vu de toute part...

— Oh ! oh ! bonjour, maman Vauquer, dit-il en apercevant l'hôtesse, qu'il prit galamment dans ses bras.

— Allons, finissez donc.

— Dites impertinent ! reprit-il. Allons, dites-le. Voulez-vous bien le dire ? Tenez, je vais mettre le couvert avec vous. Ah ! je suis gentil, n'est-ce pas ?

> Courtiser la brune et la blonde,
> Aimer, soupirer...

— Je viens de voir quelque chose de singulier.

> . . . . au hasard.

— Quoi ? dit la veuve.

— Le père Goriot était à huit heures et demie rue Dauphine, chez l'orfévre qui achète de vieux couverts et des galons. Il lui a vendu pour une bonne somme un ustensile de ménage en vermeil, assez joliment tortillé pour un homme qui n'est pas de la manique.

— Bah ! vraiment ?

— Oui. Je revenais ici après avoir conduit un de mes amis qui s'expatrie par les Messageries royales ; j'ai attendu le père Goriot pour voir : histoire de rire. Il a remonté dans ce quartier-ci, rue des Grès, ou il est entré dans la maison d'un usurier connu, nommé Gobseck, un fier drôle, capable de faire des dominos avec les os de son père ; un juif, un arabe, un grec, un bohémien, un homme qu'on serait bien embarrassé de dévaliser, il met ses écus à la Banque.

— Qu'est-ce que fait donc ce père Goriot ?

— Il ne fait rien, dit Vautrin, il défait. C'est un imbécile assez bête pour se ruiner à aimer les filles qui...

— Le voilà! dit Sylvie.

— Christophe, cria le père Goriot, monte avec moi.

Christophe suivit le père Goriot, et redescendit bientôt.

— Où vas-tu? dit madame Vauquer à son domestique.

— Faire une commission pour monsieur Goriot.

— Qu'est-ce que c'est que ça? dit Vautrin en arrachant des mains de Christophe une lettre sur laquelle il lut : *A madame la comtesse Anastasie de Restaud.* Et tu vas? reprit-il en rendant la lettre à Christophe.

— Rue du Helder. J'ai ordre de ne remettre ceci qu'à madame la comtesse.

— Qu'est-ce qu'il y a là-dedans? dit Vautrin en mettant la lettre au jour ; un billet de banque? non. Il entr'ouvrit l'enveloppe. Un billet acquitté, s'écria-t-il. Fourche! il est galant, le roquentin. Va, vieux Lascar, dit-il en coiffant de sa large main Christophe, qu'il fit tourner sur lui-même comme un dé, tu auras un bon pourboire.

Le couvert était mis. Sylvie faisait bouillir le lait. Madame Vauquer allumait le poêle, aidée par Vautrin, qui fredonnait toujours :

> J'ai long-temps parcouru le monde,
> Et l'on m'a vu de toute part...

Quand tout fut prêt, madame Couture et mademoiselle Taillefer rentrèrent.

— D'où venez-vous donc si matin, ma belle dame? dit madame Vauquer à madame Couture.

— Nous venons de faire nos dévotions à Saint-Étienne-du-Mont, ne devons-nous pas aller aujourd'hui chez monsieur Taillefer? Pauvre petite, elle tremble comme la feuille, reprit madame Couture en s'asseyant devant le poêle à la bouche duquel elle présenta ses souliers qui fumèrent.

— Chauffez-vous donc, Victorine, dit madame Vauquer.

— C'est bien, mademoiselle, de prier le bon Dieu d'attendrir le cœur de votre père, dit Vautrin en avançant une chaise à l'orpheline. Mais ça ne suffit pas. Il vous faudrait un ami qui se chargeât de dire son fait à ce marsouin-là, un sauvage qui a, dit-on, trois millions, et qui ne vous donne pas de dot. Une belle fille a besoin de dot dans ce temps-ci.

— Pauvre enfant, dit madame Vauquer. Allez, mon chou, votre monstre de père attire le malheur à plaisir sur lui.

A ces mots, les yeux de Victorine se mouillèrent de larmes, et la veuve s'arrêta sur un signe que lui fit madame Couture.

— Si nous pouvions seulement le voir, si je pouvais lui parler, lui remettre la dernière lettre de sa femme, reprit la veuve du Commissaire-Ordonnateur. Je n'ai jamais osé la risquer par la poste; il connaît mon écriture...

— *O femmes innocentes, malheureuses et persécutées,* s'écria Vautrin en interrompant, voilà donc où vous en êtes? D'ici à quelques jours je me mêlerai de vos affaires, et tout ira bien.

— Oh! monsieur, dit Victorine en jetant un regard à la fois humide et brûlant à Vautrin, qui ne s'en émut pas, si vous saviez un moyen d'arriver à mon père, dites-lui bien que son affection et l'honneur de ma mère me sont plus précieux que toutes les richesses du monde. Si vous obteniez quelque adoucissement à sa rigueur, je prierais Dieu pour vous. Soyez sûrs d'une reconnaissance...

— *J'ai longtemps parcouru le monde,* chanta Vautrin d'une voix ironique.

En ce moment, Goriot, mademoiselle Michonneau, Poiret descendirent, attirés peut-être par l'odeur du roux que faisait Sylvie pour accommoder les restes du mouton. A l'instant où les sept convives s'attablèrent en se souhaitant le bonjour, dix heures sonnèrent, l'on entendit dans la rue le pas de l'étudiant.

— Ah! bien, monsieur Eugène, dit Sylvie, aujourd'hui vous allez déjeuner avec tout le monde.

L'étudiant salua les pensionnaires, et s'assit auprès du père Goriot.

— Il vient de m'arriver une singulière aventure, dit-il en se servant abondamment du mouton et se coupant un morceau de pain que madame Vauquer mesurait toujours de l'œil.

— Une aventure! dit Poiret.

— Eh! bien, pourquoi vous en étonneriez-vous, vieux chapeau? dit Vautrin à Poiret. Monsieur est bien fait pour en avoir.

Mademoiselle Taillefer coula timidement un regard sur le jeune étudiant.

— Dites-nous votre aventure, demanda madame Vauquer.

— Hier j'étais au bal chez madame la vicomtesse de Beauséant, une cousine à moi, qui possède une maison magnifique, des appartements habillés de soie, enfin qui nous a donné une fête superbe, où je me suis amusé comme un roi...

— Telet, dit Vautrin en interrompant net.

— Monsieur, reprit vivement Eugène, que voulez-vous dire ?

— Je dis *telet*, parce que les roitelets s'amusent beaucoup plus que les rois.

— C'est vrai : j'aimerais mieux être ce petit oiseau sans souci que roi, parce que... fit Poiret l'*idémiste*.

— Enfin, reprit l'étudiant en lui coupant la parole, je danse avec une des plus belles femmes du bal, une comtesse ravissante, la plus délicieuse créature que j'aie jamais vue. Elle était coiffée avec des fleurs de pêcher, elle avait au côté le plus beau bouquet de fleurs, des fleurs naturelles qui embaumaient ; mais, bah ! il faudrait que vous l'eussiez vue, il est impossible de peindre une femme animée par la danse. Eh ! bien, ce matin j'ai rencontré cette divine comtesse, sur les neuf heures, à pied, rue des Grès. Oh ! le cœur m'a battu, je me figurais...

— Qu'elle venait ici, dit Vautrin en jetant un regard profond à l'étudiant. Elle allait sans doute chez le papa Gobseck, un usurier. Si jamais vous fouillez des cœurs de femmes à Paris, vous y trouverez l'usurier avant l'amant. Votre comtesse se nomme Anastasie de Restaud, et demeure rue du Helder.

A ce nom, l'étudiant regarda fixement Vautrin. Le père Goriot leva brusquement la tête, il jeta sur les deux interlocuteurs un regard lumineux et plein d'inquiétude qui surprit les pensionnaires.

— Christophe arrivera trop tard, elle y sera donc allée, s'écria douloureusement Goriot.

— J'ai deviné, dit Vautrin en se penchant à l'oreille de madame Vauquer.

Goriot mangeait machinalement et sans savoir ce qu'il mangeai. Jamais il n'avait semblé plus stupide et plus absorbé qu'il l'était en ce moment.

— Qui diable, monsieur Vautrin, a pu vous dire son nom ? demanda Eugène.

— Ah! ah! voilà, répondit Vautrin. Le père Goriot le savait bien, lui! pourquoi ne le saurais-je pas?

— Monsieur Goriot, s'écria l'étudiant.

— Quoi! dit le pauvre vieillard. Elle était donc bien belle hier?

— Qui?

— Madame de Restaud.

— Voyez-vous le vieux grigou, dit madame Vauquer à Vautrin, comme ses yeux s'allument.

— Il l'entretiendrait donc? dit à voix basse mademoiselle Michonneau à l'étudiant.

— Oh! oui, elle était furieusement belle, reprit Eugène, que le père Goriot regardait avidement. Si madame de Beauséant n'avait pas été là, ma divine comtesse eût été la reine du bal; les jeunes gens n'avaient d'yeux que pour elle, j'étais le douzième inscrit sur sa liste, elle dansait toutes les contredanses. Les autres femmes enrageaient. Si une créature a été heureuse hier, c'était bien elle. On a bien raison de dire qu'il n'y a rien de plus beau que frégate à la voile, cheval au galop et femme qui danse.

— Hier en haut de la roue, chez une duchesse, dit Vautrin; ce matin en bas de l'échelle, chez un escompteur : voilà les Parisiennes. Si leurs maris ne peuvent entretenir leur luxe effréné, elles se vendent. Si elles ne savent pas se vendre, elles éventreraient leurs mères pour y chercher de quoi briller. Enfin elles font les cent mille coups. Connu, connu!

Le visage du père Goriot, qui s'était allumé comme le soleil d'un beau jour en entendant l'étudiant, devint sombre à cette cruelle observation de Vautrin.

— Eh! bien, dit madame Vauquer, où donc est votre aventure? Lui avez vous parlé? lui avez-vous demandé si elle voulait apprendre le Droit?

— Elle ne m'a pas vu, dit Eugène. Mais rencontrer une des plus jolies femmes de Paris rue des Grès, à neuf heures, une femme qui a dû rentrer du bal à deux heures du matin, n'est-ce pas singulier? Il n'y a que Paris pour ces aventures-là.

— Bah! il y en a de bien plus drôles, s'écria Vautrin.

Mademoiselle Taillefer avait à peine écouté, tant elle était préoccupée par la tentative qu'elle allait faire. Madame Couture lui fit signe de se lever pour aller s'habiller. Quand les deux dames sortirent, le père Goriot les imita.

— Eh ! bien, l'avez-vous vu ? dit madame Vauquer à Vautrin et à ses autres pensionnaires. Il est clair qu'il s'est ruiné pour ces femmes-là.

— Jamais on ne me fera croire, s'écria l'étudiant, que la belle comtesse de Restaud appartienne au père Goriot.

— Mais, lui dit Vautrin en l'interrompant, nous ne tenons pas à vous le faire croire. Vous êtes encore trop jeune pour bien connaître Paris, vous saurez plus tard qu'il s'y rencontre ce que nous nommons des *hommes à passions*... (A ces mots, mademoiselle Michonneau regarda Vautrin d'un air intelligent.) Vous eussiez dit un cheval de régiment entendant le son de la trompette. — Ah ! ah ! fit Vautrin en s'interrompant pour lui jeter un regard profond, *que* nous *n'avons neu* nos petites passions, nous ? (La vieille fille baissa les yeux comme une religieuse qui voit des statues.) — Eh bien ! reprit-il, ces gens-là chaussent une idée et n'en démordent pas. Ils n'ont soif que d'une certaine eau prise à une certaine fontaine, et souvent croupie ; pour en boire, ils vendraient leurs femmes, leurs enfants ; ils vendraient leur âme au diable. Pour les uns, cette fontaine est le jeu, la Bourse, une collection de tableaux ou d'insectes, la musique ; pour d'autres, c'est une femme qui sait leur cuisiner des friandises. A ceux-là, vous leur offririez toutes les femmes de la terre, ils s'en moquent, ils ne veulent que celle qui satisfait leurs passions. Souvent cette femme ne les aime pas du tout, vous les rudoie, leur vend fort cher des bribes de satisfactions ; eh ! bien ! mes farceurs ne se lassent pas, et mettraient leur dernière couverture au Mont-de-Piété pour lui apporter leur dernier écu. Le père Goriot est un de ces gens-là. La comtesse l'exploite parce qu'il est discret, et voilà le beau monde ! Le pauvre bonhomme ne pense qu'à elle. Hors de sa passion, vous le voyez, c'est une bête brute. Mettez-le sur ce chapitre-là, son visage étincelle comme un diamant. Il n'est pas difficile de deviner ce secret-là. Il a porté ce matin du vermeil à la fonte, et je l'ai vu entrant chez le papa Gobseck, rue des Grès. Suivez bien ! En revenant, il a envoyé chez la comtesse de Restaud ce niais de Christophe qui nous a montré l'adresse de la lettre dans laquelle était un billet acquitté. Il est clair que si la comtesse allait aussi chez le vieil escompteur, il y avait urgence. Le père Goriot a galamment financé pour elle. Il ne faut pas coudre deux idées pour voir clair là-dedans. Cela vous prouve, mon jeune étudiant, que, pendant que votre comtesse riait, dansait, faisait ses singeries, balançait ses fleurs de pêcher, et pinçait sa robe, elle était dans ses petits souliers, comme on dit, en pensant à ses lettres de change protestées, ou à celles de son amant.

— Vous me donnez une furieuse envie de savoir la vérité. J'irai demain chez madame de Restaud, s'écria Eugène.

— Oui, dit Poiret, il faut aller demain chez madame de Restaud.

— Vous y trouverez peut-être le bonhomme Goriot qui viendra toucher le montant de ses galanteries.

— Mais, dit Eugène avec un air de dégoût, votre Paris est donc un bourbier.

— Et un drôle de bourbier, reprit Vautrin. Ceux qui s'y crottent en voiture sont d'honnêtes gens, ceux qui s'y crottent à pied sont des fripons. Ayez le malheur d'y décrocher n'importe quoi, vous êtes montré sur la place du Palais-de-Justice comme une curiosité. Volez un million, vous êtes marqué dans les salons comme une vertu. Vous payez trente millions à la Gendarmerie et à la Justice pour maintenir cette morale-là. Joli !

— Comment, s'écria madame Vauquer, le père Goriot aurait fondu son déjeuner de vermeil ?

— N'y avait-il pas deux tourterelles sur le couvercle ? dit Eugène.

— C'est bien cela.

— Il y tenait donc beaucoup, il a pleuré quand il a eu pétri l'écuelle et le plat. Je l'ai vu par hasard, dit Eugène.

— Il y tenait comme à sa vie, répondit la veuve.

— Voyez-vous le bonhomme, combien il est passionné, s'écria Vautrin. Cette femme-là sait lui chatouiller l'âme.

L'étudiant remonta chez lui. Vautrin sortit. Quelques instants après, madame Couture et Victorine montèrent dans un fiacre que Sylvie alla leur chercher. Poiret offrit son bras à mademoiselle Michonneau, et tous deux allèrent se promener au Jardin-des-Plantes, pendant les deux belles heures de la journée.

— Eh bien ! les voilà donc quasiment mariés, dit la grosse Sylvie. Ils sortent ensemble aujourd'hui pour la première fois. Ils sont tous deux si secs que, s'ils se cognent, ils feront feu comme un briquet.

— Gare au châle de mademoiselle Michonneau, dit en riant madame Vauquer, il prendra comme de l'amadou.

A quatre heures du soir, quand Goriot rentra, il vit, à la lueur de deux lampes fumeuses, Victorine dont les yeux étaient rouges. Madame Vauquer écoutait le récit de la visite infructueuse faite à monsieur Taillefer pendant la matinée. Ennuyé de recevoir sa fille et cette vieille femme, Taillefer les avait laissé parvenir jusqu'à lui pour s'expliquer avec elles.

— Ma chère dame, disait madame Couture à madame Vauquer, figurez-vous qu'il n'a pas même fait asseoir Victorine, qu'est restée constamment debout. A moi, il m'a dit, sans se mettre en colère, tout froidement, de nous épargner la peine de venir chez lui; que mademoiselle, sans dire sa fille, se nuisait dans son esprit en l'importunant (une fois par an, le monstre!); que la mère de Victorine ayant été épousée sans fortune, elle n'avait rien à prétendre; enfin les choses les plus dures, qui ont fait fondre en larmes cette pauvre petite. La petite s'est jetée alors aux pieds de son père, et lui a dit avec courage qu'elle n'insistait autant que pour sa mère, qu'elle obéirait à ses volontés sans murmure; mais qu'elle le suppliait de lire le testament de la pauvre défunte, elle a pris la lettre et la lui a présentée en disant les plus belles choses du monde et les mieux senties, je ne sais pas où elle les a prises, Dieu les lui dictait, car la pauvre enfant était si bien inspirée qu'en l'entendant, moi, je pleurais comme une bête. Savez-vous ce que faisait cette horreur d'homme, il se coupait les ongles, il a pris cette lettre que la pauvre madame Taillefer avait trempée de larmes, et l'a jetée sur la cheminée en disant : C'est bon ! Il a voulu relever sa fille qui lui prenait les mains pour les lui baiser, mais il les a retirées. Est-ce pas une scélératesse ? Son grand dadais de fils est entré sans saluer sa sœur.

— C'est donc des monstres ? dit le père Goriot.
— Et puis, dit madame Couture sans faire attention à l'exclamation du bonhomme, le père et le fils s'en sont allés en me saluant et me priant de les excuser, ils avaient des affaires pressantes. Voilà notre visite. Au moins il a vu sa fille. Je ne sais pas comment il peut la renier, elle lui ressemble comme deux gouttes d'eau.

Les pensionnaires, internes et externes, arrivèrent les uns après les autres, en se souhaitant mutuellement le bonjour, et se disant de ces riens qui constituent, chez certaines classes parisiennes, un esprit drôlatique dans lequel la bêtise entre comme élément principal, et dont le mérite consiste particulièrement dans le geste ou la prononciation. Cette espèce d'argot varie continuellement. La plaisanterie qui en est le principe n'a jamais un mois d'existence. Un événement politique, un procès en cour d'assises, une chanson des rues, les farces d'un acteur, tout sert à entretenir ce jeu d'esprit qui consiste surtout à prendre les idées et les mots comme des volants, et à se les renvoyer sur des raquettes. La récente invention du Diorama, qui portait l'illusion de l'optique à un plus haut degré que dans les Panoramas, avait amené dans quelques ateliers de peinture la plaisanterie de parler en *rama,* espèce de charge qu'un jeune peintre, habitué de la pension Vauquer, y avait inoculée.

— Eh bien! *monsieurre* Poiret, dit l'employé au Muséum, comment va cette petite *santérama?* Puis, sans attendre sa réponse : Mesdames, vous avez du chagrin, dit-il à madame Couture et à Victorine.

— Allons-nous *dinaire?* s'écria Horace Bianchon, un étudiant en médecine, ami de Rastignac, ma petite estomac est descendue *usque ad talones.*

— Il fait un fameux *froitorama!* dit Vautrin. Dérangez-vous donc, père Goriot! Que diable! votre pied prend toute la gueule du poêle.

— Illustre monsieur Vautrin, dit Bianchon, pourquoi dites-vous *froitorama?* il y a une faute, c'est *froidorama.*

— Non, dit l'employé du Muséum, c'est *froitorama,* par la règle : j'ai froit aux pieds.

— Ah! ah!

— Voici son excellence le marquis de Rastignac, docteur en droit-travers, s'écria Bianchon en saisissant Eugène par le cou et le serrant de manière à l'étouffer. Ohé! les autres, ohé!

Mademoiselle Michonneau entra doucement, salua les convives sans rien dire, et s'alla placer près des trois femmes.

— Elle me fait toujours grelotter, cette vieille chauve-souris, dit à voix basse Bianchon à Vautrin en montrant mademoiselle Michonneau. Moi qui étudie le système de Gall, je lui trouve les bosses de Judas.

— Monsieur l'a connue? dit Vautrin.

— Qui ne l'a pas rencontrée! répondit Bianchon. Ma parole d'honneur, cette vieille fille blanche me fait l'effet de ces longs vers qui finissent par ronger une poutre.

— Voilà ce que c'est, jeune homme, dit le quadragénaire en peignant ses favoris.

> Et rose, elle a vécu ce que vivent les roses,
> L'espace d'un matin.

— Ah! ah! voici une fameuse *soupeaurama*, dit Poiret en voyant Christophe qui entrait en tenant respectueusement le potage.

— Pardonnez-moi, monsieur, dit madame Vauquer, c'est une soupe aux choux.

Tous les jeunes gens éclatèrent de rire.

— Enfoncé, Poiret!

— Poirrrrrette enfoncé!

— Marquez deux points à maman Vauquer, dit Vautrin.

— Quelqu'un a-t-il fait attention au brouillard de ce matin? dit l'employé.

— C'était, dit Bianchon, un brouillard frénétique et sans exemple, un brouillard lugubre, mélancolique, vert, poussif, un brouillard Goriot.

— Goriorama, dit le peintre, parce qu'on n'y voyait goutte.

— Hé, milord Gâôriotte, il être questiônne de véaus.

Assis au bas bout de la table, près de la porte par laquelle on servait, le père Goriot leva la tête en flairant un morceau de pain qu'il avait sous sa serviette, par une vieille habitude commerciale qui reparaissait quelquefois.

— Hé! bien, lui cria aigrement madame Vauquer d'une voix qui domina le bruit des cuillers, des assiettes et des voix, est-ce que vous ne trouvez pas le pain bon?

— Au contraire, madame, répondit-il, il est fait avec de la farine d'Étampes, première qualité.

— A quoi voyez-vous cela? lui dit Eugène.

— A la blancheur, au goût.

— Au goût du nez, puisque vous le sentez, dit madame Vauquer. Vous devenez si économe que vous finirez par trouver le moyen de vous nourrir en humant l'air de la cuisine.

— Prenez alors un brevet d'invention, cria l'employé au Muséum, vous ferez une belle fortune.

— Laissez donc, il fait ça pour nous persuader qu'il a été vermicellier, dit le peintre.

— Votre nez est donc une cornue, demanda encore l'employé au Muséum.

— Cor quoi? fit Bianchon.
— Cor-nouille.
— Cor-nemuse.
— Cor-naline.
— Cor-niche.
— Cor-nichon.
— Cor-beau.
— Cor-nac.
— Cor-norama.

Ces huit réponses partirent de tous les côtés de la salle avec la rapidité d'un feu de file, et prêtèrent d'autant plus à rire, que le pauvre père Goriot regardait les convives d'un air niais, comme un homme qui tâche de comprendre une langue étrangère.

— Cor? dit-il à Vautrin qui se trouvait près de lui.

— Cor aux pieds, mon vieux! dit Vautrin en enfonçant le chapeau du père Goriot par une tape qu'il lui appliqua sur la tête et qui le lui fit descendre jusque sur les yeux.

Le pauvre vieillard, stupéfait de cette brusque attaque, resta pendant un moment immobile. Christophe emporta l'assiette du bonhomme, croyant qu'il avait fini sa soupe; en sorte que quand Goriot, après avoir relevé son chapeau, prit sa cuiller, il frappa sur la table. Tous les convives éclatèrent de rire.

— Monsieur, dit le vieillard, vous êtes un mauvais plaisant, et si vous vous permettez encore de me donner de pareils renfoncements...

— Eh! bien, quoi, papa? dit Vautrin en l'interrompant.

— Eh! bien! vous payerez cela bien cher quelque jour...

— En enfer, pas vrai? dit le peintre, dans ce petit coin noir où l'on met les enfants méchants!

— Eh! bien, mademoiselle, dit Vautrin à Victorine, vous ne mangez pas. Le papa s'est donc montré récalcitrant?

— Une horreur, dit madame Couture.

— Il faut le mettre à la raison, dit Vautrin.

— Mais, dit Rastignac, qui se trouvait assez près de Bianchon, mademoiselle pourrait intenter un procès sur la question des aliments, puisqu'elle ne mange pas. Eh! eh! voyez donc comme le père Goriot examine mademoiselle Victorine.

Le vieillard oubliait de manger pour contempler la pauvre jeune fille dans les traits de laquelle éclatait une douleur vraie, la douleur de l'enfant méconnu qui aime son père.

— Mon cher, dit Eugène à voix basse, nous nous sommes trompés sur le père Goriot. Ce n'est ni un imbécile ni un homme sans nerfs. Applique-lui ton système de Gall, et dis-moi ce que tu en penseras. Je lui ai vu cette nuit tordre un plat de vermeil, comme si c'eût été de la cire, et dans ce moment l'air de son visage trahit des sentiments extraordinaires. Sa vie me paraît être trop mystérieuse pour ne pas valoir la peine d'être étudiée. Oui, Bianchon, tu as beau rire, je ne plaisante pas.

— Cet homme est un fait médical, dit Bianchon, d'accord ; s'il veut, je le dissèque.

— Non, tâte-lui la tête.

— Ah ! bien, sa bêtise est peut-être contagieuse.

Le lendemain Rastignac s'habilla fort élégamment, et alla, vers trois heures de l'après-midi, chez madame de Restaud en se livrant pendant la route à ces espérances étourdiment folles qui rendent la vie des jeunes gens si belle d'émotions : ils ne calculent alors ni les obstacles ni les dangers, ils voient en tout le succès, poétisent leur existence par le seul jeu de leur imagination, et se font malheureux ou tristes par le renversement de projets qui ne vivaient encore que dans leurs désirs effrénés ; s'ils n'étaient pas ignorants et timides, le monde social serait impossible. Eugène marchait avec mille précautions pour ne se point crotter, mais il marchait en pensant à ce qu'il dirait à madame de Restaud, il s'approvisionnait d'esprit, il inventait les reparties d'une conversation imaginaire, il préparait ses mots fins, ses phrases à la Talleyrand, en supposant de petites circonstances favorables à la déclaration sur laquelle il fondait son avenir. Il se crotta, l'étudiant, il fut forcé de faire cirer ses bottes et brosser son pantalon au Palais-Royal. « Si j'étais riche, se dit-il en changeant une pièce de trente sous qu'il avait prise *en cas de malheur*, je serais allé en voiture, j'aurais pu penser à mon aise. » Enfin il arriva rue du Helder et demanda la comtesse de Restaud. Avec la rage froide d'un homme sûr de triompher un jour, il reçut le coup d'œil méprisant des gens qui l'avaient vu traversant la cour à pied, sans avoir entendu le bruit d'une voiture à la porte. Ce coup d'œil lui fut d'autant plus sensible qu'il avait déjà compris son infériorité en entrant dans cette cour, où piaffait un beau cheval richement attelé à l'un de ces cabriolets pimpants qui affichent le luxe d'une existence dissipatrice, et sous-entendent l'habitude de toutes les félicités parisiennes. Il se mit, à lui tout seul, de mauvaise humeur. Les tiroirs ouverts dans son cerveau et qu'il comptait trouver pleins d'esprit se fermèrent, il devint stupide. En attendant la réponse de la comtesse, à laquelle un valet de chambre allait dire les noms du visiteur, Eugène se posa sur un seul pied devant une croisée de l'antichambre, s'appuya le coude sur une espagnolette, et regarda machinalement dans la cour. Il trouvait le temps long, il s'en serait allé s'il n'avait pas été doué de cette ténacité méridionale qui enfante des prodiges quand elle va en ligne droite.

— Monsieur, dit le valet de chambre, madame est dans son boudoir et fort occupée, elle ne m'a pas répondu; mais, si monsieur veut passer au salon, il y a déjà quelqu'un.

Tout en admirant l'épouvantable pouvoir de ces gens qui, d'un seul mot, accusent ou jugent leurs maîtres, Rastignac ouvrit délibérément la porte par laquelle était sorti le valet de chambre, afin sans doute de faire croire à ces insolents valets qu'il connaissait les êtres de la maison; mais il déboucha fort étourdiment dans une pièce où se trouvaient des lampes, des buffets, un appareil à chauffer des serviettes pour le bain, et qui menait à la fois dans un corridor obscur et dans un escalier dérobé. Les rires étouffés qu'il entendit dans l'antichambre mirent le comble à sa confusion.

— Monsieur, le salon est par ici, lui dit le valet de chambre avec ce faux respect qui semble être une raillerie de plus.

Eugène revint sur ses pas avec une telle précipitation qu'il se heurta contre une baignoire, mais il retint assez heureusement son chapeau pour l'empêcher de tomber dans le bain. En ce moment, une porte s'ouvrit au fond du long corridor éclairé par une petite lampe, Rastignac y entendit à la fois la voix de madame de Restaud, celle du père Goriot et le bruit d'un baiser. Il rentra dans la salle à manger, la traversa, suivit le valet de chambre, et rentra dans un premier salon où il resta posé devant la fenêtre, en s'apercevant qu'elle avait vue sur la cour. Il voulait voir si ce père Goriot était bien réellement son père Goriot. Le cœur lui battait étrangement, il se souvenait des épouvantables réflexions de Vautrin. Le valet de chambre attendait Eugène à la porte du salon, mais il en sortit tout à coup un élégant jeune homme, qui dit impatiemment : « Je m'en vais, Maurice. Vous direz à madame la comtesse que je l'ai attendue plus d'une demi-heure. » Cet impertinent, qui sans doute avait le droit de l'être, chantonna quelque roulade italienne en se dirigeant vers la fenêtre où stationnait Eugène, autant pour voir la figure de l'étudiant que pour regarder dans la cour.

— Mais monsieur le comte ferait mieux d'attendre encore un instant, Madame a fini, dit Maurice en retournant à l'antichambre.

En ce moment, le père Goriot débouchait près de la porte cochère par la sortie du petit escalier. Le bonhomme tirait son parapluie et se disposait à le déployer, sans faire attention que la grande porte était ouverte pour donner passage à un jeune homme décoré qui conduisait un tilbury. Le père Goriot n'eut que le temps de se jeter en arrière pour n'être pas écrasé. Le taffetas du parapluie avait effrayé le cheval, qui fit un léger écart en se précipitant vers le perron. Ce jeune homme détourna la tête d'un air de colère, regarda le père Goriot, et lui fit, avant qu'il ne sortît, un salut qui peignait la considération forcée que l'on accorde aux usuriers dont on a besoin, ou ce respect nécessaire exigé par un homme taré, mais dont on rougit plus tard. Le père Goriot répondit par un petit salut amical, plein de bonhomie. Ces événements se passèrent avec la rapidité de l'éclair. Trop attentif pour s'apercevoir qu'il n'était pas seul, Eugène entendit tout à coup la voix de la comtesse.

— Ah! Maxime, vous vous en alliez, dit-elle avec un ton de reproche où se mêlait un peu de dépit.

La comtesse n'avait pas fait attention à l'entrée du tilbury. Rastignac se retourna brusquement et vit la comtesse coquettement vêtue d'un peignoir en cachemire blanc, à nœuds roses, coiffée négligemment, comme le sont les femmes de Paris au matin; elle embaumait, elle avait sans doute pris un bain, et sa beauté, pour ainsi dire assouplie, semblait plus voluptueuse; ses yeux étaient humides. L'œil des jeunes gens sait tout voir : leurs esprits s'unissent aux rayonnements de la femme comme une plante aspire dans l'air des substances qui lui sont propres, Eugène sentit donc la fraîcheur épanouie des mains de cette femme sans avoir besoin d'y toucher. Il voyait, à travers le cachemire, les teintes rosées du corsage que le peignoir, légèrement entr'ouvert, laissait parfois à nu, et sur lequel son regard s'étalait. Les ressources du busc étaient inutiles à la comtesse, la ceinture marquait seule sa taille flexible, son cou invitait à l'amour, ses pieds étaient jolis dans les pantoufles.

Quand Maxime prit cette main pour la baiser, Eugène aperçut alors Maxime, et la comtesse aperçut Eugène.

— Ah! c'est vous, monsieur de Rastignac, je suis bien aise de vous voir, dit-elle d'un air auquel savent obéir les gens d'esprit.

Maxime regardait alternativement Eugène et la comtesse d'une manière assez significative pour faire décamper l'intrus. — Ah çà! ma chère, j'espère que tu vas me mettre ce petit drôle à la porte! Cette phrase était une traduction claire et intelligible des regards du jeune homme impertinemment fier que la comtesse Anastasie avait nommé Maxime, et dont elle consultait le visage de cette intention soumise qui dit tous les secrets d'une femme sans qu'elle s'en doute. Rastignac se sentit une haine violente pour ce jeune homme. D'abord les beaux cheveux blonds et bien frisés de Maxime lui apprirent combien les siens étaient horribles. Puis Maxime avait des bottes fines et propres, tandis que les siennes, malgré le soin qu'il avait pris en marchant, s'étaient empreintes d'une légère teinte de boue. Enfin Maxime portait une redingote qui lui serrait élégamment la taille et le faisait ressembler à une jolie femme, tandis qu'Eugène avait à deux heures et demie un habit noir. Le spirituel enfant de la Charente sentit la supériorité que la mise donnait à ce dandy, mince et grand, à l'œil clair, au teint pâle, un de ces hommes capables de ruiner des orphelins. Sans attendre la réponse d'Eugène, madame de Restaud se sauva comme à tire-d'aile dans l'autre salon, en laissant flotter les pans de son peignoir qui se roulaient et se déroulaient de manière à lui donner l'apparence d'un papillon; et Maxime la suivit. Eugène furieux suivit Maxime et la comtesse. Ces trois personnages se trouvèrent donc en présence, à la hauteur de la cheminée, au milieu du grand salon. L'étudiant savait bien qu'il allait gêner cet odieux Maxime; mais, au risque de déplaire à madame de Restaud, il voulut gêner le dandy. Tout à coup, en se souvenant d'avoir vu ce jeune homme au bal de madame de Beauséant, il devina ce qu'était Maxime pour madame de Restaud; et avec cette audace juvénile qui fait commettre de grandes sottises ou obtenir de grands succès, il se dit : Voilà mon rival, je veux triompher de lui. L'imprudent! il ignorait que le comte Maxime de Trailles se laissait insulter, tirait le premier et tuait son homme. Eugène était un adroit chasseur, mais il n'avait pas encore abattu vingt poupées sur vingt-deux dans un tir. Le jeune comte se jeta dans une bergère au coin du feu, prit les pincettes, et fouilla le foyer par un mouvement si violent, si grimaud, que le beau visage d'Anastasie se chagrina soudain. La jeune femme se tourna vers Eugène, et lui lança un de ces regards froidement interrogatifs qui disent si bien : Pourquoi ne vous en allez-vous pas? que les gens bien élevés savent aussitôt faire de ces phrases qu'il faudrait appeler des phrases de sortie.

Eugène prit un air agréable et dit : — Madame, j'avais hâte de vous voir pour...

Il s'arrêta tout court. Une porte s'ouvrit. Le monsieur qui conduisait le tilbury se montra soudain, sans chapeau, ne salua pas la comtesse, regarda soucieusement Eugène, et tendit la main à Maxime, en lui disant : « Bonjour, » avec une expression fraternelle qui surprit singulièrement Eugène. Les jeunes gens de province ignorent combien est douce la vie à trois.

— Monsieur de Restaud, dit la comtesse à l'étudiant en lui montrant son mari.

Eugène s'inclina profondément.

— Monsieur, dit-elle en continuant et en présentant Eugène au comte de Restaud, est monsieur de Rastignac, parent de madame la vicomtesse de Beauséant par les Marcillac, et que j'ai eu le plaisir de rencontrer à son dernier bal.

Parent de madame la vicomtesse de Beauséant par les Marcillac! ces mots, que la comtesse prononça presque emphatiquement, par suite de l'espèce d'orgueil qu'éprouve une maîtresse de maison à prouver qu'elle n'a chez elle que des gens de distinction, furent d'un effet magique, le comte quitta son air froidement cérémonieux et salua l'étudiant.

— Enchanté, dit-il, monsieur, de pouvoir faire votre connaissance.

Le comte Maxime de Trailles lui-même jeta sur Eugène un regard inquiet et quitta tout à coup son air impertinent. Ce coup de baguette, dû à la puissante intervention d'un nom, ouvrit trente cases dans le cerveau du méridional, et lui rendit l'esprit qu'il avait préparé. Une soudaine lumière lui fit voir clair dans l'atmosphère de la haute société parisienne, encore ténébreuse pour lui. La Maison-Vauquer, le père Goriot étaient alors bien loin de sa pensée,

— Je croyais les Marcillac éteints? dit le comte de Restaud à Eugène.

— Oui, monsieur, répondit-il. Mon grand-oncle, le chevalier de

Rastignac, a épousé l'héritière de la famille de Marcillac. Il n'a eu qu'une fille, qui a épousé le maréchal de Clarimbault, aïeul maternel de madame de Beauséant. Nous sommes la branche cadette, branche d'autant plus pauvre que mon grand-oncle, vice-amiral, a tout perdu au service du roi. Le gouvernement révolutionnaire n'a pas voulu admettre nos créances dans la liquidation qu'il a faite de la compagnie des Indes.

— Monsieur votre grand-oncle ne commandait-il pas le Vengeur avant 1789 ?

— Précisément.

— Alors, il a connu mon grand-père, qui commandait le Warwick.

Maxime haussa légèrement les épaules en regardant madame de Restaud, et eut l'air de lui dire : S'il se met à causer marine avec celui-là, nous sommes perdus. Anastasie comprit le regard de monsieur de Trailles. Avec cette admirable puissance que possèdent les femmes, elle se mit à sourire en disant : « Venez, Maxime ; j'ai quelque chose à vous demander. Messieurs, nous vous laisserons naviguer de conserve sur le Warwick et sur le Vengeur. » Elle se leva et fit un signe plein de traîtrise railleuse à Maxime, qui prit avec elle la route du boudoir. A peine ce couple *morganatique*, jolie expression allemande qui n'a pas son équivalent en français, avait-il atteint la porte, que le comte interrompit sa conversation avec Eugène.

— Anastasie ! restez donc, ma chère, s'écria-t-il avec humeur, vous savez bien que...

— Je reviens, je reviens, dit-elle en l'interrompant, il ne me faut qu'un moment pour dire à Maxime ce dont je veux le charger.

Elle revint promptement. Comme toutes les femmes qui, forcées d'observer le caractère de leurs maris pour pouvoir se conduire à leur fantaisie, savent reconnaître jusqu'où elles peuvent aller afin de ne pas perdre une confiance précieuse, et qui alors ne les choquent jamais dans les petites choses de la vie, la comtesse avait vu d'après les inflexions de la voix du comte qu'il n'y aurait aucune sécurité à rester dans le boudoir. Ces contre-temps étaient dus à Eugène. Aussi la comtesse montra-t-elle l'étudiant d'un air et par un geste pleins de dépit à Maxime, qui dit fort épigrammatiquement au comte, à sa femme et à Eugène : — Écoutez, vous êtes en affaires, e ne veux pas vous gêner ; adieu. Il se sauva.

— Restez donc, Maxime ! cria le comte.

— Venez dîner, dit la comtesse qui laissant encore une fois Eugène et le comte suivit Maxime dans le premier salon où ils restèrent assez de temps ensemble pour croire que monsieur de Restaud congédierait Eugène.

Rastignac les entendait tour à tour éclatant de rire, causant, se taisant; mais le malicieux étudiant faisait de l'esprit avec monsieur de Restaud, le flattait ou l'embarquait dans des discussions, afin de revoir la comtesse et de savoir quelles étaient ses relations avec le père Goriot. Cette femme, évidemment amoureuse de Maxime; cette femme, maîtresse de son mari, liée secrètement au vieux vermicellier, lui semblait tout un mystère. Il voulait pénétrer ce mystère, espérant ainsi pouvoir régner en souverain sur cette femme si éminemment Parisienne.

— Anastasie, dit le comte appelant de nouveau sa femme.

— Allons, mon pauvre Maxime, dit-elle au jeune homme, il faut se résigner. A ce soir...

— J'espère, *Nasie*, lui dit-il à l'oreille, que vous consignerez ce petit jeune homme dont les yeux s'allumaient comme des charbons quand votre peignoir s'entr'ouvrait. Il vous ferait des déclarations, vous compromettrait, et vous me forceriez à le tuer.

— Êtes-vous fou, Maxime? dit-elle. Ces petits étudiants ne sont-ils pas, au contraire, d'excellents paratonnerres? Je le ferai, certes, prendre en grippe à Restaud.

Maxime éclata de rire et sortit suivi de la comtesse, qui se mit à la fenêtre pour le voir montant en voiture, faire piaffer son cheval, et agitant son fouet. Elle ne revint que quand la grande porte fut fermée.

— Dites donc, lui cria le comte quand elle rentra, ma chère, la terre où demeure la famille de monsieur n'est pas loin de Verteuil, sur la Charente. Le grand-oncle de monsieur et mon grand-père se connaissaient.

— Enchantée d'être en pays de connaissance, dit la comtesse distraite.

— Plus que vous ne le croyez, dit à voix basse Eugène.

— Comment! dit-elle vivement.

— Mais, reprit l'étudiant, je viens de voir sortir de chez vous un monsieur avec lequel je suis porte à porte dans la même pension, le père Goriot.

A ce nom enjolivé du mot *père*, le comte, qui tisonnait, jeta les pincettes dans le feu, comme si elles lui eussent brûlé les mains, et se leva.

— Monsieur, vous auriez pu dire monsieur Goriot! s'écria-t-il.

La comtesse pâlit d'abord en voyant l'impatience de son mari, puis elle rougit, et fut évidemment embarrassée ; elle répondit d'une voix qu'elle voulut rendre naturelle, et d'un air faussement dégagé : « Il est impossible de connaître quelqu'un que nous aimions mieux... » Elle s'interrompit, regarda son piano, comme s'il se réveillait en elle quelque fantaisie, et dit : — Aimez-vous la musique, monsieur ?

— Beaucoup, répondit Eugène devenu rouge et bêtifié par l'idée confuse qu'il eut d'avoir commis quelque lourde sottise.

— Chantez-vous ? s'écria-t-elle en s'en allant à son piano dont elle attaqua vivement toutes les touches en les remuant depuis l'ut d'en bas jusqu'au fa d'en haut. Rrrrah !

— Non, madame.

Le comte de Restaud se promenait de long en large.

— C'est dommage, vous vous êtes privé d'un grand moyen de succès. — *Ca-a-ro, ca-a-ro, ca-a-a-ro, non du-bi-ta-re*, chanta la comtesse.

En prononçant le nom du père Goriot, Eugène avait donné un coup de baguette magique, mais dont l'effet était l'inverse de celui qu'avaient frappé ces mots : parent de madame de Beauséant. Il se trouvait dans la situation d'un homme introduit par faveur chez un amateur de curiosités, et qui, touchant par mégarde une armoire pleine de figures sculptées, fait tomber trois ou quatre têtes mal collées. Il aurait voulu se jeter dans un gouffre. Le visage de madame de Restaud était sec, froid, et ses yeux devenus indifférents fuyaient ceux du malencontreux étudiant.

— Madame, dit-il, vous avez à causer avec monsieur de Restaud, veuillez agréer mes hommages, et me permettre...

— Toutes les fois que vous viendrez, dit précipitamment la comtesse en arrêtant Eugène par un geste, vous êtes sûr de nous faire, à monsieur de Restaud comme à moi, le plus vif plaisir.

Eugène salua profondément le couple et sortit suivi de monsieur de Restaud, qui, malgré ses instances, l'accompagna jusque dans l'antichambre.

— Toutes les fois que monsieur se présentera, dit le comte à Maurice, ni madame ni moi nous n'y serons.

Quand Eugène mit le pied sur le perron, il s'aperçut qu'il pleuvait. — Allons, se dit-il, je suis venu faire une gaucherie dont j'ignore la cause et la portée, je gâterai par-dessus le marché mon habit et mon chapeau. Je devrais rester dans un coin à piocher le Droit, ne penser qu'à devenir un rude magistrat. Puis-je aller dans le monde quand, pour y manœuvrer convenablement, il faut un tas de cabriolets, de bottes cirées, d'agrès indispensables, des chaînes d'or, dès le matin des gants de daim blancs qui coûtent six francs, et toujours des gants jaunes le soir! Vieux drôle de père Goriot, va!

Quand il se trouva sous la porte de la rue, le cocher d'une voiture de louage, qui venait sans doute de remiser de nouveaux mariés et qui ne demandait pas mieux que de voler à son maître quelques courses de contrebande, fit à Eugène un signe en le voyant sans parapluie, en habit noir, gilet blanc, gants jaunes et bottes cirées. Eugène était sous l'empire d'une de ces rages sourdes qui poussent un jeune homme à s'enfoncer de plus en plus dans l'abîme où il est entré, comme s'il espérait y trouver une heureuse issue. Il consentit par un mouvement de tête à la demande du cocher. Sans avoir plus de vingt-deux sous dans sa poche, il monta dans la voiture où quelques grains de fleurs d'oranger et des brins de cannetille attestaient le passage des mariés.

— Où monsieur va-t-il? demanda le cocher, qui n'avait déjà plus ses gants blancs.

— Parbleu! dit Eugène, puisque je m'enfonce, il faut au moins que cela me serve à quelque chose! Allez à l'hôtel de Beauséant, ajouta-t-il à haute voix.

— Lequel? dit le cocher.

Mot sublime qui confondit Eugène. Cet élégant inédit ne savait pas qu'il y avait deux hôtels de Beauséant, il ne connaissait pas combien il était riche en parents qui ne se souciaient pas de lui.

— Le vicomte de Beauséant, rue...

— De Grenelle, dit le cocher en hochant la tête et l'interrompant. Voyez-vous, il y a encore l'hôtel du comte et du marquis de Beauséant, rue Saint-Dominique, ajouta-t-il en relevant le marchepied.

— Je le sais bien, répondit Eugène d'un air sec. Tout le monde aujourd'hui se moque donc de moi! dit-il en jetant son chapeau sur les coussins de devant. Voilà une escapade qui va me coûter la rançon d'un roi. Mais au moins je vais faire ma visite à ma soi-disant cousine d'une manière solidement aristocratique. Le père Goriot me coûte déjà au moins dix francs, le vieux scélérat ! Ma foi, je vais raconter mon aventure à madame de Beauséant, peut-être la ferai-je rire. Elle saura sans doute le mystère des liaisons criminelles de ce vieux rat sans queue et de cette belle femme. Il vaut mieux plaire à ma cousine que de me cogner contre cette femme immorale, qui me fait l'effet d'être bien coûteuse. Si le nom de la belle vicomtesse est si puissant, de quel poids doit donc être sa personne ? Adressons-nous en haut. Quand on s'attaque à quelque chose dans le ciel, il faut viser Dieu !

Ces paroles sont la formule brève des mille et une pensées entre lesquelles il flottait. Il reprit un peu de calme et d'assurance en voyant tomber la pluie. Il se dit que s'il allait dissiper deux des précieuses pièces de cent sous qui lui restaient, elles seraient heureusement employées à la conservation de son habit, de ses bottes et de son chapeau. Il n'entendit pas sans un mouvement d'hilarité son cocher criant : *La porte, s'il vous plaît !* Un suisse rouge et doré fit grogner sur ses gonds la porte de l'hôtel, et Rastignac vit avec une douce satisfaction sa voiture passant sous le porche, tournant dans la cour, et s'arrêtant sous la marquise du perron. Le cocher à grosse houppelande bleue bordée de rouge vint déplier le marchepied. En descendant de sa voiture, Eugène entendit des rires étouffés qui partaient sous le péristyle. Trois ou quatre valets avaient déjà plaisanté sur cet équipage de mariée vulgaire. Leur rire éclaira l'étudiant au moment où il compara cette voiture à l'un des plus élégants coupés de Paris, attelé de deux chevaux fringants qui avaient des roses à l'oreille, qui mordaient leur frein, et qu'un cocher poudré, bien cravaté, tenait en bride comme s'ils eussent voulu s'échapper. A la Chaussée-d'Antin, madame de Restaud avait dans sa cour le fin cabriolet de l'homme de vingt-six ans. Au faubourg Saint-Germain, attendait le luxe d'un grand seigneur, un équipage que trente mille francs n'auraient pas payé.

— Qui donc est là ? se dit Eugène en comprenant un peu tardivement qu'il devait se rencontrer à Paris bien peu de femmes qui ne fussent occupées, et que la conquête d'une de ces reines coûtait plus que du sang. Diantre ! ma cousine aura sans doute aussi son Maxime.

Il monta le perron la mort dans l'âme. A son aspect la porte vitrée s'ouvrit ; il trouva les valets sérieux comme des ânes qu'on étrille. La fête à laquelle il avait assisté s'était donnée dans les grands appartements de réception, situés au rez-de-chaussée de l'hôtel de Beauséant. N'ayant pas eu le temps, entre l'invitation et le bal, de faire une visite à sa cousine, il n'avait donc pas encore pénétré dans les appartements de madame de Beauséant; il allait donc voir pour la première fois les merveilles de cette élégance personnelle qui trahit l'âme et les mœurs d'une femme de distinction. Étude d'autant plus curieuse que le salon de madame de Restaud lui fournissait un terme de comparaison. A quatre heures et demie la vicomtesse était visible. Cinq minutes plus tôt, elle n'eût pas reçu son cousin. Eugène, qui ne savait rien des diverses étiquettes parisiennes, fut conduit par un grand escalier plein de fleurs, blanc de ton, à rampe dorée, à tapis rouge, chez madame de Beauséant, dont il ignorait la biographie verbale, une de ces changeantes histoires qui se content tous les soirs d'oreille à oreille dans les salons de Paris.

La vicomtesse était liée depuis trois ans avec un des plus célèbres et des plus riches seigneurs portugais, le marquis d'Adjuda-Pinto. C'était une de ces liaisons innocentes qui ont tant d'attraits pour les personnes ainsi liées, qu'elles ne peuvent supporter personne en tiers. Aussi le vicomte de Beauséant avait-il donné lui-même l'exemple au public en respectant, bon gré, mal gré, cette union morganatique. Les personnes qui, dans les premiers jours de cette amitié, vinrent voir la vicomtesse à deux heures, y trouvaient le marquis d'Adjuda-Pinto. Madame de Beauséant, incapable de fermer sa porte, ce qui eût été fort inconvenant, recevait si froidement les gens et contemplait si studieusement sa corniche, que chacun comprenait combien il la gênait. Quand on sut dans Paris qu'on gênait madame de Beauséant en venant la voir entre deux et quatre heures, elle se trouva dans la solitude la plus complète. Elle allait aux Bouffons ou à l'Opéra en compagnie de monsieur de Beauséant et de monsieur d'Adjuda-Pinto ; mais en homme qui sait vivre, monsieur de Beauséant quittait toujours sa femme et le Portugais après les y avoir installés. Monsieur d'Adjuda devait se marier. Il épousait une demoiselle de Rochefide. Dans toute la haute société une seule personne ignorait encore ce mariage, cette personne était madame de Beauséant. Quelques-unes de ses amies lui en avaient bien parlé vaguement; elle en avait ri, croyant que ses amies voulaient troubler un bonheur jalousé. Cependant les bans allaient se publier. Quoiqu'il fût venu pour notifier ce mariage à la vicomtesse, le beau

Portugais n'avait pas encore osé dire un traître mot. Pourquoi? rien sans doute n'est plus difficile que de notifier à une femme un semblable *ultimatum*. Certains hommes se trouvent plus à l'aise sur le terrain, devant un homme qui leur menace le cœur avec une épée, que devant une femme qui, après avoir débité ses élégies pendant deux heures, fait la morte et demande des sels. En ce moment donc monsieur d'Adjuda-Pinto était sur les épines, et voulait sortir, en se disant que madame de Beauséant apprendrait cette nouvelle, il lui écrirait, il serait plus commode de traiter ce galant assassinat par correspondance que de vive voix. Quand le valet de chambre de la vicomtesse annonça monsieur Eugène de Rastignac. il fit tressaillir de joie le marquis d'Adjuda-Pinto. Sachez-le bien, une femme aimante est encore plus ingénieuse à se créer des doutes qu'elle n'est habile à varier le plaisir. Quand elle est sur le point d'être quittée, elle devine plus rapidement le sens d'un geste que le coursier de Virgile ne flaire les lointains corpuscules qui lui annoncent l'amour. Aussi comptez que madame de Beauséant surprit ce tressaillement involontaire, léger, mais naïvement épouvantable. Eugène ignorait qu'on ne doit jamais se présenter chez qui que ce soit à Paris sans s'être fait conter par les amis de la maison l'histoire du mari, celle de la femme ou des enfants, afin de n'y commettre aucune de ces balourdises dont on dit pittoresquement en Pologne : *Attelez cinq bœufs à votre char!* sans doute pour vous tirer du mauvais pas où vous vous embourbez. Si ces malheurs de la conversation n'ont encore aucun nom en France, on les y suppose sans doute impossibles, par suite de l'énorme publicité qu'y obtiennent les médisances. Après s'être embourbé chez madame de Restaud, qui ne lui avait pas même laissé le temps d'atteler les cinq bœufs à son char, Eugène seul était capable de recommencer son métier de bouvier, en se présentant chez madame de Beauséant. Mais s'il avait horriblement gêné madame de Restaud et monsieur de Trailles, il tirait d'embarras monsieur d'Adjuda.

— Adieu, dit le Portugais en s'empressant de gagner la porte quand Eugène entra dans un petit salon coquet, gris et rose, où le luxe semblait n'être que de l'élégance.

— Mais à ce soir, dit madame de Beauséant en retournant la tête et jetant un regard au marquis. N'allons-nous pas aux Bouffons?

— Je ne le puis, dit-il en prenant le bouton de la porte.

Madame de Beauséant se leva, le rappela près d'elle, sans faire la moindre attention à Eugène, qui, debout, étourdi par les scintillements d'une richesse merveilleuse, croyait à la réalité des contes arabes, et ne savait où se fourrer en se trouvant en présence de cette femme sans être remarqué par elle. La vicomtesse avait levé l'index de sa main droite, et par un joli mouvement désignait au marquis une place devant elle. Il y eut dans ce geste un si violent despotisme de passion que le marquis laissa le bouton de la porte et vint, Eugène le regarda non sans envie.

— Voilà, se dit-il, l'homme au coupé! Mais il faut donc avoir des chevaux fringants, des livrées et de l'or à flots pour obtenir le regard d'une femme de Paris? Le démon du luxe le mordit au cœur, la fièvre du gain le prit, la soif de l'or lui sécha la gorge. Il avait cent trente francs pour son trimestre. Son père, sa mère, ses frères, ses sœurs, sa tante, ne dépensaient pas deux cents francs par mois, à eux tous. Cette rapide comparaison entre sa situation présente et le but auquel il fallait parvenir contribuèrent à le stupéfier.

— Pourquoi, dit la vicomtesse en riant, ne *pouvez-vous pas* venir aux Italiens?

— Des affaires! Je dîne chez l'ambassadeur d'Angleterre.

— Vous les quitterez.

Quand un homme trompe, il est invinciblement forcé d'entasser mensonges sur mensonges. Monsieur d'Ajuda dit alors en riant: Vous l'exigez?

— Oui, certes.

— Voilà ce que je voulais me faire dire, répondit-il en jetant un de ces fins regards qui auraient rassuré toute autre femme. Il prit la main de la vicomtesse, la baisa et partit.

Eugène passa la main dans ses cheveux, et se tortilla pour saluer en croyant que madame de Beauséant allait penser à lui; tout à coup elle s'élance, se précipite dans la galerie, accourt à la fenêtre et regarde monsieur d'Ajuda pendant qu'il montait en voiture; elle prête l'oreille à l'ordre, et entend le chasseur répétant au cocher : Chez monsieur de Rochefide. Ces mots, et la manière dont d'Ajuda se plongea dans sa voiture, furent l'éclair et la foudre pour cette femme, qui revint en proie à de mortelles appréhensions. Les plus horribles catastrophes ne sont que cela dans le grand monde. La vicomtesse rentra dans sa chambre à coucher, se mit à table, et prit un joli papier.

Du moment, écrivait-elle, *où vous dînez chez les Roche-*

fide, et non à l'ambassade anglaise, vous me devez une explication, je vous attends.

Après avoir redressé quelques lettres défigurées par le tremblement convulsif de sa main, elle mit un C qui voulait dire Claire de Bourgogne, et sonna.

— Jacques, dit-elle à son valet de chambre qui vint aussitôt, vous irez à sept heures et demie chez monsieur de Rochefide, vous y demanderez le marquis d'Adjuda. Si monsieur le marquis y est, vous lui ferez parvenir ce billet sans demander de réponse : s'il n'y est pas, vous reviendrez et me rapporterez ma lettre.

— Madame la vicomtesse a quelqu'un dans son salon.

— Ah! c'est vrai, dit-elle en poussant la porte.

Eugène commençait à se trouver très-mal à l'aise, il aperçut enfin la vicomtesse qui lui dit d'un ton dont l'émotion lui remua les fibres du cœur : Pardon, monsieur, j'avais un mot à écrire, je suis maintenant tout à vous. Elle ne savait ce qu'elle disait, car voici ce qu'elle pensait : Ah! il veut épouser mademoiselle de Rochefide. Mais est-il donc libre? Ce soir ce mariage sera brisé, ou je... Mais il n'en sera plus question demain.

— Ma cousine... répondit Eugène.

— Hein? fit la vicomtesse en lui jetant un regard dont l'impertinence glaça l'étudiant.

Eugène comprit ce hein. Depuis trois heures il avait appris tant de choses, qu'il s'était mis sur le qui-vive.

— Madame, reprit-il en rougissant. Il hésita, puis il dit en continuant : Pardonnez-moi ; j'ai besoin de tant de protection qu'un bout de parenté n'aurait rien gâté.

Madame de Beauséant sourit, mais tristement : elle sentait déjà le malheur qui grondait dans son atmosphère.

— Si vous connaissiez la situation dans laquelle se trouve ma famille, dit-il en continuant, vous aimeriez à jouer le rôle d'une de ces fées fabuleuses qui se plaisaient à dissiper les obstacles autour de leurs filleuls.

— Eh! bien, mon cousin, dit-elle en riant, à quoi puis-je vous être bonne?

— Mais le sais-je? Vous appartenir par un lien de parenté qui se perd dans l'ombre est déjà toute une fortune. Vous m'avez troublé, je ne sais plus ce que je venais vous dire. Vous êtes la seule personne que je connaisse à Paris. Ah! je voulais vous consulter en vous demandant de m'accepter comme un pauvre enfant qui désire se coudre à votre jupe, et qui saurait mourir pour vous.

— Vous tueriez quelqu'un pour moi ?

— J'en tuerais deux, fit Eugène.

— Enfant ! Oui, vous êtes un enfant, dit-elle en réprimant quelques larmes; vous aimeriez sincèrement, vous !

— Oh ! fit-il en hochant la tête.

La vicomtesse s'intéressa vivement à l'étudiant pour une réponse d'ambitieux. Le méridional en était à son premier calcul. Entre le boudoir bleu de madame de Restaud et le salon rose de madame de Beauséant, il avait fait trois années de ce *Droit parisien* dont on ne parle pas, quoiqu'il constitue une haute jurisprudence sociale qui, bien apprise et bien pratiquée, mène à tout.

— Ah ! j'y suis, dit Eugène. J'avais remarqué madame de Restaud à votre bal, je suis allé ce matin chez elle.

— Vous avez dû bien la gêner, dit en souriant madame de Beauséant.

— Eh ! oui, je suis un ignorant qui mettra contre lui tout le monde, si vous me refusez votre secours. Je crois qu'il est fort difficile de rencontrer à Paris une femme jeune, belle, riche, élégante qui soit inoccupée, et il m'en faut une qui m'apprenne ce que, vous autres femmes, vous savez si bien expliquer : la vie. Je trouverai partout un monsieur de Trailles. Je venais donc à vous pour vous demander le mot d'une énigme, et vous prier de me dire de quelle nature est la sottise que j'y ai faite. J'ai parlé d'un père...

— Madame la duchesse de Langeais, dit Jacques en coupant la parole à l'étudiant qui fit le geste d'un homme violemment contrarié.

— Si vous voulez réussir, dit la vicomtesse à voix basse, d'abord ne soyez pas aussi démonstratif.

— Eh ! bon jour, ma chère, reprit-elle en se levant et allant au-devant de la duchesse dont elle pressa les mains avec l'effusion caressante qu'elle aurait pu montrer pour une sœur et à laquelle la duchesse répondit par les plus jolies câlineries.

— Voilà deux bonnes amies, se dit Rastignac. J'aurai dès lors deux protectrices ; ces deux femmes doivent avoir les mêmes affections, et celle-ci s'intéressera sans doute à moi.

— A quelle heureuse pensée dois-je le bonheur de te voir, ma chère Antoinette? dit madame de Beauséant.

— Mais j'ai vu monsieur d'Adjuda-Pinto entrant chez monsieur de Rochefide, et j'ai pensé qu'alors vous étiez seule.

Madame de Beauséant ne se pinça point les lèvres, elle ne rougit pas, son regard resta le même, son front parut s'éclaircir pendant que la duchesse prononçait ces fatales paroles.

— Si j'avais su que vous fussiez occupée... ajouta la duchesse en se tournant vers Eugène.

— Monsieur est monsieur Eugène de Rastignac, un de mes cousins, dit la vicomtesse. Avez-vous des nouvelles du général Montriveau? fit-elle. Sérizy m'a dit hier qu'on ne le voyait plus, l'avez-vous eu chez vous aujourd'hui?

La duchesse, qui passait pour être abandonnée par monsieur de Montriveau, de qui elle était éperdument éprise, sentit au cœur la pointe de cette question, et rougit en répondant : — Il était hier à l'Élysée.

— De service, dit madame de Beauséant.

— Clara, vous savez sans doute, reprit la duchesse en jetant des flots de malignité par ses regards, que demain les bans de monsieur d'Adjuda-Pinto et de mademoiselle de Rochefide se publient?

Ce coup était trop violent, la vicomtesse pâlit et répondit en riant : — Un de ces bruits dont s'amusent les sots. Pourquoi monsieur d'Adjuda porterait-il chez les Rochefide un des plus beaux noms du Portugal? Les Rochefide sont des gens anoblis d'hier.

— Mais Berthe réunira, dit-on, deux cent mille livres de rente.

— Monsieur d'Adjuda est trop riche pour faire de ces calculs.

— Mais, ma chère, mademoiselle de Rochefide est charmante.

— Ah!

— Enfin il y dîne aujourd'hui, les conditions sont arrêtées. Vous m'étonnez étrangement d'être si peu instruite.

— Quelle sottise avez-vous donc faite, monsieur? dit madame de Beauséant. Ce pauvre enfant est si nouvellement jeté dans le monde, qu'il ne comprend rien, ma chère Antoinette, à ce que nous disons. Soyez bonne pour lui, remettons à causer de cela demain. Demain, voyez-vous, tout sera sans doute officiel, et vous pourrez être officieuse à coup sûr.

La duchesse tourna sur Eugène un de ces regards impertinents qui enveloppent un homme des pieds à la tête, l'aplatissent, et le mettent à l'état de zéro.

— Madame, j'ai, sans le savoir, plongé un poignard dans le cœur de madame de Restaud. Sans le savoir, voilà ma faute, dit l'étudiant que son génie avait assez bien servi et qui avait découvert les mordantes épigrammes cachées sous les phrases affectueuses de ces deux femmes. Vous continuez à voir, et vous craignez peut-être les gens qui sont dans le secret du mal qu'ils vous font, tandis que celui qui blesse en ignorant la profondeur de sa blessure est regardé comme un sot, un maladroit qui ne sait profiter de rien, et chacun le méprise.

Madame de Beauséant jeta sur l'étudiant un de ces regards fondants où les grandes âmes savent mettre tout à la fois de la reconnaissance et de la dignité. Ce regard fut comme un baume qui calma la plaie que venait de faire au cœur de l'étudiant le coup d'œil d'huissier-priseur par lequel la duchesse l'avait évalué.

— Figurez-vous que je venais, dit Eugène en continuant, de capter la bienveillance du comte de Restaud; car, dit-il en se tournant vers la duchesse d'un air à la fois humble et malicieux, il faut vous dire, madame, que je ne suis encore qu'un pauvre diable d'étudiant, bien seul, bien pauvre...

— Ne dites pas cela, monsieur de Rastignac. Nous autres femmes, nous ne voulons jamais de ce dont personne ne veut.

— Bah ! fit Eugène, je n'ai que vingt-deux ans, il faut savoir supporter les malheurs de son âge. D'ailleurs, je suis à confesse; et il est impossible de se mettre à genoux dans un plus joli confessionnal : on y fait les péchés dont on s'accuse dans l'autre.

La duchesse prit un air froid à ce discours antireligieux, dont elle proscrivit le mauvais goût en disant à la vicomtesse : — Monsieur arrive...

Madame de Beauséant se prit à rire franchement et de son cousin et de la duchesse.

— Il arrive, ma chère, et cherche une institutrice qui lui enseigne le bon goût.

— Madame la duchesse, reprit Eugène, n'est-il pas naturel de vouloir s'initier aux secrets de ce qui nous charme? (Allons, se dit-il en lui-même, je suis sûr que je leur fais des phrases de coiffeur.)

— Mais madame de Restaud est, je crois, l'écolière de monsieur de Trailles, dit la duchesse.

— Je n'en savais rien, madame, reprit l'étudiant. Aussi me suis-je étourdiment jeté entre eux. Enfin, je m'étais assez bien entendu avec le mari; je me voyais souffert pour un temps par la femme, lorsque je me suis avisé de leur dire que je connaissais un homme que je venais de voir sortant par un escalier dérobé, et qui avait au fond d'un couloir embrassé la comtesse.

— Qui est-ce? dirent les deux femmes.

— Un vieillard qui vit à raison de deux louis par mois, au fond du faubourg Saint-Marceau, comme moi, pauvre étudiant; un véritable malheureux dont tout le monde se moque, et que nous appelons le Père Goriot.

— Mais, enfant que vous êtes, s'écria la vicomtesse, madame de Restaud est une demoiselle Goriot.

— La fille d'un vermicellier, reprit la duchesse, une petite femme qui s'est fait présenter le même jour qu'une fille de pâtissier. Ne vous en souvenez-vous pas, Clara? Le roi s'est mis à rire, et a dit en latin un bon mot sur la farine. Des gens, comment donc? des gens...

— *Ejusdem farinæ*, dit Eugène.

— C'est cela, dit la duchesse.

— Ah! c'est son père, reprit l'étudiant en faisant un geste d'horreur.

— Mais oui; ce bonhomme avait deux filles dont il est quasi fou, quoique l'une et l'autre l'aient à peu près renié.

— La seconde n'est-elle pas, dit la vicomtesse en regardant madame de Langeais, mariée à un banquier dont le nom est allemand, un baron de Nucingen? Ne se nomme-t-elle pas Delphine? N'est-ce pas une blonde qui a une loge de côté à l'Opéra, qui vient aussi aux Bouffons, et rit très-haut pour se faire remarquer?

La duchesse sourit en disant : — Mais, ma chère, je vous admire. Pourquoi vous occupez-vous donc tant de ces gens-là? Il a fallu être amoureux fou, comme l'était Restaud, pour s'être enfariné de mademoiselle Anastasie. Oh! il n'en sera pas le bon marchand! Elle est entre les mains de monsieur de Trailles, qui la perdra.

— Elles ont renié leur père, répétait Eugène.

— Eh! bien, oui, leur père, le père, un père, reprit la vicomtesse, un bon père qui leur a donné, dit-on, à chacune cinq ou six cent mille francs pour faire leur bonheur en les mariant bien, et qui ne s'était réservé que huit à dix mille livres de rente pour lui, croyant que ses filles resteraient ses filles, qu'il s'était créé chez elles deux existences, deux maisons où il serait adoré, choyé. En deux ans, ses gendres l'ont banni de leur société comme le dernier des misérables...

Quelques larmes roulèrent dans les yeux d'Eugène, récemment rafraîchi par les pures et saintes émotions de la famille, encore sous le charme des croyances jeunes, et qui n'en était qu'à sa première journée sur le champ de bataille de la civilisation parisienne. Les émotions véritables sont si communicatives, que pendant un moment ces trois personnes se regardèrent en silence.

— Eh! mon Dieu, dit madame de Langeais, oui, cela semble bien horrible, et nous voyons cependant cela tous les jours. N'y a-t-il pas une cause à cela? Dites-moi, ma chère, avez-vous pensé jamais à ce qu'est un gendre? Un gendre est un homme pour qui nous élèverons, vous ou moi, une chère petite créature à laquelle nous tiendrons par mille liens, qui sera pendant dix-sept ans la joie de la famille, qui en est l'âme blanche, dirait Lamartine, et qui en deviendra la peste. Quand cette homme nous l'aura prise, il commencera par saisir son amour comme une hache, afin de couper dans le cœur et au vif de cet ange tous les sentiments par lesquels elle s'attachait à sa famille. Hier, notre fille était tout pour nous, nous étions tout pour elle; le lendemain elle se fait notre ennemie. Ne voyons-nous pas cette tragédie s'accomplissant tous les jours? Ici, la belle-fille est de la dernière impertinence avec le beau-père, qui a tout sacrifié pour son fils. Plus loin, un gendre met sa belle-mère à la porte. J'entends demander ce qu'il y a de dramatique aujourd'hui dans la société; mais le drame du gendre est effrayant, sans compter nos mariages qui sont devenus de fort sottes choses. Je me rends parfaitement compte de ce qui est arrivé à ce vieux vermicellier. Je crois me rappeler que ce Foriot...

— Goriot, madame,

— Oui, ce Moriot a été président de sa section pendant la révolution; il a été dans le secret de la fameuse disette, et a commencé sa fortune par vendre dans ce temps-là des farines dix fois plus qu'elles ne lui coûtaient. Il en a eu tant qu'il en a voulu. L'intendant de ma grand'mère lui en a vendu pour des sommes immenses.

Ce Goriot partageait sans doute, comme tous ces gens-là, avec le Comité de Salut Public. Je me souviens que l'intendant disait à ma grand'mère qu'elle pouvait rester en toute sûreté à Grandvilliers, parce que ses blés étaient une excellente carte civique. Eh! bien, ce Loriot, qui vendait du blé aux coupeurs de têtes, n'a eu qu'une passion. Il adore, dit-on, ses filles. Il a juché l'aînée dans la maison de Restaud, et greffé l'autre sur le baron de Nucingen, un riche banquier qui fait le royaliste. Vous comprenez bien que, sous l'empire, les deux gendres ne se sont pas trop formalisés d'avoir ce vieux Quatre-vingt-treize chez eux; ça pouvait encore aller avec Buonaparte. Mais quand les Bourbons sont revenus, le bonhomme a gêné monsieur de Restaud, et plus encore le banquier. Les filles, qui aimaient peut-être toujours leur père, ont voulu ménager la chèvre et le chou, le père et le mari; elles ont reçu le Goriot quand elles n'avaient personne; elles ont imaginé des prétextes de tendresse. « Papa, venez, nous serons mieux, parce que nous serons seuls! » etc. Moi, ma chère, je crois que les sentiments vrais ont des yeux et une intelligence : le cœur de ce pauvre Quatre-vingt-treize a donc saigné. Il a vu que ses filles avaient honte de lui; que, si elles aimaient leurs maris, il nuisait à ses gendres. Il fallait donc se sacrifier. Il s'est sacrifié, parce qu'il était père : il s'est banni de lui-même. En voyant ses filles contentes, il comprit qu'il avait bien fait. Le père et les enfants ont été complices de ce petit crime. Nous voyons cela partout. Ce père Doriot n'aurait-il pas été une tache de cambouis dans le salon de ses filles? il y aurait été gêné, il se serait ennuyé. Ce qui arrive à ce père peut arriver à la plus jolie femme avec l'homme qu'elle aimera le mieux : si elle l'ennuie de son amour, il s'en va, il fait des lâchetés pour la fuir. Tous les sentiments en sont là. Notre cœur est un trésor, videz-le d'un coup, vous êtes ruinés. Nous ne pardonnons pas plus à un sentiment de s'être montré tout entier qu'à un homme de ne pas avoir un sou à lui. Ce père avait tout donné. Il avait donné, pendant vingt ans, ses entrailles, son amour; il avait donné sa fortune en un jour. Le citron bien pressé, ses filles ont laissé le zeste au coin des rues.

— Le monde est infâme, dit la vicomtesse en effilant son châle et sans lever les yeux, car elle était atteinte au vif par les mots que madame de Langeais avait dits, pour elle, en racontant cette histoire.

— Infâme! non, reprit la duchesse; il va son train, voilà tout. Si je vous en parle ainsi, c'est pour montrer que je ne suis pas la dupe du monde. Je pense comme vous, dit-elle en pressant la main de la vicomtesse. Le monde est un bourbier, tâchons de rester sur les hauteurs. Elle se leva, embrassa madame de Beauséant au front en lui disant: Vous êtes bien belle en ce moment, ma chère. Vous avez les plus jolies couleurs que j'ai vues jamais. Puis elle sortit après avoir légèrement incliné la tête en regardant le cousin.

— Le père Goriot est sublime! dit Eugène en se souvenant de l'avoir vu tordant son vermeil la nuit.

Madame de Beauséant n'entendit pas, elle était pensive. Quelques moments de silence s'écoulèrent, et le pauvre étudiant, par une sorte de stupeur honteuse, n'osait ni s'en aller, ni rester, ni parler.

— Le monde est infâme et méchant, dit enfin la vicomtesse. Aussitôt qu'un malheur nous arrive, il se rencontre toujours un ami prêt à venir nous le dire, et à nous fouiller le cœur avec un poignard en nous faisant admirer le manche. Déjà le sarcasme, déjà les railleries! Ah! je me défendrai. Elle releva la tête comme une grande dame qu'elle était, et des éclairs sortirent de ses yeux fiers. — Ah! fit-elle en voyant Eugène, vous êtes là!

— Encore, dit-il piteusement.

— Eh! bien, monsieur de Rastignac, traitez ce monde comme il mérite de l'être. Vous voulez parvenir, je vous aiderai. Vous sonderez combien est profonde la corruption féminine, vous toiserez la largeur de la misérable vanité des hommes. Quoique j'aie bien lu dans ce livre du monde, il y avait des pages qui cependant m'étaient inconnues. Maintenant je sais tout. Plus froidement vous calculerez, plus avant vous irez. Frappez sans pitié, vous serez craint. N'acceptez les hommes et les femmes que comme des chevaux de poste que vous laisserez crever à chaque relais, vous arriverez ainsi au faîte de vos désirs. Voyez-vous, vous ne serez rien ici si vous n'avez pas une femme qui s'intéresse à vous. Il vous la faut jeune, riche, élégante. Mais si vous avez un sentiment vrai, cachez-le comme un trésor; ne le laissez jamais soupçonner, vous seriez perdu. Vous ne seriez plus le bourreau, vous deviendriez la victime. Si jamais vous aimiez, gardez bien votre secret! ne le livrez pas avant d'avoir bien su à qui vous ouvrirez votre cœur.

Pour préserver par avance cet amour qui n'existe pas encore, apprenez à vous méfier de ce monde-ci. Écoutez-moi, Miguel... (Elle se trompait naïvement de nom sans s'en apercevoir.) Il existe quelque chose de plus épouvantable que ne l'est l'abandon du père par ses deux filles, qui le voudraient mort. C'est la rivalité des deux sœurs entre elles. Restaud a de la naissance, sa femme a été adoptée, elle a été présentée ; mais sa sœur, sa riche sœur, la belle madame Delphine de Nucingen, femme d'un homme d'argent, meurt de chagrin ; la jalousie la dévore, elle est à cent lieues de sa sœur ; sa sœur n'est plus sa sœur ; ces deux femmes se renient entre elles comme elles renient leur père. Aussi, madame de Nucingen laperait-elle toute la boue qu'il y a entre la rue Saint-Lazare et la rue de Grenelle pour entrer dans mon salon. Elle a cru que de Marsay la ferait arriver à son but, et elle s'est faite l'esclave de de Marsay, elle assomme de Marsay. De Marsay se soucie fort peu d'elle. Si vous me la présentez, vous serez son Benjamin, elle vous adorera. Aimez-la si vous pouvez après, sinon servez-vous d'elle. Je la verrai une ou deux fois, en grande soirée, quand il y aura cohue ; mais je ne la recevrai jamais le matin. Je la saluerai, cela suffira. Vous vous êtes fermé la porte de la comtesse pour avoir prononcé le nom du père Goriot. Oui, mon cher, vous iriez vingt fois chez madame Restaud, vingt fois vous la trouveriez absente. Vous avez été consigné. Eh ! bien, que le père Goriot vous introduise près de madame Delphine de Nucingen. La belle madame de Nucingen sera pour vous une enseigne. Soyez l'homme qu'elle distingue, les femmes raffoleront de vous. Ses rivales, ses amies, ses meilleures amies, voudront vous enlever à elle. Il y a des femmes qui aiment l'homme déjà choisi par une autre, comme il y a de pauvres bourgeoises qui, en prenant nos chapeaux, espèrent avoir nos manières. Vous aurez des succès. A Paris, le succès est tout, c'est la clef du pouvoir. Si les femmes vous trouvent de l'esprit, du talent, les hommes le croiront, si vous ne les détrompez pas. Vous pourrez alors tout vouloir, vous aurez le pied partout. Vous saurez alors ce qu'est le monde, une réunion de dupes et de fripons. Ne soyez ni parmi les uns ni parmi les autres. Je vous donne mon nom comme un fil d'Ariane pour entrer dans ce labyrinthe. Ne le compromettez pas, dit-elle en recourbant son cou et jetant un regard de reine à l'étudiant, rendez-le-moi blanc. Allez, laissez-moi. Nous autres femmes, nous avons aussi nos batailles à livrer.

— S'il vous fallait un homme de bonne volonté pour aller mettre le feu à une mine? dit Eugène en l'interrompant.

— Eh! bien? dit-elle.

Il se frappa le cœur, sourit au sourire de sa cousine, et sortit. Il était cinq heures. Eugène avait faim, il craignit de ne pas arriver à temps pour l'heure du dîner. Cette crainte lui fit sentir le bonheur d'être rapidement emporté dans Paris. Ce plaisir purement machinal le laissa tout entier aux pensées qui l'assaillaient. Lorsqu'un jeune homme de son âge est atteint par le mépris, il s'emporte, il enrage, il menace du poing la société tout entière, il veut se venger et doute aussi de lui-même. Rastignac était en ce moment accablé par ces mots : *Vous vous êtes fermé la porte de la comtesse.* — J'irai! se dit-il, et si madame de Beauséant a raison, si je suis consigné... je... Madame de Restaud me trouvera dans tous les salons où elle va. J'apprendrai à faire des armes, à tirer le pistolet, je lui tuerai son Maxime! Et de l'argent! lui criait sa conscience, où donc en prendras-tu? Tout-à-coup la richesse étalée chez la comtesse de Restaud brilla devant ses yeux. Il avait vu là le luxe dont une demoiselle Goriot devait être amoureuse, des dorures, des objets de prix en évidence, le luxe inintelligent du parvenu, le gaspillage de la femme entretenue. Cette fascinante image fut soudainement écrasée par le grandiose hôtel de Beauséant. Son imagination, transportée dans les hautes régions de la société parisienne, lui inspira mille pensées mauvaises au cœur, en lui élargissant la tête et la conscience. Il vit le monde comme il est : les lois et la morale impuissantes chez les riches, et vit dans la fortune l'*ultima ratio mundi*. « Vautrin a raison, la fortune est la vertu! » se dit-il.

Arrivé rue Neuve-Sainte-Geneviève, il monta rapidement chez lui, descendit pour donner dix francs au cocher, et vint dans cette salle à manger nauséabonde où il aperçut, comme des animaux à un râtelier, les dix-huit convives en train de se repaître. Le spectacle de ces misères et l'aspect de cette salle lui furent horribles. La transition était trop brusque, le contraste trop complet, pour ne pas développer outre mesure chez lui le sentiment de l'ambition. D'un côté, les fraîches et charmantes images de la nature sociale la plus élégante, des figures jeunes, vives, encadrées par les merveilles de l'art et du luxe, des têtes passionnées pleines de poésie; de l'autre, de sinistres tableaux bordés de fange, et des faces où les passions n'avaient laissé que leurs cordes et leur mécanisme. Les enseignements que la colère d'une femme abandonnée avait arrachés à madame de Beauséant, ses offres captieuses revinrent dans sa mémoire, et la misère les commenta. Rastignac résolut d'ouvrir deux tranchées parallèles pour arriver à la fortune, de s'appuyer sur la science et sur l'amour, d'être un savant docteur et un homme à la mode. Il était encore bien enfant! Ces deux lignes sont des asymptotes qui ne peuvent jamais se rejoindre.

— Vous êtes bien sombre, monsieur le marquis, lui dit Vautrin, qui lui jeta un de ces regards par lesquels cet homme semblait s'initier aux secrets les plus cachés du cœur.

— Je ne suis pas disposé à souffrir les plaisanteries de ceux qui m'appellent monsieur le marquis, répondit-il. Ici, pour être vraiment marquis, il faut avoir cent mille livres de rente, et quand on vit dans la Maison Vauquer on n'est pas précisément le favori de la Fortune.

Vautrin regarda Rastignac d'un air paternel et méprisant, comme s'il eût dit : Marmot! dont je ne ferais qu'une bouchée! Puis il répondit : — Vous êtes de mauvaise humeur, parce que vous n'avez peut-être pas réussi auprès de la belle comtesse de Restaud.

— Elle m'a fermé sa porte pour lui avoir dit que son père mangeait à notre table, s'écria Rastignac.

Tous les convives s'entre-regardèrent. Le père Goriot baissa les yeux, et se retourna pour les essuyer.

— Vous m'avez jeté du tabac dans l'œil, dit-il à son voisin.

— Qui vexera le père Goriot s'attaquera désormais à moi, répondit Eugène en regardant le voisin de l'ancien vermicellier ; il vaut mieux que nous tous. Je ne parle pas des dames, dit-il en se retournant vers mademoiselle Taillefer.

Cette phrase fut un dénoûment, Eugène l'avait prononcée d'un air qui imposa silence aux convives. Vautrin seul lui dit en goguenardant : — Pour prendre le père Goriot à votre compte, et vous établir son éditeur responsable, il faut savoir bien tenir une épée et bien tirer le pistolet.

— Ainsi ferai-je, dit Eugène.

— Vous êtes donc entré en campagne aujourd'hui?

— Peut-être, répondit Rastignac. Mais je ne dois compte de mes affaires à personne, attendu que je ne cherche pas à deviner celles que les autres font la nuit.

Vautrin regarda Rastignac de travers.

— Mon petit, quand on ne veut pas être dupe des marionnettes, il faut entrer tout à fait dans la baraque, et ne pas se contenter de regarder par les trous de la tapisserie. Assez causé, ajouta-t-il en voyant Eugène près de se gendarmer. Nous aurons ensemble un petit bout de conversation quand vous le voudrez.

Le dîner devint sombre et froid. Le père Goriot, absorbé par la profonde douleur que lui avait causée la phrase de l'étudiant, ne comprit pas que les dispositions des esprits étaient changées à son égard, et qu'un jeune homme en état d'imposer silence à la persécution avait pris sa défense.

— Monsieur Goriot, dit madame Vauquer à voix basse, serait donc le père d'une comtesse à c't' heure?

— Et d'une baronne, lui répliqua Rastignac.

— Il n'a que ça à faire, dit Bianchon à Rastignac, je lui ai pris la tête : il n'y a qu'une bosse, celle de la paternité, ce sera un *Père Éternel.*

Eugène était trop sérieux pour que la plaisanterie de Bianchon le fît rire. Il voulait profiter des conseils de madame de Beauséant, et se demandait où et comment il se procurerait de l'argent. Il devint soucieux en voyant les savanes du monde qui se déroulaient à ses yeux à la fois vides et pleines; chacun le laissa seul dans la salle à manger quand le dîner fut fini.

— Vous avez donc vu ma fille? lui dit Goriot d'une voix émue

Réveillé de sa méditation par le bonhomme, Eugène lui prit la main, et le contemplant avec une sorte d'attendrissement : — Vous êtes un brave et digne homme, répondit-il. Nous causerons de vos filles plus tard. Il se leva sans vouloir écouter le père Goriot, et se retira dans sa chambre, où il écrivit à sa mère la lettre suivante :

« Ma chère mère, vois si tu n'as pas une troisième mamelle à
» t'ouvrir pour moi. Je suis dans une situation à faire promptement
» fortune. J'ai besoin de douze cents francs, et il me les faut à tout
» prix. Ne dis rien de ma demande à mon père, il s'y opposerait
» peut-être, et si je n'avais pas cet' argent, je serais en proie à un
» désespoir qui me conduirait à me brûler la cervelle. Je t'expli-
» querai mes motifs aussitôt que je te verrai, car il faudrait t'é-
» crire des volumes pour te faire comprendre la situation dans la-
» quelle je suis. Je n'ai pas joué, ma bonne mère, je ne dois rien;

» mais si tu tiens à me conserver la vie que tu m'as donnée, il faut
» me trouver cette somme. Enfin, je vais chez la vicomtesse de
» Beauséant, qui m'a pris sous sa protection. Je dois aller dans le
» monde, et n'ai pas un sou pour avoir des gants propres. Je sau-
» rai ne manger que du pain, ne boire que de l'eau, je jeûnerai au
» besoin ; mais je ne puis me passer des outils avec lesquels on pio-
» che la vigne dans ce pays-ci. Il s'agit pour moi de faire mon che-
» min ou de rester dans la boue. Je sais toutes les espérances que
» vous avez mises en moi, et veux les réaliser promptement. Ma
» bonne mère, vends quelques-uns de tes anciens bijoux, je te les
» remplacerai bientôt. Je connais assez la situation de notre fa-
» mille pour savoir apprécier de tels sacrifices, et tu dois croire
» que je ne te demande pas de les faire en vain, sinon je serais un
» monstre. Ne vois dans ma prière que le cri d'une impérieuse né-
» cessité. Notre avenir est tout entier dans ce subside, avec lequel
» je dois ouvrir la campagne ; car cette vie de Paris est un combat
» perpétuel. Si, pour compléter la somme, il n'y a pas d'autres res-
» sources que de vendre les dentelles de ma tante, dis-lui que je
» lui en enverrai de plus belles. » Etc.

Il écrivit à chacune de ses sœurs en leur demandant leurs économies, et, pour les leur arracher sans qu'elles parlassent en famille
du sacrifice qu'elles ne manqueraient pas de lui faire avec bonheur, il intéressa leur délicatesse en attaquant les cordes de l'honneur qui sont si bien tendues et résonnent si fort dans de jeunes
cœurs. Quand il eut écrit ces lettres, il éprouva néanmoins une
trépidation involontaire : il palpitait, il tressaillait. Ce jeune ambitieux connaissait la noblesse immaculée de ces âmes ensevelies dans
la solitude, il savait quelles peines il causerait à ses deux sœurs, et
aussi quelles seraient leurs joies ; avec quel plaisir elles s'entretien-
draient en secret de ce frère bien-aimé, au fond du clos. Sa conscience se dressa lumineuse, et les lui montra comptant en secret
leur petit trésor : il les vit, déployant le génie malicieux des jeunes
filles pour lui envoyer *incognito* cet argent, essayant une première tromperie pour être sublimes. « Le cœur d'une sœur est un
diamant de pureté, un abîme de tendresse ! » se dit-il. Il avait
honte d'avoir écrit. Combien seraient puissants leurs vœux, combien pur serait l'élan de leurs âmes vers le ciel ! Avec quelles voluptés ne se sacrifieraient-elles pas ? De quelle douleur serait atteinte sa mère, si elle ne pouvait envoyer toute la somme ! Ces

beaux sentiments, ces effroyables sacrifices allaient lui servir d'é-
chelon pour arriver à Delphine de Nucingen. Quelques larmes, derniers grains d'encens jetés sur l'autel sacré de la famille, lui sortirent des yeux. Il se promena dans une agitation pleine de désespoir.
Le père Goriot, le voyant ainsi par sa porte qui était restée entre-
bâillée, entra et lui dit : — Qu'avez-vous, monsieur?

— Ah! mon bon voisin, je suis encore fils et frère comme vous
êtes père. Vous avez raison de trembler pour la comtesse Anastasie, elle est à un monsieur Maxime de Trailles qui la perdra.

Le père Goriot se retira en balbutiant quelques paroles dont Eugène ne saisit pas le sens. Le lendemain, Rastignac alla jeter ses
lettres à la poste. Il hésita jusqu'au dernier moment, mais il les
lança dans la boîte en disant : Je réussirai! Le mot du joueur, du
grand capitaine, mot fataliste qui perd plus d'hommes qu'il n'en
sauve. Quelques jours après, Eugène alla chez madame de Restaud
et n'y fut pas reçu. Trois fois il y retourna, trois fois encore il
trouva la porte close, quoiqu'il se présentât à des heures où le
comte Maxime de Trailles n'y était pas. La vicomtesse avait eu raison. L'étudiant n'étudia plus. Il allait aux Cours pour y répondre
à l'appel, et quand il avait attesté sa présence, il décampait. Il s'é-
tait fait le raisonnement que se font la plupart des étudiants. Il ré-
servait ses études pour le moment où il s'agirait de passer ses exa-
mens; il avait résolu d'entasser ses inscriptions de seconde et de
troisième année, puis d'apprendre le Droit sérieusement et d'un
seul coup au dernier moment. Il avait ainsi quinze mois de loisirs
pour naviguer sur l'océan de Paris, pour s'y livrer à la traite des
femmes, ou y pêcher la fortune. Pendant cette semaine, il vit deux
fois madame de Beauséant, chez laquelle il n'allait qu'au moment
où sortait la voiture du marquis d'Adjuda. Pour quelques jours encore cette illustre femme, la plus poétique figure du faubourg
Saint-Germain, resta victorieuse, et fit suspendre le mariage de
mademoiselle de Rochefide avec le marquis d'Adjuda-Pinto. Mais
ces derniers jours, que la crainte de perdre son bonheur rendit les
plus ardents de tous, devaient précipiter la catastrophe. Le marquis
d'Adjuda, de concert avec les Rochefide, avait regardé cette
brouille et ce raccommodement comme une circonstance heureuse :
ils espéraient que madame de Beauséant s'accoutumerait à l'idée de
ce mariage et finirait par sacrifier ses matinées à un avenir prévu
dans la vie des hommes. Malgré les plus saintes promesses renou-

velées chaque jour, monsieur d'Ajuda jouait donc la comédie, et la vicomtesse aimait à être trompée. « Au lieu de sauter noblement par la fenêtre, elle se laissait rouler dans les escaliers, » disait la duchesse de Langeais, sa meilleure amie. Néanmoins, ces dernières lueurs brillèrent assez long-temps pour que la vicomtesse restât à Paris et y servît son jeune parent auquel elle portait une sorte d'affection superstitieuse. Eugène s'était montré pour elle plein de dévouement et de sensibilité dans une circonstance où les femmes ne voient de pitié, de consolation vraie dans aucun regard. Si un homme leur dit alors de douces paroles, il les dit par spéculation.

Dans le désir de parfaitement bien connaître son échiquier avant de tenter l'abordage de la maison de Nucingen, Rastignac voulut se mettre au fait de la vie antérieure du père Goriot, et recueillit des renseignements certains, qui peuvent se réduire à ceci.

Jean-Joachim Goriot était, avant la révolution, un simple ouvrier vermicellier, habile, économe, et assez entreprenant pour avoir acheté le fonds de son maître, que le hasard rendit victime du premier soulèvement de 1789. Il s'était établi rue de la Jussienne, près de la Halle-aux-Blés, et avait eu le gros bon sens d'accepter la présidence de sa section, afin de faire protéger son commerce par les personnages les plus influents de cette dangereuse époque. Cette sagesse avait été l'origine de sa fortune qui commença dans la disette, fausse ou vraie, par suite de laquelle les grains acquirent un prix énorme à Paris. Le peuple se tuait à la porte des boulangers, tandis que certaines personnes allaient chercher sans émeute des pâtes d'Italie chez les épiciers. Pendant cette année, le citoyen Goriot amassa les capitaux qui plus tard lui servirent à faire son commerce avec toute la supériorité que donne une grande masse d'argent à celui qui la possède. Il lui arriva ce qui arrive à tous les hommes qui n'ont qu'une capacité relative. Sa médiocrité le sauva. D'ailleurs, sa fortune n'étant connue qu'au moment où il n'y avait plus de danger à être riche, il n'excita l'envie de personne. Le commerce de grains semblait avoir absorbé toute son intelligence. S'agissait-il de blés, de farines, de grenailles, de reconnaître leurs qualités, les provenances, de veiller à leur conservation, de prévoir les cours, de prophétiser l'abondance ou la pénurie des récoltes, de se procurer les céréales à bon marché, de s'en approvisionner en Sicile, en Ukraine, Goriot n'avait pas son second. A lui voir conduire ses affaires, expliquer les lois sur l'exportation, sur l'importation des grains, étudier leur esprit, saisir leurs défauts, un homme l'eût jugé capable d'être ministre d'État. Patient, actif, énergique, constant, rapide dans ses expéditions, il avait un coup d'œil d'aigle, il devançait tout, prévoyait tout, savait tout, cachait tout ; diplomate pour concevoir, soldat pour marcher. Sorti de sa spécialité, de sa simple et obscure boutique sur le pas de laquelle il demeurait pendant ses heures d'oisiveté, l'épaule appuyée au montant de la porte, il redevenait l'ouvrier stupide et grossier, l'homme incapable de comprendre un raisonnement, insensible à tous les plaisirs de l'esprit, l'homme qui s'endormait au spectacle, un de ces Dolibans parisiens, forts seulement en bêtise. Ces natures se ressemblent presque toutes. A presque toutes, vous trouveriez un sentiment sublime au cœur. Deux sentiments exclusifs avaient rempli le cœur du vermicellier, en avaient absorbé l'humide, comme le commerce des grains employait toute l'intelligence de sa cervelle. Sa femme, fille unique d'un riche fermier de la Brie, fut pour lui l'objet d'une admiration religieuse, d'un amour sans bornes. Goriot avait admiré en elle une nature frêle et forte, sensible et jolie, qui contrastait vigoureusement avec la sienne. S'il est un sentiment inné dans le cœur de l'homme, n'est-ce pas l'orgueil de la protection exercée à tout moment en faveur d'un être faible ? joignez-y l'amour, cette reconnaissance vive de toutes les âmes franches pour le principe de leurs plaisirs, et vous comprendrez une foule de bizarreries morales. Après sept ans de bonheur sans nuages, Goriot, malheureusement pour lui, perdit sa femme : elle commençait à prendre de l'empire sur lui, en dehors de la sphère des sentiments. Peut-être eût-elle cultivé cette nature inerte, peut-être y eût-elle jeté l'intelligence des choses du monde et de la vie. Dans cette situation, le sentiment de la paternité se développa chez Goriot jusqu'à la déraison. Il reporta ses affections trompées par la mort sur ses deux filles, qui, d'abord, satisfirent pleinement tous ses sentiments. Quelque brillantes que fussent les propositions qui lui furent faites par des négociants ou des fermiers jaloux de lui donner leurs filles, il voulut rester veuf. Son beau-père, le seul homme pour lequel il avait eu du penchant, prétendait savoir pertinemment que Goriot avait juré de ne pas faire d'infidélité à sa femme, quoique morte. Les gens de la Halle, incapable de comprendre cette sublime folie, en plaisantèrent, et donnèrent à Goriot quelque grotesque sobriquet. Le premier d'entre eux qui, en buvant le vin d'un marché, s'avisa de le prononcer, reçut du vermicellier un coup de poing sur l'épaule qui l'envoya, la tête la première, sur une borne de la rue Oblin. Le dévouement irréfléchi, l'amour ombrageux et délicat que portait Goriot à ses filles était si connu, qu'un jour un de ses concurrents, voulant le faire partir du marché pour rester maître du cours, lui dit que Delphine venait d'être renversée par un cabriolet. Le vermicellier, pâle et blême, quitta aussitôt la Halle. Il fut malade pendant plusieurs jours par suite de la réaction des sentiments contraires auxquels le livra cette fausse alarme. S'il n'appliqua pas sa tape meurtrière sur l'épaule de cet homme, il le chassa de la Halle en le forçant, dans une circonstance critique, à faire faillite. L'éducation de ses deux filles fut naturellement déraisonnable. Riche de plus de soixante mille livres de rente, et ne dépensant pas douze cents francs pour lui, le bonheur de Goriot était de satisfaire les fantaisies de ses filles : les plus excellents maîtres furent chargés de les douer des talents qui signalent une bonne éducation ; elles eurent une demoiselle de compagnie ; heureusement pour elles, ce fut une femme d'esprit et de goût ; elles allaient à cheval, elles avaient voiture, elles vivaient comme auraient vécu les maîtresses d'un vieux seigneur riche ; il leur suffisait d'exprimer les plus coûteux désirs pour voir leur père s'empressant de les combler ; il ne demandait qu'une caresse en retour de ses offrandes. Goriot mettait ses filles au rang des anges, et nécessairement au-dessus de lui, le pauvre homme ! il aimait jusqu'au mal qu'elles lui faisaient. Quand ses filles furent en âge d'être mariées, elles purent choisir leurs maris suivant leurs goûts : chacune d'elles devait avoir en dot la moitié de la fortune de son père. Courtisée pour sa beauté par le comte de Restaud, Anastasie avait des penchants aristocratiques qui la portèrent à quitter la maison paternelle pour s'élancer dans les hautes sphères sociales. Delphine aimait l'argent : elle épousa Nucingen, banquier d'origine allemande qui devint baron du Saint-Empire. Goriot resta vermicellier. Ses filles et ses gendres se choquèrent bientôt de lui voir continuer ce commerce, quoique ce fût toute sa vie. Après avoir subi pendant cinq ans leurs instances, il consentit à se retirer avec le produit de son fonds, et les bénéfices de ces dernières années ; capital que madame Vauquer, chez laquelle il était venu s'établir, avait estimé rapporter de huit à dix mille livres de rente. Il se jeta dans cette pension par suite du désespoir qui l'avait saisi en voyant ses deux filles obligées par leurs marts de refuser non-seulement de le prendre chez elles, mais encore de l'y recevoir ostensiblement.

Ces renseignements étaient tout ce que savait un monsieur Muret sur le compte du père Goriot, dont il avait acheté le fonds. Les suppositions que Rastignac avait entendu faire par la duchesse de Langeais se trouvaient ainsi confirmées. Ici se termine l'exposition de cette obscure, mais effroyable tragédie parisienne.

Vers la fin de cette première semaine du mois de décembre, Rastignac reçut deux lettres, l'une de sa mère, l'autre de sa sœur aînée. Ces écritures si connues le firent à la fois palpiter d'aise et trembler de terreur. Ces deux frêles papiers contenaient un arrêt de vie ou de mort sur ses espérances. S'il concevait quelque terreur en se rappelant la détresse de ses parents, il avait trop bien éprouvé leur prédilection pour ne pas craindre d'avoir aspiré leurs dernières gouttes de sang. La lettre de sa mère était ainsi conçue :

« Mon cher enfant, je t'envoie ce que tu m'as demandé. Fais un
» bon emploi de cet argent, je ne pourrais, quand il s'agirait de te
» sauver la vie, trouver une seconde fois une somme si considé-
» rable sans que ton père en fût instruit, ce qui troublerait l'har-
» monie de notre ménage. Pour nous la procurer, nous serions
» obligés de donner des garanties sur notre terre. Il m'est impos-
» sible de juger le mérite de projets que je ne connais pas; mais
» de quelle nature sont-ils donc pour te faire craindre de me les
» confier? Cette explication ne demandait pas des volumes, il ne
» nous faut qu'un mot à nous autres mères, et ce mot m'aurait
» évité les angoisses de l'incertitude. Je ne saurais te cacher l'im-
» pression douloureuse que ta lettre m'a causée. Mon cher fils,
» quel est donc le sentiment qui t'a contraint à jeter un tel effroi
» dans mon cœur? tu as dû bien souffrir en m'écrivant, car j'ai
» bien souffert en te lisant. Dans quelle carrière t'engages-tu
» donc? Ta vie, ton bonheur seraient attachés à paraître ce que
» tu n'es pas, à voir un monde où tu ne saurais aller sans faire des
» dépenses d'argent que tu ne peux soutenir, sans perdre un temps
» précieux pour tes études? Mon bon Eugène, crois-en le cœur de
» ta mère, les voies tortueuses ne mènent à rien de grand. La pa-
» tience et la résignation doivent être les vertus des jeunes drais
» qui sont dans ta position. Je ne te gronde pas, je ne voudrais
» communiquer à notre offrande aucune amertume. Mes paroles

» sont celles d'une mère aussi confiante que prévoyante. Si tu sais
» quelles sont tes obligations, je sais, moi, combien ton cœur est
» pur, combien tes intentions sont excellentes. Aussi puis-je te
» dire sans crainte : Va, mon bien-aimé, marche! Je tremble parce
» que je suis mère; mais chacun de tes pas sera tendrement ac-
» compagné de nos vœux et de nos bénédictions. Sois prudent,
» cher enfant. Tu dois être sage comme un homme, les destinées
» de cinq personnes qui te sont chères reposent sur ta tête. Oui,
» toutes nos fortunes sont en toi, comme ton bonheur est le nôtre.
» Nous prions tous Dieu de te seconder dans tes entreprises. Ta
» tante Marcillac a été, dans cette circonstance, d'une bonté in-
» ouïe : elle allait jusqu'à concevoir ce que tu me dis de tes gants.
» Mais elle a un faible pour l'aîné, disait-elle gaiement. Mon Eu-
» gène, aime bien ta tante, je ne te dirai ce qu'elle a fait pour toi
» que quand tu auras réussi; autrement, son argent te brûlerait les
» doigts. Vous ne savez pas, enfants, ce que c'est que de sacrifier
» des souvenirs? Mais que ne vous sacrifierait-on pas? Elle me
» charge de te dire qu'elle te baise au front, et voudrait te com-
» muniquer par ce baiser la force d'être souvent heureux. Cette
» bonne et excellente femme t'aurait écrit si elle n'avait pas la goutte
» aux doigts. Ton père va bien. La récolte de 1819 passe nos es-
» pérances. Adieu, cher enfant, je ne dirai rien de tes sœurs :
» Laure t'écrit. Je lui laisse le plaisir de babiller sur les petits
» événements de la famille. Fasse le ciel que tu réussisses! Oh! oui,
» réussis, mon Eugène, tu m'as fait connaître une douleur trop
» vive pour que je puisse la supporter une seconde fois. J'ai su ce
» que c'était que d'être pauvre, en désirant la fortune pour la
» donner à mon enfant. Allons, adieu. Ne nous laisse pas sans nou-
» velles, et prends ici le baiser que ta mère t'envoie. »

Quand Eugène eut achevé cette lettre, il était en pleurs, il pensait au père Goriot tordant son vermeil et le vendant pour aller payer la lettre de change de sa fille. « Ta mère a tordu ses bijoux! se disait-il. Ta tante a pleuré sans doute en vendant quelques-unes de ses reliques! De quel droit maudirais-tu Anastasie? tu viens d'imiter pour l'égoïsme de ton avenir ce qu'elle a fait pour son amant! Qui, d'elle ou de toi, vaut mieux? » L'étudiant se sentit les entrailles rongées par une sensation de chaleur intolérable. Il voulait renoncer au monde, il voulait ne pas prendre cet argent. Il éprouva ces nobles et beaux remords secrets dont le mérite est rarement apprécié par les hommes quand ils jugent leurs semblables, et qui font souvent absoudre par les anges du ciel le criminel condamné par les juristes de la terre. Rastignac ouvrit la lettre de sa sœur, dont les expressions innocemment gracieuses lui rafraîchirent le cœur.

« Ta lettre est venue bien à propos, cher frère. Agathe et moi
» nous voulions employer notre argent de tant de manières diffé-
» rentes, que nous ne savions plus à quel achat nous résoudre.
» Tu as fait comme le domestique du roi d'Espagne quand il a ren-
» versé les montres de son maître, tu nous as mises d'accord. Vrai-
» ment, nous étions constamment en querelle pour celui de nos
» désirs auquel nous donnerions la préférence, et nous n'avions pas
» deviné, mon bon Eugène, l'emploi qui comprenait tous nos dé-
» sirs. Agathe a sauté de joie. Enfin, nous avons été comme deux
» folles pendant toute la journée, *à telles enseignes* (style de
» tante) que ma mère nous disait de son air sévère : Mais qu'avez-
» vous donc, mesdemoiselles? Si nous avions été grondées un brin,
» nous en aurions été, je crois, encore plus contentes. Une femme
» doit trouver bien du plaisir à souffrir pour celui qu'elle aime!
» Moi seule étais rêveuse et chagrine au milieu de ma joie. Je ferai
» sans doute une mauvaise femme, je suis trop dépensière. Je
» m'étais acheté deux ceintures, un joli poinçon pour percer
» les œillets de mes corsets, des niaiseries, en sorte que j'avais
» moins d'argent que cette grosse Agathe, qui est économe, et en-
» tasse ses écus comme une pie. Elle avait deux cents francs ! Moi,
» mon pauvre ami, je n'ai que cinquante écus. Je suis bien punie,
» je voudrais jeter ma ceinture dans le puits, il me sera toujours
» pénible de la porter. Je t'ai volé. Agathe a été charmante. Elle
» m'a dit : Envoyons les trois cent cinquante francs, à nous deux!
» Mais je n'ai pas tenu à te raconter les choses comme elles se sont
» passées. Sais-tu comment nous avons fait pour obéir à tes com-
» mandements, nous avons pris notre glorieux argent, nous som-
» mes allées nous promener toutes deux, et quand une fois nous
» avons eu gagné la grande route, nous avons couru à Ruffec, où
» nous avons tout bonnement donné la somme à monsieur Grim-
» bert, qui tient le bureau des Messageries royales ! Nous étions lé-
» gères comme des hirondelles en revenant. Est-ce que le bonheur
» nous allégirait? me dit Agathe. Nous nous sommes dit mille choses
» que je ne vous répéterai pas, monsieur le Parisien, il était trop

» question de vous. Oh! cher frère, nous t'aimons bien, voilà tout
» en deux mots. Quant au secret, selon ma tante, de petites mas-
» ques comme nous sont capables de tout, même de se taire. Ma mère
» est allée mystérieusement à Angoulême avec ma tante, et toutes
» deux ont gardé le silence sur la haute politique de leur voyage,
» qui n'a pas eu lieu sans de longues conférences d'où nous avons
» été bannies, ainsi que monsieur le baron. De grandes conjectures
» occupent les esprits dans l'état de Rastignac. La robe de mousse-
» line semée de fleurs à jour que brodent les infantes pour sa ma-
» jesté la reine avance dans le plus profond secret. Il n'y a plus que
» deux laizes à faire. Il a été décidé qu'on ne ferait pas de mur du
» côté de Verteuil, il y aura une baie. Le menu peuple y perdra des
» fruits, des espaliers, mais on y gagnera une belle vue pour les
» étrangers. Si l'héritier présomptif avait besoin de mouchoirs, il
» est prévenu que la douairière de Marcillac, en fouillant dans ses
» trésors et ses malles, désignées sous le nom de Pompéia et d'Her-
» culanum, a découvert une pièce de belle toile de Hollande, qu'elle
» ne se connaissait pas; les princesses Agathe et Laure mettent à ses
» ordres leur fil, leur aiguille, et des mains toujours un peu trop
» rouges. Les deux jeunes princes don Henri et don Gabriel ont
» conservé la funeste habitude de se gorger de raisiné, de faire en-
» rager leurs sœurs, de ne vouloir rien apprendre, de s'amuser à
» dénicher des oiseaux, de tapager, et de couper, malgré les lois
» de l'État, des osiers pour se faire des badines. Le nonce du pape,
» vulgairement appelé monsieur le curé, menace de les excommu-
» nier s'ils continuent à laisser les saints canons de la grammaire
» pour les canons du sureau belliqueux. Adieu, chère frère,
» jamais lettre n'a porté tant de vœux faits pour ton bonheur, ni
» tant d'amour satisfait. Tu auras donc bien des choses à nous dire
» quand tu viendras! Tu me diras tout, à moi, je suis l'aînée. Ma
» tante nous a laissé soupçonner que tu avais des succès dans le
» monde.

L'on parle d'une dame et l'on se tait du reste.

» Avec nous s'entend! Dis donc, Eugène, si tu voulais, nous pour-
» rions nous passer de mouchoirs, et nous te ferions des chemises.
» Réponds-moi vite à ce sujet. S'il te fallait promptement de belles
» chemises bien cousues, nous serions obligées de nous y mettre
» tout de suite; et s'il y avait à Paris des façons que nous ne con-

» nussions pas, tu nous enverrais un modèle, surtout pour les poi-
» gnets. Adieu, adieu! je t'embrasse au front du côté gauche, sur
» la tempe qui m'appartient exclusivement. Je laisse l'autre feuillet
» pour Agathe, qui m'a promis de ne rien lire de ce que je te dis.
» Mais, pour en être plus sûre, je resterai près d'elle pendant
» qu'elle t'écrira. Ta sœur qui t'aime.

» LAURE DE RASTIGNAC. »

— Oh! oui, se dit Eugène, oui, la fortune à tout prix! Des trésors ne payeraient pas ce dévouement. Je voudrais leur apporter tous les bonheurs ensemble. Quinze cent cinquante francs! se dit-il après une pause. Il faut que chaque pièce porte coup! Laure a raison. Nom d'une femme! je n'ai que des chemises de grosse toile. Pour le bonheur d'un autre, une jeune fille devient rusée autant qu'un voleur. Innocente pour elle et prévoyante pour moi, elle est comme l'ange du ciel qui pardonne les fautes de la terre sans les comprendre.

Le monde était à lui! Déjà son tailleur avait été convoqué, sondé, conquis. En voyant monsieur de Trailles, Rastignac avait compris l'influence qu'exercent les tailleurs sur la vie des jeunes gens. Hélas! il n'existe pas de moyenne entre ces deux termes : un tailleur est ou un ennemi mortel, ou un ami donné par la facture. Eugène rencontra dans le sien un homme qui avait compris la paternité de son commerce, et qui se considérait comme un trait d'union entre le présent et l'avenir des jeunes gens. Aussi Rastignac reconnaissant a-t-il fait la fortune de cet homme par un de ces mots auxquels il excella plus tard. — Je lui connais, disait-il, deux pantalons qui ont fait faire des mariages de vingt mille livres de rente.

Quinze cents francs et des habits à discrétion! En ce moment le pauvre Méridional ne douta plus de rien, et descendit au déjeuner avec cet air indéfinissable que donne à un jeune homme la possession d'une somme quelconque. A l'instant où l'argent se glisse dans la poche d'un étudiant, il se dresse en lui-même une colonne fantastique sur laquelle il s'appuie. Il marche mieux qu'auparavant, il se sent un point d'appui pour son levier, il a le regard plein, direct, il a les mouvements agiles; la veille, humble et timide, il aurait reçu des coups; le lendemain, il en donnerait à un premier ministre. Il se passe en lui des phénomènes inouïs : il veut tout et peu tout, il désire à tort et à travers, il est gai, généreux, expansif. Enfin, l'oiseau naguère sans ailes a retrouvé son envergure. L'étudiant sans argent happe un brin de plaisir comme un chien qui dérobe un os à travers mille périls, il le casse, en suce la moelle, et court encore; mais le jeune homme qui fait mouvoir dans son gousset quelques fugitives pièces d'or déguste ses jouissances, il les détaille, il s'y complaît, il se balance dans le ciel, il ne sait plus ce que signifie le mot *misère*. Paris lui appartient tout entier. Age où tout est luisant, où tout scintille et flambe! âge de force joyeuse dont personne ne profite, ni l'homme, ni la femme! âge des dettes et des vives craintes qui décuplent tous les plaisirs! Qui n'a pas pratiqué la rive gauche de la Seine, entre la rue Saint-Jacques et la rue des Saints-Pères, ne connaît rien à la vie humaine! — « Ah! si les femmes de Paris savaient! se disait Rastignac en dévorant les poires cuites, à un liard la pièce, servies par madame Vauquer, elles viendraient se faire aimer ici. » En ce moment un facteur des Messageries royales se présenta dans la salle à manger, après avoir fait sonner la porte à claire-voie. Il demanda monsieur Eugène de Rastignac, auquel il tendit deux sacs à prendre, et un registre à émarger. Rastignac fut alors sanglé comme d'un coup de fouet par le regard profond que lui lança Vautrin.

— Vous aurez de quoi payer des leçons d'armes et des séances au tir, lui dit cet homme.

— Les galions sont arrivés, lui dit madame Vauquer en regardant les sacs.

Mademoiselle Michonneau craignait de jeter les yeux sur l'argent, de peur de montrer sa convoitise.

— Vous avez une bonne mère, dit madame Couture.

— Monsieur a une bonne mère, répéta Poiret.

— Oui, la maman s'est saignée, dit Vautrin. Vous pourrez maintenant faire vos farces, aller dans le monde, y pêcher des dots, et danser avec des comtesses qui ont des fleurs de pêcher sur la tête. Mais croyez-moi, jeune homme, fréquentez le tir.

Vautrin fit le geste d'un homme qui vise son adversaire. Rastignac voulut donner pour boire au facteur, et ne trouva rien dans sa poche. Vautrin fouilla dans la sienne, et jeta vingt sous à l'homme.

— Vous avez bon crédit, reprit-il en regardant l'étudiant.

Rastignac fut forcé de le remercier, quoique depuis les mots aigrement échangés, le jour où il était revenu de chez madame de

Beauséant, cet homme lui fût insupportable. Pendant ces huit jours Eugène et Vautrin étaient restés silencieusement en présence, et s'observaient l'un l'autre. L'étudiant se demandait vainement pourquoi. Sans doute les idées se projettent en raison directe de la force avec laquelle elles se conçoivent, et vont frapper là où le cerveau les envoie, par une loi mathématique comparable à celle qui dirige les bombes au sortir du mortier. Divers en sont les effets. S'il est des natures tendres où les idées se logent et qu'elles ravagent, il est aussi des natures vigoureusement munies, des crânes à remparts d'airain sur lesquels les volontés des autres s'aplatissent et tombent comme les balles devant une muraille; puis il est encore des natures flasques et cotonneuses où les idées d'autrui viennent mourir comme des boulets s'amortissent dans la terre molle des redoutes. Rastignac avait une de ces têtes pleines de poudre qui sautent au moindre choc. Il était trop vivacement jeune pour ne pas être accessible à cette projection des idées, à cette contagion des sentiments dont tant de bizarres phénomènes nous frappent à notre insu. Sa vue morale avait la portée lucide de ses yeux de lynx. Chacun de ses doubles sens avait cette longueur mystérieuse, cette flexibilité d'aller et de retour qui nous émerveille chez les gens supérieurs, bretteurs habiles à saisir le défaut de toutes les cuirasses. Depuis un mois il s'était d'ailleurs développé chez Eugène autant de qualités que de défauts. Ses défauts, le monde et l'accomplissement de ses croissants désirs les lui avaient demandés. Parmi ses qualités se trouvait cette vivacité méridionale qui fait marcher droit à la difficulté pour la résoudre, et qui ne permet pas à un homme d'outre-Loire de rester dans une incertitude quelconque; qualité que les gens du Nord nomment un défaut : pour eux, si ce fut l'origine de la fortune de Murat, ce fut aussi la cause de sa mort. Il faudrait conclure de là que quand un Méridional sait unir la fourberie du Nord à l'audace d'outre-Loire, il est complet et reste roi de Suède. Rastignac ne pouvait donc pas demeurer long-temps sous le feu des batteries de Vautrin sans savoir si cet homme était son ami ou son ennemi. De moment en moment, il lui semblait que ce singulier personnage pénétrait ses passions et lisait dans son cœur, tandis que chez lui tout était si bien clos qu'il semblait avoir la profondeur immobile d'un sphinx qui sait, voit tout, et ne dit rien. En se sentant le gousset plein, Eugène se mutina.

— Faites-moi le plaisir d'attendre, dit-il à Vautrin qui se levait pour sortir après avoir savouré les dernières gorgées de son café.

— Pourquoi? répondit le quadragénaire en mettant son chapeau à larges bords et prenant une canne en fer avec laquelle il faisait souvent des moulinets en homme qui n'aurait pas craint d'être assailli par quatre voleurs.

— Je vais vous rendre, reprit Rastignac qui défit promptement un sac et compta cent quarante francs à madame Vauquer. Les bons comptes font les bons amis, dit-il à la veuve. Nous sommes quittes jusqu'à la Saint-Sylvestre. Changez-moi ces cent sous.

— Les bons amis font les bons comptes, répéta Poiret en regardant Vautrin.

— Voici vingt sous, dit Rastignac en tendant une pièce au sphinx en perruque.

— On dirait que vous avez peur de me devoir quelque chose? s'écria Vautrin en plongeant un regard divinateur dans l'âme du jeune homme auquel il jeta un de ces sourires goguenards et diogéniques desquels Eugène avait été sur le point de se fâcher cent fois.

— Mais... oui, répondit l'étudiant qui tenait ses deux sacs à la main et s'était levé pour monter chez lui.

Vautrin sortait par la porte qui donnait dans le salon, et l'étudiant se disposait à s'en aller par celle qui menait sur le carré de l'escalier.

— Savez-vous, monsieur le marquis de Rastignacorama, que ce que vous me dites n'est pas exactement poli, dit alors Vautrin en fouettant la porte du salon et venant à l'étudiant qui le regarda froidement.

Rastignac ferma la porte de la salle à manger, en emmenant avec lui Vautrin au bas de l'escalier, dans le carré qui séparait la salle à manger de la cuisine, où se trouvait une porte pleine donnant sur le jardin, et surmontée d'un long carreau garni de barreaux en fer. Là, l'étudiant dit devant Sylvie qui déboucha de sa cuisine : — *Monsieur* Vautrin, je ne suis pas marquis, et je ne m'appelle pas Rastignacorama.

— Ils vont se battre, dit mademoiselle Michonneau d'un air indifférent.

— Se battre! répéta Poiret.

— Que non, répondit madame Vauquer en caressant sa pile d'écus.

— Mais les voilà qui vont sous les tilleuls, cria mademoiselle-Victorine en se levant pour regarder dans le jardin. Ce pauvre jeune homme a pourtant raison.

— Remontons, ma chère petite, dit madame Couture, ces affaires-là ne nous regardent pas.

Quand madame Couture et Victorine se levèrent, elles rencontrèrent, à la porte, la grosse Sylvie qui leur barra le passage.

— Quoi qui n'y a donc? dit-elle. Monsieur Vautrin a dit à monsieur Eugène : Expliquons-nous! Puis il l'a pris par le bras, et les voilà qui marchent dans nos artichauts.

En ce moment Vautrin parut. — Maman Vauquer, dit-il en souriant, ne vous effrayez de rien, je vais essayer mes pistolets sous les tilleuls.

— Oh! monsieur, dit Victorine en joignant les mains, pourquoi voulez-vous tuer monsieur Eugène?

Vautrin fit deux pas en arrière et contempla Victorine. — Autre histoire, s'écria-t-il d'une voix railleuse qui fit rougir la pauvre fille. Il est bien gentil, n'est-ce pas, ce jeune homme-là? reprit-il. Vous me donnez une idée. Je ferai votre bonheur à tous deux, ma belle enfant.

Madame Couture avait pris sa pupille par le bras et l'avait entraînée en lui disant à l'oreille : — Mais, Victorine, vous êtes inconcevable ce matin.

— Je ne veux pas qu'on tire des coups de pistolet chez moi, dit madame Vauquer. N'allez-vous pas effrayer tout le voisinage et amener la police, à c't'heure?

— Allons, du calme, maman Vauquer, répondit Vautrin. Là, là, tout beau, nous irons au tir. Il rejoignit Rastignac, qu'il prit familièrement par le bras : — Quand je vous aurais prouvé qu'à trente-cinq pas je mets cinq fois de suite ma balle dans un as de pique, lui dit-il, cela ne vous ôterait pas votre courage. Vous m'avez l'air d'être un peu rageur et vous vous feriez tuer comme un imbécile.

— Vous reculez, dit Eugène.

— Ne m'échauffez pas la bile, répondit Vautrin. Il ne fait pas froid ce matin, venez nous asseoir là-bas, dit-il en montrant les sièges peints en vert. Là, personne ne nous entendra. J'ai à causer avec vous. Vous êtes un bon petit jeune homme auquel je ne veux pas de mal. Je vous aime, foi de Tromp... (mille tonnerres!), foi de Vautrin. Pourquoi vous aimé-je, je vous le dirai. En attendant, je vous connais comme si je vous avais fait, et vais vous le prouver. Mettez vos sacs là, reprit-il en lui montrant la table ronde.

Rastignac posa son argent sur la table et s'assit en proie à une curiosité que développa chez lui au plus haut degré le changement soudain opéré dans les manières de cet homme, qui, après avoir parlé de le tuer, se posait comme son protecteur.

— Vous voudriez bien savoir qui je suis, ce que j'ai fait, ou ce que je fais, reprit Vautrin. Vous êtes trop curieux, mon petit. Allons, du calme. Vous allez en entendre bien d'autres ! J'ai eu des malheurs. Écoutez-moi d'abord, vous me répondrez après. Voilà ma vie antérieure en trois mots. Qui suis-je? Vautrin. Que fais-je? Ce qui me plaît. Passons. Voulez-vous connaître mon caractère? Je suis bon avec ceux qui me font du bien ou dont le cœur parle au mien. A ceux-là tout est permis, ils peuvent me donner des coups de pied dans les os des jambes sans que je leur dise : *Prends garde !* Mais, nom d'une pipe ! je suis méchant comme le diable avec ceux qui me tracassent, ou qui ne me reviennent pas. Et il est bon de vous apprendre que je me soucie de tuer un homme comme de ça ! dit-il en lançant un jet de salive. Seulement je m'efforce de le tuer proprement, quand il le faut absolument. Je suis ce que vous appelez un artiste. J'ai lu les Mémoires de Benvenuto Cellini, tel que vous me voyez, et en italien encore ! J'ai appris de cet homme-là, qui était un fier luron, à imiter la Providence qui nous tue à tort et à travers, et à aimer le beau partout où il se trouve. N'est-ce pas d'ailleurs une belle partie à jouer que d'être seul contre tous les hommes et d'avoir la chance? J'ai bien réfléchi à la constitution actuelle de votre désordre social. Mon petit, le duel est un jeu d'enfant, une sottise. Quand de deux hommes vivants l'un doit disparaître, il faut être imbécile pour s'en remettre au hasard. Le duel ? croix ou pile ! voilà. Je mets cinq balles de suite dans un as de pique en renfonçant chaque nouvelle balle sur l'autre, et à trente-cinq pas encore ! quand on est doué de ce petit talent-là, l'on peut se croire sûr d'abattre son homme. Eh! bien, j'ai tiré sur un homme à vingt pas, je l'ai manqué. Le drôle n'avait jamais manié de sa vie un pistolet. Tenez ! dit cet homme extraordinaire en défaisant son gilet et montrant sa poitrine velue comme le dos d'un ours, mais garnie d'un crin fauve qui causait une sorte de dégoût mêlé d'effroi, ce blanc-bec m'a roussi le poil, ajouta-t-il en mettant le doigt de Rastignac sur un trou qu'il avait au sein.

Mais dans ce temps-là j'étais un enfant, j'avais votre âge, vingt et un ans. Je croyais encore à quelque chose, à l'amour d'une femme, un tas de bêtises dans lesquelles vous allez vous embarbouiller. Nous nous serions battus, pas vrai? Vous auriez pu me tuer. Supposez que je sois en terre, où seriez-vous? Il faudrait décamper, aller en Suisse, manger l'argent du papa, qui n'en a guère. Je vais vous éclairer, moi, la position dans laquelle vous êtes; mais je vais le faire avec la supériorité d'un homme qui, après avoir examiné les choses d'ici-bas, a vu qu'il n'y avait que deux partis à prendre : ou une stupide obéissance ou la révolte. Je n'obéis à rien, est-ce clair? Savez-vous ce qu'il vous faut, à vous, au train dont vous allez? un million, et promptement; sans quoi, avec notre petite tête, nous pourrions aller flâner dans les filets de Saint-Cloud, pour voir s'il y a un Être-Suprême. Ce million, je vais vous le donner. Il fit une pause en regardant Eugène. — Ah! ah! vous faites meilleure mine à votre petit papa Vautrin. En entendant ce mot-là, vous êtes comme une jeune fille à qui l'on dit : A ce soir, et qui se toilette en se pourléchant comme un chat qui boit du lait. A la bonne heure. Allons donc! A nous deux! Voici votre compte, jeune homme. Nous avons, là-bas, papa, maman, grand'tante, deux sœurs (dix-huit et dix-sept ans), deux petits frères (quinze et dix ans), voilà le contrôle de l'équipage. La tante élève vos sœurs. Le curé vient apprendre le latin aux deux frères. La famille mange plus de bouillie de marrons que de pain blanc, le papa ménage ses culottes, maman se donne à peine une robe d'hiver et une robe d'été, nos sœurs font comme elles peuvent. Je sais tout, j'ai été dans le Midi. Les choses sont comme cela chez vous, si l'on vous envoie douze cents francs par an, et que votre terrine ne rapporte que trois mille francs. Nous avons une cuisinière et un domestique, il faut garder le décorum, papa est baron. Quant à nous, nous avons de l'ambition, nous avons les Bauséant pour alliés et nous allons à pied, nous voulons la fortune et nous n'avons pas le sou, nous mangeons les *ratatouilles* de maman Vauquer et nous aimons les beaux dîners du faubourg Saint-Germain, nous couchons sur un grabat et nous voulons un hôtel! Je ne blâme pas vos vouloirs. Avoir de l'ambition, mon petit cœur, ce n'est pas donné à tout le monde. Demandez aux femmes quels hommes elles recherchent, les ambitieux. Les ambitieux ont les reins plus forts, le sang plus riche en fer, le cœur plus chaud que ceux des autres hommes. Et la femme se trouve si heureuse et si belle aux heures où elle est forte, qu'elle préfère à tous les hommes celui dont la force est énorme, fût-elle en danger d'être brisée par lui. Je fais l'inventaire de vos désirs afin de vous poser la question. Cette question, la voici. Nous avons une faim de loup, nos quenottes sont incisives, comment nous y prendrons-nous pour approvisionner la marmite? Nous avons d'abord le Code à manger, ce n'est pas amusant, et ça n'apprend rien ; mais il le faut. Soit. Nous nous faisons avocat pour devenir président d'une cour d'assises, envoyer les pauvres diables qui valent mieux que nous avec T. F. sur l'épaule, afin de prouver aux riches qu'ils peuvent dormir tranquillement. Ce n'est pas drôle, et puis c'est long. D'abord, deux années à droguer dans Paris, à regarder, sans y toucher, les *nanans* dont nous sommes friands. C'est fatigant de désirer toujours sans jamais se satisfaire. Si vous étiez pâle et de la nature des mollusques, vous n'auriez rien à craindre ; mais nous avons le sang fiévreux des lions et un appétit à faire vingt sottises par jour. Vous succomberez donc à ce supplice, le plus horrible que nous ayons aperçu dans l'enfer du bon Dieu. Admettons que vous soyez sage, que vous buviez du lait et que vous fassiez des élégies; il faudra, généreux comme vous l'êtes, commencer, après bien des ennuis et des privations à rendre un chien enragé, par devenir le substitut de quelque drôle, dans un trou de ville où le gouvernement vous jettera mille francs d'appointements, comme on jette une soupe à un dogue de boucher. Aboie après les voleurs, plaide pour le riche, fais guillotiner des gens de cœur. Bien obligé! Si vous n'avez pas de protections, vous pourrirez dans votre tribunal de province. Sous trente ans, vous serez juge à douze cents francs par an, si vous n'avez pas encore jeté la robe aux orties. Quand vous aurez atteint la quarantaine, vous épouserez quelque fille de meunier, riche d'environ six mille livres de rente. Merci. Ayez des protections, vous serez procureur du roi à trente ans, avec mille écus d'appointements, et vous épouserez la fille du maire. Si vous faites quelques-unes de ces petites bassesses politiques, comme de lire ur un bulletin Villèle au lieu de Manuel (ça rime, ça met la conscience en repos), vous serez, à quarante ans, procureur général, et pourrez devenir député. Remarquez, mon cher enfant, que nous aurons fait des accrocs à notre petite conscience, que nous aurons eu vingt ans d'ennuis, de misères secrètes, et que nos sœurs auront coiffé sainte Catherine. J'ai l'honneur de vous faire observer de plus qu'il n'y a que vingt procureurs généraux en France, et que vous êtes vingt mille aspirants au grade, parmi lesquels il se rencontre des farceurs qui vendraient leur famille pour monter d'un cran. Si le métier vous dégoûte, voyons autre chose. Le baron de Rastignac veut-il être avocat? Oh! joli. Il faut pâtir pendant dix ans, dépenser mille francs par mois, avoir une bibliothèque, un cabinet, aller dans le monde, baiser la robe d'un avoué pour avoir des causes, balayer le palais avec sa langue. Si ce métier vous menait à bien, je ne dirais pas non; mais trouvez-moi dans Paris cinq avocats qui, à cinquante ans, gagnent plus de cinquante mille francs par an? Bah! plutôt que de m'amoindrir ainsi l'âme, j'aimerais mieux me faire corsaire. D'ailleurs, où prendre des écus? Tout ça n'est pas gai. Nous avons une ressource dans la dot d'une femme. Voulez-vous vous marier? ce sera vous mettre une pierre au cou; puis, si vous vous mariez pour de l'argent, que deviennent nos sentiments d'honneur, notre noblesse! Autant commencer aujourd'hui votre révolte contre les conventions humaines. Ce ne serait rien que se coucher comme un serpent devant une femme, lécher les pieds de la mère, faire des bassesses à dégoûter une truie, pouah! si vous trouviez au moins le bonheur. Mais vous serez malheureux comme les pierres d'égout avec une femme que vous aurez épousée ainsi. Vaut encore mieux guerroyer avec les hommes que de lutter avec sa femme. Voilà le carrefour de la vie, jeune homme, choisissez. Vous avez déjà choisi : vous avez été chez notre cousin de Beauséant, et vous y avez flairé le luxe. Vous avez été chez madame de Restaud, la fille du père Goriot, et vous y avez flairé la Parisienne. Ce jour-là vous êtes revenu avec un mot écrit sur votre front, et que j'ai bien su lire : *Parvenir!* parvenir à tout prix. Bravo! ai-je dit, voilà un gaillard qui me va. Il vous a fallu de l'argent. Où en prendre? Vous avez saigné vos sœurs. Tous les frères *flouent* plus ou moins leurs sœurs. Vos quinze cents francs arrachés, Dieu sait comme! dans un pays où l'on trouve plus de châtaignes que de pièces de cent sous, vont filer comme des soldats à la maraude. Après, que ferez-vous? vous travaillerez? Le travail, compris comme vous le comprenez en ce moment, donne, dans les vieux jours un appartement chez maman Vauquer, à des gars de la force de Poiret. Une rapide fortune est le problème que se proposent de résoudre en ce moment cinquante mille jeunes gens qui se trouvent tous dans votre position. Vous êtes une unité de ce nombre-là. Jugez des efforts que vous avez à faire et de l'acharnement du combat. Il faut vous manger les uns les autres comme des araignées dans un pot, attendu qu'il n'y a pas cinquante mille bonnes places. Savez-vous comment on fait son chemin ici? par l'éclat du génie ou par l'adresse de la corruption. Il faut entrer dans cette masse d'hommes comme un boulet de canon, ou s'y glisser comme une peste. L'honnêteté ne sert à rien. L'on plie sous le pouvoir du génie, on le hait, on tâche de le calomnier, parce qu'il prend sans partager; mais on plie s'il persiste; en un mot, on l'adore à genoux quand on n'a pas pu l'enterrer sous la boue. La corruption est en force, le talent est rare. Ainsi, la corruption est l'arme de la médiocrité qui abonde, et vous en sentirez partout la pointe. Vous verrez des femmes dont les maris ont six mille francs d'appointements pour tout potage, et qui dépensent plus de dix mille francs à leur toilette. Vous verrez des employés à douze cents francs acheter des terres. Vous verrez des femmes se prostituer pour aller dans la voiture du fils d'un pair de France, qui peut courir à Longchamps sur la chaussée du milieu. Vous avez vu le pauvre bêta de père Goriot obligé de payer la lettre de change endossée par sa fille, dont le mari a cinquante mille livres de rente. Je vous défie de faire deux pas dans Paris sans rencontrer des manigances infernales. Je parierais ma tête contre un pied de cette salade que vous donnerez dans un guêpier chez la première femme qui vous plaira, fût-elle riche, belle et jeune. Toutes sont bricolées par les lois, en guerre avec leurs maris à propos de tout. Je n'en finirais pas s'il fallait vous expliquer les trafics qui se font pour des amants, pour des chiffons, pour des enfants, pour le ménage ou pour la vanité, rarement par vertu, soyez-en sûr. Aussi l'honnête homme est-il l'ennemi commun. Mais que croyez-vous que soit l'honnête homme? A Paris, l'honnête homme est celui qui se tait, et refuse de partager. Je ne vous parle pas de ces pauvres ilotes qui partout font la besogne sans être jamais récompensés de leurs travaux, et que je nomme la confrérie des savates du bon Dieu. Certes, là est la vertu dans toute la fleur de sa bêtise, mais là est la misère. Je vois d'ici la grimace de ces braves gens si Dieu nous faisait la mauvaise plaisanterie de s'absenter au jugement dernier. Si donc vous voulez promptement la fortune, il faut être déjà riche ou le paraître. Pour s'enrichir, il s'agit ici de jouer de grands coups; autrement on carotte, et votre serviteur. Si dans les cent professions que vous pouvez embrasser, il se rencontre dix hommes qui réussissent vite, le public les appelle des voleurs. Tirez vos conclusions. Voilà la vie telle qu'elle est. Ça n'est pas plus beau que la cuisine, ça pue tout autant, et il faut se salir les mains si l'on veut fricoter; sachez seulement vous bien débarbouiller : là est toute la morale de notre époque. Si je vous parle ainsi du monde, il m'en a donné le droit, je le connais. Croyez-vous que je le blâme? du tout. Il a toujours été ainsi. Les moralistes ne le changeront jamais. L'homme est imparfait. Il est parfois plus ou moins hypocrite, et les niais disent alors qu'il a ou n'a pas de mœurs. Je n'accuse pas les riches en faveur du peuple : l'homme est le même en haut, en bas, au milieu. Il se rencontre par chaque million de ce haut bétail dix lurons qui se mettent au-dessus de tout, même des lois; j'en suis. Vous, si vous êtes un homme supérieur, allez en droite ligne et la tête haute. Mais il faudra lutter contre l'envie, la calomnie, la médiocrité, contre tout le monde. Napoléon a rencontré un ministre de la guerre qui s'appelait Aubry, et qui a failli l'envoyer aux colonies. Tâtez-vous ! Voyez si vous pourrez vous lever tous les matins avec plus de volonté que vous n'en aviez la veille. Dans ces conjonctures, je vais vous faire une proposition que personne ne refuserait. Écoutez bien. Moi, voyez-vous, j'ai une idée. Mon idée est d'aller vivre de la vie patriarcale au milieu d'un grand domaine, cent mille arpents, par exemple, aux États-Unis, dans le sud. Je veux m'y faire planteur, avoir des esclaves, gagner quelques bons petits millions à vendre mes bœufs, mon tabac, mes bois, en vivant comme un souverain, en faisant mes volontés, en menant une vie qu'on ne conçoit pas ici, où l'on se tapit dans un terrier de plâtre. Je suis un grand poète. Mes poésies, je ne les écris pas : elles consistent en actions et en sentiments. Je possède en ce moment cinquante mille francs qui me donneraient à peine quarante nègres. J'ai besoin de deux cent mille francs, parce que je veux deux cents nègres, afin de satisfaire mon goût pour la vie patriarcale. Des nègres, voyez-vous? c'est des enfants tout venus dont on fait ce qu'on veut, sans qu'un curieux de procureur du roi arrive vous en demander compte. Avec ce capital noir, en dix ans j'aurai trois ou quatre millions. Si je réussis, personne ne me demandera : Qui es-tu? Je serai monsieur Quatre-Millions, citoyen des États-Unis. J'aurai cinquante ans, je ne serai pas encore pourri, je m'amuserai à ma façon. En deux mots, si je vous procure une dot d'un million, me donnerez-vous deux cent mille francs? Vingt pour cent de commission, hein! est-ce trop cher? Vous vous ferez aimer de votre petite femme. Une fois marié, vous manifesterez des inquiétudes, des remords, vous ferez le triste pendant quinze jours. Une nuit, après quelques singeries, vous déclarerez, entre deux baisers, deux cent mille francs de dettes à votre femme, en lui disant : Mon amour! Ce vaudeville est joué tous les jours par les jeunes gens les plus distingués. Une jeune femme ne refuse pas sa bourse à celui qui lui prend le cœur. Croyez-vous que vous y perdrez? Non. Vous trouverez le moyen de regagner vos deux cent mille francs dans une affaire. Avec votre argent et votre esprit, vous amasserez une fortune aussi considérable que vous pourrez la souhaiter. *Ergo* vous aurez fait, en six mois de temps, votre bonheur, celui d'une femme aimable et celui de votre papa Vautrin, sans compter celui de votre famille qui souffle dans ses doigts, l'hiver, faute de bois. Ne vous étonnez ni de ce que je vous propose, ni de ce que je vous demande! Sur soixante beaux mariages qui ont lieu dans Paris, il y en a quarante-sept qui donnent lieu à des marchés semblables. La Chambre des Notaires a forcé monsieur...

— Que faut-il que je fasse? dit avidement Rastignac en interrompant Vautrin.

— Presque rien, répondit cet homme en laissant échapper un mouvement de joie semblable à la sourde expression d'un pêcheur qui sent un poisson au bout de sa ligne. Écoutez-moi bien! Le cœur d'une pauvre fille malheureuse et misérable est l'éponge la plus avide à se remplir d'amour, une éponge sèche qui se dilate aussitôt qu'il y tombe une goutte de sentiment. Faire la cour à une jeune personne qui se rencontre dans des conditions de solitude, de désespoir et de pauvreté sans qu'elle se doute de sa fortune à venir! dam! c'est quinte et quatorze en main, c'est connaître les numéros à la loterie, c'est jouer sur les rentes en sachant les nouvelles. Vous construisez sur pilotis un mariage indestructible. Viennent des millions à cette jeune fille, elle vous les jettera aux pieds, comme si c'était des cailloux. — Prends, mon bien-aimé! Prends, Adolphe! Alfred! Prends, Eugène! dira-t-elle si Adolphe, Alfred ou Eugène ont eu le bon esprit de se sacrifier pour elle. Ce que j'entends par des sacrifices, c'est vendre un viel habit afin d'aller au Cadran-

Bleu manger ensemble des croûtes aux champignons ; de là, le soir, à l'Ambigu-Comique ; c'est mettre sa montre au Mont-de-Piété pour lui donner un châle. Je ne vous parle pas du gribouillage de l'amour ni des fariboles auxquelles tiennent tant les femmes, comme, par exemple, de répandre des gouttes d'eau sur le papier à lettre en manière de larmes quand on est loin d'elles : vous m'avez l'air de connaître parfaitement l'argot du cœur. Paris, voyez-vous, es comme une forêt du Nouveau-Monde, où s'agitent vingt espèces de peuplades sauvages, les Illinois, les Hurons, qui vivent du produit que donnent les différentes chasses sociales ; vous êtes un chasseur de millions. Pour les prendre, vous usez de piéges, de pipeaux, d'appeaux. Il y a plusieurs manières de chasser. Les uns chassent à la dot ; les autres chassent à la liquidation ; ceux-ci pêchent des consciences, ceux-là vendent leurs abonnés pieds et poings liés. Celui qui revient avec sa gibecière bien garnie est salué, fêté, reçu dans la bonne société. Rendons justice à ce sol hospitalier, vous avez affaire à la ville la plus complaisante qui soit dans le monde. Si les fières aristocraties de toutes les capitales de l'Europe refusent d'admettre dans leurs rangs un millionnaire infâme, Paris lui tend les bras, court à ses fêtes, mange ses dîners et trinque avec son infamie.

— Mais où trouver une fille ? dit Eugène.

— Elle est à vous, devant vous !

— Mademoiselle Victorine ?

— Juste !

— Eh ! comment ?

— Elle vous aime déjà, votre petite baronne de Rastignac !

— Elle n'a pas un sou, reprit Eugène étonné.

— Ah ! nous y voilà. Encore deux mots, dit Vautrin, et tout s'éclaircira. Le père Taillefer est un vieux coquin qui passe pour avoir assassiné l'un de ses amis pendant la révolution. C'est un de mes gaillards qui ont de l'indépendance dans les opinions. Il est banquier, principal associé de la maison Frédéric Taillefer et compagnie. Il a un fils unique, auquel il veut laisser son bien, au détriment de Victorine. Moi, je n'aime pas ces injustices-là. Je suis comme don Quichotte, j'aime à prendre la défense du faible contre le fort. Si la volonté de Dieu était de lui retirer son fils, Taillefer reprendrait sa fille ; il voudrait un héritier quelconque, une bêtise qui est dans la nature, et il ne peut plus avoir d'enfants, je le sais.

Victorine est douce et gentille, elle aura bientôt entortillé son père, et le fera tourner comme une toupie d'Allemagne avec le fouet du sentiment! Elle sera trop sensible à votre amour pour vous oublier, vous l'épouserez. Moi, je me charge du rôle de la Providence, je ferai vouloir le bon Dieu. J'ai un ami pour qui je me suis dévoué, un colonel de l'armée de la Loire qui vient d'être employé dans la garde royale. Il écoute mes avis, et s'est fait ultra-royaliste : ce n'est pas un de ces imbéciles qui tiennent à leurs opinions. Si j'ai encore un conseil à vous donner, mon ange, c'est de ne pas plus tenir à vos opinions qu'à vos paroles. Quand on vous les demandera, vendez-les. Un homme qui se vante de ne jamais changer d'opinion est un homme qui se charge d'aller toujours en ligne droite, un niais qui croit à l'infaillibilité. Il n'y a pas de principes, il n'y a que des événements; il n'y a pas de lois, il n'y a que des circonstances : l'homme supérieur épouse les événements et les circonstances pour les conduire. S'il y avait des principes et des lois fixes, les peuples n'en changeraient pas comme nous changeons de chemises. L'homme n'est pas tenu d'être plus sage que toute une nation. L'homme qui a rendu le moins de services à la France est un fétiche vénéré pour avoir toujours vu en rouge, il est tout au plus bon à mettre au Conservatoire, parmi les machines, en l'étiquetant La Fayette ; tandis que le prince auquel chacun lance sa pierre, et qui méprise assez l'humanité pour lui cracher au visage autant de serments qu'elle en demande, a empêché le partage de la France au congrès de Vienne : on lui doit des couronnes, on lui jette de la boue. Oh! je connais les affaires, moi! j'ai les secrets de bien des hommes! Suffit. j'aurai une opinion inébranlable le jour où j'aurai rencontré trois têtes d'accord sur l'emploi d'un principe, et j'attendrai long-temps! L'on ne trouve pas dans les tribunaux trois juges qui aient le même avis sur un article de loi. Je reviens à mon homme. Il remettrait Jésus-Christ en croix si je le lui disais. Sur un seul mot de son papa Vautrin, il cherchera querelle à ce drôle qui n'envoie pas seulement cent sous à sa pauvre sœur, et... Ici Vautrin se leva, se mit en garde, et fit le mouvement d'un maître d'armes qui se fend. — Et, à l'ombre, ajouta-t-il.

— Quelle horreur! dit Eugène. Vous voulez plaisanter, monsieur Vautrin?

— Là, là, là, du calme, reprit cet homme. Ne faites pas l'enfant : cependant, si cela peut vous amuser, courroucez-vous, emportez-vous ! Dites que je suis un infâme, un scélérat, un coquin, un bandit, mais ne m'appelez ni escroc, ni espion ! Allez, dites, lâchez votre bordée ! Je vous pardonne, c'est si naturel à votre âge ! J'ai été comme ça, moi ! Seulement, réfléchissez. Vous ferez pis quelque jour. Vous irez coqueter chez quelque jolie femme et vous recevrez de l'argent. Vous y avez pensé ! dit Vautrin ; car comment réussirez-vous, si vous n'escomptez pas votre amour ? La vertu, mon cher étudiant, ne se scinde pas : elle est ou n'est pas. On nous parle de faire pénitence de nos fautes. Encore un joli système que celui en vertu duquel on est quitte d'un crime avec un acte de contrition ! Séduire une femme pour arriver à vous poser sur tel bâton de l'échelle sociale, jeter la zizanie entre les enfants d'une famille, enfin toutes les infamies qui se pratiquent sous le manteau d'une cheminée ou autrement dans un but de plaisir ou d'intérêt personnel, croyez-vous que ce soient des actes de foi, d'espérance et de charité ? Pourquoi deux mois de prison au dandy qui, dans une nuit, ôte à un enfant la moitié de sa fortune, et pourquoi le bagne au pauvre diable qui vole un billet de mille francs avec les circonstances aggravantes ? Voilà vos lois. Il n'y a pas un article qui n'arrive à l'absurde. L'homme en gants et à paroles jaunes a commis des assassinats où l'on ne verse pas de sang, mais où l'on en donne ; l'assassin a ouvert une porte avec un monseigneur : deux choses nocturnes ! Entre ce que je vous propose et ce que vous ferez un jour, il n'y a que le sang de moins. Vous croyez à quelque chose de fixe dans ce monde-là ! Méprisez donc les hommes, et voyez les mailles par où l'on peut passer à travers le réseau du Code. Le secret des grandes fortunes sans cause apparente est un crime oublié, parce qu'il a été proprement fait.

— Silence, monsieur, je ne veux pas en entendre davantage, vous me feriez douter de moi-même. En ce moment le sentiment est toute ma science.

— A votre aise, bel enfant. Je vous croyais plus fort, dit Vautrin, je ne vous dirai plus rien. Un dernier mot, cependant. Il regarda fixement l'étudiant : Vous avez mon secret, lui dit-il.

— Un jeune homme qui vous refuse saura bien l'oublier.

— Vous avez bien dit cela, ça me fait plaisir. Un autre, voyez-vous, sera moins scrupuleux. Souvenez-vous de ce que je veux faire pour vous. Je vous donne quinze jours. C'est à prendre ou à laisser.

— Quelle tête de fer a donc cet homme ! se dit Rastignac en voyant Vautrin s'en aller tranquillement, sa canne sous le bras. Il m'a dit crûment ce que madame de Beauséant me disait en y mettant des formes. Il me déchirait le cœur avec des griffes d'acier. Pourquoi veux-je aller chez madame de Nucingen ? Il a deviné mes motifs aussitôt que je les ai conçus. En deux mots, ce brigand m'a dit plus de choses sur la vertu que ne m'en ont dit les hommes et les livres. Si la vertu ne souffre pas de capitulation, j'ai donc volé mes sœurs ? dit-il en jetant le sac sur la table. Il s'assit, et resta là plongé dans une étourdissante méditation. — Être fidèle à la vertu, martyre sublime ! Bah ! tout le monde croit à la vertu ; mais qui est vertueux ? Les peuples ont la liberté pour idole ; mais où est sur la terre un peuple libre ? Ma jeunesse est encore bleue comme un ciel sans nuage : vouloir être grand ou riche, n'est-ce pas se résoudre à mentir, plier, ramper, se redresser, flatter, dissimuler ? n'est-ce pas consentir à se faire le valet de ceux qui ont menti, plié, rampé ? Avant d'être leur complice, il faut les servir. Eh bien, non. Je veux travailler noblement, saintement ; je veux travailler jour et nuit, ne devoir ma fortune qu'à mon labeur. Ce sera la plus lente des fortunes, mais chaque jour ma tête reposera sur mon oreiller sans une pensée mauvaise. Qu'y a-t-il de plus beau que de contempler sa vie et de la trouver pure comme un lis ? Moi et la vie, nous sommes comme un jeune homme et sa fiancée. Vautrin m'a fait voir ce qui arrive après dix ans de mariage. Diable ! ma tête se perd. Je ne veux penser à rien, le cœur est un bon guide.

Eugène fut tiré de sa rêverie par la voix de la grosse Sylvie, qui lui annonça son tailleur, devant lequel il se présenta, tenant à la main ses deux sacs d'argent, et il ne fut pas fâché de cette circonstance. Quand il eut essayé ses habits du soir, il remit sa nouvelle toilette du matin, qui le métamorphosait complétement. — Je vaux bien monsieur de Trailles, se dit-il. Enfin j'ai l'air d'un gentilhomme !

— Monsieur, dit le père Goriot en entrant chez Eugène, vous m'avez demandé si je connaissais les maisons où va madame de Nucingen ?

— Oui !

— Eh bien, elle va lundi prochain au bal du maréchal Carigliano. Si vous pouvez y être, vous me direz si mes deux filles se sont bien amusées, comment elles seront mises, enfin tout.

— Comment avez-vous su cela, mon bon père Goriot? dit Eugène en le faisant asseoir à son feu.

— Sa femme de chambre me l'a dit. Je sais tout ce qu'elles font par Thérèse et par Constance, reprit-il d'un air joyeux. Le vieillard ressemblait à un amant encore assez jeune pour être heureux d'un stratagème qui le met en communication avec sa maîtresse sans qu'elle puisse s'en douter. — Vous les verrez, vous! dit-il en exprimant avec naïveté une douloureuse envie.

— Je ne sais pas, répondit Eugène. Je vais aller chez madame de Beauséant lui demander si elle peut me présenter à la maréchale. Eugène pensait avec une sorte de joie intérieure à se montrer chez la vicomtesse mis comme il le serait désormais. Ce que les moralistes nomment les abîmes du cœur humain sont uniquement les décevantes pensées, les involontaires mouvements de l'intérêt personnel. Ces péripéties, le sujet de tant de déclamations, ces retours soudains sont des calculs faits au profit de nos jouissances. En se voyant bien mis, bien ganté, bien botté, Rastignac oublia sa vertueuse résolution. La jeunesse n'ose pas se regarder au miroir de la conscience quand elle verse du côté de l'injustice, tandis que l'âge mûr s'y est vu : là gît toute la différence entre ces deux phases de la vie. Depuis quelques jours les deux voisins, Eugène et le père Goriot, étaient devenus bons amis. Leur secrète amitié tenait aux raisons psychologiques qui avaient engendré des sentiments contraires entre Vautrin et l'étudiant. Le hardi philosophe qui voudra constater les effets de nos sentiments dans le monde physique trouvera sans doute plus d'une preuve de leur effective matérialité dans les rapports qu'ils créent entre nous et les animaux. Quel physiognomoniste est plus prompt à deviner un caractère qu'un chien l'est à savoir si un inconnu l'aime ou ne l'aime pas? Les *atomes crochus*, expression proverbiale dont chacun se sert, sont un de ces faits qui restent dans les langages pour démentir les niaiseries philosophiques dont s'occupent ceux qui aiment à vanner les épluchures des mots primitifs. On se sent aimé. Le sentiment s'empreint en toutes choses et traverse les espaces. Une lettre est une âme, elle est un si fidèle écho de la voix qui parle que les esprits délicats la comptent parmi les plus riches trésors de l'amour. Le père Goriot, que son sentiment irréfléchi élevait jusqu'au sublime de la nature canine, avait flairé la compassion, l'admirative bonté, les sympathies juvéniles qui s'étaient émues pour lui dans le cœur de l'étudiant. Cependant cette union naissante n'avait encore amené aucune confidence. Si Eugène avait manifesté le désir de voir madame de Nucingen, ce n'était pas qu'il comptât sur le vieillard pour être introduit par lui chez elle; mais il espérait qu'une indiscrétion pourrait le bien servir. Le père Goriot ne lui avait parlé de ses filles qu'à propos de ce qu'il s'était permis d'en dire publiquement le jour de ses deux visites. — Mon cher monsieur, lui avait-il dit le lendemain, comment avez-vous pu croire que madame de Restaud vous en ait voulu d'avoir prononcé mon nom? Mes deux filles m'aiment bien. Je suis un heureux père. Seulement, mes deux gendres se sont mal conduits envers moi. Je n'ai pas voulu faire souffrir ces chères créatures de mes dissensions avec leurs maris, et j'ai préféré les voir en secret. Ce mystère me donne mille jouissances que ne comprennent pas les autres pères qui peuvent voir leurs filles quand ils veulent. Moi, je ne le peux pas, comprenez-vous? Alors je vais, quand il fait beau, dans les Champs-Élysées, après avoir demandé aux femmes de chambre si mes filles sortent. Je les attends au passage, le cœur me bat quand les voitures arrivent, je les admire dans leur toilette, elles me jettent en passant un petit rire qui me dore la nature comme s'il y tombait un rayon de quelque beau soleil. Et je reste, elles doivent revenir. Je les vois encore! l'air leur a fait du bien, elles sont roses. J'entends dire autour de moi : Voilà une belle femme! Ça me réjouit le cœur. N'est-ce pas mon sang! J'aime les chevaux qui les traînent, et je voudrais être le petit chien qu'elles ont sur leurs genoux. Je vis de leurs plaisirs. Chacun a sa façon d'aimer, la mienne ne fait pourtant de mal à personne, pourquoi le monde s'occupe-t-il de moi? Je suis heureux à ma manière. Est-ce contre les lois que j'aille voir mes filles, le soir, au moment où elles sortent de leurs maisons pour se rendre au bal? Quel chagrin pour moi si j'arrive trop tard, et qu'on me dise : Madame est sortie. Un soir j'ai attendu jusqu'à trois heures du matin pour voir Nasie, que je n'avais pas vue depuis deux jours. J'ai manqué crever d'aise! Je vous en prie, ne parlez de moi que pour dire combien mes filles sont bonnes. Elles veulent me combler de toutes sortes de cadeaux; je les en empêche, je leur dis : Gardez donc votre argent! Que voulez-vous que j'en fasse? Il ne me faut rien. En effet, mon cher monsieur, que suis-je? un méchant cadavre dont l'âme est partout où sont mes filles. Quand vous aurez vu madame de Nucingen, vous me direz celle des deux que vous préférez, dit le bonhomme après un moment de silence en voyant Eugène qui se disposait à partir pour aller se promener aux Tuileries en attendant l'heure de se présenter chez madame de Beauséant.

Cette promenade fut fatale à l'étudiant. Quelques femmes le remarquèrent. Il était si beau, si jeune, et d'une élégance de si bon goût ! En se voyant l'objet d'une attention presque admirative, il ne pensa plus à ses sœurs ni à sa tante dépouillées, ni à ses vertueuses répugnances. Il avait vu passer au-dessus de sa tête ce démon qu'il est si facile de prendre pour un ange, ce Satan aux ailes diaprées, qui sème des rubis, qui jette ses flèches d'or au front des palais, empourpre les femmes, revêt d'un sot éclat les trônes, si simples dans leur origine ; il avait écouté le dieu de cette vanité crépitante dont le clinquant nous semble être un symbole de puissance. La parole de Vautrin, quelque cynique qu'elle fût, s'était logée dans son cœur comme dans le souvenir d'une vierge se grave le profil ignoble d'une vieille marchande à la toilette, qui lui a dit : « Or et amour à flots ! » Après avoir indolemment flâné, vers cinq heures Eugène se présenta chez madame de Beauséant, et il y reçut un de ces coups terribles contre lesquels les cœurs jeunes sont sans armes. Il avait jusqu'alors trouvé la vicomtesse pleine de cette aménité polie, de cette grâce melliflue donnée par l'éducation aristocratique, et qui n'est complète que si elle vient du cœur.

Quand il entra, madame de Beauséant fit un geste sec, et lui dit d'une voix brève : — Monsieur de Rastignac, il m'est impossible de vous voir, en ce moment du moins ! je suis en affaire...

Pour un observateur, et Rastignac l'était devenu promptement, cette phrase, le geste, le regard, l'inflexion de voix, étaient l'histoire du caractère et des habitudes de la caste. Il aperçut la main de fer sous le gant de velours ; la personnalité, l'égoïsme, sous les manières ; le bois, sous le vernis. Il entendit enfin le MOI LE ROI qui commence sous les panaches du trône et finit sous le cimier du dernier gentilhomme. Eugène s'était trop facilement abandonné sur sa parole à croire aux noblesses de la femme. Comme tous les malheureux, il avait signé de bonne foi le pacte délicieux qui doit lier le bienfaiteur à l'obligé, et dont le premier article consacre entre les grands cœurs une complète égalité. La bienfaisance, qui réunit deux êtres en un seul est une passion céleste aussi incomprise, aussi rare que l'est le véritable amour. L'un et l'autre est la prodigalité des belles âmes, Rastignac voulait arriver au bal de la duchesse de Carigliano, il dévora cette bourrasque.

— Madame, dit-il d'une voie émue, s'il ne s'agissait pas d'une chose importante, je ne serais pas venu vous importuner; soyez assez gracieuse pour me permettre de vous voir plus tard. j'attendrai.

— Eh bien! venez dîner avec moi, dit-elle un peu confuse de la dureté qu'elle avait mise dans ses paroles; car cette femme était vraiment aussi bonne que grande.

Quoique touché de ce retour soudain, Eugène se dit en s'en allant : « Rampe, supporte tout. Que doivent être les autres, si, dans un moment, la meilleure des femmes efface les promesses de son amitié, te laisse là comme un vieux soulier? Chacun pour soi, donc? Il est vrai que sa maison n'est pas une boutique, et que j'ai tort d'avoir besoin d'elle. Il faut, comme dit Vautrin, se faire boulet de canon. » Les amères réflexions de l'étudiant furent bientôt dissipées par le plaisir qu'il se promettait en dînant chez la vicomtesse. Ainsi, par une sorte de fatalité, les moindres événements de sa vie conspiraient à le pousser dans la carrière où, suivant les observations du terrible sphinx de la Maison Vauquer, il devait, comme sur un champ de bataille, tuer pour ne pas être tué, tromper pour ne pas être trompé; où il devait déposer à la barrière sa conscience, son cœur, mettre un masque, se jouer sans pitié des hommes, et, comme à Lacédémone, saisir sa fortune sans être vu, pour mériter la couronne. Quand il revint chez la vicomtesse, il la trouva pleine de cette bonté gracieuse qu'elle lui avait toujours témoignée. Tous deux allèrent dans une salle à manger où le vicomte attendait sa femme, et où resplendissait ce luxe de table qui sous la Restauration fut poussé, comme chacun le sait, au plus haut degré. Monsieur de Beauséant, semblable à beaucoup de gens blasés, n'avait plus guère d'autres plaisirs que ceux de la bonne chère; il était en fait de gourmandise de l'école de Louis XVIII et du duc d'Escars. Sa table offrait donc un double luxe, celui du contenant et celui du contenu. Jamais semblable spectacle n'avait frappé les yeux d'Eugène, qui dînait pour la première fois dans une de ces maisons où les grandeurs sociales sont héréditaires. La mode venait de supprimer les soupers qui terminaient autrefois les bals de l'empire. où les militaires avaient besoin de prendre des forces pour se préparer à tous les combats qui les attendaient au dedans comme au dehors. Eugène n'avait encore assisté qu'à des bals. L'aplomb qui le distingua plus tard si éminemment, et qu'il commençait à prendre, l'empêcha de s'ébahir niaisement. Mais en voyant cette argenterie sculptée, et les mille recherches d'une table somptueuse, en admirant pour la première fois un service fait sans bruit, il était difficile à un homme d'ardente imagination de ne pas préférer cette vie constamment élégante à la vie de privations qu'il voulait embrasser le matin. Sa pensée le rejeta pendant un moment dans sa pension bourgeoise ; il en eut une si profonde horreur qu'il se jura de la quitter au mois de janvier, autant pour se mettre dans une maison propre que pour fuir Vautrin, dont il sentait la large main sur son épaule. Si l'on vient à songer aux mille formes que prend à Paris la corruption, parlante ou muette, un homme de bon sens se demande par quelle aberration l'État y met des écoles, y assemble des jeunes gens, comment les jolies femmes y sont respectées, comment l'or étalé par les changeurs ne s'envole pas magiquement de leurs sébiles. Mais si l'on vient à songer qu'il est peu d'exemples de crimes, voire même de délits commis par les jeunes gens, de quel respect ne doit-on pas être pris pour ces patients Tantales qui se combattent eux-mêmes, et sont presque toujours victorieux ! S'il était bien peint dans sa lutte avec Paris, le pauvre étudiant fournirait un des sujets les plus dramatiques de notre civilisation moderne. Madame de Beauséant regardait vainement Eugène pour le convier à parler, il ne voulut rien dire en présence du vicomte.

— Me menez-vous ce soir aux Italiens ? demanda la vicomtesse à son mari.

— Vous ne pouvez douter du plaisir que j'aurais à vous obéir, répondit-il avec une galanterie moqueuse dont l'étudiant fut la dupe, mais je dois aller rejoindre quelqu'un aux Variétés.

— Sa maîtresse, se dit-elle.

— Vous n'avez donc pas d'Adjuda ce soir ? demanda le vicomte.

— Non, répondit-elle avec humeur.

— Eh bien ! s'il vous faut absolument un bras, prenez celui de monsieur de Rastignac.

La vicomtesse regarda Eugène en souriant.

— Ce sera bien compromettant pour vous, dit-elle.

— *Le Français aime le péril, parce qu'il y trouve la gloire,* a dit monsieur de Chateaubriand, répondit Rastignac en s'inclinant.

Quelques moments après il fut emporté près de madame de

Beauséant, dans un coupé rapide, au théâtre à la mode, et crut à quelque féerie lorsqu'il entra dans une loge de face, et qu'il se vit le but de toutes les lorgnettes concurremment avec la vicomtesse, dont la toilette était délicieuse. Il marchait d'enchantements en enchantements.

— Vous avez à me parler, lui dit madame de Beauséant. Ha! tenez, voici madame de Nucingen à trois loges de la nôtre. Sa sœur et monsieur de Trailles sont de l'autre côté.

En disant ces mots, la vicomtesse regardait la loge où devait être mademoiselle de Rochefide, et, n'y voyant pas monsieur d'Adjuda, sa figure prit un éclat extraordinaire.

— Elle est charmante, dit Eugène après avoir regardé madame de Nucingen.

— Elle a les cils blancs.

— Oui, mais quelle jolie taille mince!

— Elle a de grosses mains.

— Les beaux yeux!

— Elle a le visage en long.

— Mais la forme longue a de la distinction.

— Cela est heureux pour elle qu'il y en ait là. Voyez comment elle prend et quitte son lorgnon! Le Goriot perce dans tous ses mouvements, dit la vicomtesse au grand étonnement d'Eugène.

En effet, madame de Beauséant lorgnait la salle et semblait ne pas faire attention à madame de Nucingen, dont elle ne perdait cependant pas un geste. L'assemblée était exquisement belle. Delphine de Nucingen n'était pas peu flattée d'occuper exclusivement le jeune, le beau, l'élégant cousin de madame de Beauséant, il ne regardait qu'elle.

— Si vous continuez à la couvrir de vos regards, vous allez faire scandale, monsieur de Rastignac. Vous ne réussirez à rien, si vous vous jetez ainsi à la tête des gens.

— Ma chère cousine, dit Eugène, vous m'avez déjà bien protégé; si vous voulez achever votre ouvrage, je ne vous demande plus que de me rendre un service qui vous donnera peu de peine et me fera grand bien. Me voilà pris.

— Déjà?

— Oui.

— Et de cette femme?

— Mes prétentions seraient-elles donc écoutées ailleurs? dit-il en lançant un regard pénétrant à sa cousine. Madame la duchesse de Carigliano est attachée à madame la duchesse de Berry, reprist il après une pause, vous devez la voir, ayez la bonté de me présenter chez elle et de m'amener au bal qu'elle donne lundi. J'y rencontrerai madame de Nucingen, et je livrerai ma première escarmouche.

— Volontiers, dit-elle. Si vous vous sentez déjà du goût pour elle, vos affaires de cœur vont très-bien. Voici de Marsay dans la loge de la princesse Galathionne. Madame de Nucingen est au supplice, elle se dépite. Il n'y a pas de meilleur moment pour aborder une femme, surtout une femme de banquier. Ces dames de la Chaussée-d'Antin aiment toutes la vengeance.

— Que feriez-vous donc, vous, en pareil cas?

— Moi, je souffrirais en silence.

En ce moment le marquis d'Adjuda se présenta dans la loge de madame de Beauséant.

— J'ai mal fait mes affaires afin de venir vous retrouver, dit-il, et je vous en instruis pour que ce ne soit pas un sacrifice.

Les rayonnements du visage de la vicomtesse apprirent à Eugène à reconnaître les expressions d'un véritable amour, et à ne pas les confondre avec les simagrées de la coquetterie parisienne. Il admira sa cousine, devint muet et céda sa place à monsieur d'Adjuda en soupirant. « Quelle noble, quelle sublime créature est une femme qui aime ainsi! se dit-il. Et cet homme la trahirait pour une poupée! comment peut-on la trahir? » Il se sentit au cœur une rage d'enfant. Il aurait voulu se rouler aux pieds de madame de Beauséant, il souhaitait le pouvoir des démons afin de l'emporter dans son cœur, comme un aigle enlève de la plaine dans son aire une jeune chèvre blanche qui tette encore. Il était humilié d'être dans ce grand Musée de la beauté sans son tableau, sans une maîtresse à lui. « Avoir une maîtresse et une position quasi royale, se disait-il, c'est le signe de la puissance! » Et il regarda madame de Nucingen comme un homme insulté regarde son adversaire. La vicomtesse se retourna vers lui pour lui adresser sur sa discrétion mille remercîments dans un clignement d'yeux. Le premier acte était fini.

— Vous connaissez assez madame de Nucingen pour lui présenter monsieur de Rastignac? dit-elle au marquis d'Adjuda.

— Mais elle sera charmée de voir monsieur, dit le marquis.

Le beau Portugais se leva, prit le bras de l'étudiant, qui en un clin d'œil se trouva auprès de madame de Nucingen.

— Madame la baronne, dit le marquis, j'ai l'honneur de vous présenter le chevalier Eugène de Rastignac, un cousin de la vicomtesse de Beauséant. Vous faites une si vive impression sur lui, que j'ai voulu compléter son bonheur en le rapprochant de son idole.

Ces mots furent dits avec un certain accent de raillerie qui en faisait passer la pensée un peu brutale, mais qui, bien sauvée, ne déplaît jamais à une femme. Madame de Nucingen sourit, et offrit à Eugène la place de son mari, qui venait de sortir.

— Je n'ose pas vous proposer de rester près de moi, monsieur, lui dit-elle. Quand on a le bonheur d'être auprès de madame de Beauséant, on y reste.

— Mais, lui dit à voix basse Eugène, il me semble, madame, que si je veux plaire à ma cousine, je demeurerai près de vous. Avant l'arrivée de monsieur le marquis, nous parlions de vous et de la distinction de toute votre personne, dit-il à haute voix.

Monsieur d'Adjuda se retira.

— Vraiment, monsieur, dit la baronne, vous allez me rester? Nous ferons donc connaissance, madame de Restaud m'avait déjà donné le plus vif désir de vous voir.

— Elle est donc bien fausse, elle m'a fait consigner à sa porte.

— Comment?

— Madame, j'aurai la conscience de vous en dire la raison; mais je réclame toute votre indulgence en vous confiant un pareil secret. Je suis le voisin de monsieur votre père. J'ignorais que madame de Restaud fût sa fille. J'ai eu l'imprudence d'en parler fort innocemment, et j'ai fâché madame votre sœur et son mari. Vous ne sauriez croire combien madame la duchesse de Langeais et ma cousine ont trouvé cette apostasie filiale de mauvais goût. Je leur ai raconté la scène, elles en ont ri comme des folles. Ce fut alors qu'en faisant un parallèle entre vous et votre sœur, madame de Beauséant me parla de vous en fort bons termes, et me dit combien vous étiez excellente pour mon voisin, monsieur Goriot. Comment, en effet, ne l'aimeriez-vous pas? il vous adore si passionnément que j'en suis déjà jaloux. Nous avons parlé de vous ce matin pendant deux heures. Puis, tout plein de ce que votre père m'a raconté ; ce soir en dînant avec ma cousine, je lui disais que vous ne pouviez pas être aussi belle que vous étiez aimante. Voulant sans doute favoriser une si chaude admiration, madame de Beauséant m'a amené ici, en me disant avec sa grâce habituelle que je vous y verrais.

— Comment, monsieur, dit la femme du banquier, je vous dois déjà de la reconnaissance ? Encore un peu, nous allons être de vieux amis.

— Quoique l'amitié doive être près de vous un sentiment peu vulgaire, dit Rastignac, je ne veux jamais être votre ami.

Ces sottises stéréotypées à l'usage des débutants paraissent toujours charmantes aux femmes, et ne sont pauvres que lues à froid. Le geste, l'accent, le regard d'un jeune homme, leur donnent d'incalculables valeurs. Madame de Nucingen trouva Rastignac charmant. Puis, comme toutes les femmes, ne pouvant rien dire à des questions aussi drûment posées que l'était celle de l'étudiant, elle répondit à autre chose.

— Oui, ma sœur se fait tort par la manière dont elle se conduit avec ce pauvre père, qui vraiment a été pour nous un dieu. Il a fallu que monsieur de Nucingen m'ordonnât positivement de ne voir mon père que le matin, pour que je cédasse sur ce point. Mais j'en ai longtemps été bien malheureuse. Je pleurais. Ces violences, venues après les brutalités du mariage, ont été l'une des raisons qui troublèrent le plus mon ménage. Je suis certes la femme de Paris la plus heureuse aux yeux du monde, la plus malheureuse en réalité. Vous allez me trouver folle de vous parler ainsi. Mais vous connaissez mon père, et, à ce titre, vous ne pouvez pas m'être étranger.

— Vous n'aurez jamais rencontré personne, lui dit Eugène, qui soit animé d'un plus vif désir de vous appartenir. Que cherchez-vous toutes ? le bonheur, reprit-il d'une voix qui allait à l'âme. Eh ! bien, si, pour une femme, le bonheur est d'être aimée, adorée, d'avoir un ami à qui elle puisse confier ses désirs, ses fantaisies, ses chagrins, ses joies ; se montrer dans la nudité de son âme, avec ses jolis défauts et ses belles qualités, sans craindre d'être trahie ; croyez-moi, ce cœur dévoué, toujours ardent, ne peut se rencontrer que chez un homme jeune, plein d'illusions, qui peut mourir sur un seul de vos signes, qui ne sait rien encore du monde et n'en veut rien savoir, parce que vous devenez le monde pour lui. Moi, voyez-vous, vous allez rire de ma naïveté, j'arrive du fond d'une province, entièrement neuf, n'ayant connu que de belles âmes; et je comptais rester sans amour. Il m'est arrivé de voir ma cousine, qui m'a mis trop près de son cœur; elle m'a fait deviner les mille trésors de la passion; je suis, comme Chérubin, l'amant de toutes les femmes, en attendant que je puisse me dévouer à quelqu'une d'entre elles. En vous voyant, quand je suis entré, je me suis senti porté vers vous comme par un courant. J'avais déjà tant pensé à vous! Mais je ne vous avais pas rêvée aussi belle que vous l'êtes en réalité. Madame de Beauséant m'a ordonné de ne pas vous tant regarder. Elle ne sait pas ce qu'il y a d'attrayant à voir vos jolies lèvres rouges, votre teint blanc, vos yeux si doux. Moi aussi, je vous dis des folies, mais laissez-les-moi dire.

Rien ne plaît plus aux femmes que de s'entendre débiter ces douces paroles. La plus sévère dévote les écoute, même quand elle ne doit pas y répondre. Après avoir ainsi commencé, Rastignac défila son chapelet d'une voix coquettement sourde; et madame de Nucingen encourageait Eugène par des sourires en regardant de temps en temps de Marsay, qui ne quittait pas la loge de la princesse Galathionne. Rastignac resta près de madame de Nucingen jusqu'au moment où son mari vint la chercher pour l'emmener.

— Madame, lui dit Eugène, j'aurai le plaisir de vous aller voir avant le bal de la duchesse de Carigliano.

— Puisqui matame fous encache, dit le baron, épais Alsacien dont la figure ronde annonçait une dangereuse finesse, fous êtes sir d'êdre bien ressi.

— Mes affaires sont en bon train, car elle ne s'est pas bien effarouchée en m'entendant lui dire : M'aimerez-vous bien? Le mors est mis à ma bête, sautons dessus et gouvernons-la, se dit Eugène en allant saluer madame de Beauséant qui se levait et se retirait avec d'Adjuda. Le pauvre étudiant ne savait pas que la baronne était distraite, et attendait de de Marsay une de ces lettres décisives qui déchirent l'âme. Tout heureux de son faux succès, Eugène accompagna la vicomtesse jusqu'au péristyle, où chacun attend sa voiture.

— Votre cousin ne se ressemble plus à lui-même, dit le Portugais en riant à la vicomtesse quand Eugène les eut quittés. Il va faire sauter la banque. Il est souple comme une anguille, et je crois qu'il ira loin. Vous seule avez pu lui trier sur le volet une femme au moment où il faut la consoler.

— Mais, dit madame de Beauséant, il faut savoir si elle aime encore celui qui l'abandonne.

L'étudiant revint à pied du Théâtre-Italien à la rue Neuve-Sainte-Geneviève, en faisant les plus doux projets. Il avait bien remarqué l'attention avec laquelle madame de Restaud l'avait examiné, soit dans la loge de la vicomtesse, soit dans celle de madame de Nucingen, et il présuma que la porte de la comtesse ne lui serait plus fermée. Ainsi déjà quatre relations majeures, car il comptait bien plaire à la maréchale, allaient lui être acquises au cœur de la haute société parisienne. Sans trop s'expliquer les moyens, il devinait par avance que, dans le jeu compliqué des intérêts de ce monde, il devait s'accrocher à un rouage pour se trouver en haut de la machine, et il se sentait la force d'en enrayer la roue. « Si madame de Nucingen s'intéresse à moi, je lui apprendrai à gouverner son mari. Ce mari fait des affaires d'or, il pourra m'aider à ramasser tout d'un coup une fortune. » Il ne se disait pas cela crûment, il n'était pas encore assez politique pour chiffrer une situation, l'apprécier et la calculer; ces idées flottaient à l'horizon sous la forme de légers nuages, et, quoiqu'elles n'eussent pas l'âpreté de celles de Vautrin, si elles avaient été soumises au creuset de la conscience elles n'auraient rien donné de bien pur. Les hommes arrivent, par une suite de transactions de ce genre, à cette morale relâchée que professe l'époque actuelle, où se rencontrent plus rarement que dans aucun temps ces hommes rectangulaires, ces belles volontés qui ne se plient jamais au mal, à qui la moindre déviation de la ligne droite semble être un crime : magnifiques images de la probité qui nous ont valu deux chefs-d'œuvre, Alceste de Molière, puis récemment Jenny Deans et son père, dans l'œuvre de Walter Scott. Peut-être l'œuvre opposée, la peinture des sinuosités dans lesquelles un homme du monde, un ambitieux fait rouler sa conscience, en essayant de côtoyer le mal, afin d'arriver à son but en gardant les apparences, ne serait-elle ni moins belle, ni moins dramatique. En atteignant au seuil de sa pension, Rastignac s'était épris de madame de Nucingen, elle lui avait paru svelte, fine comme une hirondelle. L'enivrante douceur de ses yeux, le tissu délicat et soyeux de sa peau sous laquelle il avait cru voir couler le sang, le son enchanteur de sa voix, ses blonds cheveux, il se rappelait tout; et peut-être la marche, en mettant son sang en mouvement, aidait-elle à cette fascination. L'étudiant frappa rudement à la porte du père Goriot.

— Mon voisin, dit-il, j'ai vu madame Delphine.

— Où ?

— Aux Italiens.

— S'amusait-elle bien ? Entrez donc. Et le bonhomme qui s'était levé en chemise, ouvrit sa porte et se recoucha promptement.
— Parlez-moi donc d'elle, demanda-t-il.

Eugène, qui se trouvait pour la première fois chez le père Goriot, ne fut pas maître d'un mouvement de stupéfaction en voyant le bouge où vivait le père, après avoir admiré la toilette de la fille. La fenêtre était sans rideaux; le papier de tenture collé sur les murailles s'en détachait en plusieurs endroits par l'effet de l'humidité, et se recroquevillait en laissant apercevoir le plâtre jauni par la fumée. Le bonhomme gisait sur un mauvais lit, n'avait qu'une maigre couverture et un couvre-pied ouaté fait avec les bons morceaux des vieilles robes de madame Vauquer. Le carreau était humide et plein de poussière. En face de la croisée se voyait une de ces vieilles commodes en bois de rose à ventre renflé, qui ont des mains en cuivre tordu en façon de sarments décorés de feuilles ou de fleurs; un vieux meuble à tablette de bois sur lequel était un pot à eau dans sa cuvette et tous les ustentiles nécessaires pour se faire la barbe. Dans un coin, les souliers; à la tête du lit, une table de nuit sans porte ni marbre; au coin de la cheminée, où il n'y avait pas trace de feu, se trouvait la table carrée, en bois de noyer, dont la barre avait servi au père Goriot à dénaturer son écuelle en vermeil. Un méchant secrétaire sur lequel était le chapeau du bonhomme, un fauteuil foncé de paille et deux chaises complétaient ce mobilier misérable. La flèche du lit, attachée au plancher par une loque, soutenait une mauvaise bande d'étoffes à carreaux rouges et blancs. Le plus pauvre commissionnaire était certes moins mal meublé dans son grenier, que ne l'était le père Goriot chez madame Vauquer. L'aspect de cette chambre donnait froid et serrait le cœur, elle ressemblait au plus triste logement d'une prison. Heureusement Goriot ne vit pas l'expression qui se peignit sur la physionomie d'Eugène quand celui-ci posa sa chandelle sur la table de nuit. Le bonhomme se tourna de son côté en restant couvert jusqu'au menton.

— Eh! bien, qui aimez-vous mieux de madame de Restaud ou de madame de Nucingen?

— Je préfère madame Delphine, répondit l'étudiant, parce qu'elle vous aime mieux.

A cette parole chaudement dite, le bonhomme sortit son bras du lit et serra la main d'Eugène.

— Merci, merci, répondit le vieillard ému. Que vous a-t-elle donc dit de moi?

L'étudiant répéta les paroles de la baronne en les embellissant, et le vieillard l'écouta comme s'il eût entendu la parole de Dieu.

— Chère enfant! oui, oui, elle m'aime bien. Mais ne la croyez pas dans ce qu'elle vous a dit d'Anastasie. Les deux sœurs se jalousent, voyez-vous? c'est encore une preuve de leur tendresse. Madame de Restaud m'aime bien aussi. Je le sais. Un père est avec ses enfants comme Dieu est avec nous, il va jusqu'au fond des cœurs, et juge les intentions. Elles sont toutes deux aussi aimantes. Oh! si j'avais eu de bons gendres, j'aurais été trop heureux. Il n'est sans doute pas de bonheur complet ici-bas. Si j'avais vécu chez elles; mais rien que d'entendre leurs voix, de les savoir là, de les voir aller, sortir, comme quand je les avais chez moi, ça m'eût fait cabrioler le cœur. Étaient-elles bien mises?

— Oui, dit Eugène. Mais, monsieur Goriot, comment, en ayant des filles aussi richement établies que sont les vôtres, pouvez-vous demeurer dans un taudis pareil?

— Ma foi, dit-il, d'un air en apparence insouciant, à quoi cela me servirait-il d'être mieux? Je ne puis guère vous expliquer ces choses-là; je ne sais pas dire deux paroles de suite comme il faut. Tout est là, ajouta-t-il en se frappant le cœur. Ma vie, à moi, est dans mes deux filles. Si elles s'amusent, si elles sont heureuses, bravement mises, si elles marchent sur des tapis, qu'importe de quel drap je sois vêtu, et comment est l'endroit où je me couche? Je n'ai point froid si elles ont chaud, je ne m'ennuie jamais si elles rient. Je n'ai de chagrins que les leurs. Quand vous serez père, quand vous vous direz, en oyant gazouiller vos enfants : C'est sorti de moi! que vous sentirez ces petites créatures tenir à chaque goutte de votre sang, dont elles ont été la fine fleur, car c'est ça! vous vous croirez attaché à leur peau, vous croirez être agité vous-même par leur marche. Leur voix me répond partout. Un regard d'elles, quand il est triste, me fige le sang. Un jour vous saurez que l'on est bien plus heureux de leur bonheur que du sien propre. Je ne peux pas vous expliquer ça : c'est des mouvements intérieurs qui répandent l'aise partout. Enfin, je vis trois fois. Voulez-vous que je vous dise une drôle de chose ? Eh ! bien, quand j'ai été père, j'ai compris Dieu. Il est tout entier partout, puisque la création est sortie de lui. Monsieur, je suis ainsi avec mes filles. Seulement j'aime mieux mes filles que Dieu n'aime le monde, parce que le monde n'est pas si beau que Dieu, et que mes filles sont plus belles que moi. Elles me tiennent si bien à l'âme, que j'avais idée que vous les verriez ce soir. Mon Dieu ! un homme qui rendrait ma petite Delphine aussi heureuse qu'une femme l'est quand elle est bien aimée ; mais je lui cirerais ses bottes, je lui ferais ses commissions. J'ai su par sa femme de chambre que ce petit monsieur de Marsay est un mauvais chien. Il m'a pris des envies de lui tordre le cou. Ne pas aimer un bijou de femme, une voix de rossignol, et faite comme un modèle ! Où a-t-elle eu les yeux d'épouser cette grosse souche d'Alsacien ? Il leur fallait à toutes deux de jolis jeunes gens bien aimables. Enfin, elles on fait à leur fantaisie.

Le père Goriot était sublime. Jamais Eugène ne l'avait pu voir illuminé par les feux de sa passion paternelle. Une chose digne de remarque est la puissance d'infusion que possèdent les sentiments. Quelque grossière que soit une créature, dès qu'elle exprime une affection forte et vraie, elle exhale un fluide particulier qui modifie la physionomie, anime le geste, colore la voix. Souvent l'être le plus stupide arrive, sous l'effort de la passion, à la plus haute éloquence dans l'idée, si ce n'est dans le langage, et semble se mouvoir dans une sphère lumineuse. Il y avait en ce moment dans la voix, dans le geste de ce bonhomme, la puissance communicative qui signale le grand acteur. Mais nos beaux sentiments ne sont-ils pas les poésies de la volonté ?

— Eh ! bien, vous ne serez peut-être pas fâché d'apprendre, lui dit Eugène, qu'elle va rompre sans doute avec ce de Marsay. Ce beau-fils l'a quittée pour s'attacher à la princesse Galathionne. Quant à moi, ce soir, je suis tombé amoureux de madame Delphine.

— Bah ! dit le père Goriot.

— Oui. Je ne lui ai pas déplu. Nous avons parlé amour pendant une heure, et je dois aller la voir après-demain samedi.

— Oh ! que je vous aimerais, mon cher monsieur, si vous lui

plaisiez. Vous êtes bon, vous ne la tourmenteriez point. Si vous la trahissiez, je vous couperais le cou, d'abord. Une femme n'a pas deux amours, voyez-vous? Mon Dieu! mais je dis des bêtises, monsieur Eugène. Il fait froid ici pour vous. Mon Dieu! vous l'avez donc entendue, que vous a-t-elle dit pour moi?

— Rien, se dit en lui-même Eugène. Elle m'a dit, répondit-il à haute voix, qu'elle vous envoyait un bon baiser de fille.

— Adieu, mon voisin, dormez bien, faites de beaux rêves; les miens sont tout faits avec ce mot-là. Que Dieu vous protège dans tous vos désirs! Vous avez été pour moi ce soir comme un bon ange, vous me rapportez l'air de ma fille.

— Le pauvre homme, se dit Eugène en se couchant, il y a de quoi toucher des cœurs de marbre. Sa fille n'a pas plus pensé à lui qu'au Grand-Turc.

Depuis cette conversation, le père Goriot vit dans son voisin un confident inespéré, un ami. Il s'était établi entre eux les seuls rapports par lesquels ce vieillard pouvait s'attacher à un autre homme. Les passions ne font jamais de faux calculs. Le père Goriot se voyait un peu plus près de sa fille Delphine, il s'en voyait mieux reçu, si Eugène devenait cher à la baronne. D'ailleurs il lui avait confié l'une de ses douleurs. Madame de Nucingen, à laquelle mille fois par jour il souhaitait le bonheur, n'avait pas connu les douceurs de l'amour. Certes, Eugène était, pour se servir de son expression, un des jeunes gens les plus gentils qu'il eût jamais vus, et il semblait pressentir qu'il lui donnerait tous les plaisirs dont elle avait été privée. Le bonhomme se prit donc pour son voisin d'une amitié qui alla croissant, et sans laquelle il eût été sans doute impossible de connaître le dénoûment de cette histoire.

Le lendemain matin, au déjeuner, l'affectation avec laquelle le père Goriot regardait Eugène, près duquel il se plaça, les quelques paroles qu'il lui dit, et le changement de sa physionomie, ordinairement semblable à un masque de plâtre, surprirent les pensionnaires. Vautrin, qui revoyait l'étudiant pour la première fois depuis leur conférence, semblait vouloir lire dans son âme. En se souvenant du projet de cet homme, Eugène, qui, avant de s'endormir, avait, pendant la nuit, mesuré le vaste champ qui s'ouvrait à ses regards, pensa nécessairement à la dot de mademoiselle Taillefer, et ne put s'empêcher de regarder Victorine comme le plus vertueux jeune homme regarde une riche héritière. Par hasard, leurs yeux se rencontrèrent. La pauvre fille ne manqua pas de trouver Eugène charmant dans sa nouvelle tenue. Le coup d'œil qu'ils échangèrent fut assez significatif pour que Rastignac ne doutât pas d'être pour elle l'objet de ces confus désirs qui atteignent toutes les jeunes filles et qu'elles rattachent au premier être séduisant. Une voix lui criait : Huit cent mille francs ! Mais tout à coup il se rejeta dans ses souvenirs de la veille, et pensa que sa passion de commande pour madame de Nucingen était l'antidote de ses mauvaises pensées involontaires.

— L'on donnait hier aux Italiens *le Barbier de Séville* de Rossini. Je n'avais jamais entendu de si délicieuse musique, dit-il. Mon Dieu ! est-on heureux d'avoir une loge aux Italiens.

Le père Goriot saisit cette parole au vol comme un chien saisit un mouvement de son maître.

— Vous êtes comme des coqs-en-pâte, dit madame Vauquer, vous autres hommes, vous faites tout ce qui vous plaît.

— Comment êtes-vous revenu ? demanda Vautrin.

— A pied, répondit Eugène.

— Moi, reprit le tentateur, je n'aimerais pas de demi-plaisirs ; je voudrais aller là dans ma voiture, dans ma loge, et revenir bien commodément. Tout ou rien ! voilà ma devise.

— Et qui est bonne, reprit madame Vauquer.

— Vous irez peut-être voir madame de Nucingen, dit Eugène à voix basse à Goriot. Elle vous recevra certes, à bras ouverts ; elle voudra savoir de vous mille petits détails sur moi. J'ai appris qu'elle ferait tout au monde pour être reçue chez ma cousine, madame la vicomtesse de Beauséant. N'oubliez pas de lui dire que je l'aime trop pour ne pas penser à lui procurer cette satisfaction.

Rastignac s'en alla promptement à l'École de droit, il voulait rester le moins de temps possible dans cette odieuse maison. Il flâna pendant presque toute la journée, en proie à cette fièvre de tête qu'ont connue les jeunes gens affectés de trop vives espérances. Les raisonnements de Vautrin le faisaient réfléchir à la vie sociale, au moment où il rencontra son ami Bianchon dans le jardin du Luxembourg.

— Où as-tu pris cet air grave ? lui dit l'étudiant en médecine en lui prenant le bras pour se promener devant le palais.

— Je suis tourmenté par de mauvaises idées.

— En quel genre ? Ça se guérit, les idées.

— Comment ?

— En y succombant.

— Tu ris sans savoir ce dont il s'agit. As-tu lu Rousseau ?

— Oui.

— Te souviens tu de ce passage où il demande à son lecteur ce qu'il ferait au cas où il pourrait s'enrichir en tuant à la Chine par sa seule volonté un vieux mandarin, sans bouger de Paris.

— Oui.

— Eh ! bien ?

— Bah ! J'en suis à mon trente-troisième mandarin.

— Ne plaisante pas. Allons, s'il t'était prouvé que la chose est possible et qu'il te suffit d'un signe de tête, le ferais-tu ?

— Est-il bien vieux, le mandarin ? Mais, bah ! jeune ou vieux, paralytique ou bien portant, ma foi... Diantre ! Eh ! bien, non.

— Tu es un brave garçon, Bianchon. Mais si tu aimais une femme à te mettre pour elle l'âme à l'envers, et qu'il lui fallût de l'argent, beaucoup d'argent pour sa toilette, pour sa voiture, pour toutes ses fantaisies enfin ?

— Mais tu m'ôtes la raison, et tu veux que je raisonne.

— Eh ! bien, Bianchon, je suis fou, guéris-moi. J'ai deux sœurs qui sont des anges de beauté, de candeur, et je veux qu'elles soient heureuses. Où prendre deux cent mille francs pour leur dot d'ici à cinq ans ? Il est, vois-tu, des circonstances dans la vie où il faut jouer gros jeu et ne pas user son bonheur à gagner des sous.

— Mais tu poses la question qui se trouve à l'entrée de la vie pour tout le monde, et tu veux couper le nœud gordien avec l'épée. Pour agir ainsi, mon cher, il faut être Alexandre, sinon l'on va au bagne. Moi, je suis heureux de la petite existence que je me créerai en province, où je succéderai tout bêtement à mon père. Les affections de l'homme se satisfont dans le plus petit cercle aussi pleinement que dans une immense circonférence. Napoléon ne dînait pas deux fois, et ne pouvait pas avoir plus de maîtresses qu'en prend un étudiant en médecine quand il est interne aux Capucins. Notre bonheur, mon cher, tiendra toujours entre la plante de nos pieds et notre occiput ; et qu'il coûte un million par an ou cent louis, la perception intrinsèque en est la même au dedans de nous. Je conclus à la vie du Chinois.

— Merci, tu m'as fait du bien, Bianchon ! nous serons toujours amis.

— Dis donc, reprit l'étudiant en médecine, en sortant du cours de Cuvier au Jardin-des-Plantes je viens d'apercevoir la Michonneau et le Poiret causant sur un banc avec un monsieur que j'ai vu dans les troubles de l'année dernière aux environs de la Chambre des Députés, et qui m'a fait l'effet d'être un homme de la police déguisé en honnête bourgeois vivant de ses rentes. Étudions ce couple-là : je te dirai pourquoi. Adieu, je vais répondre à mon appel de quatre heures.

— Quand Eugène revint à la pension, il trouva le père Goriot qui l'attendait.

— Tenez, dit le bonhomme, voilà une lettre d'elle. Hein, la jolie écriture !

Eugène déchacheta la lettre et lut.

« Monsieur, mon père m'a dit que vous aimiez la musique italienne. Je serais heureuse si vous vouliez me faire le plaisir d'accepter une place dans ma loge. Nous aurons samedi la Fodor et Pellegrini, je suis sûre alors que vous ne me refuserez pas. Monsieur de Nucingen se joint à moi pour vous prier de venir dîner avec nous sans cérémonie. Si vous acceptez, vous le rendrez bien content de n'avoir pas à s'acquitter de sa corvée conjugale en m'accompagnant. Ne me répondez pas, venez, et agréez mes compliments.

» D. DE N. »

— Montrez-la-moi, dit le bonhomme à Eugène quand il eut lu la lettre. Vous irez, n'est-ce pas ? ajouta-t-il après avoir flairé le papier. Cela sent-il bon ! Ses doigts ont touché ça, pourtant !

— Une femme ne se jette pas ainsi à la tête d'un homme, se disait l'étudiant. Elle veut se servir de moi pour ramener de Marsay. Il n'y a que le dépit qui fasse faire de ces choses-là.

— Eh ! bien, dit le père Goriot, à quoi pensez-vous donc ?

Eugène ne connaissait pas le délire de vanité dont certaines femmes étaient saisies en ce moment, et ne savait pas que, pour s'ouvrir une porte dans le faubourg Saint-Germain, la femme d'un banquier était capable de tous les sacrifices. A cette époque, la mode commençait à mettre au-dessus de toutes les femmes celles qui étaient admises dans la société du faubourg Saint-Germain, dites les dames du Petit-Château, parmi lesquelles madame de Beauséant, son amie la duchesse de Langeais et la duchesse de Maufrigneuse tenaient le premier rang. Rastignac seul ignorait la fureur dont étaient saisies les femmes de la Chaussée-d'Antin pour entrer dans le cercle supérieur où brillaient les constellations de leur sexe. Mais sa défiance le servit bien, elle lui donna de la froideur, et le triste pouvoir de poser des conditions au lieu d'en recevoir.

— Oui, j'irai, répondit-il.

Ainsi la curiosité le menait chez madame de Nucingen, tandis que, si cette femme l'eût dédaigné, peut-être y aurait-il été conduit par la passion. Néanmoins il n'attendit pas le lendemain et l'heure de partir sans une sorte d'impatience. Pour un jeune homme, il existe dans sa première intrigue autant de charme peut-être qu'il s'en rencontre dans un premier amour. La certitude de réussir engendre mille félicités que les hommes n'avouent pas, et qui font tout le charme de certaines femmes. Le désir ne naît pas moins de la difficulté que de la facilité des triomphes. Toutes les passions des hommes sont bien certainement excitées ou entretenues par l'une ou l'autre de ces deux causes, qui divisent l'empire amoureux. Peut-être cette division est-elle une conséquence de la grande question des tempéraments, qui domine, quoi qu'on en dise, la société. Si les mélancoliques ont besoin du tonique des coquetteries, peut-être les gens nerveux ou sanguins décampent-ils si la résistance dure trop. En d'autres termes, l'élégie est aussi essentiellement lymphatique que le dithyrambe est bilieux. En faisant sa toilette, Eugène savoura tous ces petits bonheurs dont n'osent parler les jeunes gens, de peur de se faire moquer d'eux, mais qui chatouillent l'amour-propre. Il arrangeait ses cheveux en pensant que le regard d'une jolie femme se coulerait sous leurs boucles noires. Il se permit des singeries enfantines autant qu'en aurait fait une jeune fille en s'habillant pour le bal. Il regarda complaisamment sa taille mince, en dépliant son habit. — Il est certain, se dit-il, qu'on en peut trouver de plus mal tournés! Puis il descendit au moment où tous les habitués de la pension étaient à table, et reçut gaiement le hourra de sottises que sa tenue élégante excita. Un trait des mœurs particulières aux pensions bourgeoises est l'ébahissement qu'y cause une toilette soignée. Personne n'y met un habit neuf sans que chacun dise son mot.

— Kt, kt, kt, kt, fit Bianchon en faisant claquer sa langue contre son palais, comme pour exciter un cheval.

— Tournure de duc et pair! dit madame Vauquer.

— Monsieur va en conquête? fit observer mademoiselle Michonneau.

— Kocquériko! cria le peintre.

— Mes compliments à madame votre épouse, dit l'employé au Muséum.

— Monsieur a une épouse? demanda Poiret.

— Une épouse à compartiments, qui va sur l'eau, garantie bon teint, dans les prix de vingt-cinq à quarante, dessins à carreaux du dernier goût, susceptible de se laver, d'un joli porter, moitié fil, moitié coton, moitié laine, guérissant le mal de dents, et autres maladies approuvées par l'Académie royale de Médecine! excellente d'ailleurs pour les enfants! meilleure encore contre les maux de tête, les plénitudes et autres maladies de l'œsophage, des yeux et des oreilles, cria Vautrin avec la volubilité comique et l'accentuation d'un opérateur. Mais combien cette merveille, me direz-vous, messieurs? deux sous! Non. Rien du tout. C'est un reste des fournitures faites au grand-Mogol, et que tous les souverains de l'Europe, y compris le grrrrrand-duc de Bade, ont voulu voir! Entrez droit devant vous! et passez au petit bureau. Allez, la musique! Brooum, là, là, trinn! là, là, boum, boum! Monsieur de la clarinette, tu joues faux, reprit-il d'une voix enrouée, je te donnerai sur les doigts.

— Mon Dieu! que cet homme-là est agréable, dit madame Vauquer à madame Couture, je ne m'ennuierais jamais avec lui.

Au milieu des rires et des plaisanteries, dont ce discours comiquement débité fut le signal, Eugène put saisir le regard furtif de mademoiselle Taillefer qui se pencha sur madame Couture, à l'oreille de laquelle elle dit quelques mots.

— Voilà le cabriolet, dit Sylvie.

— Où dîne-t-il donc? demanda Bianchon.

— Chez madame la baronne de Nucingen.

— La fille de monsieur Goriot, répondit l'étudiant.

A ce nom, les regards se portèrent sur l'ancien vermicellier, qui contemplait Eugène avec une sorte d'envie.

Rastignac arriva rue Saint-Lazare, dans une de ces maisons légères, à colonnes minces, à portiques mesquins, qui constituent le *joli* à Paris, une véritable maison de banquier, pleine de recherches coûteuses, des stucs, des paliers d'escalier en mosaïque de marbre. Il trouva madame de Nucingen dans un petit salon à peintures italiennes, dont le décor ressemblait à celui des cafés. La baronne était triste. Les efforts qu'elle fit pour cacher son chagrin intéressèrent d'autant plus vivement Eugène qu'il n'y avait rien de joué. Il croyait rendre une femme joyeuse par sa présence, et la trouvait au désespoir. Ce désappointement piqua son amour-propre.

— J'ai bien peu de droits à votre confiance, madame, dit-il après l'avoir lutinée sur sa préoccupation ; mais si je vous gênais, je compte sur votre bonne foi, vous me le diriez franchement.

— Restez, dit-elle, je serais seule si vous vous en alliez. Nucingen dîne en ville, et je ne voudrais pas être seule, j'ai besoin de distraction.

— Mais qu'avez-vous?

— Vous seriez la dernière personne à qui je le dirais, s'écria-t-elle.

— Je veux le savoir. Je dois alors être pour quelque chose dans ce secret.

— Peut-être! Mais non, reprit-elle, c'est des querelles de ménage qui doivent être ensevelies au fond du cœur. Ne vous le disais-je pas avant-hier? je ne suis point heureuse. Les chaînes d'or sont les plus pesantes.

Quand une femme dit à un jeune homme qu'elle est malheureuse, si ce jeune homme est spirituel, bien mis, s'il a quinze cents francs d'oisiveté dans sa poche, il doit penser ce que se disait Eugène, et devient fat.

— Que pouvez-vous désirer? répondit-il. Vous êtes belle, jeune, aimée, riche.

— Ne parlons pas de moi, dit-elle en faisant un sinistre mouvement de tête. Nous dînerons ensemble, tête à tête, nous irons entendre la plus délicieuse musique. Suis-je à votre goût? reprit-elle en se levant et montrant sa robe en cachemire blanc à dessins perses de la plus riche élégance.

— Je voudrais que vous fussiez toute à moi, dit Eugène. Vous êtes charmante.

— Vous auriez une triste propriété, dit-elle en souriant avec amertume. Rien ici ne vous annonce le malheur, et cependant, malgré ces apparences, je suis au désespoir. Mes chagrins m'ôtent le sommeil, je deviendrai laide.

— Oh! cela est impossible, dit l'étudiant. Mais je suis curieux de connaître ces peines qu'un amour dévoué n'effacerait pas?

— Ah! si je vous les confiais, vous me fuiriez, dit-elle. Vous ne m'aimez encore que par une galanterie qui est de costume chez les hommes; mais si vous m'aimiez bien, vous tomberiez dans un désespoir affreux. Vous voyez que je dois me taire. De grâce, reprit-elle, parlons d'autre chose. Venez voir mes appartements.

— Non, restons ici, répondit Eugène en s'asseyant sur une causeuse devant le feu près de madame de Nucingen, dont il prit la main avec assurance.

Elle la laissa prendre et l'appuya même sur celle du jeune homme par un de ces mouvements de force concentrée qui trahissent de fortes émotions.

— Écoutez, lui dit Rastignac; si vous avez des chagrins, vous devez me les confier. Je veux vous prouver que je vous aime pour vous. Ou vous parlerez et me direz vos peines afin que je puisse les dissiper, fallût-il tuer six hommes, ou je sortirai pour ne plus revenir.

— Eh! bien, s'écria-t-elle saisie par une pensée de désespoir qui la fit se frapper le front, je vais vous mettre à l'instant même à l'épreuve. Oui, se dit-elle, il n'est plus que ce moyen. Elle sonna.

— La voiture de monsieur est-elle attelée? dit-elle à son valet de chambre.

— Oui, madame.

— Je la prends. Vous lui donnerez la mienne et mes chevaux. Vous ne servirez le dîner qu'à sept heures.

— Allons, venez, dit-elle à Eugène, qui crut rêver en se trouvant dans le coupé de monsieur de Nucingen, à côté de cette femme.

— Au Palais-Royal, dit-elle au cocher, près du Théâtre-Français.

En route, elle parut agitée, et refusa de répondre aux mille interrogations d'Eugène, qui ne savait que penser de cette résistance muette, compacte, obtuse.

— En un moment elle m'échappe, se disait-il.

Quand la voiture s'arrêta, la baronne regarda l'étudiant d'un air qui imposa silence à ses folles paroles; car il s'était emporté.

— Vous m'aimez bien? dit-elle.

— Oui, répondit-il en cachant l'inquiétude dont il fut soudainement saisi.

— Vous ne penserez rien de mal sur moi, quoi que je puisse vous demander ?

— Non.

— Êtes-vous disposé à m'obéir ?

— Aveuglément.

— Avez-vous été au jeu ? dit-elle d'une voix tremblante.

— Jamais.

— Ah ! je respire. Vous aurez du bonheur. Voici ma bourse, dit-elle. Prenez donc ! il y a cent francs, c'est tout ce que possède cette femme si heureuse. Montez dans une maison de jeu, je ne sais où elles sont, mais je sais qu'il y en a au Palais-Royal. Risquez les cent francs à un jeu qu'on nomme la roulette, et perdez tout, ou rapportez-moi six mille francs. Je vous dirai mes chagrins à votre retour.

— Je veux bien que le diable m'emporte si je comprends quelque chose à ce que je vais faire, mais je vais vous obéir, dit-il avec une joie causée par cette pensée : « Elle se compromet avec moi, elle n'aura rien à me refuser. »

Eugène prend la jolie bourse, court au numéro NEUF, après s'être fait indiquer par un marchand d'habits la plus prochaine maison de jeu. Il y monte, se laisse prendre son chapeau ; mais il entre et demande où est la roulette. A l'étonnement des habitués, le garçon de salle le mène devant une longue table. Eugène, suivi de tous les spectateurs, demande sans vergogne où il faut mettre l'enjeu.

— Si vous placez un louis sur un seul de ces trente-six numéros, et qu'il sorte, vous aurez trente-six louis, lui dit un vieillard respectable à cheveux blancs.

Eugène jette les cent francs sur le chiffre de son âge, vingt et un. Un cri d'étonnement part sans qu'il ait eu le temps de se reconnaître. Il avait gagné sans le savoir.

— Retirez donc votre argent, lui dit le vieux monsieur, l'on ne gagne pas deux fois dans ce système-là.

Eugène prend un rateau que lui tend le vieux monsieur, il tire à lui les trois mille six cents francs et, toujours sans rien savoir du jeu, les place sur la rouge. La galerie le regarde avec envie, en voyant qu'il continue à jouer. La roue tourne, il gagne encore, et le banquier lui jette encore trois mille six cents francs.

— Vous avez sept mille deux cents francs à vous, lui dit à l'oreille le vieux monsieur. Si vous m'en croyez, vous vous en irez, la rouge a passé huit fois. Si vous êtes charitable, vous reconnaîtrez ce bon avis en soulageant la misère d'un ancien préfet de Napoléon qui se trouve dans le dernier besoin.

Rastignac étourdi se laisse prendre dix louis par l'homme à cheveux blancs, et descend avec les sept mille francs, ne comprenant encore rien au jeu, mais stupéfié de son bonheur.

— Ah çà! où me mènerez-vous maintenant, dit-il en montrant les sept mille francs à madame de Nucingen quand la portière fut refermée.

Delphine le serre par une étreinte folle et l'embrassa vivement, mais sans passion. — Vous m'avez sauvée! Des larmes de joie coulèrent en abondance sur ses joues. Je vais tout vous dire, mon ami. Vous serez mon ami, n'est-ce pas? Vous me voyez riche, opulente, rien ne manque ou je parais ne manquer de rien! Eh! bien, sachez que monsieur de Nucingen ne me laisse pas disposer d'un sou : il paye toute la maison, mes voitures, mes loges; il m'alloue pour ma toilette une somme insuffisante, il me réduit à une misère secrète par calcul. Je suis trop fière pour l'implorer. Ne serais-je pas la dernière des créatures si j'achetais son argent au prix où il veut me le vendre! Comment, moi riche de sept cent mille francs, me suis-je laissé dépouiller? par fierté, par indignation. Nous sommes si jeunes, si naïves, quand nous commençons la vie conjugale! La parole par laquelle il fallait demander de l'argent à mon mari me déchirait la bouche; je n'osais jamais, je mangeais l'argent de mes économies et celui que me donnait mon pauvre père; puis je me suis endettée. Le mariage pour moi est la plus horrible des déceptions, je ne puis vous en parler : qu'il vous suffise de savoir que je me jetterais par la fenêtre s'il fallait vivre avec Nucingen autrement qu'en ayant chacun notre appartement séparé. Quand il a fallu lui déclarer mes dettes de jeune femme, des bijoux, des fantaisies (mon pauvre père nous avait accoutumées à ne nous rien refuser), j'ai souffert le martyre; mais enfin j'ai trouvé le courage de les dire. N'avais-je pas une fortune à moi? Nucingen s'est emporté, il m'a dit que je le ruinerais, des horreurs! J'aurais voulu être à cent pieds sous terre. Comme il avait pris ma dot, il a payé; mais en stipulant désormais pour mes dépenses personnelles une pension à laquelle je me suis résignée, afin d'avoir la paix. Depuis, j'ai voulu répondre à l'amour-propre de quelqu'un que vous connaissez, dit-elle. Si j'ai été trompée par lui, je serais mal venue à ne pas rendre justice à la noblesse de son caractère. Mais enfin il m'a quittée indignement! *On ne devrait jamais abandonner une femme à laquelle on a jeté, dans un jour de détresse, un tas d'or! On doit l'aimer toujours!* Vous, belle âme de vingt et un ans, vous jeune et pur, vous me demanderez comment une femme peut accepter de l'or d'un homme? Mon Dieu! n'est-il pas naturel de tout partager avec l'être auquel nous devons notre bonheur? Quand on s'est tout donné, qui pourrait s'inquiéter d'une parcelle de ce tout? L'argent ne devient quelque chose qu'au moment où le sentiment n'est plus. N'est-on pas lié pour la vie? Qui de nous prévoit une séparation en se croyant bien aimée? Vous nous jurez un amour éternel, comment avoir alors des intérêts distincts? Vous ne savez pas ce que j'ai souffert aujourd'hui, lorsque Nucingen m'a positivement refusé de me donner six mille francs, lui qui les donne tous les mois à sa maîtresse, une fille de l'Opéra! Je voulais me tuer. Les idées les plus folles me passaient par la tête. Il y a eu des moments où j'enviais le sort d'une servante, de ma femme de chambre. Aller trouver mon père, folie! Anastasie et moi nous l'avons égorgé : mon pauvre père se serait vendu s'il pouvait valoir six mille francs. J'aurais été le désespérer en vain. Vous m'avez sauvée de la honte et de la mort, j'étais ivre de douleur. Ah! monsieur, je vous devais cette explication : j'ai été bien déraisonnablement folle avec vous. Quand vous m'avez quittée, et que je vous ai eu perdu de vue, je voulais m'enfuir à pied... où? je ne sais. Voilà la vie de la moitié des femmes de Paris : un luxe extérieur, des soucis cruels dans l'âme. Je connais de pauvres créatures encore plus malheureuses que je ne le suis. Il y a pourtant des femmes obligées de faire faire de faux mémoires par leurs fournisseurs. D'autres sont forcées de voler leurs maris : les uns croient que des cachemires de cent louis se donnent pour cinq cents francs, les autres qu'un cachemire de cinq cents francs vaut cent louis. Il se rencontre de pauvres femmes qui font jeûner leurs enfants, et grappillent pour avoir une robe. Moi, je suis pure de ces odieuses tromperies. Voici ma dernière angoisse. Si quelques femmes se vendent à leurs maris pour les gouverner, moi au moins je suis libre! Je pourrais me faire couvrir d'or par Nucingen, et je préfère pleurer la tête appuyée sur le cœur d'un homme que je puisse estimer. Ah! ce soir monsieur de Marsay n'aura pas le droit de me regarder comme une femme qu'il a payée. Elle se mit le visage dans ses mains, pour ne pas montrer ses pleurs à Eugène, qui

lui dégagea la figure pour la contempler, elle était sublime ainsi.
— Mêler l'argent aux sentiments, n'est-ce pas horrible? Vous ne pourrez pas m'aimer, dit-elle.

Ce mélange de bons sentiments, qui rendent les femmes si grandes, et des fautes que la constitution actuelle de la société les force à commettre, bouleversait Eugène, qui disait des paroles douces et consolantes en admirant cette belle femme, si naïvement imprudente dans son cri de douleur.

— Vous ne vous armerez pas de ceci contre moi, dit-elle, promettez-le moi.

—. Ah, madame! j'en suis incapable, dit-il.

Elle lui prit la main et la mit sur son cœur par un mouvement plein de reconnaissance et de gentillesse. — Grâce à vous me voilà redevenue libre et joyeuse. Je vivais pressée par une main de fer. Je veux maintenant vivre simplement, ne rien dépenser. Vous me trouverez bien comme je serai, mon ami, n'est-ce pas? Gardez ceci, dit-elle en ne prenant que six billets de banque. En conscience je vous dois mille écus, car je me suis considérée comme étant de moitié avec vous. Eugène se défendit comme une vierge. Mais la baronne lui ayant dit : — Je vous regarde comme mon ennemi si vous n'êtes pas mon complice, il prit l'argent. — Ce sera une mise de fonds en cas de malheur, dit-il.

— Voilà le mot que je redoutais, s'écria-t-elle en pâlissant. Si vous voulez que je sois quelque chose pour vous, jurez-moi, dit-elle, de ne jamais retourner au jeu. Mon Dieu! moi vous corrompre! j'en mourrais de douleur.

Ils étaient arrivés. Le contraste de cette misère et de cette opulence étourdissait l'étudiant, dans les oreilles duquel les sinistres paroles de Vautrin vinrent retentir.

— Mettez-vous là, dit la baronne en entrant dans sa chambre et montrant une causeuse auprès du feu, je vais écrire une lettre bien difficile! Conseillez-moi.

— N'écrivez pas, lui dit Eugène, enveloppez les billets, mettez l'adresse, et envoyez-les par votre femme de chambre.

— Mais vous êtes un amour d'homme, dit-elle. Ah! voilà, monsieur, ce que c'est que d'avoir été bien élevé! Ceci est du Beauséant tout pur, dit-elle en souriant.

— Elle est charmante, se dit Eugène qui s'éprenait de plus en plus. Il regarda cette chambre où respirait la voluptueuse élégance d'une riche courtisane.

— Cela vous plaît-il ? dit-elle en sonnant sa femme de chambre.

— Thérèse, portez cela vous-même à monsieur de Marsay, et remettez-le à lui-même. Si vous ne le trouvez pas, vous me rapporterez la lettre.

Thérèse ne sortit pas sans avoir jeté un malicieux coup d'œil sur Eugène. Le dîner était servi. Rastignac donna le bras à madame de Nucingen, qui le mena dans une salle à manger délicieuse, où il retrouva le luxe de table qu'il avait admiré chez sa cousine.

— Les jours d'Italiens, dit-elle, vous viendrez dîner avec moi, et vous m'accompagnerez.

— Je m'accoutumerais à cette douce vie si elle devait durer ; mais je suis un pauvre étudiant qui a sa fortune à faire.

— Elle se fera, dit-elle en riant. Vous voyez, tout s'arrange : je ne m'attendais pas à être si heureuse.

Il est dans la nature des femmes de prouver l'impossible par le possible et de détruire les faits par des pressentiments. Quand madame de Nucingen et Rastignac entrèrent dans leur loge aux Bouffons, elle eut un air de contentement qui la rendait si belle, que chacun se permit de ces petites calomnies contre lesquelles les femmes sont sans défense, et qui font souvent croire à des désordres inventés à plaisir. Quand on connaît Paris, on ne croit à rien de ce qui s'y dit, et l'on ne dit rien de ce qui s'y fait. Eugène prit la main de la baronne, et tous deux se parlèrent par des pressions plus ou moins vives, en se communiquant les sensations que leur donnait la musique. Pour eux, cette soirée fut enivrante. Ils sortirent ensemble, et madame de Nucingen voulut reconduire Eugène jusqu'au Pont-Neuf, en lui disputant, pendant toute la route, un des baisers qu'elle lui avait si chaleureusement prodigués au Palais-Royal. Eugène lui reprocha cette inconséquence.

— Tantôt, répondit-elle, c'était de la reconnaissance pour un dévouement inespéré ; maintenant ce serait une promesse.

— Et vous ne voulez m'en faire aucune, ingrate. Il se fâcha. En faisant un de ces gestes d'impatience qui ravissent un amant, elle lui donna sa main à baiser, qu'il prit avec une mauvaise grâce dont elle fut enchantée.

— A lundi, au bal, dit-elle.

En s'en allant à pied, par un beau clair de lune, Eugène tomba dans de sérieuses réflexions. Il était à la fois heureux et mécontent : heureux d'une aventure dont le dénoûment probable lui donnait une des plus jolies et des plus élégantes femmes de Paris, objet de ses désirs ; mécontent de voir ses projets de fortune renversés, et ce fut alors qu'il éprouva la réalité des pensées indécises auxquelles il s'était livré l'avant-veille. L'insuccès nous accuse toujours la puissance de nos prétentions. Plus Eugène jouissait de la vie parisienne, moins il voulait demeurer obscur et pauvre. Il chiffonnait son billet de mille francs dans sa poche, en se faisant mille raisonnements captieux pour se l'approprier. Enfin il arriva rue Neuve-Sainte-Geneviève, et quand il fut en haut de l'escalier, il y vit de la lumière. Le père Goriot avait laissé sa porte ouverte et sa chandelle allumée, afin que l'étudiant n'oubliât pas de *lui raconter sa fille*, suivant son expression. Eugène ne lui cacha rien,

— Mais, s'écria le père Goriot dans un violent désespoir de jalousie, elles me croient ruiné : j'ai encore treize cents livres de rente ! Mon Dieu ! la pauvre petite, que ne venait-elle ici ! j'aurais vendu mes rentes, nous aurions pris sur le capital, et avec le reste je me serais fait du viager. Pourquoi n'êtes-vous pas venu me confier son embarras, mon brave voisin ? Comment avez-vous eu le cœur d'aller risquer au jeu ses pauvres petits cent francs ? c'est à fendre l'âme. Voilà ce que c'est que des gendres ! Oh ! si je les tenais, je leur serrerais le cou. Mon Dieu ! pleurer, elle a pleuré ?

— La tête sur mon gilet, dit Eugène.

— Oh ! donnez-le-moi, dit le père Goriot. Comment ! il y a eu là des larmes de ma fille, de ma chère Delphine, qui ne pleurait jamais étant petite ! Oh ! je vous en achèterai un autre, ne le portez plus, laissez-le-moi. Elle doit d'après son contrat, jouir de ses biens. Ah ! je vais aller trouver Derville, un avoué, dès demain. Je vais faire exiger le placement de sa fortune. Je connais les lois, je suis un vieux loup, je vais retrouver mes dents.

— Tenez, père, voici mille francs qu'elle a voulu me donner sur notre gain. Gardez-les-lui, dans le gilet.

Goriot regarda Eugène, lui tendit la main pour prendre la sienne, sur laquelle il laissa tomber une larme.

— Vous réussirez dans la vie, lui dit le vieillard. Dieu est juste, voyez-vous ? Je me connais en probité, moi, et puis vous assurer qu'il y a bien peu d'hommes qui vous ressemblent. Vous voulez donc être aussi mon cher enfant ? Allez, dormez. Vous pouvez dormir, vous n'êtes pas encore père. Elle a pleuré, j'apprends ça, moi, qui étais là tranquillement à manger comme un imbécile pendant qu'elle souffrait ; moi, moi qui vendrais le Père, le Fils et le Saint-Esprit pour leur éviter une larme à toutes deux !

— Par ma foi, se dit Eugène en se couchant, je crois que je serai honnête homme toute ma vie. Il y a du plaisir à suivre les inspirations de sa conscience.

Il n'y a peut-être que ceux qui croient en Dieu qui font le bien en secret, et Eugène croyait en Dieu. Le lendemain, à l'heure du bal, Rastignac alla chez madame de Beauséant, qui l'emmena pour le présenter à la duchesse de Carigliano. Il reçut le plus gracieux accueil de la maréchale, chez laquelle il retrouva madame de Nucingen. Delphine s'était parée avec l'intention de plaire à tous pour mieux plaire à Eugène, de qui elle attendait impatiemment un coup d'œil, en croyant cacher son impatience. Pour qui sait deviner les émotions d'une femme, ce moment est plein de délices. Qui ne s'est souvent plu à faire attendre son opinion, à déguiser coquettement son plaisir, à chercher des aveux dans l'inquiétude que l'on cause, à jouir des craintes qu'on dissipera par un sourire ? Pendant cette fête, l'étudiant mesura tout à coup la portée de sa position, et comprit qu'il avait un état dans le monde en étant cousin avoué de madame de Beauséant. La conquête de madame la baronne de Nucingen, qu'on lui donnait déjà, le mettait si bien en relief, que tous les jeunes gens lui jetaient des regards d'envie ; en en surprenant quelques-uns, il goûta les premiers plaisirs de la fatuité. En passant d'un salon dans un autre, en traversant les groupes, il entendit vanter son bonheur. Les femmes lui prédisaient toutes des succès. Delphine, craignant de le perdre, lui promit de ne pas lui refuser le soir le baiser qu'elle s'était tant défendue d'accorder l'avant-veille. A ce bal, Rastignac reçut plusieurs engagements. Il fut présenté par sa cousine à quelques femmes qui toutes avaient des prétentions à l'élégance, et dont les maisons passaient pour être agréables ; il se vit lancé dans le plus grand et le plus beau monde de Paris. Cette soirée eut donc pour lui les charmes d'un brillant début, et il devait s'en souvenir jusque dans ses vieux jours, comme une jeune fille se souvient du bal où elle a eu des triomphes. Le lendemain, quand, en déjeunant, il raconta ses succès au père Goriot devant les pensionnaires, Vautrin se prit à sourire d'une façon diabolique.

— Et vous croyez, s'écria ce féroce logicien, qu'un jeune homme à la mode peut demeurer rue Neuve-Sainte-Geneviève, dans la maison Vauquer? pension infiniment respectable sous tous les rapports. certainement, mais qui n'est rien moins que fashionable. Elle est cossue, elle est belle de son abondance, elle est fière d'être le manoir momentané d'un Rastignac; mais, enfin, elle est rue Neuve-Sainte-Geneviève, et ignore le luxe, parce qu'elle est puremen *patriarchalorama*. Mon jeune ami, reprit Vautrin d'un air paternellement railleur, si vous voulez faire figure à Paris il vous fau trois chevaux et un tilbury pour le matin, un coupé pour le soir en tout neuf mille francs pour le véhicule. Vous seriez indigne d votre destinée si vous ne dépensiez que trois mille francs chez vo tre tailleur, six cents francs chez le parfumeur, cent écus chez l bottier, cent écus chez le chapelier. Quant à votre blanchisseuse, elle vous coûtera mille francs. Les jeunes gens à la mode ne peuvent se dispenser d'être très-forts sur l'article du linge : n'est-ce pas ce qu'on examine le plus souvent en eux? L'amour et l'église veulent de belles nappes sur leurs autels. Nous sommes à quatorze mille. Je ne vous parle pas de ce vous perdrez au jeu, en paris, en présents; il est impossible de ne pas compter pour deux mille francs l'argent de poche. J'ai mené cette vie-là, j'en connais les débours. Ajoutez à ces nécessités premières, trois cents louis pour la pâtée, mille francs pour la niche. Allez, mon enfant, nous en avons pour nos petits vingt-cinq mille par an dans les flancs, ou nous tombons dans la crotte, nous nous faisons moquer de nous, et nous sommes destitué de notre avenir, de nos succès, de nos maîtresses! J'oublie le valet de chambre et le groom! Est-ce Christophe qui portera vos billets doux? Les écrirez-vous sur le papier dont vous vous servez? Ce serait vous suicider. Croyez-en un vieillard plein d'expérience! reprit-il en faisant un *rinforzando* dans sa oix de basse. Ou déportez-vous dans une vertueuse mansarde, et ariez-vous-y avec le travail, ou prenez une autre voie.

Et Vautrin cligna de l'œil en guignant mademoiselle Taillefer de manière à rappeler et résumer dans ce regard les raisonnements séducteurs qu'il avait semés au cœur de l'étudiant pour le corrompre. Plusieurs jours se passèrent pendant lesquels Rastignac mena la vie la plus dissipée. Il dînait presque tous les jours avec madame de Nucingen, qu'il accompagnait dans le monde. Il rentrait à trois ou quatre heures du matin, se levait à midi pour faire sa toilette, allait se promener au bois avec Delphine, quand il faisait beau, prodiguant ainsi son temps sans en savoir le prix, et aspirant tous les enseignements, toutes les séductions du luxe avec l'ardeur dont est saisi l'impatient calice d'un dattier femelle pour les fécondantes poussières de son hyménée. Il jouait gros jeu, perdait ou gagnait beaucoup, et finit par s'habituer à la vie exorbitante des jeunes gens de Paris. Sur ses premiers gains, il avait renvoyé quinze cents francs à sa mère et à ses sœurs, en accompagnant sa restitution de jolis présents. Quoiqu'il eût annoncé vouloir quitter la Maison-Vauquer, il y était encore dans les derniers jours du mois de janvier, et ne savait comment en sortir. Les jeunes gens sont soumis presque tous à une loi en apparence inexplicable, mais dont la raison vient de leur jeunesse même, et de l'espèce de furie avec laquelle ils se ruent au plaisir. Riches ou pauvres, ils n'ont jamais d'argent pour les nécessités de la vie, tandis qu'ils en trouvent toujours pour leurs caprices. Prodigues de tout ce qui s'obtient à crédit, ils sont avares de tout ce qui se paye à l'instant même, et semblent se venger de ce qu'ils n'ont pas, en dissipant tout ce qu'ils peuvent avoir. Ainsi, pour nettement poser la question, un étudiant prend bien plus de soin de son chapeau que de son habit. L'énormité du gain rend le tailleur essentiellement créditeur, tandis que la modicité de la somme fait du chapelier un des êtres les plus intraitables parmi ceux avec lesquels il est forcé de parlementer. Si le jeune homme assis au balcon d'un théâtre offre à la lorgnette des jolies femmes d'étourdissants gilets, il est douteux qu'il ait des chaussettes ; le bonnetier est encore un des charançons de sa bourse. Rastignac en était là. Toujours vide pour madame Vauquer, toujours pleine pour les exigences de la vanité, sa bourse avait des revers et des succès lunatiques en désaccord avec les payements les plus naturels. Afin de quitter la pension puante, ignoble où s'humiliaient périodiquement ses prétentions, ne fallait-il pas payer un mois à son hôtesse, et acheter des meubles pour son appartement de dandy ? c'était toujours la chose impossible. Si, pour se procurer l'argent nécessaire à son jeu, Rastignac savait acheter chez son bijoutier des montres et des chaînes d'or chèrement payées sur ses gains, et qu'il portait au Mont-de-Piété, ce sombre et discret ami de la jeunesse, il se trouvait sans invention comme sans audace quand il s'agissait de payer sa nourriture, son logement, ou d'acheter les outils indispensables à l'exploitation de la vie élégante. Une nécessité vulgaire, des dettes contractées pour des besoins satisfaits, ne l'inspiraient plus. Comme la plupart de ceux qui ont connu cette vie de hasard, il attendait au dernier moment pour solder des créances sacrées aux yeux des bourgeois, comme faisait Mirabeau, qui ne payait son pain que quand il se présentait sous la forme dragonnante d'une lettre de change. Vers cette époque, Rastignac avait perdu son argent, et s'était endetté. L'étudiant commençait à comprendre qu'il lui serait impossible de continuer cette existence sans avoir des ressources fixes. Mais, tout en gémissant sous les piquantes atteintes de sa situation précaire, il se sentait incapable de renoncer aux jouissances excessives de cette vie et voulait la continuer à tout prix. Les hasards sur lesquels il avait compté pour sa fortune devenaient chimériques, et les obstacles réels grandissaient. En s'initiant aux secrets domestiques de monsieur et madame de Nucingen, il s'était aperçu que, pour convertir l'amour en instrument de fortune, il fallait avoir bu toute honte, et renoncer aux nobles idées qui sont l'absolution des fautes de la jeunesse. Cette vie extérieurement splendide, mais rongée par tous les *tænias* du remords, et dont les fugitifs plaisirs étaient chèrement expiés par de persistantes angoisses, il l'avait épousée, il s'y roulait en se faisant, comme le Distrait de La Bruyère, un lit dans la fange du fossé; mais, comme le Distrait, il ne souillait encore que son vêtement.

— Nous avons donc tué le mandarin ? lui dit un jour Bianchon en sortant de table.

— Pas encore, répondit-il, mais il râle.

L'étudiant en médecine prit ce mot pour une plaisanterie, et ce n'en était pas une. Eugène, qui, pour la première fois depuis longtemps, avait dîné à la pension, s'était montré pensif pendant le repas. Au lieu de sortir au dessert, il resta dans la salle à manger assis auprès de mademoiselle Taillefer, à laquelle il jeta de temps en temps des regards expressifs. Quelques pensionnaires étaient encore attablés et mangeaient des noix, d'autres se promenaient en continuant des discussions commencées. Comme presque tous les soirs, chacun s'en allait à sa fantaisie, suivant le degré d'intérêt qu'il prenait à la conversation, ou selon le plus ou le moins de pesanteur que lui causait sa digestion. En hiver, il était rare que la salle à manger fût entièrement évacuée avant huit heures, moment où les quatre femmes demeuraient seules et se vengeaient du silence que leur sexe leur imposait au milieu de cette réunion masculine. Frappé de la préoccupation à laquelle Eugène était en proie, Vautrin resta dans la salle à manger, quoiqu'il eût paru d'abord empressé de sortir, et se tint constamment de manière à n'être pas vu d'Eugène, qui dut le croire parti. Puis, au lieu d'accompagner ceux des pensionnaires qui s'en allèrent les derniers, il stationna sournoisement dans le salon. Il avait lu dans l'âme de l'étudiant et pressentait un symptôme décisif. Rastignac se trouvait en effet dans une situation perplexe que beaucoup de jeunes gens ont dû connaître. Aimante ou coquette, madame de Nucingen avait fait passer Rastignac par toutes les angoisses d'une passion véritable, en déployant pour lui les ressources de la diplomatie féminine en usage à Paris. Après s'être compromise aux yeux du public pour fixer près d'elle le cousin de madame de Beauséant, elle hésitait à lui donner réellement les droits dont il paraissait jouir. Depuis un mois elle irritait si bien les sens d'Eugène, qu'elle avait fini par attaquer le cœur. Si, dans les premiers moments de sa liaison, l'étudiant s'était cru le maître, madame de Nucingen était devenue la plus forte, à l'aide de ce manége qui mettait en mouvement chez Eugène tous les sentiments, bons ou mauvais, des deux ou trois hommes qui sont dans un jeune homme de Paris. Était-ce en elle un calcul? Non, les femmes sont toujours vraies, même au milieu de leurs plus grandes faussetés, parce qu'elles cèdent à quelque sentiment naturel. Peut-être Delphine, après avoir laissé prendre tout à coup tant d'empire sur elle par ce jeune homme et lui avoir montré trop d'affection, obéissait-elle à un sentiment de dignité, qui la faisait ou revenir sur ses concessions, ou se plaire à les suspendre. Il est si naturel à une Parisienne, au moment même où la passion l'entraîne, d'hésiter dans sa chute, d'éprouver le cœur de celui auquel elle va livrer son avenir ! Toutes les espérances de madame de Nucingen avaient été trahies une première fois, et sa fidélité pour un jeune égoïste venait d'être méconnue. Elle pouvait être défiante à bon droit. Peut-être avait-elle aperçu dans les manières d'Eugène, que son rapide succès avait rendu fat, une sorte de mésestime causée par les bizarreries de leur situation. Elle désirait sans doute paraître imposante à un homme de cet âge, et se trouver grande devant lui après avoir été si longtemps petite devant celui par qui elle était abandonnée. Elle ne voulait pas qu'Eugène la crût une facile conquête, précisément parce qu'il savait qu'elle avait appartenu à de Marsay. Enfin, après avoir subi le dégradant plaisir d'un véritable monstre, un libertin jeune, elle éprouvait tant de douceur à se promener dans les régions fleuries de l'amour, que c'était sans doute un charme pour elle d'en admirer tous les aspects, d'en écouter longtemps les frémissements, et de se laisser long-temps caresser par de chastes brises. Le véritable amour payait pour le mauvais. Ce contre-sens sera malheureusement fréquent tant que les hommes ne sauront pas combien de fleurs fauchent dans l'âme d'une jeune femme les premiers coups de la tromperie. Quelles que fussent ses raisons, Delphine se jouait de Rastignac, et se plaisait à se jouer de lui, sans doute parce qu'elle se savait aimée et sûre de faire cesser les chagrins de son amant, suivant son royal bon plaisir de femme. Par respect de lui-même, Eugène ne voulait pas que son premier combat se terminât par une défaite, et persistait dans sa poursuite, comme un chasseur qui veut absolument tuer une perdrix à sa première fête de Saint-Hubert. Ses anxiétés, son amour-propre offensé, ses désespoirs, faux ou véritables, l'attachaient de plus en plus à cette femme. Tout Paris lui donnait madame de Nucingen, auprès de laquelle il n'était pas plus avancé que le premier jour où il l'avait vue. Ignorant encore que la coquetterie d'une femme offre quelquefois plus de bénéfices que son amour ne donne de plaisir, il tombait dans de sottes rages. Si la saison pendant laquelle une femme se dispute à l'amour offrait à Rastignac le butin de ses primeurs, elles lui devenaient aussi coûteuses qu'elles étaient vertes, aigrelettes et délicieuses à savourer. Parfois, en se voyant sans un sou, sans avenir, il pensait, malgré la voix de sa conscience, aux chances de fortune dont Vautrin lui avait démontré la possibilité dans un mariage avec mademoiselle Taillefer. Or il se trouvait alors dans un moment où sa misère parlait si haut, qu'il céda presque involontairement aux artifices du terrible sphinx par les regards duquel il était souvent fasciné. Au moment où Poiret et mademoiselle Michonneau remontèrent chez eux, Rastignac se croyant seul entre madame Vauquer et madame Couture, qui se tricotait des manches de laine en sommeillant auprès du poêle, regarda mademoiselle Taillefer d'une manière assez tendre pour lui faire baisser les yeux.

— Auriez-vous des chagrins, monsieur Eugène? lui dit Victorine après un moment de silence.

— Quel homme n'a pas ses chagrins! répondit Rastignac. Si nous étions sûrs, nous autres jeunes gens, d'être bien aimés, avec un dévouement qui nous récompensât des sacrifices que nous sommes toujours disposés à faire, nous n'aurions peut-être jamais de chagrins.

Mademoiselle Taillefer lui jeta, pour toute réponse, un regard qui n'était pas équivoque.

— Vous, mademoiselle, vous vous croyez sûre de votre cœur aujourd'hui; mais répondriez-vous de ne jamais changer?

Un sourire vint errer sur les lèvres de la pauvre fille comme un rayon jaillit de son âme, et fit si bien reluire sa figure qu'Eugène fut effrayé d'avoir provoqué une aussi vive explosion de sentiment.

— Quoi! si demain vous étiez riche et heureuse, si une immense fortune vous tombait des nues, vous aimeriez encore le jeune homme pauvre qui vous aurait plu durant vos jours de détresse?

Elle fit un joli signe de tête.

— Un jeune homme bien malheureux!

Nouveau signe.

Quelles bêtises dites-vous donc là? s'écria madame Vauquer.

— Laissez-nous, répondit Eugène, nous nous entendons.

— Il y aurait donc alors promesse de mariage entre monsieur le chevalier Eugène de Rastignac et mademoiselle Victorine Taillefer? dit Vautrin de sa grosse voix en se montrant tout à coup à la porte de la salle à manger.

— Ah! vous m'avez fait peur, dirent à la fois madame Couture et madame Vauquer.

— Je pourrais plus mal choisir, répondit en riant Eugène à qui la voix de Vautrin causa la plus cruelle émotion qu'il eût jamais ressentie.

— Pas de mauvaises plaisanteries, messieurs! dit madame Couture. Ma fille, remontons chez nous.

Madame Vauquer suivit ses deux pensionnaires, afin d'économiser sa chandelle et son feu en passant la soirée chez elles. Eugène se trouva seul et face à face avec Vautrin.

— Je savais bien que vous y arriveriez, lui dit cet homme en gardant un imperturbable sang-froid. Mais, écoutez! j'ai de la délicatesse tout comme un autre, moi. Ne vous décidez pas dans ce moment, vous n'êtes pas dans votre assiette ordinaire. Vous avez des dettes. Je ne veux pas que ce soit la passion, le désespoir, mais la raison qui vous détermine à venir à moi. Peut-être vous faut-il quelque millier d'écus. Tenez, le voulez-vous?

Ce démon prit dans sa poche un portefeuille, et en tira trois billets de banque qu'il fit papilloter aux yeux de l'étudiant. Eugène était dans la plus cruelle des situations. Il devait au marquis d'Adjuda et au comte de Trailles cent louis perdus sur parole. Il ne les avait pas, et n'osait aller passer la soirée chez madame de Restaud, où il était attendu. C'était une de ces soirées sans cérémonie où l'on mange des petits gâteaux, où l'on boit du thé, mais où l'on peut perdre six mille francs au whist.

— Monsieur, lui dit Eugène en cachant avec peine un tremblement convulsif; après ce que vous m'avez confié, vous devez comprendre qu'il m'est impossible de vous avoir des obligations.

— Eh! bien, vous m'auriez fait de la peine de parler autrement, reprit le tentateur. Vous êtes un beau jeune homme, délicat, fier comme un lion et doux comme une jeune fille. Vous seriez une belle proie pour le diable. J'aime cette qualité de jeunes gens. Encore deux ou trois réflexions de haute politique, et vous verrez le monde comme il est. En y jouant quelques petites scènes de vertu, l'homme supérieur y satisfait toutes ses fantaisies aux grands applaudissements des niais du parterre. Avant peu de jours vous serez à nous. Ah! si vous vouliez devenir mon élève, je vous ferais arriver à tout. Vous ne formeriez pas un désir qu'il ne fût à l'instant comblé, quoi que vous puissiez souhaiter : honneur, fortune, femmes. On vous réduirait toute la civilisation en ambroisie. Vous seriez notre enfant gâté, notre Benjamin, nous nous exterminerions tous pour vous avec plaisir. Tout ce qui vous ferait obstacle serait aplati. Si vous conservez des scrupules, vous me prenez donc pour un scélérat? Eh! bien, un homme qui avait autant de probité que vous croyez en avoir encore, M. de Turenne, faisait, sans se croire compromis, de petites affaires avec des brigands. Vous ne voulez pas être mon obligé, hein? Qu'à cela ne tienne, reprit Vautrin en laissant échapper un sourire. Prenez ces chiffons, et mettez-moi là-dessus, dit-il en tirant un timbre, là, en travers : *Accepté pour la somme de trois mille cinq cents francs payable en un an*. Et datez! L'intérêt est assez fort pour vous ôter tout scrupule; vous pouvez m'appeler juif, et vous regarder comme quitte de toute reconnaissance. Je vous permets de me mépriser encore aujourd'hui, sûr que plus tard vous m'aimerez. Vous trouverez en moi de ces immenses abîmes, de ces vastes sentiments concentrés que les niais appellent des vices; mais vous ne me trouverez jamais ni lâche ni ingrat. Enfin, je ne suis ni un pion ni un fou, mais une tour, mon petit.

— Quel homme êtes-vous donc? s'écria Eugène, vous avez été créé pour me tourmenter.

— Mais non, je suis un bon homme qui veut se crotter pour que vous soyez à l'abri de la boue pour le reste de vos jours. Vous vous demandez pourquoi ce dévouement? Eh! bien, je vous le dirai tout doucement quelque jour, dans le tuyau de l'oreille. Je vous ai d'abord surpris en vous montrant le carillon de l'ordre social et le jeu de la machine; mais votre premier effroi se passera comme celui du conscrit sur le champ de bataille, et vous vous accoutumerez à l'idée de considérer les hommes comme des soldats décidés à périr pour le service de ceux qui se sacrent rois eux-mêmes. Les temps sont bien changés. Autrefois on disait à un brave : Voilà cent écus, tue-moi monsieur un tel, et l'on soupait tranquillement après avoir mis un homme à l'ombre pour un oui, pour un non. Aujourd'hui je vous propose de vous donner une belle fortune contre un signe de tête qui ne vous compromet en rien, et vous hésitez. Le siècle est mou.

Eugène signa la traite, et l'échangea contre les billets de banque.

— Eh! bien, voyons, parlons raison, reprit Vautrin. Je veux partir d'ici à quelques mois pour l'Amérique, aller planter mon tabac. Je vous enverrai les cigares de l'amitié. Si je deviens riche, je vous aiderai. Si je n'ai pas d'enfants (cas probable, je ne suis pas curieux de me replanter ici par bouture), eh! bien, je vous léguerai ma fortune. Est-ce être l'ami d'un homme? Mais je vous aime, moi. J'ai la passion de me dévouer pour un autre. Je l'ai déjà fait. Voyez-vous, mon petit, je vis dans une sphère plus élevée que celles des autres hommes. Je considère les actions comme des moyens, et ne vois que le but. Qu'est-ce qu'un homme pour moi? Ça! fit-il en faisant claquer l'ongle de son pouce sous une de ses dents. Un homme est tout ou rien. Il est moins que rien quand il se nomme Poiret : on peut l'écraser comme une punaise, il est plat et il pue. Mais un homme est un dieu quand il vous ressemble : ce n'est plus une machine couverte en peau, mais un théâtre où s'émeuvent les plus beaux sentiments, et je ne vis que par les sentiments. Un sentiment, n'est-ce pas le monde dans une pensée? Voyez le père Goriot : ses deux filles sont pour lui tout l'univers, elles sont le fil avec lequel il se dirige dans la création. Eh! bien, pour moi qui ai bien creusé la vie, il n'existe qu'un seul sentiment réel, une amitié d'homme à homme. Pierre et Jaffier, voilà ma passion. Je sais VENISE SAUVÉE par cœur. Avez-vous vu beaucoup de gens assez poilus pour, quand un camarade dit : « Allons enterrer un corps! » y aller sans souffler mot ni l'embêter de morale? J'ai fait ça, moi. Je ne parlerais pas ainsi à tout le monde. Mais vous, vous êtes un homme supérieur, on peut tout vous dire, vous savez tout comprendre. Vous ne patouillerez pas long-temps dans les marécages où vivent les crapoussins qui nous entourent ici. Eh! bien, voilà qui est dit. Vous épouserez. Poussons chacun nos pointes! La mienne est en fer et ne mollit jamais, hé, hé!

Vautrin sortit sans vouloir entendre la réponse négative de l'étudiant, afin de le mettre à son aise. Il semblait connaître le secret de ces petites résistances, de ces combats dont les hommes se parent devant eux-mêmes, et qui leur servent à se justifier leurs actions blâmables.

— Qu'il fasse comme il voudra, je n'épouserai certes pas mademoiselle Taillefer! se dit Eugène.

Après avoir subi le malaise d'une fièvre intérieure que lui causa l'idée d'un pacte fait avec cet homme dont il avait horreur, mais qui grandissait à ses yeux par le cynisme même de ses idées et par l'audace avec laquelle il étreignait la société, Rastignac s'habilla, demanda une voiture, et vint chez madame de Restaud. Depuis quelques jours, cette femme avait redoublé de soins pour un jeune homme dont chaque pas était un progrès au cœur du grand monde, et dont l'influence paraissait devoir être un jour redoutable. Il paya messieurs de Trailles et d'Adjuda, joua au whist une partie de la nuit, et regagna ce qu'il avait perdu. Superstitieux comme la plupart des hommes dont le chemin est à faire et qui sont plus ou moins fatalistes, il voulut voir dans son bonheur une récompense du ciel pour sa persévérance à rester dans le bon chemin. Le lendemain matin, il s'empressa de demander à Vautrin s'il avait encore sa lettre de change. Sur une réponse affirmative, il lui rendit les trois mille francs en manifestant un plaisir assez naturel.

— Tout va bien, lui dit Vautrin.

— Mais je ne suis pas votre complice, dit Eugène.

— Je sais, je sais, répondit Vautrin en l'interrompant. Vous faites encore des enfantillages. Vous vous arrêtez aux bagatelles de la porte.

Deux jours après, Poiret et mademoiselle Michonneau se trouvaient assis sur un banc, au soleil, dans une allée solitaire du Jardin-des-Plantes, et causaient avec le monsieur qui paraissait à bon droit suspect à l'étudiant en médecine.

— Mademoiselle, disait monsieur Gondureau, je ne vois pas d'où naissent vos scrupules. Son Excellence monseigneur le ministre de la police générale du royaume...

— Ah! Son Excellence monseigneur le ministre de la police générale du royaume... répéta Poiret.

— Oui, Son Excellence s'occupe de cette affaire, dit Gondureau.

A qui ne paraîtra-t-il pas invraisemblable que Poiret, ancien employé, sans doute homme de vertus bourgeoises, quoique dénué d'idées, continuât d'écouter le prétendu rentier de la rue de Buffon, au moment où il prononçait le mot de police en laissant ainsi voir la physionomie d'un agent de la rue de Jérusalem à travers son masque d'honnête homme? Cependant rien n'était plus naturel. Chacun comprendra mieux l'espèce particulière à laquelle appartenait Poiret, dans la grande famille des niais, après une remarque déjà faite par certains observateurs, mais qui jusqu'à présent n'a pas été publiée. Il est une nation plumigère, serrée au budget entre le premier degré de latitude qui comporte les traitements de douze cents francs, espèce de Groënland administratif, et le troisième degré, où commencent les traitements un peu plus chauds de trois à six mille francs, région tempérée, où s'acclimate la gratification, où elle fleurit malgré les difficultés de la culture. Un des traits caractéristiques qui trahit le mieux l'infirme étroitesse de cette gent subalterne, est une sorte de respect involontaire, machinal, instinctif, pour ce grand lama de tout ministère, connu de l'employé par une signature illisible et sous le nom de SON EXCELLENCE MONSEIGNEUR LE MINISTRE, cinq mots qui équivalent à l'*Il Bondo Cani* du Calife de Bagdad, et qui, aux yeux de ce peuple aplati, représente un pouvoir sacré, sans appel. Comme le pape pour les chrétiens, monseigneur est administrativement infaillible aux yeux de l'employé; l'éclat qu'il jette se communique à ses actes, à ses paroles, à celles dites en son nom; il couvre tout de s broderie, et légalise les actions qu'il ordonne; son nom d'Excellence, qui atteste la pureté de ses intentions et la sainteté de ses vouloirs, sert de passe-port aux idées les moins admissibles. Ce que ces pauvres gens ne feraient pas dans leur intérêt, ils s'empressent de l'accomplir dès que le mot Son Excellence est prononcé. Les bureaux ont leur obéissance passive, comme l'armée a la sienne : système qui étouffe la conscience, annihile un homme et finit, avec le temps, par l'adapter comme une vis ou un écrou à la machine gouvernementale. Aussi monsieur Gondureau, qui paraissait se connaître en hommes, distingua-t-il promptement en Poiret un de ces niais bureaucratiques, et fit-il sortir le *Deus ex machinâ*, le mot talismanique de Son Excellence, au moment où il fallait, en démasquant ses batteries, éblouir le Poiret, qui lui semblait le mâle de la Michonneau, comme la Michonneau lui semblait la femelle du Poiret.

— Du moment où Son Excellence elle-même, Son Excellence monseigneur le ! Ah ! c'est très-différent, dit Poiret.

— Vous entendez monsieur, dans le jugement duquel vous paraissez avoir confiance, reprit le faux rentier en s'adressant à mademoiselle Michonneau. Eh! bien, Son Excellence a maintenant la certitude la plus complète que le prétendu Vautrin, logé dans la Maison-Vauquer, est un forçat évadé du bagne de Toulon, où il est connu sous le nom de *Trompe-la-Mort*.

— Ah ! Trompe-la-Mort ! dit Poiret, il est bien heureux, s'il a mérité ce nom-là.

— Mais oui, reprit l'agent. Ce sobriquet est dû au bonheur qu'il a eu de ne jamais perdre la vie dans les entreprises extrêmement audacieuses qu'il a exécutées. Cet homme est dangereux, voyez-vous ! Il a des qualités qui le rendent extraordinaire. Sa condamnation est même une chose qui lui a fait dans sa partie un honneur infini...

— C'est donc un homme d'honneur, demanda Poiret.

— A sa manière. Il a consenti à prendre sur son compte le crime d'un autre, un faux commis par un très-beau jeune homme qu'il aimait beaucoup, un jeune Italien assez joueur, entré depuis au service militaire, où il s'est d'ailleurs parfaitement comporté.

— Mais si Son Excellence le Ministre de la police est sûr qu monsieur Vautrin soit Trompe-la-Mort, pourquoi donc aurait-il besoin de moi? dit mademoiselle Michonneau.

— Ah! oui, dit Poiret, si en effet le Ministre, comme vous nous avez fait l'honneur de nous le dire, a une certitude quelconque...

— Certitude n'est pas le mot; seulement on se doute. Vous allez comprendre la question. Jacques Collin, surnommé Trompe-la-Mort, a toute la confiance des trois bagnes qui l'ont choisi pour être leur agent et leur banquier. Il gagne beaucoup à s'occuper de ce genre d'affaires, qui nécessairement veut un homme de marque.

— Ah! ah! comprenez-vous le calembourg, mademoiselle? dit Poiret. Monsieur l'appelle un homme de *marque*, parce qu'il a été marqué.

— Le faux Vautrin, dit l'agent en continuant, reçoit les capitaux de messieurs les forçats, les place, les leur conserve, et les tient à la disposition de ceux qui s'évadent, ou de leurs familles, quand ils en disposent par testament, ou de leurs maîtresses, quand ils tirent sur lui pour elles.

— De leurs maîtresses! Vous voulez dire de leurs femmes, fit observer Poiret.

— Non, monsieur. Le forçat n'a généralement que des épouses illégitimes, que nous nommons des concubines.

— Ils vivent donc tous en état de concubinage?

— Conséquemment.

— Eh! bien, dit Poiret, voilà des horreurs que Monseigneur ne devrait pas tolérer. Puisque vous avez l'honneur de voir Son Excellence, c'est à vous, qui me paraissez avoir des idées philanthropiques, à l'éclairer sur la conduite immorale de ces gens qui donnent un très-mauvais exemple au reste de la société.

— Mais, monsieur, le gouvernement ne les met pas là pour offrir le modèle de toutes les vertus.

— C'est juste. Cependant, monsieur, permettez...

— Mais, laissez donc dire monsieur, mon cher mignon, dit mademoiselle Michonneau.

— Vous comprenez, mademoiselle, reprit Gondureau. Le gouvernement peut avoir un grand intérêt à mettre la main sur une caisse illicite, que l'on dit monter à un total assez majeur; Trompe-la-Mort encaisse des valeurs considérables en récélant non-seulement les sommes possédées par quelques-uns de ses camarades, mais encore celles qui proviennent de la Société des Dix mille...

— Dix mille voleurs! s'écria Poiret effrayé.

— Non, la société des Dix mille est une association de hauts voleurs, de gens qui travaillent en grand, et ne se mêlent pas d'une affaire où il n'y a pas dix mille francs à gagner. Cette société se compose de tout ce qu'il y a de plus distingué parmi ceux de nos hommes qui vont droit en cour d'assises. Ils connaissent le Code, et ne risquent jamais de se faire appliquer la peine de mort quand ils sont pincés. Collin est leur homme de confiance, leur conseil. A l'aide de ses immenses ressources, cet homme a su se créer une police à lui, des relations fort étendues qu'il enveloppe d'un mystère impénétrable. Quoique depuis un an nous l'ayons entouré d'espions, nous n'avons pas encore pu voir dans son jeu. Sa caisse et ses talents servent donc constamment à solder le vice, à faire les fonds au crime, et entretiennent sur pied une armée de mauvais sujets qui sont dans un perpétuel état de guerre avec la société. Saisir Trompe-la-Mort et s'emparer de sa banque, ce sera couper le mal dans sa racine. Aussi cette expédition est-elle devenue une affaire d'État et de haute politique, susceptible d'honorer ceux qui coopéreront à sa réussite. Vous-même, monsieur, pourriez être de nouveau employé dans l'administration, devenir secrétaire d'un commissaire de police, fonctions qui ne vous empêcheraient point de toucher votre pension de retraite.

— Mais pourquoi, dit mademoiselle Michonneau, Trompe-la-Mort ne s'en va-t-il pas avec la caisse ?

— Oh! fit l'agent, partout où il irait, il serait suivi d'un homme chargé de le tuer, s'il volait le bagne. Puis une caisse ne s'enlève pas aussi facilement qu'on enlève une demoiselle de bonne maison. D'ailleurs, Collin est un gaillard incapable de faire un trait semblable, il se croirait déshonoré.

— Monsieur, dit Poiret, vous avez raison, il serait tout à fait déshonoré.

— Tout cela ne nous dit pas pourquoi vous ne venez pas tout bonnement vous emparer de lui, demanda mademoiselle Michonneau.

— Eh ! bien, mademoiselle, je réponds... Mais, lui dit-il à l'oreille, empêchez votre monsieur de m'interrompre, ou nous n'en aurons jamais fini. Il doit avoir beaucoup de fortune pour se faire écouter, ce vieux-là. Trompe-la-Mort, en venant ici, a chaussé la peau d'un honnête homme, il s'est fait bon bourgeois de Paris, il s'est logé dans une pension sans apparence; il est fin, allez ! on ne le prendra jamais sans vert. Donc monsieur Vautrin est un homme considéré, qui fait des affaires considérables.

— Naturellement se dit Poiret à lui-même.

— Le ministre, si l'on se trompait en arrêtant un vrai Vautrin, ne veut pas se mettre à dos le commerce de Paris, ni l'opinion publique. M. le préfet de police branle dans le manche, il a des ennemis. S'il y avait erreur, ceux qui veulent sa place profiteraient des clabaudages et des criailleries libérales pour le faire sauter. Il s'agit ici de procéder comme dans l'affaire de Cogniard, le faux comte de Sainte-Hélène; si ç'avait été un vrai comte de Sainte-Hélène, nous n'étions pas propres. Aussi faut-il vérifier! »

— Oui, mais vous avez besoin d'une jolie femme, dit vivement mademoiselle Michonneau.

— Trompe-la-Mort ne se laisserait pas aborder par une femme, dit l'agent. Apprenez un secret? il n'aime pas les femmes.

— Mais je ne vois pas alors à quoi je suis bonne pour une semblable vérification, une supposition que je consentirais à la faire pour deux mille francs..

— Rien de plus facile, dit l'inconnu. Je vous remettrai un flacon contenant une dose de liqueur préparée pour donner un coup de sang qui n'a pas le moindre danger et simule une apoplexie. Cette drogue peut se mêler également au vin et au café. Sur-le-champ vous transportez votre homme sur un lit, et vous le déshabillez afin de savoir s'il ne se meurt pas. Au moment où vous serez seule, vous lui donnerez une claque sur l'épaule, paf! et vous verrez reparaître les lettres.

— Mais c'est rien du tout, ça, dit Poiret.

— Eh! bien, consentez-vous? dit Gondureau à la vieille fille.

— Mais, mon cher monsieur, dit mademoiselle Michonneau, au cas où il n'y aurait point de lettres, aurais-je les deux mille francs?

— Non.

— Quelle sera donc l'indemnité?

— Cinq cents francs.

— Faire une chose pareille pour si peu. Le mal est le même dans la conscience, et j'ai ma conscience à calmer, monsieur.

— Je vous affirme, dit Poiret, que mademoiselle a beaucoup de conscience, outre que c'est une très-aimable personne et bien entendue.

— Eh! bien, reprit mademoiselle Michonneau, donnez-moi trois mille francs si c'est Trompe-la-Mort, et rien si c'est un bourgeois.

— Ça va, dit Gondureau, mais à condition que l'affaire sera faite demain.

— Pas encore, mon cher monsieur, j'ai besoin de consulter mon confesseur.

— Finaude! dit l'agent en se levant. A demain alors. Et si vous étiez pressée de me parler, venez petite rue Sainte-Anne, au bout de la cour de la Sainte-Chapelle. Il n'y a qu'une porte sous la voûte. Demandez monsieur Gondureau.

Bianchon, qui revenait du cours de Cuvier, eut l'oreille frappée du mot assez original de Trompe-la-Mort, et entendit le ça va du célèbre chef de la police de sûreté.

— Pourquoi n'en finissez-vous pas, ce serait trois cents francs de rente viagère, dit Poiret à mademoiselle Michonneau.

— Pourquoi? dit-elle. Mais il faut y réfléchir. Si monsieur Vautrin était ce Trompe-la-Mort, peut-être y aurait-il plus d'avantage à s'arranger avec lui. Cependant lui demander de l'argent, ce serait le prévenir, et il serait homme à décamper *gratis*. Ce serait un *puff* abominable.

— Quand il serait prévenu, reprit Poiret, ce monsieur ne nous a-t-il pas dit qu'il était surveillé? Mais vous, vous perdriez tout.

— D'ailleurs, pensa mademoiselle Michonneau, je ne l'aime point, cet homme! Il ne sait me dire que des choses désagréables.

— Mais, reprit Poiret, vous feriez mieux. Ainsi que l'a dit ce monsieur, qui me paraît fort bien, outre qu'il est très-proprement couvert, c'est un acte d'obéissance aux lois que de débarrasser la société d'un criminel, quelque vertueux qu'il puisse être. Qui a bu boira. S'il lui prenait fantaisie de nous assassiner tous? Mais, que diable! nous serions coupables de ces assassinats, sans compter que nous en serions les premières victimes.

La préoccupation de mademoiselle Michonneau ne lui permettait pas d'écouter les phrases tombant une à une de la bouche de Poiret, comme les gouttes d'eau qui suintent à travers le robinet d'une fontaine mal fermée. Quand une fois ce vieillard avait commencé la série de ses phrases, et que mademoiselle Michonneau ne l'arrêtait pas, il parlait toujours, à l'instar d'une mécanique montée. Après avoir entamé un premier sujet, il était conduit par ses parenthèses à en traiter de tout opposés, sans avoir rien conclu. En arrivant à la maison Vauquer, il s'était faufilé dans une suite de passages et de citations transitoires qui l'avaient amené à raconter sa déposition dans l'affaire du sieur Ragoulleau et de la dame Morin, où il avait comparu en qualité de témoin à décharge. En entrant, sa compagne ne manqua pas d'apercevoir Eugène de Rastignac engagé avec mademoiselle Taillefer dans une intime causerie dont l'intérêt était si palpitant que le couple ne fit aucune attention au passage des deux vieux pensionnaires quand ils traversèrent la salle à manger.

— Ça devait finir par là, dit mademoiselle Michonneau à Poiret. Ils se faisaient des yeux à s'arracher l'âme depuis huit jours.

— Oui, répondit-il. Aussi fut-elle condamnée.

— Qui ?

— Madame Morin.

— Je vous parle de mademoiselle Victorine, dit la Michonneau en entrant, sans y faire attention, dans la chambre de Poiret, et vous me répondez par madame Morin. Qu'est-ce que c'est que cette femme-là ?

— De quoi serait donc coupable mademoiselle Victorine ? demanda Poiret.

— Elle est coupable d'aimer M. Eugène de Rastignac, et va de l'avant sans savoir où ça la mènera, pauvre innocente !

Eugène avait été, pendant la matinée, réduit au désespoir par madame de Nucingen. Dans son for intérieur, il s'était abandonné complétement à Vautrin, sans vouloir sonder ni les motifs de l'amitié que lui portait cet homme extraordinaire, ni l'avenir d'une semblable union. Il fallait un miracle pour le tirer de l'abîme où il avait déjà mis le pied depuis une heure, en échangeant avec mademoiselle Taillefer les plus douces promesses. Victorine croyait entendre la voix d'un ange, les cieux s'ouvraient pour elle, la maison Vauquer se parait des teintes fantastiques que les décorateurs donnent aux palais de théâtre : elle aimait, elle était aimée, elle le croyait du moins ! Et quelle femme ne l'aurait cru comme elle en voyant Rastignac, en l'écoutant durant cette heure dérobée à tous les argus de la maison ? En se débattant contre sa conscience, en sachant qu'il faisait mal et voulant faire mal, en se disant qu'il rachèterait ce péché véniel par le bonheur d'une femme, il s'était embelli de son désespoir, et resplendissait de tous les feux de l'enfer qu'il avait au cœur. Heureusement pour lui, le miracle eut lieu : Vautrin entra joyeusement, et lut dans l'âme des deux jeunes gens qu'il avait mariés par les combinaisons de son infernal génie, mais dont il troubla soudain la joie en chantant de sa grosse voix railleuse :

> Ma Fanchette est charmante
> Dans sa simplicité...

Victorine se sauva en emportant autant de bonheur qu'elle avait eu jusqu'alors de malheur dans sa vie. Pauvre fille! un serrement de mains, sa joue effleurée par les cheveux de Rastignac, une parole dite si près de son oreille qu'elle avait senti la chaleur des lèvres de l'étudiant, la pression de sa taille par un bras tremblant, un baiser pris sur son cou, furent les accordailles de sa passion, que le voisinage de la grosse Sylvie, menaçant d'entrer dans cette radieuse salle à manger, rendirent plus ardentes, plus vives, plus engageantes que les plus beaux témoignages de dévouement racontés dans les plus célèbres histoires d'amour. Ces *menus suffrages,* suivant une jolie expression de nos ancêtres, paraissaient être des crimes à une pieuse jeune fille confessée tous les quinze jours! En cette heure, elle avait prodigué plus de trésors d'âme que plus tard, riche et heureuse, elle n'en aurait donné en se livrant tout entière.

— L'affaire est faite, dit Vautrin à Eugène. Nos deux dandies se sont piochés. Tout s'est passé convenablement. Affaire d'opinion. Notre pigeon a insulté mon faucon. A demain, dans la redoute de Clignancourt. A huit heures et demie, mademoiselle Taillefer héritera de l'amour et de la fortune de son père, pendant qu'elle sera là tranquillement à tremper ses mouillettes de pain beurré dans son café. N'est-ce pas drôle à se dire? Ce petit Taillefer est très-fort à l'épée, il est confiant comme un brelan carré; mais il sera saigné par un coup que j'ai inventé, une manière de relever l'épée et de vous piquer le front. Je vous montrerai cette botte-là, car elle est furieusement utile.

Rastignac écoutait d'un air stupide, et ne pouvait rien répondre. En ce moment le père Goriot, Bianchon et quelques autres pensionnaires arrivèrent.

— Voilà comme je vous voulais, lui dit Vautrin. Vous savez ce que vous faites. Bien, mon petit aiglon! vous gouvernerez les hommes; vous êtes fort, carré, poilu; vous avez mon estime.

Il voulut lui prendre la main. Rastignac retira vivement la sienne, et tomba sur une chaise en pâlissant ; il croyait voir une mare de sang devant lui.

— Ah ! nous avons encore quelques petits langes tachés de vertu, dit Vautrin à voix basse. Papa d'Oliban a trois millions, je sais sa fortune. La dot vous rendra blanc comme une robe de mariée, et à vos propres yeux.

Rastignac n'hésita plus. Il résolut d'aller prévenir pendant la soirée messieurs Taillefer père et fils. En ce moment, Vautrin l'ayant quitté, le père Goriot lui dit à l'oreille : — Vous êtes triste, mon enfant ! je vais vous égayer, moi. Venez ! Et le vieux vermicellier allumait son rat-de-cave à une des lampes. Eugène le suivit tout ému de curiosité.

— Entrons chez vous, dit le bonhomme, qui avait demandé la clef de l'étudiant à Sylvie. Vous avez cru ce matin qu'elle ne vous aimait pas, hein ! reprit-il. Elle vous a renvoyé de force, et vous vous en êtes allé fâché, désespéré. Nigaudinos ! Elle m'attendait. Comprenez-vous ? Nous devions aller achever d'arranger un bijou d'appartement dans lequel vous irez demeurer d'ici à trois jours. Ne me vendez pas. Elle veut vous faire une surprise ; mais je ne tiens pas à vous cacher plus long-temps le secret. Vous serez rue d'Artois, à deux pas de la rue Saint-Lazare. Vous y serez comme un prince. Nous vous avons eu des meubles comme pour une épousée. Nous avons fait bien des choses depuis un mois, en ne vous en disant rien. Mon avoué s'est mis en campagne, ma fille aura ses trente-six mille francs par an, l'intérêt de sa dot, et je vais faire exiger le placement de ses huit cent mille francs en bons biens au soleil.

Eugène était muet et se promenait, les bras croisés, de long en long, dans sa pauvre chambre en désordre. Le père Goriot saisit un moment où l'étudiant lui tournait le dos, et mit sur la cheminée une boîte en maroquin rouge, sur laquelle étaient imprimées en or les armes de Rastignac.

— Mon cher enfant, disait le pauvre bonhomme, je me suis mis dans tout cela jusqu'au cou. Mais, voyez-vous, il y avait à moi bien de l'égoïsme, je suis intéressé dans votre changement de quartier. Vous ne me refuserez pas, hein ! si je vous demande quelque chose ?

— Que voulez-vous ?

— Au-dessus de votre appartement, au cinquième, il y a une chambre qui en dépend, j'y demeurerai, pas vrai ? Je me fais vieux, je suis trop loin de mes filles. Je ne vous gênerai pas. Seulement je serai là. Vous me parlerez d'elle tous les soirs. Ça ne vous contrariera pas, dites? Quand vous rentrerez, que je serai dans mon lit, je vous entendrai, je me dirai : Il vient de voir ma petite Delphine. Il l'a menée au bal, elle est heureuse par lui. Si j'étais malade, ça me mettrait du baume dans le cœur de vous écouter revenir, vous remuer, aller. Il y aura tant de ma fille en vous! Je n'aurai qu'un pas à faire pour être aux Champs-Élysées, où elles passent tous les jours, je les verrai toujours, tandis que quelquefois j'arrive trop tard. Et puis elle viendra chez vous peut-être! je l'entendrai, je la verrai dans sa douillette du matin, trottant, allant gentiment comme une petite chatte. Elle est redevenue, depuis un mois, ce qu'elle était, jeune fille, gaie, pimpante. Son âme est en convalescence, elle vous doit le bonheur. Oh! je ferais pour vous l'impossible. Elle me disait tout à l'heure en revenant : « Papa, je suis bien heureuse! » Quand elles me disent cérémonieusement, *Mon père*, elles me glacent; mais quand elles m'appellent *papa*, il me semble encore les voir petites, elles me rendent tous mes souvenirs. Je suis mieux leur père. Je crois qu'elles ne sont encore à personne! Le bonhomme s'essuya les yeux, il pleurait. Il y a long-temps que je n'avais entendu cette phrase, long-temps qu'elle ne m'avait donné le bras. Oh! oui, voilà bien dix ans que je n'ai marché côte à côte avec une de mes filles. Est-ce bon de se frotter à sa robe, de se mettre à son pas, de partager sa chaleur! Enfin, j'ai mené Delphine, ce matin, partout. J'entrais avec elle dans les boutiques. Et je l'ai reconduite chez elle. Oh! gardez-moi près de vous. Quelquefois vous aurez besoin de quelqu'un pour vous rendre service, je serai là. Oh! si cette grosse souche d'Alsacien mourait, si sa goutte avait l'esprit de remonter dans l'estomac, ma pauvre fille serait-elle heureuse! Vous seriez mon gendre, vous seriez ostensiblement son mari. Bah! elle est si malheureuse de ne rien connaître aux plaisirs de ce monde, que je l'absous de tout. Le bon Dieu doit être du côté des pères qui aiment bien. Elle vous aime trop! dit-il en hochant la tête après une pause. En allant, elle causait de vous avec moi : « N'est-ce pas, mon père, il est bien! il a bon cœur! Parle-t-il de moi? » Bah, elle m'en a dit, depuis la rue d'Artois jusqu'au passage des Panoramas, des volumes! Elle m'a enfin versé son cœur dans le mien. Pendant toute cette bonne matinée, je n'étais plus vieux, je ne pesais pas une once. Je lui ai dit que vous m'aviez remis le billet de mille francs. Oh! la chérie, elle en a été émue aux larmes. Qu'avez-vous donc là sur votre cheminée? dit enfin le père Goriot qui se mourait d'impatience en voyant Rastignac immobile.

Eugène tout abasourdi regardait son voisin d'un air hébété. Ce duel, annoncé par Vautrin pour le lendemain, contrastait si violemment avec la réalisation de ses plus chères espérances, qu'il éprouvait toute les sensations du cauchemar. Il se tourna vers la cheminée, y aperçut la petite boîte carrée, l'ouvrit, et trouva dedans un papier qui couvrait une montre de Breguet. Sur ce papier étaient écrit ces mots : « Je veux que vous pensiez à moi à toute heure, *parce que...*

« DELPHINE. »

Ce dernier mot faisait sans doute allusion à quelque scène qui avait eu lieu entre eux, Eugène en fut attendri. Ses armes étaient intérieurement émaillées dans l'or de la boîte. Ce bijou si long-temps envié, la chaîne, la clef, la façon, les dessins répondaient à tous ses vœux. Le père Goriot était radieux. Il avait sans doute promis à sa fille de lui rapporter les moindres effets de la surprise que causerait son présent à Eugène, car il était en tiers dans ces jeunes émotions et ne paraissait pas le moins heureux. Il aimait déjà Rastignac et pour sa fille et pour lui-même.

— Vous irez la voir ce soir, elle vous attend. La grosse souche d'Alsacien soupe chez sa danseuse. Ah! ah! il a été bien sot quand mon avoué lui a dit son fait. Ne prétend-il pas aimer ma fille à l'adoration? qu'il y touche et je le tue. L'idée de savoir ma Delphine à... (il soupira) me ferait commettre un crime; mais ce ne serait pas un homicide, c'est une tête de veau sur un corps de porc. Vous me prendrez avec vous, n'est-ce pas?

— Oui, mon bon père Goriot, vous savez bien que je vous aime...

— Je le vois, vous n'avez pas honte de moi, vous! Laissez-moi vous embrasser. Et il serra l'étudiant dans ses bras. Vous la rendrez bien heureuse, promettez-le-moi! Vous irez ce soir, n'est-ce pas?

— Oh, oui! Je dois sortir pour des affaires qu'il est impossible de remettre.

— Puis-je vous être bon à quelque chose?

— Ma foi, oui! Pendant que j'irai chez madame de Nucingen,

allez chez M. Taillefer le père, lui dire de me donner une heure dans la soirée pour lui parler d'une affaire de la dernière importance.

— Serait-ce donc vrai, jeune homme, dit le père Goriot en changeant de visage ; feriez-vous la cour à sa fille, comme le disent les imbéciles d'en bas ? Tonnerre de Dieu ! vous ne savez pas ce que c'est qu'une tape à la Goriot. Et si vous nous trompiez, ce serait l'affaire d'un coup de poing. Oh ! ce n'est pas possible.

— Je vous jure que je n'aime qu'une femme au monde, dit l'étudiant, je ne le sais que depuis un moment.

— Ah, quel bonheur ! fit le père Goriot.

— Mais, reprit l'étudiant, le fils de Taillefer se bat demain, et j'ai entendu dire qu'il serait tué.

— Qu'est-ce que cela vous fait ? dit Goriot.

— Mais il faut lui dire d'empêcher son fils de se rendre... s'écria Eugène.

En ce moment il fut interrompu par la voix de Vautrin, qui se fit entendre sur le pas de sa porte, où il chantait :

> O Richard, ô mon roi !
> L'univers t'abandonne...

Broum ! broum ! broum ! broum ! broum !

> J'ai longtemps parcouru le monde,
> Et l'on m'a vu...

Tra la, la, la, la...

— Messieurs, cria Christophe, la soupe vous attend, et tout le monde est à table.

— Tiens, dit Vautrin, viens prendre une bouteille de mon vin de Bordeaux.

— La trouvez-vous jolie, la montre ? dit le père Goriot. Elle a bon goût, hein !

Vautrin, le père Goriot et Rastignac descendirent ensemble et se trouvèrent par suite de leur retard, placés à côté les uns des autres à table. Eugène marqua la plus grande froideur à Vautrin pendant le dîner, quoique jamais cet homme, si aimable aux yeux de madame Vauquer, n'eût déployé autant d'esprit. Il fut pétillant de saillies, et sut mettre en train tous les convives. Cette assurance, ce sang-froid consternaient Eugène.

— Sur quelle herbe avez-vous donc marché aujourd'hui? lui dit madame Vauquer. Vous êtes gai comme un pinson.

— Je suis toujours gai quand j'ai fait de bonnes affaires.

— Des affaires? dit Eugène.

— Eh! bien, oui. J'ai livré une partie de marchandises qui me vaudra de bons droits de commission. Mademoiselle Michonneau, dit-il en s'apercevant que la vieille fille l'examinait, ai-je dans la figure un trait qui vous déplaise, que vous me faites l'*œil américain?* Faut le dire! je le changerai pour vous être agréable.

— Poiret, nous ne nous fâcherons pas pour ça, hein? dit-il en guignant le vieil employé.

— Sac à papier! vous devriez poser pour un Hercule-Farceur, dit le jeune peintre à Vautrin.

— Ma foi, ça va! si mademoiselle Michonneau veut poser en Vénus du Père-Lachaise, répondit Vautrin.

— Et Poiret? dit Bianchon.

— Oh! Poiret posera en Poiret. Ce sera le dieu des jardins! s'écria Vautrin. Il dérive de poire...

— Molle! reprit Bianchon. Vous seriez alors entre la poire et le fromage.

— Tout ça, c'est des bêtises, dit madame Vauquer, et vous feriez mieux de nous donner de votre vin de Bordeaux dont j'aperçois une bouteille qui montre son nez! Ça nous entretiendra en joie, outre que c'est bon à l'*estomaque*.

— Messieurs, dit Vautrin, madame la présidente nous rappelle à l'ordre. Madame Couture et mademoiselle Victorine ne se formaliseront pas de vos discours badins; mais respectez l'innocence du père Goriot. Je vous propose une petite bouteillerama de vin de Bordeaux, que le nom de Laffitte rend doublement illustre, soit dit sans allusion politique. Allons, Chinois! dit-il en regardant Christophe qui ne bougea pas. Ici, Christophe! Comment, tu n'entends pas ton nom? Chinois, amène les liquides!

— Voilà, monsieur, dit Christophe en lui présentant la bouteille.

Après avoir rempli le verre d'Eugène et celui du père Goriot, il s'en versa lentement quelques gouttes qu'il dégusta, pendant que ses deux voisins buvaient, et tout à coup il fit une grimace.

— Diable! diable! il sent le bouchon. Prends cela pour toi,

Christophe, et va nous en chercher; à droite, tu sais? Nous sommes seize, descends huit bouteilles.

— Puisque vous vous fendez, dit le peintre, je paye un cent de marrons.

— Oh! oh!.

— Booououh!

— Prrrr!

Chacun poussa des exclamations qui partirent comme les fusées d'une girandole.

— Allons, maman Vauquer, deux de champagne, lui cria Vautrin.

— Quien, c'est cela! Pourquoi pas demander la maison? Deux de champagne! mais ça coûte douze francs! Je ne les gagne pas, non! Mais si monsieur Eugène veut les payer, j'offre du cassis.

— V'là son cassis qui purge comme de la manne, dit l'étudiant en médecine à voix basse.

— Veux-tu te taire, Bianchon, s'écria Rastignac, je ne peux pas entendre parler de manne sans que le cœur... Oui, va pour le vin de Champagne, je le paye, ajouta l'étudiant.

— Sylvie, dit madame Vauquer, donnez les biscuits et les petits gâteaux.

— Vos petits gâteaux sont trop grands, dit Vautrin, ils ont de la barbe. Mais quant aux biscuits, aboulez.

En un moment le vin de Bordeaux circula, les convives s'animèrent, la gaieté redoubla. Ce fut des rires féroces, au milieu desquels éclatèrent quelques imitations des diverses voix d'animaux. L'employé au Muséum s'étant avisé de reproduire un cri de Paris qui avait de l'analogie avec le miaulement du chat amoureux, aussitôt huit voix beuglèrent simultanément les phrases suivantes — A repasser les couteaux! — Mo-ron pour les p'tits oiseaux! — Voilà plaisir, mesdames, voilà le plaisir! — A raccommoder la ïence! — A la barque, à la barque! — Battez vos femmes, vos abits! — Vieux habits, vieux galons, vieux chapeaux à vendre! — A la cerise, à la douce! La palme fut à Bianchon pour l'accent nasillard avec lequel il cria : — Marchand de parapluies! En quelques instants ce fut un tapage à casser la tête, une conversation pleine de coqs-à-l'âne, un véritable opéra que Vautrin conduisait comme un chef d'orchestre, en surveillant Eugène et le père Goriot, qui semblaient ivres déjà. Le dos appuyé sur leur chaise, tous deux contemplaient ce désordre inaccoutumé d'un air grave, en buvant peu; tous deux étaient préoccupés de ce qu'ils avaient à faire pendant la soirée, et néanmoins ils se sentaient incapables de se lever. Vautrin, qui suivait les changements de leur physionomie en leur lançant des regards de côté, saisit le moment où leurs yeux vacillèrent et parurent vouloir se fermer, pour se pencher à l'oreille de Rastignac et lui dire : — Mon petit gars, nous ne sommes pas assez rusé pour lutter avec notre papa Vautrin, et il vous aime trop pour vous laisser faire des sottises. Quand j'ai résolu quelque chose, le bon Dieu seul est assez fort pour me barrer le passage. Ah! nous voulions aller prévenir le père Taillefer, commettre des fautes d'écolier! Le four est chaud, la farine est pétrie, le pain est sur la pelle; demain nous en ferons sauter les miettes par-dessus notre tête en y mordant; et nous empêcherions d'enfourner?... non, non, tout cuira! Si nous avons quelques petits remords, la digestion les emportera. Pendant que nous dormirons notre petit somme, le colonel comte Franchessini vous ouvrira la succession de Michel Taillefer avec la pointe de son épée. En héritant de son frère, Victorine aura quinze petits mille francs de rente. J'ai déjà pris des renseignements, et sais que la succession de la mère monte à plus de trois cent mille...

Eugène entendait ces paroles sans pouvoir y répondre : il sentait sa langue collée à son palais, et se trouvait en proie à une somnolence invincible; il ne voyait déjà plus la table et les figures des convives qu'à travers un brouillard lumineux. Bientôt le bruit s'apaisa, les pensionnaires s'en allèrent un à un. Puis, quand il ne resta plus que madame Vauquer, madame Couture, mademoiselle Victorine, Vautrin et le père Goriot, Rastignac aperçut, comme s'il eût rêvé, madame Vauquer occupée à prendre les bouteilles pour en vider les restes de manière à en faire des bouteilles pleines.

— Ah! sont-ils fous, sont-ils jeunes! disait la veuve.

Ce fut la dernière phrase que put comprendre Eugène.

— Il n'y a que monsieur Vautrin pour faire de ces farces-là, dit Sylvie. Allons, voilà Christophe qui ronfle comme une toupie.

— Adieu, maman, dit Vautrin. Je vais au boulevard admirer M. Marty dans *le Mont Sauvage*, une grande pièce tirée du *Solitaire*. Si vous voulez, je vous y mène ainsi que ces dames.

— Je vous remercie, dit madame Couture.

— Comment, ma voisine! s'écria madame Vauquer, vous refusez

de voir une pièce prise dans le *Solitaire*, un ouvrage fait par Atala de Châteaubriand, et que nous aimions tant à lire, qui est si joli que nous pleurions comme des Madeleines d'Élodie sous les *tyeuilles* cet été dernier, enfin un ouvrage moral qui peut être susceptible d'instruire votre demoiselle?

— Il nous est défendu d'aller à la comédie, répondit Victorine.

— Allons, les voilà partis, ceux-là, dit Vautrin en remuant d'une manière comique la tête du père Goriot et celle d'Eugène.

En plaçant la tête de l'étudiant sur la chaise, pour qu'il pût dormir commodément, il le baisa chaleureusement au front, en chantant :

> Dormez, mes chères amours !
> Pour vous je veillerai toujours.

— J'ai peur qu'il ne soit malade, dit Victorine.

— Restez à le soigner alors, reprit Vautrin. C'est, lui souffla-t-il à l'oreille, votre devoir de femme soumise. Il vous adore, ce jeune homme, et vous serez sa petite femme, je vous le prédis. Enfin, dit-il à haute voix, *ils furent considérés dans tout le pays, vécurent heureux, et eurent beaucoup d'enfants*. Voilà comment finissent tous les romans d'amour. Allons, maman, dit-il en se tournant vers madame Vauquer, qu'il étreignit, mettez le chapeau, la belle robe à fleurs, l'écharpe de la comtesse. Je vais vous aller chercher un fiacre, soi-même. Et il partit en chantant :

> Soleil, soleil, divin soleil,
> Toi qui fais mûrir les citrouilles...

— Mon Dieu ! dites donc, madame Couture, cet homme-là me ferait vivre heureuse sur les toits. Allons, dit-elle en se tournant vers le vermicellier, voilà le père Goriot parti. Ce vieux cancre-là n'a jamais eu l'idée de me mener *nune* part, lui. Mais il va tomber par terre, mon Dieu ! C'est-y indécent à un homme d'âge de perdre la raison ! Vous me direz qu'on ne perd point ce qu'on n'a pas. Sylvie, montez-le donc chez lui.

Sylvie prit le bonhomme par-dessous le bras, le fit marcher, et le jeta tout habillé comme un paquet au travers de son lit.

— Pauvre jeune homme, disait madame Couture en écartant les cheveux d'Eugène qui lui tombaient dans les yeux, il est comme une jeune fille, il ne sait pas ce que c'est qu'un excès.

— Ah ! je peux bien dire que depuis trente et un ans que je tiens ma pension, dit madame Vauquer, il m'est passé bien des jeunes gens par les mains, comme on dit; mais je n'en ai jamais vu d'aussi gentil, d'aussi distingué que monsieur Eugène. Est-il beau quand il dort? Prenez-lui donc la tête sur votre épaule, madame Couture. Bah! il tombe sur celle de mademoiselle Victorine : il y a un dieu pour les enfants. Encore un peu, il se fendait la tête sur la pomme de la chaise. A eux deux, ils feraient un bien joli couple.

— Ma voisine, taisez-vous donc, s'écria madame Couture, vous dites des choses...

— Bah! fit madame Vauquer, il n'entend pas. Allons, Sylvie, viens m'habiller. Je vais mettre mon grand corset.

— Ah bien! votre grand corset, après avoir dîné, madame, dit Sylvie. Non, cherchez quelqu'un pour vous serrer, ce ne sera pas moi qui serai votre assassin. Vous commettriez là une imprudence à vous coûter la vie.

— Ça m'est égal, il faut faire honneur à monsieur Vautrin.

— Vous aimez donc bien vos héritiers?

— Allons, Sylvie, pas de raisons, dit la veuve en s'en allant.

— A son âge, dit la cuisinière en montrant sa maîtresse à Victorine.

Madame Couture et sa pupille, sur l'épaule de laquelle dormait Eugène, restèrent seules dans la salle à manger. Les ronflements de Christophe retentissaient dans la maison silencieuse, et faisaient ressortir le paisible sommeil d'Eugène, qui dormait aussi gracieusement qu'un enfant. Heureuse de pouvoir se permettre un de ces actes de charité par lesquels s'épanchent tous les sentiments de la femme, et qui lui faisait sans crime sentir le cœur du jeune homme battant sur le sien, Victorine avait dans la physionomie quelque chose de maternellement protecteur qui la rendait fière. A travers les mille pensées qui s'élevaient dans son cœur, perçait un tumultueux mouvement de volupté qu'excitait l'échange d'une jeune et pure chaleur.

— Pauvre chère fille! dit madame Couture en lui pressant la main.

La vieille dame admirait cette candide et souffrante figure, sur laquelle était descendue l'auréole du bonheur. Victorine ressemblait à l'une de ces naïves peintures du moyen âge dans lesquelles tous les accessoires sont négligés par l'artiste, qui a réservé la magie d'un pinceau calme et fier pour la figure jaune de ton, mais où le ciel semble se refléter avec ses teintes d'or.

— Il n'a pourtant pas bu plus de deux verres, maman, dit Victorine en passant ses doigts dans la chevelure d'Eugène.

— Mais si c'était un débauché, ma fille, il aurait porté le vin comme tous ces autres. Son ivresse fait son éloge.

Le bruit d'une voiture retentit dans la rue.

— Maman, dit la jeune fille, voici monsieur Vautrin. Prenez donc monsieur Eugène. Je ne voudrais pas être vue ainsi par cet homme, il a des expressions qui salissent l'âme, et des regards qui gênent une femme comme si on lui enlevait sa robe.

— Non, dit madame Couture, tu te trompes ! Monsieur Vautrin est un brave homme, un peu dans le genre de défunt monsieur Couture, brusque, mais bon, un bourru bienfaisant.

En ce moment Vautrin entra tout doucement, et regarda le tableau formé par ces deux enfants que la lueur de la lampe semblait caresser.

— Eh ! bien, dit-il en se croisant les bras, voilà de ces scènes qui auraient inspiré de belles pages à ce bon Bernardin de Saint-Pierre, l'auteur de Paul et Virginie. La jeunesse est bien belle, madame Couture. Pauvre enfant, dors, dit-il en contemplant Eugène, le bien vient quelquefois en dormant. Madame, reprit-il en s'adressant à la veuve, ce qui m'attache à ce jeune homme, ce qui m'émeut, c'est de savoir la beauté de son âme en harmonie avec celle de sa figure. Voyez, n'est-ce pas un chérubin posé sur l'épaule d'un ange ? il est digne d'être aimé, celui-là ! Si j'étais femme, je voudrais mourir (non, pas si bête !) vivre pour lui. En les admirant ainsi, madame, dit-il à voix basse et se penchant à l'oreille de la veuve, je ne puis m'empêcher de penser que Dieu les a créés pour être l'un à l'autre. La Providence a des voies bien cachées, elle sonde les reins et les cœurs, s'écria-t-il à haute voix. En vous voyant unis, mes enfants, unis par une même pureté, par tous les sentiments humains, je me dis qu'il est impossible que vous soyez jamais séparés dans l'avenir. Dieu est juste. Mais, dit-il à la jeune fille, il me semble avoir vu chez vous des lignes de prospérité. Donnez-moi votre main, mademoiselle Victorine ? je me connais en chiromancie, j'ai dit souvent la bonne aventure. Allons, n'ayez pas peur. Oh ! qu'aperçois-je ? Foi d'honnête homme, vous serez avant peu l'une des plus riches héritières de Paris. Vous comblerez de bonheur celui qui vous aime. Votre père vous appelle auprès de lui. Vous vous mariez avec un homme titré, jeune, beau, qui vous adore.

En ce moment, les pas lourds de la coquette veuve qui descendait interrompirent les prophéties de Vautrin.

— Voilà mamman Vauquerre belle comme un astrrre, ficelé comme une carotte. N'étouffons-nous pas un petit brin? lui dit-i en mettant sa main sur le haut du busc; les avant-cœurs sont bien pressés, maman. Si nous pleurons, il y aura explosion; mais je ramasserai les débris avec un soin d'antiquaire.

— Il connaît le langage de la galanterie française, celui-là! dit la veuve en se penchant à l'oreille de madame Couture.

— Adieu, enfants, reprit Vautrin en se tournant vers Eugène et Victorine. Je vous bénis, leur dit-il en leur imposant ses mains au-dessus de leurs têtes. Croyez-moi, mademoiselle, c'est quelque chose que les vœux d'un honnête homme, ils doivent porter bonheur, Dieu les écoute.

— Adieu, ma chère amie, dit madame Vauquer à sa pensionnaire. Croyez-vous, ajouta-t-elle à voix basse, que monsieur Vautrin ait des intentions relatives à ma personne?

— Heu! heu!

— Ah! ma chère mère, dit Viciorine en soupirant et en regardant ses mains, quand les deux femmes furent seules, si ce bon monsieur Vautrin disait vrai!

— Mais il ne faut qu'une chose pour cela, répondit la vieille dame, seulement que ton monstre de frère tombe de cheval.

— Ah! maman.

— Mon Dieu, peut-être est-ce un péché que de souhaiter du mal à son ennemi, reprit la veuve. Eh! bien, j'en ferai pénitence. En vérité, je porterai de bon cœur des fleurs sur sa tombe. Mauvais cœur! il n'a pas le courage de parler pour sa mère, dont il garde à ton détriment l'héritage par des micmacs. Ma cousine avait une belle fortune. Pour ton malheur, il n'a jamais été question de son apport dans le contrat.

— Mon bonheur me serait souvent pénible à porter s'il coûtait la vie à quelqu'un, dit Victorine. Et s'il fallait, pour être heureuse, que mon frère disparût, j'aimerais mieux toujours être ici.

— Mon Dieu, comme dit ce bon monsieur Vautrin, qui, tu le vois, est plein de religion, reprit madame Couture, j'ai eu du plaisir à savoir qu'il n'est pas incrédule comme les autres, qui parlent de Dieu avec moins de respect que n'en a le diable. Eh! bien, qui peut savoir par quelles voies il plaît à la Providence de nous conduire?

Aidées par Sylvie, les deux femmes finirent par transporter Eugène dans sa chambre, le couchèrent sur son lit, et la cuisinière lui défit ses habits pour le mettre à l'aise. Avant de partir, quand sa protectrice eut le dos tourné, Victorine mit un baiser sur le front d'Eugène avec tout le bonheur que devait lui causer ce criminel larcin. Elle regarda sa chambre, ramassa pour ainsi dire dans une seule pensée les mille félicités de cette journée, en fit un tableau qu'elle contempla long-temps, et s'endormit la plus heureuse créature de Paris. Le festoiement à la faveur duquel Vautrin avait fait boire à Eugène et au père Goriot du vin narcotisé décida la perte de cet homme. Bianchon, à moitié gris, oublia de questionner mademoiselle Michonneau sur Trompe-la-Mort. S'il avait prononcé ce nom, il aurait certes éveillé la prudence de Vautrin, ou, pour lui rendre son vrai nom, de Jacques Collin, l'une des célébrités du bagne. Puis le sobriquet de Vénus du Père-Lachaise décida mademoiselle Michonneau à livrer le forçat au moment où, confiante en la générosité de Collin, elle calculait s'il ne valait pas mieux le prévenir et le faire évader pendant la nuit. Elle venait de sortir, accompagnée de Poiret, pour aller trouver le fameux chef de la police de sûreté, petite rue Sainte-Anne, croyant encore avoir affaire à un employé supérieur nommé Gondureau. Le directeur de la police judiciaire la reçut avec grâce. Puis, après une conversation où tout fut précisé, mademoiselle Michonneau demanda la potion à l'aide de laquelle elle devait opérer la vérification de la marque. Au geste de contentement que fit le grand homme de la petite rue Sainte-Anne, en cherchant une fiole dans un tiroir de son bureau, mademoiselle Michonneau devina qu'il y avait dans cette capture quelque chose de plus important que l'arrestation d'un simple forçat. A force de se creuser la cervelle, elle soupçonna que la police espérait, d'après quelques révélations faites par les traîtres du bagne, arriver à temps pour mettre la main sur des valeurs considérables. Quand elle eut exprimé ses conjectures à ce renard, il se mit à sourire, et voulut détourner les soupçons de la vieille fille.

— Vous vous trompez, répondit-il. Collin est la *sorbonne* la plus dangereuse qui jamais se soit trouvée du côté des voleurs. Voilà tout. Les coquins le savent bien; il est leur drapeau, leur soutien, leur. Bonaparte enfin ; ils l'aiment tous. Ce drôle ne nous laissera jamais sa *tronche* en place de Grève.

Mademoiselle Michonneau ne comprenant pas, Gondureau lui expliqua les deux mots d'argot dont il s'était servi. *Sorbonne* et *tronche* sont deux énergiques expressions du langage des voleurs, qui, les premiers, ont senti la nécessité de considérer la tête humaine sous deux aspects. La *sorbonne* est la tête de l'homme vivant, son conseil, sa pensée. La *tronche* est un mot de mépris destiné à exprimer combien la tête devient peu de chose quand elle est coupée.

— Collin nous joue, reprit-il. Quand nous rencontrons de ces hommes en façon de barres d'acier trempées à l'anglaise, nous avons la ressource de les tuer si, pendant leur arrestation, ils s'avisent de faire la moindre résistance. Nous comptons sur quelques voies de fait pour tuer Collin demain matin. On évite ainsi le procès, les frais de garde, la nourriture, et ça débarrasse la société. Les procédures, les assignations aux témoins, leurs indemnités, l'exécution, tout ce qui doit légalement nous défaire de ces garnements-là coûte au delà des mille écus que vous aurez. Il y a économie de temps. En donnant un bon coup de baïonnette dans la panse de Trompe-la-Mort, nous empêcherons une centaine de crimes, et nous éviterons la corruption de cinquante mauvais sujets qui se tiendront bien sagement aux environs de la correctionnelle. Voilà de la police bien faite. Selon les vrais philanthropes, se conduire ainsi, c'est prévenir les crimes.

— Mais c'est servir son pays, dit Poiret.

— Eh! bien, répliqua le chef, vous dites des choses sensées ce soir, vous. Oui, certes, nous servons le pays. Aussi le monde est-il bien injuste à notre égard. Nous rendons à la société de bien grands services ignorés. Enfin, il est d'un homme supérieur de se mettre au-dessus des préjugés, et d'un chrétien d'adopter les malheurs que le bien entraîne après soi quand il n'est pas fait selon les idées reçues. Paris est Paris, voyez-vous? Ce mot explique ma vie. J'ai l'honneur de vous saluer, mademoiselle. Je serai avec mes gens au Jardin-du-Roi demain. Envoyez Christophe rue de Buffon, chez monsieur Gondureau, dans la maison où j'étais. Monsieur, je suis votre serviteur. S'il vous était jamais volé quelque chose, usez de moi pour vous le faire retrouver, je suis à votre service.

— Eh! bien, dit Poiret à mademoiselle Michonneau, il se rencontre des imbéciles que ce mot de police met sens dessus dessous. Ce monsieur est très-aimable, et ce qu'il vous demande est simple comme bonjour.

Le lendemain devait prendre place parmi les jours les plus extraordinaires de l'histoire de la maison Vauquer. Jusqu'alors l'événement le plus saillant de cette vie paisible avait été l'apparition météorique de la fausse comtesse de l'Ambermesnil. Mais tout allait pâlir devant les péripéties de cette grande journée, de laquelle il serait éternellement question dans les conversations de madame Vauquer. D'abord Goriot et Eugène de Rastignac dormirent jusqu'à onze heures. Madame Vauquer, rentrée à minuit de la Gaîté, resta jusqu'à dix heures et demie au lit. Le long sommeil de Christophe, qui avait achevé le vin offert par Vautrin, causa des retards dans le service de la maison. Poiret et mademoiselle Michonneau ne se plaignirent pas de ce que le déjeuner se reculait. Quant à Victorine et à madame Couture, elles dormirent la grasse matinée. Vautrin sortit avant huit heures, et revint au moment même où le déjeuner fut servi. Personne ne réclama donc, lorsque, vers onze heures un quart, Sylvie et Christophe allèrent frapper à toutes les portes, en disant que le déjeuner attendait. Pendant que Sylvie et le domestique s'absentèrent, mademoiselle Michonneau, descendant la première, versa la liqueur dans le gobelet d'argent appartenant à Vautrin, et dans lequel la crème pour son café chauffait au bain-marie, parmi tous les autres. La vieille fille avait compté sur cette particularité de la pension pour faire son coup. Ce ne fut pas sans quelques difficultés que les sept pensionnaires se trouvèrent réunis. Au moment où Eugène, qui se détirait les bras, descendait le dernier de tous, un commissionnaire lui remit une lettre de madame de Nucingen. Cette lettre était ainsi conçue :

« Je n'ai ni fausse vanité ni colère avec vous, mon ami. Je vous ai attendu jusqu'à deux heures après minuit. Attendre un être que l'on aime ! Qui a connu ce supplice ne l'impose à personne. Je vois bien que vous aimez pour la première fois. Qu'est-il donc arrivé ? L'inquiétude m'a prise. Si je n'avais craint de livrer les secrets de mon cœur, je serais allée savoir ce qui vous advenait d'heureux ou de malheureux. Mais sortir à cette heure, soit à pied, soit en voiture, n'était-ce pas se perdre ? J'ai senti le malheur d'être femme. Rassurez-moi, expliquez-moi pourquoi vous n'êtes pas venu, après ce que vous a dit mon père. Je me fâcherai, mais je vous pardonnerai. Êtes-vous malade? pourquoi se loger si loin? Un mot de grâce. A bientôt, n'est-ce pas! Un mot me suffira si vous êtes occupé. Dites : J'accours, ou je souffre. Mais si vous étiez mal portant, mon père serait venu me le dire ! Qu'est-il donc arrivé?.... »

— Oui, qu'est-il arrivé? s'écria Eugène qui se précipita dans la salle à manger en froissant la lettre sans l'achever. Quelle heure est-il ?

— Onze heures et demie, dit Vautrin en sucrant son café.

Le forçat évadé jeta sur Eugène le regard froidement fascinateur que certains hommes éminemment magnétiques ont le don de lancer, et qui, dit-on, calme les fous furieux dans les maisons d'aliénés. Eugène trembla de tous ses membres. Le bruit d'un fiacre se fit entendre dans la rue, et un domestique à la livrée de monsieur Taillefer, et que reconnut sur-le-champ madame Couture, entra précipitamment d'un air effaré.

— Mademoiselle, s'écria-t-il, monsieur votre père vous demande. Un grand malheur est arrivé. Monsieur Frédéric s'est battu en duel, il a reçu un coup d'épée dans le front, les médecins désespèrent de le sauver ; vous aurez à peine le temps de lui dire adieu, il n'a plus sa connaissance.

— Pauvre jeune homme ! s'écria Vautrin. Comment se querelle-t-on quand on a trente bonnes mille livres de rente? Décidément la jeunesse ne sait pas se conduire.

— Monsieur ! lui cria Eugène.

— Eh ! bien, quoi, grand enfant? dit Vautrin en achevant de boire son café tranquillement, opération que mademoiselle Michonneau suivait de l'œil avec trop d'attention pour s'émouvoir de l'événement extraordinaire qui stupéfiait tout le monde. N'y a-t-il pas des duels tous les matins à Paris ?

— Je vais avec vous, Victorine, disait madame Couture.

Et ces deux femmes s'envolèrent sans châle ni chapeau. Avant de s'en aller, Victorine, les yeux en pleurs, jeta sur Eugène un regard qui lui disait : Je ne croyais pas que notre bonheur dût me causer des larmes !

— Bah ! vous êtes donc prophète, monsieur Vautrin ? dit madame Vauquer.

— Je suis tout, dit Jacques Collin.

— C'est-y singulier ! reprit madame Vauquer en enfilant une suite de phrases insignifiantes sur cet événement. La mort nous prend sans nous consulter. Les jeunes gens s'en vont souvent avant les vieux. Nous sommes heureuses, nous autres femmes, de n'être pas sujettes au duel; mais nous avons d'autres maladies que n'ont pas les hommes. Nous faisons les enfants, et le mal de mère dure longtemps! Quel quine pour Victorine! Son père est forcé de l'adopter.

— Voilà! dit Vautrin en regardant Eugène, hier elle était sans un sou, ce matin elle est riche de plusieurs millions.

— Dites donc, monsieur Eugène, s'écria madame Vauquer, vous avez mis la main au bon endroit.

A cette interpellation, le père Goriot regarda l'étudiant et lui vit à la main la lettre chiffonnée.

— Vous ne l'avez pas achevée! qu'est-ce que cela veut dire? seriez-vous comme les autres? lui demanda-t-il

— Madame, je n'épouserai jamais mademoiselle Victorine, dit Eugène en s'adressant à madame Vauquer avec un sentiment d'horreur et de dégoût qui surprit les assistants.

Le père Goriot saisit la main de l'étudiant et la lui serra. Il aurait voulu la baiser.

— Oh, oh! fit Vautrin. Les Italiens ont un bon mot : *col tempo!*

— J'attends la réponse, dit à Rastignac le commissionnaire de madame de Nucingen.

— Dites que j'irai.

L'homme s'en alla. Eugène était dans un violent état d'irritation qui ne lui permettait pas d'être prudent. — Que faire? disait-il à haute voix, en se parlant à lui-même. Point de preuves!

Vautrin se mit à sourire. En ce moment la potion absorbée par l'estomac commençait à opérer. Néanmoins le forçat était si robuste qu'il se leva, regarda Rastignac, lui dit d'une voix creuse : — Jeune homme, le bien nous vient en dormant.

Et il tomba roide mort.

— Il y a donc une justice divine, dit Eugène.

— Eh! bien, qu'est-ce qui lui prend donc, à ce pauvre cher monsieur Vautrin?

— Une apoplexie, cria mademoiselle Michonneau.

— Sylvie, allons, ma fille, va chercher le médecin, dit la veuve. Ah! monsieur Rastignac, courez donc vite chez monsieur Bianchon; Sylvie peut ne pas rencontrer notre médecin, monsieur Grimprel.

Rastignac, heureux d'avoir un prétexte de quitter cette épouvantable caverne, s'enfuit en courant.

— Christophe, allons, trotte chez l'apothicaire demander quelque chose contre l'apoplexie.

Christophe sortit.

— Mais, père Goriot, aidez-nous donc à le transporter là-haut, chez lui.

Vautrin fut saisi, manœuvré à travers l'escalier et mis sur son lit.

— Je ne vous suis bon à rien, je vais voir ma fille, dit monsieur Goriot.

— Vieil égoïste ! s'écria madame Vauquer, va, je te souhaite de mourir comme un chien.

— Allez donc voir si vous avez de l'éther, dit à madame Vauquer mademoiselle Michonneau qui, aidée par Poiret avait défait les habits de Vautrin.

Madame Vauquer descendit chez elle et laissa mademoiselle Michonneau maîtresse du champ de bataille.

— Allons, ôtez-lui donc sa chemise et retournez-le vite ! Soyez donc bon à quelque chose en m'évitant de voir des nudités, dit-elle à Poiret. Vous restez là comme Baba.

Vautrin retourné, mademoiselle Michonneau appliqua sur l'épaule du malade une forte claque, et les deux fatales lettres reparurent en blanc au milieu de la place rouge.

— Tiens, vous avez bien lestement gagné votre gratification de trois mille francs, s'écria Poiret en tenant Vautrin debout, pendant que mademoiselle Michonneau lui remettait sa chemise. — Ouf ! il est lourd, reprit-il en le couchant.

— Taisez-vous. S'il y avait une caisse ? dit vivement la vieille fille dont les yeux semblaient percer les murs, tant elle examinait avec avidité les moindres meubles de la chambre. — Si l'on pouvait ouvrir ce secrétaire, sous un prétexte quelconque ? reprit-elle.

— Ce serait peut-être mal, répondit Poiret.

— Non. L'argent volé, ayant été celui de tout le monde, n'est plus à personne. Mais le temps nous manque, répondit-elle. J'entends la Vauquer.

— Voilà de l'éther, dit madame Vauquer. Par exemple, c'est aujourd'hui la journée aux aventures. Dieu ! cet homme-là ne peut pas être malade, il est blanc comme un poulet.

— Comme un poulet? répéta Poiret.

— Son cœur bat régulièrement, dit la veuve en lui posant la main sur le cœur.

— Régulièrement? dit Poiret étonné.

— Il est très-bien.

— Vous trouvez? demanda Poiret.

— Dame! il a l'air de dormir. Sylvie est allée chercher un médecin. Dites donc, mademoiselle Michonneau, il reniffle à l'éther. Bah! c'est un *se-passe* (un spasme). Son pouls est bon. Il est fort comme un Turc. Voyez donc, mademoiselle, quelle palatine il a sur l'estomac; il vivra cent ans, cet homme-là! Sa perruque tient bien tout de même. Tiens, elle est collée, il a de faux cheveux, rapport à ce qu'il est rouge. On dit qu'ils sont tout bons ou tout mauvais, les rouges! Il serait donc bon, lui?

— Bon à pendre, dit Poiret.

— Vous voulez dire au cou d'une jolie femme, s'écria vivement mademoiselle Michonneau. Allez-vous-en donc, monsieur Poiret. Ça nous regarde, nous autres, de vous soigner quand vous êtes malades. D'ailleurs, pour ce à quoi vous êtes bon, vous pouvez bien vous promener, ajouta-t-elle. Madame Vauquer et moi, nous garderons bien ce cher monsieur Vautrin.

Poiret s'en alla doucement et sans murmurer, comme un chien à qui son maître donne un coup de pied. Rastignac était sorti pour marcher, pour prendre l'air, il étouffait. Ce crime commis à heure fixe, il avait voulu l'empêcher la veille. Qu'était-il arrivé? Que devait-il faire? Il tremblait d'en être le complice. Le sang-froid de Vautrin l'épouvantait encore.

— Si cependant Vautrin mourait sans parler? se disait Rastignac.

Il allait à travers les allées du Luxembourg, comme s'il eût été traqué par une meute de chiens, et il lui semblait en entendre les aboiements.

— Eh! bien, lui cria Bianchon, as-tu lu *le Pilote?*

Le Pilote était une feuille radicale dirigée par monsieur Tissot, et qui donnait pour la province, quelques heures après les journaux du matin, une édition où se trouvaient les nouvelles du jour, qui alors avaient, dans les départements, vingt-quatre heures d'avance sur les autres feuilles.

— Il s'y trouve une fameuse histoire, dit l'interne de l'hôpital Cochin. Le fils Taillefer s'est battu en duel avec le comte Franchessini, de la vieille garde, qui lui a mis deux pouces de fer dans le front. Voilà la petite Victorine un des plus riches partis de Paris. Hein! si on avait su cela? Quel trente-et-quarante que la mort! Est-il vrai que Victorine te regardait d'un bon œil, toi?

— Tais-toi, Bianchon, je ne l'épouserai jamais. J'aime une délicieuse femme, j'en suis aimé, je...

— Tu dis cela comme si tu te battais les flancs pour ne pas être infidèle. Montre-moi donc une femme qui vaille le sacrifice de la fortune du sieur Taillefer.

— Tous les démons sont donc après moi? s'écria Rastignac.

— Après qui donc en as-tu? es-tu fou? Donne-moi donc la main, dit Bianchon, que je te tâte le pouls. Tu as la fièvre.

— Va donc chez la mère Vauquer, lui dit Eugène, ce scélérat de Vautrin vient de tomber comme mort.

— Ah! dit Bianchon, qui laissa Rastignac seul, tu me confirmes des soupçons que je veux aller vérifier.

La longue promenade de l'étudiant en droit fut solennelle. Il fit en quelque sorte le tour de sa conscience. S'il frotta, s'il s'examina, s'il hésita, du moins sa probité sortit de cette âpre et terrible discussion éprouvée comme une barre de fer qui résiste à tous les essais. Il se souvint des confidences que le père Goriot lui avait faites la veille, il se rappela l'appartement choisi pour lui près de Delphine, rue d'Artois; il reprit sa lettre, la relut, la baisa. — Un tel amour est mon ancre de salut, se dit-il. Ce pauvre vieillard a bien souffert par le cœur. Il ne dit rien de ses chagrins, mais qui ne les devinerait pas! Eh! bien, j'aurai soin de lui comme d'un père, je lui donnerai mille jouissances. Si elle m'aime, elle viendra souvent chez moi passer la journée près de lui. Cette grande comtesse de Restaud est une infâme, elle ferait un portier de son père. Chère Delphine! elle est meilleure pour le bonhomme, elle est digne d'être aimée. Ah! ce soir je serai donc heureux! Il tira la montre, l'admira. — Tout m'a réussi! Quand on s'aime bien pour toujours, l'on peut s'aider, je puis recevoir cela. D'ailleurs je parviendrai, certes, et pourrai tout rendre au centuple. Il n'y a dans cette liaison ni crime, ni rien qui puisse faire froncer le sourcil à la vertu la plus sévère. Combien d'honnêtes gens contractent des unions semblables! Nous ne trompons personne; et ce qui nous avilit, c'est le mensonge. Mentir, n'est-ce pas abdiquer? Elle s'est depuis long-temps séparée de son mari. D'ailleurs, je lui dirai, moi, à cet Alsacien, de me céder une femme qu'il lui est impossible de rendre heureuse.

Le combat de Rastignac dura long-temps. Quoique la victoire dût rester aux vertus de la jeunesse, il fut néanmoins ramené par une invincible curiosité sur les quatre heures et demie, à la nuit tombante, vers la maison Vauquer, qu'il se jurait à lui-même de quitter pour toujours. Il voulait savoir si Vautrin était mort. Après avoir eu l'idée de lui administrer un vomitif, Bianchon avait fait porter à son hôpital les matières rendues par Vautrin, afin de les analyser chimiquement. En voyant l'insistance que mit mademoiselle Michonneau à vouloir les faire jeter, ses doutes se fortifièrent. Vautrin fut d'ailleurs trop promptement rétabli pour que Bianchon ne soupçonnât pas quelque complot contre le joyeux boute-en-train de la pension. A l'heure où rentra Rastignac, Vautrin se trouvait donc debout près du poêle dans la salle à manger. Attirés plus tôt que de coutume par la nouvelle du duel de Taillefer le fils, les pensionnaires, curieux de connaître les détails de l'affaire et l'influence qu'elle avait eue sur la destinée de Victorine, étaient réunis, moins le père Goriot, et devisaient de cette aventure. Quand Eugène entra, ses yeux rencontrèrent ceux de l'imperturbable Vautrin, dont le regard pénétra si avant dans son cœur et y remua si fortement quelques cordes mauvaises, qu'il en frissonna.

— Eh! bien, cher enfant, lui dit le forçat évadé, la Camuse aura long-temps tort avec moi. J'ai, selon ces dames, soutenu victorieusement un coup de sang qui aurait dû tuer un bœuf.

— Ah! vous pouvez bien dire un taureau, s'écria la veuve Vauquer.

— Seriez-vous donc fâché de me voir en vie? dit Vautrin à l'oreille de Rastignac dont il crut deviner les pensées. Ce serait d'homme diantrement fort!

— Ah, ma foi! dit Bianchon, mademoiselle Michonneau parlait avant-hier d'un monsieur surnommé *Trompe-la-Mort* ; ce nom-là vous irait bien.

Ce mot produisit sur Vautrin l'effet de la foudre : il pâlit et chancela, son regard magnétique tomba comme un rayon de soleil sur mademoiselle Michonneau, à laquelle ce jet de volonté cassa les jarrets. La vieille fille se laissa couler sur une chaise. Poiret s'avança vivement entre elle et Vautrin, comprenant qu'elle était en danger, tant la figure du forçat devint férocement significative en déposant le masque benin sous lequel se cachait sa vraie nature. Sans rien comprendre encore à ce drame, tous les pensionnaires restèrent ébahis. En ce moment, l'on entendit le pas de plusieurs hommes, et le bruit de quelques fusils que des soldats firent sonner sur le pavé de la rue. Au moment où Collin cherchait machinalement une issue en regardant les fenêtres et les murs, quatre hommes se montrèrent à la porte du salon. Le premier était le chef de la police de sûreté, les trois autres étaient des officiers de paix.

— Au nom de la loi et du roi, dit un des officiers dont le discours fut couvert par un murmure d'étonnement.

Bientôt le silence régna dans la salle à manger, les pensionnaires se séparèrent pour livrer passage à trois de ces hommes, qui tous avaient la main dans leur poche de côté et y tenaient un pistolet armé. Deux gendarmes qui suivaient les agents occupèrent la porte du salon, et deux autres se montrèrent à celle qui sortait par l'escalier. Le pas et les fusils de plusieurs soldats retentirent sur le pavé cailloux qui longeait la façade. Tout espoir de fuite fut donc interdit à Trompe-la-Mort, sur qui tous les regards s'arrêtèrent irrésistiblement. Le chef alla droit à lui, commença par lui donner sur la tête une tape si violemment appliquée qu'il fit sauter la perruque et rendit à la tête de Collin toute son horreur. Accompagnées de cheveux rouge-brique et courts qui leur donnaient un épouvantable caractère de force mêlée de ruse, cette tête et cette face, en harmonie avec le buste, furent intelligemment illuminées comme si les feux de l'enfer les eussent éclairées. Chacun comprit tout Vautrin, son passé, son présent, son avenir, ses doctrines implacables, la religion de son bon plaisir, la royauté que lui donnaient le cynisme de ses pensées, de ses actes, et la force d'une organisation faite à tout. Le sang lui monta au visage, et ses yeux brillèrent comme ceux d'un chat sauvage. Il bondit sur lui-même par un mouvement empreint d'une si féroce énergie, il rugit si bien qu'il arracha des cris de terreur à tous les pensionnaires. A ce geste de lion, et s'appuyant de la clameur générale, les agents tirèrent leurs pistolets. Collin comprit son danger en voyant briller le chien de chaque arme, et donna tout à coup la preuve de la plus haute puissance humaine. Horrible et majestueux spectacle! sa physionomie présenta un phénomène qui ne peut être comparé qu'à celui de la chaudière pleine de cette vapeur fumeuse qui soulèverait des montagnes, et que dissout en un clin d'œil une goutte d'eau froide. La goutte d'eau qui froidit sa rage fut une réflexion rapide comme un éclair. Il se mit à sourire et regarda sa perruque.

— Tu n'es pas dans tes jours de politesse, dit-il au chef de la police de sûreté. Et il tendit ses mains aux gendarmes en les appelant par un signe de tête. Messieurs les gendarmes, mettez-moi les menottes ou les poucettes. Je prends à témoin les personnes présentes que je ne résiste pas. Un murmure admiratif, arraché par la promptitude avec laquelle la lave et le feu sortirent et rentrèrent dans ce volcan humain, retentit dans la salle. — Ça te la coupe, monsieur l'enfonceur, reprit le forçat en regardant le célèbre directeur de la police judiciaire.

— Allons, qu'on se déshabille, lui dit l'homme de la petite rue Sainte-Anne d'un air plein de mépris.

— Pourquoi? dit Collin, il y a des dames. Je ne nie rien, et je me rends.

Il fit une pause, et regarda l'assemblée comme un orateur qui va dire des choses surprenantes.

— Écrivez, papa Lachapelle, dit-il en s'adressant à un petit vieillard en cheveux blancs qui s'était assis au bout de la table après avoir tiré d'un portefeuille le procès-verbal de l'arrestation. Je reconnais être Jacques Collin, dit Trompe-la-Mort, condamné à vingt ans de fers; et je viens de prouver que je n'ai pas volé mon surnom. Si j'avais seulement levé la main, dit-il aux pensionnaires, ces trois mouchards-là répandaient tout mon *raisiné* sur le *trimar* domestique de maman Vauquer. Ces drôles se mêlent de combiner des guets-apens!

Madame Vauquer se trouva mal en entendant ces mots. — Mon Dieu! c'est à en faire une maladie; moi qui étais hier à la Gaîté avec lui, dit-elle à Sylvie.

— De la philosophie, maman, reprit Collin. Est-ce un malheur d'être allée dans ma loge hier, à la Gaîté? s'écria-t-il. Êtes-vous meilleure que nous? Nous avons moins d'infamie sur l'épaule que vous n'en avez dans le cœur, membres flasques d'une société gangrenée : le meilleur d'entre vous ne me résistait pas. Ses yeux s'arrêtèrent sur Rastignac, auquel il adressa un sourire gracieux qui contrastait singulièrement avec la rude expression de sa figure. — Notre petit marché va toujours, mon ange, en cas d'acceptation toutefois! Vous savez? Il chanta :

Ma Fanchette est charmante
Dans sa simplicité.

— Ne soyez pas embarrassé, reprit-il, je sais faire mes recouvrements. L'on mé craint trop pour me *flouer*, moi !

Le bagne avec ses mœurs et son langage, avec ses brusques transitions du plaisant à l'horrible, son épouvantable grandeur, sa familiarité, sa bassesse, fut tout à coup représenté dans cette interpellation et par cet homme, qui ne fut plus un homme, mais le type de toute une nation dégénérée, d'un peuple sauvage et logique, brutal et souple. En un moment Collin devint un poème infernal où se peignirent tous les sentiments humains, moins un seul, celui du repentir. Son regard était celui de l'archange déchu qui veut toujours la guerre. Rastignac baissa les yeux en acceptant ce cousinage criminel comme une expiation de ses mauvaises pensées.

— Qui m'a trahi ? dit Collin en promenant son terrible regard sur l'assemblée. Et l'arrêtant sur mademoiselle Michonneau : C'est toi, lui dit-il, vieille cagnotte, tu m'as donné un faux coup de sang, curieuse ! En disant deux mots, je pourrais te faire scier le cou dans huit jours. Je te pardonne, je suis chrétien. D'ailleurs ce n'est pas toi qui m'as vendu. Mais qui ? — Ah ! ah ! vous fouillez là-haut, s'écria-t-il en entendant les officiers de la police judiciaire qui ouvraient ses armoires et s'emparaient de ses effets. Dénichés les oiseaux, envolés d'hier. Et vous ne saurez rien. Mes livres de commerce sont là, dit-il en se frappant le front. Je sais qui m'a vendu maintenant. Ce ne peut être que ce gredin de Fil-de-Soie. Pas vrai, père l'empoigneur ? dit-il au chef de police. Ça s'accorde trop bien avec le séjour de nos billets de banque là-haut. Plus rien, mes petits mouchards. Quant à Fil de-Soie, il sera *terré* sous quinze jours, lors même que vous le feriez garder par toute votre gendarmerie. — Que lui avez-vous donné, à cette Michonnette ? dit-il aux gens de la police, quelque millier d'écus ! Je valais mieux que ça, Ninon cariée, Pompadour en loques, Vénus du Père-Lachaise. Si tu m'avais prévenu, tu aurais eu six mille francs. Ah ! tu ne t'en doutais pas, vieille vendeuse de chair, sans quoi j'aurais eu la préférence. Oui, je les aurais donnés pour éviter un voyage qui me contrarie et qui me fait perdre de l'argent, disait-il pendant qu'on lui mettait les menottes. Ces gens-là vont se faire un plaisir de me traîner un temps infini pour m'*otolondrer*. S'ils m'envoyaient tout de suite au bagne, je serais bientôt rendu à mes occupations, malgré nos petits badauds du quai des Orfévres. Là-bas, ils vont tous se mettre l'âme à l'envers pour faire évader leur général, ce bon Trompe-la-Mort! Y a-t-il un de vous qui soit, comme moi, riche de plus de dix mille frères prêts à tout faire pour vous ? demanda-t-il avec fierté. Il y a du bon là, dit-il en se frappant le cœur ; je n'ai jamais trahi personne! Tiens, cagnotte, vois-les, dit-il en s'adressant à la vieille fille. Ils me regardent avec terreur, mais toi tu leur soulèves le cœur de dégoût. Ramasse ton lot. Il fit une pause en contemplant les pensionnaires. — Êtes-vous bêtes, vous autres! n'avez-vous jamais vu de forçat? Un forçat de la trempe de Collin, ici présent, est un homme moins lâche que les autres, et qui proteste contre les profondes déceptions du contrat social, comme dit Jean-Jacques, dont je me glorifie d'être l'élève. Enfin, je suis seul contre le gouvernement avec son tas de tribunaux, de gendarmes, de budgets, et je les roule.

— Diantre! dit le peintre, il est fameusement beau à dessiner.

— Dis-moi, menin de monseigneur le bourreau, gouverneur de la VEUVE (nom plein de terrible poésie que les forçats donnent à la guillotine), ajouta-t-il en se tournant vers le chef de la police de sûreté, sois bon enfant, dis-moi si c'est Fil-de-Soie qui m'a vendu! Je ne voudrais pas qu'il payât pour un autre, ce ne serait pas juste.

En ce moment les agents qui avaient tout ouvert et tout inventorié chez lui rentrèrent et parlèrent à voix basse au chef de l'expédition. Le procès-verbal était fini.

— Messieurs, dit Collin en s'adressant aux pensionnaires, ils vont m'emmener. Vous avez été tous très-aimables pour moi pendant mon séjour ici, j'en aurai de la reconnaissance. Recevez mes adieux. Vous me permettrez de vous envoyer des figues de Provence. Il fit quelques pas, et se retourna pour regarder Rastignac. Adieu, Eugène, dit-il d'une voix douce et triste qui contrastait singulièrement avec le ton brusque de ses discours. Si tu étais gêné je t'ai laissé un ami dévoué. Malgré ses menottes, il put se mettre en garde, fit un appel de maître d'armes, cria : Une, deux! et se fendit. En cas de malheur, adresse-toi là. Homme et argent, tu peux disposer de tout.

Ce singulier personnage mit assez de bouffonnerie dans ces dernières paroles pour qu'elles ne pussent être comprises que de Rastignac et de lui. Quand la maison fut évacuée par les gendarmes, par les soldats et par les agents de la police, Sylvie, qui frottait de vinaigre les tempes de sa maîtresse, regarda les pensionnaires étonnés.

— Eh! bien, dit-elle, c'était un bon homme tout de même.

Cette phrase rompit le charme que produisaient sur chacun l'affluence et la diversité des sentiments excités par cette scène. En ce moment, les pensionnaires, après s'être examinés entre eux, virent tous à la fois mademoiselle Michonneau grêle, sèche et froide autant qu'une momie, tapie près du poêle, les yeux baissés, comme si elle eût craint que l'ombre de son abat-jour ne fût pas assez forte pour cacher l'expression de ses regards. Cette figure, qui leur était antipathique depuis si long-temps, fut tout à coup expliquée. Un murmure, qui, par sa parfaite unité de son, trahissait un dégoût unanime, retentit sourdement. Mademoiselle Michonneau l'entendit et resta. Bianchon, le premier, se pencha vers son voisin.

— Je décampe si cette fille doit continuer à dîner avec nous, dit-il à demi-voix.

En un clin d'œil chacun, moins Poiret, approuva la proposition de l'étudiant en médecine, qui, fort de l'adhésion générale, s'avança vers le vieux pensionnaire.

— Vous qui êtes lié particulièrement avec mademoiselle Michonneau, lui dit-il, parlez-lui, faites-lui comprendre qu'elle doit s'en aller à l'instant même.

— A l'instant même? répéta Poiret étonné.

Puis il vint auprès de la vieille, et lui dit quelques mots à l'oreille.

— Mais mon terme est payé, je suis ici pour mon argent comme tout le monde, dit-elle en lançant un regard de vipère sur les pensionnaires.

— Qu'à cela ne tienne, nous nous cotiserons pour vous le rendre, dit Rastignac.

— Monsieur soutient Collin, répondit-elle en jetant sur l'étudiant un regard venimeux et interrogateur, il n'est pas difficile de savoir pourquoi.

A ce mot, Eugène bondit comme pour se ruer sur la vieille fille et l'étrangler. Ce regard, dont il comprit les perfidies, venait de jeter une horrible lumière dans son âme.

— Laissez-la donc, s'écrièrent les pensionnaires.

Rastignac se croisa les bras et resta muet.

— Finissons-en avec mademoiselle Judas, dit le peintre en s'adressant à madame Vauquer. Madame, si vous ne mettez pas à la porte la Michonneau, nous quittons tous votre baraque, et nous dirons partout qu'il ne s'y trouve que des espions et des forçats. Dans le cas contraire, nous nous tairons tous sur cet événement, qui, au bout du compte, pourrait arriver dans les meilleures sociétés, jusqu'à ce qu'on marque les galériens au front, et qu'on leur défende de se déguiser en bourgeois de Paris et de se faire aussi bêtement farceurs qu'ils le sont tous.

A ce discours, madame Vauquer retrouva miraculeusement la santé, se redressa, se croisa les bras, ouvrit ses yeux clairs et sans apparence de larmes.

— Mais, mon cher monsieur, vous voulez donc la ruine de ma maison? Voilà monsieur Vautrin... Oh! mon Dieu, se dit-elle en s'interrompant elle-même, je ne puis pas m'empêcher de l'appeler par son nom d'honnête homme! Voilà, reprit-elle, un appartement vide, et vous voulez que j'en aie deux de plus à louer dans une maison où tout le monde est casé.

— Messieurs, prenons nos chapeaux, et allons dîner place Sorbonne, chez Flicoteaux, dit Bianchon.

Madame Vauquer calcula d'un seul coup d'œil le parti le plus avantageux, et roula jusqu'à mademoiselle Michonneau.

— Allons, ma chère petite belle, vous ne voulez pas la mort de mon établissement, hein? Vous voyez à quelle extrémité me réduisent ces messieurs; remontez dans votre chambre pour ce soir.

— Du tout, du tout, crièrent les pensionnaires, nous voulons qu'elle sorte à l'instant.

— Mais elle n'a pas dîné, cette pauvre demoiselle, dit Poiret d'un ton piteux.

— Elle ira dîner où elle voudra, crièrent plusieurs voix.

— A la porte, la moucharde!

— A la porte, les mouchards!

— Messieurs, s'écria Poiret, qui s'éleva tout à coup à la hauteur du courage que l'amour prête aux béliers, respectez une personne du sexe.

— Les mouchards ne sont d'aucun sexe, dit le peintre.

— Fameux sexorama!

— A la portorama !

— Messieurs, ceci est indécent. Quand on renvoie les gens, on doit y mettre des formes. Nous avons payé, nous restons, dit Poiret en se couvrant de sa casquette et se plaçant sur une chaise à côté de mademoiselle Michonneau, que prêchait madame Vauquer.

— Méchant, lui dit le peintre d'un air comique, petit méchant, va !

— Allons, si vous ne vous en allez pas, nous nous en allons, nous autres, dit Bianchon.

Et les pensionnaires firent en masse un mouvement vers le salon.

— Mademoiselle, que voulez-vous donc? s'écria madame Vauquer, je suis ruinée. Vous ne pouvez pas rester, ils vont en venir à des actes de violence.

Mademoiselle Michonneau se leva.

— Elle s'en ira ! — Elle ne s'en ira pas ! — Elle s'en ira ! — Elle ne s'en ira pas ! Ces mots dits alternativement, et l'hostilité des propos qui commençaient à se tenir sur elle, contraignirent mademoiselle Michonneau à partir, après quelques stipulations faites à voix basse avec l'hôtesse.

— Je vais chez madame Buneaud, dit-elle d'un air menaçant.

— Allez où vous voudrez, mademoiselle, dit madame Vauquer, qui vit une cruelle injure dans le choix qu'elle faisait d'une maison avec laquelle elle rivalisait, et qui lui était conséquemment odieuse. Allez chez la Buneaud, vous aurez du vin à faire danser les chèvres, et des plats achetés chez les regrattiers.

Les pensionnaires se mirent sur deux files dans le plus grand silence. Poiret regarda si tendrement mademoiselle Michonneau, il se montra si naïvement indécis, sans savoir s'il devait la suivre ou rester, que les pensionnaires, heureux du départ de mademoiselle Michonneau, se mirent à rire en se regardant.

— Xi, xi, xi, Poiret, lui cria le peintre. Allons, houpe là, haoup !

L'employé au Muséum se mit à chanter comiquement ce début d'une romance connue :

Partant pour la Syrie,
Le jeune et beau Dunois...

— Allez donc, vous en mourez d'envie, *trahit sua quemque voluptas,* dit Bianchon.

— Chacun suit sa particulière, traduction libre de Virgile, dit le répétiteur.

Mademoiselle Michonneau ayant fait le geste de prendre le bras de Poiret en le regardant, il ne put résister à cet appel, et vint donner son appui à la vieille. Des applaudissements éclatèrent, et il y eut une explosion de rires. — Bravo, Poiret ! — Ce vieux Poiret ! — Appollon-Poiret. — Mars-Poiret. — Courageux Poiret !

En ce moment, un commissionnaire entra, remit une lettre à madame Vauquer, qui se laissa couler sur sa chaise, après l'avoir lue.

— Mais il n'y a plus qu'à brûler ma maison, le tonnerre y tombe. Le fils Taillefer est mort à trois heures. Je suis bien punie d'avoir souhaité du bien à ces dames au détriment de ce pauvre jeune homme. Madame Couture et Victorine me redemandent leurs effets, et vont demeurer chez son père. Monsieur Taillefer permet à sa fille de garder la veuve Couture comme demoiselle de compagnie. Quatre appartements vacants, cinq pensionnaires de moins ! Elle s'assit et parut près de pleurer. Le malheur est entré chez moi, s'écria-t-elle.

Le roulement d'une voiture qui s'arrêtait retentit tout à coup dans la rue.

— Encore quelque chape-chute, dit Sylvie.

Goriot montra soudain une physionomie brillante et colorée de bonheur, qui pouvait faire croire à sa régénération.

— Goriot en fiacre, dirent les pensionnaires, la fin du monde arrive.

Le bonhomme alla droit à Eugène, qui restait pensif dans un coin, et le prit par le bras : — Venez, lui dit-il d'un air joyeux.

— Vous ne savez donc pas ce qui se passe ? lui dit Eugène. Vautrin était un forçat que l'on vient d'arrêter, et le fils Taillefer est mort.

— Eh ! bien, qu'est-ce que ça nous fait ? répondit le père Goriot. Je dîne avec ma fille, chez vous, entendez-vous ? Elle vous attend, venez !

Il tira si violemment Rastignac par le bras, qu'il le fit marcher de force, et parut l'enlever comme si c'eût été sa maîtresse.

— Dînons, cria le peintre.

En ce moment chacun prit sa chaise et s'attabla.

— Par exemple, dit la grosse Sylvie, tout est malheur aujourd'hui, mon haricot de mouton s'est attaché. Bah ! vous le mangerez brûlé, tant pire !

Madame Vauquer n'eut pas le courage de dire un mot en ne voyant que dix personnes au lieu de dix-huit autour de sa table ; mais chacun tenta de la consoler et de l'égayer. Si d'abord les externes s'entretinrent de Vautrin et des événements de la journée, ils obéirent bientôt à l'allure serpentine de leur conversation, et se mirent à parler des duels, du bagne, de la justice, des lois à refaire, des prisons. Puis ils se trouvèrent à mille lieues de Jacques Collin, de Victorine et de son frère. Quoiqu'ils ne fussent que dix, ils crièrent comme vingt, et semblaient être plus nombreux qu'à l'ordinaire ; ce fut toute la différence qu'il y eut entre ce dîner et celui de la veille. L'insouciance habituelle de ce monde égoïste qui, le lendemain, devait avoir dans les événements quotidiens de Paris une autre proie à dévorer, reprit le dessus, et madame Vauquer elle-même se laissa calmer par l'espérance, qui emprunta la voix de la grosse Sylvie.

Cette journée devait être jusqu'au soir une fantasmagorie pour Eugène, qui, malgré la force de son caractère et la bonté de sa tête, ne savait comment classer ses idées, quand il se trouva dans le fiacre à côté du père Goriot dont les discours trahissaient une joie inaccoutumée, et retentissaient à son oreille, après tant d'émotions, comme les paroles que nous entendons en rêve.

— C'est fini de ce matin. Nous dînons tous les trois ensemble, ensemble ! comprenez-vous ? Voici quatre ans que je n'ai dîné avec ma Delphine, ma petite Delphine. Je vais l'avoir à moi pendant toute une soirée. Nous sommes chez vous depuis ce matin. J'ai travaillé comme un manœuvre, habit bas. J'aidais à porter les meubles. Ah ! ah ! vous ne savez pas comme elle est gentille à table, elle s'occupera de moi : « Tenez, papa, mangez donc de cela, c'est bon. » Et alors je ne peux pas manger. Oh ! y a-t-il long-temps que je n'ai été tranquille avec elle comme nous allons l'être !

— Mais, lui dit Eugène, aujourd'hui le monde est donc renversé ?

— Renversé ? dit le père Goriot. Mais à aucune époque le monde n'a si bien été. Je ne vois que des figures gaies dans les rues, des gens qui se donnent des poignées de main, et qui s'embrassent ; des gens heureux comme s'ils allaient tous dîner chez leurs filles, y go-

bichonner un bon petit dîner qu'elle a commandé devant moi au chef du café des Anglais. Mais bah! près d'elle le chicotin serait doux comme miel.

— Je crois revenir à la vie, dit Eugène.

— Mais marchez donc, cocher, cria le père Goriot en ouvrant la glace de devant. Allez donc plus vite, je vous donnerai cent sous pour boire si vous me menez en dix minutes là où vous savez. En entendant cette promesse, le cocher traversa Paris avec la rapidité de l'éclair.

— Il ne va pas, ce cocher, disait le père Goriot.

— Mais où me conduisez-vous donc, lui demanda Rastignac.

— Chez vous, dit le père Goriot.

La voiture s'arrêta rue d'Artois. Le bonhomme descendit le premier et jeta dix francs au cocher avec la prodigalité d'un homme veuf qui, dans le paroxysme de son plaisir, ne prend garde à rien.

— Allons, montons, dit-il à Rastignac en lui faisant traverser une cour et le conduisant à la porte d'un appartement situé au troisième étage, sur le derrière d'une maison neuve et de belle apparence. Le père Goriot n'eut pas besoin de sonner. Thérèse, la femme de chambre de madame de Nucingen, leur ouvrit la porte. Eugène se vit dans un délicieux appartement de garçon, composé d'une antichambre, d'un petit salon, d'une chambre à coucher et d'un cabinet ayant vue sur un jardin. Dans le petit salon, dont l'ameublement et le décor pouvaient soutenir la comparaison avec ce qu'il y avait de plus joli, de plus gracieux, il aperçut, à la lumière des bougies, Delphine, qui se leva d'une causeuse, au coin du feu, mit son écran sur la cheminée, et lui dit avec une intonation de voix chargée de tendresse : — Il a donc fallu vous aller chercher, monsieur qui ne comprenez rien.

Thérèse sortit. L'étudiant prit Delphine dans ses bras, la serra vivement et pleura de joie. Ce dernier contraste entre ce qu'il voyait et ce qu'il venait de voir, dans un jour où tant d'irritations avaient fatigué son cœur et sa tête, détermina chez Rastignac un accès de sensibilité nerveuse.

— Je savais bien, moi, qu'il t'aimait, dit tout bas le père Goriot à sa fille pendant qu'Eugène abattu gisait sur la causeuse sans pouvoir prononcer une parole ni se rendre compte encore de la manière dont ce dernier coup de baguette avait été frappé.

— Mais venez donc voir, lui dit madame de Nucingen en le

prenant par la main et l'emmenant dans une chambre dont les tapis, les meubles et les moindres détails lui rappelèrent, en de plus petites proportions, celle de Delphine.

— Il y manque un lit, dit Rastignac.

— Oui, monsieur, dit-elle en rougissant et lui serrant la main.

Eugène la regarda, et comprit, jeune encore, tout ce qu'il y avait de pudeur vraie dans un cœur de femme aimante.

— Vous êtes une de ces créatures que l'on doit adorer toujours, lui dit-elle à l'oreille. Oui, j'ose vous le dire, puisque nous nous comprenons si bien : plus vif et sincère est l'amour, plus il doit être voilé, mystérieux. Ne donnons notre secret à personne.

— Oh! je ne serai pas quelqu'un, moi, dit le père Goriot en grognant.

— Vous savez bien que vous êtes *nous*, vous...

— Ah! voilà ce que je voulais. Vous ne ferez pas attention à moi, n'est-ce pas? J'irai, je viendrai comme un bon esprit qui est partout, et qu'on sait être là sans le voir. Eh! bien, Delphinette, Ninette, Dedel! n'ai-je pas eu raison de te dire : « Il y a un joli appartement rue d'Artois, meublons-le pour lui! » Tu ne voulais pas. Ah! c'est moi qui suis l'auteur de ta joie, comme je suis l'auteur de tes jours. Les pères doivent toujours donner pour être heureux. Donner toujours, c'est ce qui fait qu'on est père.

— Comment? dit Eugène.

— Oui, elle ne voulait pas, elle avait peur qu'on ne dît des bêtises, comme si le monde valait le bonheur ! Mais toutes les femmes rêvent de faire ce qu'elle fait...

Le père Goriot parlait tout seul, madame de Nucingen avait emmené Rastignac dans le cabinet où le bruit d'un baiser retentit, quelque légèrement qu'il fût pris. Cette pièce était en rapport avec l'élégance de l'appartement, dans lequel d'ailleurs rien ne manquait.

— A-t-on bien deviné vos vœux? dit-elle en revenant dans le salon pour se mettre à table.

— Oui, dit-il, trop bien. Hélas! ce luxe si complet, ces beaux rêves réalisés, toutes les poésies d'une vie jeune, élégante, je les sens trop pour ne pas les mériter; mais je ne puis les accepter de vous, et je suis trop pauvre encore pour...

— Ah! ah! vous me résistez déjà, dit-elle d'un petit air d'autorité railleuse en faisant une de ces jolies moues que font les femmes quand elles veulent se moquer de quelque scrupule pour le mieux dissiper.

Eugène s'était trop solennellement interrogé pendant cette journée, et l'arrestation de Vautrin, en lui montrant la profondeur de l'abîme dans lequel il avait failli rouler, venait de trop bien corroborer ses sentiments nobles et sa délicatesse pour qu'il cédât à cette caressante réfutation de ses idées généreuses. Une profonde tristesse s'empara de lui.

— Comment! dit madame de Nucingen, vous refuseriez? Savez-vous ce que signifie un refus semblable? Vous doutez de l'avenir, vous n'osez pas vous lier à moi. Vous avez donc peur de trahir mon affection? Si vous m'aimez, si je... vous aime, pourquoi reculez-vous devant d'aussi minces obligations? Si vous connaissiez le plaisir que j'ai eu à m'occuper de tout ce ménage de garçon, vous n'hésiteriez pas, et vous me demanderiez pardon. J'avais de l'argent à vous, je l'ai bien employé, voilà tout. Vous croyez être grand, et vous êtes petit. Vous demandez bien plus... (Ah! dit-elle en saisissant un regard de passion chez Eugène) et vous faites des façons pour des niaiseries. Si vous ne m'aimez point, oh! oui, n'acceptez pas. Mon sort est dans un mot. Parlez? Mais, mon père, dites-lui donc quelques bonnes raisons, ajouta-t-elle en se tournant vers son père après une pause. Croit-il que je ne sois pas moins chatouilleuse que lui sur notre honneur?

Le père Goriot avait le sourire fixe d'un thériaki en voyant, en écoutant cette jolie querelle.

— Enfant! vous êtes à l'entrée de la vie, reprit-elle en saisissant la main d'Eugène, vous trouvez une barrière insurmontable pour beaucoup de gens, une main de femme vous l'ouvre, et vous reculez! Mais vous réussirez, vous ferez une brillante fortune, le succès est écrit sur votre beau front. Ne pourrez-vous pas alors me rendre ce que je vous prête aujourd'hui? Autrefois les dames ne donnaient-elles pas à leurs chevaliers des armures, des épées, des casques, des cottes de mailles, des chevaux, afin qu'ils pussent aller combattre en leur nom dans les tournois? Eh! bien, Eugène, les choses que je vous offre sont les armes de l'époque, des outils nécessaires à qui veut être quelque chose. Il est joli, le grenier où vous êtes, s'il ressemble à la chambre de papa. Voyons, nous ne dînerons donc pas? Voulez-vous m'attrister? Répondez donc? dit-elle en lui secouant la main. Mon Dieu, papa, décide-le donc, ou je sors et ne le revois jamais.

— Je vais vous décider, dit le père Goriot en sortant de son extase. Mon cher monsieur Eugène, vous allez emprunter de l'argent à des juifs, n'est-ce pas?

— Il le faut bien, dit-il.

— Bon, je vous tiens, reprit le bonhomme en tirant un mauvais portefeuille en cuir tout usé. Je me suis fait juif, j'ai payé toutes les factures, les voici. Vous ne devez pas un centime pour tout ce qui se trouve ici. Ça ne fait pas une grosse somme, tout au plus cinq mille francs. Je vous les prête, moi! Vous ne me refuserez pas, je ne suis pas une femme. Vous m'en ferez une reconnaissance sur un chiffon de papier, et vous me les rendrez plus tard.

Quelques pleurs roulèrent à la fois dans les yeux d'Eugène et de Delphine, qui se regardèrent avec surprise. Rastignac tendit la main au bonhomme et la lui serra.

— Eh! bien, quoi! n'êtes-vous pas mes enfants? dit Goriot.

— Mais, mon pauvre père, dit madame de Nucingen, comment avez-vous donc fait?

— Ah! nous y voilà, répondit-il. Quand je t'ai eu décidée à le mettre près de toi, que je t'ai vue achetant des choses comme pour une mariée, je me suis dit : « Elle va se trouver dans l'embarras! » L'avoué prétend que le procès à intenter à ton mari, pour lui faire rendre ta fortune, durera plus de six mois. Bon. J'ai vendu mes treize cent cinquante livres de rente perpétuelle; je me suis fait, avec quinze mille francs, douze cents francs de rentes viagères bien hypothéquées, et j'ai payé vos marchands avec le reste du capital, mes enfants. Moi, j'ai là-haut une chambre de cinquante écus par an, je peux vivre comme un prince avec quarante sous par jour, et j'aurai encore du reste. Je n'use rien, il ne me faut presque pas d'habits. Voilà quinze jours que je ris dans ma barbe en me disant : « Vont-ils être heureux! » Eh! bien, n'êtes-vous pas heureux?

— Oh! papa, papa! dit madame de Nucingen en sautant sur son père qui la reçut sur ses genoux. Elle le couvrit de baisers, lui caressa les joues avec ses cheveux blonds, et versa des pleurs sur ce vieux visage épanoui, brillant. — Cher père, vous êtes un père! Non, il n'existe pas deux pères comme vous sous le ciel. Eugène vous aimait bien déjà, que sera-ce maintenant!

— Mais, mes enfants, dit le père Goriot qui depuis dix ans n'avait pas senti le cœur de sa fille battre sur le sien, mais, Delphinette, tu veux donc me faire mourir de joie! Mon pauvre cœur se brise. Allez, monsieur Eugène, nous sommes déjà quittes! Et le vieillard serrait sa fille par une étreinte si sauvage, si délirante qu'elle dit : — Ah! tu me fais mal. — Je t'ai fait mal! dit-il en pâlissant. Il la regarda d'un air surhumain de douleur. Pour bien peindre la physionomie de ce Christ de la Paternité, il faudrait aller chercher des comparaisons dans les images que les princes de la palette ont inventées pour peindre la passion soufferte au bénéfice des mondes par le Sauveur des hommes. Le père Goriot baisa bien doucement la ceinture que ses doigts avaient trop pressée. — Non, non, je ne t'ai pas fait mal; reprit-il en la questionnant par un sourire; c'est toi qui m'as fait mal avec ton cri. Ça coûte plus cher, dit-il à l'oreille de sa fille en la lui baisant avec précaution, mais faut l'attraper, sans quoi il se fâcherait.

Eugène était pétrifié par l'inépuisable dévouement de cet homme, et le contemplait en exprimant cette naïve admiration qui, au jeune âge, est de la foi.

— Je serai digne de tout cela, s'écria-t-il.

— O mon Eugène, c'est beau ce que vous venez de dire-là. Et madame de Nucingen baisa l'étudiant au front.

— Il a refusé pour toi mademoiselle Taillefer et ses millions, dit le père Goriot. Oui, elle vous aimait, la petite; et, son frère mort, la voilà riche comme Crésus.

— Oh! pourquoi le dire? s'écria Rastignac.

— Eugène, lui dit Delphine à l'oreille, maintenant j'ai un regret pour ce soir. Ah! je vous aimerai bien, moi! et toujours.

— Voilà la plus belle journée que j'aie eue depuis vos mariages, s'écria le père Goriot. Le bon Dieu peut me faire souffrir tant qu'il lui plaira, pourvu que ce ne soit pas par vous, je me dirai : En février de cette année, j'ai été pendant un moment plus heureux que les hommes ne peuvent l'être pendant toute leur vie. Regarde-moi, Fifine! dit-il à sa fille. Elle est bien belle, n'est-ce pas? Dites-moi donc, avez-vous rencontré beaucoup de femmes qui aient ses jolies couleurs et sa petite fossette? Non, pas vrai? Eh! bien, c'est moi qui ait fait cet amour de femme. Désormais, en se trouvant heureuse par vous, elle deviendra mille fois mieux. Je puis aller en enfer, mon voisin, dit-il, s'il vous faut ma part de paradis, je vous la donne. Mangeons, mangeons, reprit-il en ne sachant plus ce qu'il disait, tout est à nous.

— Ce pauvre père!

— Si tu savais, mon enfant, dit-il en se levant et allant à elle, lui prenant la tête et la baisant au milieu de ses nattes de cheveux, combien tu peux me rendre heureux à bon marché! viens me voir quelquefois, je serai là-haut, tu n'auras qu'un pas à faire. Promets-le-moi, dis!

— Oui, cher père.

— Dis encore.

— Oui, mon bon père.

— Tais-toi, je te le ferais dire cent fois si je m'écoutais. Dînons.

La soirée tout entière fut employée en enfantillages, et le père Goriot ne se montra pas le moins fou des trois. Il se couchait aux pieds de sa fille pour les baiser; il la regardait long-temps dans les yeux; il frottait sa tête contre sa robe; enfin il faisait des folies comme en aurait fait l'amant le plus jeune et le plus tendre.

— Voyez-vous? dit Delphine à Eugène, quand mon père est avec nous, il faut être tout à lui. Ce sera pourtant bien gênant quelquefois.

Eugène, qui s'était senti déjà plusieurs fois des mouvements de jalousie, ne pouvait pas blâmer ce mot, qui renfermait le principe de toutes les ingratitudes.

— Et quand l'appartement sera-t-il fini? dit Eugène en regardant autour de la chambre. Il faudra donc nous quitter ce soir?

— Oui, mais demain vous viendrez dîner avec moi, dit-elle d'un air fin. Demain est un jour d'Italiens.

— J'irai au parterre, moi, dit le père Goriot.

Il était minuit. La voiture de madame de Nucingen attendait. Le père Goriot et l'étudiant retournèrent à la Maison-Vauquer en s'entretenant de Delphine avec un croissant enthousiasme qui produisit un curieux combat d'expressions entre ces deux violentes passions. Eugène ne pouvait pas se dissimuler que l'amour du père, qu'aucun intérêt personnel n'entachait, écrasait le sien par sa persistance et par son étendue. L'idole était toujours pure et belle pour le père, et son adoration s'accroissait de tout le passé comme de l'avenir. Ils trouvèrent madame Vauquer seule au coin de son poêle, entre Sylvie et Christophe. La vieille hôtesse était là comme Marius sur les ruines de Carthage. Elle attendait les deux seuls pensionnaires qui lui restassent, en se désolant avec Sylvie. Quoique lord Byron ait prêté d'assez belles lamentations au Tasse, elles sont bien loin de la profonde vérité de celles qui échappaient à madame Vauquer.

— Il n'y aura donc que trois tasses de café à faire demain matin, Sylvie. Hein! ma maison déserte, n'est-ce pas à fendre le cœur? Qu'est-ce que la vie sans mes pensionnaires? Rien du tout. Voilà ma maison démeublée de ses hommes. La vie est dans les meubles. Qu'ai-je fait au ciel pour m'être attiré tous ces désastres? Nos provisions de haricots et de pommes de terre sont faites pour vingt personnes. La police chez moi! Nous allons donc ne manger que des pommes de terre! Je renverrai donc Christophe!

Le Savoyard, qui dormait, se réveilla soudain et dit : — Madame?

— Pauvre garçon! c'est comme un dogue, dit Sylvie.

— Une saison morte, chacun s'est casé. D'où me tombera-t-il des pensionnaires? J'en perdrai la tête. Et cette sibylle de Michonneau qui m'enlève Poiret! Qu'est-ce qu'elle lui faisait donc pour s'être attaché cet homme-là, qui la suit comme un toutou?

— Ah! dame! fit Sylvie en hochant la tête, ces vieilles filles, ça connaît les rubriques.

— Ce pauvre monsieur Vautrin dont ils ont fait un forçat, reprit la veuve, eh! bien, Sylvie, c'est plus fort que moi, je ne le crois pas encore. Un homme gai comme ça, qui prenait du gloria pour quinze francs par mois, et qui payait rubis sur l'ongle!

— Et qui était généreux! dit Christophe.

— Il y a erreur, dit Sylvie.

— Mais non, il a avoué lui-même, reprit madame Vauquer. Et dire que toutes ces choses-là sont arrivées chez moi, dans un quartier où il ne passe pas un chat! Foi d'honnête femme, je rêve. Car, vois-tu, nous avons vu Louis XVI avoir son accident, nous avons vu tomber l'empereur, nous l'avons vu revenir et retomber tout cela c'était dans l'ordre des choses possibles; tandis qu'il n'y a point de chances contre des pensions bourgeoises : on peut se passer de roi, mais il faut toujours qu'on mange; et quand une honnête femme, née de Conflans, donne à dîner avec toutes bonnes choses, mais à moins que la fin du monde n'arrive... Mais, c'est ça, c'est la fin du monde.

— Et penser que mademoiselle Michonneau, qui vous fait tout ce tort, va recevoir, à ce qu'on dit, mille écus de rente, s'écria Sylvie.

— Ne m'en parle pas, ce n'est qu'une scélérate ! dit madame Vauquer. Et elle va chez la Buneaud, par-dessus le marché ! Mais elle est capable de tout, elle a dû faire des horreurs, elle a tué, volé dans son temps. Elle devait aller au bagne à la place de ce pauvre cher homme...

En ce moment Eugène et le père Goriot sonnèrent.

— Ah ! voilà mes deux fidèles, dit la veuve en soupirant.

Les deux fidèles, qui n'avaient qu'un fort léger souvenir des désastres de la pension bourgeoise, annoncèrent sans cérémonie à leur hôtesse qu'ils allaient demeurer à la Chaussée-d'Antin.

— Ah, Sylvie ! dit la veuve, voilà mon dernier atout. Vous m'avez donné le coup de la mort, messieurs ! ça m'a frappée dans l'estomac. J'ai une barre là. Voilà une journée qui me met dix ans de plus sur la tête. Je deviendrai folle, ma parole d'honneur ! Que faire des haricots ? Ah ! bien, si je suis seule ici, tu t'en iras demain, Christophe. Adieu, messieurs, bonne nuit.

— Qu'a-t-elle donc ? demanda Eugène à Sylvie.

— Dame ! voilà tout le monde parti par suite des affaires. Ça lui a troublé la tête. Allons, je l'entends qui pleure. Ça lui fera du bien de *chigner*. Voilà la première fois qu'elle se vide les yeux depuis que je suis à son service.

Le lendemain, madame Vauquer s'était, suivant son expression, *raisonnée*. Si elle parut affligée comme une femme qui avait perdu tous ses pensionnaires, et dont la vie était bouleversée, elle avait toute sa tête, et montra ce qu'était la vraie douleur, une douleur profonde, la douleur causée par l'intérêt froissé, par les habitudes rompues. Certes, le regard qu'un amant jette sur les lieux habités par sa maîtresse, en les quittant, n'est pas plus triste que ne le fut celui de madame Vauquer sur sa table vide. Eugène la consola en lui disant que Bianchon, dont l'internat finissait dans quelques jours, viendrait sans doute le remplacer ; que l'employé du Muséum avait souvent manifesté le désir d'avoir l'appartement de madame Couture, et que dans peu de jours elle aurait remonté son personnel.

— Dieu vous entende, mon cher monsieur ! mais le malheur est ici. Avant dix jours, la mort y viendra, vous verrez. lui dit-elle en jetant un regard lugubre sur la salle à manger. Qui prendra-t-elle?

— Il fait bon déménager, dit tout bas Eugène au père Goriot.

— Madame, dit Sylvie en accourant effarée, voici trois jours que je n'ai vu Mistigris.

— Ah! bien, si mon chat est mort, s'il nous a quittés, je...

La pauvre veuve n'acheva pas, elle joignit les mains et se renversa sur le dos de son fauteuil accablée par ce terrible pronostic.

Vers midi, heure à laquelle les facteurs arrivaient dans le quartier du Panthéon, Eugène reçut une lettre élégamment enveloppée, cachetée aux armes de Beauséant. Elle contenait une invitation adressée à monsieur et à madame de Nucingen pour le grand bal annoncé depuis un mois, et qui devait avoir lieu chez la vicomtesse. A cette invitation était joint un petit mot pour Eugène :

« J'ai pensé, monsieur, que vous vous chargeriez avec plaisir d'être l'interprète de mes sentiments auprès de madame de Nucingen ; je vous envoie l'invitation que vous m'avez demandée, et serai charmée de faire la connaissance de la sœur de madame de Restaud. Amenez-moi donc cette jolie personne, et faites en sorte qu'elle ne prenne pas toute votre affection, vous m'en devez beaucoup en retour de celle que je vous porte.

» Vicomtesse DE BEAUSÉANT. »

— Mais, se dit Eugène en relisant ce billet, madame de Beauséant me dit assez clairement qu'elle ne veut pas du baron de Nucingen. Il alla promptement chez Delphine, heureux d'avoir à lui procurer une joie dont il recevrait sans doute le prix. Madame de Nucingen était au bain. Rastignac attendit dans le boudoir, en butte aux impatiences naturelles à jeune homme ardent et pressé de prendre possession d'une maîtresse, l'objet de deux ans de désirs. C'est des émotions qui ne se rencontrent pas deux fois dans la vie des jeunes gens. La première femme réellement femme à laquelle s'attache un homme, c'est-à-dire celle qui se présente à lui dans la splendeur des accompagnements que veut la société parisienne, celle-là n'a jamais de rivale. L'amour à Paris ne ressemble en rien aux autres amours. Ni les hommes ni les femmes n'y sont dupes des montres pavoisées de lieux communs que chacun étale par décence sur ses affections soi-disant désintéressées. En ce pays une femme ne doit pas satisfaire seulement le cœur et les sens, elle sait parfaitement qu'elle a de plus grandes obligations à remplir envers les mille vanités dont se compose la vie. Là surtout l'amour est essentiellement vantard, effronté, gaspilleur, charlatan et fastueux. Si toutes les femmes de la cour de Louis XIV ont envié à mademoiselle de La Vallière l'entraînement de la passion qui fit oublier à ce grand prince que ses manchettes coûtaient chacune mille écus quand il les déchira pour faciliter au duc de Vermandois son entrée sur la scène du monde, que peut-on demander au reste de l'humanité? Soyez jeunes, riches et titrés, soyez mieux encore si vous pouvez; plus vous apporterez de grains d'encens à brûler devant l'idole, plus elle vous sera favorable, si toutefois vous avez une idole. L'amour est une religion, et son culte doit coûter plus cher que celui de toutes les autres religions; il passe promptement, et passe en gamin qui tient à marquer son passage par des dévastations. Le luxe du sentiment est la poésie des greniers; sans cette richesse, qu'y deviendrait l'amour? S'il est des exceptions à ces lois draconiennes du code parisien, elles se rencontrent dans la solitude, chez les âmes qui ne se sont point laissé entraîner par les doctrines sociales, qui vivent près de quelque source aux eaux claires, fugitives, mais incessantes; qui, fidèles à leurs ombrages verts, heureuses d'écouter le langage de l'infini, écrit pour elles en toute chose et qu'elles retrouvent en elles-mêmes, attendent patiemment leurs ailes en plaignant ceux de la terre. Mais Rastignac, semblable à la plupart des jeunes gens, qui, par avance, ont goûté les grandeurs, voulait se présenter tout armé dans la lice du monde; il en avait épousé la fièvre, et sentait peut-être la force de le dominer, mais sans connaître ni les moyens ni le but de cette ambition. A défaut d'un amour pur et sacré, qui remplit la vie, cette soif du pouvoir peut devenir une belle chose; il suffit de dépouiller tout intérêt personnel et de se proposer la grandeur d'un pays pour objet. Mais l'étudiant n'était pas encore arrivé au point d'où l'homme peut contempler le cours de la vie et la juger. Jusqu'alors il n'avait même pas complétement secoué le charme des fraîches et suaves idées qui enveloppent comme d'un feuillage la jeunesse des enfants élevés en province. Il avait continuellement hésité à franchir le Rubicon parisien. Malgré ses ardentes curiosités, il avait toujours conservé quelques arrière-pensées de la vie heureuse que mène le vrai gentilhomme de son château. Néanmoins ses derniers scrupules avaient disparu la veille, quand il s'était vu dans son appartement. En jouissant des avantages matériels de la fortune, comme il jouissait depuis long-temps des avantages moraux que donne la naissance, il avait dépouillé sa peau d'homme de province, et s'était doucement établi dans une position d'où il découvrait un bel avenir. Aussi, en attendant Delphine, mollement assis dans ce joli boudoir qui devenait un peu le sien, se voyait-il si loin du Rastignac venu l'année dernière à Paris, qu'en le lorgnant par un effet d'optique morale, il se demandait s'il se ressemblait en ce moment à lui-même.

— Madame est dans sa chambre, vint lui dire Thérèse qui le fit tressaillir.

Il trouva Delphine étendue sur sa causeuse, au coin du feu, fraîche, reposée. A la voir ainsi étalée sur des flots de mousseline, il était impossible de ne pas la comparer à ces belles plantes de l'Inde dont le fruit vient dans la fleur.

— Eh! bien, nous voilà, dit-elle avec émotion.

— Devinez ce que je vous apporte, dit Eugène en s'asseyant près d'elle et lui prenant le bras pour lui baiser la main.

Madame de Nucingen fit un mouvement de joie en lisant l'invitation. Elle tourna sur Eugène ses yeux mouillés, et lui jeta ses bras au cou pour l'attirer à elle dans un délire de satisfaction vaniteuse.

— Et c'est vous (toi, lui dit-elle à l'oreille; mais Thérèse est dans mon cabinet de toilette, soyons prudents!), vous à qui je dois ce bonheur? Oui, j'ose appeler cela un bonheur. Obtenu par vous, n'est-ce pas plus qu'un triomphe d'amour-propre? Personne ne m'a voulu présenter dans ce monde. Vous me trouverez peut-être en ce moment petite, frivole, légère comme une Parisienne; mais pensez, mon ami, que je suis prête à tout vous sacrifier, et que, si je souhaite plus ardemment que jamais d'aller dans le faubourg Saint-Germain, c'est que vous y êtes.

— Ne pensez-vous pas, dit Eugène, que madame de Beauséant à l'air de nous dire qu'elle ne compte pas voir le baron de Nucingen à son bal?

— Mais oui, dit la baronne en rendant la lettre à Eugène. Ces femmes-là ont le génie de l'impertinence. Mais n'importe, j'irai. Ma sœur doit s'y trouver, je sais qu'elle prépare une toilette délicieuse. Eugène, reprit-elle à voix basse, elle y va pour dissiper d'affreux soupçons. Vous ne savez pas les bruits qui courent sur elle! Nucingen est venu me dire ce matin qu'on en parlait hier au Cercle sans se gêner. A quoi tient, mon Dieu! l'honneur des femmes et des familles! Je me suis sentie attaquée, blessée dans ma pauvre sœur. Selon certaines personnes, monsieur de Trailles aurait souscrit des lettres de change montant à cent mille francs, presque toutes échues, et pour lesquelles il allait être poursuivi. Dans cette extrémité, ma sœur aurait vendu ses diamants à un juif, ces beaux diamants que vous avez pu lui voir, et qui viennent de madame de Restaud la mère. Enfin, depuis deux jours, il n'est question que de cela. Je conçois alors qu'Anastasie se fasse faire une robe lamée, et veuille attirer sur elle tous les regards chez madame de Beauséant, en y paraissant dans tout son éclat et avec ses diamants. Mais je ne veux pas être au-dessous d'elle. Elle a toujours cherché à m'écraser, elle n'a jamais été bonne pour moi, qui lui rendais tant de services, qui avais toujours de l'argent pour elle quand elle n'en avait pas. Mais laissons le monde, aujourd'hui je veux être toute heureuse.

Rastignac était encore à une heure du matin chez madame de Nucingen, qui, en lui prodiguant l'adieu des amants, cet adieu plein des joies à venir, lui dit avec une expression de mélancolie :

— Je suis si peureuse, si superstitieuse, donnez à mes pressentiments le nom qu'il vous plaira, que je tremble de payer mon bonheur par quelque affreuse catastrophe.

— Enfant, dit Eugène.

— Ah! c'est moi qui suis l'enfant ce soir, dit-elle en riant.

Eugène revint à la maison Vauquer avec la certitude de la quitter le lendemain; il s'abandonna donc pendant la route à ces jolis rêves que font tous les jeunes gens quand ils ont encore sur les lèvres le goût du bonheur.

— Eh bien? lui dit le père Goriot quand Rastignac passa devant sa porte.

— Eh! bien, répondit Eugène, je vous dirai tout demain.

— Tout, n'est-ce pas? cria le bonhomme. Couchez-vous. Nous allons commencer demain notre vie heureuse.

Le lendemain, Goriot et Rastignac n'attendaient plus que le bon vouloir d'un commissionnaire pour partir de la pension bourgeoise, quand vers midi le bruit d'un équipage qui s'arrêtait précisément à la porte de la maison Vauquer retentit dans la rue Neuve-Sainte-Geneviève. Madame de Nucingen descendit de sa voiture, demanda si son père était encore à la pension. Sur la réponse affirmative de Sylvie, elle monta lestement l'escalier. Eugène se trouvait chez lui sans que son voisin le sût. Il avait, en déjeunant, prié le père Goriot d'emporter ses effets, en lui disant qu'ils se retrouveraient à quatre heures rue d'Artois. Mais, pendant que le bonhomme avait été chercher des porteurs, Eugène, ayant promptement répondu à l'appel de l'école, était revenu sans que personne l'eût aperçu, pour compter avec madame Vauquer, ne voulant pas laisser cette charge à Goriot, qui, dans son fanatisme, aurait sans doute payé pour lui. L'hôtesse était sortie. Eugène remonta chez ui pour voir s'il n'y oubliait rien, et s'applaudit d'avoir eu cette pensée en voyant dans le tiroir de sa table l'acceptation en blanc, souscrite à Vautrin, qu'il avait insouciamment jetée là le jour où il l'avait acquittée. N'ayant pas de feu, il allait la déchirer en petits morceaux quand, en reconnaissant la voix de Delphine, il ne voulut faire aucun bruit, et s'arrêta pour l'entendre, en pensant qu'elle ne devait avoir aucun secret pour lui. Puis, dès les premiers mots, il trouva la conversation entre le père et la fille trop intéressante pour ne pas l'écouter.

— Ah! mon père, dit-elle, plaise au ciel que vous ayez eu l'idée de demander compte de ma fortune assez à temps pour que je ne sois pas ruinée! Puis-je parler?

— Oui, la maison est vide, dit le père Goriot d'une voix altérée.

— Qu'avez-vous donc, mon père? reprit madame de Nucingen.

— Tu viens, répondit le vieillard, de me donner un coup de hache sur la tête. Dieu te pardonne, mon enfant! Tu ne sais pas combien je t'aime; si tu l'avais su, tu ne m'aurais pas dit brusquement de semblables choses, surtout si rien n'est désespéré. Qu'est-il donc arrivé de si pressant pour que tu sois venue me chercher ici quand dans quelques instants nous allions être rue d'Artois?

— Eh! mon père, est-on maître de son premier mouvement dans une catastrophe? Je suis folle! Votre avoué nous a fait découvrir un peu plus tôt le malheur qui sans doute éclatera plus tard. Votre vieille expérience commerciale va nous devenir nécessaire, et je suis accourue vous chercher comme on s'accroche à une branche quand on se noie. Lorsque monsieur Derville a vu Nucingen lui opposer mille chicanes, il l'a menacé d'un procès en lui disant que l'autorisation du président du tribunal serait promptement obtenue. Nucingen est venu ce matin chez moi pour me demander si je voulais sa ruine et la mienne. Je lui ai répondu que je ne me connaissais à rien de tout cela, que j'avais une fortune, que je devais être en possession de ma fortune, et que tout ce qui avait rapport à ce démêlé regardait mon avoué, que j'étais de la dernière ignorance et dans l'impossibilité de rien entendre à ce sujet. N'était-ce pas ce que vous m'aviez recommandé de dire ?

— Bien, répondit le père Goriot.

— Eh! bien, reprit Delphine, il m'a mise au fait de ses affaires. Il a jeté tous ses capitaux et les miens dans des entreprises à peine commencées, et pour lesquelles il a fallu mettre de grandes sommes en dehors. Si je le forçais à me représenter ma dot, il serait obligé de déposer son bilan ; tandis que, si je veux attendre un an, il s'engage sur l'honneur à me rendre une fortune double ou triple de la mienne en plaçant mes capitaux dans des opérations territoriales à la fin desquelles je serai maîtresse de tous les biens. Mon cher père, il était sincère, il m'a effrayée. Il m'a demandé pardon de sa conduite, il m'a rendu ma liberté, m'a permis de me conduire à ma guise, à la condition de le laisser entièrement maître de gérer les affaires sous mon nom. Il m'a promis, pour me prouver sa bonne foi, d'appeler monsieur Derville toutes les fois que je le voudrais pour juger si les actes en vertu desquels il m'instituerait propriétaire seraient convenablement rédigés. Enfin il s'est remis entre mes mains pieds et poings liés. Il demande encore pendant deux ans la conduite de la maison, et m'a suppliée de ne rien dépenser pour moi de plus qu'il ne m'accorde. Il m'a prouvé que tout ce qu'il pouvait faire était de conserver les apparences, qu'il avait renvoyé sa danseuse, et qu'il allait être contraint à la plus stricte mais à la plus sourde économie, afin d'atteindre au terme de ses spéculations sans altérer son crédit. Je l'ai malmené, j'ai tout mis en doute afin de le pousser à bout et d'en apprendre davantage : il m'a montré ses livres, enfin il a pleuré. Je n'ai jamais vu d'homme en pareil état. Il avait perdu la tête, il parlait de se tuer, il délirait. Il m'a fait pitié.

— Et tu crois à ces sornettes, s'écria le père Goriot. C'est un comédien ! J'ai rencontré des Allemands en affaires : ces gens-là sont presque tous de bonne foi, pleins de candeur ; mais, quand, sous leur air de franchise et de bonhomie, ils se mettent à être malins et charlatans, ils le sont alors plus que les autres. Ton mari t'abuse. Il se sent serré de près, il fait le mort, il veut rester plus maître sous ton nom qu'il ne l'est sous le sien. Il va profiter de cette circonstance pour se mettre à l'abri des chances de son commerce. Il est aussi fin que perfide ; c'est un mauvais gars. Non, non, je ne m'en irai pas au Père-Lachaise en laissant mes filles dénuées de tout. Je me connais encore un peu aux affaires. Il a, dit-il, engagé ses fonds dans les entreprises, eh ! bien, ses intérêts sont représentés par des valeurs, par des reconnaissances, par des traités ! qu'il les montre, et liquide avec toi. Nous choisirons les meilleures spéculations, nous en courrons les chances, et nous aurons les titres recognitifs en notre nom de *Delphine Goriot, épouse séparée quant aux biens du baron de Nucingen.* Mais nous prend-il pour des imbéciles, celui-là ? Croit-il que je puisse supporter pendant deux jours l'idée de te laisser sans fortune, sans pain ? Je ne la supporterais pas un jour, pas une nuit, pas deux heures ! Si cette idée était vraie, je n'y survivrais pas. Eh ! quoi, j'aurai travaillé pendant quarante ans de ma vie, j'aurai porté des sacs sur mon dos, j'aurai sué des averses, je me serai privé pendant toute ma vie pour vous, mes anges, qui me rendiez tout travail, tout fardeau léger ; et aujourd'hui ma fortune, ma vie s'en iraient en fumée ! Ceci me ferait mourir enragé. Par tout ce qu'il y a de plus sacré sur terre et au ciel, nous allons tirer ça au clair, vérifier les livres, la caisse, les entreprises ! Je ne dors pas, je ne me couche pas, je ne mange pas, qu'il ne me soit prouvé que ta fortune est là tout entière. Dieu merci, tu es séparée de biens ; tu auras maître Derville pour avoué, un honnête homme heureusement. Jour de Dieu ! tu garderas ton bon petit million, tes cinquante mille livres de rente, jusqu'à la fin de tes jours, ou je fais un tapage dans Paris, ah ! ah ! Mais je m'adresserais aux chambres si les tribunaux nous victimaient. Te savoir tranquille et heureuse du côté de l'argent, mais cette pensée allégeait tout mes maux et calmait mes chagrins. L'argent, c'est la vie. Monnaie fait tout. Que nous chante-t-il donc, cette grosse souche d'Alsacien ? Delphine, ne fais pas une concession d'un quart de liard à cette grosse bête, qui t'a mise à la chaîne et t'a rendue malheureuse. S'il a besoin de toi, nous le tricoterons ferme, et nous le ferons marcher droit. Mon Dieu, j'ai la tête en feu, j'ai dans le crâne quelque chose qui me brûle. Ma Delphine sur la paille ! Oh ! ma Fifine, toi ! Sapristi ! où sont mes gants ? Allons ! partons, je veux aller tout voir, les livres, les affaires, la caisse, la correspondance, à l'instant. Je ne serai calme que quand il me sera prouvé que ta fortune ne court plus de risques, et que je la verrai de mes yeux.

— Mon cher père! allez-y prudemment. Si vous mettiez la moindre velléité de vengeance en cette affaire, et si vous montriez des intentions trop hostiles, je serais perdue. Il vous connaît, il a trouvé tout naturel que, sous votre inspiration, je m'inquiétasse de ma fortune; mais, je vous le jure, il la tient en ses mains, et a voulu la tenir. Il est homme à s'enfuir avec tous les capitaux, et à nous laisser là, le scélérat! Il sait bien que je ne déshonorerai pas moi-même le nom que je porte en le poursuivant. Il est à la fois fort et faible. J'ai bien tout examiné. Si nous le poussons à bout, je suis ruinée.

— Mais c'est donc un fripon?

— Eh! bien, oui, mon père, dit-elle en se jetant sur une chaise en pleurant. Je ne voulais pas vous l'avouer pour vous épargner le chagrin de m'avoir mariée à un homme de cette espèce-là! Mœurs secrètes et conscience, l'âme et le corps, tout en lui s'accorde! c'est effroyable: je le hais et le méprise. Oui, je ne puis plus estimer ce vil Nucingen après tout ce qu'il m'a dit. Un homme capable de se jeter dans les combinaisons commerciales dont il m'a parlé n'a pas la moindre délicatesse, et mes craintes viennent de ce que j'ai lu parfaitement dans son âme. Il m'a nettement proposé, lui, mon mari, la liberté, vous savez ce que cela signifie? si je voulais être, en cas de malheur, un instrument entre ses mains, enfin si je voulais lui servir de prête-nom.

— Mais les lois sont là! Mais il y a une place de Grève pour les gendres de cette espèce-là, s'écria le père Goriot; mais je le guillotinerais moi-même s'il n'y avait pas de bourreau.

— Non, mon père, il n'y a pas de lois contre lui. Écoutez en deux mots son langage, dégagé des circonlocutions dont il l'enveloppait: « Ou tout est perdu, vous n'avez pas un liard, vous êtes ruinée; car je ne saurais choisir pour complice une autre personne que vous; ou vous me laisserez conduire à bien mes entreprises. » Est-ce clair? Il tient encore à moi. Ma probité de femme le rassure; il sait que je lui laisserai sa fortune, et me contenterai de la mienne. C'est une association improbe et voleuse à laquelle je dois consentir sous peine d'être ruinée. Il m'achète ma conscience et la paye en me laissant être à mon aise la femme d'Eugène. « Je te permets de commettre des fautes, laisse-moi faire des crimes en ruinant de pauvres gens! » Ce langage est-il encore assez clair? Savez-vous ce qu'il nomme faire des opérations? Il achète des terrains nus sous son nom, puis il y fait bâtir des maisons par des hommes de paille. Ces hommes concluent les marchés pour les bâtisses avec tous les entrepreneurs, qu'ils payent en effets à longs termes, et consentent, moyennant une légère somme, à donner quittance à mon mari, qui est alors possesseur des maisons, tandis que ces hommes s'acquittent avec les entrepreneurs dupés en faisant faillite. Le nom de la maison de Nucingen a servi à éblouir les pauvres constructeurs. J'ai compris cela. J'ai compris aussi que, pour prouver, en cas de besoin, le payement de sommes énormes, Nucingen a envoyé des valeurs considérables à Amsterdam, à Londres, à Naples, à Vienne. Comment les saisirions-nous?

Eugène entendit le son lourd des genoux du père Goriot, qui tomba sans doute sur le carreau de sa chambre.

— Mon Dieu, que t'ai-je-fait? Ma fille livrée à ce misérable, il exigera tout d'elle s'il le veut. Pardon, ma fille! cria le vieillard.

— Oui, si je suis dans un abîme, il y a peut-être de votre faute, dit Delphine. Nous avons si peu de raison quand nous nous marions! Connaissons-nous le monde, les affaires, les hommes, les mœurs? Les pères devraient penser pour nous. Cher père, je ne vous reproche rien, pardonnez-moi ce mot. En ceci la faute est toute à moi. Non, ne pleurez point, papa, dit-elle en baisant le front de son père.

— Ne pleure pas non plus, ma petite Delphine. Donne tes yeux, que je les essuie en les baisant. Va! je vais retrouver ma caboche, et débrouiller l'écheveau d'affaires que ton mari a mêlé.

— Non, laissez-moi faire; je saurai le manœuvrer. Il m'aime, eh! bien, je me servirai de mon empire sur lui pour l'amener à me placer promptement quelques capitaux en propriétés. Peut-être lui ferai-je racheter sous mon nom Nucingen, en Alsace, il y tient. Seulement venez demain pour examiner ses livres, ses affaires. Monsieur Derville ne sait rien de ce qui est commercial. Non, ne venez pas demain. Je ne veux pas me tourner le sang. Le bal de madame de Beauséant a lieu après-demain, je veux me soigner pour y être belle, reposée, et faire honneur à mon cher Eugène! Allons donc voir sa chambre.

En ce moment une voiture s'arrêta dans la rue Neuve-Sainte-Geneviève, et l'on entendit dans l'escalier la voix de madame de

Restaud, qui disait à Sylvie : — Mon père y est-il ? Cette circonstance sauva heureusement Eugène, qui méditait déjà de se jeter sur son lit et de feindre d'y dormir.

— Ah ! mon père, vous a-t-on parlé d'Anastasie ? dit Delphine en reconnaissant la voix de sa sœur. Il paraîtrait qu'il lui arrive aussi de singulières choses dans son ménage.

— Quoi donc ! dit le père Goriot : ce serait donc ma fin. Ma pauvre tête ne tiendra pas à un double malheur.

— Bonjour, mon père, dit la comtesse en entrant. Ah ! te voilà, Delphine.

Madame de Restaud parut embarrassée de rencontrer sa sœur.

— Bonjour, Nasie, dit la baronne. Trouves-tu donc ma présence extraordinaire ? Je vois mon père tous les jours, moi.

— Depuis quand ?

— Si tu y venais, tu le saurais.

— Ne me taquine pas, Delphine, dit la comtesse d'une voix lamentable. Je suis bien malheureuse, je suis perdue, mon pauvre père ! oh ! bien perdue cette fois !

— Qu'as-tu, Nasie ? cria le père Goriot. Dis-nous tout, mon enfant. Elle pâlit. Delphine, allons, secours-la donc, sois bonne pour elle, je t'aimerai encore mieux, si je peux, toi !

— Ma pauvre Nasie, dit madame de Nucingen en asseyant sa sœur, parle. Tu vois en nous les deux seules personnes qui t'aimeront toujours assez pour te pardonner tout. Vois-tu, les affections de famille sont les plus sûres. Elle lui fit respirer des sels, et la comtesse revint à elle.

— J'en mourrai, dit le père Goriot. Voyons, reprit-il en remuant son feu de mottes, approchez-vous toutes les deux. J'ai froid. Qu'as-tu, Nasie ? dis vite, tu me tues...

— Eh ! bien, dit la pauvre femme, mon mari sait tout. Figurez-vous, mon père, il y a quelque temps, vous souvenez-vous de cette lettre de change de Maxime ? Eh ! bien, ce n'était pas la première. J'en avais déjà payé beaucoup. Vers le commencement de janvier, monsieur de Trailles me paraissait bien chagrin. Il ne me disait rien ; mais il est si facile de lire dans le cœur des gens qu'on aime, un rien suffit : puis il y a des pressentiments. Enfin il était plus aimant, plus tendre que je ne l'avais jamais vu, j'étais toujours plus heureuse. Pauvre Maxime ! dans sa pensée, il me faisait ses adieux, m'a-t-il dit ; il voulait se brûler la cervelle. Enfin je j'ai tant tourmenté, tant supplié, je suis restée deux heures à ses genoux. Il m'a dit qu'il devait cent mille francs! Oh! papa, cent mille francs! Je suis devenue folle. Vous ne les aviez pas, j'avais tout dévoré...

— Non, dit le père Goriot, je n'aurais pas pu les faire, à moins d'aller les voler. Mais j'y aurais été, Nasie! J'irai.

A ce mot lugubrement jeté, comme un son du râle d'un mourant, et qui accusait l'agonie du sentiment paternel réduit à l'impuissance, les deux sœurs firent une pause. Quel égoïsme serait resté froid à ce cri de désespoir qui, semblable à une pierre lancée dans un gouffre, en révélait la profondeur?

— Je les ai trouvés en disposant de ce qui ne m'appartenait pas, mon père, dit la comtesse en fondant en larmes.

Delphine fut émue et pleura en mettant la tête sur le cou de sa sœur.

— Tout est donc vrai, lui dit-elle.

Anastasie baissa la tête, madame de Nucingen la saisit à plein corps, la baisa tendrement, et l'appuyant sur son cœur : — Ici, tu seras toujours aimée sans être jugée, lui dit-elle.

— Mes anges, dit Goriot d'une voix faible, pourquoi votre union est-elle due au malheur?

— Pour sauver la vie de Maxime, enfin pour sauver tout mon bonheur, reprit la comtesse encouragée par ces témoignages d'une tendresse chaude et palpitante, j'ai porté chez cet usurier que vous connaissez, un homme fabriqué par l'enfer, que rien ne peut attendrir, ce monsieur Gobseck, les diamants de famille auxquels tient tant monsieur de Restaud, les siens, les miens, tout, je les ai vendus. Vendus! comprenez-vous? il a été sauvé! Mais, moi, je suis morte. Restaud a tout su.

— Par qui? comment? Que je le tue! cria le père Goriot.

— Hier, il m'a fait appeler dans sa chambre. J'y suis allée... « Anastasie, m'a-t-il dit d'une voix... (oh! sa voix a suffi, j'ai tout deviné), où sont vos diamants? » Chez moi. « Non, m'a-t-il dit en me regardant, ils sont là, sur ma commode. » Et il m'a montré l'écrin qu'il avait couvert de son mouchoir. « Vous savez d'où ils viennent? » m'a-t-il dit. Je suis tombée à ses genoux... j'ai pleuré, je lui ai demandé de quelle mort il voulait me voir mourir.

— Tu as dit cela! s'écria le père Goriot. Par le sacré nom de Dieu, celui qui vous fera mal à l'une ou à l'autre, tant que je serai vivant, peut être sûr que je le brûlerai à petit feu ! Oui, je le déchiqueterai comme...

Le père Goriot se tut, les mots expiraient dans sa gorge.

— Enfin, ma chère, il m'a demandé quelque chose de plus difficile à faire que de mourir. Le ciel préserve toute femme d'entendre ce que j'ai entendu !

— J'assassinerai cet homme, dit le père Goriot tranquillement. Mais il n'a qu'une vie, et il m'en doit deux. Enfin, quoi ? reprit-il en regardant Anastasie.

— Eh ! bien, dit la comtesse en continuant, après une pause il m'a regardée : « Anastasie, m'a-t-il dit, j'ensevelis tout dans le silence, nous resterons ensemble, nous avons des enfants. Je ne tuerai pas monsieur de Trailles, je pourrais le manquer, et pour m'en défaire autrement je pourrais me heurter contre la justice humaine. Le tuer dans vos bras, ce serait déshonorer *les* enfants. Mais pour ne voir périr ni vos enfants, ni leur père, ni moi, je vous impose deux conditions. Répondez : Ai-je un enfant à moi ? » J'ai dit oui. « Lequel ? » a-t-il demandé. Ernest, notre aîné. « Bien, a-t-il dit. Maintenant, jurez-moi de m'obéir désormais sur un seul point. » J'ai juré. « Vous signerez la vente de vos biens quand je vous le demanderai. »

— Ne signe pas, cria le père Goriot. Ne signe jamais cela. Ah ! ah ! monsieur de Restaud, vous ne savez pas ce que c'est que de rendre une femme heureuse, elle va chercher le bonheur là où il est, et vous la punissez de votre niaise impuissance ?... Je suis là, moi, halte là ! il me trouvera dans sa route. Nasie, sois en repos. Ah, il tient à son héritier ! bon, bon. Je lui empoignerai son fils, qui, sacré tonnerre, est mon petit-fils. Je puis bien le voir, ce marmot ? Je le mets dans mon village, j'en aurai soin, sois bien tranquille. Je le ferai capituler, ce monstre-là, en lui disant : A nous deux ! Si tu veux avoir ton fils, rends à ma fille son bien, et laisse-la se conduire à sa guise.

— Mon père !

— Oui, ton père ! Ah ! je suis un vrai père. Que ce drôle de grand seigneur ne maltraite pas mes filles. Tonnerre ! je ne sais pas ce que j'ai dans les veines. J'y ai le sang d'un tigre, je voudrais dévorer ces deux hommes. O mes enfants ! voilà donc votre vie ? Mais c'est ma mort. Que deviendrez-vous donc quand je ne serai plus là ? Les pères devraient vivre autant que leurs enfants.

Mon Dieu, comme ton monde est mal arrangé ! Et tu as un fils cependant, à ce qu'on nous dit. Tu devrais nous empêcher de souffrir dans nos enfants. Mes chers anges, quoi ! ce n'est qu'à vos douleurs que je dois votre présence. Vous ne me faites connaître que vos larmes. Eh ! bien, oui, vous m'aimez, je le vois. Venez, venez vous plaindre ici ! mon cœur est grand, il peut tout recevoir. Oui, vous aurez beau le percer, les lambeaux feront encore des cœurs de père. Je voudrais prendre vos peines, souffrir pour vous. Ah ! quand vous étiez petites, vous étiez bien heureuses...

Nous n'avons eu que ce temps-là de bon, dit Delphine. Où sont les moments où nous dégringolions du haut des sacs dans le grand grenier.

— Mon père ! ce n'est pas tout, dit Anastasie à l'oreille de Goriot qui fit un bond. Les diamants n'ont pas été vendus cent mille francs. Maxime est poursuivi. Nous n'avons plus que douze mille francs à payer. Il m'a promis d'être sage, de ne plus jouer. Il ne me reste plus au monde que son amour, et je l'ai payé trop cher pour ne pas mourir s'il m'échappait. Je lui ai sacrifié fortune, honneur, repos, enfants. Oh ! faites qu'au moins Maxime soit libre, honoré, qu'il puisse demeurer dans le monde où il saura se faire une position. Maintenant il ne me doit pas que le bonheur, nous avons des enfants qui seraient sans fortune. Tout sera perdu s'il est mis à Sainte-Pélagie.

— Je ne les ai pas, Nasie. Plus, plus rien, plus rien ! C'est la fin du monde. Oh ! le monde va crouler, c'est sûr. Allez-vous-en, sauvez-vous avant ! Ah ! j'ai encore mes boucles d'argent, six couverts, les premiers que j'aie eus dans ma vie. Enfin, je n'ai plus que douze cents francs de rente viagère...

— Qu'avez-vous donc fait de vos rentes perpétuelles ?

— Je les ai vendues en me réservant ce petit bout de revenu pour mes besoins. Il me fallait douze mille francs pour arranger un appartement à Fifine.

— Chez toi, Delphine ? dit madame de Restaud à sa sœur.

— Oh ! qu'est-ce que cela fait ! reprit le père Goriot, les douze mille francs sont employés.

— Je devine, dit la comtesse. Pour monsieur de Rastignac. Ah ! ma pauvre Delphine, arrête-toi. Vois où j'en suis.

— Ma chère, monsieur de Rastignac est un jeune homme incapable de ruiner sa maîtresse.

— Merci, Delphine. Dans la crise où je me trouve, j'attendais mieux de toi : mais tu ne m'as jamais aimée.

— Si, elle t'aime, Nasie, cria le père Goriot, elle me le disait tout à l'heure. Nous parlions de toi, elle me soutenait que tu étais belle et qu'elle n'était que jolie, elle !

— Elle ! répéta la comtesse, elle est d'un beau froid.

— Quand cela serait, dit Delphine en rougissant, comment t'es-tu comportée envers moi ? Tu m'as reniée, tu m'as fait fermer les portes de toutes les maisons où je souhaitais aller, enfin tu n'as jamais manqué la moindre occasion de me causer de la peine. Et moi, suis-je venue, comme toi, soutirer à ce pauvre père, mille francs à mille francs, sa fortune, et le réduire dans l'état où il est ? Voilà ton ouvrage, ma sœur. Moi, j'ai vu mon père tant que j'ai pu, je ne l'ai pas mis à la porte, et ne suis pas venue lui lécher les mains quand j'avais besoin de lui. Je ne savais seulement pas qu'il eût employé ces douze mille francs pour moi. J'ai de l'ordre, moi ! tu le sais. D'ailleurs, quand papa m'a fait des cadeaux, je ne les ai jamais quêtés.

— Tu étais plus heureuse que moi : monsieur de Marsay était riche, tu en sais quelque chose. Tu as toujours été vilaine comme l'or. Adieu, je n'ai ni sœur, ni...

— Tais-toi, Nasie ! cria le père Goriot.

— Il n'y a qu'une sœur comme toi qui puisse répéter ce que le monde ne croit plus, tu es un monstre, lui dit Delphine.

— Mes enfants, mes enfants, taisez-vous, ou je me tue devant vous.

— Va, Nasie, je te pardonne, dit madame de Nucingen en continuant, tu es malheureuse. Mais je suis meilleure que tu ne l'es. Me dire cela au moment où je me sentais capable de tout pour te secourir, même d'entrer dans la chambre de mon mari, ce que je ne ferais ni pour moi ni pour... Ceci est digne de tout ce que tu as commis de mal contre moi depuis neuf ans.

— Mes enfants, mes enfants, embrassez-vous ! dit le père. Vous êtes deux anges.

— Non, laissez-moi, cria la comtesse que Goriot avait prise par le bras et qui secoua l'embrassement de son père. Elle a moins de pitié pour moi que n'en aurait mon mari. Ne dirait-on pas qu'elle est l'image de toutes les vertus !

— J'aime encore mieux passer pour devoir de l'argent à monsieur de Marsay que d'avouer que monsieur de Trailles me coûte plus de deux cent mille francs, répondit madame de Nucingen.

— Delphine! cria la comtesse en faisant un pas vers elle.

— Je te dis la vérité quand tu me calomnies, répliqua froidement la baronne.

— Delphine! tu es une...

Le père Goriot s'élança, retint la comtesse et l'empêcha de parler en lui couvrant la bouche avec sa main.

— Mon Dieu! mon père, à quoi donc avez-vous touché ce matin? lui dit Anastasie.

— Eh! bien, oui, j'ai tort, dit le pauvre père en s'essuyant les mains à son pantalon. Mais je ne savais pas que vous viendriez, je déménage.

Il était heureux de s'être attiré un reproche qui détournait sur lui la colère de sa fille.

— Ah! reprit-il en s'asseyant, vous m'avez fendu le cœur. Je me meurs, mes enfants! Le crâne me cuit intérieurement comme s'il avait du feu. Soyez donc gentilles, aimez-vous bien! Vous me feriez mourir. Delphine, Nasie, allons, vous aviez raison, vous aviez tort toutes les deux. Voyons, Dedel, reprit-il en portant sur la baronne des yeux pleins de larmes, il lui faut douze mille francs, cherchons-les. Ne vous regardez pas comme ça. Il se mit à genoux devant Delphine. — Demande-lui pardon pour me faire plaisir, lui dit-il à l'oreille, elle est la plus malheureuse, voyons?

— Ma pauvre Nasie, dit Delphine épouvantée de la sauvage et folle expression que la douleur imprimait sur le visage de son père, j'ai eu tort, embrasse-moi...

— Ah! vous me mettez du baume sur le cœur, cria le père Goriot. Mais où trouver douze mille francs? Si je me proposais comme remplaçant?

— Ah! mon père! dirent les deux filles en l'entourant, non, non.

— Dieu vous récompensera de cette pensée, notre vie n'y suffirait point! n'est-ce pas, Nasie? reprit Delphine.

— Et puis, pauvre père, ce serait une goutte d'eau, fit observer la comtesse.

— Mais on ne peut donc rien faire de son sang? cria le vieillard désespéré. Je me voue à celui qui te sauvera, Nasie! je tuerai un homme pour lui. Je ferai comme Vautrin, j'irai au bagne! je... Il s'arrêta comme s'il eût été foudroyé. Plus rien! dit-il en s'arrachant les cheveux. Si je savais où aller pour voler, mais il est encore difficile de trouver un vol à faire. Et puis il faudrait du monde et du temps pour prendre la Banque. Allons, je dois mourir, je n'ai plus qu'à mourir. Oui, je ne suis plus bon à rien, je ne suis plus père! non. Elle me demande, elle a besoin! et moi, misérable, je n'ai rien. Ah! tu t'es fait des rentes viagères, vieux scélérat, et tu avais des filles! Mais tu ne les aimes donc pas? Crève, crève comme un chien que tu es! Oui, je suis au-dessous d'un chien, un chien ne se conduirait pas ainsi! Oh! ma tête! elle bout!

— Mais, papa, crièrent les deux jeunes femmes qui l'entouraient pour l'empêcher de se frapper la tête contre les murs, soyez donc raisonnable.

Il sanglotait. Eugène, épouvanté, prit la lettre de change souscrite à Vautrin, et dont le timbre comportait une plus forte somme; il en corrigea le chiffre, en fit une lettre de change régulière de douze mille francs à l'ordre de Goriot et entra.

— Voici tout votre argent, madame, dit-il en présentant le papier. Je dormais, votre conversation m'a réveillé, j'ai pu savoir ainsi ce que je devais à monsieur Goriot. En voici le titre que vous pouvez négocier, je l'acquitterai fidèlement.

La comtesse, immobile, tenait le papier.

— Delphine, dit-elle pâle et tremblante de colère, de fureur, de rage, je te pardonnais tout, Dieu m'en est témoin, mais ceci! Comment, monsieur était là, tu le savais! tu as eu la petitesse de te venger en me laissant lui livrer mes secrets, ma vie, celle de mes enfants, ma honte, mon honneur! Va, tu ne m'es plus de rien, je te hais, je te ferai tout le mal possible, je... La colère lui coupa la parole, et son gosier se sécha.

— Mais, c'est mon fils, notre enfant, ton frère, ton sauveur, criait le père Goriot. Embrassez-le-donc, Nasie! Tiens, moi je l'embrasse, reprit-il en serrant Eugène avec une sorte de fureur. Oh! mon enfant! je serai plus qu'un père pour toi, je veux être une famille. Je voudrais être Dieu, je te jetterais l'univers aux pieds. Mais, baise-le donc, Nasie? ce n'est pas un homme, mais un ange, un véritable ange.

— Laissez-la, mon père, elle est folle en ce moment, dit Delphine.

— Folle! folle! Et toi, qu'es-tu? demanda madame de Restaud.

— Mes enfants, je meurs si vous continuez, cria le vieillard en tombant sur son lit comme frappé par une balle. — Elles me tuent! se dit-il.

La comtesse regarda Eugène, qui restait immobile, abasourdi par la violence de cette scène : — Monsieur, lui dit-elle en l'interrogeant du geste, de la voix et du regard, sans faire attention à son père dont le gilet fut rapidement défait par Delphine.

— Madame, je payerai et je me tairai, répondit-il sans attendre la question.

— Tu as tué notre père, Nasie! dit Delphine en montrant le vieillard évanoui à sa sœur, qui se sauva.

— Je lui pardonne bien, dit le bonhomme en ouvrant les yeux, sa situation est épouvantable et tournerait une meilleure tête. Console Nasie, sois douce pour elle, promets-le à ton pauvre père, qui se meurt, demanda-t-il à Delphine en lui pressant la main.

— Mais qu'avez-vous? dit-elle tout effrayée.

— Rien, rien, répondit le père, ça se passera. J'ai quelque chose qui me presse le front, une migraine. Pauvre Nasie, quel avenir!

En ce moment la comtesse rentra, se jeta aux genoux de son père : — Pardon! cria-t-elle.

— Allons, dit le père Goriot, tu me fais encore plus de mal maintenant.

— Monsieur, dit la comtesse à Rastignac, les yeux baignés de larmes, la douleur m'a rendue injuste. Vous serez un frère pour moi? reprit-elle en lui tendant la main.

— Nasie, lui dit Delphine en la serrant, ma petite Nasie, oublions tout.

— Non, dit-elle, je m'en souviendrai, moi!

— Les anges, s'écria le père Goriot, vous m'enlevez le rideau que j'avais sur les yeux, votre voix me ranime. Embrassez-vous donc encore. Eh! bien, Nasie, cette lettre de change te sauvera-t-elle?

— Je l'espère. Dites donc, papa, voulez vous y mettre votre signature?

— Tiens, suis-je bête, moi, d'oublier ça! Mais je me suis trouvé mal, Nasie, ne m'en veux pas. Envoie-moi dire que tu es hors de peine. Non, j'irai. Mais non, je n'irai pas, je ne puis plus voir ton mari, je le tuerais net. Quant à dénaturer tes biens, je serai là. Va vite mon enfant, et fais que Maxime devienne sage.

Eugène était stupéfait.

— Cette pauvre Anastasie a toujours été violente, dit madame de Nucingen, mais elle a bon cœur,

— Elle est revenue pour l'endos, dit Eugène à l'oreille de Delphine.

— Vous croyez?

— Je voudrais ne pas le croire. Méfiez-vous d'elle, répondit-il en levant les yeux comme pour confier à Dieu des pensées qu'il n'osait exprimer.

— Oui, elle a toujours été un peu comédienne, et mon pauvre père se laisse prendre à ses mines.

— Comment allez-vous, mon bon père Goriot? demanda Rastignac au vieillard.

— J'ai envie de dormir, répondit-il.

Eugène aida Goriot à se coucher. Puis, quand le bonhomme se fut endormi en tenant la main de Delphine, sa fille se retira.

— Ce soir aux Italiens, dit-elle à Eugène, et tu me diras comment il va. Demain, vous déménagerez, monsieur. Voyons votre chambre. Oh! quelle horreur! dit-elle en y entrant. Mais vous étiez plus mal que n'est mon père. Eugène, tu t'es bien conduit. Je vous aimerais davantage si c'était possible; mais, mon enfant, si vous voulez faire fortune, il ne faut pas jeter comme ça des douze mille francs par les fenêtres. Le comte de Trailles est joueur. Ma sœur ne veut pas voir ça. Il aurait été chercher ses douze mille francs là où il sait perdre ou gagner des monts d'or.

Un gémissement les fit revenir chez Goriot, qu'ils trouvèrent en apparence endormi; mais quand les deux amants s'approchèrent, ils entendirent ces mots : — Elles ne sont pas heureuses! Qu'il dormît ou qu'il veillât, l'accent de cette phrase frappa si vivement le cœur de sa fille, qu'elle s'approcha du grabat sur lequel gisait son père, et le baisa au front. Il ouvrit les yeux en disant : — C'est Delphine

— Eh! bien, comment vas-tu? demanda-t-elle.

— Bien, dit-il. Ne sois pas inquiète, je vais sortir. Allez, allez mes enfants, soyez heureux.

Eugène accompagna Delphine jusque chez elle; mais, inquiet de l'état dans lequel il avait laissé Goriot, il refusa de dîner avec elle, et revint à la maison Vauquer. Il trouva le père Goriot debout et prêt à s'attabler. Bianchon s'était mis de manière à bien examiner la figure du vermicellier. Quand il lui vit prendre son pain et le sentir pour juger de la farine avec laquelle il était fait, l'étudiant, ayant observé dans ce mouvement une absence totale de ce que l'on pourrait nommer la conscience de l'acte, fit un geste sinistre.

— Viens donc près de moi, monsieur l'interne à Cochin, dit Eugène.

Bianchon s'y transporta d'autant plus volontiers qu'il allait être près du vieux pensionnaire.

— Qu'a-t-il ? demanda Rastignac.

— A moins que je ne me trompe, il est flambé ! Il a dû se passer quelque chose d'extraordinaire en lui, il me semble être sous le poids d'une apoplexie sérieuse imminente. Quoique le bas de la figure soit assez calme, les traits supérieurs du visage se tirent vers le front malgré lui, vois ! Puis les yeux sont dans l'état particulier qui dénote l'invasion du sérum dans le cerveau. Ne dirait-on pas qu'ils sont pleins d'une poussière fine ? Demain matin j'en saurai davantage.

— Y aurait-il quelque remède ?

— Aucun. Peut-être pourra-t-on retarder sa mort si l'on trouve les moyens de déterminer une réaction vers les extrémités, vers les jambes ; mais si demain soir les symptômes ne cessent pas, le pauvre bonhomme est perdu. Sais-tu par quel événement la maladie a été causée ? il a dû recevoir un coup violent sous lequel son moral aura succombé.

— Oui, dit Rastignac en se rappelant que les deux filles avaient battu sans relâche sur le cœur de leur père.

— Au moins, se disait Eugène, Delphine aime son père, elle !

Le soir, aux Italiens, Rastignac prit quelques précautions afin de ne pas trop alarmer madame de Nucingen.

— N'ayez pas d'inquiétude, répondit-elle aux premiers mots que lui dit Eugène, mon père est fort. Seulement, ce matin, nous l'avons un peu secoué. Nos fortunes sont en question, songez-vous à l'étendue de ce malheur ? Je ne vivrais pas si votre affection ne me rendait pas insensible à ce que j'aurais regardé naguère comme des angoisses mortelles. Il n'est plus aujourd'hui qu'une seule crainte, un seul malheur pour moi, c'est de perdre l'amour qui m'a fait sentir le plaisir de vivre. En dehors de ce sentiment tout m'est indifférent, je n'aime plus rien au monde. Vous êtes tout pour moi. Si je sens le bonheur d'être riche, c'est pour mieux vous plaire. Je suis, à ma honte, plus amante que je ne suis fille. Pourquoi ? je ne sais. Toute ma vie est en vous. Mon père m'a donné un cœur, mais vous l'avez fait battre. Le monde entier peut me blâmer, que m'importe! si vous, qui n'avez pas le droit de m'en vouloir, m'acquittez des crimes auxquels me condamne un sentiment irrésistible? Me croyez-vous une fille dénaturée! oh, non, il est impossible de ne pas aimer un père aussi bon que l'est le nôtre. Pouvais-je empêcher qu'il ne vît enfin les suites naturelles de nos déplorables mariages? Pourquoi ne les a-t-il pas empêchés? N'était-ce pas à lui de réfléchir pour nous? Aujourd'hui, je le sais, il souffre autant que nous; mais que pouvions-nous y faire? Le consoler! nous ne le consolerions de rien. Notre résignation lui faisait plus de douleur que nos reproches et nos plaintes ne lui causeraient de mal. Il est des situations dans la vie où tout est amertume.

Eugène resta muet, saisi de tendresse par l'expression naïve d'un sentiment vrai. Si les Parisiennes sont souvent fausses, ivres de vanité, personnelles, coquettes, froides, il est sûr que quand elles aiment réellement, elles sacrifient plus de sentiments que les autres femmes à leurs passions; elles se grandissent de toutes leurs petitesses, et deviennent sublimes. Puis Eugène était frappé de l'esprit profond et judicieux que la femme déploie pour juger les sentiments les plus naturels, quand une affection privilégiée l'en sépare et la met à distance. Madame de Nucingen se choqua du silence que gardait Eugène.

— A quoi pensez-vous donc? lui demanda-t-elle.

— J'écoute encore ce que vous m'avez dit. J'ai cru jusqu'ici vous aimer plus que vous ne m'aimiez.

Elle sourit et s'arma contre le plaisir qu'elle éprouva, pour laisser la conversation dans les bornes imposées par les convenances. Elle n'avait jamais entendu les expressions vibrantes d'un amour jeune et sincère. Quelques mots de plus, elle ne se serait plus contenue.

— Eugène, dit-elle en changeant de conversation, vous ne save donc pas ce qui se passe? Tout Paris sera demain chez madame de Beauséant. Les Rochefide et le marquis d'Adjuda se sont entendus pour ne rien ébruiter; mais le roi signe demain le contrat de mariage, et votre pauvre cousine ne sait rien encore. Elle ne pourra pas se dispenser de recevoir, et le marquis ne sera pas à son bal. On ne s'entretient que de cette aventure.

— Et le monde se rit d'une infamie, et il y trempe ! Vous ne savez donc pas que madame de Beauséant en mourra ?

— Non, dit Delphine en souriant, vous ne connaissez pas ces sortes de femmes-là. Mais tout Paris viendra chez elle, et j'y serai ! Je vous dois ce bonheur-là pourtant.

— Mais, dit Rastignac ; n'est-ce pas un de ces bruits absurdes comme on en fait tant courir à Paris ?

— Nous saurons la vérité demain.

Eugène ne rentra pas à la maison Vauquer. Il ne put se résoudre à ne pas jouir de son nouvel appartement. Si, la veille, il avait été forcé de quitter Delphine, à une heure après minuit, ce fut Delphine qui le quitta vers deux heures pour retourner chez elle. Il dormit le lendemain assez tard, attendit vers midi madame de Nucingen, qui vint déjeuner avec lui. Les jeunes gens sont si avides de ces jolis bonheurs, qu'il avait presque oublié le père Goriot. Ce fut une longue fête pour lui que de s'habituer à chacune de ces élégantes choses qui lui appartenaient. Madame de Nucingen était là, donnant à tout un nouveau prix. Cependant, vers quatre heures, les deux amants pensèrent au père Goriot en songeant au bonheur qu'il se promettait à venir demeurer dans cette maison. Eugène fit observer qu'il était nécessaire d'y transporter promptement le bonhomme, s'il devait être malade, et quitta Delphine pour courir à la maison Vauquer. Ni le père Goriot ni Bianchon n'étaient à table.

— Eh ! bien, lui dit le peintre, le père Goriot est éclopé. Bianchon est là-haut près de lui. Le bonhomme a vu l'une de ses filles, la comtesse de Restaurama. Puis il a voulu sortir et sa maladie a empiré. La société va être privée d'un de ses beaux ornements.

Rastignac s'élança vers l'escalier.

— Hé ! monsieur Eugène !

— Monsieur Eugène ! madame vous appelle, cria Sylvie.

— Monsieur, lui dit la veuve, monsieur Goriot et vous, vous deviez sortir le quinze de février. Voici trois jours que le quinze est passé, nous sommes au dix-huit ; il faudra me payer un mois pour vous et pour lui, mais, si vous voulez garantir le père Goriot, votre parole me suffira.

— Pourquoi ? n'avez-vous pas confiance ?

— Confiance ! si le bonhomme n'avait plus sa tête et mourait, ses filles ne me donneraient pas un liard, et toute sa défroque ne vaut pas dix francs. Il a emporté ce matin ses derniers couverts, je ne sais pourquoi. Il s'était mis en jeune homme. Dieu me pardonne, je crois qu'il avait du rouge, il m'a paru rajeuni.

— Je réponds de tout, dit Eugène en frissonnant d'horreur et appréhendant une catastrophe.

Il monta chez le père Goriot. Le vieillard gisait sur son lit, et Bianchon était auprès de lui.

— Bonjour, père, lui dit Eugène.

Le bonhomme lui sourit doucement, et répondit en tournant vers lui des yeux vitreux : — Comment va-t-elle ?

— Bien. Et vous ?

— Pas mal.

— Ne le fatigue pas, dit Bianchon en entraînant Eugène dans un coin de la chambre.

— Eh ! bien ? lui dit Rastignac.

— Il ne peut être sauvé que par un miracle. La congestion séreuse a eu lieu, il a les sinapismes ; heureusement il les sent, ils agissent.

— Peut-on le transporter ?

— Impossible. Il faut le laisser là, lui éviter tout mouvement physique et toute émotion...

— Mon bon Bianchon, dit Eugène, nous le soignerons à nous deux.

— J'ai déjà fait venir le médecin en chef de mon hôpital.

— Eh bien ?

— Il prononcera demain soir. Il m'a promis de venir après sa journée. Malheureusement ce fichu bonhomme a commis ce matin une imprudence sur laquelle il ne veut pas s'expliquer. Il est entêté comme une mule. Quand je lui parle, il fait semblant de ne pas entendre, et dort pour ne pas me répondre ; ou bien, s'il a les yeux ouverts, il se met à geindre. Il est sorti vers le matin, il a été à pied dans Paris, on ne sait où. Il a emporté tout ce qu'il possédait de vaillant, il a été faire quelque sacré trafic pour lequel il a outrepassé ses forces ! Une de ses filles est venue.

— La comtesse ? dit Eugène. Une grande brune, l'œil vif et bien coupé, joli pied, taille souple ?

— Oui.

— Laisse-moi seul un moment avec lui, dit Rastignac. Je vais le confesser, il me dira tout, à moi.

— Je vais aller dîner pendant ce temps-là. Seulement tâche de ne pas trop l'agiter; nous avons encore quelque espoir.

— Sois tranquille.

— Elles s'amuseront bien demain, dit le père Goriot à Eugène quand ils furent seuls. Elles vont à un grand bal.

— Qu'avez-vous donc fait ce matin, papa, pour être si souffrant ce soir qu'il vous faille rester au lit?

— Rien.

— Anastasie est venue? demanda Rastignac.

— Oui, répondit le père Goriot.

— Eh! bien, ne me cachez rien. Que vous a-t-elle encore demandé?

— Ah! reprit-il en rassemblant ses forces pour parler, elle était bien malheureuse, allez, mon enfant! Nasie n'a pas un sou depuis l'affaire des diamants. Elle avait commandé, pour ce bal, une robe lamée qui doit lui aller comme un bijou. Sa couturière, une infâme, n'a pas voulu lui faire crédit, et sa femme de chambre a payé mille francs en à-compte sur la toilette. Pauvre Nasie, en être venue là! Ça m'a déchiré le cœur. Mais la femme de chambre, voyant ce Restaud retirer toute sa confiance à Nasie, a eu peur de perdre son argent, et s'entend avec la couturière pour ne livrer la robe que si les mille francs sont rendus. Le bal est demain, la robe est prête, Nasie est au désespoir. Elle a voulu m'emprunter mes couverts pour les engager. Son mari veut qu'elle aille à ce bal pour montrer à tout Paris les diamants qu'on prétend vendus par elle. Peut-elle dire à ce monstre : « Je dois mille francs, payez-les? » Non. J'ai compris ça, moi. Sa sœur Delphine ira là dans une toilette superbe. Anastasie ne doit pas être au-dessous de sa cadette. Et puis elle est si noyée de larmes, ma pauvre fille! J'ai été si humilié de n'avoir pas eu douze mille francs hier, que j'aurais donné le reste de ma misérable vie pour racheter ce tort-là. Voyez-vous? j'avais eu la force de tout supporter, mais mon dernier manque d'argent m'a crevé le cœur. Oh! oh! je n'en ai fait ni une ni deux, je me suis rafistolé, requinqué; j'ai vendu pour six cents francs de couverts et de boucles, puis j'ai engagé, pour un an, mon titre de rente viagère contre quatre cents francs une fois payés, au papa Gobseck. Bah! je mangerai du pain! ça me suffisait quand j'étais jeune, ça peut encore aller. Au moins elle aura une belle soirée, ma Nasie. Elle sera pimpante. J'ai le billet de mille francs là sous mon chevet.

Ça me réchauffe d'avoir là sous la tête ce qui va faire plaisir à la pauvre Nasie. Elle pourra mettre sa mauvaise Victoire à la porte. A-t-on vu des domestiques ne pas avoir confiance dans leurs maîtres ! Demain je serai bien, Nasie vient à dix heures. Je ne veux pas qu'elles me croient malade, elles n'iraient point au bal, elles me soigneraient. Nasie m'embrassera demain comme son enfant, ses caresses me guériront. Enfin, n'aurais-je pas dépensé mille francs chez l'apothicaire ? J'aime mieux les donner à mon Guérit-Tout, à ma Nasie. Je la consolerai dans sa misère, au moins. Ça m'acquitte du tort de m'être fait du viager. Elle est au fond de l'abîme, et moi je ne suis plus assez fort pour l'en tirer. Oh ! je vais me remettre au commerce. J'irai à Odessa pour y acheter du grain. Les blés valent là trois fois moins que les nôtres ne coûtent. Si l'introduction des céréales est défendue en nature, les braves gens qui font les lois n'ont pas songé à prohiber les fabrications dont les blés sont le principe. Hé, hé !... j'ai trouvé cela, moi, ce matin ! Il y a de beaux coups à faire dans les amidons.

— Il est fou, se dit Eugène en regardant le vieillard. Allons, restez en repos, ne parlez pas...

Eugène descendit pour dîner quand Bianchon remonta. Puis tous deux passèrent la nuit à garder le malade à tour de rôle, en s'occupant, l'un à lire ses livres de médecine, l'autre à écrire à sa mère et à ses sœurs. Le lendemain, les symptômes qui se déclarèrent chez le malade furent, suivant Bianchon, d'un favorable augure ; mais ils exigèrent des soins continuels dont les deux étudiants étaient seuls capables, et dans le récit desquels il est impossible de compromettre la pudibonde phraséologie de l'époque. Les sangsues mises sur le corps appauvri du bonhomme furent accompagnées de cataplasmes, de bains de pied, de manœuvres médicales pour lesquelles il fallait d'ailleurs la force et le dévouement des deux jeunes gens. Madame de Restaud ne vint pas ; elle envoya chercher sa somme par un commissionnaire.

— Je croyais qu'elle serait venue elle-même. Mais ce n'est pas un mal, elle se serait inquiétée, dit le père en paraissant heureux de cette circonstance.

A sept heures du soir, Thérèse vint apporter une lettre de Delphine.

« Que faites-vous donc, mon ami ? A peine aimée, serais-je déjà négligée ? Vous m'avez montré, dans ces confidences versées de cœur à cœur, une trop belle âme pour n'être pas de ceux qui restent toujours fidèles en voyant combien les sentiments ont de nuances. Comme vous l'avez dit en écoutant la prière de Mosé : « Pour les uns c'est une même note, pour les autres c'est l'infini de la musique! » Songez que je vous attends ce soir pour aller au bal de madame de Beauséant. Décidément le contrat de monsieur d'Adjuda a été signé ce matin à la cour, et la pauvre vicomtesse ne l'a su qu'à deux heures. Tout Paris va se porter chez elle, comme le peuple encombre la Grève quand il doit y avoir une exécution. N'est-ce pas horrible d'aller voir si cette femme cachera sa douleur, si elle saura bien mourir? Je n'irais certes pas, mon ami, si j'avais été déjà chez elle; mais elle ne recevra plus sans doute, et tous les efforts que j'ai faits seraient superflus. Ma situation est bien différente de celle des autres. D'ailleurs, j'y vais pour vous aussi. Je vous attends. Si vous n'étiez pas près de moi dans deux heures, je ne sais si je vous pardonnerais cette félonie. »

Rastignac prit une plume et répondit ainsi :

« J'attends un médecin pour savoir si votre père doit vivre encore. Il est mourant. J'irai vous porter l'arrêt, et j'ai peur que ce ne soit un arrêt de mort. Vous verrez si vous pouvez aller au bal. Mille tendresses. »

Le médecin vint à huit heures et demie, et, sans donner un avis favorable, il ne pensa pas que la mort dût être imminente. Il annonça des mieux et des rechutes alternatives d'où dépendraient la vie et la raison du bonhomme.

— Il vaudrait mieux qu'il mourût promptement, fut le dernier mot du docteur.

Eugène confia le père Goriot aux soins de Bianchon, et partit pour aller porter à madame de Nucingen les tristes nouvelles qui, dans son esprit encore imbu des devoirs de famille, devaient suspendre toute joie.

— Dites-lui qu'elle s'amuse tout de même, lui cria le père Goriot qui paraissait assoupi mais qui se dressa sur son séant au moment où Rastignac sortit.

Le jeune homme se présenta navré de douleur à Delphine, et la trouva coiffée, chaussée, n'ayant plus que sa robe de bal à mettre. Mais, semblable aux coups de pinceau par lesquels les peintres achèvent leurs tableaux, les derniers apprêts voulaient plus de temps que n'en demandait le fond même de la toile.

— Eh quoi, vous n'êtes pas habillé? dit-elle.

— Mais, madame, votre père...

— Encore mon père, s'écria-t-elle en l'interrompant. Mais vous ne m'apprendrez pas ce que je dois à mon père. Je connais mon père depuis long-temps. Pas un mot, Eugène. Je ne vous écouterai que quand vous aurez fait votre toilette. Thérèse a tout préparé chez vous; ma voiture est prête, prenez-la; revenez. Nous causerons de mon père en allant au bal. Il faut partir de bonne heure, si nous sommes pris dans la file des voitures, nous serons bien heureux de faire notre entrée à onze heures.

— Madame!

— Allez! pas un mot, dit-elle courant dans son boudoir pour y prendre un collier.

— Mais, allez donc, monsieur Eugène, vous fâcherez madame, dit Thérèse en poussant le jeune homme épouvanté de cet élégant parricide.

Il alla s'habiller en faisant les plus tristes, les plus décourageantes réflexions. Il voyait le monde comme un océan de boue dans lequel un homme se plongeait jusqu'au cou, s'il y trempait le pied. — Il ne s'y commet que des crimes mesquins! se dit-il. Vautrin est plus grand. Il avait vu les trois grandes expressions de la société: l'Obéissance, la Lutte et la Révolte; la Famille, le Monde et Vautrin. Et il n'osait prendre parti. L'Obéissance était ennuyeuse, la Révolte impossible, et la Lutte incertaine. Sa pensée le reporta au sein de sa famille. Il se souvint des pures émotions de cette vie calme, il se rappela les jours passés au milieu des êtres dont il était chéri. En se conformant aux lois naturelles du foyer domestique, ces chères créatures y trouvaient un bonheur plein, continu, sans angoisses. Malgré ses bonnes pensées, il ne se sentit pas le courage de venir confesser la foi des âmes pures à Delphine, en lui ordonnant la Vertu au nom de l'Amour. Déjà son éducation commencée avait porté ses fruits. Il aimait égoïstement déjà. Son tact lui avait permis de reconnaître la nature du cœur de Delphine. Il pressentait qu'elle était capable de marcher sur le corps de son père pour aller au bal, et il n'avait ni la force de jouer le rôle d'un raisonneur, ni le courage de lui déplaire, ni la vertu de la quitter.

— Elle ne me pardonnerait jamais d'avoir eu raison contre elle dans cette circonstance, se dit-il. Puis il commenta les paroles des médecins, il se plut à penser que le père Goriot n'était pas aussi dangereusement malade qu'il le croyait; enfin, il entassa des raisonnements assassins pour justifier Delphine. Elle ne connaissait pas l'état dans lequel était son père. Le bonhomme lui-même la renverrait au bal, si elle l'allait voir. Souvent la loi sociale, implacable dans sa formule, condamne là où le crime apparent est excusé par les innombrables modifications qu'introduisent au sein des familles la différence des caractères, la diversité des intérêts et des situations. Eugène voulait se tromper lui-même, il était prêt à faire à sa maîtresse le sacrifice de sa conscience. Depuis deux jours, tout était changé dans sa vie. La femme y avait jeté ses désordres, elle avait fait pâlir la famille, elle avait tout confisqué à son profit. Rastignac et Delphine s'étaient rencontrés dans les conditions voulues pour éprouver l'un par l'autre les plus vives jouissances. Leur passion bien préparée avait grandi par ce qui tue les passions, par la jouissance. En possédant cette femme, Eugène s'aperçut que jusqu'alors il ne l'avait que désirée. Il ne l'aima qu'au lendemain du bonheur : l'amour n'est peut-être que la reconnaissance du plaisir. Infâme ou sublime, il adorait cette femme pour les voluptés qu'il lui avait apportées en dot, et pour toutes celles qu'il en avait reçues; de même que Delphine aimait Rastignac autant que Tantale aurait aimé l'ange qui serait venu satisfaire sa faim, ou étancher la soif de son gosier desséché.

— Eh! bien, comment va mon père? lui dit madame de Nucingen quand il fut de retour et en costume de bal.

— Extrêmement mal, répondit-il, si vous voulez me donner une preuve de votre affection, nous courrons le voir.

— Eh! bien, oui, dit-elle, mais après le bal. Mon bon Eugène, sois gentil, ne me fais pas de morale, viens.

Ils partirent. Eugène resta silencieux pendant une partie du chemin.

— Qu'avez-vous donc? dit-elle.

— J'entends le râle de votre père, répondit-il avec l'accent de la fâcherie. Et il se mit à raconter avec la chaleureuse éloquence du jeune âge la féroce action à laquelle madame de Restaud avait été poussée par la vanité, la crise mortelle que le dernier dévouement du père avait déterminée, et ce que coûterait la robe lamée d'Anastasie. Delphine pleurait.

— Je vais être laide, pensa-t-elle. Ses larmes se séchèrent. J'irai garder mon père, je ne quitterai pas son chevet, reprit-elle.

— Ah! te voilà comme je te voulais, s'écria Rastignac.

Les lanternes de cinq cents voitures éclairaient les abords de l'hôtel de Beauséant. De chaque côté de la porte illuminée piaffait un gendarme. Le grand monde affluait si abondamment, et chacun mettait tant d'empressement à voir cette grande femme au moment de sa chute, que les appartements, situés au rez-de-chaussée de l'hôtel, étaient déjà pleins quand madame de Nucingen et Rastignac s'y présentèrent. Depuis le moment où toute la cour se rua chez la grande Mademoiselle à qui Louis XIV arrachait son amant, nul désastre de cœur ne fut plus éclatant que ne l'était celui de madame de Beauséant. En cette circonstance, la dernière fille de la quasi royale maison de Bourgogne se montra supérieure à son mal, et domina jusqu'à son dernier moment le monde dont elle n'avait accepté les vanités que pour les faire servir au triomphe de sa passion. Les plus belles femmes de Paris animaient ses salons de leurs toilettes et de leurs sourires. Les hommes les plus distingués de la cour, les ambassadeurs, les ministres, les gens illustrés en tout genre, chamarrés de croix, de plaques, de cordons multicolores, se pressaient autour de la vicomtesse. L'orchestre faisait résonner les motifs de sa musique sous les lambris dorés de ce palais, désert pour sa reine. Madame de Beauséant se tenait debout devant son premier salon pour recevoir ses prétendus amis. Vêtue de blanc, sans aucun ornement dans ses cheveux simplement nattés, elle semblait calme, et n'affichait ni douleur, ni fierté, ni fausse joie. Personne ne pouvait lire dans son âme. Vous eussiez dit d'une Niobé de marbre. Son sourire à ses intimes amis fut parfois railleur; mais elle parut à tous semblable à elle-même, et se montra si bien ce qu'elle était quand le bonheur la parait de ses rayons, que les plus insensibles l'admirèrent, comme les jeunes Romaines applaudissaient le gladiateur qui savait sourire en expirant. Le monde semblait s'être paré pour faire ses adieux à l'une de ses souveraines.

— Je tremblais que vous ne vinssiez pas, dit-elle à Rastignac.

— Madame, répondit-il d'une voix émue en prenant ce mot pour un reproche, je suis venu pour rester le dernier.

— Bien, dit-elle en lui prenant la main. Vous êtes peut-être ici le seul auquel je puisse me fier. Mon ami, aimez une femme que vous puissiez aimer toujours. N'en abandonnez aucune.

Elle prit le bras de Rastignac et le mena sur un canapé, dans le salon où l'on jouait.

— Allez, lui dit-elle, chez le marquis. Jacques, mon valet de chambre, vous y conduira et vous remettra une lettre pour lui. Je lui demande ma correspondance. Il vous la remettra tout entière, j'aime à le croire. Si vous avez mes lettres, montez dans ma chambre. On me préviendra.

Elle se leva pour aller au-devant de la duchesse de Langeais, sa meilleure amie qui venait aussi. Rastignac partit, fit demander le marquis d'Adjuda à l'hôtel de Rochefide, où il devait passer la soirée, et où il le trouva. Le marquis l'emmena chez lui, remit une boîte à l'étudiant, et lui dit : — Elles y sont toutes. Il parut vouloir parler à Eugène, soit pour le questionner sur les événements du bal et sur la vicomtesse, soit pour lui avouer que déjà peut-être il était au désespoir de son mariage, comme il le fut plus tard; mais un éclair d'orgueil brilla dans ses yeux, et il eut le déplorable courage de garder le secret sur ses plus nobles sentiments. — Ne lui dites rien de moi, mon cher Eugène. Il pressa la main de Rastignac par un mouvement affectueusement triste, et lui fit signe de partir. Eugène revint à l'hôtel de Beauséant, et fut introduit dans la chambre de la vicomtesse, où il vit les apprêts d'un départ. Il s'assit auprès du feu, regarda la cassette en cèdre, et tomba dans une profonde mélancolie. Pour lui, madame de Beauséant avait les proportions des déesses de l'Iliade.

— Ah! mon ami, dit la vicomtesse en entrant et appuyant sa main sur l'épaule de Rastignac.

Il aperçut sa cousine en pleurs, les yeux levés, une main tremblante, l'autre levée. Elle prit tout à coup la boîte, la plaça dans le feu et la vit brûler.

— Ils dansent! ils sont venus tous bien exactement, tandis que la mort viendra tard. Chut! mon ami, dit-elle en mettant un doigt sur la bouche de Rastignac prêt à parler. Je ne verrai plus jamais ni Paris ni le monde. A cinq heures du matin, je vais partir pour aller m'ensevelir au fond de la Normandie. Depuis trois heures après midi, j'ai été obligée de faire mes préparatifs, signer des actes, voir à des affaires; je ne pouvais envoyer personne chez... Elle s'arrêta. Il était sûr qu'on le trouverait chez... Elle s'arrêta encore accablée de douleur. En ces moments tout est souffrance, et certains mots sont impossibles à prononcer. — Enfin, reprit-elle, je comptais sur vous ce soir pour ce dernier service. Je voudrais vous donner un gage de mon amitié. Je penserai souvent à vous, qui m'avez paru bon et noble, jeune et candide au milieu de ce monde où ces qualités sont si rares. Je souhaite que vous songiez quelquefois à moi. Tenez, dit-elle en jetant les yeux autour d'elle, voici le coffret où je mettais mes gants. Toutes les fois que j'en ai pris avant d'aller au bal ou au spectacle, je me sentais belle, parce que j'étais heureuse, et je n'y touchais que pour y laisser quelque pensée gracieuse : il y a beaucoup de moi là-dedans, il y a toute une madame de Beauséant qui n'est plus. Acceptez-le. J'aurai soin qu'on le porte chez vous, rue d'Artois. Madame de Nucingen est fort bien ce soir, aimez-la bien. Si nous ne nous voyons plus, mon ami, soyez sûr que je ferai des vœux pour vous, qui avez été bon pour moi. Descendons, je ne veux pas leur laisser croire que je pleure. J'ai l'éternité devant moi, j'y serai seule, et personne ne m'y demandera compte de mes larmes. Encore un regard à cette chambre. Elle s'arrêta. Puis, après s'être un moment caché les yeux avec sa main, elle se les essuya, les baigna d'eau fraîche, et prit le bras de l'étudiant. Marchons ! dit-elle.

Rastignac n'avait pas encore senti d'émotion aussi violente que le fut le contact de cette douleur si noblement contenue. En rentrant dans le bal, Eugène en fit le tour avec madame de Beauséant, dernière et délicate attention de cette gracieuse femme. En entrant dans la galerie où l'on dansait, Rastignac fut surpris de rencontrer un de ces couples que la réunion de toutes les beautés humaines rend sublimes à voir. Jamais il n'avait eu l'occasion d'admirer de telles perfections. Pour tout exprimer en un mot, l'homme était un Antinoüs vivant, et ses manières ne détruisaient pas le charme qu'on éprouvait à le regarder. La femme était une fée, elle enchantait le regard, elle fascinait l'âme, irritait les sens les plus froids. La toilette s'harmoniait chez l'un et chez l'autre avec la beauté. Tout le monde les contemplait avec plaisir et enviait le bonheur qui éclatait dans l'accord de leurs yeux et de leurs mouvements.

— Mon Dieu, quelle est cette femme? dit Rastignac.

— Oh! la plus incontestablement belle, répondit la vicomtesse. C'est lady Brandon, elle est aussi célèbre par son bonheur que par sa beauté. Elle a tout sacrifié à ce jeune homme. Ils ont, dit-on, des enfants. Mais le malheur plane toujours sur eux. On dit que lord Brandon a juré de tirer une effroyable vengeance de sa femme et de cet amant. Ils sont heureux, mais ils tremblent sans cesse.

— Et lui?

— Comment! vous ne connaissez pas le beau colonel Franchessini?

— Celui qui s'est battu...

— Il y a trois jours, oui. Il avait été provoqué par le fils d'un banquier : il ne voulait que le blesser, mais par malheur il l'a tué.

— Oh!

— Qu'avez-vous donc? vous frissonnez, dit la vicomtesse.

— Je n'ai rien, répondit Rastignac.

Une sueur froide lui coulait dans le dos. Vautrin lui apparaissait avec sa figure de bronze. Le héros du bagne donnant la main au héros du bal changeait pour lui l'aspect de la société. Bientôt il aperçut les deux sœurs, madame de Restaud et madame de Nucingen. La comtesse était magnifique avec tous ses diamants étalés, qui, pour elle, étaient brûlants sans doute, elle les portait pour la dernière fois. Quelque puissants que fussent son orgueil et son amour, elle ne soutenait pas bien les regards de son mari. Ce spectacle n'était pas de nature à rendre les pensées de Rastignac moins tristes. S'il avait revu Vautrin dans le colonel italien, il revit alors, sous les diamants des deux sœurs, le grabat sur lequel gisait le père Goriot. Son attitude mélancolique ayant trompé la vicomtesse, elle lui retira son bras.

— Allez! je ne veux pas vous coûter un plaisir, dit-elle.

Eugène fut bientôt réclamé par Delphine, heureuse de l'effet qu'elle produisait, et jalouse de mettre aux pieds de l'étudiant les hommages qu'elle recueillait dans ce monde, où elle espérait être adoptée.

— Comment trouvez-vous Nasie? lui dit-elle.

— Elle a, dit Rastignac, escompté jusqu'à la mort de son père.

Vers quatre heures du matin, la foule des salons commençait à s'éclaircir. Bientôt la musique ne se fit plus entendre. La duchesse de Langeais et Rastignac se trouvèrent seuls dans le grand salon. La vicomtesse, croyant n'y rencontrer que l'étudiant, y vint après avoir dit adieu à monsieur de Beauséant, qui s'alla coucher en lui répétant : — Vous avez tort, ma chère, d'aller vous enfermer à votre âge! Restez donc avec nous.

En voyant la duchesse, madame de Beauséant ne put retenir une exclamation.

— Je vous ai devinée, Clara, dit madame de Langeais. Vous

partez pour ne plus revenir; mais vous ne partirez pas sans m'avoir entendue et sans que nous nous soyons comprises. Elle prit son amie par le bras, l'emmena dans le salon voisin, et là, la regardant avec des larmes dans les yeux, elle la serra dans ses bras et la baisa sur les joues. — Je ne veux pas vous quitter froidement, ma chère, ce serait un remords trop lourd. Vous pouvez compter sur moi comme sur vous-même. Vous avez été grande ce soir, je me suis sentie digne de vous, et veux vous le prouver. J'ai eu des torts envers vous, je n'ai pas toujours été bien, pardonnez-moi, ma chère : je désavoue tout ce qui a pu vous blesser, je voudrais reprendre mes paroles. Une même douleur a réuni nos âmes, et je ne sais qui de nous sera la plus malheureuse. Monsieur de Montriveau n'était pas ici ce soir, comprenez-vous? Qui vous a vue pendant ce bal, Clara, ne vous oubliera jamais. Moi, je tente un dernier effort. Si j'échoue, j'irai dans un couvent! Où allez-vous, vous?

— En Normandie, à Courcelles, aimer, prier, jusqu'au jour où Dieu me retirera de ce monde.

— Venez, monsieur de Rastignac, dit la vicomtesse d'une voix émue, en pensant que ce jeune homme attendait. L'étudiant plia le genou, prit la main de sa cousine et la baisa. — Antoinette, adieu! reprit madame de Beauséant, soyez heureuse. Quant à vous, vous l'êtes, vous êtes jeune, vous pouvez croire à quelque chose, dit-elle à l'étudiant. A mon départ de ce monde, j'aurai eu, comme quelques mourants privilégiés, de religieuses, de sincères émotions autour de moi!

Rastignac s'en alla vers cinq heures, après avoir vu madame de Beauséant dans sa berline de voyage, après avoir reçu son dernier adieu mouillé de larmes qui prouvaient que les personnes les plus élevées ne sont pas mises hors de la loi du cœur et ne vivent pas sans chagrins, comme quelques courtisans du peuple voudraient le lui faire croire. Eugène revint à pied vers la maison Vauquer, par un temps humide et froid. Son éducation s'achevait.

— Nous ne sauverons pas le pauvre père Goriot, lui dit Bianchon quand Rastignac entra chez son voisin.

— Mon ami, lui dit Eugène après avoir regardé le vieillard endormi, va, poursuis la destinée modeste à laquelle tu bornes tes désirs. Moi, je suis en enfer, et il faut que j'y reste. Quelque mal que l'on te dise du monde, crois-le! il n'y a pas de Juvénal qui puisse en peindre l'horreur couverte d'or et de pierreries.

Le lendemain, Rastignac fut éveillé sur les deux heures après midi par Bianchon, qui, forcé de sortir, le pria de garder le père Goriot, dont l'état avait fort empiré pendant la matinée.

— Le bonhomme n'a pas deux jours, n'a peut-être pas six heures à vivre, dit l'élève en médecine, et cependant nous ne pouvons pas cesser de combattre le mal. Il va falloir lui donner des soins coûteux. Nous serons bien ses garde-malades ; mais je n'ai pas le sou, moi. J'ai retourné ses poches, fouillé ses armoires : zéro au quotient. Je l'ai questionné dans un moment où il avait sa tête, il m'a dit ne pas avoir un liard à lui. Qu'as-tu, toi ?

— Il me reste vingt francs, répondit Rastignac ; mais j'irai les jouer, je gagnerai.

— Si tu perds ?

— Je demanderai de l'argent à ses gendres et à ses filles.

— Et s'ils ne t'en donnent pas ? reprit Bianchon. Le plus pressé dans ce moment n'est pas de trouver de l'argent, il faut envelopper le bonhomme d'un sinapisme bouillant depuis les pieds jusqu'à la moitié des cuisses. S'il crie, il y aura de la ressource. Tu sais comment cela s'arrange. D'ailleurs, Christophe t'aidera. Moi, je passerai chez l'apothicaire répondre de tous les médicaments que nous y prendrons. Il est malheureux que le pauvre homme n'ait pas été transportable à notre hospice, il y aurait été mieux. Allons, viens, que je t'installe, et ne le quitte pas que je ne sois revenu.

Les deux jeunes gens entrèrent dans la chambre où gisait le vieillard. Eugène fut effrayé du changement de cette face convulsée, blanche et profondément débile.

— Eh ! bien, papa ? lui dit-il en se penchant sur le grabat.

Goriot leva sur Eugène des yeux ternes et le regarda fort attentivement sans le reconnaître. L'étudiant ne soutint pas ce spectacle, des larmes humectèrent ses yeux.

— Bianchon, ne faudrait-il pas des rideaux aux fenêtres ?

— Non, les circonstances atmosphériques ne l'affectent plus. Ce serait trop heureux s'il avait chaud ou froid. Néanmoins il nous faut du feu pour faire les tisanes et préparer bien des choses. Je t'enverrai des falourdes qui nous serviront jusqu'à ce que nous ayons du bois. Hier et cette nuit, j'ai brûlé le tien et toutes les mottes du pauvre homme. Il faisait humide, l'eau dégouttait des murs. A peine ai-je pu sécher la chambre. Christophe l'a balayée, c'est vraiment une écurie. J'y ai brûlé du genièvre, ça puait trop.

— Mon Dieu! dit Rastignac, mais ses filles!

— Tiens, s'il demande à boire, tu lui donneras de ceci, dit l'interne en montrant à Rastignac un grand pot blanc. Si tu l'entends se plaindre et que le ventre soit chaud et dur, tu te feras aider par Christophe pour lui administrer... tu sais. S'il avait, par hasard, une grande exaltation, s'il parlait beaucoup, s'il avait enfin un petit brin de démence, laisse-le aller. Ce ne sera pas un mauvais signe. Mais envoie Christophe à l'hospice Cochin. Notre médecin, mon camarade ou moi, nous viendrions lui appliquer des moxas. Nous avons fait ce matin, pendant que tu dormais, une grande consultation avec un élève du docteur Gall, avec un médecin en chef de l'Hôtel-Dieu et le nôtre. Ces messieurs ont cru reconnaître de curieux symptômes, et nous allons suivre les progrès de la maladie, afin de nous éclairer sur plusieurs points scientifiques assez importants. Un de ces messieurs prétend que la pression du sérum, si elle portait plus sur un organe que sur un autre, pourrait développer des faits particuliers. Écoute-le donc bien, au cas où il parlerait, afin de constater à quel genre d'idées appartiendraient ses discours : si c'est des effets de mémoire, de pénétration, de jugement, s'il s'occupe de matérialités, ou de sentiments; s'il calcule, s'il revient sur le passé; enfin sois en état de nous faire un rapport exact. Il est possible que l'invasion ait lieu en bloc, il mourra imbécile comme il l'est en ce moment. Tout est bien bizarre dans ces sortes de maladies! Si la bombe crevait par ici, dit Bianchon en montrant l'occiput du malade, il y a des exemples de phénomènes singuliers : le cerveau recouvre quelques-unes de ses facultés, et la mort est plus lente à se déclarer. Les sérosités peuvent se détourner du cerveau, prendre des routes dont on ne connaît le cours que par l'autopsie. Il y a aux Incurables un vieillard hébété chez qui l'épanchement a suivi la colonne vertébrale; il souffre horriblement, mais il vit.

— Se sont-elles bien amusées? dit le père Goriot, qui reconnut Eugène.

— Oh! il ne pense qu'à ses filles, dit Bianchon. Il m'a dit plus de cent fois cette nuit : Elles dansent! Elle a sa robe. Il les appelait par leurs noms. Il me faisait pleurer, diable m'emporte! avec ses intonations : Delphine ! ma petite Delphine ! Nasie ! Ma parole d'honneur, dit l'élève en médecine, c'était à fondre en larmes.

— Delphine, dit le vieillard, elle est là, n'est-ce pas ? Je le savais bien. Et ses yeux recouvrèrent une activité folle pour regarder les murs et la porte.

— Je descends dire à Sylvie de préparer les sinapismes, cria Bianchon, le moment est favorable.

Rastignac resta seul près du vieillard, assis au pied du lit, les yeux fixes sur cette tête effrayante et douloureuse à voir.

— Madame de Bauséant s'enfuit, celui-ci se meurt, dit-il. Les belles âmes ne peuvent pas rester long-temps en ce monde. Comment les grands sentiments s'allieraient-ils, en effet, à une société mesquine, petite, superficielle ?

Les images de la fête à laquelle il avait assisté se représentèrent à son souvenir et contrastèrent avec le spectacle de ce lit de mort. Bianchon reparut soudain.

— Dis donc, Eugène, je viens de voir notre médecin en chef, et je suis revenu toujours courant. S'il se manifeste des symptômes de raison, s'il parle, couche-le sur un long sinapisme, de manière à l'envelopper de moutarde depuis la nuque jusqu'à la chute des reins, et fais-nous appeler.

— Cher Bianchon, dit Eugène.

— Oh! il s'agit d'un fait scientifique, reprit l'élève en médecine avec toute l'ardeur d'un néophyte.

— Allons, dit Eugène, je serai donc le seul à soigner ce pauvre vieillard par affection.

— Si tu m'avais vu ce matin, tu ne dirais pas cela, reprit Bianchon, sans s'offenser du propos. Les médecins qui ont exercé ne voient que la maladie ; moi, je vois encore le malade, mon cher garçon.

Il s'en alla, laissant Eugène seul avec le vieillard, et dans l'appréhension d'une crise qui ne tarda pas à se déclarer.

— Ah ! c'est vous, mon cher enfant, dit le père Goriot en reconnaissant Eugène.

— Allez-vous mieux? demanda l'étudiant en lui prenant la main.

— Oui, j'avais la tête serrée comme dans un étau, mais elle se dégage. Avez-vous vu mes filles ? Elles vont venir bientôt, elles accourront aussitôt qu'elles me sauront malade, elles m'ont tant soigné rue de la Jussienne ! Mon Dieu ! je voudrais que ma chambre fût propre pour les recevoir. Il y a un jeune homme qui m'a brûlé toutes mes mottes.

— J'entends Christophe, lui dit Eugène, il vous monte du bois que ce jeune homme vous envoie.

— Bon! mais comment payer le bois? je n'ai pas un sou, mon enfant. J'ai tout donné, tout. Je suis à la charité. La robe lamée était-elle belle au moins? (Ah! je souffre!) Merci, Christophe, Dieu vous récompensera, mon garçon; moi, je n'ai plus rien.

— Je te payerai bien, toi et Sylvie, dit Eugène à l'oreille du garçon.

— Mes filles vous ont dit qu'elles allaient venir, n'est-ce pas, Christine? Vas-y encore, je te donnerai cent sous. Dis-leur que je ne me sens pas bien, que je voudrais les embrasser, les voir encore une fois avant de mourir. Dis-leur cela, mais sans trop les effrayer.

Christophe partit sur un signe de Rastignac.

— Elles vont venir, reprit le vieillard. Je les connais. Cette bonne Delphine, si je meurs, quel chagrin je lui causerai! Nasie aussi. Je ne voudrais pas mourir, pour ne pas les faire pleurer. Mourir, mon bon Eugène, c'est ne plus les voir. Là où l'on s'en va, je m'ennuierai bien. Pour un père, l'enfer, c'est d'être sans enfants, et j'ai déjà fait mon apparentissage depuis qu'elles sont mariées. Mon paradis était rue de la Jussienne. Dites donc, si je vais en paradis, je pourrai revenir sur terre en esprit autour d'elles. J'ai entendu dire de ces choses-là. Sont-elles vraies? Je crois les voir en ce moment telles qu'elles étaient rues de la Jussienne. Elles descendaient le matin. Bonjour, papa, disaient-elles. Je les prenais sur mes genoux, je leur faisais mille agaceries, des niches. Elles me caressaient gentiment. Nous déjeunions tous les matins ensemble, nous dînions, enfin j'étais père, je jouissais de mes enfants. Quand elles étaient rue de la Jussienne, elles ne raisonnaient pas, elles ne savaient rien du monde, elles m'aimaient bien. Mon Dieu! pourquoi ne sont-elles pas toujours restées petites? (Oh! je souffre, la tête me tire.) Ah! ah! pardon, mes enfants! je souffre horriblement, et il faut que ce soit de la vraie douleur, vous m'avez rendu bien dur au mal. Mon Dieu! si j'avais seulement leurs mains dans les miennes, je ne sentirais point mon mal. Croyez-vous qu'elles viennent? Christophe est si bête! J'aurais dû y aller moi-même. Il va les voir, lui. Mais vous avez été hier au bal. Dites-moi donc comment elles étaient? Elles ne savaient rien de ma maladie, n'est-ce pas? Elles n'auraient pas dansé, pauvres petites! Oh! je ne veux plus être malade. Elles ont encore trop besoin de moi. Leurs fortunes sont compromises. Et à quel mari sont-elles livrées! Guérissez-moi, guérissez-moi! (Oh! que je souffre! Ah! ah! ah!) Voyez-vous, il faut me guérir, parce qu'il leur faut de l'argent, et je sais où aller en gagner. J'irai faire de l'amidon en aiguilles à Odessa. Je suis un malin, je gagnerai des millions. (Oh! je souffre trop!)

Goriot garda le silence pendant un moment, en paraissant faire tous ses efforts pour rassembler ses forces afin de supporter la douleur.

— Si elles étaient là, je ne me plaindrais pas, dit-il. Pourquoi donc me plaindre?

Un léger assoupissement survint et dura long-temps. Christophe revint. Rastignac, qui croyait le père Goriot endormi, laissa le garçon lui rendre compte à haute voix de sa mission.

— Monsieur, dit-il, je suis d'abord allé chez madame la comtesse, à laquelle il m'a été impossible de parler, elle était dans de grandes affaires avec son mari. Comme j'insistais, monsieur de Restaud est venu lui-même, et m'a dit comme ça : Monsieur Goriot se meurt, eh! bien, c'est ce qu'il a de mieux à faire. J'ai besoin de madame de Restaud pour terminer des affaires importantes, elle ira quand tout sera fini. Il avait l'air en colère, ce monsieur-là. J'allais sortir, lorsque madame est entrée dans l'antichambre par une porte que je ne voyais pas, et m'a dit : Christophe, dis à mon père que je suis en discussion avec mon mari, je ne puis pas le quitter; il s'agit de la vie ou de la mort de mes enfants; mais aussitôt que tout sera fini, j'irai. Quant à madame la baronne, autre histoire! je ne l'ai point vue, et je n'ai pas pu lui parler. Ah! me dit la femme de chambre, madame est rentrée du bal à cinq heures un quart, elle dort; si je l'éveille avant midi, elle me grondera. Je lui dirai que son père va plus mal quand elle me sonnera. Pour une mauvaise nouvelle, il est toujours temps de la lui dire. J'ai eu beau prier! Ah ouin! J'ai demandé à parler à monsieur le baron, il était sorti.

— Aucune de ses filles ne viendrait, s'écria Rastignac. Je vai écrire à toutes deux.

— Aucune, répondit le vieillard en se dressant sur son séant.

Elles ont des affaires, elles dorment, elles ne viendront pas. Je le savais. Il faut mourir pour savoir ce que c'est que des enfants. Ah! mon ami, ne vous mariez pas, n'ayez pas d'enfants! Vous leur donnez la vie, ils vous donnent la mort. Vous les faites entrer dans le monde, ils vous en chassent. Non, elles ne viendront pas! Je sais cela depuis dix ans. Je me le disais quelquefois, mais je n'osais pas y croire.

Une larme roula dans chacun de ses yeux, sur la bordure rouge, sans en tomber.

— Ah! si j'étais riche, si j'avais gardé ma fortune, si je ne la leur avais pas donnée, elle seraient là, elles me lécheraient les joues de leurs baisers! je demeurerais dans un hôtel, j'aurais de belles chambres, des domestiques, du feu à moi; et elles seraient tout en larmes, avec leurs maris, leurs enfants. J'aurais tout cela. Mais rien. L'argent donne tout, même des filles. Oh! mon argent, où est-il? Si j'avais des trésors à laisser, elles me panseraient, elles me soigneraient; je les entendrais, je les verrais. Ah! mon cher enfant, mon seul enfant, j'aime mieux mon abandon et ma misère! Au moins quand un malheureux est aimé, il est bien sûr qu'on l'aime. Non, je voudrais être riche, je les verrais. Ma foi, qui sait? Elles ont toutes les deux des cœurs de roche. J'avais trop d'amour pour elles pour qu'elles en eussent pour moi. Un père doit être toujours riche, il doit tenir ses enfants en bride comme des chevaux sournois. Et j'étais à genoux devant elles. Les misérables! elles couronnent dignement leur conduite envers moi depuis dix ans. Si vous saviez comme elles étaient aux petits soins pour moi dans les premiers temps de leur mariage! (Oh! je souffre un cruel martyre!) Je venais de leur donner à chacune près de huit cent mille francs, elles ne pouvaient pas, ni leurs maris non plus, être rudes avec moi. L'on me recevait: « Mon bon père, par-ci; mon cher père, par-là. » Mon couvert était toujours mis chez elles. Enfin je dînais avec leurs maris, qui me traitaient avec considération. J'avais l'air d'avoir encore quelque chose. Pourquoi ça? Je n'avais rien dit de mes affaires. Un homme qui donne huit cent mille francs à ses filles était un homme à soigner. Et l'on était aux petits soins, mais c'était pour mon argent. Le monde n'est pas beau. J'ai vu cela, moi! L'on me menait en voiture au spectacle, et je restais comme je voulais aux soirées. Enfin elles se disaient mes filles, et elles m'avouaient pour leur père. J'ai encore ma finesse, allez, et rien ne m'est échappé. Tout a été à son adresse et m'a percé le cœur. Je voyais bien que c'était des frimes ; mais le mal était sans remède. Je n'étais pas chez elles aussi à l'aise qu'à la table d'en bas. Je ne savais rien dire. Aussi quand quelques-uns de ces gens du monde demandaient à l'oreille de mes gendres : — Qui est-ce que ce monsieur-là ? — C'est le père aux écus, il est riche. — Ah, diable ! disait-on, et l'on me regardait avec le respect dû aux écus. Mais si je les gênais quelquefois un peu, je rachetais bien mes défauts ! D'ailleurs, qui donc est parfait ? (Ma tête est une plaie !) Je souffre en ce moment ce qu'il faut souffrir pour mourir, mon cher monsieur Eugène, eh ! bien, ce n'est rien en comparaison de la douleur que m'a causée le premier regard par lequel Anastasie m'a fait comprendre que je venais de dire une bêtise qui l'humiliait : son regard m'a ouvert toutes les veines. J'aurais voulu tout savoir, mais ce que j'ai bien su, c'est que j'étais de trop sur terre. Le lendemain je suis allé chez Delphine pour me consoler, et voilà que j'y fais une bêtise qui me l'a mise en colère. J'en suis devenu comme fou. J'ai été huit jours ne sachant plus ce que je devais faire. Je n'ai pas osé les aller voir, de peur de leurs reproches. Et me voilà à la porte de mes filles. O mon Dieu ! puisque tu connais les misères, les souffrances que j'ai endurées ; puisque tu as compté les coups de poignard que j'ai reçus, dans ce temps qui m'a vieilli, changé, tué, blanchi, pourquoi me fais-tu donc souffrir aujourd'hui ? J'ai bien expié le péché de les trop aimer. Elles se sont bien vengées de mon affection, elles m'ont tenaillé comme des bourreaux. Eh ! bien, les pères sont si bêtes ! je les aimais tant que j'y suis retourné comme un joueur au jeu. Mes filles, c'était mon vice à moi ; elles étaient mes maîtresses, enfin tout ! Elles avaient toutes les deux besoin de quelque chose, de parures ; les femmes de chambre me le disaient, et je les donnais pour être bien reçu ! Mais elles m'ont fait tout de même quelques petites leçons sur ma manière d'être dans le monde. Oh ! elles n'ont pas attendu le lendemain. Elles commençaient à rougir de moi. Voilà ce que c'est que de bien élever ses enfants. A mon âge je ne pouvais pourtant pas aller à l'école. (Je souffre horriblement, mon Dieu ! les médecins ! les médecins ! Si l'on m'ouvrait la tête, je souffrirais moins.) Mes filles, mes filles, Anastasie, Delphine ! je veux les voir. Envoyez-les chercher par la gendarmerie, de force ! la justice est pour moi, tout est pour moi, la nature, le code civil. Je proteste.

La patrie périra si les pères sont foulés aux pieds. Cela est clair. La société, le monde roulent sur la paternité, tout croule si les enfants n'aiment pas leurs pères. Oh! les voir, les entendre, n'importe ce qu'elles me diront, pourvu que j'entende leur voix, ça calmera mes douleurs, Delphine surtout. Mais dites-leur, quand elles seront là, de ne pas me regarder froidement comme elles font. Ah! mon bon ami, monsieur Eugène, vous ne savez pas ce que c'est que de trouver l'or du regard changé tout à coup en plomb gris. Depuis le jour où leurs yeux n'ont plus rayonné sur moi, j'ai toujours été en hiver ici; je n'ai plus eu que des chagrins à dévorer, et je les ai dévorés! J'ai vécu pour être humilié, insulté. Je les aime tant, que j'avalais tous les affronts par lesquels elles me vendaient une pauvre petite jouissance honteuse. Un père se cacher pour voir ses filles! Je leur ai donné ma vie, elles ne me donneront pas une heure aujourd'hui! J'ai soif, j'ai faim, le cœur me brûle, elles ne viendront pas rafraîchir mon agonie, car je meurs, je le sens. Mais elles ne savent donc pas ce que c'est que de marcher sur le cadavre de son père! Il y a un Dieu dans les cieux, il nous venge malgré nous, nous autres pères. Oh! elles viendront! Venez, mes chéries, venez encore me baiser, un dernier baiser, le viatique de votre père, qui priera Dieu pour vous, qui lui dira que vous avez été de bonnes filles, qui plaidera pour vous! Après tout, vous êtes innocentes. Elles sont innocentes, mon ami! Dites-le bien à tout le monde, qu'on ne les inquiète pas à mon sujet. Tout est de ma faute, je les ai habituées à me fouler aux pieds. J'aimais cela, moi. Ça ne regarde personne, ni la justice humaine, ni la justice divine. Dieu serait injuste s'il les condamnait à cause de moi. Je n'ai pas su me conduire, j'ai fait la bêtise d'abdiquer mes droits. Je me serais avili pour elles! Que voulez-vous! le plus beau naturel, les meilleures âmes auraient succombé à la corruption de cette facilité paternelle. Je suis un misérable, je suis justement puni. Moi seul ai causé les désordres de mes filles, je les ai gâtées. Elles veulent aujourd'hui le plaisir, comme elles voulaient autrefois du bonbon. Je leur ai toujours permis de satisfaire leurs fantaisies de jeunes filles. A quinze ans, elles avaient voiture! Rien ne leur a résisté. Moi seul suis coupable, mais coupable par amour. Leur voix m'ouvrait le cœur. Je les entends, elles viennent. Oh! oui, elles viendront. La loi veut qu'on vienne voir mourir son père, la loi est pour moi. Puis ça ne coûtera qu'une course. Je la payerai. Écrivez-leur que j'ai des millions à leur laisser! Parole d'honneur. J'irai faire des pâtes d'Italie à Odessa. Je connais la manière. Il y a, dans mon projet, des millions à gagner. Personne n'y a pensé. Ça ne se gâtera point dans le transport comme le blé ou comme la farine. Eh, eh, l'amidon? il y aura là des millions! Vous ne mentirez pas, dites-leur des millions, et quand même elles viendraient par avarice, j'aime mieux être trompé, je les verrai. Je veux mes filles! je les ai faites! elles sont à moi! dit-il en se dressant sur son séant, en montrant à Eugène une tête dont les cheveux blancs étaient épars et qui menaçait par tout ce qui pouvait exprimer la menace.

— Allons, lui dit Eugène, recouchez-vous, mon bon père Goriot, je vais leur écrire. Aussitôt que Bianchon sera de retour, j'irai si elles ne viennent pas.

— Si elles ne viennent pas? répéta le vieillard en sanglotant. Mais je serai mort, mort dans un accès de rage, de rage! La rage me gagne! En ce moment, je vois ma vie entière. Je suis dupe! elles ne m'aiment pas, elles ne m'ont jamais aimé! cela est clair. Si elles ne sont pas venues, elles ne viendront pas. Plus elles auront tardé, moins elles se décideront à me faire cette joie. Je les connais. Elles n'ont jamais su rien deviner de mes chagrins, de mes douleurs, de mes besoins, elles ne devineront pas plus ma mort; elles ne sont seulement pas dans le secret de ma tendresse. Oui, je le vois, pour elles, l'habitude de m'ouvrir les entrailles a ôté du prix à tout ce que je faisais. Elles auraient demandé à me crever les yeux, je leur aurais dit : « Crevez-les! » Je suis trop bête. Elles croient que tous les pères sont comme le leur. Il faut toujours se faire valoir. Leurs enfants me vengeront. Mais c'est dans leur intérêt de venir ici. Prévenez-les donc qu'elles compromettent leur agonie. Elles commettent tous les crimes en un seul. Mais allez donc, dites-leur donc que, ne pas venir, c'est un parricide! Elles en ont assez commis sans ajouter celui-là. Criez donc comme moi : « Hé, Nasie! hé, Delphine! venez à votre père qui a été si bon pour vous et qui souffre! » Rien, personne. Mourrai-je donc comme un chien? Voilà ma récompense, l'abandon. Ce sont des infâmes, des scélérates; je les abomine, je les maudis; je me relèverai, la nuit, de mon cercueil pour les remaudire, car, enfin, mes amis, ai-je tort? elles se conduisent bien mal! hein? Qu'est-ce que je dis? Ne m'avez-vous pas averti que Delphine est là? C'est la meilleure des deux. Vous êtes mon fils, Eugène, vous! aimez-la, soyez un père pour elle. L'autre est bien malheureuse. Et leurs fortunes! Ah, mon Dieu! J'expire, je souffre un peu trop! Coupez-moi la tête, laissez-moi seulement le cœur.

— Christophe, allez chercher Bianchon, s'écria Eugène épouvanté du caractère que prenaient les plaintes et les cris du vieillard, et ramenez-moi un cabriolet.

— Je vais aller chercher vos filles, mon bon père Goriot, je vous les ramènerai.

— De force, de force! Demandez la garde, la ligne, tout! tout, dit-il en jetant à Eugène un dernier regard où brilla la raison. Dites au gouvernement, au procureur du roi, qu'on me les amène, je le veux!

— Mais vous les avez maudites.

— Qui est-ce qui a dit cela? répondit le vieillard stupéfait. Vous savez bien que je les aime, je les adore! Je suis guéri si je les vois... Allez, mon bon voisin, mon cher enfant, allez, vous êtes bon, vous; je voudrais vous remercier, mais je n'ai rien à vous donner que les bénédictions d'un mourant. Ah! je voudrais au moins voir Delphine pour lui dire de m'acquitter envers vous. Si l'autre ne peut pas, amenez-moi celle-là. Dites-lui que vous ne l'aimerez plus si elle ne veut pas venir. Elle vous aime tant qu'elle viendra. A boire, les entrailles me brûlent! Mettez-moi quelque chose sur la tête. La main de mes filles, ça me sauverait, je le sens... Mon Dieu! qui refera leurs fortunes si je m'en vais? Je veux aller à Odessa pour elles, à Odessa, y faire des pâtes.

— Buvez ceci, dit Eugène en soulevant le moribond et le prenant dans son bras gauche tandis que de l'autre il tenait une tasse pleine de tisane.

— Vous devez aimer votre père et votre mère, vous! dit le vieillard en serrant de ses mains défaillantes la main d'Eugène. Comprenez-vous que je vais mourir sans les voir, mes filles? Avoir soif toujours, et ne jamais boire, voilà comment j'ai vécu depuis dix ans... Mes deux gendres ont tué mes filles. Oui, je n'ai plus eu de filles après qu'elles ont été mariées. Pères, dites aux chambres de faire une loi sur le mariage! Enfin, ne mariez pas vos filles si vous les aimez. Le gendre est un scélérat qui gâte tout chez une fille, il souille tout. Plus de mariages! C'est ce qui nous enlève nos filles, et nous ne les avons plus quand nous mourons. Faites une loi sur la mort des pères. C'est épouvantable, ceci! Vengeance! Ce sont mes gendres qui les empêchent de venir. Tuez-les! A mort le Restaud, à mort l'Alsacien, ce sont mes assassins! La mort ou mes filles! Ah! c'est fini, je meurs sans elles! Elles! Nasie, Fifine, allons, venez donc! Votre papa sort...

— Mon bon père Goriot, calmez-vous, voyons, restez tranquille, ne vous agitez pas, ne pensez pas.

— Ne pas les voir, voilà l'agonie!

— Vous allez les voir.

— Vrai! cria le vieillard égaré. Oh! les voir! je vais les voir, entendre leur voix. Je mourrai heureux. Eh bien! oui, je ne demande plus à vivre, je n'y tenais plus, mes peines allaient croissant. Mais les voir, toucher leurs robes, ah! rien que leurs robes, c'est bien peu; mais que je sente quelque chose d'elles! Faites-moi prendre les cheveux... veux...

Il tomba la tête sur l'oreiller comme s'il recevait un coup de massue. Ses mains s'agitèrent sur la couverture comme pour prendre les cheveux de ses filles.

— Je les bénis, dit-il en faisant un effort, bénis.

Il s'affaissa tout à coup. En ce moment Bianchon entra. — J'ai rencontré Christophe, dit-il, il va t'amener une voiture. Puis il regarda le malade, lui souleva de force les paupières, et les deux étudiants lui virent un œil sans chaleur et terne. — Il n'en reviendra pas, dit Bianchon, je ne crois pas. Il prit le pouls, le tâta, mit la main sur le cœur du bonhomme.

— La machine va toujours; mais, dans sa position, c'est un malheur, il vaudrait mieux qu'il mourût!

— Ma foi, oui, dit Rastignac.

— Qu'as-tu donc? tu es pâle comme la mort.

— Mon ami, je viens d'entendre des cris et des plaintes. Il y a un Dieu! Oh! oui! il y a un Dieu, et il nous a fait un monde meilleur, ou notre terre est un non-sens. Si ce n'avait pas été si tragique, je fondrais en larmes, mais j'ai le cœur et l'estomac horriblement serrés.

— Dis donc, il va falloir bien des choses; où prendre de l'argent?

Rastignac tira sa montre.

— Tiens, mets-la vite en gage. Je ne veux pas m'arrêter en route, car j'ai peur de perdre une minute, et j'attends Christophe. Je n'ai pas un liard, il faudra payer mon cocher au retour.

Rastignac se précipita dans l'escalier, et partit pour aller rue du Helder chez madame de Restaud. Pendant le chemin, son imagination, frappée de l'horrible spectacle dont il avait été témoin, échauffa son indignation. Quand il arriva dans l'antichambre et qu'il demanda madame de Restaud, on lui répondit qu'elle n'était pas visible.

— Mais, dit-il au valet de chambre, je viens de la part de son père qui se meurt.

— Monsieur, nous avons de monsieur le comte les ordres les plus sévères...

— Si monsieur de Restaud y est, dites-lui dans quelle circonstance se trouve son beau-père et prévenez-le qu'il faut que je lui parle à l'instant même.

Eugène attendit pendant long-temps.

— Il se meurt peut-être en ce moment, pensait-il.

Le valet de chambre l'introduisit dans le premier salon, où monsieur de Restaud reçut l'étudiant debout, sans le faire asseoir, devant une cheminée où il n'y avait pas de feu.

— Monsieur le comte, lui dit Rastignac, monsieur votre beau-père expire en ce moment dans un bouge infâme, sans un liard pour avoir du bois; il est exactement à la mort et demande à voir sa fille...

— Monsieur, lui répondit avec froideur le comte de Restaud, vous avez pu vous apercevoir que j'ai fort peu de tendresse pour monsieur Goriot. Il a compromis son caractère avec madame de Restaud, il a fait le malheur de ma vie, je vois en lui l'ennemi de mon repos. Qu'il meure, qu'il vive, tout m'est parfaitement indifférent. Voilà quels sont mes sentiments à son égard. Le monde pourra me blâmer, je méprise l'opinion. J'ai maintenant des choses plus importantes à accomplir qu'à m'occuper de ce que penseront de moi des sots ou des indifférents. Quant à madame de Restaud, elle est hors d'état de sortir. D'ailleurs, je ne veux pas qu'elle quitte sa maison. Dites à son père qu'aussitôt qu'elle aura rempli ses devoirs envers moi, envers mon enfant, elle ira le voir. Si elle aime son père, elle peut être libre dans quelques instants...

— Monsieur le comte, il ne m'appartient pas de juger de votre conduite, vous êtes le maître de votre femme; mais je puis compter sur votre loyauté? eh! bien, promettez-moi seulement de lui dire que son père n'a pas un jour à vivre, et l'a déjà maudite en ne la voyant pas à son chevet !

— Dites-le-lui vous-même, répondit monsieur de Restaud frappé des sentiments d'indignation que trahissait l'accent d'Eugène.

Rastignac entra, conduit par le comte, dans le salon où se tenait habituellement la comtesse : il la trouva noyée de larmes, et plongée dans une bergère comme une femme qui voulait mourir. Elle lui fit pitié. Avant de regarder Rastignac, elle jeta sur son mari de craintifs regards qui annonçaient une prostration complète de ses forces écrasées par une tyrannie morale et physique. Le comte hocha la tête, elle se crut encouragée à parler.

— Monsieur, j'ai tout entendu. Dites à mon père que s'il connaissait la situation dans laquelle je suis, il me pardonnerait. Je ne comptais pas sur ce supplice, il est au-dessus de mes forces, monsieur, mais je résisterai jusqu'au bout, dit-elle à son mari. Je suis mère. Dites à mon père que je suis irréprochable envers lui, malgré les apparences, cria-t-elle avec désespoir à l'étudiant.

Eugène salua les deux époux, en devinant l'horrible crise dans laquelle était la femme, et se retira stupéfait. Le ton de monsieur de Restaud lui avait démontré l'inutilité de sa démarche, et il comprit qu'Anastasie n'était plus libre. Il courut chez madame de Nucingen, et la trouva dans son lit.

— Je suis souffrante, mon pauvre ami, lui dit-elle. J'ai pris froid en sortant du bal, j'ai peur d'avoir une fluxion de poitrine, j'attends le médecin...

Eussiez-vous la mort sur les lèvres, lui dit Eugène en l'interrompant, il faut vous traîner auprès de votre père. Il vous appelle ! si vous pouviez entendre le plus léger de ses cris, vous ne vous sentiriez point malade.

— Eugène, mon père n'est peut-être pas aussi malade que vous le dites ; mais je serais au désespoir d'avoir le moindre tort à vos yeux, et je me conduirai comme vous le voudrez. Lui, je le sais il mourrait de chagrin si ma maladie devenait mortelle par suite de cette sortie. Eh! bien, j'irai dès que mon médecin sera venu. Ah ! pourquoi n'avez-vous plus votre montre ? dit-elle en ne voyant plus la chaîne. Eugène rougit. Eugène ! Eugène, si vous l'aviez déjà vendue, perdue... oh! cela serait bien mal.

L'étudiant se pencha sur le lit de Delphine, et lui dit à l'oreille

— Vous voulez le savoir? eh! bien, sachez-le! Votre père n'a pas de quoi s'acheter le linceul dans lequel on le mettra ce soir. Votre montre est en gage, je n'avais plus rien.

Delphine sauta tout à coup hors de son lit, courut à son secrétaire, y prit sa bourse la tendit à Rastignac. Elle sonna et s'écria : J'y vais, j'y vais, Eugène. Laissez-moi m'habiller; mais je serais un monstre! Allez, j'arriverai avant vous! Thérèse, cria-t-elle à sa femme de chambre, dites à monsieur de Nucingen de monter me parler à l'instant même.

Eugène, heureux de pouvoir annoncer au moribond la présence d'une de ses filles, arriva presque joyeux rue Neuve-Sainte-Geneviève. Il fouilla dans la bourse pour pouvoir payer immédiatement son cocher. La bourse de cette jeune femme, si riche, si élégante, contenait soixante-dix francs. Parvenu en haut de l'escalier, il trouva le père Goriot maintenu par Bianchon, et opéré par le chirurgien de l'hôpital, sous les yeux du médecin. On lui brûlait le dos avec des moxas, dernier remède de la science, remède inutile.

— Les sentez-vous, demandait le médecin.

Le père Goriot, ayant entrevu l'étudiant, répondit : — Elles viennent, n'est-ce pas?

— Il peut s'en tirer, dit le chirurgien, il parle.

— Oui, répondit Eugène, Delphine me suit.

— Allons! dit Bianchon, il parlait de ses filles, après lesquelles il crie comme un homme sur le pal crie, dit-on, après l'eau...

— Cessez, dit le médecin au chirurgien, il n'y a plus rien à faire, on ne le sauvera pas.

Bianchon et le chirurgien replacèrent le mourant à plat sur son grabat infect.

— Il faudrait cependant le changer de linge, dit le médecin. Quoiqu'il n'y ait aucun espoir, il faut respecter en lui la nature humaine. Je reviendrai, Bianchon, dit-il à l'étudiant. S'il se plaignait encore, mettez-lui de l'opium sur le diaphragme.

Le chirurgien et le médecin sortirent.

— Allons, Eugène, du courage, mon fils! dit Bianchon à Rastignac quand ils furent seuls, il s'agit de lui mettre une chemise blanche et de changer son lit. Va dire à Sylvie de monter des draps et de venir nous aider.

Eugène descendit, et trouva madame Vauquer occupée à mettre le couvert avec Sylvie. Aux premiers mots que lui dit Rastignac, la veuve vint à lui, en prenant l'air aigrement doucereux d'une marchande soupçonneuse qui ne voudrait ni perdre son argent, ni fâcher le consommateur.

— Mon cher monsieur Eugène, répondit-elle, vous savez tout comme moi que le père Goriot n'a plus le sou. Donner des draps à un homme en train de tortiller de l'œil, c'est les perdre, d'autant qu'il faudra bien en sacrifier un pour le linceul. Aussi, vous me devez déjà cent quarante-quatre francs, mettez quarante francs de draps, et quelques autres petites choses, la chandelle que Sylvie vous donnera, tout cela fait au moins deux cents francs, qu'une pauvre veuve comme moi n'est pas en état de perdre. Dame! soyez juste, monsieur Eugène, j'ai bien assez perdu depuis cinq jours que le guignon s'est logé chez moi. J'aurais donné dix écus pour que ce bonhomme-là fût parti ces jours-ci, comme vous le disiez. Ça frappe mes pensionnaires. Pour un rien, je le ferais porter à l'hôpital. Enfin, mettez-vous à ma place. Mon établissement avant tout, c'est ma vie, à moi.

Eugène remonta rapidement chez le père Goriot.

— Bianchon, l'argent de la montre?

— Il est là sur la table, il en reste trois cent soixante et quelques francs. J'ai payé sur ce qu'on m'a donné tout ce que nous devions. La reconnaissance du Mont-de-Piété est sous l'argent.

— Tenez, madame, dit Rastignac après avoir dégringolé l'escalier avec horreur, soldez nos comptes. Monsieur Goriot n'a pas longtemps à rester chez vous, et moi...

— Oui, il en sortira les pieds en avant, pauvre bonhomme, dit-elle en comptant deux cents francs, d'un air moitié gai, moitié mélancolique.

— Finissons, dit Rastignac.

— Sylvie, donnez les draps, et allez aider ces messieurs, là-haut.

— Vous n'oublierez pas Sylvie, dit madame Vauquer à l'oreille Eugène, voilà deux nuits qu'elle veille.

Dès qu'Eugène eut le dos tourné, la vieille courut à sa cuisinière : — Prends les draps retournés, numéro sept. Par Dieu, c'est toujours assez bon pour un mort, lui dit-elle à l'oreille.

Eugène, qui avait déjà monté quelques marches de l'escalier, n'entendit pas les paroles de la vieille hôtesse.

— Allons, lui dit Bianchon, passons-lui sa chemise. Tiens-le droit.

Eugène se mit à la tête du lit, et soutint le moribond auquel Bianchon enleva sa chemise, et le bonhomme fit un geste comme pour garder quelque chose sur sa poitrine, et poussa des cris plaintifs et inarticulés, à la manière des animaux qui ont une grande douleur à exprimer.

— Oh! oh! dit Bianchon, il veut une petite chaîne de cheveux et un médaillon que nous lui avons ôtés tout à l'heure pour lui poser ses moxas. Pauvre homme! il faut la lui remettre. Elle est sur la cheminée.

Eugène alla prendre une chaîne tressée avec des cheveux blond-cendré, sans doute ceux de madame Goriot. Il lut d'un côté du médaillon : Anastasie; et de l'autre : Delphine. Image de son cœur qui reposait toujours sur son cœur. Les boucles contenues étaient d'une telle finesse qu'elles devaient avoir été prises pendant la première enfance des deux filles. Lorsque le médaillon toucha sa poitrine, le vieillard fit un *han* prolongé qui annonçait une satisfaction effrayante à voir. C'était un des derniers retentissements de sa sensibilité, qui semblait se retirer au centre inconnu d'où partent et où s'adressent nos sympathies. Son visage convulsé prit une expression de joie maladive. Les deux étudiants, frappés de ce terrible éclat d'une force de sentiment qui survivait à la pensée, laissèrent tomber chacun des larmes chaudes sur le moribond qui jeta un cri de plaisir aigu.

— Nasie! Fifine! dit-il.

— Il vit encore, dit Bianchon.

— A quoi ça lui sert-il? dit Sylvie.

— A souffrir, répondit Rastignac.

Après avoir fait à son camarade un signe pour lui dire de l'imiter, Bianchon s'agenouilla pour passer ses bras sous les jarrets du malade, pendant que Rastignac en faisait autant de l'autre côté du lit afin de passer les mains sous le dos. Sylvie était là, prête à retirer les draps quand le moribond serait soulevé, afin de les remplacer par ceux qu'elle apportait. Trompé sans doute par les larmes, Goriot usa ses dernières forces pour étendre les mains, rencontra de chaque côté de son lit les têtes des étudiants, les saisit violemment par les cheveux, et l'on entendit faiblement : — « Ah! mes anges! » Deux mots, deux murmures accentués par l'âme qui s'envola sur cette parole.

— Pauvre cher homme, dit Sylvie attendrie de cette exclamation où se peignit un sentiment suprême que le plus horrible, le plus involontaire des mensonges exaltait une dernière fois.

Le dernier soupir de ce père devait être un soupir de joie. Ce soupir fut l'expression de toute sa vie, il se trompait encore. Le père Goriot fut pieusement replacé sur son grabat. A compter de ce moment, sa physionomie garda la douloureuse empreinte du combat qui se livrait entre la mort et la vie dans une machine qui n'avait plus cette espèce de conscience cérébrale d'où résulte le sentiment du plaisir et de la douleur pour l'être humain. Ce n'était plus qu'une question de temps pour la destruction.

— Il va rester ainsi quelques heures, et mourra sans que l'on s'en aperçoive, il ne râlera même pas. Le cerveau doit être complétement envahi.

En ce moment on entendit dans l'escalier, un pas de jeune femme haletante.

— Elle arrive trop tard, dit Rastignac.

Ce n'était pas Delphine, mais Thérèse, sa femme de chambre.

— Monsieur Eugène, dit-elle, il s'est élevé une scène violente entre monsieur et madame, à propos de l'argent que cette pauvre madame demandait pour son père. Elle s'est évanouie, le médecin est venu, il a fallu la saigner, elle criait : — Mon père se meurt, je veux voir papa ! Enfin, des cris à fendre l'âme.

— Assez, Thérèse. Elle viendrait que maintenant ce serait superflu, monsieur Goriot n'a plus de connaissance.

— Pauvre cher monsieur, est-il mal comme ça ! dit Thérèse.

— Vous n'avez plus besoin de moi, faut que j'aille à mon dîner il est quatre heures et demie, dit Sylvie qui faillit se heurter sur le haut de l'escalier avec madame de Restaud.

Ce fut une apparition grave et terrible que celle de la comtesse. Elle regarda le lit de mort, mal éclairé par une seule chandelle, et versa des pleurs en apercevant le masque de son père où palpitaient encore les derniers tressaillements de la vie. Bianchon se retira par discrétion.

— Je ne me suis pas échappée assez tôt, dit la comtesse à Rastignac.

L'étudiant fit un signe de tête affirmatif plein de tristesse. Madame de Restaud prit la main de son père, la baisa.

— Pardonnez-moi, mon père ! Vous disiez que ma voix vous rappellerait de la tombe ; eh ! bien, revenez un moment à la vie pour bénir votre fille repentante. Entendez-moi. Ceci est affreux! votre bénédiction est la seule que je puisse recevoir ici-bas désormais. Tout le monde me hait, vous seule m'aimez. Mes enfants eux-mêmes me haïront. Emmenez-moi avec vous, je vous aimerai, je vous soignerai. Il n'entend plus, je suis folle. Elle tomba sur ses genoux, et contempla ce débris avec une expression de délire. Rien ne manque à mon malheur, dit-elle en regardant Eugène. Monsieur de Trailles est parti, laissant ici des dettes énormes, et j'ai su qu'il me trompait. Mon mari ne me pardonnera jamais, et je l'ai laissé le maître de ma fortune. J'ai perdu toutes mes illusions. Hélas! pour qui ai-je trahi le seul cœur (elle montra son père) où j'étais adorée! Je l'ai méconnu, je l'ai repoussé, je lui ai fait mille maux, infâme que je suis!

— Il le savait, dit Rastignac.

En ce moment le père Goriot ouvrit les yeux, mais par l'effet d'une convulsion. Le geste qui révélait l'espoir de la comtesse ne fut pas moins horrible à voir que l'œil du mourant.

— M'entendrait-il? cria la comtesse. Non, se dit-elle en s'asseyant auprès du lit.

Madame de Restaud ayant manifesté le désir de garder son père, Eugène descendit pour prendre un peu de nourriture. Les pensionnaires étaient déjà réunis.

— Eh! bien, lui dit le peintre, il paraît que nous allons avoir un petit mortorama là-haut?

— Charles, lui dit Eugène, il me semble que vous devriez plaisanter sur quelque sujet moins lugubre.

— Nous ne pourrons donc plus rire ici? reprit le peintre. Qu'est-ce que cela fait, puisque Bianchon dit que le bonhomme n'a plus sa connaissance?

— Eh! bien, reprit l'employé au Muséum, il sera mort comme a vécu.

— Mon père est mort, cria la comtesse.

A ce cri terrible, Sylvie, Rastignac et Bianchon montèrent, et trouvèrent madame de Restaud évanouie. Après l'avoir fait revenir à elle, ils la transportèrent dans le fiacre qui l'attendait. Eugène la confia aux soins de Thérèse, lui ordonnant de la conduire chez madame de Nucingen.

— Oh! il est bien mort, dit Bianchon en descendant.

— Allons, messieurs, à table, dit madame Vauquer, la soupe se refroidir.

Les deux étudiants se mirent à côté l'un de l'autre.

— Que faut-il faire maintenant ? dit Eugène à Bianchon.

— Mais je lui ai fermé les yeux, et je l'ai convenablement disposé. Quand le médecin de la mairie aura constaté le décès que nous irons déclarer, on le coudra dans un linceul, et on l'enterrera. Que veux-tu qu'il devienne ?

— Il ne flairera plus son pain comme ça, dit un pensionnaire en imitant la grimace du bonhomme.

— Sacrebleu, messieurs, dit le répétiteur, laissez donc le père Goriot, et ne nous en faites plus manger. On l'a mis à toute sauce depuis une heure. Un des priviléges de la bonne ville de Paris, c'est qu'on peut y naître, y vivre, y mourir sans que personne fasse attention à vous. Profitons donc des avantages de la civilisation. Il y a trois cents morts aujourd'hui, voulez-vous apitoyer sur les hécatombes parisiennes ? Que le père Goriot soit crevé, tant mieux pour lui ! Si vous l'adorez, allez le garder, et laissez-nous manger tranquillement, nous autres.

— Oh ! oui, dit la veuve, tant mieux pour lui qu'il soit mort ! Il paraît que le pauvre homme avait bien du désagrément, sa vie durant.

Ce fut toute l'oraison funèbre d'un être qui, pour Eugène, représentait toute la paternité. Les quinze pensionnaires se mirent à causer comme à l'ordinaire. Lorsque Eugène et Bianchon eurent mangé, le bruit des fourchettes et des cuillers, les rires de la conversation, les diverses expressions de ces figures gloutonnes et indifférentes, leur insouciance, tout les glaça d'horreur. Ils sortirent pour aller chercher un prêtre qui veillât et priât pendant la nuit près du mort. Il leur fallut mesurer les derniers devoirs à rendre au bonhomme sur le peu d'argent dont ils pourraient disposer. Vers neuf heures du soir, le corps fut placé sur un fond sanglé, entre deux chandelles, dans cette chambre nue, et un prêtre vint s'asseoir auprès de lui. Avant de se coucher, Rastignac, ayant demandé des renseignements à l'ecclésiastique sur le prix du service à faire et sur celui des convois, écrivit un mot au baron de Nucingen et au comte de Restaud en les priant d'envoyer leurs gens d'affaires afin de pourvoir à tous les frais de l'enterrement. Il leur dépêcha Christophe, puis il se coucha et s'endormit accablé de fatigue. Le lendemain matin Bianchon et Rastignac furent obligés d'aller déclarer eux-mêmes le décès, qui vers midi fut constaté. Deux heures après aucun des deux gendres n'avait envoyé d'argent, personne ne s'était présenté en leur nom, et Rastignac avait été forcé déjà de payer les frais du prêtre. Sylvie ayant demandé dix francs pour ensevelir le bonhomme et le coudre dans un linceul, Eugène et Bianchon calculèrent que si les parents du mort ne voulaient se mêler de rien, ils auraient à peine de quoi pourvoir aux frais. L'étudiant en médecine se chargea donc de mettre lui-même le cadavre dans une bière de pauvre qu'il fit apporter de son hôpital, où il l'eut à meilleur marché.

— Fais une farce à ces drôles-là, dit-il à Eugène. Va acheter un terrain, pour cinq ans, au Père-La-Chaise, et commande un service de troisième classe à l'église et aux Pompes-Funèbres. Si les gendres et les filles se refusent à te rembourser, tu feras graver sur la tombe : « Ci-gît monsieur Goriot, père de la comtesse de Restaud et de la baronne de Nucingen, enterré aux frais de deux étudiants. »

Eugène ne suivit le conseil de son ami qu'après avoir été infructueusement chez monsieur et madame de Nucingen et chez monsieur et madame de Restaud. Il n'alla pas plus loin que la porte. Chacun des concierges avait des ordres sévères.

— Monsieur et madame, dirent-ils, ne reçoivent personne ; leur père est mort, et ils sont plongés dans la plus vive douleur.

Eugène avait assez l'expérience du monde parisien pour savoir qu'il ne devait pas insister. Son cœur se serra étrangement quand il se vit dans l'impossibilité de parvenir jusqu'à Delphine.

« *Vendez une parure,* lui écrivit-il chez le concierge, *et que votre père soit décemment conduit à sa dernière demeure.* »

Il cacheta ce mot, et pria le concierge du baron de le remettre à Thérèse pour sa maîtresse ; mais le concierge le remit au baron de Nucingen qui le jeta dans le feu. Après avoir fait toutes ses dispositions, Eugène revint vers trois heures à la pension bourgeoise, et ne put retenir une larme quand il aperçut à cette porte bâtarde la bière à peine couverte d'un drap noir, posée sur deux chaises dans cette rue déserte. Un mauvais goupillon, auquel personne n'avait encore touché, trempait dans un plat de cuivre argenté plein d'eau bénite. La porte n'était pas même tendue de noir. C'était la mort des pauvres, qui n'a ni faste, ni suivants, ni amis, ni parents.

Bianchon, obligé d'être à son hôpital, avait écrit un mot à Rastignac pour lui rendre compte de ce qu'il avait fait avec l'église. L'interne lui mandait qu'une messe était hors de prix, qu'il fallait se contenter du service moins coûteux des vêpres, et qu'il avait envoyé Christophe avec un mot aux Pompes-Funèbres. Au moment où Eugène achevait de lire le griffonnage de Bianchon, il vit entre les mains de madame Vauquer le médaillon à cercle d'or où étaient les cheveux des deux filles.

— Comment avez-vous osé prendre ça? lui dit-il.
— Pardi! fallait-il l'enterrer avec? répondit Sylvie, c'est en or.
— Certes! reprit Eugène avec indignation, qu'il emporte au moins avec lui la seule chose qui puisse représenter ses deux filles.

Quand le corbillard vint, Eugène fit remonter la bière, la décloua, et plaça religieusement sur la poitrine du bonhomme une image qui se rapportait à un temps où Delphine et Anastasie étaient jeunes, vierges et pures, et *ne raisonnaient pas*, comme il l'avait dit dans ses cris d'agonisant. Rastignac et Christophe accompagnèrent seuls, avec deux croque-morts, le char qui menait le pauvre homme à Saint-Étienne-du-Mont, église peu distante de la rue Neuve-Sainte-Geneviève. Arrivé là, le corps fut présenté à une petite chapelle basse et sombre, autour de laquelle l'étudiant chercha vainement les deux filles du père Goriot ou leurs maris. Il fut seul avec Christophe, qui se croyait obligé de rendre les derniers devoirs à un homme qui lui avait fait gagner quelques bons pourboires. En attendant les deux prêtres, l'enfant de chœur et le bedeau, Rastignac serra la main de Christophe, sans pouvoir prononcer une parole.

— Oui, monsieur Eugène, dit Christophe, c'était un brave et honnête homme, qui n'a jamais dit une parole plus haut que l'autre, qui ne nuisait à personne et n'a jamais fait de mal.

Les deux prêtres, l'enfant de chœur et le bedeau vinrent et donnèrent tout ce qu'on peut avoir pour soixante-dix francs dans une époque où la religion n'est pas assez riche pour prier gratis. Les gens du clergé chantèrent un psaume, le *Libera*, le *De profundis*. Le service dura vingt minutes. Il n'y avait qu'une seule voiture de deuil pour un prêtre et un enfant de chœur, qui consentirent à recevoir avec eux Eugène et Christophe.

— Il n'y a point de suite, dit le prêtre, nous pourrons aller vite, afin de ne pas nous attarder, il est cinq heures et demie.

Cependant, au moment où le corps fut placé dans le corbillard, deux voitures armoriées, mais vides, celle du comte de Restaud et celle du baron de Nucingen, se présentèrent et suivirent le convoi jusqu'au Père-La-Chaise. A six heures, le corps du père Goriot fut descendu dans sa fosse, autour de laquelle étaient les gens de ses filles, qui disparurent avec le clergé aussitôt que fut dite la courte prière due au bonhomme pour l'argent de l'étudiant. Quand les deux fossoyeurs eurent jeté quelques pelletées de terre sur la bière pour la cacher, ils se relevèrent, et l'un d'eux, s'adressant à Rastignac, lui demanda leur pourboire. Eugène se fouilla, il n'avait plus rien, et fut forcé d'emprunter vingt sous à Christophe. Ce fait, si léger en lui-même, détermina chez Rastignac un accès d'horrible tristesse. Le jour tombait, il n'y avait plus qu'un crépuscule qui agaçait les nerfs; il regarda la tombe et y ensevelit sa dernière larme de jeune homme, cette larme arrachée par les saintes émotions d'un cœur pur, une de ces larmes qui, de la terre où elles tombent, rejaillissent jusque dans les cieux. Il se croisa les bras et contempla les nuages. Christophe le quitta. Rastignac, resté seul, fit quelques pas vers le haut du cimetière et vit Paris tortueusement couché le long des deux rives de la Seine, où commençaient à briller les lumières. Ses yeux s'attachèrent presque avidement entre la colonne de la place Vendôme et le dôme des Invalides, là où vivait ce beau monde dans lequel il avait voulu pénétrer. Il lança sur cette ruche bourdonnante un regard qui semblait par avance en pomper le miel, et dit ces mots grandioses : — A nous deux maintenant !

Et pour premier acte de défi qu'il portait à la société, Rastignac alla dîner chez madame de Nucingen.

Saché, septembre 1834.

FIN DU NEUVIÈME VOLUME.

TABLE DES MATIÈRES.

SCÈNES DE LA VIE PARISIENNE.

Histoire des Treize... 1
Préface.. ib.
Ferragus, chef des Dévorants................................... 6
La Duchesse de Langeais.. 111
La fille aux yeux d'or... 236
Le Père Goriot... 30

FIN DE LA TABLE.

PARIS. — IMPRIMERIE MARTINET, RUE MIGNON, 2.

www.ingramcontent.com/pod-product-compliance
Lightning Source LLC
Chambersburg PA
CBHW072021240426
43667CB00044B/1649